팔로알토, 자본주의 그림자

PALO ALTO: A HISTORY OF CALIFORNIA, CAPITALISM, AND THE WORLD

팔로알토, 자본주의 그림자

미국경제 욕망의 역사

말콤 해리스 지음 ♦ 이정민 옮김

매일경제신문사

들어가며

팔로알토는 훌륭하다. 날씨는 화창하고, 사람들은 교육 수준 높고 부유하며 건강하고 혁신적이다. 반항적 히피 문화가 남아 있는 곳에 첨단기술과 거대금융이 흘러들어 실리콘밸리는 이제 정신적, 물질적 풍요를 향한 야망으로 들끓고 있다. 이 글을 쓰는 현재, 인구 7만 명에 불과한 이 작은 도시는 포스트모던 엘도라도라는 신화적 명성까지 얻었다. 허접한 행색으로 차고에 처박혀, 하루 세 끼 먹는 것에서 운전하는 것에 이르기까지 인간의 모든 생활방식을 바꾸고 있는 프로그래머들에게 샌드힐로드(내로라하는 벤처캐피털 150여 곳이 모여들어 미국 혁신기업의 '돈줄' 역할을 하는 실리콘밸리의 도로) 투자자들의 자금 수십억 달러가 투입되고 있다. 게다가 1인당 소득을 기준으로 할 때 실리콘밸리는 지구상에서 가장 부유한 카타르, 마카오, 룩셈부르크와 어깨를 나란히 한다. 팔로알토가 사실상 세계의 중심이라는 확신에 찬 이들도 적지 않아 보인다.

팔로알토에 이름과 존재 이유를 부여한 건 릴런드와 제인 라스롭 스탠퍼드였지만 이들이 이 지역을 개척하거나 팔로알토라는 이름까지 지어준 건 아니다. 스페인어로 '키 큰 나무'라는 뜻의 팔로알토는 어느 나무의 이름이다. 세쿼이어 나무에 엘 팔로알토라는 이름을 붙인 건 캘리포니아(미국 캘리포니아주, 멕시코 바하칼리포르니아와 바하칼리포니아 수르의 세 개 캘리포니아를 의미)의 총독이었다. 유럽 탐험대로는 최초로 샌프란시스코 베이 지역에 도착한 가스파르 데 포르톨라 총독의 스페인 탐험대가 당시 다수의 자연 지형에 이름을 붙였고 그중 상당수가 지금껏 그대로 불리고 있는 것이다(250년이 지난 지금, 인근의 포톨라 밸리는 세계 최고의 부를 자랑하는 미국에서도 1인당 소득이 가장 높은 도시가 되었다). 1769년 11월, 탐험대는 오늘날의 샌프란시스퀴토 강 인근에 우뚝 솟은 이 나무 아래서 5일간 야영을 했다. 이제 무려 1,000살이 넘은 이 나무 엘 팔로알토는 팔로알토 고등학교에서 직선으로 1마일 떨어진 기찻길 바로 아래 위풍당당하게 서 있다.

하지만 오늘날의 거주자들에게 중요한 건 나무가 아니라 학교다. 자녀들의 성공적 삶을 보장해주고 싶은 부모들에게 팔로알토 통합 학군은 최고의 선택이다. 기술과 교육이 운명을 결정짓는 사회에서 팔로알토 통합 학군보다 훌륭한 무상교육을 찾기는 힘들다. 중위 수준이던 집값이 최근 300만 달러 가까이 오른 데에도 뜨거운 고용시장과 실리콘밸리 스톡옵션보다 학교 시스템이 더 큰 영향을 미쳤다고 할 수 있다.

나는 캘리포니아 산타크루즈에서 태어났지만 내 어머니와 아버지는 팔로알토에서 각각 연구조교와 임시 타이피스트로 만났다. 1996년, 부모님이 가족을 데리고 다시 팔로알토로 이사하면서 나는 청소년기를 아주 좋은 동네의 고요한 구석에서 보내게 되었다. TV에서 볼 수 있는 미국 주거지역의 전형적인 삶이었다. 그런데 마을 경계의 조형물 같은 울타리 기둥 사이로 이따금 뭔가 다른 빛이 새어 나오고는 했다. 팔로알토를 평범하다고 할 수 있다면 '지나치게, 이상할 정도'로 평범했다.

나는 캘리포니아 반도에 살았다는 부족의 이름을 딴 올론 초등학교에 다녔는데 4학년 시절, 하루는 대체 선생님이 오셨다. 그때까지만 해도 내가 만난 어른은 대부분 안정적이었고 뜻밖의 행동을 하는 경우가 거의 없었다. 그래서 대체 선생님이 정규 커리큘럼에 따라 수업하는 대신 우리를 카펫에 앉혀놓고 중요한 얘기를 해주려고 하셨을 때 겁부터 먹었다. "너희는 거품 속에 살고 있어." 선생님이 진지하고 다급한 목소리로 말씀하셨다.

"다른 세상은 이렇지 않아. 혹시 알고 있니?" 스무 명 안팎의 아이들이 눈이 휘둥그레져서는 선생님을 바라보았다. 우리는 모르는 사실이었다.

그 시절 구체적으로 기억 나는 게 몇 개 없는데 그 순간만큼은 지금도 생생하다. 반 친구 중 일부는 갑작스러운 '거품' 강의에 대해 부모님께 말씀드린 게 분명했다. 담임 선생님이 돌아와서는 해당 사건에 대해 우리에게 사과하고 그 대체 교사가 다시 오는 일은 없을 것이며 지역구에서도 블랙리스트에 올렸다고 얘기해주었기 때문이다. 학교는 이 같은 조치로 우리가 그 일을 대수롭지 않게 넘기길 바랐을지 몰라도 그래서 오히려 그 상황이 더 크게 각인되는 효과가 있었다.

성장기 내내 팔로알토는 세상이 어떻게 지금의 모습을 띠게 됐는지 고유한 특징을 설명했다. 왜 어떤 사람들은 저택을 소유하고 어떤 사람들은 그렇지 않은지, 왜 누구는 여기에 살고 나머지는 아닌지 말이다. 다들 뿌린 대로 거둔 것이었다. 재능 있는 이들이 열심히 노력해 무엇이든 손에 넣고 일방적으로 세상을 바꿨다. 이 같은 메시지가 말 그대로 벽에 적혀 있었다. 십대 시절 내가 자주 갔던 분수대 인근의 게시판에는 실제로 휴렛팩커드에 관한 이야기가 게시되어 있었다. 하지만 이는 이 마을이 처음 생겨날 때부터 알게 모르게 침투해 있는 이데올로기이기도 했다. 우리는 모두 그와 같은 인식을 가졌다.

자살이 시작된 건 2002년이었다. 그해, 릴런드 스탠퍼드가 팔로알토를 세울 때 기준점이 되었던 칼트레인 선로에 한 신입생이 몸을 던졌다. 13개월 후, 그 학생의 같은 반 친구도 동일한 방식으로 목숨을 끊었다. 둘 다 학교 근처의 처칠 애비뉴 건널목을 선택했다. 2009년에는 13~17세 학생 중 4명이 재학 중이던 '팔로알토 건 고등학교(최우수고교로 잘 알려져 있다)'의 메도우 드라이브 교차로에서 기찻길로 뛰어들었다. 이 같은 기차 선로 자살 사건은 2014년과 2015년에도 계속되었는데 마치 점성술의 '이중 성단double cluster'처럼 두 시기에 집중적으로 나타나 보기 드문 사회과학 사례로 널리 알려졌다. 〈애틀랜틱〉은 '실리콘밸리 자살'을 커버스토리로 다뤘고 자기파괴적 십대에 관한 조사에서 팔로알토가 언급되지 않는 곳이 없었다. 언론 보도에서 놓친 게 한 가지 있다면 실제 자살자 수가 공식 집계보다 두 배 이상 많다는 사실이었다. 졸업 이후 선로로 돌아와 자살한 경우는 공식 집계에서 제외됐기 때문이다. 21세기에 팔로알토는 두 차례의 집단 자살에 그치지 않고 지속적으로 비극적 죽음을 겪고 있다. 이 원고를 완성하기 한 달 전에도 스물두 살의 건 고등학교 졸업생이 선로에서 생을 마감했다.

어린 시절, 형, 누나와 함께 동네 얘기를 할 때 우리는 TV프로그램 〈뱀파이어 해결사Buffy the Vampire Slayer〉의 배경으로 등장하는 서니데일을 인용해 오싹한 농담을 하고는 했다. 캘리포니아에 위치한 이 가상의 동네는 워낙 화창한 날씨를 자랑해 고등학교 밑에 지옥으로 통하는 문이 있으리라고는 아무도 상상하지 못했다. 나는 나이가 들면서 이 같은 발상에 대해 진지하게 생각해보기 시작했다. 겉보기엔 완벽하지만 청소년 자살률이 평균보다 3배나 높은 마을을 이야기할 때 우리가 쓰는 단어가 있으니 바로 '씌었다haunted'는 말이다. 팔로알토는 뭔가에 씌었다.

씌었다는 게 정확히, 혹은 적어도 매번 귀신에 씌었다는 의미는 아니다. 우리는 실제 유령과 전혀 무관한 상황에도 항상 이 단어를 사용한다. 상실이나 충격적 사건, 심지어 딱 한 번 내뱉은 멍청한 말에도 얼마든지 씌일 수 있다. 과거의 사건이 뇌리에서 떠나지 않고 단순히 과거로 머물지 않을 때 우리는 거기에 씌었다고 말한다. 하지만 이는 보통 산 자와 죽은 자의 관계를 칭하는 용어다. 두 영역 사이에 불균형이 발생하고 뭔가가 이례적으로 갇히는 사례를 의미한다. 씌는 건 뭔가가 있어선 안 되는 곳에 있다는 점에서 절도와 비슷하지만 그렇다고 도난당한 지갑에 '씌었다'는 표현을 하지는 않는다. 악귀를 혼돈에 빠트리기 위해서는 훨씬 큰 게 필요하다. 일단 자행되고 나면 바로잡는 게 절대 불가능한 역사적 대형범죄야말로 '씌었다'는 표현을 할 수 있는 대상이다.

산 자와 죽은 자 사이의 가장 단순한 불균형은 우리는 아직 여기 있는데 그들은 그렇지 않다는 사실이다. 학창 시절 내 반 친구들의 경우, 이 같은 구분이 무의미하게 느껴진다. 죽은 친구들 중에는 우울증에 걸린 아이도, 그렇지 않은 아이도 있었다. 살아 있는 친구들도 마찬가지다. 죽은 친구들에게 해당되는 얘기는 죽었다는 사실 한 가지를 제외하면 우리에게도 해당되었다. 나는 그 한 가지에 씌었고 작가로서 그 문제에 접근할 방법을 찾고자 고군분투했다. 팔로알토 자살 사건에 대해서는 질병통제센터뿐 아니라 언론의 조사 보고서 역시 차고 넘쳤지만 매체 문제 때문에 하나같이 만족스럽지 못했다. 캘리포니아 외곽에서 살아남은 자로서의 회고록을 쓸 생각이 없기도 했지만 나 자신에 관해 쓸 때는 늘 대책 없는 길치였다. 개인에 대해 드러내기보다 역사적 맥락을 향해 직진하기 일쑤였던 것이다.

팔로알토에서 배운 것 중 하나가 찰스 라이트 밀스의 사회학적 상상력이라는 개념이다. 이 개념에 대해 그는 "사회 내에서 개인의 일대기와 역사가 교차하는 미세한 지점으로서 자신 안에서 일어나는 일을 이해하는 데 사용할 수 있는 도구"라고 설명한다. 이와 마찬가지로 뭔가에 씌는 것도 일대기와 역사를 사회적 맥락에서 한데 묶어준다. 씐다는 건 누군가 역사적 책임감의 보이지 않는 유산에 연결된다는 것이다. 홀로코스트에서 약탈당한 저주받은 그림, 인디언의 무덤을 망쳐 놓는 건설 프로젝트, 늪지 괴물을 깨우는 오염 행위 등 각종 사회범죄는 누군가에게는 고통을, 다른 이들에게는 이득을 선사한다. 하지만 씌는 건 그 반대다. 이득을 취한 자가 결국엔 고통받게 된다. 미신은 기껏해야 타인의 고통을 대가로 이득을 취해선 안 된다는 경각심을 일깨워준다. 그와 같은 위반행위는 설사 남들은 까맣게 모르더라도 어떤 식으로든 세상에 새겨져 알려진다. 하지만 복수가 정확한 대상을 겨냥해 신속하게 일어나는 경우는 드물다. 뭔가에 씌는 우리의 서사에서는 오히려 고통을 유발한 자의 가장 가까운 누군가가 대가를 치르는 경우가 흔하다. 상속인, 오래된 집을 매입한 무고한 부부, 가해자의 후손, 자녀 등 부당하게 획득한 운을 자신의 순수함으로 정화해 미래로 나아가야 하는 사람들이다. 그들의 순진함은 범죄의 대상이 되고 만다.

"캘리포니아의 아이들은 우리 아이들이 될 거야." 스탠퍼드대학교를 짓기로 했을 때 릴런드 스탠퍼드가 아내 제인에게 말했다. 거창한 주장이지만 내 경험에 비춰봤을 때 그리 틀린 말은 아니었다. 역사는 그 자리에 머물러 있는 게 아니다. 파편처럼 피부 밑에 박혀 감염을 일으키듯 혈관으로 주입된다. 나는 나를 둘러싼 환경의 산물이며 그 증상에 시달리고 있다. 이 같은 경험이 일대기와 역사가 교차하는 어엿한 시작점의 기능을 하면 혼란스럽기보다 유용하게 사용될 수 있을 것이다.

나는 이어지는 다섯 파트에서 사회학적 상상력을 발휘해 역사의 궤적을 완성하는 데 집중할 것이다. 존 스튜어트 밀이 말한 것처럼 자신의 일대기와 우연히 겹치게 된 트랙, 현재의 내 삶을 존재하게 해 준 연대기 말이다. 나는 그 역사에 이름을 올릴 만한 인물이 아니므로 여기서부터는 나의 어린 시절에 대해 늘어놓지 않을 것이다. 그보다 나 자신을 마을 설립자들이 말하는 팔로알토 시스템의 결과물로 인식할 예정이다. 이 책에서 나는 뭔가에 씐 시스템, 어떤 관점에서 보든 오늘날 가장 중요하게 떠오른 이 시스템을 파헤쳐볼 것이다.

팔로알토는 거품이다. 이제 나는 그렇다는 것을 알지만 이는 20세기에 분명 중요한 거품이었다. 게다가 이 마을의 역할에 대해 치열하게 탐구할수록 캘리포니아, 미국, 나아가 팔로알토를 명실상부 약속의 땅으로 승격시켜준 자본주의 세계에 대해 많은 것을 이해할 수 있다. 이제 그 이야기 속으로 들어가보자.

contents

제5부

2000 ~ 2020

1850 ~

PALO

제1부

1900

ALTO

Chapter 01

시간이 돈

알타 칼리포르니아의 순조로운 정복 → 골드러시 → 서부 해안 대학살 → 뉴 알메이든 광산 → 이주 농업 → 뱅크오브아메리카

올론Ohlone 지역에 대해 말하자면 샌프란시스코 베이 지역에서 원주민이 사라진 시점부터 이야기를 시작해야 한다. 1769년 스페인이, 1821년 멕시코가 각각 점령한 알타 칼리포르니아에서 인디언 30만여 명 중 절반은 몰살 작전, 노동력 착취나 환경 파괴가 아닌 질병으로 사망했다. 19세기 당시 대륙 간 확산된 질병으로 인한 사망자 수는 수백만 명으로 인디언만 유독 취약한 게 아니었다는 사실에 주목해야 한다. 이 이야기를 하는 건 스페인의 식민 지배가 그렇게 잔혹하지는 않았다고 포장하기 위해서가 아니다. 캘리포니아 인디언의 소멸이 불가피한 일은 아니었다는 점을 분명히 하기 위해서다. 그런데 미국이 등장하면서 상황이 달라졌다.

캘리포니아 대학살은 아르메니아 대학살이나 나치 홀로코스트와 다르게 정착민 주도의 바텀업bottom-up 방식으로 이루어졌다. 뿐만 아니라 캘리포니아는 동부의 여러 주와 달리 미국 연방정부의 프로젝트였다. 이 같은 국가주도 계획에 민중의 행동이 더해져 미국은 전례 없는 속도로 영토를 확장할 수 있었다. 캘리포니아 정착민들에게 협상이란 없었다. 벤자민 매들리가 제거 일변도였던 미국의 정책을 낱낱이 파헤친 《미국의 대학살An

American Genocide》에 따르면 "정부관료들은 평화를 일구거나 조약에 따르기보다 캘리포니아 인디언을 죽이고 싶은 게 분명"했다. 매들리를 비롯한 역사가들은 지금도 대학살의 역사를 재구성하기 위해 노력하고 있다. 민병대는 당시 수원水原을 포위하는가 하면 모든 인디언을 부락으로 끌고 가 노예로 삼았다. 정착민들은 연방정부뿐 아니라 새로운 캘리포니아 주정부로부터 돈을 받고 원주민을 수백 명씩 학살했다. 올론이라는 단일부족만 존재했던 것은 아니다. 백인 정착민이 인간과 나머지 생태계의 상생관계를 파괴하던 당시 사우스 베이 지역에 거주하고 있던 수십 개의 소수집단을 인류학자들이 올론족으로 칭했을 뿐이다. 칼리포르니아가 캘리포니아가 됐을 때 정착민들은 원주민을 통틀어 올론이라고 불렀다.

탐험가 존 C. 프리몬트는 미국 연방당국과 '일반인'이 적절히 섞여 있는 인물이었다. 연방군 장교이자 미주리주가 생겨난 이후 미주리주 상원의원이 아닌 적이 없었던 토마스 하트 벤튼의 사위인 한편, 직업적으로는 지형학자이자 탐험가로서 상사와의 소통이 단절된 상황에서 결정을 내리는 데 익숙한 사람이었다. 이 같은 조합은 당시 연방당국에 유용했다. 1845년, 영토 확장을 추구하던 제임스 K. 포크 대통령은 그에게 방어가 취약해 침투하기 쉬운 멕시코 영토의 로키 산맥과 시에라 네바다 산맥에 군대를 끌고 가 조사해올 것을 지시했다.

포크 대통령과 '명백한 운명Manifest Destiny'(19세기 중후반 미국에서 유행한 이론으로 미국을 아메리카 대륙 전역으로 확장시키는 건 정당할뿐더러 불가피한 일이라는 신념)을 신봉하는 벤튼 의원의 지시를 받은 프리몬트는 몇 안 되는 자신의 병사를 이끌고 산맥을 넘어 태평양으로 향했다. 그 과정에서 알타 칼리포르니아에 정착한 앵글로인들의 민족주의 정서를 자극했다. 자신이 온 건 최근 미국이 론스타 공화국을 병합한 것처럼 이 땅이 멕시코에서 분리되어 미국에 편입될 수 있도록 돕기 위해서라는 뉘앙스를 풍긴 것이다(하지만 선언하지는 않았다). 그리고 그건 사실이었다. 멕시코의 무정부 상태에 분노한 데다 가지각색의 토지소유 주장의 정당성을 인정받을 수 있을지 걱정이었던 정착민은 이미 반란을 일으킬 준비가 되어 있었다.

프리몬트가 용의주도하게 도모한 반란주의는 성과를 거뒀다. 1846년 여름, 수십 명의 앵글로인들이 나파 밸리 소노마 지역에서 본래 스페인 소유였던 시설물을 무혈 점령하고 마리아노 발레호 대령을 포로로 잡았다. 이들은 칠레산 밀가루 포대와 플란넬 조각으로 깃발을 만든 뒤 독립공화국의 주 지위를 열망하는 의미로 별 하나를 그려 넣었다. 더 이상 굴복할 만한 상대가 없었던 그들은 깃발에 과즙으로 '곰이라고 부를 만한 뭔가'를 그려넣고 소노마의 텅 빈 막사에 게양했다. 그리고 더는 싸울 만한 적이 없었던 만큼 술이나 마시고 주 이름까지 직접 지으며 기다리기 시작했다. 열흘 뒤, 프리몬트가 도착해 지휘권을 잡고 120여 명의 병사와 함께 멕시코인을 찾아 남쪽으로 향했다.

그해 봄, 이들 미군 무리는 칼리포르니아의 인디언 수백 명을 상대로 무자비한 잔혹행위를 반복하는 대학살을 저질렀다. 그에 비해 멕시코인들은 곧장 항복해 프리몬트의 군대는 총 한 번 쏘지 않고 해안의 오래된 군사시설을 점령할 수 있었다. 그들에게 남은 화약이 별로 없었던 걸 감안하면 행운이 아닐 수 없었다. 프리몬트의 병력은 자원봉사자와 육군을 모두 합쳐도 500명이 채 되지 않았으며 미 해군 역시 별다른 반격 없이 로스앤젤레스에 입항했다. 사실 연방정부는 상황이 여의치 않으면 프리몬트를 버릴 준비가 되어 있었다. 실제로 1853년엔 윌리엄 워커가 바하 칼리포르니아에 쳐들어갔다 패배하자 가차 없이 버리기도 했다. 하지만 알타 칼리포르니아의 경우 식민지가 더 산발적으로 위치해 있었음에도 일이 잘 풀렸다. 심지어 프리몬트는 작전을 거의 독자적으로 수행해 군법회의에까지 회부됐는데도 캘리포니아주 최초의 상원의원으로 가뿐히 선출되었다.

곰 깃발로 상징되던 캘리포니아 공화국은 얼마 못 가 미국 영토로 편입되었지만 언제 또 빼앗길지 모를 노릇이었다. 광대한 멕시코는 스페인이 식민지로 다스리기에 수월하지 않았는데 독립한 이후에도 마찬가지였다. 멕시코는 북부에서 알타 칼리포니아, 뉴멕시코와 텍사스를 빼앗겼을 뿐 아니라 남부에서도 유카탄의 마야 반란군과 전투를 벌여 패배했다. 칼리포니아는 백악관과의 거리가 멕시코시티보다 멀 정도로 미국의 다른 지역으로부터 고립되어 있었다. 1846년 프리몬트는 비무장 원주민을 마음 놓고 학살했지만 수적으로 보면 앵글로 정착민이 월등히 우세했고 입장은 순식간에 바뀔 수 있었다. 서부에서 미국은 그야말로 외톨이였다.

미국 정부는 많은 사람이 캘리포니아로 가서 영토를 차지한 뒤 눌러 살며 주州로 승격할 준비를 해주기만 바랐다. 하지만 정착민으로서는 그렇게 할 이유가 별로 없었다. 희망봉을 돌아가는 항로, 혹은 영국령 니카라과까지 걸어서 이동한 뒤 서부 해안을 거슬러 올라가는 육로는 오래 걸리고 위험한 데다 비용도 많이 들었다. 대륙을 가로지르는 오레곤 트레일은 심지어 더 힘들었다. 일단 캘리포니아 영토에 다다른 정착민들은 그곳의 대자연이 비할 데 없이 아름다웠고, 생물 다양성 역시 상상을 초월한다는 사실을 깨달았지만 초기엔 유일하게 사람들을 대거 끌어들일 수 있는 금전적 전망이 그리 밝지 않았다. 땅은 넘쳐났으나 그걸로 수익을 올리는 데는 다들 무관심했다. 노동력의 대부분은 (인구의 대부분을 구성하는) 인디언이었는데 그들은 아무래도 연고지에 있다 보니 보수가 만족스럽지 않으면 수시로 이탈했다.

임금이 대체로 높았기 때문에 인디언들은 노동을 시즌 단위로 할 수 있었고 전통 생계수단을 급여로 보완하며 백인 고용주로부터 독립성을 유지했다. 일부 앵글로인들은 누가 봐도 강제 노예에 불과한 조건으로 노동자들을 부렸다. 또한 남부의 앵글로 이민자들은 위법행위까지는 하지 않더라도 프리몬트가 노예제를 반대하는 당원이고 노예무역이 금지되어 있음에도 불구하고 흑인 노예를 유지했다. 멕시코 영토였던 텍사스의 경우와 달리 서부 해안 정복 이후 미국은 노예무역으로 수익을 올릴 수 없었다. 칼리포르니아에는 땅이 많았지만 서부의 여러 주와 태평양 연안과 너무 멀었고 야심 찬 정착민들은 군이 거기까지 가서 시작할 필요를 느끼지 못했다. 1848년 이전에는 유럽인과 앵글로계 미국인 중 칼리포르니아에 정착하길 원하는 이는 어딘가 이상한 사람뿐이었다.

그 괴짜 중 한 명이 바로 존 서터였다. 본래 요한이라는 이름의 스위스 상인이던 그는 유럽계 아내와 자녀, 빚을 모두 버리고 부를 찾아 서부로 떠났다. 한참이나 돌아간 그의 경로를 보면 유럽에서 알타 칼리포르니아가 얼마나 먼지 알 수 있었다. 서터는 뉴멕시코, 밴쿠버와 하와이를 경유한 뒤에야 베이 지역에 도착했다. 최종 목적지인 예르바 부에나(오늘날의 샌프란시스코) 지역에 머물다 강을 거슬러 올라가 멕시코 총독으로부터 5만 에이커가 조금 안 되는 땅을 하사받은 후 기지 및 농장 단지를 건설했다.

서터는 미국 정착민들을 불러들여 밀 목장 노동자의 대부분을 차지하던 인디언을 감독하는 계층으로 임명했다. 그는 이곳을 뉴 헬베티아로 명명했는데 보고서에 따르면 끔찍한 환경이 남부의 플랜테이션 농장에 버금갔다. 서터는 수백 명의 미워크Miwok 부족과 니세난 마이두Nisenan Maidu 부족을 노예로 삼았으며 수확기에는 올론 인디언을 상대로 '선교'를 펼쳤다. 이 지역에서 백인은 100대 1, 혹은 1,000대 1의 비율로 열세였지만 서터는 인종분리는 물론, 온갖 잔혹행위를 자행해 지위를 유지했으며 하와이와 남아시아의 원주민들을 노동력으로 수입했다. 하지만 그 역시 스페인 정착민과 동일한 문제에 시달렸다. 칼리포르니아 인디언들이 자신 소유의 땅에서 자급자족이 가능한 삶을 누리고 있었던 것이다. 그들은 백인들의 말 관리 담당으로도 고용되었다.

앵글로 정착민들은 알타 칼리포르니아 인디언, 그중에서도 올론 공동체에 대해 농사기술 없이 그저 '땅만 판다'고 무시했다. 이들이 땅 파는 막대를 이용해 뿌리식물을 캔 것도 사실이지만 계절에 따라 거주지를 이동하는 방식으로 놀라울 만큼 다양한 식단을 즐겼다. 영구 정착지가 없다는 점에서 유목민이라 할 수 있는 올론은 궁핍해지면 거주지를 옮겼다기보다 풍요를 찾아 이동했으며 개별 공동체는 작지만 일정한 영토를 유지했다. 자연이 무르익어 결실을 맺기까지 주기가 워낙 짧다 보니 사냥 및 수확 노동을 고강도로 진행해야 했고 이후 꽤 오랫동안 사회적 호사를 누렸다. 이 같은 속사정을 알 리 없는 유럽인 정착민들은 원주민들이 게으르다고 여겼다.

하지만 칼리포르니아 인디언의 삶은 여러 다양한 식물과 동물 무리에 따라 달라지는 만큼 극도로 복잡할 수밖에 없었다. 이 같은 특수성이 산재해 있다 보니 올론의 언어 및 문화는 학자들이 재구성할 수 있었던 전 세계 역사 가운데서도 가장 다양성이 높은 축에 속했다. 칼리포르니아 인디언의 삶은 너무 쉽다는 게 유럽인의 견해였는데 그 이유는 인디언들이 수천 년간 축적해온 환경정보에 의존해 살아갔기 때문이다. 반면 정착민들, 특히 채권자들로부터 도망쳐온 거나 다름없는 존 서터처럼 사회적으로 고립된 정착민은 자신을 둘러싼 환경에 대해 전혀 알지 못했다. 대신 인디언의 특수성에 맞서기 위해 일반성을 추구하는 백인의 과학을 내세웠다. 하루, 밀 한 가마니, 죽 한 그릇, 노동자 한 명, 그리고 (가장 중요한) 금화 1달러가 다 비슷한 가치를 지닌다는 것이다. 역사학자 앨버트 L. 우르타도는 서터, 특히 그가 인디언들을 일터로 소집하는 데 사용했던 '종'이 이 지역에 어떤 영향을 미쳤는지 설명했다.

서터의 종은 새크라멘토 밸리 지역에 현대적 의미의 시간이 도래했음을 예고했다… 인디언들은 이제 시간은 한정적이며 경제적 가치를 갖는다고 선언하는 개념을 적어도 삶의 일부 구간에서는 받아들였다. 서터의 종소리는 시간은 '돈'이고 끊임없이 흘러가며 1840년대의 인디언을 포함해 어느 누구도 기다려주지 않는다는 사실을 알려줬다. 현대적 의미의 시간은 농업시장이 형성되던 시기와 비슷하게 등장해 결국 국제 경제 네트워크의 구축에 기여했다.

노동자들을 원하는 임금이나 신용 조건으로 고용할 수 없을 때 서터는 무력을 사용했지만 그래봐야 수확은 한 철에만 이루어졌기 때문에 나머지 기간에는 노동자 대부분이 땅에서 자급자족하도록 하는 게 훨씬 효율적이었다. 당시에는 종으로 인디언을 다스릴 만한 백인이 그리 많지 않았다(혹은 연중 계속해서 임금을 주고 노동력을 고용하려는 사람도 별로 없었다). 하지만 서터가 자신의 땅에 도시를 건설하기 앞서 아메리칸 강 인근에 제재소를 지으면서 모든 것이 달라졌다. 1848년 서터가 고용한 제임스 마셜이라는 목수가 배수로에서 발견한 돌 몇 개를 서터에게 가져왔다. 마셜은 그 돌이 금이라고 확신했고 두 사람 모두 아니라는 증거를 찾을 수 없었다. 소문이 확산되자 서터의 노동자들은 일을 그만두고 금덩이를 찾아나섰다. 소문이 샌프란시스코에까지 전해지면서 아메리칸 강은 이른바 포티나이너스(1848~1858년 골드러시 당시 캘리포니아로 몰려든 사람들을 지칭하는 말)라고 불리는 자들로 넘쳐나게 되었다.

아메리칸 강에서 발견된 금광이 이 지역에 귀한 광물이 묻혀 있음을 최초로 알린 신호는 아니었다. 예를 들어, 안드레스 카스티예로라는 멕시코 군인은 1846년 사우스 베이의 고대 진사(수은 광석) 광산에 대한 토지 사용 허가를 따냈다가 얼마 못 가 다시 금지당했다. 하지만 땅에서 캐낸 것이 금덩어리라면 차원이 다른 문제였다. 금은 전 세계 공통화폐나 다름없고 어디서든 원하는 걸 살 수 있으며 당시에는 세계 각지에서 흔히 발견되었다. 땅에서 돈이 나오다니 기회주의적 정착민들에게 이보다 더 좋은 호재는 없었다. 사람들(그리고 대부분 남성인 정착민 인구)은 하던 일을 내팽개치고 금광으로 향했다. 선원들 역시 강 상류로 몰려가 항구에는 버려진 배들이 쌓여 있었다. 정착민들은 오리건 준주에서 북쪽으로 하이킹을 했다. 골드러시 초기, 캘리포니아 물길보다 좋은 조건을 제시한 고용주는 존재하지 않았다. 광부들은 인디언 바구니를 본떠 볼록하게 만든 그릇으로 강과 개울을 퍼올렸고 금이 점점이 박힌 침전물을 손으로 걸러냈다. 문화와 생물에 있어 다양성의 중심지였던 칼리포르니아에는 순금 역시 차고 넘쳤고 백인의 탐욕은 하늘 높은 줄 몰랐다.

포티나이너스는 스페인 및 멕시코 정착민과 다르면서도 훨씬 포괄적인 방식으로 알타 칼리포르니아 인디언의 삶을 파괴했다. 이들은 목장주와 달리 큰 자본 없이 물속에서 금만 캐면 됐기 때문에 빠른 속도로 증가했다. 인디언들은 작은 영토에서 효율적으로 자급자족하며 수많은 세대에 걸쳐 풍요로운 공동체의 삶을 영위했다. 반면 금 채굴은 한 가지 목표를 위해 영토를 고갈시킨 뒤 가능한 한 빠르게 다음 지역으로 넘어가는 방식으로 진행된다. 재생되지 않는 무기물 덩어리가 더는 나오지 않을 때까지 탈탈 털어낸 뒤 아직 풍부하게 남아 있는 곳으로 옮겨간다. 계절에 따른 순환 방식이 아니라 선형으로 빠르게 이동하며 축적하는 것이다. 충분한 금 같은 건 존재하지 않았다. 포티나이너스는 미국이 멕시코와 체결한 조약에 따라 허가된 토지에서만 채굴한다는 조항을 무시하고 스페인 정복자들의 후손을 이 좋은 자리에서 몰아냈다. 이 같은 채굴권 강탈은 개울 바닥을 훑는 '사금' 광부들에게 당연한 일이었으며 최초 피해자는 인디언이었다. 난폭한 백인이 이들을 몰아냄에 따라 칼리포르니아 원주민은 공동체의 존재 기반을 잃었고 대신 백인이 그 자리를 차지했다.

골드러시로 몰려든 이들은 정착민이 아니었다. 적어도 대부분은 스스로 그렇게 여겼다. 금을 손에 넣기 위해 온 것이니만큼 다시 돌아가거나 다른 곳에서 계속 금을 획득해 더 큰 부자가 되기를 꿈꿨다. 이는 사람들의 행동에서 드러났다. 캘리포니아가 최초의 헌법을 제정하고 1850년 타협을 통해 '자유주'로 통합되면서 텍사스 못지않은 지위를 얻게 된 이후에도 이들은 도무지 정착하는 법이 없었다. 탐욕과 기회주의를 기반으로 세워진 사회는 불안정했지만 '만인에 대한 만인의 투쟁' 같은 혼돈 역시 바람직하지 않기는 마찬가지였다.

개척자 캠프에서 광부들은 집단통치를 위한 규약 초안을 만들었다. 당시 캘리포니아의 관리인 찰스 하워드 신이 1885년에 작성한 내용에 따르면 자유인들이 임시 연합을 결성해 재산분쟁을 해결하고 보복 폭행행위를 방지했다. 하지만 이는 앵글로-캘리포니아인의 자치 정부였던 만큼 대부분의 광부가 포함되지 않았다. 금의 가치는 전 세계적으로 인정받았고 사람들은 어디서든 대량으로 몰려왔다. 프랑스인 모험가, 부를 쌓으려는 중국인, 칠레 및 멕시코 북부 지역의 노련한 광부들까지 다양했다. 이들 외국인들은 불가피하게 문제를 일으켰고 미국인들의 결속을 더욱 강화하는 역할을 했다. 결국 외국인과 인디언을 금 채굴에서 배제하는 것이 광부 위원회, 그리고 캘리포니아 주정부 자체의 존재 이유가 되었다.

처음부터 캘리포니아주는 영토를 사용하려면 국적이 있어야 한다고 규정해 백인 카르텔을 형성했다. 1850년에는 외국인 광부 세금법을 통과시켜 토지에 월 임대료를 부과함으로써 상대적 불이익을 선사했다. 하지만 이는 가령 프랑스 광부들에게는 나쁠 게 없는 정책이었다. 예전 같았으면 정착민들로부터 핍박받아 꿈도 못 꿨을 채굴권을 (일정 금액을 내고) 확보할 수 있었기 때문이다. 하지만 임대료를 내는 모든 이가 보호받을 수 있는 건 아니었다. 인디언과 흑인의 경우, 백인이 연루된 사건에서 증언할 수 없다고 캘리포니아주의 민사 및 형사 소송법에서 규정하고 있었다. 증언 금지로 인해 백인이 아닌 사람들은 어떤 주장을 하든 인정받지 못했고, 그 결과 백인의 약탈로부터 자신을 보호할 수 없었다.

1853년 광부 링 싱을 살해한 혐의로 유죄 판결을 받은 조지 홀은 캘리포니아 대법원에 항소를 제기했고 판사는 기괴한 인종과학을 근거로 홀의 손을 들어주었다. 중국인이 백인에 불리한 증언을 할 수 있도록 허용하면 민권의 완전 평등을 향한 문이 열릴 수 있는 만큼 불허한다는 것이다. 그 결과, 캘리포니아의 백인들은 다른 백인이 불만을 제기하지 않는 한 비백인을 살해하는 게 법적으로 허용되었다. 금 채굴이라는 목적으로 모여 그 결과 탄생한 캘리포니아주는 폭력을 진압하기는커녕 오히려 부추기고 집중했으며 인종별로 조직화했다.

주 정부가 백인 우월주의를 법으로 승인함에 따라 미국 광부들은 인디언에 대한 공격을 국가적 임무처럼 수행했다. 이들 정착민은 골드러시 이후 수십 년간 국가를 대신해 살인과 약탈을 자행했고 인디언 사냥 민병대를 조직한 뒤 주 정부에 보상금을 요청했으며 주 정부는 이를 다시 연방정부에 요구했다. 민중주도 프로젝트에 국가권력이 결합됐다는 점에서 곰 깃발(베어 플래그) 반란 및 프리몬트의 캠페인과 성격이 비슷하다고 할 수 있지만 이번엔 주 정부까지 가세했다. 캘리포니아의 최초 민간인 주지사였던 피터 버닛은 1851년 주 정부 연설에서 이렇게 말했다. "시간이 곧 돈인 백인, 편안한 삶을 위해 온종일 열심히 일하는 백인은 밤샘보초를 서 가며 재산을 지킬 여력이 없습니다. 하지만 몇 번 강도를 당하고 나면 절박한 마음에 근절을 위한 전쟁을 결심하게 됩니다." 그는 전투가능 연령의 백인남성 중 민병대에 입대하지 않은 모든 이에게 연간 25센트의 세금을 부과하는 법을 제정해 대학살 프로젝트를 직접 지원했으며 이듬해 입법부는 이 세금을 두 배로 인상했다.

하지만 더 큰 지원을 쏟아 부은 건 연방정부였다. 1855년 토지증여법이 제정되면서 2주 이상 전투에 참여한 군인이나 민병대원은 토지 160에이커를 받을 수 있게 된 것이다. 이에 캘리포니아 민병대는 비무장 인디언을 상대로 별 필요도 없는 원정을 실시해 단숨에 여러 명을 살해하고 땅을 몰수했다. 이렇게 증여받은 토지에서 캘리포니아의 미래를 본 정착민들은 내륙 및 북부로 진출해 점점 더 많은 부족사회를 내쫓고 보상금을 챙겼다. 토지 증여법은 1862년 홈스테드법의 전신으로, 홈스테드법은 5년간 토지를 개간한 정착민은 2주간 인디언을 살해한 이들과 마찬가지로 160에이커의 땅을 증여받는다는 내용을 담고 있었다. 그리고 연방정부는 루이지애나 상원의원이자 훗날 남부연합 국무장관이 된 유다 벤자민의 지원에 힘입어 캘리포니아의 '전쟁 부채'를 갚을 수십만 달러를 주 정부에 보내주었다. 이는 미국 방식으로 특화된 합법적 정복이었다.

광부들은 훔친 땅에서 금만큼 귀하지는 않아도 그에 못지않게 흔한 밀, 보리와 귀리를 심었지만 플랜테이션 경제를 운영할 준비는 되어 있지 않았다. 신사적 농부가 되는 데 필요한 노동자가 그리 많지 않았던 것이다. 그 결과, (잠재적 임금 노동자의 대부분을 차지한) 인디언 난민들도 높은 임금을 요구했다. 이들은 결국 사이코패스 존 서터와 같은 결론에 도달했으니 바로 인디언을 노예로 만들어 강제노동을 시키는 것이다. 자유노동자의 하루 임금은 최소 1달러였지만 인디언 포로는 한 달 치 임금도 안 되는 돈으로 사들일 수 있었다. 남부의 흑인 노예는 1인당 1,000달러가 넘는 가격에 거래됐지만 농장주들은 납치된 캘리포니아 인디언을 100달러도 채 되지 않는 돈에 데려왔다.

캘리포니아에는 백인여성이 전무하다시피 해 백인남성은 인디언 여성과 아이들을 성관계를 포함한 가정 노역에 활용했다. 민병대 공격으로 각자의 땅에서 쫓겨난 인디언은 앵글로인의 집과 밭에서 노예생활을 해야 했다. 노예제는 불법이었지만 비백인의 증언 역시 불법이어서 인디언들은 마땅히 호소할 데도 없었고 캘리포니아에서 노예납치가 가장 왕성했던 1860

년대 초에는 광업 및 밀농사기술이 발전해 인디언들의 노동 임금은 급락했다. 최초 골드러시 이후 20년이 채 지나지 않은 1870년, 한 통계에서는 캘리포니아 정착민이 캘리포니아 인디언의 80%를 몰살했다고 집계했고 그 결과 15만 명에 달하던 인구가 3만 명으로 줄었다. 역사학자 록산느 던바오티즈의 표현을 빌리자면 '역사상 가장 극단적인 인구 재앙'이 일어난 것이다. 새크라멘토의 한 기자는 1865년 멘도시노 카운티에서 인디언 노동자가 말 뒤에 매달려 끌려간 학대 사건에 대해 이렇게 적으며 강제노동 금지안을 비웃었다. "캘리포니아는 노예에게 너무 가혹하다."

빠르게 움직여 판을 깨라

앨버트 우르타도가 지적했듯 19세기 후반, 자신의 땅에서 쫓겨나 가혹한 새 역사의 시대로 내몰린 건 캘리포니아 인디언뿐만이 아니었다. 정복 정착민들은 전 세계 농경지를 점령하고 봉쇄해 농민과 원주민 공동체를 자본주의 노동으로 내몰았다. 임금을 주든 노예로 부리든 혹은 (가장 흔하게) 그 사이 어딘가의 절망적 여건에서 노동을 시켰다. 경제학자 에릭 윌리엄스는 대서양 플랜테이션 노예제의 붕괴를 두고 이렇게 적었다. "제국의 시대는 끝났다. 자유상인, 경제학자와 계산기가 승리했다." 1840년대부터 "전 세계는… 영국의 식민지가 되었다." 런던 주도 제국의 수뇌부는 해외 영토를 표준화 및 수출에 최적화하여 자급자족 시스템을 약화시켰다.

그 결과 아일랜드부터 인도에 이르는 지역에서 수백만 명이 굶주림으로 사망했다. 배를 곯은 소작농들이 공장으로 내몰린 건 프롤레타리아화의 고전적 서사이자 산업 노동자 계층의 탄생 스토리다. 캘리포니아는 영국 맨체스터나 프랑스 리옹, 매사추세츠 로웰 같은 공장을 갖추고 있지는 못했지만 금과 땅이라는 자산을 바탕으로 산업화를 향해 나아갔다. 또한 세계

대부분 지역과 달리 자본주의 경제가 봉건적 자산 관계에서 한 단계씩 발전한다고 보지 않았다. 자본은 마치 유성처럼 캘리포니아를 강타한 뒤 생경한 넝쿨이 되어 무섭게 뻗어나갔다.

포티나이너스는 얼마 되지 않아 사광의 금을 바닥냈다. 캘리포니아 인디언들에게는 축적 경제가 존재하지 않았던 만큼 금이 별 쓸모가 없었다. 일부 공동체의 경우, 사람이 죽으면 그의 소지품 역시 영성이 사라진다고 여겨 망자와 함께 파괴하는 의식을 치르기도 했다. 올론족이 갈대 오두막과 카누를 매년 다시 만드는 데서 알 수 있듯 이들 물질문화의 상당 부분은 한 번 쓰고 버리는 형태였다.

반면 금광으로 몰린 정착민들은 글로벌 금융 시스템의 탄생에 기여했고 마치 밑 빠진 독처럼 끝없는 수요를 창출했다. 하지만 볼록한 그릇 하나 들고 개별적으로 움직이는 광부들은 더 이상 처음처럼 입이 쩍 벌어지는 속도로 금을 캐지는 못했다. 이제 자본주의자들이 주도권을 잡아야 할 때였다. 캘리포니아 금 채굴은 초기에는 기반암을 폭발하는 방식으로 이루어지지 않았다. 대신 광부들이 물로 침전물을 씻어내는 과정에서 무거운 금은 수집용 그릇에 떨어지도록 하는 방식이었다. 하지만 표준화에 천재인 엔지니어들은 채굴량을 늘리려면 더 많이, 더 빠르게 움직여야 한다는 사실을 깨달았다.

우선 광부들은 사용하던 그릇을 로커rocker로 업그레이드했다. 로커란 거름망으로 큰 돌을 걸러낼 수 있는 호퍼hopper가 상부에 설치된 크고 기다란 나무통이다. 이 통을 경사로에 고정한 뒤 호퍼에 침전물을 넣고 물을 부으면서 호퍼 프레임을 흔들면 돌멩이와 흙이 거름망을 통과해 경로를 따라 흘러가다 돌출된 단에 순도 높은 금만 걸려 잔류하게 된다. 이 로커는 광부 한 명이 얼마든지 조작할 수 있고 물도 계속 부어줄 필요는 없다. 롱 톰Long Tom은 이보다 한 단계 위의 모델로 길이도 10~20피트로 거대하고 조작에 많은 인력이 필요하며 물도 지속적으로 부어주어야 한다. 캘리포니아의 중국인 광부들은 개별 채굴 시 누릴 수 있는 장점, 그리고 인종차별법 때문에 정착민보다 낮은 임금을 받는다는 점만 감수하면 얼마든지 이 일을 보장받을 수 있었다.

투자자들은 이 롱 톰의 스케일 역시 늘려 수백 피트 길이의 통로를 만들고 자연의 물길이 흘러들 수 있도록 했다. 이 물길 바닥에 소량의 수은을 배치하면 금 '가루'까지 빠짐없이 채취할 수 있었다. 모델의 효율성이 높아질수록 더 많은 투자금이 필요했다. 여러 가능성을 연구하고 엔지니어와 노동자를 채용하며 자재를 조달해 실제로 건축해야 했기 때문이다. 자본이 더 많다는 것은 해당 지역 수로에 더 많은 수은이 쌓인다는 의미이기도 했다. 금을 캐는 자유 백인들은 엔지니어, 관리자 등 전문가로 분류되어 투자자 대신 운영을 총괄했다.

유수 채집통은 물로 작동했지만 수력 채굴은 물의 흐름을 다른 방식으로 활용했다. 침전물을 캐낸 뒤 씻어내는 것이 아니라 아예 수압으로 침전물을 캐내 작업강도를 몇 배로 높였다. 캘리포니아의 광산 엔지니어들은 처음엔 금속 파이프, 그 다음엔 캔버스 호스 파이프(이후 가죽, 고무 및 하이브리드 호스)로 온갖 산비탈을 씻어내며 금맥을 찾아 헤맸다. 이는 원하는 만큼 높은 압력의 노즐과 커넥터를 제작해야 하는 신기술로서 상당한 파괴력을 지니고 있었다. 최소한의 물살로 최대한 넓은 범위의 땅을 최대한 빠르게 파헤치기 위한 발상이었다.

수력 채굴꾼들은 광산 캠프 마을 전체를 씻어냄으로써 발밑 지반을 완전히 깎아버렸다. 문제 될 건 없었다. 본인들은 다른 곳으로 옮기면 그만이니 말이다. 하지만 온갖 침전물이 자신의 땅에 흘러들 줄도 모른 채 캘리포니아에 정착하고자 한 농부와 다른 부동산 소유자들에게는 위협이 분명했다. 1884년 불만이 극에 달하자 캘리포니아 연방 지방법원 판사이자 철도 간부의 최측근이던 로렌조 소여는 수력 채굴을 공공방해 행위로 규정하고 금지했다. 캘리포니아에는 여전히 금광을 비롯해 채굴할 금이 남아 있었지만 포티나이너스의 수력 채굴 시대는 끝났다. 적어도 캘리포니아에서는 말이다.

이 같은 수력 채굴 러시는 새로운 계층을 탄생시켰으니 바로 물과 돌, 노동의 달인인 캘리포니아 엔지니어다. 이들 개척 과학자는 더 우수하고 진화된 형태의 채굴꾼이라고 할 수 있지만 한편으로 기업가의 면모를 지니고 있었으며 임금보다는 프로젝트에서 배당받은 지분에 의해 움직이는 경우가 많았다. 또한 신뢰할 만하고 대학 교육까지 마친 이들도 많아 주 정부는 이들을 하와이 제도부터 영국이 점령한 인도와 팔레스타인, 남아프리카 공화국과 호주, 그리고 남아메리카와 동아시아의 외국인 소유 광산에 이르는 영어권 식민지로 파견했다. 캘리포니아 골드러시의 경험에 기반해 물로 땅을 파괴하고 비백인들을 노예화하도록 한 것이다.

캘리포니아 과학자들은 식민지를 농업 상품으로, 사회를 백인 자본주의 점령지로 전환시키는 데 기여해 식민지 프로젝트의 수익성과 타당성을 높였다. '캘리포니아 모델'은 활용도가 상당히 높았다. 자본, 노동과 환경의 관계를 대중공식, 즉 지배는 영국인이 하고 모든 원주민은 인디언이며 모든 땅과 물은 단순히 금을 채집하기 위한 수단에 지나지 않는다는 명제에 따라 재정립했기 때문이다. 유럽의 식민제국이 사하라 사막 이남 아프리카 및 중국 영토를 놓고 경쟁적으로 쟁탈전을 벌이면서 골드러시 지정학이 나타났다.

캘리포니아 엔지니어들은 전 세계에 프롤레타리아 계급을 확산시키는 전령, 국경 봉쇄를 파괴하는 충격 부대로서 다른 많은 이들이 따를 수밖에 없는 선을 그려나갔다. 사회가 갖춰야 하는 형태 및 조직과 관련해 캘리포니아에서 구축한 특정 신념과 사상을 배포했다. 20세기 초입의 초국적 금

채굴을 연구한 보고서에 따르면 엔지니어들은 영국 식민지에서 인종차별적 노동 관행을 고안하고 시행하는 데 핵심 역할을 수행했다. 이는 다민족 사회인 미국 서부에서 백인의 우월성을 보장하기 위해 개발된 관행과 유사했다. 가령 "인종별로 임금 및 직무에 차등을 두고 비백인 광부들의 건강은 대놓고 무시하며 인종차별적 인식을 이용해 모든 광부의 임금을 억눌렀던" 것이다. 개척 서부는 신세계의 모형으로서 백인의 권력 및 표준화의 축적에 따라 가치와 노동력이 재배치된 세상이었다. 유럽의 지도자들이 세계 각지를 개인의 탐욕을 채울 보물상자로 여겼다면 캘리포니아 엔지니어들은 그 옆에 착 붙어 콩고물이 떨어지기만 기다렸다.

프롤레타리아 계층의 확산이 전 지구적 현상이긴 했지만 산타클라라의 옛 성당, 특히 산호세를 중심으로 한 산타클라라 카운티의 성장 스토리는 가장 극명한 사례를 제시했다. 사우스 베이 한가운데 위치한 스페인의 이 파견지는 전통 올론 '부족'과 일반적 생태계를 해체했다. 하지만 1850년대 초까지 산타클라라 카운티에는 상당수의 올론족이 남아 있었으며 이들은 인구의 대다수를 차지한 멕시코인들과 함께 산호세의 고대 수은 광산을 중심으로 생활했다.

식민지 개척자들은 이 광산의 이름을 스페인에서 수은 광석이 가장 풍부한 지역의 이름을 따 뉴알메이든이라 짓고 이곳이 창출할 엄청난 수익에 대한 기대감을 내비쳤다. 전쟁 중 자신들의 소유권을 행사할 수 없었던 멕시코인들은 영국의 수출입 기업 배런 포브스 앤 컴퍼니에 이 광산을 임대해주었고 이 기업은 매장된 자원을 적극 활용해 성공을 거뒀다. 전쟁 이후 멕시코계 미국인들에게 중요한 캘리포니아 지역 중 산호세와 산타클라라 밸리만큼 즉각적인 변화를 경험한 곳은 없었다. 전쟁 전 약 150명이던 이민자 인구는 1860년 3,500명으로 25배 가까이 증가했고 이와 동시에 산타클라라 카운티의 인디언 인구는 1852년 450명이던 것이 1860년 불과 29명으로 줄어 급격한 인구붕괴를 기록했다.

거의 모든 멕시코인에게 멕시코계 미국인이 된다는 사실은 땅을 잃는다는 것을 의미했다. 미국 당국이 과달루페 이달고 조약을 어겨가며 멕시코인의 토지 소유권을 무효화했기 때문이다. 결국 10년이 지난 뒤에도 캘리포니아에서 정식으로 토지를 보유하고 있는 멕시코계 미국인은 26명에 불과했다. 이 같은 인종수탈 행위는 1863년 미국 대법원이 뉴알메이든 광산에 대한 안드레스 카스티예로의 소유권을 박탈한 뒤 뉴욕의 퀵실버 광업 회사에 넘기면서 극에 달했다.

프롤레타리아 계층으로 거듭난 멕시코인들이 마치 사금 거름망 바닥의 수은처럼 뉴알메이든 광산으로 모여들면서 산호세에는 캘리포니아에서 가장 많은 스페인어 사용 인구가 거주하게 되었다. 이 광산은 캘리포니아의 다른 어떤 기업보다 많은 산업 직종을 제공했고, 지하에서 일하게 된 수백 명의 치카노(멕시코계 미국인을 지칭하는 말)들은 새로운 저임금 노동 인종으로 자리잡았다. 1860년경 산호세에 거주하는 멕시코계 미국인 남성의 55%는 노동자였다. "1860년에서 1900년 사이, '산타클라라' 카운티에서 전문직에 종사한 캘리포니아주민이나 멕시코계 미국인은 단 한 명도 없었다"고 기록되고 있다. 1850년대 말, 정착민들이 오기 전부터 갖고 있던 토지 소유권을 계속 유지한 올론과 멕시코계 지주는 60명이 채 되지 않았다. 나머지는 노동을 해야 했다.

퀵실버 광업 회사가 뉴알메이든 광산을 인수했을 때 노동자들은 더 열악한 환경에 직면하게 됐다는 사실을 깨달았다. 미국인 소유주들은 노동자들에 전체주의적으로 접근해 그들의 일상까지 통제하려 들었다. 퀵실버는 기업 매장을 설립해 '스페인 마을' 내 상업활동을 독점했고 저급한 신상품을 판매해 폭리를 취했다. 노동자가 직접 지은 집부터 사용 및 판매를 위해 채집한 장작에 이르기까지 기업 토지 내에 존재하는 모든 것에 대한 소유권을 주장했다.[1] 심지어 독립 행상, 상인, 물 운반책은 물론 멕시코인이 운영하는 선술집과 음식점까지 금지하고 대신 회사 술집에서 저질 술을 제공했다. 보상기준을 멋대로 바꿔 격주로 지급하던 임금을 영국인처럼 매월 지급하기 시작했다. 실질 임금은 하락했고 노동자들은 음식을 먹고 장례를 치르는 등 기본생활을 해나가는 것만으로 헤어날 수 없는 빚더미에 올라앉았다.

1865년 미국식 자본주의에 진저리가 난 뉴알메이든의 멕시코 노동자 중 최소 600명(일부 백인 동료 포함)은 생산을 중단하고 일련의 개혁요구사항을 발표했다. 이에 퀵실버는 학살을 자행하는 주 민병대에 청원을 제기했고, 민병대는 또 노예 진압을 갓 마친 연방군의 북부 캘리포니아 연대의 힘을 빌려 캘리포니아 최대 규모의 멕시코계 미국인 공동체를 광산으로 다시 돌려보냈다. 전쟁 및 골드러시 당시 멕시코인들에게 피난처나 다름없었던 이곳이 이제는 빠져나올 수 없는 덫이 되었다. 다른 모든 곳과 마찬가지로 뉴알메이든은 캘리포니아의 새로운 백인 소유주 계층과 반대편에서 이들을 섬기는 멕시코 프롤레타리아의 발상지가 되었다.

산호세 수은 광산은 포티나이너스 이후 100년에 걸쳐 진행된 캘리포니아 개척 스토리의 배경이 되었다. 1870년대 중반, 뉴알메이든의 감독관 아서 푸트는 재능 있고 교육받은 아내를 뉴욕에서 베이 지역으로 데려와 서부 전역의 엔지니어링 프로젝트에 동원했다. 메리 할록 푸트는 글쓰기에 능통한 예술가로 지역사회에 결혼한 백인여성이 거의 없다 보니 본국의 특파원 역할을 맡을 수밖에 없었다. 뉴알메이든에 관한 이야기를 글로 쓰고 일러스트까지 그려 〈스크리브너스Scribner's〉에 기고했다. 1878년에 출간한

---

1 '장작 절도'를 범죄로 분류한 건 전 세계적으로 프롤레타리아 계층이 확산된 이 시기의 현상이었다. 1840년대 들어 빈곤층이 예전처럼 장작을 구할 수 없게 되자 독일 라인란트의 한 25세 잡지 기자는 부상하는 노동자 계층을 착취에 동참하는 지배층이란 개념을 구축하기 시작했다. Daniel Bensaïd and Robert Nichols, *The Dispossessed: Karl Marx's Debates on Wood Theft & the Right of the Poor*, 2021.

첫 원고 '캘리포니아 광업 캠프'는 이국적 땅에서 살아가는 활기 넘치는 백인 노동자들의 일상을 소개했다.

이들은 멕시코인과는 분리된 채 그들의 거주지가 내려다보이는 마을에서 생활했다. 멕시코인들은 "어린아이처럼 잔뜩 긴장한 눈빛으로" 백인을 바라보는 "검은 눈동자의 여성들"과 위스키에 찌들어 푸트에게 "마님, 그건 불가능해요!"라는 말만 반복하는 남성들로 분류된다. 푸트는 노인 멕시코인이 한 명도 보이지 않는 이유에 대해 그들이 '나약한 인종'이기 때문이라고 결론짓는데 이는 그들이 백인을 섬기기 위해 존재한다는 근거로도 작용한다(푸트의 기록에는 인디언은 없고 갈색 피부와 검은 머리카락을 가진 멕시코인 프롤레타리아만 등장한다). 중국인 역시 하인으로 타고났으며("한 멕시코인이 우리가 쓸 통나무를 가져왔다. 물론 중국인이 장작을 팼다"), 푸트는 그들의 '천박하고 투박한 아기 말투'에 대해 적었다.

그녀는 자신을 어린애 같은 하인 종족만 득실대는 땅에 갇힌 백인숙녀로 인식했고, 미국의 독자들은 그녀의 글에 열렬히 호응했다. 푸트 부부는 월레스 슈테그너의 1971년 역사소설 《평온의 단면Angle of Repose》에서 상류층으로 등장하는 수잔과 올리버 워드의 실제 모델이기도 했다. 뉴알메이든의 멕시코인과 중국인 노동자들 사이에 살아가는 한 정착민의 험난한 로맨스를 푸트의 실제 편지에 기반해 담은 이 책으로 슈테그너는 퓰리처상을 수상했으며 새로운 세대의 독자들은 푸트의 식민주의적 관점을 그대로 흡수했다.

뉴알메이든은 프롤레타리아 계층의 탄생 과정을 여실히 보여준다. 원주민과 농민 인구가 토지에서 배제되고, 백인 통치가 공식 확립되며, 과학을 통한 효율성의 지속적 증대로 이윤을 극대화하는 한편 도처의 군인이 위협을 가하는 상황. 이 모든 걸 합치면 노동자 계층이 합법적으로 할 수 있는 일이라고는 고용주가 정한 조건에 따라 고용주에게 자신을 시간 단위로 판매하는 것밖에 남지 않는다.[2] 그에 따라 앵글로인 정착민들은 정부가 자신들의 소유권을 인정할 때까지 땅을 불법 점유하거나 민병대에 가입해 주정부 대신 인디언을 살해하고 합법적으로 보조금을 받는 등의 방법으로 권리를 찾았다.

캘리포니아 농업은 곡물과 대규모 소떼가 황금빛 물결을 이루는 목장 단위로 이루어졌기 때문에 자작농의 전통을 찾아보기는 힘들었다. 대신 캘리포니아의 영주들은 토지를, 확대되는 미국 시장의 가치 있는 자산으로 여기기보다 농장주를 비롯한 자본가들에 매매 혹은 임대할 수 있는 투기 자본으로 여겼다. 예를 들어, 홈스테드법 제정 이후 제재소 소유주들은 직원들에게 목재에 대한 소유권을 등록한 다음 회사에 임대하라고 권했다. 다음 장에서 살펴볼 것처럼 이 같은 행위가 소규모 투기꾼들에게 매번 결실을 안겨준 건 아니었지만 토지의 잠재적 가치에 대한 그들의 판단은 틀리지 않았다. 토지의 가치는 이내 금보다 더 빛나게 되었으니 말이다.

은행이 탄생하다

포티나이너스의 골드러시에 자금을 지원한 동부 지역민과 유럽인들에게 부채를 갚은 이후 캘리포니아의 영세 자본가들은 새로운 기회를 찾고 있었다. 그러던 1859년, 네바다에서 컴스톡 광맥이 발견되면서 대박이 터졌다. 이는 서부 해안의 귀족계층 및 이들의 주요 제도를 구축하는 데 기여

2 일부는 도적이 되었지만 사학자 에릭 홉스봄이 로빈 후드에 빗대 말한 '사회적' 도적이라고 할 수는 없었다. 중국 이민자들은 법의 보호를 제대로 받지 못했기 때문에 착취당하기 십상이었다. John Boessenecker, *California Bandidos: Social Bandits or Sociopaths? Southern California Quarterly vol. 80, no. 4*, 1998. 이들 도적 중 가장 유명한 호아킨 무리에타는 소노라 사막의 전설적 포티나이너스로 소유지를 앵글로 정착민들에게 강탈당한 후 도적이 되었다. 무리에타는 캘리포니아 최초의 소설인 존 롤랭 리지의 1854년 작품《호아킨 무리에타의 삶과 모험》속 주인공이다. 소설은 조로라는 캐릭터의 탄생에 영감을 제공하기도 했는데 조로는 캘리포니아의 스페인 혹은 멕시코 식민지 시대를 살아가는 대지주의 아들로 선행을 베푸는 인물이었다. 이 같은 설정 속에서 리지의 반제국주의 뿌리, 그리고 1820년대에 태어난 체로키족으로서의 관점은 희석되었다. John Rollin Ridge, Hsuan L. Hsu, et al., *The Life and Adventures of Joaquín Murieta*, Penguin Classics, 2018.

한 모든 은 광산의 끝판왕이라 할 만한 광맥이었다. 멕시코 식민시대부터 이어져 온 소떼 목장은 1860년대 들어 자연재해 및 가격하락으로 자주 어려움에 처했고 이로 인해 앵글로인의 토지독점을 원한 불법 점유자 및 미국 정부는 소유권을 비교적 수월하게 가져올 수 있었다. 말 등의 가축이 농기구를 끌면서 귀리와 더불어 밀 농사가 풍년이 들었다. 산타클라라 밸리 농부들은 자연 대수층을 활용할 수 있었기 때문에 캘리포니아의 다른 지역에는 대부분 필요했던 값비싼 관개 시스템을 생략할 수 있었다.

그래도 서부 해안에 돈 될 만한 것이 아직 남아 있다는 사실은 다행이었다. 캘리포니아주의 핵심산업은 결국 광업이었으니 말이다. 1864년 미국 최초의 상업은행인 캘리포니아 은행이 문을 열고 컴스톡 은광에 예금을 투자한 뒤 캘리포니아 농업에 재투자해 성공을 거뒀다. 캘리포니아주에는 이제 새로운 노동자 계급에 상응하는 자본가 계급이 생겨났고, 이들은 상품 작물을 두 배로 늘리고 채굴 자금을 농업(주로 곡물이지만 와인을 위한 포도도 재배)에 쏟아 넣음으로써 호황과 불황의 주기를 만들었다. 1860년대 말, 캘리포니아 농업은 고용 및 생산 가치의 측면에서 금을 제치고 1위를 차지했다. 골드러시의 시작과 끝이 불과 20년 사이에 모두 지나갔고 캘리포니아 경제는 새로운 기반을 맞이하게 되었다.

캘리포니아가 농업 분야에서 다른 지역보다 경쟁 우위를 점한 요소가 있었으니 바로 자본이다. 덕분에 규모화 및 기계화를 진행하고 공장 같은 효율성을 개발할 수 있었다. 캘리포니아는 농장당 기계 및 장비 보유량(가치 기준)이 전국 평균의 두 배, 가축 보유량은 세 배 더 많았다. 그 결과 개별 자산 격차가 세 배 넘게 벌어졌다. 이 같은 산업으로서의 농업은 전 세계적으로 새로운 형태이자 캘리포니아의 앵글로인 자본가들만 아는 형태였다. 농장주와 엔지니어들은 알타 칼리포르니아에서는 애초에 그리 돈독하지 않았던 멕시코식 봉건 유대를 버리고 기술과학에 기반해 토지 활용을 극대화하는 훈련을 해나갔다. 금을 철제 용기로 일일이 걸러내던 관행을 불과 몇 년 만에 산을 망가뜨리는 수력 채굴 방식으로 전환했던 것처럼 말이다. 밀의 시대 들어 땅 투기, 소유권 가로채기 및 단기 이익을 위한 수로 변경이 횡행한 것도 같은 맥락에서 일어난 일이다.

골드러시 당시 그랬던 것처럼 캘리포니아의 엘리트 엔지니어들은 효율성 증대 전략의 일환으로 신기술을 연구하고 개발하는 데 힘썼다. 캘리포니아에는 처음부터 농업 자본주의 질서가 자리하고 있었기 때문에 농부들은 시장 수요 급증 및 다른 지역으로의 수출에 힘입어 빠르게 성장할 수 있었다. 캘리포니아 역시 관개공학자, 기계공학자 및 식물과학자들이 주도하는 놀라운 혁신으로 발전을 거듭했다. 워커는 새로운 쟁기, 수확기 및 캐터필러 트랙터 등의 현지 생산 농기계, 콘크리트 댐과 물 펌프 같은 관개도구, 그리고 최초의 밀폐형 닭장과 소 축사 등 동식물 품종을 개량한 혁신으로 손꼽았다. 이처럼 캘리포니아 내 생산자들은 경쟁 우위를 점하고 있었다. 적어도 1869년 대륙횡단철도가 완공되고 캘리포니아의 제철소가 농업 자본을 흡수하기 전까지는 말이다.

하지만 세계경제 시장이 농업이라는 단일문화에 기반해 있는 상황은 불안했고 금융화는 양날의 검이었다. 1875년, 캘리포니아 은행은 예금을 모조리 농업에 투자했으며 창립자이자 샌프란시스코의 가장 저명한 사업가 중 한 명이던 윌리엄 C. 랠스턴은 캘리포니아에 영구 정착했다. 밀 호황으로 미국 중서부와 캐나다는 물론, 머나먼 인도, 러시아 및 호주의 농장주들까지 밀 재배에 뛰어들어 캘리포니아가 세계적으로 일으킨 기계화 물결을 이어갔고 결과적으로 인류의 식생활은 완전히 바뀌었다. 밀은 상품으로서 엄청난 성공을 거둠과 동시에 전 세계 농지를 식민지로 전락시킨 현금작물로 자리매김했다. 먹고살 식량이 나는 땅을 금이 나는 땅과 맞바꾸는 건 자본주의 지주들에게 당연한 행위였지만 사람들을 먹여 살리는 데는 취약했다. 대대로 소유해온 영토에서 분리된 원주민과 소작농은 자신들이 재배한 밀이 유럽으로 모조리 실려 감에 따라 캘리포니아 인디언처럼 굶주릴 수밖에 없었다.

세기말을 향해 가는 동안 곡물무역이 전 세계적으로 새롭게 통합되면서… 기후 충격과 그에 따른 수확량 부족의 영향이 대륙을 넘어 빛의 속도로 확산되었고 이는 가격폭등으로 이어졌다. 이제 시카고의 홍수나 펀자브의 가뭄이 수천 마일 떨어진 지역의 사람들을 굶주리게 (혹은 풍요롭게) 할 수 있게 되었다. 밀 재배로 지반이 약해지면서 캘리포니아는 갈수록 홍수 발생 빈도가 높아지고 건조한 날씨에 취약해졌다. 수확량이 들쭉날쭉해지자 서부 해안의 앵글로 정착촌은 세계경제를 주도하는 농업 지역의 지위를 내줄 수밖에 없게 되었다. 그래도 캘리포니아가 단일 문화에 그치지 않고 세계에서 가장 다양한 문화가 공존하는 곳 중 하나라는 사실은 다행이었다.

골드러시 당시 캘리포니아 최대의 수확량을 자랑한 작물에는 곡물과 곡물을 먹인 동물 이외에 포도와 사과도 있었다. 과즙으로 만든 알코올이라면 광부들도 사족을 못 썼기 때문이다. 1860년대에 대륙 간 교역이 가속화되고 광산 자본가들이 벌어들인 돈을 당대의 현금 작물에 재투자하면서 포도 필록세라 진딧물이 북미에서 프랑스로 흘러들어 프랑스 와인 마름병이 발생했는데 이후 전 세계적으로 와인 수요가 급증했다. 그 결과 프랑스 과학자들이 막대한 피해를 복구한 이후에도 캘리포니아는 물론, 남아프리카공화국, 호주, 칠레, 아르헨티나 등의 19세기 광산 식민지가 전 세계에 여전히 최고의 와인을 공급하고 있다. 현지에서는 와인 및 사과즙에 대한 수요가 신선한 과일과 채소에 대한 수요보다 높았는데 평소 곡물과 육류를 많이 먹는 앵글로인과 멕시코계 미국인이 특히 많이 찾았다.

앵글로인 농부들은 자급 농지에서 뿌리채소와 양배추를 재배했지만 광부 중 신선한 농작물 식단에 익숙한 건 중국인뿐이었다. 중국인 이민자 사회는 익숙한 식단을 특히 중시했으며 이는 식민지 식생활 고유의 영양 결핍을 고려할 때 합리적 선택이었다. 중국 운송업자들은 비교적 높은 임금을 받는 골드마운틴의 외국인 커뮤니티를 위해 보존식품을 대량 수입했고 일부는 광산을 떠나 현지 소비를 위한 작물재배에 나섰다. 백인 광부들은 금광에서 중국인 광부들을 쫓아냈던 것과는 달리 농경지를 두고 중국인과 싸우거나 하지는 않았다. 틈새 노동시장에 홀로 고군분투하던 캘리포니아 중국인들은 광산 지역은 물론, 빠르게 성장하는 도시에서도 요리사로 고용되었다.

다음 장에서 설명하겠지만 1860년대 캘리포니아 철도가 실제 수요보다 더 많은 중국인 노동자를 고용하면서 결과적으로 환태평양 인력업체가 크게 성장했다. 중국인 노동자의 공급이 늘자 중국음식에 대한 수요 역시 증가했고 작물 행상을 하는 캘리포니아 중국인들은 금 사업의 위험이나 골칫거리에 시달릴 필요 없이 작은 땅만 있어도 꽤 높은 수준의 안정적 생활을 누릴 수 있음을 깨달았다. 재배는 대규모 밀 농업보다 훨씬 노동 집약적인 작업이었지만 작물이 워낙 고가에 팔렸고 중간 상인 및 투기꾼을 거칠 필요 없이 재배자가 직접 현지는 물론 인근 지역에 나가 판매할 수 있는 이점이 있었다.

농작물은 1880년대 말 냉장 열차가 도입되기 전까지만 해도 부패하기 십상이어서 유럽, 혹은 세계 시장의 다른 거점이 아닌 캘리포니아에 주로 공급되었다. 작지만 다양한 품목의 재배가 가능한 경작지는 캘리포니아 내부적으로 훨씬 강력한 식량 체계를 구축한 건 물론, 재배자들에게는 더욱 탄력적인 수입원을 제공했다는 사실 역시 주목할 만하다. 이들은 이제 트럭 농장으로 불리게 되었는데 (아침 일찍 농산물 시장에 가 보면 이유를 알 수 있다) 학자들은 당시의 시대상을 정확히 반영하기 위해 수레 농장, 심지어 양동이 농장이라는 용어를 사용하기도 한다. 일부 백인 고객에게는 실망스럽게도 앵글로인들은 농업적 지식이 훨씬 풍부한 중국인들과 굳이 경쟁하려 들지 않았다. 그래서 캘리포니아 중국인들은 앵글로인만을 위한 작물 역시 재배했다.

서부 해안의 수은 집중지역이자 밀 호황의 진원지였던 산타클라라 카운티의 농장주 자본가들은 자신의 땅을 중국인 농부들에 임대하고 필요한 모든 장비를 마련할 수 있도록 자금을 지원한 뒤 간섭하지 않는 것이 가장 효율적 활용법이라는 사실을 깨닫기 시작했다. 카운티의 인구조사에 따르면 1860년 22명이던 중국인 거주자는 1870년 1,000명이 넘어 그중 500명은 풀타임 농장 노동자로 근무했고 나머지 500명은 파트타임으로 대개 딸기 농장에서 일했다.

하지만 다른 지역의 중국인들이 고정 금액에 땅을 임대하려고 애쓴 데 비해 산타클라라 카운티의 농지 소유자들은 성과제를 기반으로 중국인을 유입했다. 이들은 파트너십 혹은 공유작물 방식으로 토지를 임대해주었다. 즉, 소유자가 운영 자금을 제공하고 발생한 수익금을 농부, 그리고 추후에는 양측 사이에서 매개자 역할을 한 중국인 인력업체와도 나눈 것이다. 딸기를 중심으로 라즈베리, 블랙베리, 구스베리 등의 베리류가 산타클라라 카운티의 특산품이 되었고 해당 작물이 도입된 1860년대부터 1880년 인구조사가 실시될 때까지 말 그대로 업계 종사자의 100%가 중국인으로 구성되었다. 다음 장에서 알게 되겠지만 이때는 캘리포니아의 중국인 인구가 일시적으로 정점을 찍은 시기였는데 이후로는 더 이상의 경쟁을 막기 위해 백인 자본과 노동력이 합세해 추가 유입을 금지했다.

노동자는 모두 중국인이었지만 지주는 백인이었고 양측 간의 계약은 갈수록 복잡해졌다. 지주들은 재배 방법까지는 아니어도 무엇을 어디서 재배할지, 특정인까지는 아니어도 어떤 사람을 고용할지('툭하면 싸우려 들거나 게

으르거나 무능한 자'는 거부) 결정했다. 적어도 처음에는 자본과 노동이 복잡한 밀고 당기기를 계속해 단순한 임금 노동의 형태를 띠지 못했다. 캘리포니아의 중국인 재배자들은 순서를 역행했다. 소유주이자 소작인으로서 농작물 재배를 시작한 지 20여 년 만에 상당수가 농업 노동자가 되었다. 이 '역주행'은 프롤레타리아 계급의 양산, 즉 1860년대 앵글로인들이 중국인 농부를 끌어들여 토지관리를 맡기고 밀 재배로 황폐해진 캘리포니아를 되살린 뒤 중국인들이 기껏 끌어올려 놓은 생산성과 함께 토지 통제권을 다시 빼앗은 데 지나지 않는다고 학자들은 설명한다. 컴스톡 광맥의 발견에 힘입어 이자율은 하락했고 농장주들은 단순 지주가 아닌 투자자로서 사업을 확장할 준비가 되어 있었다. 게다가 1869년, 중서부로 이어지는 센트럴퍼시픽 철도가 완공되면서 아직은 비교적 피부가 흰 혼혈백인들이 이주해왔다.

중서부와 연결됐다는 건 동부뿐 아니라 유럽과의 연결도 의미했다. 길이 열리자 식민지가 되어 굶주린 아일랜드, 프롤레타리아 계급이 양산된 프랑스와 스위스, 포르투갈의 아소르스 제도, 그리고 신생 국가 독일과 이탈리아 등지의 유럽계 이민자들이 서쪽으로 빠르게 이동하기 시작했다. WASP(백인White, 앵글로 색슨Anglo-Saxon, 개신교도Protestants의 약자) 미국인은 이주민을 무시했고 지중해 사람들 역시 대서양 끝자락의 북미 기후를 달가워하지 않았다. 사람들은 앵글로인들은 더 적고 기후는 더 고향 같은 서부를 향해 길을 나섰다. 그곳에서 인디언, 멕시코계 미국인과 캘리포니아 중국인뿐 아니라 이제 막 도착하는 일본인, 필리핀인과 펀자브인, 그리고 남미 출신 흑인 이주자와는 판이한 계층 이동의 사다리를 경험했다. 개인적, 사회적, 법적 차별의 산물인 이 불평등은 미국 연방정부가 이민법에 명문화하기 수십 년 전부터 캘리포니아 태양 아래 노골적으로 행해졌다.

유럽 이민자들이 대거 캘리포니아에 유입됐을 때 대부분의 금은 이미 다른 사람 차지가 되어 있었다. 결국 이들은 앵글로인 수력 광업자나 멕시코계 수은 광부들과 담판을 짓는 대신 중국인들이 개척한 집약농업모형을 선택했다. 유럽인들은 중국인들과 마찬가지로, 혹은 앵글로인 포티나이너스와는 달리 과일과 채소에 익숙했으며 따라서 재배에 대해서도 잘 알고 있었다. 예를 들어, 포르투갈계 아소르스인은 하나같이 베이 지역에 정착해 트럭 농장, 소규모 닭장과 낙농장을 운영했다. 한 사학자는 베이 지역의 아소르스인들이 겪은 백인 이민자들의 계층 이동 서사를 두고 "그들은 한동안은 임금을 받고 일하다 토지를 임대하고 결국엔 토지를 매입할 것"이라고 했었다. 이는 얼마든지 실현 가능한 계획이었으며 1860~1870년대 서부로 이주한 수천 명의 아소르스인들은 중국인 트럭 농부들을 시즌별 임금 노동자 신세로 내몰았다.[3]

미국 알타 칼리포르니아 초기, 유럽에서 이주해온 백인 가톨릭교도 중 가장 성공한 민족은 아일랜드인이었다. 악명높은 기근과 봉기실패 여파에 시달리던 이들은 때마침 발견된 금광으로 호재를 맞았다. 서부 해안의 인종 서열이 여전히 정확히 지켜지고 있었던 만큼 사회진출을 가로막는 장벽이 아메리카 대륙의 다른 지역보다 적었다. 특히 샌프란시스코에서는 앵글로인들의 통치가 시작된 초기부터 지방조직에서 중요한 역할을 맡을 수 있었다. 그 뒤를 이은 스위스-이탈리아계 이민자들도 친숙한 기후에 힘입어 캘리포니아를 미국 와인산업의 중심지로 구축하고 종국에는 다른 집약 농업 부문까지 섭렵했다.

이들 스위스-이탈리아계 미국인 중 한 명이 테오 메디치다. 1869년 메디치는 이 호텔을 다른 이탈리아계 정착민이자 포티나이너스인 루이지 지아니니에게 임대했는데 지아니니는 캘리포니아에서 상당량의 금을 축적한 뒤 이탈리아로 돌아갔다가 아내를 만나서 함께 캘리포니아로 돌아왔다. 호

---

3 이 같은 경쟁은 순수한 제로섬 게임은 아니었다. 가령 아소르스인들이 점령한 낙농업은 중국인 이민자들은 별 관심을 보이지 않는 종목이었다.

텔 사업은 세 자녀를 넉넉히 양육할 수 있을 만큼 번창해 40에이커 크기의 농장까지 매입할 수 있게 됐지만 그곳에서 엄청난 불운이 발생한다. 1달러 빚 때문에 지아니니를 살해한 게 분노한 노동자인지 아니면 유별난 이웃인지 의견은 분분하지만 누군가 푼돈 때문에 그를 칼로 찔러 죽인 것만큼은 분명하다. 하지만 지아니니가 사망한 이후에도 그 가족은 계속해서 승승장구했다. 그의 장남인 아마데오는 아버지가 피 흘리며 죽어가는 모습을 직접 목격했다.

스물두 살에 세 아들을 둔 과부 신세가 된 버지니아 지아니니는 알타 칼리포르니아의 이탈리아계 결혼 시장에서 뜨거운 주목을 받았다. 결국 전남편보다 훨씬 어리지만 계층의 사다리를 비슷하게 오르고 있던 로렌조 스카테나와 결혼했다. 스카테나는 괜찮은 사람 같았고 버지니아의 어린 아들들에게도 잘했다. 지아니니처럼 부동산업계에 종사하는 대신 중간 상인이 되어 아침에는 부두에서 과일과 채소를 가득 싣고 산호세 시내로 와 소매상들에 납품했다. 그의 일을 도운 양아들 아마데오는 사업에 적성을 보였다. 10대 초반, 캘리포니아에서 대학 한 학기 동안 비즈니스를 공부한 뒤 아버지 사업이 성장하면서 발생하는 유통문제를 해결하는 데 힘을 보탰다.

어려서부터 키와 체격이 남달랐던 아마데오는 캘리포니아 전역의 농부들에 홍보용 서신을 보내며 관계를 구축해 나갔다. 아버지를 설득해 함께 일하는 농부들에게 소액 대출을 해주는가 하면 도시 시장에 대한 지식을 활용해 어떤 품목을 재배하면 수익성이 높아질지 조언하기도 했다. 스카테나와 회사가 적극 투자에 나설수록 트럭 농부들 역시 전문성이 높아져 농장 규모를 확대해나갔다. 아마데오는 열아홉 살이 되던 해에 회사의 파트너가 되었고, 스물한 살에는 회사 지분의 절반을 자신의 이름으로 소유하게 되었다. 샌프란시스코 노스비치에서 이탈리아계가 모여 사는 마을을 종횡무진한 이 젊고 잘생긴 데다 성공가도를 달리던 청년은 노스비치 부동산의 상당수와 작지만 유일한 은행의 지분을 상속받게 될 클로린다 쿠네오의 관심을 끌었다. 동갑내기였던 두 사람은 스물두 살에 결혼했고 이후 사업체를 착실히 일군 아마데오는 10년이 채 지나지 않아 절반을 일부 직원들에게 10만 달러(2022년 화폐가치로 환산하면 수백만 달러)에 매각한 뒤 은퇴했다. 이듬해 장인이 사망한 뒤에는 은행 이사로 취임했다.

아마데오 지아니니는 어려서부터 자본주의 조직가의 면모가 뛰어나 늘 새로운 동료들과 파트너 관계를 맺고 수익을 높일 방안을 마련하는 등 그들에게 필요한 걸 채워주었다. 그는 집약 농산물의 생산을 중앙집중화하는 데 도움을 주었고 교외 트럭 농장을 돌며 중간 상인 역할을 하는 것만으로 얼마나 큰돈을 벌 수 있는지 깨달았다. 아마데오는 이제 활기 넘치는 젊은 은행가로 변신해 새로운 분야에 에너지를 쏟아부었다. 현지의 아일랜드와 독일 은행이 자국 출신 이민자들에게 대출을 승인한 것처럼 노스비치의 이탈리아인들에게 돈을 빌려주고 싶어 했다. 대규모 광산 프로젝트와 밀밭에 투기하는 데 그치지 않고 은행을 도시기관으로 전환해 샌프란시스코 개별 구역 및 나머지 베이 지역에 자본을 지원하고 싶은 마음도 있었다. 도시 전체에서 대박을 터뜨릴 수 있는 기회를 보았고 하나같이 좋은 투자라는 사실을 알았다.

하지만 은행 이사회에서 동의하지 않자 결국 아마데오는 은행을 그만두고 친구 제임스 페이건에 전화 걸어 어떻게 은행을 시작할 수 있을지 물었다. 그를 포함한 야심 찬 이탈리아인 무리, 그리고 아일랜드인 고문 페이건이 뭉쳐 이탈리아 은행을 설립했다. 아마데오의 결단으로 이탈리아 은행은 차별화에 성공했다. 1906년 지진과 뒤이은 화재로 샌프란시스코의 파이낸셜 센터가 소실되자 그는 금이 든 자루와 나무판자를 들고 부두로 가 상담 창구를 설치했다. 부두에 전시된 준비금이 장부상 예금의 10%에 불과하다는 사실은 중요하지 않았다. 질투에 사로잡힌 남편은 아내의 차가 진입로에 세워진 모습만 봐도 불륜을 확신하는 것처럼 은행 고객들은 금 자루를 보고 돈을 빼기는커녕 오히려 더 많이 넣었다. 창구 앞에 고객이 볼 수 있도록 금을 쌓아두는 것은 위기 발생 시 의심을 잠재우기 위한 아마데오만의 비법으로 자리잡았다.

아버지가 1달러 때문에 칼에 찔려 사망하는 장면을 목격했음에도 아마데오는 전문 대부업자로 거듭났다. 사실 여기에는 더 큰 힘이 작용하고 있었다. 은행 일은 단조로운 업무로 여겨졌지만 아마데오는 순응하는 사람이 아니었고 그가 고용한 이탈리아계 사기꾼들도 마찬가지였다. 기존 은행원들이 사무실에 앉아 돈이 들어오기만 기다리는 동안 이탈리아 은행은 캘리포니아의 이탈리아계 미국인이 보유한 모든 달러를 찾아다녔다. 노동자 계층을 포함한 모든 고객들에게 예금에 가입하는 것뿐 아니라 은행의 주식을 매입하도록 독려했다. 아마데오는 최소 예금 기준을 없애고 가능한 한 모든 곳에 광고를 게재했으며 지역사회의 이벤트 역시 후원했다. 캘리포니아의 은행업에 고객 서비스를 도입했고, 1909년 캘리포니아 주정부가 위성 지사 운영을 통한 체인 사업을 공식 합법화하자 캘리포니아 전역의 이탈리아계 사회에 지점을 설치했다.

얼마 지나지 않아 이탈리아계 이민자 예금의 대다수를 보유하게 되었고 샌디에이고 지점을 비롯한 일부 지점은 지역 예금의 100%를 유치했다고 주장했다. 아마데오는 일반인의 돈을 은행에 유치한 뒤 다시 빌려줌으로써 이탈리아 노동 계층의 예금을 자본가들이 마음껏 쓸 수 있게 해주었고 결과적으로 캘리포니아의 자산을 은행에 묶어둠과 동시에 성장을 가속화했다. 이탈리아 은행은 캘리포니아 농장의 10%가량에 자금을 대출해주고 캘리포니아 최대의 농업 업체로 거듭났다. 이후 아마데오는 대출받은 농장주들에게 장부 기록을 표준화하도록 요구하는 등 사업가처럼 행동하도록 했다. 낮은 금리를 받고 싶으면 현대적 방식을 따라야 한다고 주장했다. 그리고 표준 방식이 훨씬 효율적이었기 때문에 대출을 받지 않은 이들도 흐름에 따라 방식을 바꿔야 했다.

아마데오는 보기 드물게 재능이 탁월한 은행가로 산타클라라 카운티의 개발 잠재력을 극대화함으로써 수익을 올렸다. 그가 성공할 수 있었던 이유 중 하나는 뛰어난 정보력이었다. 은행 수사관으로 구성된 순회 조사반은 샌프란시스코 본사에서 이탈리아계 캘리포니아주민 개개인에 대한 기본 정보뿐 아니라 주관적 신용평가 점수까지 담긴 3×5 사이즈의 카드 파일을 수집해 목록으로 정리했다. 좋은 대출을 한다는 것은 이탈리아 은행이 경쟁사보다 더 많은 대출을, 더 좋은 조건으로 해준다는 것을 의미했고 아마데오는 은행 자산 대부분을 재투자했다. 농장은 물론, 주택개발, 심지어 영화산업에도 일찌감치 투자해 1909년에는 샌프란시스코 니켈로디언 극장에 500달러를, 10년 후에는 찰리 채플린의 데뷔작 〈더 키드〉에 25만 달러를 투자했다. 결정적으로 아마데오는 당시 부실률이 높았던 다른 은행들을 인수해 이탈리아 은행 지점으로 전환했다. 이는 주 감독관이 신규 인가를 내주지 않는 걸 피하기 위한 방법이었다.

은행가들이 일개 금융 천재들에게 은행을 팔지 않겠다고 선언하고 캘리포니아 독립 은행가 연맹을 창립하게 된 건 순전히 아마데오 때문이었다. 이 연맹의 회장은 은행 지점을 조사하는 의회 위원회에 이탈리아 은행이 매각을 거부한 캘리포니아의 한 작은 은행을 파산으로 몰아넣으려 했다고 증언했다. 해당 은행에 수만 달러의 예금을 안치했다가 현금 보유고가 최저 수준인 사실을 확인한 뒤 인출을 요청했다는 것이다. 하지만 이 같은 수치를 입증할 수 있는 사람은 아무도 없었다. 다른 은행보다 훨씬 싸게 돈을 빌려주는 이탈리아 은행이 징계받기를 원하는 이가 어디 있겠는가?

추후 진행된 한 연구에 따르면 아마데오의 공격적 사업 확장은 캘리포니아의 은행 시스템을 강화하는 결과를 낳았다. 그가 처음에는 양아버지와 함께하는 유통업자로서, 이후에는 주택담보 대출업자로서 트럭 농장 산업의 경영을 합리화하도록 압박한 것처럼 이탈리아 은행 지점뿐 아니라 경쟁 은행까지 효율성을 높여야 했던 게 순전히 아마데오 때문이었던 것이다. 이탈리아 은행은 경쟁 은행을 계속해서 긴장하게 만들었고 덕분에 캘리포니아의 은행은 대공황 시기에도 평균보다 나은 성과를 올렸다.

1920년대에 이탈리아 은행은 의도적으로 인종 다양화 전략을 추구했다. 여러 언어를 구사하는 은행원을 고용해 캘리포니아의 (이탈리아계가 아닌) 다른 많은 이민자 커뮤니티와 협력하도록 하는 등 이탈리아계 이민자들을 포섭할 때와 비슷한 열정을 쏟아부었다. 그 결과 1920년대 말에는 샌프란시스코에 있는 은행 중 중국인 이민자의 예금을 가장 많이 유치할 수 있었다. 자신의 퍼스트네임과 미들네임인 아마데오 피에트로를 줄여 A. P.라는 별명을 쓴 이 은행가는 친절하고 관대한 양아버지의 이름 로렌조를 장남에게 붙여주었지만 새로운 조국에 대한 애정을 담아 영어식 이름인 로렌스로 불렀다. 그는 변화된 사회에 기여한 자신의 역할을 드러내기 위해 은행에도 새로운 이름을 붙여주었으니 바로 뱅크오브아메리카였다.

A. P. 지아니니는 민족 동화의 화신이었다. "지아니니를 만나기 전, 나는 이탈리아인 나부랭이에 지나지 않았어요. 이제는 어엿한 미국인이 되었죠." 1928년, 노스비치의 한 고객이 기자와 한 이 인터뷰 내용은 자주 인용된다. 지아니니는 단순히 대표자의 역할에 머물지 않고 친구이자 성공한 동화주의자인 조지프 케네디와 함께 대표 동화주의자 프랭클린 델라노 루스벨트의 대통령 선거 자금을 지원했다. 이탈리아 은행이 뱅크오브아메리카로 바뀐 사실은 19세기 말 진행 중이던 여러 국가적, 인종적, 금융적 전환을 상징했다. 한 카운티에서 한 생애도 채 마무리되기 전에 이탈리아인 (과 그밖의 민족)은 백인이 되었고 중국인은 그러지 못했다. 인디언은 멕시코계 노동자가 되었고 캘리포니아의 인디언 소유지는 미국뿐 아니라 뱅크오

브아메리카 소유로 넘어갔다. 캘리포니아의 백인 독재는 말 그대로 자본주의의 토대를 구축했고 정착민들은 다양한 원주민 공동체의 밀집 생활을 지원해온 풍요로운 생태계를 지아니니의 '은행 지점'에 자본을 대는 농장으로 전환했다. 영미 서부 해안의 역사는 상당히 짧아서 캘리포니아의 자산은 이 같은 토지와 노동력의 몰수로 모두 설명할 수 있다. 오히려 무관함을 입증하기가 힘들 정도다.

이 이야기의 핵심은 훔친 땅으로 이득을 취한 아마데오 지아니니가 나쁘다는 게 아니다. 만약 우리가 마음을 저울질해 본다면 그의 마음 역시 그렇게 나쁘지는 않을 것이다. 당신이 그 때문에 피해 입은 은행가만 아니라면 얼마든지 용서할 수 있는 적대적 성향 정도를 지녔을 뿐이다. 존 서터와 존 프리몬트가 도둑질을 하고 사람들을 노예로 만든 건 물론 사실이며 이를 확실히 할 필요도 있지만 그래서 나쁘다는 얘기 역시 아니다. 핵심은 19세기 후반 캘리포니아에 닥친 일련의 재앙이 인간의 형태를 띠고 있었고, 캘리포니아(결과적으로 전 세계)를 구축한 경향의 특징을 해당 지역을 장악한 사람들에게서 볼 수 있었다는 사실이다.

골드러시 이후 시간을 돈으로 바꾼 서터의 종은 헤게모니 질서로 대체되었지만 질서에는 행위자가 필요한 만큼 앵글로인들이 장악한 캘리포니아에는 지금까지 말한 경향을 지닌 자들이 필요했다. 금이 발견되자 정착민들은 서터의 그늘에서 벗어나 빛나는 사금을 찾아나섰고 다른 방식이 등장하기 전까지 채금에 방해가 되는 자는 무조건 살해하는가 하면 더 많이, 더 빨리, 그리고 더 대규모로 금을 채굴하기 위해 고군분투했다. 캘리포니아의 농장과 도시, 그리고 은행은 규율을 부르짖으며 서터와 무관한 야심찬 외부인이 모든 이들의 이성을 되찾아주길 바랐다. 이 역할을 아마데오 피에트로 지아니니가 해낸 것이지만 그가 만약 아무것도 하지 않고 아버지가 피 흘리며 쓰러지는 모습을 직접 목격한 뒤 상처를 치유하는 데 평생을 바쳤더라도 캘리포니아는 비슷한 외부인을 찾았을 것이다.

　역사 속 이 시기를 움직이는 물리적 힘은 운명이나 인간 본성이 아닌 자본주의다. 자본주의는 특정 지배체계로 지주가 자신을 대신해 일할 계급을 생산하는 체계에 우리가 붙인 이름이다. 이 체계는 일관되고 법과 비슷한 경향이 있어 예측이 가능하다. 당시 칼 마르크스가 단정지었던 것처럼 캘리포니아는 자본주의 탄생 스토리에서 특권적 지위를 차지하고 있다. 그렇지 않고서야 올론족이 '세계의 벼랑 끝'이라고 불렀던 곳이 불과 수십 년 만에 새로운 금융 및 백인계급의 진원지가 된 것을 설명할 길이 없다.

　내가 관심 있는 건 이 역사에 등장하는 남성과 여성의 개인적 특성이 아니라 자본주의가 그들을 어떻게 활용했는가 하는 문제다. 삶을 이런 식으로 생각하는 것은 운명에 굴복하는 행위가 아니다. 오히려 우리가 어떻게 이용당했는지 이해해야만 우리 자신과 상황을 구분하는 게 가능해진다. 마리오네트를 움직이는 역사의 줄이 어느 방향으로 당겨지는지 알지 못한다면 당신이 무엇을 원하고 느끼며 생각하는지, 나아가 당신이 누구인지 어떻게 알 수 있겠는가? 이제 당신은 역사의 줄을 다시 잡아당긴 사람들, 현실에 맞서 싸우다 자본주의의 자기파괴적 역경향을 실현하게 된 사람들을 만나볼 것이다. 인간은 꼭두각시가 아니며 사람을 잡아당긴다는 건 반란의 여건을 조성하는 것이다. 어쩌면 우리는 역사의 콜라주 위에 핀으로 고정되어 꿈틀대는 나비에 더 가까울지 모른다.

　만약 내가 확신해온 것처럼 세상이 당신에게 부여한 용도를 활용해 뭔가를 성취하는 게 삶의 핵심이자 자유의 의미라면 역사가 당신의 자아를 어느 지점에 고정해뒀는지 반드시 알아내야 한다. 내 프로젝트의 출발 지점은 자본주의 백인 정착민을 캘리포니아로 대거 유입시킨 바로 그 철도에서 내 급우들이 자살했다는 사실이다. 그 철도를 건설한 사람의 이름은 릴런드 스탠퍼드였다.

Chapter 02

독점기업

릴런드 스탠퍼드와 소매상의 부상 → 서던퍼시픽 철도 → 옥토퍼스 → 국가의 재탄생
→ 세계 시장

아마사 릴런드 스탠퍼드와 관련해 오늘날의 역사가들이 동의하는 게 있다면 그가 특별한 타이밍의 축복을 받은 비교적 평범한 사람이었다는 사실이다. 1824년 봄, 뉴욕주 올버니에서 태어난 그는 할아버지가 건설을 도운 유료 도로 인근에서 선술집을 운영하는 부모님과 함께 살았다. 한 살 때 릴런드는 도로 바로 밑에서 이리ᵣᵢₑ 운하가 완공되는 모습을 지켜보았다. 뉴욕주의 서부를 관통하고 항해가 가능한 이 운하는 뉴욕주(따라서 뉴욕시)를 중서부의 개척 정착촌에 연결해주었다. 덕분에 뉴욕시는 북미 동부 해안에서 보스턴과 필라델피아를 능가하는 최고의 상업항으로 등극했다. 스탠퍼드 가족에게 운하는 신의 선물이었다. 국제 비즈니스의 경동맥이 뒤뜰을 통과함에 따라 릴런드의 할아버지인 라이먼 스탠퍼드가 세운 유료 도로 휴게소는 아버지 조시아의 손에서 더욱 번창하게 되었다. 아마사 릴런드는 일곱 아들 중 넷째였는데 부모님은 이 몽상가 아들이 학업에서 두각을 나타내지 못했음에도 막강한 경제력으로 당시 평균보다 훨씬 오랫동안 교육을 받게 해주었다(이민 2세대 바텐더의 다 큰 아들 릴런드가 잘하는 한 가지가 있다면 바로 음주였다).

상업의 최전선에서 태어난 릴런드는 그저 그런 학교들을 전전하면서 주변 환경에 맞춰 행동하는 산만한 청년이었다. 일보다는 독서를 좋아했지만 독서도 크게 좋아하는 편은 아니었다. 법조계에 몸담았다가 금세 진로를 바꿔 야망은 크지만 태만한 자들에게 꾸준히 사랑받는 정치인의 길을 걸었다. 정치인에게는 좋은 이름이 필요했던 만큼 히브리어로 '부담'이라는 뜻의 '아마사'라는 단어는 이름에서 빼버렸다. 개척지는 뉴욕보다 기준이 낮았기 때문에 그는 아버지가 사준 법률서적을 들고 1848년 위스콘신 주의 포트 워싱턴으로 이주했다. 견습 과정을 거친 뒤 자신의 법률 사무소를 열었지만 정착민 인구의 상당수가 독일 이민자여서 독일어가 서툰 그는 고생깨나 할 수밖에 없었다. 진보 휘그당 계열의 지방 검사 자리를 노렸지만 낙방했다.

1850년에는 잠시 올버니로 돌아가 같은 지역 상인의 딸인 제인 라스롭과 결혼했다. 포트 워싱턴으로 돌아온 이후 사무실이 화재로 소실되면서 그의 법률서적과 변호사 경력도 함께 날아가 버렸다. 20대 중반이던 당시까지 릴런드의 인생은 그야말로 엉망이었다. 보잘것없을지언정 공들여 쌓아놓은 탑이 이리 운하 옆에서 태어났다는 우주적 행운이 무색할 만큼 무참히 무너져 버렸다. 그에게 남은 건 네 형제를 포함한 가족뿐이었다. 릴런드는 (추문에 휩싸이면서도) 아내를 고향에 두고 형제들과 합류하고자 캘리포니아로 향했다. 가족의 지원을 받아 서부로 가는 경로 중에서도 가장 호화로운 방법을 택해 영국이 점령한 니카라과까지 배를 타고 간 뒤 육로로 이동해 다시 배로 서부 해안을 따라 올라갔다.

릴런드의 가장 큰형이자 포티나이너스였던 조시아 주니어는 다른 이들보다 빨리 깨달은 사실이 한 가지 있었다. 자기처럼 평범한 사람은 금을 채굴하는 것보다 삽을 판매하는 게 돈을 더 많이 벌 수 있는 방법이라는 사실이다. 릴런드가 캘리포니아에 도착했을 때 그의 형제들은 새크라멘토의 한 상점을 중심으로 소박하지만 그럴듯하게 사업가의 여정을 시작하고 있었다. 가장 늦게 도착한 릴런드는 생활은 고단하고 수익은 높으며 금(혹은 채굴권으로 입증되는 신용)으로 임금을 주는 광산 현장으로 보내졌다. 형들의 인맥을 활용해 신용을 담보로 상품을 도매가에 사들일 수 있었고 마침내 성공을 향해 발을 내디뎠지만 마치 작정이라도 한 듯 수없는 위기를 맞았다.

서른 살이던 그는 변호사와 상인의 경력을 모두 가진 덕분에 수력 채굴의 거점이자 굶주린 청년만 가득했던 미시간시티에서 특별한 지위를 획득할 수 있었다. 상거래로 번 돈으로 선술집(엠파이어 살룬)을 사들였으며 개척지의 치안판사로 선출되었다. 그는 위스키를 판매하는 한편, 적어도 사소한 분쟁이 일어났을 때는 판사로서 중재 역할을 도맡았다. 보통 크기의 물고기가 작은 연못을 만나 대장 노릇을 할 수 있게 된 셈이다. 1855년, 그는 동부로 돌아가 아내를 데려왔고 가족 내에서의 입지도 높아져 새크라멘토 상점을 인수하게 되었다. 이때는 타이밍도 기가 막혔다. 미시간시티 인근 영토의 소유권이 빅건 광산으로 통합된 한편, 소유주들이 땅을 너무 깊이 파들어가면서 1858년에는 마을 전체 기반이 흔들리기 시작해 벽이 쩍쩍 갈라지고 이듬해에는 거주가 아예 불가능해져 버린 것이다.

릴런드 스탠퍼드는 새크라멘토 상점이 위치한 더 큰 연못으로 자리를 옮겨 더 큰 물고기들과 어울렸다. 스탠퍼드 형제 이외에도 많은 이들이 겉모습과는 다르게 많은 금을 가지고 있는 광부들에게 건조식품과 철물을 판매하는 게 안정적 수입원이 될 수 있다는 사실을 간파하고 모여들었다. 하지만 지표면 채굴권이 금세 소진되면서 원가가 얼만지 묻지도 않고 청바지와 달걀을 사는 데 금덩이를 마구 던지던 독립 광부들도 자취를 감췄다. 스탠퍼드는 상점을 옮기고 업종을 식료품으로 전환했다. 새 동네에서 생각이 비슷한 세 명의 소매상, 찰스 크로커, 마크 홉킨스와 콜리스 헌팅턴을 만났다. 이내 '어소시에이츠Associates'라는 심상치 않은 이름으로 뭉치게 된 이들

네 명은 하나같이 야망이 크고 체격이 좋으며 정치적으로 '진보' 성향을 지니고 있었다. 지금까지의 이야기는 남북전쟁 이전 캘리포니아 정착민들에게서 공통으로 찾아볼 수 있었지만 마지막은 그렇지 않았다.

결국 신생 공화당도 작은 연못이었지만 릴런드 스탠퍼드는 선거에 출마했다 낙선하기를 반복하며 계층의 사다리를 올라갔다. 1859년, 경선 승리로 출마한 주지사 선거에서 패배한 뒤 캘리포니아 공화당 지도부로 급부상했고 명실상부 어소시에이츠의 대표자로도 자리매김했다. 게다가 파산한 금광을 채무자로부터 인수했는데 전문 경영인에 맡긴 덕분에 흑자 구조를 달성할 수 있었다. 스탠퍼드는 절제된 생활을 하는 어소시에이츠 동료들을 따라 술을 끊었으며 형제 중 뒤늦게 등장한 막내가 아닌, 최고 브레인의 대우를 받았다. 1850년대 말, 거울을 들여다본 그는 자신이 되고자 했던 남성의 모습을 발견했다. 캘리포니아에 가치를 더하는 사람으로서 자신의 짧은 생이 위대한 궤적을 그리고 있음을 알 수 있었다. 스탠퍼드는 이제 믿을 만한 사람으로 거듭났다.

어소시에이츠의 생존을 위협하는 사건들이 발생했다. 캘리포니아의 광업 및 농업 부문에 동부와 유럽의 자본이 대거 흘러들면서 정착민의 수익이 하락해 노동자들에게 종래의 임금을 줄 수 없게 된 것이다. 임금은 줄었고 독립 소매상의 어려움은 가중되었다. 그나마 어소시에이츠 같은 사람들은 잘 버텼지만 경제가 전국은 물론, 국제적으로 개방되어 가는 데 비하면 구멍가게에 지나지 않았던 만큼 성장할 수 있는 틈새시장을 찾아야만 했다. 공화당의 에이브러햄 링컨이 대통령에 선출됐을 당시 공화당의 캘리포니아주지사 후보였던 스탠퍼드는 국가적 위기를 맞아 대통령의 서부 해안 고위 자문위원으로 활동하게 되었고 한 가지 사업 제안을 했다.

1859년, 〈뉴욕 트리뷴〉의 창간 편집인이자 유명 공화당 의원이던 호러스 그릴리는 요세미티에서 험난한 육로를 따라 캘리포니아까지 갔다. 이듬해 뉴욕에서 샌프란시스코까지 육로 여행을 다룬 책을 발표해 동부의 애독자들에게 서부를 홍보했다. "만약 캘리포니아에 오게 된다면 정착 계획을 세워라. 여기보다 돈 벌기 좋은 곳도 없다. 단돈 1,000달러라도 절약하며 탄탄한 산업에서 잘만 굴리면 얼마 지나지 않아 독립을 향해 승승장구할수 있다." 그릴리는 특히 더 많은 여성이 캘리포니아로 터전을 옮겨 성비를 맞추고 가정을 이룸으로써 영구 정착해주길 바랐다. 그리고 무궁무진한 가능성의 땅에서 재정을 충당해 대륙횡단철도를 건설하도록 강력히 촉구하는 것으로 책을 마무리 지었다.

이 제안은 링컨의 공화당은 물론, 미시시피 상원의원 제퍼슨 데이비스가 이끄는 남부 민주당원의 지지까지 이끌어냈다. 1854년 개즈던 매입을 통해 멕시코 북부의 작은 영토를 사들이면서 금지된 시에라 네바다 산맥 남쪽으로 대륙횡단노선을 건설할 길이 열렸다. 하지만 철도 문제는 곧 노예 문제였고, 남부의 농장주 계급과 북부의 산업 계급은 모두 철로가 남부까지 확장될 경우 캘리포니아가 텍사스 같은 노예 천국이 되어 그렇지 않아도 취약한 정치 균형이 무너져 버릴 것임을 잘 알고 있었다. 철도 건설은 사실상 존재하지 않았던 연합국 문제를 두고 워싱턴이 교착상태에 빠지면서 시들해졌다. 이후 남부의 분리독립으로 균형 문제가 무의미해졌고 철로 사업도 반대 없이 진행이 가능해졌다. 다만 남은 문제가 한 가지 있었으니 바로 산이 여전히 그곳에 있다는 사실이었다.

시에라네바다 산맥은 자연의 장벽으로 완전히 둘러싸인 곳이었고 마땅히 통과할 방법이 없었기 때문에 기존의 철도 자본가들은 막대한 투자 이익이 보장됐음에도 철로 건설을 원치 않았다. 그래서 뉴욕 트로이 출신의 철도 엔지니어 시어도어 유다가 산맥을 통과할 방법을 찾았다고 말했을 때 아무도 진지하게 받아들이지 않았다. 하지만 새크라멘토에서 투자자들이 나타나면서 상황이 달라졌다. 어소시에이츠는 유다의 계획을 실행할 회사에 2만 달러가 채 안 되는 돈을 투자했다. 역사가 리처드 화이트의 표현을 빌자면 "소매상에게는 엄청난 금액이지만 캘리포니아 철도 차원에서 보면 푼돈"에 지나지 않았다. 어소시에이츠는 횡단철도 프로젝트가 무산되면 과거 라이먼 스탠퍼드가 올버니에 건설한 것과 같은 유료 도로로 전환할 수 있다고 생각했다.

하지만 그들의 진짜 속내에는 정치적 셈법이 깔려 있었다. 이 정도 규모의 인프라를 구축하려면 워싱턴의 지원, 특히 신용이 필요했고 어소시에이츠는 이를 확보하기에 누구보다 유리한 지위에 있었다. 스탠퍼드가 형의 상점을 팔고 동부로 건너가 새 대통령의 자문위원으로서 캘리포니아에서 믿을 만한 사람을 추천하고 있었던 것이다. 새크라멘토로 돌아온 그에게 어소시에이츠는 두 가지 직책을 제안했다. 바로 1861년 주지사 후보, 그리고 센트럴퍼시픽 철도 회장이다. 3파전으로 치러진 당시 선거에서 민주당 지지자들이 연합주의자 후보와 노예제에 찬성하는 후보로 양분됨에 따라 스탠퍼드가 압도적 표차로 당선되었다. 나태하기 짝이 없던 릴런드 스탠퍼드가 캘리포니아에 온 지 10년도 채 되지 않아 중요한 산업가이자 주지사로 거듭난 것이다. 적당한 조건을 갖춘 행운아는 캘리포니아에서 그와 같은 운명을 맞이했다.

다른 지역은 중국과 멕시코의 내전, 국가의 일시적 분리, 그리고 일본에서 시작되는 분쟁으로 여념이 없던 시기, 스탠퍼드는 1861~1863년 한 번의 임기를 별 특이사항 없이 수행했다. 그 이후에도 그는 '주지사'라는 타이틀과 그에 따르는 명예를 절대 포기하지 않았고 남은 평생을 '주지사님'으로 불렸다. 어떤 면에서는 더 중요한 철도 회장직을 더 오래 수행했지만 두 가지 일이 상호보완적인 것만큼은 분명했다. 1862년 태평양 철도법에 따라 미주리강(궁극적으로는 네브래스카주의 오마하)을 기준으로 유니언퍼시픽은 서쪽, 센트럴퍼시픽은 동쪽으로 철도 건설을 승인받아 두 라인이 중간의 어딘가에서 만나는 방식으로 프로젝트 진행이 확정되었다.

이 대륙횡단라인은 이름에서 암시하는 것처럼 북미를 가로지르는 단일 철도를 구축하는 것이 아니라 동부의 기존 네트워크에 서부 해안을 연결하는 것이었다. 처음에는 연방정부의 지원에도 불구하고 금융가들이 센트럴 퍼시픽에 대한 투자에 나서지 않아 철도를 11마일 정도 만들었을 때 모든 절차가 중단되었다. 어소시에이츠 중 명실상부 가장 영리했던 콜리스 헌팅턴은 워싱턴으로 가 정부 보조금과 인센티브를 늘리기 위한 로비를 펼쳤고 1864년 태평양 철도법을 통과시켰다. 이후로는 모든 게 수월해져 센트럴퍼시픽은 시어도어 유다의 (당시로서는 무산됐던) 계획대로 시에라 산맥을 뚫기 위한 자금을 확보할 수 있었다. 어소시에이츠는 캘리포니아부터 네바다까지 철도를 연결했고 1869년 봄이 끝날 무렵에는 유타주 오그던의 유니언퍼시픽과 연결할 준비를 했다.

어소시에이츠의 네 구성원 중 기여가 가장 적었던 인물이 누구인지 겨룬다면 단연 릴런드 스탠퍼드가 우승 후보였을 것이다. 하지만 주목받는 것을 워낙 좋아했던 주지사는 어소시에이츠의 간판으로 활약했다. 다른 구성원들 역시 배후에서 벌어지는 엄청난 재정 비리를 덮으려다 보니 마지못해 이 거구의 꼭두각시를 카메라 앞에 세우기로 결정했을지 모른다. 1869년 5월 10일, 스탠퍼드가 대륙횡단을 상징하는 마지막 말뚝(금으로 된 말뚝을 사용한 뒤 즉시 교체)을 은망치로 내리치자 사람들이 거리로 쏟아져 나와 빛나는 해변을 따라 평화롭게 뻗어 있는 새로운 국가의 탄생을 축하했다. 샌프란시스코, 시카고, 세인트루이스, 뉴올리언스, 뉴욕, 보스턴과 필라델피아에서 이 소식을 동시에 접할 수 있었다. 대륙횡단노선에 철도보다 많은 게 포함되었기 때문이다.

노동자들이 철로와 함께 전신선 또한 연결하면서 5월 10일, 미국에는 단일 미디어 환경이 구축되었다. 망치질과 함께 회로가 연결된 순간, "완료!"라는 메시지가 온 나라를 밝혔다. 뉴욕시에서는 100발의 축포를 쏘아올리고 버팔로에서는 징을 울리는 등 각 도시에서 각양각색의 반응을 보였다. 시카고 시민들은 즉흥 퍼레이드를 벌였고 화재경보가 축하행사의 일환임을 알게 된 필라델피아 시민들은 성실하게 대응했다. 다음 날 아침, 승객을 태운 열차가 처음으로 유니언퍼시픽 선로에서 센트럴퍼시픽 선로로 넘어갔고, 수입산 차tea를 실은 화물열차 또한 동부로 출발해 서부 해안의 국제무역도시와 미국금융산업의 중심지를 철도로 연결했다. 동양 수입품의 경우, 선박으로 수에즈 운하를 통해 뉴욕까지 보내는 게 훨씬 수월하다는 걸 감안하면 이는 상징적 이벤트에 가까웠지만 어쨌든 미국 전역이 축제 분위기에 휩싸였다.

새크라멘토의 소매상들은 기존의 철도산업이 틀렸다는 것을 입증했고 결과적으로 돈방석에 앉았다. 이제 다른 이들도 하나같이 동참하기를 원해 새로운 노선이 기획될 때마다 전 세계에서 투기성 자금이 몰렸다. 새로운 글로벌 자본이 철도 연장을 주도함에 따라 출처를 알 수 없는 주식이 국제 시장을 떠돌았다. 철도가 완공되고 보조금 지급 또한 완료되면서 어소시에이츠의 임무는 끝났지만 그들 앞에 새로운 과제가 주어졌다. (철도 건설 과정 중에도 여러 번 시도했던) 센트럴퍼시픽 매각에 실패함에 따라 철도 운영을 떠맡을 수밖에 없게 된 것이다.

대륙횡단열차 개설 이후 동부 끝에서 서부 끝까지 이동하는 경비는 극적으로 낮아졌다. 마차를 타면 225~500달러의 비용이 드는 데 비해 열차의 경우, '이민자' 좌석은 50달러 미만, 일등석은 112달러면 충분했다. 심지어 3세 미만 유아는 무료 탑승이 가능했다. "청년들이여, 서부로 가라!"는 호러스 그릴리의 발언에 자극받은 정착민과 새로운 광산에서 채굴한 암석이 열차를 가득 채웠고 세계의 철도 시스템은 급격히 발전해나갔다. 화물 운임이 낮아지고 배달 우편과 전신 연결 역시 속도가 빨라져 정보가 빠르게 퍼져나갔다. 철도 완공 1년 뒤, 승객들은 열차 내에서 고향의 아내에게 전보를 보낼 수 있게 되었고 50마일 지점에 도달하기 전에는 응답도 가능했다. 어소시에이츠는 더 이상 단순한 소매상이 아니었다. 어엿한 서부 건국의 아버지가 되었고 또 한 번의 엄청난 행운을 맞이할 운명을 쥐고 있었다.

1860년대에 등장한 글로벌 금융 시스템은 1873년, 첫 번째 위기를 맞았다. 새롭게 통일된 독일이 금본위제로 전환하고 미국이 그 뒤를 따르면서 은 가격이 하락하고 전 세계 금융가들과 기획자들이 경계 태세에 들어갔다. 이는 자신감의 위기였다. 본래 글로벌 금융 시장은 철도 시스템에 몰리는 투기 자본과 미국 서부의 무분별한 철로 확장을 이용해 수익을 내고자 했지만 이는 타당한 근거가 아닌, 과대포장에 기반한 셈법이었다. 따라서 자신감의 위기는 글로벌 금융의 핵심 비즈니스 모델에 직격탄을 날렸다. 은 가격이 떨어지면서 은광 채굴권의 가치 역시 하락했고 철도의 상업적 성공 가능성까지 미궁에 빠졌다.

과연 이들 철도가 가치 있다고 100% 확신할 수 있는가? 은행은 대출 회수를 요청했지만 89개 철도가 채무를 이행하지 않았고 하나같이 실체가 없었다는 사실이 드러나면서 100군데가 넘는 은행이 파산했다. 투기성 철도는 마치 팅커벨과 산타클로스처럼 투자자들이 더 이상 믿지 않자 감쪽같이 사라져 버렸고 주권 역시 쓸모없는 종잇조각으로 전락했다. 투기 자본이 너무 멀리 와 위험에 빠졌다는 사실을 깨닫고 안전한 곳으로 다시 후퇴하자 대륙횡단의 물결 속 온갖 기업으로 자유롭게 흘러들어가던 돈도 씨가 말랐다. 하지만 위기는 누군가에게는 기회인 법, 이번에도 어소시에이츠가 그 주인공이었다.

센트럴퍼시픽이 우왕좌왕하다 파산한 다른 모든 철도 관련 기업과 다른 점은 재정을 용의주도하게 운용한 게 아니다. 그들도 다른 기업과 마찬가지로 실제보다 부풀려져 있었고, 회계 장부는 명백히 엉터리였으며, 전년도에 유니언퍼시픽 이사들을 몰아낸 크레디트 모빌리에 스캔들로 적지 않게 재미를 봤다. 다른 점이 있다면 은행가들을 설득해 최초 투자자들이 동요하는 사태를 미연에 방지했다는 사실이다. 이해 당사자들이 어떤 문제도 인정하지 않는 상황을 만들어 어소시에이츠는 파산 기업을 할인된 가격에 매입할 수 있었다. 19세기 말, 자본가들은 만일의 사태에 대비해 여러 페이퍼컴퍼니를 만들었다(이 관행은 이후로도 지속되었다). 이후 센트럴퍼시픽을 포함하고 어소시에이츠가 주관하는 또 다른 철도인 서던퍼시픽 철로 건설에 자금을 쏟아부었다. 이렇게 생겨난 독점기업은 향후 '콤바인'이라는 별명으로 불리게 되었다.

하지만 무늬만 바뀐 기업에 대중이 속아 넘어가지는 않았다. 정치인에게 의존할 수밖에 없는 철도 특성상 어소시에이츠는 원하는 것을 얻기 위해 수백만 달러 상당의 현금과 주식을 뿌리고 다니는 뇌물 전문가로 거듭났다. 이들은 부패 자체를 상징했고, 서부의 교통 시스템을 독점해 캘리포니아 경제 및 정치 부문에 재갈을 물렸다. 뿐만 아니라 대중의 마음속에 기묘하고 새로운 유형의 기업 이미지를 심어주었다. 1882년 〈샌프란시스코 와스프〉에 실린 G. 프레드릭 켈러의 만화 '캘리포니아의 저주'에서는 서던퍼시픽 철도기업을 기분 나쁜 미소를 짓는 거대 문어로, 그리고 목재, 통신, 와인, 광업, 농업, 과일 재배업, 마차 운송업, 밀 수출업 등의 캘리포니아 산업을 촉수에 포획된 먹잇감으로 묘사했다. 하나같이 철도에 의존하고 있으며 그 외에 선택지가 없음을 상징하는 것이다. 문어의 오른쪽 눈에 비친 얼굴은 누가 봐도 릴런드 스탠퍼드였다. 이렇게 옥죄는 촉수다발의 이미지는 강렬한 인상을 남겨 다른 만화가들도 문어를 이용해 각지의 독점기업을 표현했다. 하지만 이 바다 생물과 어소시에이츠의 연결성을 박제한 건 작가 프랭크 노리스의 1901년 소설 《문어The Octopus》였다.

누군가 멈출 수 있었을까?

노리스의 소설은 캘리포니아를 구축한 정착민 내부의 갈등을 당대의 다른 어떤 소설보다 상세하게 포착했다. 《문어》는 1880년, 캘리포니아 밀 생산지 센트럴 밸리의 관개수로인 무셀 슬로Mussel Slough에서 정착민과 철도 기업 간에 발생한 분쟁을 소설화한 작품이다. 두 집단의 이해관계는 이론적으로 보면 일치했다. 정착민이 철도 덕분에 이동 비용을 줄이고 세계로 뻗어나갈 수 있는가 하면 철도는 또 정착민 덕분에 생겨난 농가와 마을을 오갈 수 있으니 말이다.

독점기업 콤바인은 이 같은 상호의존성에 기반해 활기 넘치는 동부인들에게 한 가지 제안을 했다. 서부로 건너와 철도가 소유한 영토에서 농사지으며 살면 향후 미개발 토지의 가격으로 조사된 에이커당 약 2.50달러에 매매하겠다는 것이다. 이에 따르면 토지가 원가로 묶이는 만큼 땅을 살 자본이나 신용이 부족한 사람도 자영 농민으로서 자산을 확보할 수 있었다. 언제든 철도가 들어와 자신들의 피땀 어린 노동의 결과를 착취할지 모른다는 걱정 없이 땅을 밀밭으로 가꿀 수 있었다. 그러다 때가 되면 땅을 매입한 뒤 다른 자본가 투기꾼처럼 4~5배의 금액에 팔아 단숨에 차익을 남길 수 있는 것이다. 이는 사실상 콤바인이 정착민들에게 땅 투기를 보장해 흘린 땀에 대한 엄청난 보상을 미리 약속한 것이나 다름없었다.

하지만 막상 농부들이 땅을 살 때가 되자 철도는 계약 내용을 까맣게 잊었다. 땅값은 농부들이 지불을 원했던 에이커당 2.50달러보다 훨씬 치솟아 있었다. 저 아름다운 밀 농장을 보라! 콤바인은 모든 게 오해였다고 해명하면 그뿐이었다. 홍보 팸플릿에 적힌 약속은 이행의무가 있는 계약이 아니었다. 그들은 제값의 일부만 받고 땅을 팔 의사가 전혀 없었다. 정착민에게는 그야말로 날벼락이었다. 순식간에 자작농에서 소작농으로 전락했으니 말이다. 정착민은 소송을 제기했지만 판사가 수력 광업 금지법 발의자이자 콤바인 같은 대규모 영토 투기꾼들의 친구인 로렌조 소여였다.

소여는 정착민들을 무단 점유인으로 규정하고 농지를 시장가에 매입하거나 그게 싫으면 나가라고 판결했다. 하지만 무셀 슬로의 정착민들은 제3의 방법을 택했다. 남북전쟁 패배의 원한을 아직 떨치지 못한 남부군 참전 용사들을 중심으로 농지 점령에 나서자 철도에서 고용한 요원들이 강제 추방하는 과정에서 총격까지 벌어졌다. 겨우 먼지가 가라앉았을 때는 7명이 사망해 있었다. 대중은 콤바인, 그리고 유혈 사태가 벌어지기 전 타협안을 주도하다 유럽으로 달아난 릴런드 스탠퍼드에 비난을 쏟아냈다. 모양새가 좋지 않았지만 어소시에이츠로서는 돈을 벌 수만 있다면 모양새 따위 상관없었다. 그들에게는 정재계에 물려둔 재갈이 있었고 휘두를 촉수도 아직 충분했다. 노리스의 책은 서던퍼시픽에 대한 적나라한 묘사만으로도 끊임없이 회자되었다.

투기성 철도를 건설하는 힘은 밀 수요가 아니었다. 우리가 배운 것과 아주 밀접하게 연관된 건 아니지만 수요와 공급은 상품의 가격을 결정한다. 하지만 빵 한 덩이를 주문한 배고픈 고객에게 철도, 농장, 공장과 빵집을 짓는 동안 기다리라고 하는 경우는 없다. 철도를 건설하는 건 자본과 자본가들이며 이때 작용하는 논리는 "사람들에게 원하는 것을 제공하라"보다 "일단 지으면 사람들은 온다"(혹은 1분마다 호구가 태어난다)에 훨씬 가깝다. 학자들은 모든 철도는 아니더라도 그중 상당수가 수요 및 공급의 법칙과 무관하다고 설명한다. 자본가들을 움직이는 비인격적 힘은 배고픈 대중이 아닌, 이윤에 굶주린 자본이다.

1860년대에 링컨의 부실한 정부는 철도가 물론 필요했지만 그 정도 수요만으로는 공사를 진행할 수 없었다. 시어도어 유다가 보여주었듯 대륙횡단철도의 가치가 얼마나 되는지 투자자들은 처음에는 확신하지 못했다. 그래서 비교적 규모가 작은 어소시에이츠에까지 기회가 돌아갈 수 있었다. 그런데 그들은 어떻게 자금을 마련했을까? 이들의 총 투자액이 2만 달러가 채 되지 않았다는 사실을 떠올려 보라. 연방정부는 철도 1마일당 금전적 보상을 제공했지만 이 프로젝트에 적합한 자금 조달 메커니즘이 필요했다. 철도 연장 착공을 위해서는 서부가 품은 막대한 가치의 일부라도 미리 활용할 방법이 필요했다. 투기에는 산을 옮길 정도의 잠재력이 있었고, 어소시에이츠 및 이들의 측근 관료들은 재정 부문에서 유례가 없을 만큼 강력한 연금술을 발휘해 서부의 광활한 땅을 최고의 투기 상품인 부동산으로 바꾸어 놓았다.

방법은 놀라울 정도로 간단했다. 기차가 지나는 땅은 그 가치가 즉시 몇 배로 뛰기 때문에 연방정부가 최소 절반 이상을 철도 건설용으로 넘기고 재정적으로 상당한 수익을 올리는 것이다. 제안된 철도 노선의 양쪽 영토는 바둑판 모양으로 분할된 뒤 하나 건너 하나꼴로 센트럴퍼시픽에 양도되었다. 어소시에이츠는 결국 메릴랜드주보다 더 큰 영토를 확보하게 되었다. 이제 그들은 단순히 철도 지분이 아닌, 서부 자체의 지분을 판매했다. 그리고 이보다 더 가치 있는 건 존재하지 않았다.

금의 나라에서 도처에 널려 있던 금이 사라지고 한참 뒤, 이번에는 수익의 향기가 전 세계로 퍼져나갔다. 뉴욕, 파리, 프랑크푸르트, 특히 런던의 은행가들은 캘리포니아 특유의 높고 빠른 수익을 원했지만 개척지로 이주할 의사는 전혀 없었다. 직접 서부에 가지 않고도 돈을 운용할 방법이 필요했다. 전 세계 자본은 유동성이 점점 강해져 고국에서 멀리 떨어진 곳의 기회까지 탐색했다. 어소시에이츠는 새로운 형태의 금융 공학 덕분에 자본가들의 둥지를 지켜줄 수 있었다. 그들이 편안하게 서재에 앉아 "철도 일을 할 수 있는" 공간을 제공해준 것이다.

채권 금융의 원리는 간단하다. 철도가 정부의 토지 보조금을 담보로 약속 어음을 발행하면 자본가들이 이 채권을 매입한 뒤 향후 서부개척에 따른 수익을 나눠 갖는 방식이다. 혹은, 당시 유행하던 방식대로 자본가들이 철도 채권을 일괄 매입한 후 개인 투자자에게 되팔아 단기간에 수익을 올리기도 한다. 일단 투기가 시작되면 투자자들을 한 차례 더 동원하는 건 일도 아니었다. 유럽 투자자들은 1870년까지 미국 철도 증권에 약 2억 4,300만 달러(2022년 기준 5조 달러 이상)를 투자했다. 증서 자체에 가치가 있기도 했지만 최종 가치는 결국 매입자가 지급할 의사가 있는 금액에 따라 달라질 수밖에 없다. 이 두 금액 사이의 간극이 센트럴퍼시픽의 탐욕에 불을 지폈다.

전 세계 자본가들은 철도 채권의 형태로 서부 정착촌의 지분을 확보할 수 있었다. 경제학자 폴 바란과 폴 스위지의 말대로 철도가 "19세기의 마지막 20년간 이루어진 모든 민간 투자의 절반가량을 흡수하고 더 많은 투자 기회를 열어주면서" 개척지가 "자본주의 역사상 최고의 외부 자극"이 된 것이다. 하지만 채권은 고정금리만 제시했다. 투기꾼들은 운이 좋으면 채권을 다른 사람에게 넘길 수 있었지만 상품 특성상 수익률이 제한적이었다. 물론, 저축예금이나 국공채에서 기대할 수 있는 것보다는 높은 수익이 보장됐지만 고작 제한된 수익을 올리겠다고 해외 철도에 투자할 수는 없었다. 그걸 훌쩍 뛰어넘는 수익이 필요했다.

금융가들은 책에서 읽은 서부의 무한한 잠재 이익에 접근할 방법을 원했다. 인생 역전을 일으킬 부를 손쉽게 차지한 포티나이너스처럼 투기꾼들은 손 하나 까딱하지 않고 투자 규모와 무관한 수익을 손에 넣길 원했다. 이처럼 신체적 굶주림이 아닌 높은 수익에 대한 굶주림이 서구를 건설한 비인격적 힘이었다. 물론 자본가들이 기업을 매입하거나 어소시에이츠처럼 직접 설립하는 방법도 있었지만 직접 소유하는 데는 한계가 있었다. 자본이 생산에 투입되면 장비 등 실물 자산에 묶여 유통할 수 없게 되기 때문이다. 1800년대 후반, 캘리포니아를 비롯한 식민지 정착촌에 투자하고 최대한의 수익을 올리기 위해서는 채권 대출과 파트너십의 중간 형태로 자본을 운용해야 했다. 채권 대출의 거래 가능한 유동성과 파트너십의 한계 없는 수익률을 합친 형태 말이다. 그 해답이 바로 주식회사였다.

경제학자 루돌프 힐퍼딩은 1910년에 출간한 책을 통해 이 시기에 일어난 시장 변화에 대한 탁월한 통찰을 제시했다. 미국 철도 시스템의 자금 조달 방식이 기술적으로 '완벽의 정점'에 이르렀다는 것이다. 투자자들은 기업의 주식을 매입함으로써 채권과 파트너십 사이에서 적절한 균형을 확보할 수 있었다. 주식을 매입하면 배당금(투자한 자본이 아닌 수익에 따라 이자 형태로 지급)을 통해 투기 수익을 확보할 수 있고 주가가 올랐을 때 매매도 가능하기 때문이다. 게다가 철도 운영사 입장에서도 금상첨화가 아닐 수 없었다. 주식회사 운영진은 경영권을 상실할 걱정 없이 지분의 최대 절반까지 매각해 유효 자본을 두 배로 늘릴 수 있었으니 말이다(만약 회사에 100만 달러를 투자했다면 그 돈의 가치는 100만 달러일 뿐이다. 하지만 회사 지분의 절반을 100만 달러에 팔았다면 그 회사의 가치는 200만 달러다).

심지어 이보다 좋은 점도 있었으니 바로 기업의 자본화 비중이 높을수록 담보 비율이 높아져 더 많은 대출을 끌어올 수 있다는 점이다(이제 기업 가치는 400만 달러가 되었다). 게다가 자회사를 만들면 완전히 새로운 주식을 발행할 수도 있다. 힐퍼딩에 따르면 "기업 지배권을 확보하는 데 필요한 자본금은 보통 절반이 채 되지 않는다. 3분의 1이나 4분의 1, 또는 그 이하"였다. 리처드 화이트의 설명이 맞다면 어소시에이츠의 경우에는 25%에도 한참 못 미친다. 이들은 초기 투자금을 다 합쳐 2만 달러가 채 되지 않는 돈으로 수억 달러의 자본을 통제하게 되었으니 말이다. 소매상들은 이렇게 주식을 매개로 다른 사람의 돈을 이용해 독과점 기업주 자리에 오르게 되었다.

주식 자본 모형은 이론상으로는 모두에게 유리하다. 일단 투자자는 단순 이자보다 더 높은 수익률로 보상받을 수 있다. 창업자 역시 자본의 투입 (안타깝게도 자신의 소유 지분이 줄어듦)뿐 아니라 힐퍼딩이 말하는 소위 발기인의 이익을 누리게 된다. 성과가 좋은 기업의 수익은 이자율보다 높은 경향이 있기 때문에 (은행이나 정부에 돈을 대주고 더 큰 수익을 기대할 수 있다면 기업에 투자하지 않을 것이다) 발기인은 그중 일부를 주주들에 분배하고 나머지는 소유할 수 있다. 물론, 발기인 역시 주주로서 배당금을 받는다. 주식회사에서는 일부 직원들에게도 회사 주식을 나눠주어 관리자와 엔지니어들이 투자자로서 인건비 절감 및 수익 창출을 위한 노력에 동참할 수 있도록 동기를 부여한다. 만약 전체 프로젝트가 실패하면 투자자들이 돈을 잃듯 노동자들도 일과 시간을 잃는 불운을 겪게 된다.

자금 조달에 관여한 모든 이가 그랬듯 미국 당국이 철도 영토를 별도 보상 없이 몰수한 사실만 눈감아주면 주식 자본의 대륙횡단철도는 어느 모로 보나 남는 장사였다. 글로벌 자본을 효율적으로 운용해 금융 전문가와 대서양의 부르주아 투자자 모두에게 수익을 안겨줄 수 있었기 때문이다. 진취적인 캘리포니아의 소규모 자본가들은 위험을 감수한 대가로 적절한 보상을 거뒀고 소작농이 무너지면서 공석이 된 서부 해안의 앵글로인이 귀족 자리를 꿰찼다. 시어도어 유다 등 안목이 좋은 노동자들도 특별한 변수만 없다면 계급 상승을 이룰 수 있었다. 그래서 철도에 필요한 야심 차고 영리한 젊은이들이 캘리포니아로 대거 몰려들었다. 미국 정착촌의 모토대로 모두가 승리했지만 인디언은 배제되었다.

하지만 금융 혁신 이후 업계의 많은 플레이어들은 어소시에이츠 못지않게 절차를 무시하고 편법을 사용할 기회에 노출되었다. 주식 제도는 투자자들이 고정금액이 아닌, 순전히 자신의 감에 의지해 종잇조각을 매입하도록 유도한다. 사기가 발생하기 십상인 것이다. 누구나 대가 없는 소득을 원하지만 실제로 이를 누릴 수 있는 사람은 지극히 일부에 지나지 않는다. 심지어 운 나쁜 사람들은 대가를 지급하고 빈털터리가 되기도 한다.

소규모 투자자들에게 가짜 주식을 매매하는 가장 낮은 수준의 사기부터 시작해 기업의 규모가 커짐에 따라 다양한 기회가 생겨났다. 회계사와 관리자는 자신들이 뭘 했는지 아무도 모를 거라고 확신하고 복잡한 재무제표를 멋대로 설계하는 방식으로 자금을 직접 빼돌렸다. 설사 기업 고위 관계자들이 이 사실을 알게 되더라도 주주들의 신뢰를 잃어선 안 되는 만큼 일을 크게 만들지 않았다. 오히려 더 큰 사기를 도모하기도 했다. 직접 공급업체를 설립해 수익성 높은 수의계약을 맺은 것이다. 이렇게 새로운 투자자들이 유입되면서 실제 수익을 창출하지 않고도 기존 투자자들에 배당금을 지급할 수 있는 피라미드 구조가 완성되었다. 소유주들은 자회사의 가치를 마음대로 이동시켜 원할 때, 원하는 기업에서 이익과 손실을 발생시켰다. 어소시에이츠는 이를 비롯한 다양한 기술을 마스터해 엄청난 부를 쌓았다. 이렇게 한손에는 실크 모자를 들고 다른 한손으로는 실크 바지의 텅 빈 주머니를 꺼내 보이며 가난을 호소할 준비가 되어 있었다. 이들은 자신들이 철도를 통해 돈을 벌지 못했다는 사실만큼은 분명히 했다. 대신 수상한 여러 보조금으로 부를 쌓았다. 계약금융기업을 통해 공급을 독점하고, 서부개발기업 및 태평양발전기업 명의로 토지 보조금을 받아 캘리포니아 뉴타운에 투자했다.

어소시에이츠가 저지른 가장 지독한 사기로 센트럴퍼시픽과 서던퍼시픽을 바꿔치기 한 사건을 꼽을 수 있다. 이들은 두 회사의 운영권을 모두 보유했지만 서던 지분이 훨씬 많았기 때문에 센트럴의 철도를 서던에 임대하는 방식으로 사업을 운용했고 결과적으로 센트럴의 주주들은 이렇다 할 배당금을 받지 못했다. 대부분 런던에 거주하던 이들은 전 정부에서 수에즈 운하 회사를 담당한 철도 금융 전문가 찰스 리버스 윌슨 경을 대표로 파견했다. 월슨 경은 센트럴퍼시픽 주주들을 대신해 헌팅턴과 합의를 이끌어내 영국인 채권자들도 미국 서부에서 자산을 보호할 수 있음을 증명했다.[4]

　어소시에이츠는 혼자서 사탕을 꺼내먹으려다 발각됐지만 그래도 선량한 척하는 태도만큼은 버리지 않았다. 〈이코노미스트〉가 이 사기를 다룬 기사에서 서던퍼시픽을 '사실상 기업의 형태를 띤 헌팅턴'으로 묘사하자 헌팅턴은 가만 있지 않았다. 편집자에게 서한을 보내 "회사와 이해관계가 있는 모든 이들을 공정하게 대하려고 했고 실제로 그렇게 했다고 믿는다"고 주장했다. 이 같은 발언에 금융 언론사들이 불나방처럼 달려들었고 그 중 〈인베스터스 리뷰〉는 이들이 지난 20년간 저지른 각종 사기 행각을 하나하나 상세히 보도했다. "퍼시픽 사의 캘리포니아 철도 사업은 부정과 사기로 점철되어 있으며 이는 심지어 절차가 진행될 때마다 반복된다고 해도 과언이 아니다." 〈캘리포니아 뱅커스 매거진〉의 편집자는 한술 더 떠 다소 과장된 어투로 〈이코노미스트〉가 애초에 런던 투자자들에 철도 주식을 매매한 게 잘못이라고 비난했다. 계급 상승을 이룬 어소시에이츠는 새로운 배신의 아이콘으로 등극했으며 유럽 대륙의 야유를 한몸에 받았다.

　하지만 서던퍼시픽이 '기업 버전' 헌팅턴이라는 〈이코노미스트〉의 분석은 틀렸다. 철도는 자본주의의 명백하게 비인격적인 힘을 상징하게 되었다. 이는 빠르고 시끄럽고 파괴적이며 위험하고 금속으로 둘러싸였다는 특징을 지닌다. 게다가 콤바인은 법적으로도 인격체로 거듭났다. 1870년대 말, 캘리포니아에서 주 헌법이 개정됐을 때 주 의회 의원들은 철도를 개인이 아닌 법인으로 간주해 담보대출 세금공제를 폐지하는 조항을 포함시켰

---

4 어소시에이츠는 위험한 도박을 하고 있었다. 멕시코에 투자한 유럽 채권자들이 이러지도 저러지도 못하고 있던 1861년, 프랑스가 침략을 단행해 정부를 내쫓고 멕시코를 점령했다. 막시밀리아노 1세는 외국 자본에 유리한 방식으로 국정을 운영하다 1867년 패배해 처형되었다.

다. 콤바인이 세금 납부를 거부하자 캘리포니아주와 두 개의 카운티에서 소송을 제기했다. 1886년 세 건의 소송을 종합한 '산타클라라 카운티 대 서던퍼시픽 철도 회사 사건'에서 대법원 판사들은 철도 회사가 수정헌법 제14조 및 그에 준하는 보호조항의 적용을 받는다는 데 동의했다. 콤바인의 손을 들어주고 사단법인의 원칙을 확립했다. 산타클라라 카운티 사건은 산타클라라 카운티가 실리콘밸리의 대명사가 되기 훨씬 이전부터 기업도 인격체이며 미국은 기업 사기에 민권을 부여한다는 의미를 상징했다. 물론 이 사건 자체도 게임의 일부였다. 대법원에서 캘리포니아를 대변한 스티븐 J. 필드는 링컨 대통령이 당시 주지사였던 릴런드 스탠퍼드의 추천을 받아 임명한 인물이었다.

이 모든 사실을 감안하면 총격전이 시작됐을 때 캘리포니아 정착민이 반군 편을 든 건 놀라운 일이 아니었다. 무셀 슬로 총격 이후 지역민들은 살아남은 '불법 거주자'들을 축하해준 혐의로 비교적 좋은 여건에서 단기간 복역했다. 어소시에이츠가 얄팍하게 내세우는 공익이라는 명분에 속아 넘어갈 사람은 자식들 이외에는 없었다. 그럼에도 이 범죄자들이 캘리포니아주를 지배했다. 길거리 결투가 빈번하고 교수형이 버젓이 집행되던 시절, 사기당한 캘리포니아 정착민은 왜 어소시에이츠의 대저택이 위치한 샌프란시스코 노브힐로 몰려가 그들의 문어 다리를 뜯어내지 않았을까? 실제로 거의 그럴 뻔했다.

철로와 노동자

저절로 건설되는 철도의 문제점은 사실은 그렇지 못하다는 것이었다. 보조금이 얼마나 크든 독점기업 콤바인은 선로를 놓을 인력이 필요했고 그 인력에 임금을 지급해야 했다. 어소시에이츠가 이전에 하던 소매업과는 차원이 다른 일이었다. 국가 인프라 건설이 시작되자 노동 비용이 심각한 문제로 대두되었다. 그들의 야망에 따라 신속하게 움직일 수 있는 인력이 필요했다. 평탄한 지형에 정부 보조금을 받기도 수월한 지역까지 유니언퍼시픽보다 빠르게 선로를 놔야 했기 때문에 스피드가 필수였다. 센트럴퍼시픽에 필요한 인력은 자신의 현재 지위를 뛰어넘을 기회, 행운을 거머쥘 가능성에 이끌려 모여들었다. 하지만 철로 설치라는 위험하고 고된 노동을 일당 1달러에 하면서 그만한 행운을 차지할 수 있는 사람은 지극히 한정되어 있었다. 참고로 해안의 금광에 모여든 포티나이너스도 이보다 열 배는 더 많은 임금을 받았다.

알타 칼리포르니아의 임금 노동자 중에는 원주민이 가장 많았지만 자본가로서는 이들과 토지의 관계 때문에 별로 신뢰할 수 없었다. 인디언은 시즌별로 철도 노동에 뛰어들었다. 낮은 임금은 전통적 생계 활동을 보완하는 수단으로만 활용했다. 주체적 공동체 생활, 그리고 성별이 분리된 채 12시간 넘게 백인 정착민의 선로에서 노동해야 하는 여건을 생각할 때 인디언은 오로지 철도 노동에 올인할 수는 없었다. 물론, 스페인과 멕시코의 점령 기간에도 적응하고 살아남은 원주민의 생태계를 정착민이 파괴함에 따라 공동체의 비중이 줄기는 했지만 캘리포니아 인디언은 여전히 센트럴퍼시픽에 의존하지 않았다. 하지만 중서부의 자본과 경쟁해야 하는 어소시에이츠로서는 자신들에게 전적으로 의존하고 시즌보다 회사의 스케줄에 따라 움직이는 노동자가 필요했다. 토지와는 거리가 먼 사람, 어소시에이츠가 하려는 일에 성심성의껏 임해줄 사람 말이다.

센트럴퍼시픽의 노동자 문제를 초기에 해결해준 건 아일랜드 출신 이민자들이었다. 이들은 금을 찾아 서부로 왔다 금광이 바닥난 걸 확인하고는 자본가들 밑에서 일하고 있었다. 인디언 노동자와는 달리 돌보거나 책임져야 할 가족도 없었고 여건이 갈수록 열악해져도 돌아갈 집조차 없었다. 이론상으로는 그야말로 사면초가였지만 현실은 조금 달랐다. 센트럴퍼시픽 엔지니어 L. M. 클레멘트가 퍼시픽 철도 위원회에 발언한 내용에 따르면 이들 노동자는 "무심하고 독립적이며 고가의 인력이었다." 그러던 중 1859년 컴스톡 광맥이 발견되면서 광산 임금이 일당 4달러 이상으로 치솟았고 이에 철도 노동자들도 주저 없이 그만둔 뒤 광산으로 향했다.

시에라 산맥을 통과하는 센트럴퍼시픽 철도를 최대한 빠르게 건설하려면 원주민이나 백인 정복자와는 다르게 말 잘 듣는 취약한 남성이 필요했다. 이때 등장한 게 중국인이었다. 금이 발견되자 중국인은 백인남성과 마찬가지로 금을 건져서 부자가 된 뒤 떠나기 위해 대거 캘리포니아로 향했다.[5] 동부 정착민의 경우, 운이 좋으면 배를 갈아탄 뒤 중앙아메리카를 가로질러 여행하고 운이 나쁘면 육로로 여러 주권 국가를 통과해 가야 했던 데 비해 해안의 중국인 노동자는 좀 더 간단한 경로를 이용할 수 있었다. 하지만 미국으로 통합된 알타 칼리포르니아는 백인 우월주의적 노예 강국으로 거듭났다. 미국은 인디언, 아프리카인, 그리고 이제 멕시코인까지 수탈해 부를 쌓았지만 인종차별주의자들이 착취할 거리는 여전히 많았다. 미국 캘리포니아의 백인 정착민은 공식 인종법과 비공식 협박을 활용해 중국인 광부에게서 돈이 될 만한 땅은 모조리 몰수했다. 중국인은 형편없는 땅을 비싸게 주고 샀다. 그마저도 백인 눈에 띄면 빼앗기기 일쑤였다. 법원이 '천인天人'(중국이 '천국'이었다)의 증언을 듣지 않았기 때문에 중국인은 법의 보호를 받을 수 없었다. 결국 중국인은 멕시코 강도단, 그리고 노동자들을 캘리포니아, 특히 센트럴퍼시픽으로 실어 나른 중국 기업의 약탈에 고스란

---

[5] 이 시기에 중국인 이주민은 캘리포니아에만 거주했다. 다른 이주민은 카리브해의 플랜테이션 농장으로 가 새로운 농업 인력을 구성했고 뒤에서도 살펴보겠지만 추후엔 남아공의 광산으로 향했다. 하지만 대부분은 네덜란드령 동인도제도, 영국령 말라야, 그리고 프랑스령 인도차이나 등 동남아시아의 식민지로 떠났다. 세바스찬 스트란지오는 "이들 이주민 중 상당수가 가난했지만 식민 지배하에서 세금 징수원, 유럽 당국과 원주민 인구 간 경제 중개인 같은 역할을 꿰차 부유하게 산 이들도 적지 않았다"고 적었다. Sebastian Strangio, *In the Dragon's Shadow: Southeast Asia in the Chinese Century*, Yale University Press, 2022.

히 당하는 수밖에 없었다.

전해지는 이야기에 따르면 찰스 크로커가 중국인 노동자를 고용해 철도를 건설하자고 제안했을 때 중국인은 생물학적으로 그와 같은 작업에 맞지 않는다고 동료들이 만류하자 이렇게 답했다고 한다. "그들이 만리장성을 쌓지 않았나?" 게다가 그들은 노동을 다른 모든 상품과 다를 바 없이 공급할 준비가 된 노동 계약업체의 관리를 받았다. 센트럴퍼시픽을 담당한 수석 관리인은 헝 와Hung Wah로 수력 채굴 작업에 저임금 노동자를 제공하면서 업계에 몸담게 된 인물이었다. 커리어의 정점에서 그는 철도 노동자의 1/4에 달하는 900명 이상을 공급했고 수만 달러에 달하는 임금을 처리했다. 어소시에이츠가 임금을 개별 노동자가 아닌 헝 와에게 일괄 지급하면 그가 백인 철도 노동자 임금의 1/3에 불과한 일당 1달러를 중국인들에게 지급하는 방식이었다. 게다가 중국인 철도 노동자들은 바구니에 사람을 태워 암벽으로 내려보내는 등 관련 경험이 풍부했기 때문에 센트럴퍼시픽의 건설 속도를 더욱 높일 수 있었다. 이들은 백인과 달리 상당히 불안정한 니트로글리세린 등의 폭탄도 다룰 줄 알아서 알프레드 노벨이 값비싼 라이선스를 요구하기 전까지 알차게 활용했다.

어소시에이츠는 운 좋게도 이렇게 세계에서 가장 유능한 건설 인부들을 고용할 수 있었다. 캘리포니아 중국인들은 유럽 유명 광부들의 도전으로 공개 경쟁을 펼쳤고 결국 이들의 코를 납작하게 해주었다. 철도 임금이 인상되는 과정에는 (캘리포니아 철도는 정치적, 경제적으로 불안정해 중국인들이 떠나온 해안 지역 푸젠성과 광둥성보다 임금이 더 후했다) 당근도 주어졌지만 가혹한 채찍도 있었다. 샌프란시스코에서 중국인은 공식 및 비공식 규제로 인해, 그리고 개척지에서는 찾아보기 힘든 여성을 대신해 요리와 세탁 같은 저임금 가사노동을 담당해야 했다. 1867년 여름, 센트럴퍼시픽의 중국인 노동자들이 임금 인상과 하루 8시간 근무를 요구하며 파업을 벌였을 때 어소시에이츠가 양보 없이 이를 해결할 수 있었던 건 노동 계약업자들 덕분이었다. 기록에 따르면 당시 이들은 식량과 보급품의 공급을 중단했다. 하지만 법의 보호가 없어 통제 불가한 수준으로까지 치달은 해안 마을 폭력에 비하면 철도 측의 계획적 착취는 오히려 합리적 선택이었다고 할 수 있다.

센트럴퍼시픽 철도 건설 과정에서 수백 명의 중국인 노동자가 이따금 아주 끔찍한 방식으로 죽어 나갔다. 그만큼 시에라네바다 산맥을 통과하는 대륙횡단철도가 완성될 수 있었던 건 백인 엔지니어의 계획이나 소매상의 자본이 아닌, 이들의 노고 덕분이었다. 하지만 철도가 유타까지 완공되자 어소시에이츠는 중국인 노동자들을 뒤편으로 밀어냈다. 릴런드 스탠퍼드는 대륙횡단 성공의 순간을 기념하기 위한 그림을 화가 토마스 힐에게 의뢰했고 힐은 유화 작품을 통해 그 순간을 상징적으로 표현했다. 펭귄 슈트를 차려입은 스탠퍼드는 노동자들이 기념식용 대못 준비에 한창일 때도 맨 앞줄 가운데서 망치에 가만히 기댄 채 서 있기만 했다. 힐은 고인이 된 시어도어 유다 등 그 자리에 함께하지 못한 이들까지 작품에 넣으면서 다른 이들, 특히 중국인 노동자는 완전히 빼트렸다. 심지어 센트럴퍼시픽에 그토록 유리한 조건의 거래를 성사시켜 철도 완성에 여느 백인 못지않게 공을 세운 형 와조차 작품에서 제외했다(힐은 고통스러운 표정이 역력한 인디언 두세 명을 배경에 넣었는데 스탠퍼드가 작품을 구입하겠다는 약속을 어긴 게 이 때문일 수 있다). 중국인 노동자는 철도를 건설할 수는 있었겠지만 그들이 연결한 나라를 소유할 순 없었다. 캘리포니아의 정착민은 그 사실을 분명히 했다.

대륙횡단노선이 완공되자 중국인 철도 노동자들은 이민자가 늘면서 임금이 떨어지는 경기 침체기에 맞닥뜨렸다. 대륙이 연결되자 많은 이들이 동부 해안에서 샌프란시스코로 이주해왔고 동부 공장의 공산품도 서부 해안으로 전해져 이전에 공급 부족으로 횡행했던 고물가와 고임금에 압박을 가했다. 철도는 태평양 해안에 부와 발전은커녕 실업과 빈곤만을 선사해

1873~1877년 국가 침체의 긴 어둠을 드리웠다. 이주민 중에는 패배한 남부연합 반군도 포함되어 있었는데 인종차별적 무장 세력이던 이들은 전후에도 사상 재교육을 받지 않았다. 서부 해안에 도착한 이들이 직업 혹은 판매 아이템으로 무엇을 선택하든 공급은 적고 수요는 많던 정착기의 호황 시대는 끝났다. 캘리포니아의 경제는 이제 자본주의의 지원 아래 재편되었고 정착민은 노동자가 되었다.

캘리포니아가 철도로 전국 시장에 연결되면서 캘리포니아의 제조업체역시 타격을 받았다. 이들은 한층 발전한 동부의 산업과 경쟁할 수밖에 없다 보니 인건비라도 줄이고자 고군분투했다. 다수의 남성이 열린 공간에서 함께 일하는 금속 가공, 조선 및 건설 등의 분야에서는 백인 노동조합이 인건비 삭감을 막는 데 성공했다. 하지만 새로운 소비품의 제조업체는 상황이 달랐다. 가령 속옷 공장의 경우 차이나타운의 한 지하실에서도 얼마든지 운영될 수 있었다. 자본가들은 한 사람에게 기술을 가르치고 그가 나머지 인력을 관리하도록 한 뒤 필요한 만큼 자본을 제공했다. 중국인 계약직 노동자들은 센트럴퍼시픽에 그랬던 것처럼 이들 소규모 제조업체에도 매력적인 인력이었다. 계약업체들은 노동을 자본가를 위한 또 하나의 자원, 원하는 대로 틀었다 잠갔다 할 수 있는 수도꼭지쯤으로 전환했다.

시가나 신발 제조업체처럼 규모가 너무 작아서 중국인 노동자를 고용할 수 없는 업체들은 계속해서 백인 노동자를 활용하되 노조를 구성할 수 없도록 소수만 고용했다. 대신 이 같은 분야의 백인 노동자들은 백인이 생산한 상품에 하얀 라벨을 부착하고 값을 더 비싸게 받는 등 조직적으로 인종 혐오를 조장했다. 이는 노조 활동이라기보다 (그랬다면 중국인의 임금 인상을 위한 노력이 이루어졌어야 한다) 당파 행위에 더 가깝다. 학자 아이코 데이는 "19세기 철도 건설과 광업의 빠른 산업화 속에서… 중국인은 백인 노동력과 비교하여 '가치 절하'를 상징했다"고 적었다. 중국인 노동자는 여유로운 서부 생활을 기대한 백인 정착민에게 불길한 사회세력이었다. 의류, 신발과 시가 등의 산업이 장인의 손길을 대신해 대량생산 및 전국유통의 단계에 들어서면서 경쟁이 치열해져 극심한 인종갈등이 촉발되었다. 백인 정착민이 보기에 중국인 노동자는 자본가가 작업 속도를 높이고 임금을 낮추기 위해 사용하는 또 다른 도구에 불과했다. 실제 자본가들의 생각도 마찬가지였다.

19세기가 끝나갈수록 캘리포니아 백인노동운동에서는 인종배제가 핵심 운영원칙으로 확립되어 갔다. 정착민에겐 노동조합 대신 '쿨리coolie(해외에서 일하는 저임금 계약 노동자를 이르는 단어) 반대 클럽'이 있었다. 캘리포니아 노동자 정당은 이 같은 환경에서 사회주의 구호, 그리고 8시간 근무와 중국인 반대 같은 노조의 요구를 결합해 등장했다. 이후 실업률이 위기 수준으로 치솟은 1877년, 릴런드 스탠퍼드의 대저택까지 행진해 그를 위협했다. 하지만 이들의 선봉장이던 데니스 커니는 노동자들의 지도자보다는 인종차별주의자가 더 어울리는 인물이었다. "센트럴퍼시픽에 3개월의 기한을 주겠다. 그 안에 중국인 노동자를 모두 해고하라. 그렇지 않으면 스탠퍼드와 그의 일당은 대가를 치르게 될 것이다" 커니가 외쳤다. 하지만 노동자 신분으로 응징하기에는 백인 상사보다 중국인 노동자 쪽이 훨씬 수월했다. 결국 스탠퍼드는 커니를 체포 처리했다. 그럼에도 노동자들은 민주당과 공화당이라는 양당체제에 위협이 되었으며 철도가 건설되고 중국인의 임금이 백인은 물론, 대다수의 '미국인' 이민자(독일인 혹은 아일랜드인이 대다수)보다 높아지면서 캘리포니아 자본가는 이전만큼 아시아계 인력을 찾지 않게 되었다.

게다가 중국인 노동자들이 사업가나 농장주로 변신하면서 이제 백인 노동자뿐 아니라 백인 자본가와도 경쟁하게 되었다. 노동 계약업자와 자본가를 구분하는 유일한 기준은 재력과 인종뿐이었다. 따라서 캘리포니아 중국인이 사업가나 농장주를 하기에는 위험 요소가 다분했다. 공화당 사업가들이 이를 타 인종은 넘지 못할 '경계'로 설정해놓은 게 백인 폭동을 억제하는 역할을 했기 때문이다(경계는 이뿐만이 아니었다. 정착민 때로는 원주민이 중국인을 개별 공격하기도 했지만 "이 빈민굴 자체(차이나타운)가 무장하고 있었다"고 기록되어 있다). 공화당 관리들이 법의 가장 기본적 보호권을 중국인 사업 파트너에까지 확대해주는 한 차이나타운은 스스로 보호할 수 있었다. 하지만 법의 보호는 미약하기 짝이 없었고 백인 정착민의 '무력 제거', 즉, 인종 청소 계획은 가혹했다.

캘리포니아가 주도하는 중국인 배제 계획을 두고 토론이 벌어지면서 '중국인 문제'는 국가 차원에서 해답을 찾게 되었다. 캘리포니아는 미국을 재건하는 과정에서 정착민이 단일 이슈에 집중하는 유권자로 자리 잡아 결국 경합 지역으로 떠올랐다. 대륙횡단철도 건설로 캘리포니아주의 연방 가입이 확정됐는데 지난 수십 년간 이곳의 점령국이 툭하면 바뀌고 멕시코의 정치 불안정 및 외국 간섭이 계속되어 왔으며 미국 자체도 일시적으로 분리됐었다는 사실을 고려할 때 놀랄 만한 일이 분명했다. 캘리포니아에서 다수를 차지한 연방주의자들은 이 같은 특성을 잘라냄으로써 분열을 봉합하는 데 기여했다. 하지만 연방주의자라고 해서 꼭 노예제 폐지의 민주주의 원칙과 노예혁명 정신에 충실한 건 아니었다. 미국 재건, 그리고 다원주의적 인종평등 국가를 만들려는 흑인의 노력이 한창이던 와중에 중국인 배제라는 인종차별 움직임이 나타났다.

하지만 이렇게 겉보기엔 모순적인 상황도 캘리포니아의 백인 잭슨주의자에게는 전혀 그렇게 여겨지지 않았다. 이들이 일관되게 주장한 건 자유 백인의 노동뿐이었기 때문이다. 지역 분열과 관련해 캘리포니아는 전쟁이 진행되는 동안 남부에 등을 돌렸지만 입장은 언제든지 바뀔 수 있었다. 옛 남부연합을 강제 통합하고자 고안된 연방 민권법이 캘리포니아의 중국인에도 적용되면서 남부와 서부의 대표단은 비백인 노동문제에 대한 해결책을 찾아나서야 했다. 남부의 농장주들은 만약 전직 노예와 그 자녀가 일개 상품의 신분에서뿐 아니라 지역경제 노동자의 역할에서도 벗어나게 된다면 서인도 제도의 농장주들이 그랬던 것처럼 중국인 노동자를 데려와 대체인력으로 사용하겠다고 협박했다. 그렇게 되면 중국인 배제 계획은 물거품으로 돌아가고 캘리포니아가 남부와 타협할 명분이 생기게 된다. 인종차별의 선봉에 선 남부와 캘리포니아는 타협점에 이르러 현대 미국의 방향성을 설정해주었다. 남부는 남부연합의 뜻대로 노예제도를 지속하고 중국인은 배제하기로 합의한 것이다.

중국인의 이주를 공식 금지한 중국인 배척법은 고용주가 노동인력 상황을 파악할 수 있도록 2~3년의 세부조율 기간을 거쳐 1882년 통과되었다. 하지만 중국과의 벌링게임 조약으로 중국인 이민을 금지할 수 없게 되자 의회는 해당 법안을 10년 기한으로 도입했다(이후로 기한이 갱신되었다). 캘리포니아 주정부와 연방정부는 이후 수십 년간 미국에 거주하는 중국인의 귀화를 불허하고 심지어 토지 소유까지 금지하는 등 규제를 강화했다. 이 같은 법적 제약에 따라 중국인은 백인 이민자와 달리 통합된 사회에 동화되는 게 불가능해졌다. 중국인 배척법은 이미 다양하게 조직되어 있던 서부의 인종차별주의 자경단에 활동할 명분을 제공하기도 했다. 1885년 9월, 와이오밍주 록스프링스에서 발생한 정착민 집단학살 사건으로 유니언퍼시픽의 중국인 철도 노동자 28명이 사망했고 이후 인근에서 아시아계 이주민 반대 폭동이 일어났다. 이들 민간 자경단은 이민자의 유입을 막은 데 그치지 않고 이제 의회의 암묵적 지지까지 등에 업어 이민자 감축 계획을 행동으로 옮겼다. 그리고 이는 어느 정도 효과가 있었다. 19세기 말까지 미국 내 중국인 인구는 배척법 시행 전 13만 3,000명에서 9만 명으로 3분의 1 가까이 감소해 인종청소 캠페인의 성과를 보여주었다.

대륙횡단이 가능해진 미국은 새로운 국가였다. 이전엔 시간 측정이나 궤간(두 철로 사이의 간격) 등의 측량 단위는 각 교구 표준을 따랐지만 대륙횡단철도가 생긴 뒤로는 전국적으로 통일되었다. 덕분에 미국 국경이 확정되었고 이후로는 경계와 관련된 심각한 논란은 벌어지지 않았다. 미국이 이같은 통합 국가로 거듭날 수 있었던 건 중국 철도 노동자의 공이었으며 따라서 20세기를 만든 것도 중국 노동자라 할 수 있다. 하지만 처음부터 중국인에 그다지 호의적이지 않았던 미국인은 이제 그들을 강력하게 배척했다. 돌이켜보면 우연처럼 보이는 다양한 순간에 대해 추측하는 건 아무 소용없다. 이 이야기가 다루는 오늘날의 세계는 인간의 선택이 빚은 결과가 아니며 초자연적 동전 던지기의 연속, 나무에 열린 수많은 열매 중 하나를 선택할 확률로 얻은 결실이다.

수에즈 운하와 더불어 대륙횡단노선이 결정적 연결 고리가 된 통합 세계 체제가 등장하면서 투자의 흐름이 시작되었고 그에 따라 다가오는 앞날의 형태가 결정되었다. 더 높은 수익을 향한 자본의 끝없는 허기가 지구에 새로운 물리적, 사회적 지형을 만들어냈다. 비유적으로 말하면 둥근 지구를 평면으로 만들고 일부 산을 깎아내기도 했다. 하지만 진보적 몇몇 인사들의 바람과 달리 민족 간 장벽을 허무는 데는 실패했다. 대신 새로운 장벽을 공식화했다. 자본가들이 인종차별을 이용해 임금 격차를 만드는가 하면 법적, 경제적, 사회적, 시민적 배제가 변증법적으로 뒤섞여 소외를 가속화했다.

학자 마누 카루카가 말하는 소위 철도 식민주의 패턴이 전 세계적으로 공통되게 나타났다. "금융 논리와 기업 조직을 통한 영토 확장이 이루어졌다. 자유롭지 못한 수입 노동자를 투입하고 국가의 경제 및 군사 기능을 통합해 식민지 전역에 건설 프로젝트를 실현했다." 이들 요소는 일단 작용하기 시작하자 반복적으로 동일한 반응을 일으켰다. 물체가 자신만의 법칙에 따라 움직이는 것처럼 자본 역시 체계적 법칙에 따라 거침없이 순응해 움직였다. 이렇게 폭주하는 열차를 마주한 사람들은 비켜서거나 치이거나 운이 좋으면 올라타는 데 성공해 선로가 어디로 이어지는지 알아냈다.

그렇다면 소매상들은 어떻게 됐을까? 릴런드 스탠퍼드는? 그 당시 상황은 19세기 말 일어난 세계의 변화를 인간보다는 힘의 관점에서 생각하도록 유도했고 사실 이는 스탠퍼드처럼 별 볼 일 없는 인물이 어떻게 그렇게 중대한 역사적 지위를 달성할 수 있었는지 설명해준다. 그가 한 일이라고는 건네받은 은망치로 대륙횡단철도의 완공을 축하한 것뿐이다. "그는 자기 힘으로 돈을 번 적이 단 한 번도 없으면서 많은 돈을 가졌고 돈이 어떻게 수중에 들어왔는지 알지언정 그 가치는 알지 못한다"고 스탠퍼드의 동료 헌팅턴이 적었다. 하지만 스탠퍼드 주변에는 헌팅턴처럼 똑똑하고 성실한 사람보다 스탠퍼드와 비슷한 사람이 더 많았다. 그들은 대륙횡단철도를 놓을 때 입으로만 떠들었고 심지어 주주들의 주머니를 채워주지도 못했다. 대신 본인의 재산만 크게 불렀다. 글로벌 자본주의 체제에서 영웅의 역할이란 고작 이런 것에 지나지 않았다.

"어떤 국가에서 특정 시기에 하필 그런 인물이 등장하는 건 물론 순전히 우연이다. 하지만 그를 제거할 경우 대안에 대한 요구가 생길 테고 좋든 나쁘든 그 대안은 발견될 것이다." 1894년 프리드리히 엥겔스가 어느 서신에 적었다. "나폴레옹이 모자랐다면 다른 이가 그 자리를 채웠을 것이라는 사실은 누군가 필요해질 때마다 항상 누군가 발견됐다는 사실로 입증된다. 카이사르, 아우구스투스, 크롬웰 등을 떠올려 보라." 그에 따르면 필요성은 우연의 형태로, 우연은 또 인간의 형태로 나타난다. 톨스토이는 나폴레옹에게서 영감을 받아 《전쟁과 평화》에서 비슷한 결론을 내렸고(역사, 즉 인류라는 군집의 무의식적 삶은 왕의 생애에서 모든 순간을 역사의 목적을 위한 도구로 사용한다), 도스토예프스키는 《카라마조프의 형제들》에서 나폴레옹을 '가짜 영웅'으로 묘사했다. 나폴레옹은 역사책에서 사라지더라도 세계의 모든 굵직한 사건의 핵심 인물로 문학 속에 남을 것이다. '황제'의 위상이 실제 업적보다 한참 부풀려진 데 비하면 스탠퍼드는 양반이었지만 그의 캐릭터가 너무 평범해서 속는 이가 거의 없었다. 하지만 무슨 상관이랴. 돈도 땅도 모두 그의 수중에 있었는데 말이다.

스탠퍼드는 자신을 꼭두각시로 내세웠던 힘을 더 크게 대변할 또 다른 사람을 탄생시켰다. 그는 역사가 연주하는 리듬에 맞춰 행복하게 춤추는 원숭이에 불과했지만 세계 시장에서 서부가 너무나 중요한 지위를 차지하고 상당한 가치까지 품고 있어 명품에 대한 끝없는 탐욕을 충족하고도 남을 만큼의 자산을 쌓았다. 인간이 평생 쓰고도 남을 만큼의 자산을 쌓았다면 어떻게 해야 할까? 남은 건 보통 유산으로 불리는데 릴런드 스탠퍼드는 자신의 유산에 릴런드 스탠퍼드 주니어라는 이름을 붙였다. 그리고 그 주니어는 자신의 유산을 팔로알토라고 명명했다.

Chapter 03

스탠퍼드

마력 → 팔로알토 시스템 → 에드워드 마이브리지와 최초의 영화 → 릴런드 스탠퍼드 주니어
→ 스탠퍼드 대학의 건립

1870년대 말을 향해가면서 스탠퍼드 부부는 노브힐의 초호화 저택에서 보내는 시간을 줄이기 시작했다. 샌프란시스코는 스탠퍼드와 철도가 등장한 지 20년도 채 되지 않아 서부 해안 최대도시에 등극하면서 동부와 어깨를 나란히 하게 되었다. 도시의 성장으로 산업이 확대되면서 사람들은 노동으로 내몰리는 형태의 대가를 치렀다. 걸러낼 금이 더 이상 남지 않게 되자 자본 집약적 금 채굴은 통합되었고 1870년 무렵에는 광산보다 농장에 종사하는 캘리포니아인이 더 많아졌다. 철도 완공 이후 노동자, 그리고 이들을 고용하는 서부 해안의 생산업자와 상인 간의 경쟁은 더욱 치열해졌다. 대륙횡단철도가 연결되면서 포티나이너스가 위험한 여정을 감수해가며 차지하려 했던 수익이 충분한 보상은커녕 위험 비용도 내주지 못한 채 사라져 버렸다. 샌프란시스코는 여성 인력이 부족한 곳이었음에도 불구하고 실업률이 20%를 넘었다.

캘리포니아에서는 철도가 자본을, 콤바인이 철도를, 그리고 릴런드 스탠퍼드가 콤바인을 상징했다. 스탠퍼드로서는 상징 이외에 별달리 할 게 없었던 만큼 하기도 쉽고 보수도 상당히 좋은 직업을 가진 셈이었다. 다만

한 가지, 많은 사람이 그와 그의 가족을 미워한다는 사실은 감내해야 했다. 백인 노동자 연합은 그가 중국인 노동자를 수입해오는 바람에 철도가 빠르게 완공되고 임금도 삭감됐다고 비난했다. 만약 한 개인이 이 모든 걸 해낼 수 있다면 스탠퍼드라는 인물은 그다지 나쁘지 않은 선택이었다.

언덕 위에 위치한 시내 최대 규모의 저택이라면 취향에 따라 살기 좋아 보일 수도 있겠지만 한 가지 단점은 집주인의 행방을 모두가 안다는 사실이었다. 스탠퍼드가 어디 있을지는 불 보듯 뻔해서 시위대가 툭하면 쳐들어갔다. 1870년대 초, 전 세계는 도시의 고위 계층이 민중의 불만을 너무 얕잡아보면 어떻게 되는지 똑똑히 목격했다. 프랑스 파리의 급진적 노동자들이 도시를 장악하고 코뮌Commune을 선포한 것이다. 저널리스트 제임스 아이어스는 노브힐의 저택을 방문했다가 프랑스식 반란을 경험했던 걸 기억했다. 마리 앙투아네트가 빌레트 후작에게 선물한 세로무늬 장식의 세브르 꽃병을 자랑하던 스탠퍼드는 손님으로 온 아이어스에게 창밖에서 들려오는 노동자의 원성은 그냥 무시하라고 말했다. 아이어스는 회고록에서 "나는 '꽃병 주인의 집에 방문했다가 사망할 수도 있을까?' 하고 자문했다. 내가 스탠퍼드였다면 그 아름다운 예술작품을 '불길한 징조'로 간주하고 선이든 악이든 꽃병이 지닌 기운을 개인이 아닌 일반 대중에 발산할 수 있는 기관에 기증함으로써 무력화했을 것이다"라고 적었다. 스탠퍼드 가문은 지배 계층 마인드가 뼛속까지 배어 있어 다른 모두가 볼 수 있는 것조차 보지 못했으니 바로 부정하게 획득한 재산에는 위험이 따른다는 사실이다.

센트럴퍼시픽은 모여든 군중에 항복할 의사가 전혀 없었다. 대신 스탠퍼드는 1868년 태어난 그의 아들 릴런드 주니어를 포함한 가족과 하인을 모두 모아 마을을 떠났다. 당대의 다른 저명한 날강도 부호와 마찬가지로 스탠퍼드 가족은 '시골의 한 소유지'에 숨어들었다고 전해진다. 1876년, 스탠퍼드 가족은 샌프란시스코 남부 철도와 접한 산타클라라 카운티에서 메이필드 그랜저라 불리는 650에이커짜리 농장을 매입했다. 당시 농부 단체가 펼친 그랜저 운동(농민들의 포퓰리즘적인 농업 협동조합 형태로 시작된 운동)이 탐탁지 않았던 스탠퍼드는 철도 옆 거대한 나무를 둘러싼 이 지역의 이름을 팔로알토로 바꿨다. 팔로알토에서 이들 가족은 샌프란시스코와는 다르게 직접 고용하지 않은 노동자들의 접근을 차단할 수 있었다. 계급 갈등의 거센 바람을 온몸으로 맞는 수밖에 없었던 노브힐 정상에 비하면 사우스베이의 목장은 봉건제도 속 주인과 하인이 공존하는 평화로운 초원에 빗댈 수 있었다.

팔로알토에서 스탠퍼드는 어소시에이츠의 그늘에서 벗어나 독자적 삶을 꾸리게 되었다. 철도를 비롯해 무엇 하나 흥미 있는 게 없었던 그가 마침내 시간을 투자할 만한 대상을 발견했으니 바로 말이었다. 당시 졸부들이 즐겼던 경주마 사육은 다른 어떤 비즈니스도 하지 못한 방식으로 스탠퍼드를 사로잡았다. 스탠퍼드가 릴런드 주니어와 말에게 쏟아부은 관심과 사랑은 어소시에이츠의 파트너들이 그에게서 그토록 보고싶어 하던 종류의 것이었다. 사실 그들은 스탠퍼드가 사업에 어떤 가치를 더하는 건 바라지도 않으니 본인의 소임만이라도 다해줬으면 하는 마음이었다.

그 무렵 스탠퍼드는 많은 현금을 확보해 땅을 사들이고 사치를 즐겼다. 목장을 팔로알토 가축 농장으로 조성해 말을 키우고 훈련하는 모습을 지켜보았다. 그는 마구간에 엘리트 조련사 찰스 마빈을 포함해 수십 명의 인부를 고용하는 등 돈을 쏟아부었다. 가축 농장의 규모가 커지면서 계속해서 땅을 매입해 팔로알토 부지를 확장했다. 그 결과 1880년대 말 가축 농장은 11,000에이커도 넘는 부지, 800마리의 말과 150명의 직원을 갖춤으로써 세계 최대 및 최고 시설을 자랑하는 목장으로 자리매김했다. 말을 서부 해안, 켄터키 농장과 뉴욕 시장을 오가며 운송하는 데 드는 비용은 대부분의 사람들이 감당할 수 없는 수준이었겠지만 철도 거부 스탠퍼드는 달랐다. 그는 말 수송을 위한 고급 철도 차량을 맞춤 제작까지 했다.

릴런드 스탠퍼드는 단순히 말을 보유하는 건 물론이거니와 지상 최고로 빠른 말을 소유하는 것으로는 만족하지 못했다. 마학馬學, 혹은 말 공학이라고 하는, 동물의 노동 성능을 향상시키기 위한 과학 연구에 진지하게 참여했다. 자본가로서 말을 생산성 높은 생물학적 기계로 간주하고 경주에서 발휘하는 역량을 단순하고 명확한 지표에 따라 분석하고자 했다. 그가 키운 말은 노동 여건을 재현하기 위해 뒤에 객차를 매달아 전속력으로 달릴 수 없도록 제어된 뒤 경주에 나섰다. 이 같은 제약 속에서 더 빠른 말이 더 우수한 말이며 만약 스탠퍼드가 우수한 말의 생산 비결을 깨칠 수 있다면 미국의 자본재를 늘릴 수 있을 것이다.

스탠퍼드는 과학적 방법을 적용하면 말의 가치를 평균 100달러 더 높일 프로그램을 구축할 수 있음을 깨달았다. 미국 내 말이 1,300만 마리인 걸 감안하면 이는 13조 달러 가치에 이른다(2022년 화폐 기준으로 300억 달러가 넘는다). 더 강하고 오래 일할 수 있는 말은 마차를 더 빨리 끌고 더 거대한 쟁기도 오랫동안 끌 수 있어 상상 이상으로 생산비용을 줄이고 유통을 늘릴 수 있다. 말은 지역 운송의 지배적 수단이었다. 군대의 가장 중요한 무기이자 농업동력의 주요 원천이기도 했다. 미국이 말에 깊이 의존하고 있다는 사실은 1872~1873년 겨울, 미국 내 모든 말이 말 인플루엔자에 감염되어 1% 넘게 죽고 나머지가 일시적으로 쇠약해졌을 당시 잘 드러났다. 동물 대유행병으로 사실상 모든 지역 운송뿐 아니라 마력으로 운영되는 델라웨어, 허드슨과 이리 운하 등 동부의 여러 도시가 마비되었다. 뉴욕시의 운전사들은 직접 마차를 끌어야 했고 소방 장비 운용이 불가능해져 보스턴이 화재에 시달렸다.

가축을 대체할 트랙터가 이내 등장할 예정이기는 했지만 서부의 농업 발전을 주도하기에는 타이밍이 늦었다. 농장에서 일하는 말의 수는 이후 수십 년간 세 배로 증가해 2,500만 마리를 넘어섰다가 이후 1920~1940년대에 걸쳐 그보다 빠른 속도로 감소했다. 트랙터 등장 전, 말과 노새의 수가 최고치에 달한 1910년에 말과 노새는 전체 농업장비 및 농기계 가치를 뜻하는 '작물재배 자본'의 3분의 2, 총 39억 달러 중 26억 달러를 차지했다. 하지만 말을 매일같이 먹이고 관리하는 데 드는 비용도 생각하지 않을 수 없었다. 19세기 말에는 말 유지비를 감축할 방법을 찾는 게 시급했으며 특히, 농업 강국으로 떠오르던 캘리포니아의 사업자들은 더욱 조급했다. 이들은 미국 내 다른 지역보다 생산성을 높이기 위해 더 크고 발전한 장비를 사용했는데 19세기 말의 기계화란 예상과 달리 말을 더 많이 동원하는 걸 뜻했다. 말은 서부의 엔진이었으며 1870년경 캘리포니아의 각 농장이 보유한 가축의 수는 이미 국가 평균의 세 배에 달했다. 팔로알토의 가축 농장이 가진 강점은 결국 그게 다였다.

말 한 마리, 혹은 수천 마리보다 더 가치 있는 건 캘리포니아 농장이 획득한 자연의 효율성에 관한 통찰이었다. 21세기 스타트업이 벤처캐피털리스트의 수백만 달러를 유치하려면 '말 1,300만 마리 × 100달러'라는 식의 계산법이 필요하지만 릴런드는 스스로 확신만 있으면 그만이었고 그러는 데 아무 문제가 없었다. 산업기술, 목표와 자본을 투입해 가축의 생산성을 높인 스탠퍼드의 농장은 무한한 자원, 기업식 고용구조, 과학적 사육방법과 단일제품 집중 등의 특징이 학자 필립 터틀이 말한 속도 연구소의 원형이었다. 전통적 의미의 동물 농장과는 거리가 멀었으며 고성능의 말을 톤 단위로 생산하는 실험적 엔진공장에 가까웠다. 팔로알토 가축 농장은 말을 (근육보다 피가 더 중요한) 유전학적 관점에서 판매했기 때문에 사실상 지식재산권 비즈니스에 종사한다 할 수 있었다.

말 사육사들은 여러 세대에 걸쳐 혈통을 추적하고 종마의 혈통에 가격을 매기는 등 유전학을 개척하는 역할을 했다. 경마에서 우승하는 것도 좋은 일이었지만 진짜 상은 우승마를 많이 생산하는 종마에게 돌아갔다. 경마 업계는 유전적 특성이 경마 챔피언을 길러내는 데 중요한 역할을 한다는 사실을 잘 알고 있었지만 이 같은 (정확하고) 근본적 이해가 지역사회의 (잘못된) 토속 지식에 배치되는 경우도 있었다. 새로운 지배층의 모범으로서 고착된 가정을 뒤집는 데 자부심을 갖고 있던 릴런드 스탠퍼드는 경마에 발을 담근 지 얼마 안 됐지만 웬만한 사육사나 조련사보다 많이 안다고 확신했다. 기존 관행에서 비롯된 선입견이 없는 과학인이었고 원하는 건 얼마든지 시행할 돈도 있었다. 종마 무리를 처음 마련할 때 (소문에 따르면 전문가의 조언은 무시하고) 검증되지 않은 종마 일렉셔니어를 구입했는데 이 말은 결국 역사상 가장 위대한 종마, "전 세계 어떤 말보다 기록 갱신마를 많이 배출한 아비"가 되었다.

보통 최고의 경주마는 경주용 종마와 암말이 생산한 순수 혈통의 말이라는 인식이 지배적이었다. 여러 순종을 교배하면 고집만 세고 경주 능력은 떨어지는 망아지가 나온다고 여겨졌다. 하지만 이에 의구심을 품은 스탠퍼드는 일렉셔니어를 마구잡이로 교배시켰다. 이후 팔로알토 가축 농장의 순종은 물론이요 잡종 말까지 줄줄이 우승을 차지하자 전문가들은 자신이 한 말을 취소해야 했다. 이 모든 게 과학의 혁신이라기보다 일렉셔니어의 유전자에 있는 특별한 '두뇌 제어 능력' 때문이라고 분석하기는 했지만 말이다. 스탠퍼드의 망아지들은 이내 엄청난 가격에 팔리기 시작했고 1892년에는 2살배기 챔피언 아리온이 사육사 J. 말콤 포브스에게 12만 5,000달러(현재 가치로 200만 달러 이상)에 판매되어 신기록을 세웠다. 스탠퍼드와 그의 돈으로 업계가 변화하면서 새로운 팔로알토 가축 농장은 마학, 말 공학 혹은 이름이 무엇이 됐든 그 일의 세계 중심으로 자리잡았다.

스탠퍼드의 팔로알토 말 농장이 자본주의적 합리주의를 말 생산에 적용함으로써 변화시킨 건 단순히 사육 관행뿐만이 아니었다. 스탠퍼드가 등장하기 전까지만 해도 경주마는 본능에 따라 움직이는 소규모 투자자 및 말 사육사의 영역에 불과했다. 귀족계층에서 경마를 수준 떨어지는 스포츠로 여겼기 때문이기도 하지만 경주마의 생애주기도 관련 있었다. 훈련은 세 살부터 본격적으로 시작하는데 말은 일곱여덟 살이 넘어야 비로소 성숙하는 만큼 주인이 그 기간 내내 먹여주고 재워줘야 했다. 심지어 개중엔 후손이 평범한 수준에 지나지 않는 경우도 많았다. 그리고 실제로 많은 돈이 드는 건 사육사였기 때문에 경주마가 실질적 가치를 지니려면 후손 역시 빨라야 했고 이 모든 걸 기다려주기 위해서는 투자자가 상당한 인내심을 발휘해야 했다. 말 자체를 좋아하지 않고서야 그다지 할 만한 사업이 아니었던 것이다.

스탠퍼드는 찰스 마빈과 함께 말의 사육, 훈련 및 매매 방식을 바꿔 나갔다. 1889년 여름, 팔로알토의 말들은 한 살부터 네 살까지의 경쟁 부문에서 모조리 세계 신기록을 세워 경마계의 거물들이 받아들일 수밖에 없는 놀라운 승리를 거뒀다. 일렉셔니어의 놀랍도록 강력한 혈통이 비결이었다는 데 모두가 동의했지만 그것만으로 팔로알토가 거둔 성공을 설명할 수는 없었다. 그들은 대체 어떻게 한 것일까?

팔로알토에서 말 생산 주기를 단축한 건 순전히 비용을 줄이기 위해서였다. 망아지에게 걸음마부터 달리기까지 차근차근 가르치는 대신 어려서부터 경주마로 훈련했다는 의미다. 따라서 어른 말의 속도를 따라가려고 하기보다 눈에 보이는 '잠재력'에 집중했다. 스탠퍼드는 당시 독일에서 미국까지 확산 중이던 어린아이 교육 운동에 영감을 받아 고작 5개월 된 망아지도 전속력으로 달리는 훈련을 할 수 있는 축소판 '유치원' 트랙을 만들었다.[6] 규모가 워낙 작다 보니 트레이너 두 명이 긴 채찍을 들고 트랙 중앙

---

6 이는 다시 거꾸로 지역의 교육 개혁가들에게 영감을 주었다. 케이트 더글라스 위긴은 저서 《아이들의 권리Children's Rights》에서 그의 가축 농장을 언급하기도 했다. "스탠퍼드 상원의원의 팔로알토 가축 농장을 좀 봐."

에 서서 채찍 소리로 망아지들이 더 빨리 달리도록 통제할 수 있었다. 이때부터 경쟁 선발이 시작되었고 많은 잠재력을 지닌 망아지에게 투자를 집중해 '안전하게 견딜 수 있는 수준까지 훈련'을 시켰다. 향후 경주 능력은 잠재력에 따라 결정된다는 팔로알토 가축 농장의 발견을 바탕으로 자원을 망아지의 속도에 따라 분배했다.

스탠퍼드는 말의 질주 속도를 높이길 원할 뿐 오래 달리는 데는 무관심해서 조깅에 반대했다. 마빈은 직접 작성한 훈련 방법 지침서에서 "우리는 일단 속도를 높이고 그 후에 체력을 기르는 것을 목표로 한다"고 적었다. 스탠퍼드는 망아지의 특성에 대한 정보를 조기에 도출(또는 생성)함으로써 경마 업계의 인센티브 구조를 완전히 바꿔 놓았다. 그가 팔로알토 말 공장에 어떤 영향을 미쳤는지 경마 전문가 레슬리 맥레오드가 평가한 글에 따르면 "사육 사업은 이제 종마가 농장에 명성을 가져다주기까지 6~7년을 기다릴 수 있다고 느끼는 사람이 거의 없는 시점에 도달했다. 그래서 사업가들은 어려서 경주할 수 있는 혈통을 사들인다." 어려서 경주할 수 있는 혈통은 스탠퍼드의 농장이 생산 시스템을 구축한 품목으로, 스탠퍼드는 이같은 시장유입 동기를 공개하고 수용함으로써 다른 사업가들도 자신을 따르도록 만들었다.

여기에는 대가가 따랐다. 한 살배기 망아지가 여러 쿼터를 40초에 달리고 두 살배기가 걷는 것만으로 2분 20초에 완주하면 그중 힘줄이 끊어지는 말들이 생기는 건 당연하다. 훌륭한 자질의 말들이 확실히 망가졌다. 위험을 감수하지 않으면 보상도 바랄 수 없는 만큼 팔로알토에서는 이 같은 손실이 불가피하다고 여겼다. 그들의 유전 결정론적 관점에 따르면 훈련을 통해 할 수 있는 건 내재된 불변의 잠재력을 드러내고 실현하는 것뿐이다. 이 같은 관점은 수익에 훨씬 유리한데 장기간 돈을 들여 훈련하는 것보다 자원 투입 없이 유전자를 재생산하는 게 훨씬 쉽기 때문이다. 이와 같은 전제 오류에 따르면 실패도 할 거면 차라리 빨리 하는 게 나았다. "2살에 실패하는 게 10살에 실패하는 것보다 싸게 먹힌다. 종마가 훌륭한 아비가 될 만한 힘이 없고 자손 역시 좋은 성적을 낼 만한 능력과 자질을 갖추지 못했다면 소유주와 트레이너가 빨리 알아낼수록 좋다." 힘줄이 끊어질 거면 기껏 먹여 키운 뒤인 다섯 살에 끊어지는 것보다 한 살에 끊어지는 게 낫다는 것이다. 경주 성적이 운명이라면 망아지를 훈련한다고 이변이 생길 리 없고 따라서 돈을 아낄 수 있는 방법은 정보를 조기에 획득하는 것뿐이다.

가축 농장의 자본주의적 합리주의, 잠재력과 투기 가치에만 집중하는 방식은 팔로알토 시스템으로 불렸으며 성과를 거뒀다. 마차는 말 그대로 수천 년간 연구된 고대 기술이었지만 팔로알토 시스템은 불과 10년 만에 그 생산방식을 혁신적으로 변화시켰다. 인간이 세상을 발전시키기 위해 해야 할 일은 수익과 자본에 헌신해 필요한 규모를 실현하는 것뿐이었다. 수익과 자본을 모두 보유한 스탠퍼드는 팔로알토를 창조해 이를 수용했다. 데이터와 제어라는 과학의 두 갈래 채찍은 마치 유치원 트랙을 도는 망아지처럼 돈이 순환하는 속도를 높여 채찍이 휘둘러질 때마다 엄청난 수익이 축적되었다.

거칠 것 없는 속도

미국의 대포, 쟁기와 배달 차량을 여전히 말이 끌었다면 팔로알토 가축 농장은 동물로 기억됐을 것이다. 하지만 스탠퍼드가 정보, 제어, 속도, 효율성, 가치 및 이익 등 무형의 가치를 창출하는 시대를 무의식적으로 추구함에 따라 말보다 훌륭한 게 탄생했다. 바로 말의 사진이다. 팔로알토 농장은 처음부터 과학 프로젝트로 시작되었다. 야심 찬 사상가들이 세계의 수수께끼에 체계적 관찰이라는 도구를 적용해 나가기 시작했는데 그 수수께

끼 중 하나가 말과 말의 걸음걸이였던 것이다. '지지대 없이 발생하는 이동 Unsupported Transit'은 말이 네 다리를 동시에 땅에서 들어올려 공기 중으로 몸을 내던진다는 문제적 이론의 명칭이었다. 콜레주 드 프랑스의 학자 에티엔 쥘 마레는 종이에 긁힌 자국을 내서 발자국을 자동 기록하는 미니 지진계를 활용해 이 문제를 탐구했다. 그 결과 말이 난다는 명확한 증거가 도출되었고 이에 스탠퍼드는 새로운 상상력을 발휘하기 시작했다. 지지대 없이 발생하는 이동을 카메라로 포착해 분석에 활용할 수 있을지 궁금해진 것이다. 그는 얼마든지 실험할 수 있었고 실제 그 일을 해낼 수 있는 사람은 알타 칼리포르니아에 단 한 명뿐이었다.

에드워드 마이브리지는 날개 달린 카메라를 로고로 사용한 헬리오스 Helios라는 유명 브랜드로 통했다. 화를 워낙 잘 내기로 악명 높았는데 1860년 마차 사고로 외상성 뇌 손상을 입었던 게 원인일 수 있음이 뒤늦게 밝혀졌다. 그는 혼자 일하는 걸 선호했지만 19세기 당시에는 고객 서비스를 강조하는 초상화가 사업의 대부분을 차지했기 때문에 실현하기 어려운 소망이었다. 하지만 서부에는 고상한 척하는 백인 말고도 볼거리가 많았고 마이브리지는 그런 것들을 포착하기로 마음먹었다. 1872년 말, 스탠퍼드는 '지지대 없이 발생하는 이동'에 관한 마레의 연구를 지원하기로 하고 에드워드 마이브리지에게 경주마 챔피언 옥시던트가 달리는 모습을 사진에 담아 달라고 요청했다. 마이브리지는 처음엔 어려운 일이라고 생각했지만 스탠퍼드가 작업료를 워낙 후하게 제시한 데다 단호하기까지 해 수락했다.

이들은 촬영 시설을 스탠퍼드의 저택 인근 새크라멘토 경주 트랙에 설치했다 샌프란시스코의 새로운 베이 디스트릭트 트랙으로 이동했다. 하얀색 시트 배경이 캘리포니아의 태양 아래 생기는 명암 대비를 극대화했다. 마이브리지는 입체경을 사용했던 경험을 활용해 듀얼렌즈 시스템으로 인간의 시각을 재현했다. 옥시던트가 공중에 뜬 순간을 포착하기 위해서는 인간이 인지할 수 있는 수준보다 짧게 지나가는 순간을 잡아내야 하는 만큼 사람의 눈보다 빠르게 깜빡이는 셔터가 필요했다. 발명가이기도 했던 마이브리지는 또 다른 신기술인 고무밴드를 사용했다. 당시 프랑스의 항공 엔지니어 알퐁스 페노가 고무줄을 꼬아서 비행기 모형에 추진력을 제공하는 방법으로 1871년 멋진 어린이 장난감을 선보였다. 릴런드 스탠퍼드가 새로 나온 기계 장난감 수집가로 유명했던 걸 고려할 때 마이브리지가 이 이색 아이템에서 아이디어를 얻었을 게 분명하다.[7] 마이브리지의 고무줄 셔터 시스템은 마레의 발견대로 말이 난다는 걸 입증할 만큼 상세한 디테일까지 잡아냈지만 보존할 가치는 없었다. 그래도 한 판화 제작자가 옥시던트의 네 다리가 모두 공중에 떠 있는 사진 속 모습을 참고해 석판화를 발간했다.

스탠퍼드는 1876년 또다시 마이브리지를 고용해 자신의 새로운 팔로알토 저택을 촬영했다. 두 사람이 소원한 사이 마이브리지가 살인 및 아동 유기 혐의에 휩싸였던 건 개의치 않는 게 분명했다. 이들 사진은 이전에 찍었던 새크라멘토 저택 사진과 무척 흡사했지만 기술의 발달로 대리석 기둥, 거대한 러그, 시야를 압도하는 복잡한 몰딩 등 바로크풍의 화려함을 한층 잘 표현해냈다. 스탠퍼드도 이제 더 많은 자원을 투입해 말 사진을 한 번 더 찍어볼 준비가 되어 있었다. 촬영을 많이 할수록 해당 순간을 포착할 확률이 높아진다는 마이브리지의 의견에 스탠퍼드는 카메라와 렌즈 열두 대를 구입할 자금을 제공했다. 뿐만 아니라 센트럴퍼시픽 오클랜드 지사에 트리거 메커니즘 설계 지원을 요청해 존 아이작스라는 젊은 엔지니어까지 붙여주었다.

7 페노는 우연찮게 마레와 협업한 적이 있었다. 두 사람은 기계식 새 장난감을 함께 만들었고 페노가 마레에게 사진을 활용해 지지대 없이 발생하는 이동 문제를 해결해보도록 조언하기도 했다. 페노의 프로펠러 비행기를 실물 크기로 설계하는 데 아무도 자금을 지원하지 않자 페노는 서른 살의 나이에 스스로 목숨을 끊었다. 1882년 선보인 마레의 '포토크로노그래픽 건'은 초당 12프레임을 촬영해 뤼미에르 형제의 시네마토그래프에 큰 영감을 주었다. Alison McMahan, *Alice Guy Blaché: Lost Visionary of the Cinema*, Continuum, 2002.

스탠퍼드와 마이브리지의 첫 번째 시도 이후 기술이 급속도로 발전해 팀은 이제 전기회로로 작업할 수 있게 되었다. 센트럴퍼시픽 철도의 엔지니어들은 고무밴드 셔터를 위한 전자기 트리거를 제작했다. 마차 바퀴가 노출된 전선 위를 지나가면 말이 스스로 사진을 찍는 방식이었다. 다음으로는 개틀링 건Gatling gun의 돌리는 손잡이 메커니즘을 모방한 기계를 설계했는데, 금속 핀이 12대의 카메라에 회로를 연결하여 스파이크 실린더가 회전하면서 말을 추적했다. 토마스 에디슨이 전구를 발명하기 전까지 이들은 한 번에 한 대의 카메라로 움직임을 사진에 담았다. 릴런드 주니어는 처음엔 말을 타고 달리는 피사체 역할을 했지만 성장하면서 뒷마당의 거장을 모방해 직접 사진을 찍기 시작했다. 스탠퍼드는 팔로알토에서 가능한 한 많은 시간을 말과 사진촬영을 위해 보냈으며 당시로서는 드물게 아들과 친밀한 관계를 유지했던 것으로 보인다. 이들의 공동 프로젝트는 역사를 만들었고 스탠퍼드와 마이브리지의 말 사진은 기술과 운동 자체 같은 추상적 현상을 포착한 상징으로 남았다.

1878년 여름, 마이브리지는 자신의 사진을 언론에 공개할 준비가 되었다. 기자들은 이 같은 업적을 누구보다 먼저 세상에 알리려고 달려들다 서로 걸려 넘어지는 해프닝까지 벌였다. 마이브리지는 사진을 불꽃으로 작동하는 슬라이드 프로젝터를 사용해 공개함으로써 샌프란시스코의 세련된 청중은 물론, 자신의 후원자까지 만족시켰다. 1878년 10월에는 〈사이언티픽 아메리칸〉이 팔로알토 사진의 판화를 게재했고 12월에는 〈라 네이처〉가 파리의 독자를 위해 일부를 재출간했다. 마이브리지는 순식간에 예술가, 쇼맨, 악명 높은 살인범을 넘어 국제적 명성의 과학자로 거듭났다. 스탠퍼드는 카메라 12대를 추가로 주문했고 마이브리지 역시 자신의 야망을 확대해 더 많은 네발 동물과 운동선수단을 대상으로 그들의 근육이 빚어내는 곡선을 렌즈에 담는 묘기를 선보였다.

스탠퍼드의 돈은 콤바인에서 나왔고 콤바인의 돈은 연방정부의 토지 보조금과 개척 서부의 투기 전망을 담보로 판매된 채권에서 나왔다. 정착이 시작된 장엄한 원시의 영토 요세미티를 사람들은 마이브리지가 찍은 사진을 통해 볼 수 있었다. 투자자들 역시 그 먼 땅을 그의 사진을 통해 접하면서 캘리포니아는 미국으로 진입하는 남부의 출입구로 자리잡았다. 마이브리지의 사진 세트는 최신 비주얼 기술로 포착한 집과 대지를 보여주었고 캘리포니아에서 제공하는 모든 것을 광고해 이주민을 사로잡았다. 팔로알토 사진이 서방 세계를 떠돌면서 떠오르는 글로벌 부르주아 계층의 피를 들끓게 만든 것이다.

릴런드 스탠퍼드는 자신을 마이브리지의 파트너가 아닌 보스로 여겼는데 그만한 이유가 있었다. 달리는 말의 사진은 팔로알토 가축 농장 말 공학 프로젝트의 일부였으며 촬영 프로젝트에 들어간 자금을 생각하면 마이브리지는 움직이는 말 사진의 작은 부분에 불과하다고 해도 과언이 아니었다. 결국 말이나 카메라 모두 스탠퍼드 소유였다. 경주마는 본래 경쟁력 있는 지역 엘리트의 전유물이었지만 스탠퍼드는 돈으로 경마산업 전체를 변화시켰다. 말과 관련해 수세대에 걸쳐 전해지는 민간 지식은 잘 몰라도 전 세계 자본은 쥐락펴락하고 있었기 때문이다. 1870년대에는 세계 식민지에 퍼져 있던 유럽의 돈이 캘리포니아 엔지니어들로부터 자극받은 철도 투기꾼에 의해 서부 해안으로 흘러들었다. 수백만 달러가 대륙과 해양을 건너 팔로알토로 모여들었고 더 높은 수익을 기대할 수 있는 곳이면 어디든 집중되었다. 말 그대로 지지대 없이 발생하는 이동이었다.

자본이 국가 및 세계의 차원에서 본격적으로 조직되기 시작했다. 1863년 의회는 국립 은행법을 통과시켰고 얼마 지나지 않아 모건, 골드만 같은 금융계의 영원한 아이콘이 탄생했다. 1870년에는 새롭게 통일된 독일의 일부 은행가들이 도이체 방크를 설립한 데 이어 신속하게 해외 지사까지 열어 더 높은 수익을 확보했다. 영국의 로스차일드 가문은 미국 정복 이전부터 알타 칼리포니아에 에이전트를 두고 있었지만 1870년대 후반에 들어서야 캘리포니아의 광산 자본가들과 긴밀한 관계를 구축했다. 캘리포니아는 외국 은행의 현지 지점 설립을 허용해 1875년에는 홍콩 및 상하이 은행 HSBC이 들어왔고 1899년에는 요코하마 스피시 은행, 그리고 런던, 파리, 캐나다에 본점을 둔 다양한 은행이 줄줄이 생겨났다. 전 세계적으로 투자 바람이 불면서 수익을 낼 수 있는 발명에 박차가 가해져 일상생활과 관련된 주요 기술 발전에 불을 지폈고 결과적으로 새로운 식민지의 개발 열기가 또다시 뜨거워졌다. 19세기 중반 가황 고무가 발명되고 그에 따라 유럽 수요가 늘자 탐험가들은 남미의 라텍스 분포지인 아마존 유역까지 진입했고 비슷한 이유로 아프리카 콩고에도 진출했다. 유럽의 금융자본에 힘입어 수에즈 운하가 완공되었고 파나마 운하도 건설에 들어갔다. 주식과 채권만 있으면 얼마든지 산을 옮기고 신문물을 개발할 수 있었다.

릴런드 스탠퍼드는 역사적 매개체에 불과했지만 워낙 강력하고 거대해서 그의 궤도에 있는 건 하나같이 부풀어 오르는 경향이 있었다. 실제로 그의 포도밭은 세계 최대 규모를 자랑했고 아내의 보석 역시 화려함에서 둘째가라면 서러웠다. 한 사람으로서 그는 평범하기 짝이 없었지만 역사적 힘을 구현하는 존재로서는 한 마리의 말도 세계에서 가장 빠른 말로 만들어야 직성이 풀렸다. 제어, 측정과 의도적 변화라는 과학적 원리는 근대로 가는 길을 열었고 자본은 견인차로서 캘리포니아를 비롯한 전 세계를 그 길로 이끌었다. 20세기의 부는 바로 이곳 캘리포니아에서 만들어졌으며 그와 같은 부의 대부분은 어떤 식으로든 릴런드 스탠퍼드 주지사를 통해 흘러들었다. 마치 금융계의 미다스 왕이라도 되는 듯 그는 손대는 족족 국제적 투기 바람을 일켰다. 모든 것이 기존보다 더 큰 가치를 창출해냈다. 그렇다면 그의 아들 릴런드 스탠퍼드 주니어는 어떤 가치를 창출했을까?

죽은 아들의 이름을 딴 대학

릴런드 스탠퍼드 주니어는 캘리포니아에서 태어난 영국계 미국인 1세대였다. 릴런드 스탠퍼드 시니어와 제인은 결혼 후 20여 년간 아이 없이 지내다 마흔 살이 다 된 1868년, 새크라멘토에서 릴런드 드위트 스탠퍼드를 낳았다. 자녀 이름도 다 모르는 부모가 많던 시절이었지만 스탠퍼드 부부는 하나뿐인 아들을 애지중지하며 키웠다. 팔로알토 시스템이 구축되기 수년 전부터 릴런드 스탠퍼드 주니어의 교육과 성장에 깊은 관심을 가졌다. 아이는 저택과 가축 농장을 오가며 하인, 그리고 그 자녀들과 함께 놀았고 비할 데 없는 최고 거부의 아들로서 노블레스 오블리주를 배웠다. 교외로 이사한 덕분에 노동계층으로부터 차단되어 아버지를 우상으로 섬길 수 있는 것도 물려받은 여러 특권 중 하나였다. 스탠퍼드는 일반 대중, 친구 및 지인 사이의 일관된 평판과 달리 아들에게만큼은 한없이 자상하고 위대한 아버지였다. 1882년, 10대의 아들은 아빠에 대한 존경의 의미로 자신의 이름에서 드위트를 빼고 주니어를 넣겠다고 주장했다. 그의 머릿속에는 아버지가 실제 이미지가 아닌 이마고imago, 즉, 비즈니스 파트너들은 비웃음을 참지 못하는 신화 속 이상화된 모습으로 각인되어 있었다. 릴런드 스탠퍼드 시니어는 어린 시절 나무를 깎아 돈을 벌었다면 릴런드 스탠퍼드 주니어는 팔로알토에 철도를 깔아 자신만의 캐릭터를 구축해갔다. 그는 아버지가 늘 꿈꾸던 아들의 모습이었다.

19세기 말, 서구의 중산층과 상류층은 어린이를 각자의 발달 범주에 속하는 존재로 여기기 시작했다. 유년기가 이전에는 이유 없이 말썽만 부리는 유아기, 그리고 가정에 노동력을 제공하는 청소년기로 나뉘었다면 이제 노동자도 학습할 필요성이 제기되어 개념이 바뀌었다. 십대 청소년이 가계의 자산에서 부채로 전환되면서 가구당 자녀의 수도 줄었다. 남다른 자산

규모를 자랑하지만 자녀는 하나뿐인 스탠퍼드 가족은 극단적 사례에 해당했다. 버릇없는 자녀의 시대가 서서히 밝아오던 시기, 릴런드 주니어는 버릇없는 아이의 전형으로 성장했다. 스탠퍼드가 워낙 부유하다 보니 어린 나이에도 자연스레 무거운 이슈들을 접하게 되었다. 릴런드 주니어는 마이브리지의 사진 촬영에 참여했고 세계적 수준의 가축 농장에서 조랑말을 타기도 했다. 경이로운 기기들을 장난감으로 갖고 놀았는데 특히 철도 엔지니어들이 설계한 1/4 크기 열차는 집과 마구간 사이의 0.25마일 거리를 실제로 왕복했고 심지어 사람이 탈 수도 있었다. 어린 시절 놀이방에는 전신과 전화기도 갖춰져 있었다. 지금이야 아이들이 거대 기계에 관심을 갖는 게 자연스러운 일이지만 당시 철도 거물의 소중한 아들이던 릴런드 주니어는 이미 그 시기에 누구와도 비교할 수 없는 기회를 누렸다. 새크라멘토 철도 작업장에서 뉴욕 중앙 기차역, 런던 농업 홀의 기계 전시회부터 리옹의 대규모 실크 공장에 이르기까지 어디든 프리패스가 가능했고 심지어 세계 최초의 상업용 케이블카가 언덕을 따라 그의 집까지 올랐다. 그는 지적으로도 조숙해 굴뚝, 열차 차량 연결 장치 같은 발명품을 직접 설계하기도 했다.

스탠퍼드 부부는 아들이 커가는 내내 보기 드물 정도로 친밀하게 지냈다. 릴런드 주니어는 부모님이 국내외 고위 인사들과 저녁 식사하는 자리에 자주 동석했고 심지어 해외여행도 같이 다녔다. 당시 서구 고위층은 일반적으로 아들이 성인이 되면 유럽 크루즈 여행을 보내주었지만 학자 카렌 산체스 에플러가 지적한 것처럼 "미국에서는 아들이 11살이 되면 부모와 함께 크루즈여행에 나서는 것으로 개념이 완전히 바뀌어 버렸다. 이는 캘리포니아의 신흥 백만장자가 새롭게 만든 문화였다." 릴런드 스탠퍼드 주니어보다 호화로운 여건에서 세상을 볼 기회를 누린 아이는 찾아보기 힘들다. 그는 10대 시절 어머니와 기차를 타고 미국 전역을 누비는가 하면 부모님과 동쪽 끝의 콘스탄티노플까지 방문하기도 했다. 여행지에서 기념품을 가져와 어린 시절 팔로알토에서 발굴한 인디언 유물과 함께 소중하게 보관했다. 아이들은 자신의 소중한 물품 중 몇 가지를 모아 보물상자를 만들지만 릴런드 주니어는 스탠퍼드 가문이 늘 그렇듯 돈으로 자신만의 초호화 컬렉션을 만들었다. 루브르 박물관, 바티칸 박물관, 베를린 박물관, 대영 박물관, 메트로폴리탄 박물관 등 부모님과 함께 방문한 위대한 박물관에서 영감을 얻었다. 박물관 소장품 수준의 아이템을 손에 넣을 수 있는 어린아이는 많지 않았지만 릴런드 스탠퍼드 주니어는 파리의 매장에서 고고학자와 유창한 프랑스어로 대화를 나눈 뒤 얻거나 그리스의 영국 고고학 유적지에서 확보했다. 그가 처음 수집한 유럽의 유물은 폼페이에 갔다 훔친 모자이크였다. 그는 서부 해안의 대중을 위해 웅장한 대륙 스타일의 박물관을 건립할 계획을 세웠다.

릴런드 스탠퍼드 주니어는 부모님 곁에서 특권 그 이상을 누렸다. 오스만 술탄의 보물창고를 둘러본 뒤 고향의 여자친구에게 "말 그대로 부셸 단위의 다이아몬드, 손바닥만 한 에메랄드, 루비와 진주로 가득한 통, 그리고 보석이 층을 이룰 만큼 촘촘히 박힌 금 카펫"에 대해 적어 보냈다. 스탠퍼드 가족은 다이아몬드가 박히고 한쪽으로는 말린 장미 꽃잎이 새겨진 금찻잔에 커피를 마셨다. 곤돌라를 타고 베니스 운하를 둘러볼 때도 가수를 잔뜩 고용해 3일 밤 내내 세레나데를 들었다. 비엔나에서는 오페라와 발레를 관람하고 오스트리아-헝가리 주재 미국 장관이자 미래 대통령의 아버지가 될 알폰소 태프트와 저녁식사를 함께했다. 보르도에서 릴런드 주니어는 스탠퍼드가 캘리포니아 북부에 재현하기를 원했던 로스차일드 남작의 샤토 라피트 와인 농장을 시찰했다. 그는 그야말로 축복받았다. 실제로 로마에서는 교황 레오 13세가 릴런드 스탠퍼드 주니어와 제인을 따로 만나 릴런드 스탠퍼드 주니어의 머리에 손을 얹고 축복을 내렸다. 릴런드의 어린 시절은 온갖 일정이 설명하기도 힘들 만큼 빽빽이 들어차 있었고 최고의 경험들이 회오리처럼 몰아닥쳤다. 어려서부터 그는 전 세계 유력 인사들과 친분을 쌓으며 어깨를 나란히 할 준비를 해나갔다. 한편으로 그의 부모님이 회동 자리에 늘 그의 자리를 따로 마련해놓았던 걸 생각하면 처음부터 어깨를 나란히 한 것일지 모른다.

릴런드 스탠퍼드 주니어는 두 번째 유럽 여행 중 방문한 파리에서 초상화를 위해 화가 레옹 보나 앞에 섰다. 에콜 데 보자르의 교수였던 보나는 세계 최고 화가 중 한 명으로 그가 그린 릴런드 스탠퍼드 주니어는 젊은 귀족 남성의 표본으로 자리 잡았다. 초상화에서는 어린 릴런드가 해안 절벽 위의 어느 나무 앞에 쓰리피스 정장 차림으로 가슴을 당당히 내민 채 서 있다. 금시계 체인이 조끼 밑을 가로지르고 그의 왼손은 엄지손가락이 재킷 주머니에, 나머지 네 손가락은 챙에 걸려 모자를 들고 있다. 볼에는 아직 젖살이 남아 있지만 몸은 성인처럼 길고 균형 잡힌 비율을 이루고 있으며 지팡이에 오른쪽 엉덩이를 의지하고 있다. 얼굴은 부친의 비즈니스 파트너를 열받게 했던 것과 똑같은 포커페이스지만 쫙 편 어깨에서 자부심이 느껴졌다. 그의 은사였던 허버트 찰스 내쉬는 롱펠로우의 시를 인용했다. "누군가는 따라야 하고 누군가는 이끌어야 한다 / 모두가 흙으로 만들어졌지만." 찰스 내쉬는 릴런드 스탠퍼드 주니어가 이끌어야 하는 사람이었다고 회상했다. 영국계가 지배하는 캘리포니아의 1세대 어린이 중 타고난 지도자이자 구현된 미래였으며 릴런드 스탠퍼드 주니어 스스로도 그 사실을 알고 있었다. 당시 그는 열다섯이었다.

그리고 그는 죽었다. 아테네 파르테논 신전의 높게 쌓인 눈 속에서 신나게 놀다 심한 감기에 걸렸고 그리스와 이탈리아 사이의 어딘가에서 병세가 깊어졌다. 스탠퍼드 부부는 의사의 지시에 따라 그를 따뜻한 피렌체로 옮겼지만 몇 주씩 고열과 망상에 시달렸다. 결국 열여섯 번째 생일을 두 달

앞둔 1884년 3월 13일, 스탠퍼드 부부의 외동아들이 사망했다. 19세기 당시에는 자녀를 잃는 게 드문 일이 아니었지만 제인과 릴런드 스탠퍼드 시니어에게는 다른 자식이 없었다. 그 많은 달걀을 아름다운 바구니 하나에 모두 담았는데 손잡이가 갑자기 떨어져 버린 셈이다. "저희의 사랑하는 아들이 3주간 장티푸스로 투병하다 오늘 아침 7시 반 하늘나라로 갔습니다"라는 메시지가 미국에 전해지자 정부 관리, 왕족, 친구 및 낯선 이들로부터 즉각 애도가 쏟아졌다. 스탠퍼드 부부는 일종의 공인이었던 만큼 그들의 비극도 모두와 공유되었다. 영국 시인 엘리자베스 아이튼 고드윈은 "나는 슬픔의 학교에 앉았네 / 스승이 가르치고 있었지만 / 내 눈은 눈물로 가득 차 희미했고 / 내 심장은 걱정으로 가득했네"라고 시를 읊기도 했다. 제인의 비서에 따르면 릴런드 스탠퍼드 시니어는 완전히 무너져 내렸다. 턱수염 난 철도 거물이 절망으로 시들어버린 건 보기 드문 구경거리가 됐을게 분명하다. 팔로알토의 마당에서는 그의 아들의 소형 기차가 점점 녹슬어 갔다.

스탠퍼드 부부는 19세기 후반의 고차원적 현대 사상가였다. 스스로 유령과 얘기할 수 있다고 믿었다는 뜻이다. 제인은 많은 편지와 전보에 적힌 것처럼 기독교 영성주의에서 안식을 찾았고 내세로 간 아들을 만나기 위한 하나의 방편으로 갈수록 간절하게 기도했다. 아들이 '더 좋은 곳'에서 영원을 보내고 있음을 확인해야 했던 것이다. 아들을 여읜 부부는 또다시 전 세계를 여행하며 내로라하는 영매들을 모두 만나고 다녔는데 그중에는 스탠퍼드의 형인 토마스 웰튼 스탠퍼드도 있었다. 토마스는 캘리포니아에서 오스트레일리아 멜버른으로 이주한 뒤 재봉틀 유통업자로 성공을 거뒀고 신비주의자로도 이름을 날려 오스트레일리아 영매술의 아버지로 불리게 되었다. 이후 스탠퍼드 부부가 내세의 아들과 접촉했는지 여부는 불분명하지만 (기록에 따르면 제인은 그 이상을 달성했다고 믿었지만 이는 뒷담화하기 좋아하는 동시대인들이 그녀를 감정적으로 정상이 아닌 상태로 몰아가면서 과장한 내용일 수도 있다) 고국에 돌아왔을 때는 뚜렷한 목적의식을 갖고 릴런드 스탠퍼드 주니어 대학 설립 작업에 착수했다.

새로운 임무로 마음을 다잡은 스탠퍼드 부부는 동부로 가서 미국의 유명 사립대학을 방문했다. MIT 및 코넬 대학 총장에게 합류를 제안했다가 거절당하자 컬럼비아 대학의 니콜라스 머레이 버틀러 총장을 고용하려 했던 것이다. 스탠퍼드는 버틀러 총장이 컬럼비아 대학에서 받는 임금의 다섯 배가 넘고, 2022년 화폐가치로 50만 달러가 넘는 2만 달러의 임금을 제안했지만 거절당했다. 아이비리그의 명망 있는 학자 중 캘리포니아로 건너가고자 하는 이는 아무도 없었다. 동부 해안의 학자 및 행정가들은 캘리포니아라는 지적 황무지에서 아무리 거액을 쏟아부어도 세계적 수준의 대학을 설립하는 건 불가능하다고 여겼다. 하지만 릴런드 스탠퍼드 시니어는 액수만 맞으면 돈으로 못할 건 없다는 사실을 알고 있었다.

"캘리포니아의 아이들은 우리의 아이들입니다." 스탠퍼드가 부부를 대표해 말했다. "우리 아들이 받았으면 했던 교육을 제대로 제공할 대학을 설립하는 게 우리의 소망입니다." 릴런드 스탠퍼드 주니어의 이름은 이제 캘리포니아에서 장래가 촉망받는 청년들을 불러 모으는 초대장이 되었다. 스탠퍼드 가문이 이 글을 쓰고 있는 현재 시점에서 미국 최대 규모의 대학교를 설립할 만큼 거대한 부지를 보유하고 있는 게 도움이 되었다. 팔로알토는 살기에 더할 나위 없이 좋았지만 캘리포니아의 문화가 집중된 샌프란시스코와는 달랐다. 릴런드는 지식인과 철학자들을 위한 도서관을 건립하려는 게 아니었다. 자신의 이름을 딴 학교에서는 "음악, 회화 및 조각 등의 예술보다 결코 못하다고 할 수 없는" 신발 수선, 인쇄, 목공, 전신과 속기 등 유용한 기술을 가르치길 원했다. 노동자를 위한 학교가 되어야 했고 모든 아이가 계층에 구애 없이 다닐 수 있도록 무상교육을 실현할 예정이었다.

이 같은 커리큘럼이 세계 유력 인사들과 어울렸던 릴런드 스탠퍼드 주니어의 실제 학습 경험과 얼마나 연관되어 있는지는 의문이지만 그가 목공을 한 건 사실이었다.

한편 제인은 아들의 계획 중 하나였던 위대한 유물 수집을 실현하는 데 더 관심이 많았다. 릴런드 스탠퍼드 주니어가 생전에 그린 스케치를 바탕으로 세계 최대 규모의 개인 소유 박물관을 설계하고 건축했다. 유물 중에는 키프로스에서 발굴되고 메트로폴리탄 박물관에서 인수한 도자기 세트가 있었는데 이들이 복제품이었다는 사실을 뒤늦게 깨달은 큐레이터들이 스탠퍼드에게 판매하면서 릴런드 스탠퍼드 주니어에게 들어가게 되었다. 한 전시실에는 릴런드 스탠퍼드 주니어가 수집한 물품이 "1882년 사망 당시 놓여 있던 모습 그대로" 전시되었으며 슬픔에 잠긴 어머니는 그 모습을 영원히 유지할 계획이었다. 아들의 죽음을 기리는 방법으로는 2,000년에 가까운 세월을 통틀어 가장 웅장한 방식이 분명했다.

캠퍼스 설계를 위해 스탠퍼드 부부는 프레데릭 로 옴스테드를 북부 캘리포니아로 다시 불러들였다. 옴스테드는 미국 조경 설계의 대부로서 미국의 대표적 녹지 공간인 뉴욕 프로스펙트 공원을 조성했고 UC 버클리의 최종 설계 원본 역시 작성한 사람이다. 그의 골든게이트 공원 구상은 지나치게 앞서갔지만 선교 부흥 콘셉트를 워낙 좋아하는 스탠퍼드 부부에게 옴스테드는 자연스러운 선택이었다. 이들이 캠퍼스의 초석을 놓은 건 1887년이었지만 교수진 초빙에 어려움이 있었던 데다 제인이 기념관 건립을 두고 과욕을 부려 1891년 가을에야 처음 학생을 받을 수 있었다. 그사이 스탠퍼드는 대부분의 시간을 워싱턴 DC에서 보냈고 1884년에는 상원의원으로까지 선출되어 콤바인의 계획에 차질을 빚음으로써 동료들이 더욱 등 돌리게 만들었다. 하지만 아들의 이름을 딴 대규모 프로젝트는 착착 진행되었다.

가축 농장에 팔로알토 시스템이 정착되고 마이브리지의 사진이 유명해지면서 작은 시골 마을이 자본주의 기술의 선봉에 섰을 때 릴런드 스탠퍼드 주니어 대학교 재단이 발족했다. 최초의 이사회에는 크로커 가문 및 홉킨스 가문의 대표 (헌팅턴 가문은 제외), 유니온 공업사의 어빙 M. 스콧, 식료품점 닷지스의 헨리 L. 닷지 등 지역 자본가 가문은 물론, 여러 정치인과 법관이 참여해 광범위한 인맥을 다졌다. 그중에는 캘리포니아 대법원 대법관 출신이자 캘리포니아에서 수력 광업을 종식시킨 소여 판결의 장본인 로렌조 소여, 그리고 '산타 클라라 카운티 대 남태평양 사건'을 판결한 대법원 판사 스티븐 J. 필드도 포함되었다. 물론 그들은 릴런드의 친구였다. 릴런드가 처음 매입할 때만 해도 초원에 불과했던 팔로알토가 점점 그 이상의 뭔가가 되어가고 있었다.

"우리는 가능성이라는 거대한 바다의 시작점에 서 있을 뿐이다." 1887년, 산호세 무역위원회에서 발행하는 계간지 〈산타클라라 카운티 캘리포니아〉 창간호는 이렇게 선언했다. "유한한 우리의 능력으로 무한한 자본에 투자할 기회가 차고 넘친다는 사실을 아무리 이해력이 떨어지는 사람이라도 알 수 있다… 자본이 있고 또 그걸 늘리고자 하는 사람은 여기서 충분한 기회를 찾을 수 있다." 과수원이나 포도밭을 사서 일구는 게 편할 수도 있지만 "현 시점에서 가장 높은 수익을 거둘 수 있는 건 부동산이다." 기사에 따르면 아름다운 산타클라라 카운티 땅이 지닌 최고의 가치는 동부의 자본가 중 아직 들어본 이가 거의 없다는 사실이었다. 따라서 로스앤젤레스 가격의 1/10에 불과한 지금 투자한다면 소문이 퍼져나가는 즉시 수익을 기대할 수 있다. "산타클라라 카운티 땅을 현재 가격에 사면 2년 안에 자본금이 두 배, 세 배, 네 배로 늘어날 것이다." 대학 이사회는 귀가 솔깃했겠지만 설립 문서에는 8,000에이커 안팎의 토지를 절대 매각할 수 없다는 내용이 명시되어 있었다.

"삶은 무엇보다 현실이라는 사실을 기억하십시오" 릴런드 스탠퍼드 주니어 대학교 개교일, '개척자 계층'에게 스탠퍼드가 말했다. "여러분이 이 자리에 있는 건 자신을 유익한 커리어에 걸맞은 인물로 성장시키기 위해서입니다" 스탠퍼드의 자녀가 이렇게 559명으로 다시 태어났다. 너무 늦은 감이 없지 않았지만 앞서 제임스 아이어스가 마리 앙투아네트의 저주받은 꽃병에 대해 적었던 것처럼 스탠퍼드 부부는 "선이든 악이든 자신들의 자산이 지닌 기운을 개인이 아닌 일반 대중에 발산할 수 있는 기관에 기증"했다. 금융 투기의 바다에 불쑥 나타난 비영리 단체 스탠퍼드 대학교는 사익을 공적 명분으로 잔뜩 부풀렸고 스탠퍼드의 설립 의도가 무엇이었든 자본 조직의 메카로 자리매김했다. 결국 설립자들의 애초 계획보다 훨씬 팔로알토 가축 농장과 흡사해졌다. 릴런드 스탠퍼드 주니어 정신은 학생들에게 생기를 불어넣었고 그의 축복, 특권과 저주는 교육이라는 농약으로 희석되어 수백 명에 살포되었다. 그게 선이든 악이든 말이다.

1900
PALO

제2부

1945

ALTO

Chapter 04

혼란, 그리고 성장

스탠퍼드 쟁탈전 → 거의 확실한 살해 → 대지진 → 기술과학 시대

릴런드 스탠퍼드 시니어는 개척자 계층을 대상으로 한 연설 이후 2년이 채 지나지 않아 사망했다. 그의 시신은 대학교정 내에서 스핑크스가 지키고 있는 대가족 묘소의 아들 옆에 묻혔다. 스탠퍼드 시니어와 주니어 모두 영면에 들면서 제인 라스롭 스탠퍼드가 대학 경영권은 물론, 남편의 자산과 관련된 책임을 모두 승계받았다. 하지만 그에 따른 의무가 너무 복잡하게 얽혀 있어 연방정부가 그의 유언장 발효를 즉각 보류했다. 미국 법무장관은 정부가 센트럴퍼시픽에 시행한 대출금을 상환받기 위해 스탠퍼드의 자산에 대해 소송을 제기했다. 제인은 어쨌든 대학에 책정된 자금을 뜻대로 움직일 수 없어 철도 사업에서 완전히 손을 떼고자 했다. 하지만 서던퍼시픽 관계자들은 시기상 제인을 순순히 보내줄 수 없었다. (늘 그렇듯) 대출 비율이 높고 (늘 그렇듯) 채권자들과 싸워야 했던 헌팅턴과 회사는 스탠퍼드의 25% 지분을 갚을 현금이 없었고 저당권이 없어 매각이 가능한 자산이 어떤 게 있는지도 확실히 알지 못했다. 만약 제인이 매각을 종용하면 모든 거품이 꺼질 수도 있었다. 그나마 연방정부가 약속대로 1,500만 달러(오늘날의 가치로는 2억 5,000만 달러가 넘는 금액)의 자금을 동결해줘 학교 문을 닫는

일만큼은 피할 수 있었다.

　제인 스탠퍼드는 학교를 계속 유지하기 위해 최선을 다했다. 자신이 수집한 보석들을 내다 팔려고도 했지만 19세기 말의 경기 침체로 사겠다는 사람이 나서지 않았다. 소송에서 대법원이 스탠퍼드의 손을 들어줘 돈을 돌려받은 이후에도 제인은 학교의 안정적 운영을 위해 부채 청산을 계속해 나갔다. 가축 농장에서 유명한 말들을 매매했고 보석도 결국엔 파는 데 성공했다. 그녀는 남편의 거창한 약속을 훌쩍 뛰어넘는 헌신과 정치 인맥으로 학교를 탄탄하게 다져 나갔다. 1901년에는 개헌 국민 투표를 통해 8,000에이커가 넘는 학교 부지에 대한 재산세 면제 조치를 따냈는데 이 같은 혜택은 향후 다른 대학과 일반 부동산 소유주들까지 누리게 되었다.

　제인은 학교를 포기하라는 만인의 충고에도 안간힘을 다해 버텼지만 스탠퍼드가 임명한 총장이자 생판 남인 후계자 데이비드 스타 조던은 불만이 많았다. 아무런 책임도 지지 않으면서 단순히 설립자이자 후견인이라는 이유만으로 학교 경영에 관여한다는 것이다. 조던은 미국 최고의 과학자들을 캘리포니아로 불러들일 수 있도록 교수진의 임금을 인상해 달라고 간청했지만 제인은 기념비적 건축물에만 관심이 있었다. 실제로 그녀가 외딴 시골 마을에 세계 최대 규모의 개인 박물관을 지었다는 사실을 떠올려 보라. 스탠퍼드 추모 교회는 장엄한 스테인드글라스로 학교의 명성에 경의를 표했지만 사실 학교의 학문적 명성을 높이는 데는 별 역할을 하지 못했다.

　학교의 공과대학을 MIT나 코넬대에 버금가도록 개선하자는 조던의 제안에 제인은 코웃음 치며, "수고스럽지만 다시 한 번 말할게요. 임금은 물론이고 돈과 관련된 다른 비용에 관해서라면 현재 수준을 계속 유지할 계획입니다"라고 찬물을 끼얹었다. 하지만 영성주의와 철학 등 자신의 관심 분야에 대해서는 더 많은 자금을 지원했다. 1905년 서신에서 제인은 교수진 급여를 둘러싸고 조던과 벌인 논쟁에 대해 적었다. 제인이 당시 하버드의 철학자 윌리엄 제임스는 5,000달러나 주고 서부로 초빙하면서 정작 자신이 탁월하다고 여기는 과학자들에게는 마땅한 임금 인상도 해주지 않는다고 조던이 화를 낸 것이다. 하지만 제인은 이렇게 말할 뿐이었다. "조던 박사님, 제임스 교수는 세상에 단 한 분뿐입니다." 제인은 조던이 중시하는 식물학 및 곤충학 교수들에게 지나치게 많은 급여가 지급된다고 투덜댔다.

이들이 논쟁을 벌인 게 교수진 임금 문제 때문만은 아니었다. 대학을 바라보는 견해, 심지어 진실과 현실에 대한 관점도 달랐다. 신비주의자이자 서부에서 가장 영리한 청년들의 '영혼의 싹'을 키운 제인은 무엇보다 아들을 추억하는 데 모든 걸 바쳤다. 교내에는 제인의 헌신이 광기로 발전해 그녀가 내세의 릴런드 스탠퍼드 주니어를 만나기 위해 온갖 수를 다 쓴다는 소문까지 돌았다. 하지만 사실 초자연에 대한 제인의 관심은 당대의 귀 얇은 부유층 사이에서 흔히 볼 수 있는 수준이었고 처음부터 끝까지 근본적으로 기독교 신앙을 벗어나지 않았다. 그럼에도 스탠퍼드 대학 경영진 중 제인에 반대하는 이들은 그녀를 자식을 잃은 통탄에 빠져 재정 분배의 우선순위도 구분 못하는 무분별한 엄마로 몰아갔다. 초심리학이라는 명분을 내세워 유령을 과학적으로 연구했으며 기념관도 결국 유령을 기리기 위해 건립했다는 것이다. 하지만 진실이 무엇이든 제인은 학교 예산을 꽉 쥐고 있었다. 게다가 지원군도 적지 않았으니 그녀의 시아주버님이자 오스트레일리아의 재봉틀 유통업자였다가 영매술사로 변신해 학교 초기에 거액을 기부한 토마스 웰튼 스탠퍼드도 그중 하나였다.

반대 진영의 데이비드 스타 조던은 어류학자이자 학교 행정가로서 무엇보다 백인의 유전학적 미래를 위해 모든 걸 바쳤다. 스탠퍼드 부부가 서부의 고등교육 부문에 영감을 주고 재정적으로도 기여했다는 사실을 인정 못하는 바는 아니지만 교육이라고는 받아본 적도 없는 나이 든 미망인이 예산에 하나부터 열까지 관여하는 건 참을 수 없었다. 어떻게든 제인을 설득해보려 했지만 학교의 설립 이념이라 할 영성주의 때문에 어려움을 겪었다. 1917년 조던은 연구논문을 통해 웰튼 스탠퍼드가 자금을 지원한 실험의 결과를 자신의 대규모 실증 프로젝트에 적용해보려고 노력했다. "이 분야의 현상들이 기이하고 당혹스럽다고 해서 낙담할 근거는 없다. 정밀한 방법을 통해 과학적 질서로 환원할 수 있으며 여느 분야처럼 이 분야에서도 진리가 이끄는 대로 안전하게 따라갈 수 있다고 확신한다. 진정한 지식은 인간 삶의 건전한 원칙을 절대 거스를 수 없다"라는 서문과 함께 본문에는 '누군가 날 응시하는 느낌', '마을의 유령' 등 스탠퍼드 대학에서 초기 수십 년간 잇달아 연구를 진행한 주제들이 언급되었다. 하지만 조던도 이들 주제에 대해 애매한 입장을 취했는데 하나같이 명확한 결론이 나지 않았기 때문이다.[1] 상황은 계속 악화됐지만 조던에게는 끝까지 버텨야 하는 이유가 있었다. 제인에게 학교를 물려받을 후계자가 없었던 것이다. 만약 조던이 제인보다 오래살 수 있다면 자본금이 탄탄한 신생기관의 수장 노릇을 할 수 있는 사람은 설립자가 사망 전 초대 학장으로 직접 지목한 조던이 유일했다. 제인이 기념관 유물, 대형 건물 그리고 그 영성 연구 때문에 설립기금 전체를 날려버리지만 않는다면 말이다.

1904년 여름, 조던과 제인은 서로 상대방만 쳐다보고 있었다. 제인은 조던의 사임을, 조던은 제인의 사망을 기다린 것이다. 그리고 10월, 제인 스탠퍼드는 교수 친구이자 독일학과장이던 줄리어스 괴벨을 만나 대학의 결함에 대해 이야기했다. 그녀는 더 이상 총장을 신뢰하지 않았고 괴벨은 그녀가 듣고 싶었던 얘기를 해주었다. 학교가 과학만 지나치게 강조하고 인문학에는 소홀하다는, 하버드나 독일에서 유명 철학자를 데려와야 한

---

1 스탠퍼드의 심령 연구 역사를 다룬 철학자 프레데릭 C. 도메이어는 연구 결과가 유독 부정적으로 나오면 "스탠퍼드 대학 행정부 및 심리학부가 심령 과학을 사장하려는 음모를 진행 중"이라는 의구심이 확산되었다고 적었다. 그와 같은 음모 덕분인지 조던은 심령 연구에 배정된 웰튼 스탠퍼드의 후원금을 심리학 연구로 돌릴 수 있었다. Frederick C. Dommeyer, "Psychical Research at Stanford University," Journal of Parapsychology vol. 39 no. 3, 1975.

다는 얘기였다. 두 사람은 인디애나 출신의 동물학자이자 조던이 가장 아끼는 교수 중 한 명인 찰스 헨리 길버트 사건에 대해서도 논의했다. 길버트 교수는 도서관에서 일하는 한 젊은 여성에게 부적절한 행동을 반복했다는 이유로 공식 기소되었다. 이 사실을 알게 된 조던은 분노에 휩싸여 역시 도서관에서 일하는 제보자 청년에게 당장 캘리포니아를 떠나지 않으면 "변태로 몰아 정신병원에 처넣겠다"고 협박했다. 스탠퍼드 총장이라는 권력자의 협박인 만큼 심각하게 받아들이지 않을 수 없었다. 결국 내부고발 사서는 학교를 떠났지만 길버트는 남았다. 사실 길버트는 조던이 윌리엄 제임스 대신 초빙해 오자고 제안한 교수 중 한 명이었다. 제인이 괴벨에게 털어놓은 이야기에 따르면 그녀는 조던이 얼마 전 공개 망신을 당한 이후 사임할 줄로만 알았다. 하지만 오히려 무릎을 꿇고 제인의 손에 키스하는 등 설립자 제인에게 더 복종하는 듯한 태도를 보였다. 이에 제인은 조던이 몸을 낮춘 채 자신이 죽기만 바라고 있다는 사실을 분명히 깨달았다. 결국 '최후의 수단'을 고민할 수밖에 없게 됐으니 괴벨은 그게 바로 '총장 제거'였다고 말했다.

조던은 미망인의 계획을 알고 있었을까? 괴벨은 조던이 교내에 스파이를 심어 뒀다고 제인에게 경고했다. 마피아 같은 파벌을 운영해 길버트 교수 같은 친구가 문제를 일으키면 아무 일 없었던 걸로 처리한다는 것이다. 게다가 이번엔 조던이 해고당할 차례라는 추측성 기사가 난무하는가 하면 제인에게 갖은 수모를 당하고도 학계에서 어떻게 얼굴을 들고 다니는지 모르겠다는 이들도 많았다. 이제 그를 고용할 사람이 어디 있겠는가? 조던에 대한 신뢰가 없다는 사실을 털어놓은 제인 스탠퍼드는 1905년, 마침내 행동에 나설 각오를 했다. 윌리엄 제임스가 부임을 앞두고 있는데 조던이 계속해서 싫은 내색을 하면 학교로서도 두 번째 총장을 맞을 수밖에 없다고 결론지었다. 하지만 제인 스탠퍼드는 최후의 수단을 끝내 실행에 옮기지 못했다. 1905년 2월 28일, 독극물 중독으로 사망한 것이다.

캠퍼스의 악몽

한 세기도 더 지난 시점에 구체적 살인 음모를 증명하기는 어렵지만 역사가들이 동일하게 내린 결론이 한 가지 있다. 제인 라스롭 스탠퍼드는 살해당했고 음모가 있었다는 사실이다. 데이비드 스타 조던을 의심할 수밖에 없는 정황도 충분했다. 강력한 살해 동기, 사건 발생을 전후해 보였던 극도로 의심스러운 행동, 음침한 개인적 성격 등이다. 친구를 보호하기 위해 사서를 협박해 쫓아내는 것쯤 아무렇지 않게 해내는 이기적이고 교활한 인간이 자신의 사회적 지위, 커리어, 자존심과 투자금을 보호하기 위해 못할 게 어디 있겠는가? 정반대의 증거에도 불구하고 제인 라스롭 스탠퍼드는 정신 나간 늙은이가 되어 죽었다는 게 지난 수십 년간의 통념이었다. 하지만 최근 조던을 둘러싼 명성의 실체가 한 꺼풀씩 벗겨지면서 그가 용의선상에 오르고 있다. 결정적 증거는 아무도 제시하지 못했지만 조던이 스탠퍼드 여사의 오랜 비서였던 버사 버너와 함께 음모를 꾸몄다는 사실에는 더 이상 반론이 제기되지 않는다. 게다가 제인이 독극물에 두 번이나 노출됐다는 건 기정사실처럼 받아들여지고 있다.

1905년 1월 14일 저녁, 제인 스탠퍼드는 잠자리에 들기 전 언제나처럼 샘물 한 잔을 마시다 이상한 맛을 느껴 바로 토해냈다. 재빠르게 대처해 목숨을 건질 수 있었는데 약사는 그 물에 치사량의 스트리크닌이 들어 있었다는 사실을 발견했다. 한 달 후 제인이 하와이행 선박에 몸을 싣자[2] 팔로알토에는 그녀가 자살 시도에 실패하고 미국을 떠났다는 소문이 파다했다. 소문의 기사들이 여기저기 보도된 2월 19일, 제인은 바다 위에 떠 있어 반박할 수도 없었다. 그리고 9일 후, 그녀는 사망했다.

이번에는 호놀룰루의 모아나 호텔에서 역시 잠자리에 들기 전 마신 물에 스트리크닌이 들어 있었다. 3년 된 이 고급 호텔의 귀빈으로 초대된 제인은 2월 28일 저녁, 호텔 오너의 부인과 함께 저녁식사를 했다. 사탕을 너무 많이 먹어 탄산수를 좀 달라고 요청했는데 그녀의 충직한 비서가 중탄산염을 계량해 제인의 물에 넣었다. 몇 시간 후 제인은 고통에 차 울부짖으며 온 호텔을 깨웠다. "버사, 의사를 불러와, 내 몸이 통제가 안 돼. 또 독극물을 먹은 것 같아." 턱이 굳어버린 그녀는 숨을 헐떡이며 마지막 말을 내뱉었다. "이렇게 끔찍하게 죽다니." 부검 결과 사인은 스트리크닌 중독으로 밝혀졌다. 소식을 들은 조던은 곧장 하와이로 가 사인을 부인하기 위해 최선을 다했다. 독살이 아니라고 다시 한 번 주장했지만 제인의 시신이 엄연히 존재하는 한 이번에도 그냥 넘어가기는 어려웠다. 국제적 명성의 과학자라는 신분을 내세워봐도 어류 감식 연구와 이번 사건과는 아무런 연관이 없었다. 결국 그는 자신의 주치의를 불렀고 주치의는 사체 부검도 없이 사인이 '심장마비'라는 결론을 내렸다.

"호놀룰루에서 얼마나 많은 의사나 화학자가 얼마나 많은 성명을 내든 상관없습니다" 조던은 이 같은 발언으로 하와이 의사들이 제인 사후 중탄산염에 스트리크닌을 첨가하는 음모를 꾸몄다고 뉘앙스를 풍겼다. 그런 식으로 자신들의 지위나 몸값을 높이려 했다는 것이다. 하지만 언론이 어떻게 움직이는지 잘 알고 있던 조던은 얼마 지나지 않아 적어도 독극물 살해 음모 같은 건 없었다고 기자들과 호기심 많은 대중에 확신을 심어주는 데 성공했다.

2 하와이 영토는 베이 지역과 밀접하게 연관된 만큼 스탠퍼드 대학이 고위 앵글로인 자녀의 마무리 학교 역할을 했다. 가령 1893년 하와이 군주의 축출을 주도한 뒤 스탠퍼드 B. 돌은 13명의 대학생 연령 자녀 중 8명을 1895-1911년에 걸쳐 스탠퍼드에 보냈다. 그중에는 학교에서 이름을 날린 인물도 있었는데 윌프레드 돌은 1904년 빅매치의 터치다운으로 스탠퍼드의 승리에 기여했고 형제인 노먼도 같은 해 장대 높이뛰기 기록을 세웠다. David Starr Jordan, *The Days of a Man: 1851–1899*, World Book Company, 1922. Gary Migdol, *Stanford: Home of Champions*, Sports Publishing LLC, 1997.

남편의 경우와 달리 제인 스탠퍼드의 유언장은 차질 없이 시행되었다. 스탠퍼드 가족 중 일부는 그녀가 부부의 친척들에게 남긴 10만 달러(2022년 달러 기준 약 300만 달러)에 볼멘소리를 하기도 했지만 말이다. 조던은 최근 학교에서 그의 입지가 얼마나 위태로웠는지 모두가 잊은 듯 당연하게 대학의 운영권을 이어받았다. 학교 행정권을 거침없이 휘둘러 제인이 없는 이사회의 반대에도 불구하고 줄리어스 괴벨을 해고했다. 이에 괴벨이 저명한 회원으로 있던 독일 현지 커뮤니티가 분노를 금치 못했고 학계 역시 큰 충격에 빠졌다. 하버드 대학교는 괴벨을 즉각 고용해 조던에 강한 반발을 표시했다. 하버드 총장이던 찰스 엘리엇은 두 사람 사이에 오간 편지에서 더욱 노골적인 반감을 드러냈다. "저는 대학 총장이 지니는 책임의 본질에 대해 당신과는 근본적으로 다르게 생각합니다. 총장은 절대적으로 규정에 입각해 통치해야 하며 독재자가 되어선 안 됩니다." 조던은 꿈쩍하지 않았고 스탠퍼드 행정부 내에서 그를 끌어내릴 수 있는 사람은 1913년까지도 등장하지 않았다. 제인과 달리 그는 스탠퍼드 캠퍼스에서 사망했다.

　　설립자 암살 이후 조던은 학교에서 어떤 식으로든 반대파를 척결할 수는 있었지만 제인이 그해 초 5,000달러에 체결한 윌리엄 제임스 초빙은 되돌릴 수 없었다. 그리고 1906년 1월, 제임스는 막후에서 벌어지는 일은 까맣게 모른 채 이 대학교에 도착했다. 한 달 후, 팔로알토 생활에 완벽히 적응한 그는 이렇게 결론지었다. "지식인이 1년에 8~9개월 정도 머물며 가르치고 연구하기엔 이보다 더 좋은 곳이 없다. 나머지 3~4개월만이라도 인파로 붐비는 문명의 중심지에서 자유롭게 보낼 수 있다면 말이다. 이곳은 사회적으로 워낙 무감각하고 역사적으로도 끔찍할 만큼 진공 상태여서 누구든 견뎌내는 방법을 터득해야 한다." 제임스는 '환상적 날씨에 여유롭다는 장점도 많지만 여기서 일어난 일에 대해서는 절대 물어봐선 안 된다'는 팔로알토의 슬로건을 즉시 이해했다. 너무나 괴이한 악몽에 시달리다

겁에 질려 '내가 다른 사람의 꿈에 들어와 있는 건가?'라고 자문하기도 했다. 이제 캠퍼스는 생각만 해도 소름 끼쳤다. 그는 처음에 스탠퍼드에 머물기에 이상적 기간이라고 생각했던 8~9개월을 버티지 못했다. 1906년 4월 18일, 대지진이 베이 지역을 강타해 샌프란시스코가 불길에 휩싸였고 노브힐의 스탠퍼드 저택은 물론, 제인 스탠퍼드의 기념비적 박물관을 포함한 수백만 달러 가치의 대학건물이 전소되었다.

기술과학의 시대

1906년 지진은 조던이 제인 스탠퍼드를 상대로 거둔 승리에 신성한 찬성의 기운을 불어넣었다. 신께서 건물을 버리고 교수진을 택한 것이다. 조던 총장의 쿠데타는 대성공을 거둬서 라이벌의 작품을 지구가 몽땅 삼켜버리는 현상까지 일어났다. 이제 그는 스탠퍼드 대학을 첨단기술 연구 및 개발을 위한 새로운 터전으로 변모시켰다. 여러모로 이는 오늘날 전 세계가 알고 있는 스탠퍼드 대학과 팔로알토의 탄생으로 기록되었다.

1909년, 스탠퍼드를 갓 졸업한 시릴 엘웰이 조던과 토목공학부장 C. D. 막스를 찾아갔다. 자신에게 프랑스 송신기 기술[3] 면허가 있으니 서부 해안에 무선전신 및 전화회사를 설립할 수 있도록 도와달라고 요청했다. 기회를 포착한 조던은 사비로 500달러를 투자한 데 이어 샌프란시스코 자본까지 끌어다주었다. 1911년, 연방전신회사FTC가 설립되어 캘리포니아와 하와이 간 전송을 최초로 완료했다. 스탠퍼드 대학은 동문이 설립한 최초의 기술 스타트업 FTC를 학교 시설로 통합해 일부 장비를 기증받는 대신 캠

---

3 막스는 스탠퍼드 대학의 초기 교수로 기계공학과 교수였던 귀도 막스와 형제이기도 하다. '스탠퍼드 공학의 아버지'로 유명한 C. D.는 '아빠' 막스로도 알려져 있다. JudyAnn Christensen Edwards, "Palo Alto Has Its Own Marx Brothers," Palo Alto Weekly, February 12, 2007, https://www.paloaltoonline.com/news/2007/02/12/palo-alto-has-its-own-marx-brothers.

퍼스의 고전압 실험실을 사용할 수 있도록 허가해주었다. 엘웰은 앞을 내다보고 송신기를 워싱턴으로 가져갔는데 해군 관리들은 장비의 가동범위가 상당한 데다 소음도 없다는 사실에 놀라움을 금치 못했다. 결국 그 자리에서 10대를 주문한 건 물론, 갈수록 규모가 커질 해군 프로젝트에 전속 납품 계약까지 체결했다. 향후 회사의 역량이 받쳐줄지 여부도 뚜렷하지 않은 상황에서 브랜드 충성도를 구축한 것이다. 이후 미국이 1차 세계대전에 참전하고 FTC가 더 크고 새로운 공장을 건설하면서 팔로알토에는 온갖 계약과 일자리가 몰려들었다. 스탠퍼드 대학이 위치한 이 시골 마을은 이후 10년에 걸쳐 무선통신이라는 새로운 산업의 중심지로 도약했다.

조던은 적절한 타이밍에 올바른 판단을 했다. 역사학자 바츨라프 스밀이 '시너지의 시대'로 칭한 이 전성기에는 20세기의 근대성을 이끈 발명품이 줄줄이 탄생했다. 그리고 그중 대다수가 샌프란시스코 베이 지역, 특히 팔로알토에서 나왔다. 다음의 도약을 달성한 주인공은 리 드 포레스트로, 진공관을 발명한 그는 동부 해안에서 함께 일한 파트너가 1910년 주식 사기로 체포된 이후 실직 상태였다. 하지만 엘웰의 요청에 팔로알토로 다시 돌아와 1912년까지 신호 생성(발진기), 수신(오디언) 및 증폭(앰프)을 위한 진공관을 완성했다. 그리고 그 결과는 경이로웠다. 2차 세계대전 이전의 전자 산업에서 진공관은 전후의 트랜지스터와 유사한 역할을 했다. 진공관은 전자 시스템의 성능과 신뢰성을 높이는 동시에 비용, 전력 요건 및 규모를 획기적으로 줄임으로써 전례 없이 새로운 시장 잠재력을 열었다. 포레스트는 사람들의 일상에 놀라운 변화를 일으킨 만큼 연방 보안관이 FTC를 급습해 그를 이전 파트너와의 연루 혐의로 체포했을 때 FTC가 1만 달러(2022년 달러 가치로 약 30만 달러)를 내고 그를 보석으로 빼낸 건 당연한 일이었다.

미국의 라디오 판매 규모는 1920년대 상반기에만 200만 달러에서 3억 2,500만 달러로 급증했다. 같은 시기, 산호세에서는 스탠퍼드 대학을 중퇴한 닥 헤롤드와 그의 아내 시빌이 전차 전선을 불법 도용하는 방법으로 송신 전력을 얻어 상업방송 라디오채널 FN을 만들었다. 이후 에드워드 프리덤(스탠퍼드 대학 09학번)과 동료 직원 피터 젠슨이 FTC에서 나와 스피커 스타트업 마그나박스를 설립했다. 1차 세계대전과 2차 세계대전 사이 기간에도 스탠퍼드 학생들의 히트작은 계속 나왔는데 그중에서도 가장 중요한 건 바리안 형제의 마이크로파 생성 클라이스트론 튜브와 찰스 리튼이 FTC에서 개발한 튜브 제조 공정이었다. 그리고 1930년대 초, 그야말로 첨단기술 기업가들의 산실이던 스탠퍼드에 윌리엄 휴렛과 데이비드 팩커드가 나란히 입학했다.

이 두 청년이 1930년 신입생 선발을 위해 경기장에 선 건 우연이 아니었다. 고등학교 학급 회장이던 팩커드는 수학과 과학에 단연 뛰어난 건 물론, 186cm의 훤칠한 키로 주목받을 수밖에 없는 운동선수였다. 그는 데이비드 스타 조던이 높은 기대를 걸 수밖에 없는 종류의 인물이었다. 한편 휴렛은 입학위원회에 팩커드만 한 인상을 주지는 못했지만 최근 작고한 아버지가 스탠퍼드 의대 샌프란시스코 캠퍼스에서 존경받는 교수였던 만큼 두 사람 다 입학할 자격이 충분했다. 하지만 스탠퍼드가 그들에게 입학 허가만 해준 건 아니었다. 특히 한 젊은 교수는 이들을 대학의 고급 무선통신 프로그램 스태프로 고용해 당시 급성장 중이던 베이 지역의 전자 생태계를 둘러보게 했다. 두 사람은 이 같은 환경에 점차 동화되면서 향후 커리어에 공통된 야망을 품었고 결국 전자공학 기업가가 되었다.

개척지의 작은 대학 마을이던 팔로알토는 조던의 계획에 따라 불과 25년 만에 탈산업 중심지로 변모했다. 이곳에서 항공우주, 통신, 전자기술 부문을 구축한 도구가 발명되고 이를 통해 미국의 세계지배 시대가 활짝 열렸다. 조던이 이끈 스탠퍼드 대학은 시설, 장비, 돈, 그리고 가장 중요한 인간을 통해 산업을 육성했다. 2차 세계대전이 발발하자 미국을 비롯한 '자유세계'는 조던의 예상대로 팔로알토의 발명가들에 의존하게 되었다. 인간 자본을 육성한 스탠퍼드는 본래 서부에서 영혼의 싹을 키우려 했던 제인 라스롭 스탠퍼드의 계획과는 거리가 멀었지만 그녀가 살해된 이후 영원히 조던의 차지가 되어 인간의 형태로 과학을 생산하는 공장이 되었다. 그런데 조던은 과연 무엇을 위해 이렇게 역사의 물줄기를 바꾼 것일까? 그가 실리콘밸리를 통해 최고의 성과를 거둔 계획은 정확히 무엇이었을까? 조던이 진정 원했던 건 무엇이었으며 도대체 왜 살해까지 마다하지 않았던 걸까?

Chapter 05
바이오노믹스와 우생학

루이스 터먼과 지능지수 → 탁월한 천재 유전자 찾기 → 인종차별주의 → 모여든 혁명주의자

제인 라스롭 스탠퍼드라는 걸림돌이 사라지면서 조던은 이제 학교를 설립자의 의지와는 달리 자신이 원하는 방향으로 얼마든지 이끌어나갈 수 있었다. 그는 스탠퍼드가 계획한 무역 학교, 제인이 원했던 인문학의 성지와 무관한 글로벌 과학의 본거지를 구축했다. 그리고 그중 특히 한 가지 이 새로운 과학 분야를 다른 모든 과학의 토대라고 여겼다. 그에 따르면 이는 과학을 통틀어 가장 포괄적인 분야로서 자연의 모든 역사, 세포 분열과 영양 등의 과정, 유전, 변이, 분리, 자연선택, 상호부조의 법칙 같은 과학적 문제뿐 아니라 인류 역사의 모든 문제, 시민, 경제 및 윤리와의 관계에서 불거지는 가장 복잡한 문제까지 포함한다. 이 거대한 과학에서 의미 없이 존재하는 건 아무것도 없으며, 어떤 사실이나 그 기저의 힘도 매 순간 상호작용하며 삶의 위대한 스토리를 써내려가는 위대한 힘과 분리될 수 없다.

조던은 다양한 분야에 정통한 영국 학자 패트릭 게데스로부터 이 새로운 진화 과학의 명칭을 따냈으니 바로 그리스어 'bios(생명)'와 'nomos(법칙)'를 합친 바이오노믹스다. 또한 곤충학자 버논 켈로그 교수를 초기에 영입해 이 작은 영역을 생명과학의 떠오르는 혜성으로 부각시키는 데 성공했다. 비록 바이오노믹스라는 이름은 오래 지속되지 못했지만 '하등한' 종족과 탁월한 영웅에 대한 비전만큼은 오늘날까지도 팔로알토의 정신을 뒷받침하고 있다.

조던과 켈로그는 교수로서 인기가 높아 두 사람이 공동으로 가르치는 진화론 수업에는 열성적 학생들이 몰려들었고 스터디그룹이 생겨나기도 했다. 바이오노믹스는 자연을 모방해 만든 환경에서 살아있는 유기체를 연구하는 만큼 야생에서 동식물을 관찰하는 자연학이나 인위적 실험실에서 실험하는 생물학과는 차이가 있었다. 이를 감안할 때 서식환경을 조성하기 비교적 수월한 곤충과 물고기가 조던과 켈로그의 연구대상이었던 건 당연한 일이다. 두 사람은 하등동물 연구를 통해 생명과학뿐 아니라 정치윤리에 대해서도 배웠다. 자연에는 도덕성이 없으며 퇴행성은 스스로 완전히 소멸하지 않는다는 사실을 발견했다. 긍정적 특성뿐 아니라 부정적 특성도 유전적 수단을 통해 재생산되었고 인류라는 진화하는 나무에서는 '시든 가지'가 자라나기 쉬웠다.

'퇴행성'을 주제로 한 강의에서 조던은 학생들을 세계의 내리막길로 안내했다. 삶이 너무 편하고 사람들도 게으른 열대 지방부터 노예제가 지성을 짓밟은 미국 남부, 도덕적 동기부여가 부족한 빈민가와 사치로 해이해져 쇠퇴 중인 유럽에 이르는 지역을 지적으로 탐험했다. 새로운 리더십이 없으면 좋은 반드시 퇴행하는 만큼 인류의 운명이 위태로웠다. 이를 확실히 해결할 방법이 백인의 미국, 특히 서부에 있었다. 이곳에서는 앵글로색슨계 정착민이 신경증을 보이거나 비극으로 치닫지 않고 강인하고 다양한 성취를 통해 천재성을 발휘하고 있기 때문이다. "위대한 사람은 위대한 삶을 산다"라고 조던은 적었지만 바이오노믹스의 실제 효용은 아직 두고 볼 필요가 있었다.

바이오노믹스가 이론이라면 우생학은 실천이었다. 릴런드 스탠퍼드와 찰스 마빈이 개량된 말을 한 다발씩 생산한 데서도 알 수 있듯 육종(생물이 가진 유전적 성질을 이용하여 새로운 품종을 만들어 내거나 기존 품종을 개량하는 일)은 팔로알토 시스템의 토대를 이뤘다. 그리고 조던이 이끄는 스탠퍼드는 미국 내 진화 통제의 중심지로 자리매김했다. 조던은 1906년 미국 육종 협회 우생학 위원회 초대 위원장을 지냈고 6년 후 런던에서 열린 제1회 국제 우생학 회의의 부회장을 맡았다.

무엇보다 조던이 이 신생 분야에 가장 크게 기여한 건 스탠퍼드 대학에 우생학부를 설립한 일이었다. 이를 위해 1898년에는 인디애나 대학에서 직접 가르쳤고 우생학을 신봉하는 엘우드 패터슨 커벌리를 영입했다. 커벌리는 일본은 물론, 남유럽과 동유럽에서 유입되는 이주민이 미국의 인종을 희석해 '인종적 소화불량'을 유발한다고 우려했다. 학교야말로 외국 태생자가 미국인 인종에 잘 섞이도록 준비시킬 의무가 있는 만큼 동화작용을 가장 잘 수행할 수 있다고 믿었다.[4] 이런 가운데 19세기 말, 국제 경쟁의 시대이자 시민이 국가의 자원으로 인정받는 시대가 열렸다.[5] 커벌리는 "사회에 의존할 수 있는 모든 사람을 독립된 구성원으로 전환시켜야 한다는 새로운 요구가 생겼다"고 적었다. 교육 행정을 예술에서 과학으로 승화시켜 스스로 그와 같은 전환을 수행하기로 마음먹었다. 이후 성공을 거둬 학교 행정가를 위한 기초 문헌을 제작했고 1917년에는 조던이 성장의 기회를 마련해주어 스탠퍼드 교육대학을 설립하고 학장으로 부임했다.

1910년, 커벌리의 교육대학에 또 한 명의 촌뜨기가 추가되었다. 남부 캘리포니아 대학 행정가이자 교수인 루이스 터먼으로 그는 어느 누구 못

4 커벌리는 빈곤층 지원이 바람직하지 않다는 조던의 의견에 동의했다. 국가 예산을 복지 대신 교육에 쓰면 가난을 뿌리뽑을 수 있다고 주장했다. Ellwood Patterson Cubberley, *Public Education in the United States*, Houghton Mifflin, 1919.

5 1872년, 바젤 대학교의 한 젊은 교수는 어느 강연을 통해 '한 사람이 국가 이익을 가장 많이 창출할 수 있는 장소와 방법을 찾는 것'이 교육의 핵심이 되어가고 있다고 불평했다. 그 교수의 이름은 프리드리히 니체였다. Friedrich Nietzsche, *Anti-Education: On the Future of Our Educational Institutions*, NYRB Classics, 2015.

지않게 교육의 진화론적 함의에 관심이 많았다. 스탠퍼드 재직 초기에 발표한 논문에서 학교 위생에 초점을 맞춰 국가가 학생의 건강을 심지어 부모의 권리보다 중시해야 한다고 주장했다. 예방 가능한 질병 때문에 아이들이 희생되는 건 '낭비'라는 것이다. 하지만 터먼과 교육 우생학자들은 국가가 환경적으로 모든 걸 뒷받침해준다고 해서 모든 아이가 동일한 수준의 성취를 해내는 건 아니라고 믿었다. 타고난 능력이 워낙 제각각이니 만큼 다른 아이들보다 더 노력해야 하는 아이도 있는 법이다.

하지만 이렇게 중요한 문제에 대한 연구가 제대로 이루어진 적이 없었다. 우수한 능력을 테스트할 방법이 전무한 상황에서 각 학생은 비과학적이고 무작위한 방법으로 파악되었고 이는 공교육 전반에서도 마찬가지였다. 그들의 신념대로 지적 능력이 하나의 유전적 특성이라면 테스트가 가능해야 했다. 터먼은 이를 실현하기 위해 프랑스에서 뒤처지는 학생을 식별하는 데 사용되어 온 지능 테스트를 도입했다. 그리고 테스트를 만든 알프레드 비네의 강력한 경고를 어기고 타고난 일반 지능지수로 개정했다. 실제 나이 대비 '정신 연령'의 비율에 100을 곱해 단일 수치로 표현한 것이다. 이후 터먼과 교내 동료들은 '스탠퍼드-비네' 테스트를 홍보하고 이미 사망한 유명인들의 IQ를 추정해보는가 하면 천재를 찾아나서는 등 적극 활동에 나섰다.

터먼의 스탠퍼드-비네 척도는 개인 안에서 일반 지능을 끌어내 과학자들이 포착하고 정량화하는, 인간을 위한 바이오노믹스라 할 수 있었다. 사실 이 테스트가 하는 거라고는 "크리스티 매튜슨의 직업은 무엇인가?"(정답은 뉴욕 자이언츠 투수) 같은 질문을 던지는 것뿐이었다. 애초에 스포츠 상식은 불분명한 특징을 테스트하는 좋은 방법이었기 때문이다. 단일 일반 지능이라는 발상은 비판적 잣대를 들이대는 순간 과학 개념이 성립되지 않는 편리한 신화에 지나지 않으며 터먼과 동시대를 산 이들 중 상당수가 여기에 동조했다. 하지만 IQ 테스트는 상당히 잘 팔렸고 터먼은 곧이어 스탠퍼드 성취도 테스트까지 출시해 심지어 더 높은 판매고를 올렸다. 두 테스트 덕분에 심리학계의 스타로 떠오른 터먼은 1922년 학장으로 승진했고 이듬해에는 미국 심리학협회장 자리까지 꿰찼다. 1925년 책과 테스트에서 발생한 그의 저작권료만 11,000달러(2022년 가치로 18만 달러 이상) 이상으로 이는 본인은 물론, 향후 아들의 연구비까지 충당할 수 있는 금액이었다.

데이비드 스타 조던은 학자들을 동원해 마구간에 구축된 팔로알토 시스템을 교실에까지 침투시키는 데 성공했다. 릴런드가 망아지를 팔로알토 가축 농장의 선발 경주마로 육성시킨 것처럼 루이스 터먼은 아이들이 얼마나 빨리 달릴 수 있는지 평가하는 모델을 개발했고 바이오노믹스 학자들 덕분에 그 결과가 중요하다는 확신을 갖게 되었다. 팔로알토 시스템이 아이들에게 적용되면서 우생학의 긍정적 관행과 부정적 관행이 모두 생겨났다. 자라나는 천재를 찾아내 적극 육성하는 반면 열등생이 인종의 물을 흐리거나 수준 이하의 성취로 사회문제를 일으키는 일이 없도록 격려한 것이다. 20세기 전반, 스탠퍼드 대학은 이 두 가지 전략이 확산되는 데 크게 기여해 불평등이 지극히 자연스러운 문화를 창조한다.

탁월한 유전자 발굴 프로젝트

조던의 명제에는 칼뱅파의 운명결정론을 연상시키는 요소가 있다. 위인은 위대해서 위대한 삶을 사는 것이지 위대한 삶을 살아서 위대한 게 아니라는 것이다. 바이오노믹스에 따르면 위대함은 내재되어 있다. 어린 시절에 발견해 육성할 수 있다는 뜻이다. 이렇게 탁월한 개인을 일찌감치 발견하는 게 국가를 대신해 과학자와 교육자가 할 일이었다. 켈로그는 "우리는 국가로부터 동일한 서비스를 받을 권리가 있다는 점에서 평등하다. 하지만 서비스를 제공할 우리의 능력은 평등하지 않다. 말 그대로 우리 모두에 해당하는 국가는 우리 중 최고의 두뇌를 최고로 활용할 필요가 있으며 이를 위해서는 이들 최고의 두뇌가 최고의 훈련을 받도록 보장해야 한다"고 적었다.

바이오노믹스 학자들은 또 당연히 자신을 포함한 지적 엘리트 집단이 고정관념과 달리 신체적으로든 정서적으로든 부족한 게 없다고 믿었다. 천재는 병든 약골이나 연약한 동성애자가 아니라 다른 이들보다 뛰어난 사람일 뿐이다.[6] 그때까지만 해도 이들 전문가는 미국 공립학교가 공통된 기준으로 교육을 실시해 잠재력을 놓칠 수 있다고 우려했다. 이는 터먼의 비유에서 잘 드러난다. "우리가 탁월한 인재를 발굴한 방식은 지표면 채굴이라는 원시적 방법을 연상시킨다. 미국의 숨겨진 두뇌 자원을 탐색해봐야 한다." 스탠퍼드가 광산 엔지니어를 배출했듯 스탠퍼드 대학은 두뇌 발굴단을 배출했다.

유전학자와 마찬가지로 바이오노믹스 학자들 역시 유기체의 환경이 중요하다고 믿었다. 조던은 치열한 경쟁이 부족해 발생하는 유럽인 특유의 온화함을 두려워했다. 애지중지하며 키우는 건 안 될 일이다. 또한 미국 최고의 인재들은 20세기 군사 전투에 어울리지 않았다. 바이오노믹스 학자들의 '열생학' 논리대로 용감한 남성일수록 총에 맞아 후손 없이 사망할 확률이 높기 때문이다. "군대의 싸움이 곧 적자생존이던 시절이 있었다. 경주에서는 빠른 자만이, 전투에서는 강한 자만이 살아남았다"고 조던이 한 대중 과학 월간지에 적었다. "이른바 '지독한 화약'의 발명으로 이 모든 게 바뀌었다. 게릴라전을 제외하면 개인의 자질은 더 이상 중요하게 작용하지 않았다. 광대가 '얼굴도 보지 않고 영웅을 쏘아 맞히는 게' 얼마든지 가능해

---

6 심리학으로 깊게 들어가지 않더라도 루이스 터먼의 청년기가 결핵으로 장기간 피폐했었다는 사실은 짚고 넘어갈 만하다. 그가 애초에 이주한 것도 캘리포니아의 온화한 기후 때문이었다. 천재를 바라보는 당대의 불편한 시각을 알고 싶다면 이 책을 참고하라. Peter Hegarty, *Gentlemen's Disagreement: Alfred Kinsey, Lewis Terman, and the Sexual Politics of Smart Men*, The University of Chicago Press, 2013.

졌다. 포탄은 광대든 영웅이든 똑같이 무너뜨리고 기관총은 모든 직급의 병사를 무차별적으로 살육한다."

1913년 켈로그는 〈애틀랜틱〉에 군사주의가 인종 퇴행을 조장한다고 적었지만 1915~1916년 독일이 점령한 벨기에에서 원조 활동을 하며 생각이 바뀌었다. 독일 최고사령부의 진화론적 사고가 자신보다 훨씬 전투에 적합하다는 사실을 깨닫고 미국이 독일을 반드시 무력으로 무찔러야 한다는 안타까운 결론을 내렸다. 그의 생각은 옳았고 조던의 의혹에도 불구하고 바이오노믹스와 IQ 테스트는 특히 미국이 1차 세계대전에 참전하면서 최대의 전성기를 맞았다. 1917년 참전 선언 이후 미국 심리학회는 위원회를 소집해 어떻게 도움이 될지 논의했다. 로버트 여키스 회장은 신병들에게 지능 검사를 실시하자는 터먼의 의견에 동의했고, 터먼은 자신의 제자인 아서 S. 오티스의 연구를 추천했다. 스탠퍼드 비네 테스트를 일대일이 아닌, 집단으로 실시할 방법을 개발한 것이다.

육군 알파 및 육군 베타 테스트는 신병을 A-E 등급으로 분류하기 위해 고안되었다. A는 참호에서 멀리 떨어져 있어야 하는 장교, C는 참호를 지켜야 하는 병사, E는 총을 가까이 해서는 안 되는 낙오자를 의미한다. 테스트는 군인 배치를 돕기 위한 것이었지만 여기에도 명백히 우생학이 작용했다. IQ 테스트 결과 똑똑한 장병은 사선에서 멀리, 지극히 평범한 장병은 좀 더 가까이 배치함으로써 전쟁의 열생학적 결과를 방지한 것이다. 군에서 이 실험을 진지하게 받아들였다는 증거는 많지 않지만 바이오노미스트들은 이 같은 경험에 기반해 평화주의를 포기했다. 전쟁을 피할 수 없다면 미국인은 자신들의 치명률을 높여 더 적은 아군의 희생으로 더 많은 적을 죽여야 했다. 전쟁이 효율성 게임이 된 것이다.

20세기에 전쟁을 승리로 이끄는 건 과학과 과학자들이었고 켈로그가 독일에서 관찰한 것처럼 재능 있는 시민은 자신의 기술을 활용해 전쟁에 기여할 수 있었다. 탁월한 개인이 중요한 역할을 하는 건 예전과 다를 바 없지만 유전자 풀이 위기에 처할 위험은 사라졌다. 한때 평화를 옹호했던 바이오노미스트들이 핵전쟁을 향해 치닫는 분위기 속에서 군사계약업체를 위해 일하는 게 모순적 변화처럼 보일 수 있지만 조던의 의견대로 혈통 국가 미국의 관점에서는 그렇지 않았다. 두 경우 모두 미국의 유전학적 미래를 보호한다는 목표는 동일하되 수단이 평화냐 폭탄이냐의 차이만 있었던 것이다. 하지만 터먼과 그의 팀은 폭탄에 대해 아는 것이라고는 없었다. 미국이 미래의 전쟁에서 승리하려면 당장 내일의 천재들을 찾아야 했다.

1911년부터 터먼은 (교사가 발굴하고 IQ 테스트로 확인한) 영재 아동에 대한 일화를 수집했고 1920년에는 IQ가 140이 넘어 연구원들이 '천재'라고 부르는 아이들을 연구하는 데 500달러를 지원하기로 합의했다. 이 첫 번째 실험의 결과는 유망했다. 천재로 분류된 아이들은 일부의 예상과 달리 사회성이 떨어지지 않았고 테스트로 입증된 자신의 능력치보다 낮은 수준의 수업에서는 지루해하는 경향이 있었다. 이때 실행 가능한 결론을 확보한 터먼은 전국교육협회의 개혁위원회를 이끌던 1922년, 구체적 방법을 제시했다. '지능 테스트와 학교 개편'이라는 보고서를 통해 아이들을 능력별로 다섯 개 트랙(천재, 영리, 평균, 느림, 특수)으로 나누고 각각의 잠재력을 최대한 끌어내보자고 제안한 것이다. 같은 해 터먼은 전례를 찾아볼 수 없는 장기 연구를 위해 상당한 지원금을 따냈다. 교사들의 추천에 따라 천재의 IQ를 가진 캘리포니아 학생 1,500여 명으로 연구 표본을 확대했다. 연구에서는 이들 '흰개미'를 전 생애에 걸쳐 추적하며 아동기의 성과가 성인기의 삶을 결정한다는 가설을 테스트했다. 바이오노믹스 모형에 따라 영재 아이들을 국가 자산으로 분류하기도 했다. 하지만 이 글을 쓰는 지금까지도 이 연구는 아직 공개적으로 결론을 내리지 못하고 있다.

바이오노믹스 학자들로서는 영재를 발굴하는 대로 분류하지 않을 이유가 전혀 없었다. 아이들의 IQ는 변하지 않을 것이기 때문이다. 팔로알토 시스템이 그랬듯 터먼은 한 사람의 능력치가 어린 시절부터 드러나게 되어 있다고 여겼다. 하지만 그 능력치가 만개할 수 있을지 여부는 환경에 의해 결정된다. 그리고 연구원들에게 이는 국가 안보가 달린 문제였다. 이에 터먼은 그렇지 않아도 아리송한 연구의 과학적 타당성을 무너뜨리면서까지 연구 대상의 삶에 개입했다. 자신이 믿어 의심치 않는 그들의 불변의 천재성을 과학적으로 입증하는 추천서를 작성해준 것이다. 그중에는 터먼이 거리를 두고 싶어도 그럴 수 없는 아들 프레더릭이 포함되어 있었다. 그는 프레더릭이 공학적 측면에서 천재라는 사실을 믿어 의심치 않았으며 테스트 결과 역시 이를 입증해주었다.

스탠퍼드 연구에 참여한 천재들은 최종 성취 및 명성의 측면에서 일반 학생을 훌쩍 뛰어넘었고 일부는 성인이 되어 특별한 업적까지 달성했는데 그중 한 명이 프레더릭이었다. 하지만 이 연구진이 향후 노벨상까지 수상하게 되는 인물을 연구진이 놓친 경우도 있었으니 스탠퍼드 공대 교수의 외아들 윌리엄 쇼클리도 그중 하나다. 윌리엄 주니어는 어린 시절부터 총명했지만 IQ가 129여서 천재에는 살짝 못 미쳤다. 만약 연구를 통해 터먼과 윌리엄 주니어가 2차 세계대전의 연합군 승리에 결정적으로 기여할 뿐 아니라 실리콘밸리의 대부가 된다는 사실이 확인됐다면 이렇게 과학적으로 엉성한 연구도 서사는 제시할 수 있었을 것이다. 이 천재 연구는 하나의 스토리였고 많은 권력자들이 이를 실현하기 위해 부단히 노력했다.

스탠퍼드 대학에서 우생학에 대한 관심과 바이오노믹스에 대한 신념은 이상적 신체 조건까지 결정했다. 점차 중요해지는 주제 및 분야의 학생을 육성해 졸업 후 그 수를 뛰어넘는 영향력을 펼치도록 하는 게 학교의 명성을 높일 전략 중 하나였다는 사실을 기억해보라. 그리고 대학이 탁월한 개인에게 투자하려면 그에 부응하는 인재가 필요했다. 따라서 스탠퍼드는 그 자체가 강력한 우생학 프로젝트였다. 행정 관계자들은 최고의 청년뿐 아니라 최고의 유전자까지 선발하고 육성했다. 이로 인해 침대 길이에 대한 불만 등 예기치 못한 문제가 발생했다. 1930년, 하트웰 프레스턴이라는 학생은 〈스탠퍼드 데일리〉 편집장에게 보낸 편지에서 키 182cm 이상의 남학생이 '50명도 넘는' 만큼 더 긴 매트리스가 필요하다고 불평했다. 이에 동의한 편집자들은 기고문을 통해 역시 키가 195cm나 되는 스탠퍼드 출신의 대학 총장 레이 라이먼 윌버에게 특별 탄원을 제기했다. 하지만 20년이 지나서도 문제는 해결되지 않았다.

1950년, 〈스탠퍼드 투데이〉는 '장신의 신입생들, 목재침대 겹쳐 사용'이라는 헤드라인의 기사를 보도했다. 가을 학기가 시작되자 대학 관계자들은 신입 남학생 716명의 키 기록을 확인한 뒤 213cm짜리 침대를 긴급 발주했다. 미국 남성의 평균 키가 176cm이던 시절에 이는 우연이라고 할 수 없었다. 키는 유전자를 평가하는 가장 쉬운 방법 중 하나였다. 결국 스탠퍼드 대학에서 신입생의 키 기록을 확보할 유일한 방법은 지원서에 신장을 기재하도록 하는 것이었고 이 관행은 1980년대까지 이어졌다. 팔로알토의 역사에서 이 시기의 골든보이들은 높은 지능 못지않게 운동 능력과 신체적 매력, 그리고 큰 키로 주목받았다. 이 모든 요건이 진화적 우수성을 보여주는 징표였던 것이다. 이처럼 조던이 주도권을 잡자 바이오노믹스가 모든 걸 지배했다.

경쟁은 입학 이후에도 계속되었다. 1920년대부터 학생들은 성취도를 절대 기준이 아닌, 비교 곡선에 따라 매기는 터먼의 새로운 평가 시스템에 적응해야 했다. 게다가 바이오노믹스 학자들은 전투를 대체할 운동이 필요하다고 여겼는데 미식축구가 그 해답이라는 게 조던의 신념이었다. 캘리포니아의 역사학자 케빈 스타는 조던에 대해 "미식축구의 신체 활동, 협력과 정신의 조합이야말로 그가 스탠퍼드에서 번창하길 바라는 것이었다"고 적었다. "미식축구 선수는 캘리포니아 신사라는 스탠퍼드인의 패러다임을 명확히 제시했다. 유능하고 독립적인 데다 아이비리그 분위기를 풍기는 스타일과 코드를 지니고 있었다." 스탠퍼드와 버클리는 동부의 하버드와 예일에 비견할 치열한 라이벌 관계에 진입했다.

오늘날 베이 지역 대학들은 아이비리그를 한참이나 따돌렸지만 그 과정이 순탄치만은 않았다. 특히, 20세기 초의 대학 미식축구는 경기 후 발생한 맥주 폭동까지 감안하면 경기장 밖에서도 사건이 벌어질 만큼 폭력적이었다. 1904년에는 스탠퍼드 선수들이 버클리 캘리포니아 대학 주장을 폭행해 "의식이 반쯤 나간 상태로 히스테리컬하게 울부짖으며 실려나가게 만들었다." 1906년 하버드 미식축구 팀의 부상 사례를 연구한 결과에 따르면 미식축구는 이례적으로 해롭고 부상을 거의 피할 수 없으며 무엇보다 "신경 에너지를 활용할 일 없이 무게만 강조되기 때문에 신체적으로 최고 유형의 인간을 개발한다고 할 수 없다." 이에 조던은 1906~1918년 학교에서 미식축구를 금지했지만 1920년대 스탠퍼드 미식축구 팀은 전설의 코치이자 유스 리그 명칭의 장본인이기도 한 팝 워너 영입 전쟁을 벌인 이후 강력하게 귀환했다.

스탠퍼드의 여학생은 미식축구는 안 했지만 스포츠를 즐겼고 학교 행정부 역시 이를 권장했다. 학교가 남녀공학이었던 만큼 터먼은 천재 남학생뿐 아니라 천재 여학생에게도 관심을 가졌으며 천재 연구의 대상이 될 만한 인재를 충분히 발굴했다. 스탠퍼드는 다른 대학에 비해 양성평등에 깨어 있었던 것처럼 보이지만 사실 바이오노믹스의 틀 안에서 여성은 남성과 다른 존재였다. 진화론 강의에서 조던은 철학자 아서 쇼펜하우어의 말을 인용해 이렇게 선언했다. "여성은 종의 번식만을 위해 존재하며 그 외의 다른 운명은 주어지지 않았다. 따라서 그들은 원칙적으로 개인보다 종을 위해 살고 마음으로도 개인의 일보다 종의 일을 훨씬 중요하게 받아들인다." 이 같은 분업 체계에서 남성은 개인으로서 자신의 이익을 추구하는 반면 여성은 종, 좀 더 정확히는 인종을 위해 남성의 성취를 공고하게 한다. 따라서 스탠퍼드 여학생이 스탠퍼드 남학생에 어울리는 파트너가 되기 위해서는 전통적 역할에 안주해선 안 됐는데 이는 아이비리그가 남녀 통합을 이루기까지 50년도 더 남은 당시로서는 그 자체로 논란이 되는 명제였다.

1930년, 〈스탠퍼드 데일리〉 사설은 페미니즘이 당시 팔로알토에 어떻게 뿌리내렸는지 소개했다. "남녀공학은 서부 세계를 대표하는 제도로서 반대의 목소리가 아무리 높다고 해도 여성이 현대 지식의 혜택을 누리지 못할 이유는 없다. 하다못해 가정에서라도 활용할 수 있는 것 아닌가." 일반적으로 남성이 발명을 한다고 하면 최신 플러그인 기술을 효율적으로 활용해 가정의 남편이나 사무실의 상사 같은 남성을 지원하는 건 여성의 몫이었다. 대표적 예로 20세기 초부터 가전제품으로 판매된 세탁기를 들 수 있지만 여기서는 전기 타자기를 예로 드는 게 문맥상 더 적합하다. 이 복잡한 기계의 경우 남성 공학자들만 설계할 수 있었지만 정작 사용하는 건 비서실의 '여직원'뿐이었다. 미국의 사무실에서는 1990년대까지 남성은 지시를, 여성은 타이핑을 담당했다.[7] 스탠퍼드 교수의 부인들은 학교에서 강의를 들은 뒤 화학의 발전에 기반해 새로운 가정용 식단을 실험하는 등 응용과학의 선봉에 서 있었다. 어떤 부인은 심지어 가정부의 업무 효율을 연구하기 위해 가정부 다리에 만보기를 채우기도 했다. 동일한 교육을 받고 다른 기능을 수행한 바이오노믹스 분야의 여성 엘리트들은 남성들의 과학적 성과를 서부의 WASP 계층 전체에 확산시켰다.

1930년대부터 스탠퍼드 대학의 성비가 5:1을 넘어서기 시작했다. 이사회는 6:4의 비율을 허용해 여학생의 희소성을 지속 가능한 수준으로 유지

7 뒤에서도 살펴보겠지만 이 화이트칼라 남성 세대는 타자기와 거의 담을 쌓고 살아서 개인용 컴퓨터의 등장을 족히 10년은 늦췄다고 해도 과언이 아니다.

하기로 했다. 그리고 아기 문제가 있었다. 유전자에서 여성이 절반을 차지하는 만큼 스탠퍼드 대학이 팔로알토로 끌어들이는 인재의 질은 곧 다음 세대의 질을 결정했다. 루이스 터먼은 심리학을 전공하는 여성 대학원생을 천재 연구 보조원으로 다수 고용하는가 하면 그들의 멘토를 자처했다. 아들 프레더릭이 서른 살의 성공한 미혼 남성이던 1928년, 터먼은 자신 밑에서 일하는 대학원생 중 한 명인 시빌 월콧을 그에게 소개했고 두 사람은 1년 후 결혼해 아들을 낳았다.

역사학자들은 프레더릭이 심리 파일에서 시빌의 IQ를 확인했다느니, 그게 아니고 루이스가 대신 확인해줬다느니 몇 가지 버전을 기록했지만 하나같이 믿기는 힘들다. 터먼은 모든 대학원생, 특히 여성 대학원생의 IQ를 알고 있던 만큼 월콧에 대해서도 이름뿐 아니라 IQ까지 훤히 알았다. 자신의 멘티 여학생들과 수년간 염문을 뿌려 전교생의 조롱거리가 되기도 했다(이 사실을 오로지 프레더릭만 모르고 있었는데 그는 1970년대에야 알고 완전히 무너졌다). 바이오노믹스 학자들에게 똑똑한 여성은 소중한 존재였지만 그 가치는 남성의 동반자 혹은 자녀의 엄마에 치중되어 있었다. 이처럼 스탠퍼드 대학은 팔로알토의 차세대 주민을 생산하기 위해 IQ가 높은 사람을 육성하는 우생학 프로젝트 그 자체였다.

쇼클리 부부는 스탠퍼드의 출산 전략으로 성공을 거둔 대표적 사례다. 윌리엄 주니어의 모친인 메이는 19세기 말 서부에서 자랐다. 비상한 두뇌의 소유자로서 스탠퍼드에 등록했는데 학교가 남녀공학에 학비까지 무료였기에 가능한 일이었다. 지질학을 전공하고 1902년 졸업한 뒤 의붓아버지와 탐사 회사를 운영하던 중 여성으로는 미국 최초로 광물 부조사관이 되었고 그 과정에서 순수 혈통의 광산 투기꾼 윌리엄 쇼클리를 만났다. 그는 이미 10년간 전 세계를 돌며 시베리아의 구리, 페루의 금 등 식민지 양여 자원에 투자했고 호주와 한국에서도 탐사를 수행했지만 실패했다. 메이는 윌리엄을 네바다 광산 지역에서 우연히 만났는데 두 사람 다 주변과 어울리지 않는 세련된 분위기로 유난히 눈에 띄었다. 당시 51세이던 윌리엄과 27세이던 메이는 이내 결혼식을 올리고 런던으로 가 윌리엄의 주식 수익금으로 근근이 생활했다. 미국에서 망명 온 다른 공학자들과 어울리며 결혼 생활을 즐긴 뒤 팔로알토로 이주했으며 이후 윌리엄은 영향력 있는 친구들의 추천으로 대학교수가 되고 메이는 그림을 판매했다.

쇼클리 부부는 자신들의 장기를 발휘해 아들인 윌리엄 주니어를 최대한 오랫동안 홈스쿨링으로 가르쳤다. 과학 실험을 통해 아들의 발달을 추적하고 기록했다. 윌리엄은 한 살 때 숫자 4까지 셀 수 있었고, 기존의 물건 중 한 개만 없어져도 알아차렸다. 십대 후반에 몇 년간 팔로알토 군사 학교에 다녔고 옆집에 사는 스탠퍼드 물리학 교수 덕분에 일찌감치 물리학에 흥미를 가졌다. 1925년 아버지가 사망한 이후 당시 새로운 항공 산업 자금을 지원받아 서부 해안 최고의 공대로 등극한 캘리포니아 공대, 오늘날의 UCLA에 입학했다. 하지만 여름에는 팔로알토로 돌아가 이웃의 교수로부터 추가 수업을 들었다. 팔로알토는 쇼클리의 고향이라는 사실만으로 국제적 중요성을 띠지만 윌리엄의 어머니가 대학을 다녔던 곳인 만큼 넓게 보면 윌리엄의 고향이기도 했다. 1956년 팔로알토로 돌아온 윌리엄 주니어는 어머니가 1977년 97세의 나이로 돌아가실 때까지 어머니께 헌신하는 삶을 살았다.

메이 브래드포드 쇼클리는 여러모로 시대를 앞서나갔다. STEM(과학, 기술, 공학, 수학을 의미) 대학을 나와 여성이 최초인 분야에서 커리어를 쌓은 한편, 아이는 하나만 낳아 오늘날 사회학자들이 말하는 의도적, 혹은 집중적 양육을 했다. 윌리엄 주니어가 터먼의 천재 연구 대상에서 탈락하자 낙담한 메이는 테스트를 한 번 더 받도록 했지만 역시 125로 아깝게 떨어졌다. 몇 년 후, 루이스 터먼이 메이의 IQ를 테스트했을 때 161이라는 이례적 수치가 나왔다. 그녀는 자신의 IQ를 아들에게 고스란히 물려주는 데 실패했지만 육아 프로젝트에는 성공했다. 윌리엄이 뛰어난 엔지니어, 운동선수, 참전 안 한 전쟁 영웅, 유명 발명가, 직원 출신 사장, 스탠퍼드 교수 및 노벨상 수상자가 된 것이다. 게다가 실리콘밸리에 실리콘을 들여와 1970~1990년대에 미국 경제를 성공으로 이끈 장본인으로도 등극했다. 이게 바로 위인, 그리고 위대한 삶이다. 윌리엄 쇼클리 주니어는 20세기 미국에서 선입견이 가장 강하기로도 유명한 인물이었다.

인종차별주의가 번영의 기반?

평생 인종과 IQ에 집착한 쇼클리는 백인 우월주의를 구축하는 데 모든 걸 바쳤다. 그의 전기 작가인 조엘 N. 셔킨은 "쇼클리의 인종 개념이 어디서 시작됐는지는 알려지지도 않았고 알 수도 없다"고 말한다. 하지만 팔로알토가 어떤 곳이었는지 우리가 알고 있는 것만 생각해도 이는 과장이다. 우생학 사상은 당시 쇼클리의 고향에서 확산시킨 최대 수출품 중 하나였으며 바이오노믹스 학자들이 말하는 위인과 위대한 삶에는 그에 대응하는 반대 개념이 존재했다. 최고 계층의 반대편에 최하위층, 모든 승자의 반대편에 패자가 있는 것이다. 자연 질서의 과학자를 자처한 바이오노믹스 학자들은 특유의 방식으로 누가 어디에 소속되는지에 관한 이해를 발전시켜 나갔다. 인종차별주의가 뼛속까지 밴 이들은 소수 인종이 백인보다 지능이 현저히 낮다는 결론을 도출한 군대의 지능 테스트를 찬양했다.[8] 1919년, 산호세에 사는 12세 아동들을 대상으로 스탠퍼드 대학 지능연구가 진행되었다. 결과를 분석하던 대학원생 킴볼 영은 자신이 '농민 유형'과 '흑인 계통'

---

[8] 해당 실험의 타당성에 제기된 문제는 너무나 기본적이고 방대해서 일일이 나열할 수 없다(Stephen Jay Gould, *The Mismeasure of Man*, Norton, 1993.). 하지만 루이스 터먼이 이 결과를 백인 우월주의라는 전제에 해가 된다고 본 것은 주목할 만하다. 백인 신병들의 점수가 다른 인종에 비해서뿐 아니라 절대적으로도 상당히 낮았기 때문이다.

에 속하는 것으로 보이는 이탈리아계 어린이가 많을수록 '지체'가 발생할 확률도 높다는 사실을 발견했다.[9] 학교 교장도 이에 동의해 남유럽계 학생을 다른 학생과 분리했다. 서쪽으로는 아시아, 남쪽으로는 멕시코를 접한 캘리포니아는 앵글로계 백인 지배의 최전선으로서 인종 분류의 실험실이 되었다. 셔킨은 쇼클리가 1차 세계대전과 2차 세계대전 사이 기간 팔로알토에서 흑인을 별로 만나지 못해 보기 드물게 강력한 선입견에 빠진 것으로 간주했다. 하지만 실상은 그 반대로 인종차별주의는 캘리포니아 번영의 기반이었다.

캘리포니아는 바이오노믹스의 통찰을 우생학적 정책으로 신속하게 전환해나갔다. 중국인 배제 정책으로 국경 안보가 강화되면서 서부는 백인의 최전선이 되었다. 하지만 또 한편으로 서부의 농장주들은 저임금의 숙련된 노동력이 (지속적이지는 않아도) 정기적으로 필요했다. 따라서 해외에서 취약한 노동자를 수입하는 서던퍼시픽 철도의 전략이 캘리포니아 특유의 생산 방식에 필수가 되었다. 농장주는 노동자를 유사과학에 기반한 능력격차주의, 그리고 인종, 민족, 성별, 이민 상태 및 출신 국가별로 할당된 법적 권리의 복잡한 매트릭스에 따라 분류한 뒤 임금을 지급했다. 새로운 수익 기회가 생기면 외국인 노동자를 소집했고 수익률이 떨어지면 국가의 도움으로 그들을 추방했다. 예를 들어, 1897년 캘리포니아인들이 중국인 배제 및 감축을 강요해 주 정부를 당혹스럽게 한 직후 미국 설탕 신탁이 새롭게 구성되면서 설탕 관세가 생겨났고 그 결과 서부 해안의 사탕무 생산이 급증해 신탁에서 일본인 농업 노동자를 수만 명씩 수입하기 시작했다.[10] 농장

<hr>

9 터먼은 영의 박사시절 담당 교수였지만 영은 이후 유전설을 부인하고 터먼을 강도 높게 비판했다. 모르몬교 지도자 브리검 영의 손자였던 킴볼은 사회 구성주의자로서 미국 사회학 협회장을 역임했다. Fred B. Lindstrom, Ronald A. Hardert, and Kimball Young, *"Kimball Young on Stanford and Oregon, 1919–1926,"Sociological Perspectives 32, no. 2,* 1989.

10 사탕무 설탕의 등장으로 미국 남북전쟁 당시 파운드당 30센트가 넘었던 설탕 가격이 19세기 말 4센트로 폭락했다. 이로 인해 설탕이 목적이었던 대서양의 식민주의와 스페인 제국의 황혼이 하루빨리 막을 내리게 되었다. Max Beer, *"The United States in 1898", In Discovering Imperialism: Social Democracy to World War I,* Brill, 2011.

노동에 특화된 일본 노동자는 캘리포니아의 사탕무 비즈니스를 미국 최고의 수익 사업으로 만들어 놓았다. 또한 사탕무 재배가 계절노동이라 값싼 숙련 노동자들이 일상적으로 남아돌게 되자 딸기처럼 (비싸고) 비수기에 수확할 수 있는 작물이 확산되었다. 그 결과 캘리포니아 농경지의 가치가 폭발적으로 증가했다.

1907년 무렵, 얼마 전까지만 해도 다른 모든 인종보다 낮은 임금을 받던 일본인 노동자가 최고 몸값을 자랑하게 되었고 본인 소유의 경작지까지 확보해 생산성을 획기적으로 높였다. 하지만 직접 토지를 소유하기 시작한 일본인은 "더 이상 바람직한 외국인이 아니"었다. 일본인 농장주는 가장 높은 생산성을 자랑하는 소유주로서 땅을 최고 가격에 매입하거나 임대할 수 있었고 이에 위협을 느낀 대규모 농장주들은 분개하기 시작했다. 중국인과 일본인 노동자가 미국인에 '못 미치는 삶'을 살 거라는 오랜 두려움은 역전당할지 모른다는 불안감으로 바뀌었다.[11] 외국인 배제를 주장하는 샌프란시스코 시민은 일본인의 아이들을 외곽으로 분리하기 위해 움직였고 끝내 국제 위기가 닥쳐 시어도어 루스벨트 대통령이 직접 개입하는 일까지 벌어졌다. 루스벨트는 학교 위원회 대신 나서서 메이지 천황과 협의한 뒤 향후 일본인 노동자의 이민지는 하와이로 한정한다는 방안을 내놨다. "캘리포니아, 특히 샌프란시스코의 지긋지긋한 바보들이 일본인을 대책없이 모욕하고 있으며 전쟁이 일어날 경우 그 대가는 미국이 치르게 될 것"이라고 아들에게 말했지만 캘리포니아의 앵글로인들은 분리 압박을 멈추지 않았다.

19세기 말, 정치인들이 중국인 노동자의 체류를 보장할 모든 권리를 박탈한 것처럼 캘리포니아 주정부는 일본인 농부들의 토지 소유권을 박탈했다. 1913~1920년 통과된 캘리포니아의 외국인 토지법으로 인해 당시 대

---

11 당시의 이 같은 사상적 긴장을 좀 더 구체적으로 살펴보고 싶다면 이 책을 참고하라. Colleen Lye, *America's Asia: Racial Form and American Literature, 1893–1945*, Princeton University Press, 2005.

다수가 일본인이었던 캘리포니아의 아시아인들은 자신의 농장을 운영하기가 갈수록 어려워졌다. 일본과 필리핀은 1917년 토지 소유가 금지된 아시아 국가 목록에서 제외됐지만 1924년 의회가 일본을 추가했다. 기회가 제한된 일본계 미국인 2세들은 농장을 떠나 도시로 향했고 이민까지 차단되면서 대규모 농장에서도 더 이상 일본인 노동자를 볼 수 없게 되었다. 캘리포니아의 농장은 한 세대에 걸친 일본인 이민자들의 노동, 기술, 희망과 꿈을 자양분 삼아 성장했지만 그들이 자신을 동등하게 대해 주거나 그렇지 않으면 별도의 몫을 챙기겠다고 위협하자 인종법을 이용해 분리하고 강탈한 뒤 땅에서 추방해버렸다.

이에 비해 유럽계 이민자 집단은 캘리포니아의 일본인 및 중국인과 비슷한 길을 걸으면서도 백인이라는 사실만으로 성공적으로 동화될 수 있었다. 아르메니아, 이탈리아와 포르투갈의 이민자들은 수준 이하의 땅을 고가에 매입한 뒤 포도나 아티초크 등 값비싼 작물을 재배해 땅의 가치를 높였다. 그리고 일본인 이민자와는 다르게 농장주 자본가의 대열에 합류할 수 있었다. 단, 기존의 조합 및 신탁 규정에 따라야 했는데 프레즈노에 거주한 아르메니아 출신의 한 건포도 재배업자는 이에 불응하다 선메이드 건포도 재배업자 협동조합 조합원들에 의해 한밤중에 집이 소실되는 참변을 당했다. 반면, 동인도인들은 토지소유 금지 대상이었다. 1923년 '미국 대법원 대 바갓 싱 틴드 판결'에서 대법원이 펀자브인에 대해 아리아 계통이기는 하지만 백인은 아니라고 판결했기 때문이다.[12] 이처럼 수많은 이민자가 다른 이민자 집단처럼 캘리포니아의 쌀 생산 역량을 늘리는 데 기여하고도 토지법에 의해 배제되었고 그 결과, 법적 지위를 확보하거나 가정을 꾸리

---

12 해당 판결은 일본인은 백인이 아니라고 판결한 전년도의 오자와 대 미국 소송 판례를 따랐다. 오자와 및 틴드 재판의 판결로 지난 40년간 특히 (서부 해안과 하와이에서) 인도, 시리아 및 아르메니아 출신 이민자들을 분류하는 과정에서 오락가락했던 하급 법원의 인종 관련 법학이 정리되었다. Ian Haney-López, *White by Law: The Legal Construction of Race*, New York University Press, 2006. 203–8, 부록A 중 '인종적 전제조건 사례'의 표1-3 참고.

는 게 더 이상 불가능해지자 캘리포니아를 떠났다.

백인이 구축한 배타적 카르텔은 캘리포니아에서 갈수록 존재 이유가 커졌다. 최대한 높은 가격에 최대한 많이 팔고 싶은 본질적이고 오랜 욕망을 생산자들이 버리지 못했기 때문이다. 하지만 시장의 모든 생산자가 최대한 많이 키워서 수확한다면 시장은 공급이 과잉되어 가격이 폭락하고 수익이 감소할 수밖에 없다. 반면 생산량을 어느 정도 제한해 적당히 희소성을 유지한다 해도 기존 생산자는 업계 규정을 깨고 싶은 마음이 강하게 드는 한편, 신규 생산자는 이 시장에 어떻게든 진입하려 들어 결국 위와 같은 상황을 초래하게 된다. 이처럼 생산자들이 높은 가격을 고집하다 결국엔 가격이 떨어지는 경향으로 인해 밀의 호황-불황 주기가 생성되었다. 애초에 캘리포니아의 멕시코인들이 토지 소유를 제한당한 것도 떨어지는 소의 가격 때문이었다. 철도 역시 철로를 지나치게 많이 건설했다는 우려가 투기꾼들 사이에 확산되면서 콤바인을 중심으로 단합이 강화되었다. 삼나무 목재산업도 1870년대에 삼나무 목재협회를 설립하고 곧이어 소나무 생산업자 단체와 손잡아 1880년대에 산업 전체를 포괄하는 캘리포니아 목재 거래소를 결성했고 그 결과 1886~1888년에 걸쳐 목재 생산을 20% 이상 줄이는 데 성공했다. 하지만 목재 가격이 최고치를 찍자 거기서 벗어나려는 세력으로 인해 거래소는 와해되었다. 금의 경우, 화폐 상품으로서 가치 변동이 크지 않았지만 캘리포니아의 다른 상품들은 단합의지 과열에 따른 부작용을 겪었다. 자본가 계층으로서는 품목에 따른 차이를 고려하지 않고 모든 것을 일반적으로 취급하는 게 장점도 있지만 단점도 있었다.

재배업자들은 프리미엄 가격을 전제로 농작물을 생산했기 때문에 시장 변동에 취약했다. 작물을 다양화해 압박을 줄일 수도 있었지만 규모를 키우거나 경영을 합리화하는 게 트럭 농장 관행에는 맞지 않았다. 그럼에도 불구하고 규모를 키우면 중간의 포장업자 및 커미션 에이전트의 먹잇감이 되기 십상이었다. 독일 태생의 상인으로 남부 캘리포니아에서 오렌지 재배업자로 변신한 P.J. 드레허는 1893년, 이 같은 상황에 염증을 느끼고 주변 사람들과 협동조합을 조직해 작물 포장을 직접 하기 시작했다. 이처럼 작물 유통의 전 과정을 통합함으로써 다양한 장점을 누리게 되자 합류하는 이들이 빠르게 늘어갔다. 캘리포니아 과일 재배업자 거래소CFGE는 성장을 계속했고 1905년이 되자 캘리포니아 감귤 재배업자의 절반가량이 회원으로 가입했으며 이후로도 마찬가지였다. 포장을 개인 재배업자가 아닌 중앙에서 전담하자 생산량에 관한 단체 협약을 아무도 건드릴 수 없었다. 거래소는 과일의 품질 기준을 확립하는가 하면 마케팅 비용도 분담했다. 회원이 생산한 오렌지는 동일 브랜드로 관리해 거래소와 무관하게 생산된 과일(가령 플로리다산)을 홍보하는 경우가 생기지 않도록 했다. 또한 덤핑 판매를 통해 조합을 배신하는 일도 차단할 수 있었다. 당시 이들이 채택한 선키스트라는 이름은 지금까지도 캘리포니아의 감귤 브랜드로 남아 있으며 이 때문에 수 년 후, 한 탄산음료 기업이 명칭에 저작권을 신청하기도 했다.

CFGE가 초창기부터 모든 유통을 직접 한 건 아니었으며 저 멀리 샌프란시스코 시장에서는 아마데오 지아니니라는 젊고 유능한 커미션 에이전트의 도움에 의존했다. 20세기의 상반기, CFGE와 이탈리아 은행은 나란히 성장했고 지아니니는 드레허의 성공을 통해 많은 것을 배울 수 있었다. 드레허는 이 이탈리아 출신 아웃사이더가 남부 캘리포니아 시장에 진출하는 걸 돕는 등 그의 성공에 기여했다. 1940년대에 과일업계에서 은퇴한 뒤로는 뱅크오브아메리카에 임원으로 합류했다. 지아니니는 캘리포니아의 금융업계를 통합했을 뿐 아니라 캘리포니아 생산자들의 카르텔 결성을 위해 자금을 지원했다. 이후 연방정부가 직접 생산자 카르텔을 지원하기 시작한 1930년대까지 지속적으로 도움을 제공해 업계의 큰 버팀목이 되었다.

재배업자 카르텔은 이탈리아 은행만큼이나 백인 민족만으로 구성되어 있었다. 사실 이 둘을 별개 조직으로 간주하는 것 자체가 어불성설이기는 했다. 아시아인과 비백인의 농지 소유가 금지되어 있던 시기에 재배업자와 금융업자가 배타적 클럽의 형태로 단합했기 때문이다. 이후 소속감을 느끼는 기반이 민족 정체성에서 협회로 바뀌었다. "단합 필요성이 명확해지면서 종국에는 미국인, 아르메니아인, 이탈리아인과 러시아인 사이의 계층 격차가 무의미해졌다"고 〈프레즈노 모닝 리퍼블릭〉이 지아니니 주도의 선메이드 카르텔에 대해 보도했다. 생산자 카르텔을 잘못 택했다가는 위험할 수 있었는데, 특히 대학살을 피해 이주해온 아르메니아 재배자 중 상당수가 폭력과 재산 파괴를 통한 협박에 시달렸다고 신고했다. 하지만 당국은 카르텔의 단합을 위해 고군분투했고 건포도 재배의 중심지인 프레즈노의 보안관과 지방 검사 모두 협회를 공개 지지했다. 이민자까지 포용해 더욱 융통성 있게 확대된 백인이라는 조건은 캘리포니아 조직의 핵심 원칙으로 확립되었다.

백인의 범주를 확대한다는 발상에 모두가 찬성했던 건 아니다. 특히, 자신의 명예를 걸고 이민자 집단의 수용을 막아온 과학자들은 반대가 더욱 심했다. 바이오노믹스 학자들은 다양한 인종이 수용되더라도 유전적 건강만큼은 유지하기 위해 미국 전역에서 우생학적 불임 프로그램을 밀어붙였으며 캘리포니아에서 가장 큰 성공을 거뒀다. 1927년 '벅 대 벨 사건'에서 대법원은 캘리포니아 주정부가 유전학에 근거해 버지니아 주의 18세 소녀 캐리 벅에게 불임 수술을 시행할 의무가 있다고 판결했다. 벅과 그녀의 어머니의 스탠퍼드-비네 점수가 너무 낮다는 이유에서였다. 1950년까지 미국의 각 주 정부는 여성 6만 명을 대상으로 불임 수술을 강행했는데 그중 3분의 1이 캘리포니아에서 시행되었다. 심지어 정신병원에 수감된 여성의 경우 그 수는 더 많았다. 이 시기에 새크라멘토에서 자란 작가 조안 디디온은 걸스카우트 대원들과 지역 정신병원을 방문해 노래했던 일, 그리고 남편 사후 조안의 가족과 함께 살았던 이모할머니가 시설에 수용됐던 일을 기억했다. 그녀는 캘리포니아에서 "그런 운명이 닥칠 확률은 우리가 숨 쉬는 공기만큼 차고 넘쳤다"고 적었다.

루이스 터먼은 캘리포니아주가 정신적 위생 상태를 철저하게 고수하는 데 찬성했다. 200년간 하버드 졸업생 1,000명이 생산하는 자손은 56명에 불과할 것으로 예상되는 반면 이탈리아 남부 출신의 '열등생' 1,000명은 10만 명으로 늘 것이라고 주장했다. 하지만 특정 백인 노동자에게만 주어지는 값비싼 곡물, 풍부한 식량, 계절노동, 높은 임금과 특권적 지위 덕분에 캘리포니아 북부의 유럽계 이민자는 다른 지역에 비해 자녀를 학교에 더 많이, 더 오랫동안 보낼 수 있었다. 1930년, 산호세의 경우 토착 백인들은 14~17세 사이의 자녀 중 94%를 학교에 보냈고 외국인 및 백인 혼혈 부부는 자녀의 92%를 보냈다. 반면 코네티컷주 뉴헤이븐의 미국 태생 백인 및 이민자 백인 가운데는 10대 자녀를 학교에 보내는 비율이 각각 78.9%와 62.2%에 그쳤다. 캘리포니아주의 은행들이 백인 민족 동화를 위한 자금을 지원하면서 터먼의 끔찍한 예측 이후 불과 100년 만에 캘리포니아는 더 이상 이탈리아인을 구분할 수 없게 되었다.

1924년 이민법은 미국 자본가들이 필요로 하는 노동자는 받아들이면서도 커벌리가 지적한 '인종적 소화불량'은 피하기 위해 인종과 국가를 섬세하게 구분했다. 쿼터제를 도입해 국가 및 인종 선호도에 따라 유럽인의 순위를 매긴 뒤 그에 따라 이주를 허용했다. 백인 동화가 원활하게 이루어질 수 있도록 아주 세밀하게 인종 다이어트를 실시한 것이다. 인종적으로 동화될 수 없는 국가의 경우, 100명이라는 최소 인원만 받기로 했지만 여전히 문제는 남아 있었다. 서반구의 다른 국가들과 함께 쿼터에서 제외된 멕시코나 캐나다를 통해 중국계 후손이 들어온다면 무슨 수로 막을 수 있겠는가? 10만 명이 밀려들어 온다면?

1924년 이민법은 인종 때문에 시민권을 받을 수 없는 사람, 즉 아시아인의 이민은 아예 금지하는 방식으로 문제를 해결했다. 의회는 중국인이 아닌 중국계, 일본인이 아닌 일본계, 인도인이 아닌 인도계 등에 대한 이민 쿼터라는 기이한 제도를 만들었다. 우랄산맥 서쪽의 유럽인들은 미국인이 될 수 있었는데 허용 가능한 비율을 정하는 건 미국 과학자들과 정책 입안자들의 몫이었다. 법은 백인을 민족 집단별로 분리했지만 오로지 백인 미국인으로 통합할 때 적절한 비율을 맞추기 위해서였다. 흑인 미국인은 남북전쟁에서 무력으로 시민권을 획득했기 때문에 아프리카계 흑인은 에티오피아와 라이베리아에서 매년 각 100명씩 200명만 받을 수 있다는 게 법안의 논리였다. 나머지 인종적으로 바람직하지 않은 경우, 유럽 국가가 식민지화에 성공해 바람직하다고 규정되는 국가의 백인이 쿼터제의 대상이 되었다.

　　캘리포니아의 재배업자들은 여전히 저임금 비백인 노동자에 의존하고 있었다. 특히 1차 세계대전으로 노동 수요가 급격히 줄어들자 제도적 허점을 이용하는 수밖에 없었다. 쿼터제가 초래할 결과를 두려워한 재배업자들은 1923년부터 필리핀 노동자를 대량으로 수입하기 시작해 1930년 무렵에는 3만 명 이상을 들여왔다. 미국 국민(당시 필리핀은 미국 영토였다)이던 필리핀 인은 미국에서 얼마든지 자유롭게 여행할 수 있었다. 백인이나 멕시코인과 한눈에도 구별이 가능했기 때문에 저임금 계층으로 분류될 수 있었다. 대부분의 필리핀인이 영어를 구사하고 미국의 관습과 문화에 익숙하다는 것도 장점이었다. 인종에 따른 임금 격차로 생산 공정이 분리되어 저임금의 멕시코 및 필리핀 노동자는 밭에서, 고임금의 백인은 포장 창고와 통조림 공장에서 일했다.

　　필리핀 이민자들은 초기에는 최악의 환경에서 월 10달러도 안 되는 최저임금을 받고 일했지만 젊은 필리핀 남성들은 재배업자나 정책 입안자들이 상상한 것보다 훨씬 적응을 잘했다. 미국 국적에 영어도 유창해 해변에 서든 댄스홀에서든 백인여성과 교류할 자격이 있다고 느꼈다. 필리핀 인들은 법적으로는 아무런 하자도 없었다. 캘리포니아 주정부는 1850년부터 백인과 '흑인 및 혼혈'의 결혼을 금지했고 1905년에는 '몽골인'과의 결혼까지 금지했지만 18세기 인종 분류에 따르면 필리핀인은 '말레이계'에 해당했다. 결혼이 금지된 남아시아인의 범주도 토지 소유가 금지된 아시아 국가 출신으로 한정되었다. 그러나 1933년, 필리핀계 농부들이 백인여성에게 어필하는 매력이 갈수록 커지면서 (게다가 임금 인상이 이루어지면서) 주 정부는 규정에 '말레이계'를 추가했다.

백인 자경단원들은 법이 바뀌기 전부터 필리핀인 제거를 위한 작전에 돌입했다. 1929년 대공황이 닥치자 백인이라는 사실과 남성성 이외에 내세울 자산이라고는 없던 백인 노동자들은 필리핀 노동자와 그들을 고용한 농장을 공격했다. 산타클라라 카운티 전역에 두려움이 확산되었다. 1930년 산호세에서는 한 남성이 필리핀인의 집과 모임 장소에 폭탄을 설치한 혐의로 체포되기도 했다. 하지만 백인 노동자들은 필리핀 노동자를 쫓아내고 상추밭에서 일할 생각은 전혀 없었다. 그들이 원하는 건 일자리가 아니었다. 그보다 "서부의 자원은 백인의 자산이라는 이데올로기가 이 같은 적대감의 핵심요소였다." 골드러시 때와 마찬가지로 토지를 통해 신분 상승을 이루고 동화되는 데는 한계가 있었다. 재배업자는 자신의 처지에 안주하는 법이 없는 수입 노동자들에게 늘 그랬듯 필리핀 노동자들에게 불편함을 느꼈다. 하지만 과거의 외국인 노동자와 달리 필리핀 노동자들은 본인 동의 없이는 법적으로 추방될 수 없었다. 그런데 1934년 상황이 달라졌다. 1934년 필리핀 독립법에 따라 미국에 이미 거주하고 있던 필리핀 이민자들까지 외국인으로 재분류된 것이다. 캘리포니아는 이들을 필리핀으로 돌려보내기 시작했다.

캘리포니아 노동력에 가장 크고 영구적인 변화를 가져온 건 20세기 초 멕시코 프롤레타리아 계층의 이민이었다. 미국이 정복한 이후, 스페인계 인종이 치카노로 강등되고 멕시코 지주들이 땅을 모두 몰수당한 캘리포니아는 이민자들에게 매력적인 곳이 아니었다. 하지만 1907년 일본 출신 노동자 이민에 제한을 두는 '신사협정'이 체결된 후 계약업체들은 남쪽으로 눈을 돌렸다. 1차 세계대전 이후 매년 수만 명의 노동자가 캘리포니아의 농장 및 철도 건설 현장에 투입되었다. 이민 규제론자들은 멕시코 노동자들이 얼마든지 빠져나갈 만한 새로운 구멍을 도입했고 고용주들은 빠져나가는 걸 도왔다. 재배업자들은 멕시코 노동자들이 중국인이나 일본인과 달리 저임금과 노동조합의 부재를 순순히 받아들이고 수확 시즌이 아닐 때는 집으로 돌아간다는 걸 높이 평가했다.

1920년대, 멕시코 프롤레타리아는 앵글로인 밑에서 농장 일을 돕기 위해 알타 칼리포르니아로 돌아와 캘리포니아의 농업 프롤레타리아가 되었다. 대공황이 닥치자 임금은 절반 이상 줄었고 멕시코인들은 농장의 일자리를 놓고 황야에서 온 백인 이민자들과 경쟁해야 했다. 느슨했던 국경 단속이 갑자기 강화되었고 미국은 스스로 떠날 수 있도록 위협하는 (혹은 분노를 일으키는) 방식으로 멕시코인을 신속히 추방하기 시작했다. 멕시코 인들은 캘리포니아의 해당 위치에서 얼마나 오래 살았든 상관없이 온갖 공격에 시달리고 무작위로 추방되며 이방인 취급을 받았다. 이민 정책은 국경에 따라 소속 국가를 규정한 만큼 북아메리카와 남아메리카를 나누는 선을 기준으로 앵글로인과 치카노를 구분했다. 노동력을 인종별로 구분해 임의 수입 및 추방이 가능한 상태로 유지하는 건 캘리포니아의 자본가들에 상당한 수익을 안겨주었다. 캘리포니아 노동력으로 고용됐다 추방된 다른 인종집단과 달리 농장의 치카노 프롤레타리아 계층은 백인 정착 시대의 인구학이 계속되고 있다는 잘못된 통념을 심어준다. 언제나 그랬듯 인종분리는 자연스러운 일이며 멕시코인들은 밭에 '속한다'는 인상을 주는 것이다.

캘리포니아의 농업 자본가들은 비백인 노동력을 마치 자전거처럼 다뤘다. 한 인종집단을 밀어내면 다른 집단이 들어와 그 자리를 대신 채우는 식으로 자전거가 조금씩 앞으로 나아갈 수 있었다. 이렇게 끊임없이 움직임이 계속된 덕분에 캘리포니아의 경작지는 값싼 밀 재배지에서 고가의 과일, 채소 및 견과류 농장으로 탈바꿈했다. 작물 가격은 비싸고 이윤도 높았는데 토지의 부동산 가치 역시 계속해서 높아졌다. 기계화가 진행되고 작물 품종이 개량된 데다 노동 비용까지 절약할 수 있게 되면서 캘리포니아의 투기 가치는 눈덩이처럼 불어났다. 대학이 위치한 팔로알토 외곽은 수익과 부유층이 모여들기 시작하면서 갈수록 번창했다.

교수진에게 스탠퍼드가 골든 스테이트의 이상적 라이프스타일을 어필했다면 이사회 역시 당시 미국에서는 보기 드물게 하인을 제공하길 원했다. 학교와 더불어 흑인 사회도 국내 최대 규모로 구축되면서 흑인이 각 가정, 식당, 스탠퍼드의 각종 협회 및 여학생 클럽에서 가사 노동의 대부분을 제공했다. 인근의 산호세에서는 흑인 거주자 대부분이 주택을 보유했지만 팔로알토에서는 그 비율이 재택 하인과 동일한 27%에 불과했다. 20세기 초 흑인 사회의 거점 역할을 했던 팔로알토의 크레스켄트 공원은 지난 100년간 가치가 높아져 지금은 페이스북 설립자 저커버그가 집 네 채를 밀고 대지를 합친 저커블록 등 수백만 달러짜리 저택의 보금자리가 되었다.

혁명주의자, 온 사방에 폭탄

캘리포니아 특유의 인종별 임금 착취는 1910년까지 꾸준히 진화했지만 이후 몇 가지 예상치 못한 결과가 나타났다. 농장주는 전 세계에서 노동자를 모집하고 이들의 인종적, 언어적 차이를 이용해 똘똘 뭉치는 걸 방지했다. 하지만 사람들을 한데 모아 놓으면 일 이외의 생각이라는 걸 하기 마련이며 나아가 이렇게 열심히 일할 필요 없을지 모른다는 데 생각이 미치기도 한다. 캘리포니아는 전 세계의 많은 사람이 와서 새 삶을 찾을 수 있는 곳으로 자취를 감춰야 할 반체제 인사들에게 상당히 매력적일 수밖에 없었다. 그 결과 반식민주의자와 반군주주의자, 그리고 일반 아나키스트들이 모여드는 혁명 조직의 산실이 되었다. 심지어 릴런드 스탠퍼드가 지배층의 안식처로 탄생시킨 팔로알토조차 이 같은 세력다툼에서 벗어나지 못했다.

20세기에 캘리포니아에서 최초 결성된 혁명 정당은 일본 사회의 전복을 목표로 하는 사회혁명당이었다. 창립자인 고토쿠 슈스이는 일본의 좌익 작가이자 조직가로서 고국의 민족주의 탄압 물결 속 수감됐다 풀려난 후 1905년 미국으로 건너왔다. 1901년, 그가 펴낸 소책자《제국주의: 20세기의 괴물》은 서양과 동양의 사상가 및 역사가들의 대화를 기록한 것으로 제국주의를 가장 일관성 있게 분석한 초기 문서라 할 수 있었다. 고토쿠가 제대로 파악한 것이다.[13]《공산당 선언The Communist Manifesto》의 번역자이기도 했던 고토쿠는 일본 좌파가 고국보다 베이 지역에서 좀 더 숨통이 트였다는 사실에 안도했다. 당시는 세계 정치에서 혁명주의가 무르익던 중요한 시기로 고토쿠는 제국주의 일본과 관련해 비효율적인 의회주의를 거부하고 폭탄을 던지는 무정부주의적 반란주의를 유일한 해결책으로 받아들이게 되었다. 사회혁명당은 독일이 아닌, 러시아의 사회주의 혁명당에 기반을 두고 있었는데 SR이라고 불린 이곳의 당원들은 차르를 몰아내고 왕실 토지를 재분배하길 원했다.

캘리포니아에서 고토쿠는 아나키스트가 되지는 않았지만 자신의 정치

---

13 "미국이 미래에 자국의 생존을 위협하는 위기에 처한다면 그것은 영토가 작아서가 아니라 오히려 무한정 확장돼서 생긴 일일 거라고 나는 믿는다. 그들이 세계에 정치 권력을 행사하지 못해서가 아니라 미국 사회가 부패와 타락으로 오염됐기 때문이다. 미국 시장이 작아서가 아니라 부가 공정하게 분배되지 않았기 때문이며 자유와 평등이 파괴되고 제국주의 및 팽창주의 사상이 무차별적으로 확산됐기 때문이다." Robert Thomas Tierney and Shūsui Kōtoku, *Monster of the Twentieth Century: Kōtoku Shūsui and Japan's First Anti-Imperialist Movement*, University of California Press, 2015.

철학을 더욱 구체적으로 확립했고 미국 내 일본 극좌파의 존경받는 지도자로서 서부 해안의 노동운동이 인종 통합적으로 발전하는 데 크게 기여했다. 캘리포니아 노동조합은 비백인 노동자를 지속적으로 배제함으로써 그들의 잠재 영향력을 제한했다. 결국 고토쿠는 세계산업노동자연맹IWW에서 동지를 찾았다. 이는 모든 노동자에게 개방된 조합의 혁명적 연합으로서 그가 캘리포니아에 도착한 1905년에 설립되었다. 이들은 독일 및 러시아의 극좌파 단체와 마찬가지로 총파업과 폭탄을 이상적 전술로 삼았지만 사실 혁명 음모보다는 큰 꿈을 지닌 전투적 노동조합에 가까웠다. 특히 서부 전역의 광산과 제재소에서 고용된 건달들과 몸싸움을 벌였다. 미국 노동총연맹AFL의 기술직 노동자들과 비교해보면 싸우고 거주지를 옮겨다니며 나쁜 소문에서 벗어나기 위해 이름을 바꾸는 등 야생 그 자체의 삶을 살았다. 이들의 세력이 가장 강했던 서부는 당시 미국의 변방으로 여겨졌지만 동구권과 지리적으로 가장 가까웠던 데다 고토쿠처럼 잠시(총 8개월) 해안으로 흘러든 국제주의 반체제 인사들이 포진해 글로벌 계급 투쟁의 장으로 거듭났다.

1907년, 캘리포니아의 일본계 SR들이 사상 최대의 도발을 감행했다. 천황 생일을 맞아 샌프란시스코의 일본 영사관 문에 공개서한을 못 박아 둔 것이다. '아나키스트-테러리스트'로 서명되어 있던 서한은 혁명적 허세로 가득했고 진화론을 내세워 '끔찍한 메이지(천황)'와 그의 왕족 역시 다른 이들과 똑같은 유인원의 후예라며 정부를 조롱했다. "너를 둘러싼 온 사방에 폭발 직전의 폭탄이 설치되어 있다. 잘 가라" 그들이 적었다. 해당 서신을 심각하게 받아들인 일본 정부는 IWW를 포함해 캘리포니아의 급진주의에 대한 보고서를 작성했다. 1906년 여름, 고토쿠는 일본으로 돌아가 '무정부 공산주의'의 구호 아래 혁명 좌파를 이끌었다. 일본 당국은 사회 혁명주의에 대한 조사를 마치기 무섭게 새로운 진압 작전에 착수했다. 폭발 음모를 구실로 좌파를 체포하고 고토쿠 슈스이를 비롯한 십여 명을 처형했다. 결국 카리스마 넘치는 지도자는 창당 5년도 되기 전에 일본 정부의 손에 살해되었고 캘리포니아에 사회혁명당원은 불과 몇십 명밖에 남지 않았다. 하지만 조직적으로나 사상적으로 남달랐던 이 집단은 환태평양 지역에서 꾸준히 영향력을 발휘했다.[14]

혼란스러웠던 20세기의 첫 수십 년 동안 서부 해안에서 결집한 디아스포라(특정 민족이 자의 혹은 타의로 기존에 살던 땅에서 다른 지역으로 이동한 뒤 형성한 집단) 혁명 정당은 사회혁명당뿐만이 아니었다. 동인도 아대륙 출신 노동자는 대개 영국의 다른 식민 영토에 정착했지만 캘리포니아, 오리건 및 워싱턴의 농장 노동자가 된 이도 수천 명에 달했고 일부는 스탠퍼드를 비롯한 지역 대학에서 일했다.[15] 데이비드 스타 조던은 일본 지배층과 긴밀한 관계를 맺었고 심지어 스탠퍼드 대학을 통해 제국을 대변했지만 20세기에 들어설 무렵에는 오히려 열혈 반제국주의자를 자처했다. 고토쿠와 달리 조던이 불만을 가졌던 건 신식민주의가 만인의 평등을 모욕했기 때문이 아니라 오히려 그 반대에 더 가깝기 때문이었다. 미국이 스페인과의 전쟁을 통해 필리핀, 푸에르토리코, 쿠바, 괌 등을 획득하자 조던은 이렇게 경고했다.

현재 고려되고 있는 영토 확장은 우리 기관의 확장으로 이어지지 않을 것입니다. 검토 중인 식민지들이 문명화된 자치 정부를 구축할 능력이 없기 때문입니다. 우리나라가 확장되는 일도 없을 것입니다. 이들 지역이 이미 낯선 인

---

14 예를 들어, 회원인 이와사 사쿠타로는 일본으로 돌아간 이후 20세기 내내 일본 아나키스트 운동을 주도했다. 또 다른 회원 테츠고로 타케우치는 캘리포니아에서 일본 프레스노 노동 연맹을 창설하고 1908년 IWW와 연합해 사탕무 노동자들의 파업을 이끌었다. Masayo Duus, *The Japanese Conspiracy: The Oahu Sugar Strike of 1920*, University of California Press, 1999.

15 마이아 람나스는 공식 집계에 따라 "1899~1913년 미국에 들어온 남아시아인은 6,656명에 불과했다"고 적었다. 이는 1914년 북미 지역에 거주하는 것으로 집계된 남아시아인 1만 명의 대다수에 해당한다. Maia Ramnath, *Haj to Utopia: How the Ghadar Movement Charted Global Radicalism and Attempted to Overthrow the British Empire*, University of California Press, 2011.

종으로 가득 차 있는 데다 앵글로색슨은 거주할 수 없기 때문입니다. 앵글로 색슨 문명의 강점은 남성의 정신적, 신체적 활동, 그리고 가정의 성장에 있습니다. 활동이 생명을 위협할 수 있는 곳에서 앵글로색슨은 정신적, 도덕적, 신체적으로 쇠퇴할 수밖에 없습니다. 가족을 이룬 그들은 열대 기후에서 견딜 수 없습니다.

필리핀의 경우, 독자적으로 발전할 수 있도록 미국이 지원하다가 유럽의 작은 강대국에 넘겨 전쟁이 일어나지 않도록 관리해야 한다고 조던은 주장했다. 쿠바는 지리적으로 워낙 근접한 만큼 국내적으로 문제가 일어나지 않도록 천천히 흡수하는 방법이 있었다. 세계를 집어삼키려 드는 유럽의 영토 분쟁을 조던은 인종 자살이라고 여겼다. "영국인들은 인도에서의 행보로 인해 타락했습니다… 끊임없이 전쟁을 일으키는 모든 국가에서 피가 소진되었고 영국도 마찬가지입니다." 조던은 식민 민족이 열등하다고 확신했지만 앵글로색슨을 적절한 기후 지대로 돌려보내려는 민족주의 혁명 운동을, 특히 교육받은 엘리트가 주도하는 경우, 어느 정도 지지했다. 독일과 일본이 경쟁국으로 부상하는 것보다 영국의 헤게모니가 형성되는 걸 더 우려했고 미국을 결국 1차 세계대전으로 끌어들인 동맹과는 거리를 유지하고자 노력했었다. 이 같은 환경은 팔로알토에서 의외의 세력을 낳게 된다.

1911년, 랄라 하르 다얄을 만났을 때 조던은 스물일곱 살의 이 청년이 옥스퍼드 대학에서 산스크리트어를 공부한 학력, 그리고 인도 철학 교수를 지원하면서 희망 급여를 0달러로 기재했다는 사실에 깊은 인상을 받은 것으로 보인다. 〈뉴욕타임스〉는 힌두교도가 교수로 선발됐다고 보도해 미국 전역에 화제를 일으켰다. 하르 다얄이 "미국 대학에서 교수직을 맡은 최초의 힌두교 교수"였기 때문이다(캘리포니아에서 소위 힌두교도의 대다수는 펀자브

지역에서 온 시크교도였다. 이들은 1870년대 중반 영국산 밀로 인해 농업 체계가 취약해지면서 200만 명 가까이 기아로 사망했다). 하르 다얄은 캘리포니아 동인도인으로서는 독특한 이력을 갖고 있었다. 힌두교 가문 출신에 교육 수준이 워낙 높아 엘리트주의자인 조던의 눈에 들 수밖에 없었다. 하지만 옥스퍼드 대학을 중도에 그만두고 급진 성향의 작가 겸 편집자가 되어 인도의 강경 민족주의를 전파했다는 사실은 조던도 미처 몰랐을 것이다.

정치적으로는 고토쿠 슈스이처럼 극좌파에 합류해 칼 마르크스, 그리고 (옥스퍼드 재학 시절 알게 된) 표토르 크로포트킨과 미하일 바쿠닌 등의 러시아 아나키스트들을 탐독했다. 하르 다얄은 무신론, 불교, 마르크스주의를 한데 엮어 방종한 사회에서 개인의 금욕을 강조하는 실천 방법을 탄생시켰다. 프랑스, 알제리, 마르티니크, 하와이에 잠시 머문 뒤 인도로 돌아가려다 서부 해안 동인도인 노동의 중심지이자 급진적 사상의 세계 중심지였던 베이 지역으로 왔다. 스탠퍼드 교수직은 대외 방어용에 지나지 않아서 이를 활용해 팔로알토의 혁명가들을 모은 뒤 이른바 급진 단체, 혹은 제일 잘나갈 때 국제 과격 공산주의 아나키스트 클럽이라고 불린 단체를 결성하는 데 주력했다. 조던이 예상한 '인도 철학'과는 거리가 멀었다. 서부 해안의 극좌파로서 상당한 인맥과 경력을 자랑한 하르 다얄은 IWW 오클랜드 지부의 사무국장이 되었다.

온갖 화제에도 조던 행정부는 하르 다얄이 스탠퍼드에 맞지 않는 인재라는 사실을 이내 깨달았다. 조던이 입수한 '통치자를 살해하고 건물을 폭파한… 영웅들'에 관한 급진 단체 메모가 결정적 계기였던 것으로 보이지만 하르 다얄도 스탠퍼드에서 마음이 뜨기는 마찬가지였다. 당시 스탠퍼드 수업이 가장 뒷전이었던 것이다. 학교를 떠난 지 한 달 후, IWW의 영향을 받아 인종차별, 애국주의, 사유재산, 결혼, 정부, 종교 및 형이상학의 철폐를 목표로 하는 혁명 단체 '붉은 깃발 형제회'를 출범시켰다. 한 추종자의 기부 덕분에 베이 지역 최초의 '아나키스트 수도원'인 바쿠닌 연구소도 설립할 수 있었다. 하지만 1912년 12월, 폭탄 공격으로 인도 주재 영국 총독 찰스 하딘지에게 치명상을 입힌 뒤로 국제주의는 반식민 민족주의에 떠밀리고 말았다.

이 폭발이 디아스포라에 활력을 불어넣으면서 서부 해안 노조원들은 본격적으로 혁명을 계획하기 시작했다. 하르 다얄의 조직은 '가다르(반란)' 운동을 주도하고 가다르 당을 설립했다가 결국 가다르 반란을 일으켰다. 1차 세계대전 발발을 전후해 독일이 사용한 전략 중 하나는 적국의 혁명 운동을 장려하는 것이었다. 심지어 블라디미르 레닌과 그의 볼셰비키 대원들이 러시아로 돌아갈 수 있도록 교통편 등의 지원을 아끼지 않았으며 1916년 아일랜드에서 일어난 부활절 봉기 역시 지원했다. 샌프란시스코는 돈과 총이라는 두 가지 형태로 인도 독립을 지원한 독일의 거점 역할을 했다. 반잉글랜드 정서가 강한 스탠퍼드 대학 역시 거점의 일부가 되었다. 스탠퍼드 학생들은 이처럼 국제주의 흐름을 타고 불과 몇 년 만에 세계 혁명의 고위 위원으로 올라설 수 있었지만 향후 다시 제자리로 돌아오기는 힘들었다.

태평양 전역에 스파이를 심어 둔 영국 외무부는 서부 해안 또한 감시했다. 영국 관리들은 하르 다얄이 식민 정부를 무력으로 전복하겠다는 계획을 공개적으로 꾸며 온 만큼 불량 외국인이 분명하다고 지속적으로 문제 제기를 했다. 하지만 당시 미국은 우리 정부를 건드리지 않는 한 다른 정부를 전복하겠다는 계획은 엄밀히 말해 언론의 자유 문제라고 공식적으로 선을 그었다. 그러다 프란츠 페르디난트 대공의 암살로 1차 세계대전이 발발하기 몇 달 전, 이민 당국이 마침내 하르 다얄을 불러 그의 정치적 견해를 심문했다. 결국 보석으로 풀려난 하르 다얄은 연설 일정을 계속 소화했고 전쟁이 발발하자 미국의 요청으로 베를린으로 떠났다. 그곳에서 인도 봉기를 일으키기 위해 회원 수천 명이 인도로 돌아갈 수 있도록 도왔다. 1915년

2월, 정부에서 잠입한 이들이 폭탄 공격 및 인도군 반란 계획을 저지하면서 반란은 실패하고 말았다. 수십 명이 처형되었다.

"가다르 운동에서 이해할 수 없는 건 사실상 뜬금없이 등장해 전체 디아스포라 커뮤니티의 의식을 빠르게 점령했다는 사실이다. 그들의 메시지에서 어떤 점이 이주 및 정착 계획을 통째로 뒤엎을 만큼 강력했던 것일까? 인도의 다양한 지역에서 온 이주민이 영국 식민주의에 대한 무력투쟁에 갑자기 관심을 갖게 된 이유는 무엇인가?" 가다르 운동이 당시 러시아 아나키스트 반란과 발맞춰 전개됐다고 제시했지만, 그리고 그 영향은 의심할 여지가 없지만, 사실 일본 SR과 유사한 점이 더 많다고 할 수 있다. 실제로 인도 전역에서 일본의 사회 혁명주의와 비슷한 움직임이 있었다.

하르 다얄의 수많은 정치 꼬리표 중 하나는 마고니스타Magonista였다. 멕시코 혁명주의 아나키스트 형제이자 멕시코 자유당의 극좌파 지도자인 리카르도 플로레스 마곤과 그의 형제 엔리케의 추종자라는 의미다. 1907년, 리카르도는 전년도의 반란에 실패한 후 베이 지역으로 피신해 다양한 혁명주의를 하나로 엮는 데 기여했다. 이 시기 미국 서부, 특히 멕시코인과 원주민 사이에서 IWW와 PLM은 동의어로 취급되었고 그 결과 멕시코 북부는 국제적 혁명 훈련소로 거듭났다.

전 세계의 혁명주의자들이 캘리포니아 북부에 은신할 수 있었던 건 잠시나마 다양한 인종의 농부가 존재했었기 때문이다. 1905년부터 일제가 한반도를 점령하고 이민도 제한되면서 한인 디아스포라는 규모가 작았지만 캘리포니아의 반란 음모에 가담했다. 새크라멘토 북부에서 쌀 농사를 지은 김종림은 수천 에이커의 농지를 임대해 이 지역의 상품 왕국 중 하나를 구축하고 한국인 라이스킹이라는 타이틀을 얻었다. 수익금을 민족주의 운동에 쏟아부었고 1920년에는 망명한 한국 공군을 훈련하는 비행학교에 자금을 지원하기도 했다. 도쿄 황궁에 대한 공중 폭격을 계획해 만주에 공군을 배치했지만 부대장이던 박용만이 암살되고 말았다. 결국 이 부대는 와해되어 더 광범위한 반식민 운동으로 흡수되었다.

태평양 지역의 이 같은 혁명 음모가 당시 미국의 정치적 투쟁과 차별되는 타당한 이유가 있다. 태평양 지역의 반체제 인사들은 검열, 투옥, 처형 등 차별에 시달려야 했음에도 1차 세계대전의 적색공포가 퍼지기 전까지는 캘리포니아를 비교적 안전한 장소로 여겼다. 일련의 음모는 불운으로 끝났지만 그 이후를 위한 실험적 토대를 구축했다. 베이 지역은 이미 급진적 사상과 실천을 위한 실험실이었다. 1908년 샌프란시스코 한인들은 일제가 슬그머니 한국 정부의 외교 고문으로 앉힌 오벌린 대학 출신의 더럼 스티븐스를 만나게 해달라고 요청했다. 당시 일본 황제의 입장을 설명하기 위해 워싱턴 DC로 향하는 중이던 스티븐스는 한반도에 보호 지배가 필요하다고 했던 자신의 발언을 철회하지 않았다. 또한 한국 대표 4명에게 너무 오래 자리를 비워 상황 파악을 제대로 못한다고 말했다가 의자로 폭행당하기도 했다. 다음날, 미국 대학생이자 독립운동가였던 장인환과 전명운이 차에서 내리는 스티븐스에게 총을 쏴 치명상을 입혔다. 절망에 빠진 민족집단을 끌어들여 일하게 만든다는 자본의 전략은 캘리포니아를 높은 수익을 창출하는 지역으로 변화시켰지만 거기에는 대가가 따랐다. 팔로알토가 계속해서 부자이고 싶다면 그 대가를 마주하는 데 익숙해져야 했다.

Chapter 06

후버빌

허버트 후버와 개척자 계급 → 광산 금융   미국의 자본주의 → 대공황
캘리포니아 노동자

    1874년, 훗날 31대 대통령이 되는 허버트 후버는 WASP 정착민(특히 아이오와 퀘이커교도) 가정에서 교사인 어머니, 대장장이인 아버지의 둘째 아들로 태어났다. 아버지 제시 후버는 야망 큰 청년 시절이던 1878년, 운영하던 매장을 농기구 상점으로 업그레이드했다. 여기서 으레 낙후된 도구들을 떠올려선 안 된다. 농기계는 당대의 첨단기술이었기 때문이다. 아버지 후버는 수도 펌프와 재봉틀을 판매했으며 불과 몇 년 전 발명된 장치를 이용해 지역에서는 최초로 철조망을 생산했다. 대장장이 출신으로 농부보다는 전자제품 매장을 개점한 엔지니어에 가까웠다. 30대 초반에는 시대를 잘 타남들이 부러워할 만한 궤도에 올라서기도 했다. 이처럼 그는 현대인의 면모가 두드러졌지만 전염병이 전 세계 모든 이들에게 심각한 위협이었던 전환기를 살았다. 결국 1880년, 폐렴 합병증으로 사망했고 미망인 훌다도 4년 후 역시 폐렴으로 세상을 떠났다. 그들의 세 자녀는 백인으로서 미국 서부에서 교육받은 데다 물려받을 가업까지 있어 고위층으로 올라갈 기회가 무한한 듯했지만 이제 고아 신세로 전락했다.

    하지만 고아 치고는 비교적 운이 좋았다. 허버트 후버는 아이오와의 친

척 집을 전전하다 사춘기에 접어들면서 부모의 교육관에 동의한 친척들에 의해 퀘이커 공동체 학교 의사이자 교장이던 오리건의 삼촌에게 보내졌다. 이후 삼촌이 토지정착 사업을 시작한 이후에는 사무실 업무를 도맡게 되었다. 그는 그곳에서 엔지니어를 처음 만났고 19세기 말, 그렇지 않아도 추앙하는 이가 많았던 그 직업에 완전히 매료되었다. 한 엔지니어가 산에 대해 냉정히 평가하는 모습을 본 뒤로는 광업을 공부하기로 마음먹었다. 이는 가족이 계획해 둔 인디애나의 퀘이커 대학에 진학하지 않는다는 의미였다. 그곳에는 공학 수업이 없었기 때문이다. 하지만 그에게는 가족에게 제시할 대안이 이미 있었다. 캘리포니아에 새로운 대학교가 문을 연다는 소식을 신문에서 읽은 것이다. 심지어 학비도 무료였고 포틀랜드에서 입학자격 시험이 진행 중이었다. 면접관이 삼촌과 같은 퀘이커교도 의사라는 사실은 가족의 우려를 덜어주었을 뿐 아니라 여러모로 부족한 후버가 릴런드 스탠퍼드 주니어 대학교에 진학하는 데도 큰 도움이 되었을 것이다. 1891년, 스탠퍼드가 개척자 계층을 팔로알토로 초대해 아들의 재산을 증여하며 의도했든 아니든 가문의 저주를 퍼뜨렸을 때 청중 가운데는 허버트 후버도 있었다.

사실 후버는 입학 전년도 여름에도 자신의 조건부 입학에 따른 준비를 위해 캠퍼스를 방문한 바 있었다. 바이오노믹스와 불변의 지능에 대한 과학적 이해를 기반으로 하는 이 학교에서 놀랍게도 동급생 가운데 리더로 자리 잡았다. 그는 모르는 이가 없을 만큼 유명한 집안 출신도 아니었고 특출난 재능이 있는 것도 아니었다. 그의 자서전 1권에 따르면 낙제한 과목은 하나(독일어)뿐이었지만 A는 전혀 받지 못했다. "교과 외 활동으로 하고 싶은 게 너무 많다 보니 직업이 많았다"는 게 그의 말이었다. 실제로 그는 종이 배달 및 세탁 서비스 등을 시작해 다른 학생들에게 하청을 준 뒤 수입을 나눠 가졌다. 야구팀에서 유격수로 별다른 활약을 펼치지 못하다 뜻밖의

적성을 발견하기도 했으니 바로 팀 매니저였다.

후버는 조직관리에 탁월했다. 어떤 상황이든 품위 있게 처리하는 데 재능이 뛰어나 앵글로인들이 캘리포니아 사회를 구축해나가던 시기에 필요로 하는 곳이 많았다. 그가 벤자민 해리슨 대통령을 처음 만난 일화가 대표적이다. 학교 캠퍼스를 방문한 대통령이 경기 관람을 위해 야구장에 들어섰을 때 어느 누구도 대통령에게 입장료 25센트를 청구할 용기를 내지 못했다. 소식을 들은 야구팀 매니저 후버는 대통령에게 다가가 정중하게 입장료를 청구했다. 해리슨은 다음 경기 입장권까지 구입하며 후버에게 잔돈은 가지라고 말했다. 후버는 그럴 수는 없다면서 티켓을 두 장 더 제시했고 대통령은 이를 받아들였다.

캘리포니아의 수많은 주요 분야가 아직 완성되지 않은 상황에서 열린 가능성을 성공적으로 탐색하는 매력과 본능이야말로 내야 왼쪽에서 강속구를 던지거나 심지어 학교에서 전과목 A를 받는 것보다 중요한 덕목이었다. 이후 스탠퍼드는 풋볼팀을 창단했고 후버의 동료들은 그를 운동부 매니저로 추대했다. 스탠퍼드와 캘리포니아 대학의 경기가 (2022년도 가치 기준) 100만 달러에 가까운 티켓 판매고를 기록하면서 스탠퍼드 학생 스포츠는 확실한 흑자를 기록하게 되었다. 18세의 후버는 이렇게 내면에 진정한 보석을 품고 있어 다른 학생의 신뢰를 사는 청년이었다.

스탠퍼드 대학이 고아인 후버에게 너무나 많은 걸 베풀어 준 만큼 그가 4학년이 됐을 때 지질학과에 처음으로 여학생이 입학한 것도 운명처럼 느껴졌을 것이다. 그와 동갑에 고향도 같은 아이오와였던 루 헨리는 별 볼일 없는 은행가의 장녀였다. 아버지와 함께 캠핑과 라이딩 등 야외 활동을 즐기는 여성으로 성장하면서 후버만큼이나 바위에 대한 애착을 키워나갔다. 하지만 후버와 달리 루는 학문적으로 뛰어났고 특히 언어에 특출난 재능을 보였다. 그로서는 이보다 더 좋을 순 없는 파트너를 찾은 셈이었다. 이내

루에게 빠져든 후버는 처음 만난 스무 살부터 그녀가 사망한 아흔 살까지 한눈파는 일이라고는 없었다. 졸업 당시에는 그녀에게 공식적으로 청혼할 수 있도록 하루빨리 번듯한 커리어를 구축하겠다고 약속했다.

처음에 후버는 네바다에서 허드렛일로 시작했다. 1890년대의 침체된 광산 시장에서 수레를 밀었지만 이내 어느 교수의 추천을 받았고 대학생을 상대하는 데 익숙하지 않아 까칠했던 광부들의 마음까지 얻으면서 승진의 사다리에 올라탔다. 첫 임무는 광산 시찰로 네바다, 와이오밍, 아이다호와 애리조나에서 신속하게 평가서를 작성해 샌프란시스코 본사로 보내야 했다. 후버는 문제 해결사라는 명성을 스스로 입증해냈고 스탠퍼드에서의 교육 덕분에 실무 경험에 비해 상당히 뛰어난 성과를 낼 수 있었다. 졸업 후 2년이 채 지나기도 전에 뉴멕시코의 한 광산에서 수익을 창출하는 데도 성공했다.

이에 상사가 그를 불러 앉힌 뒤 빅리그에서 온 스카우트 제안을 전달해주었다. 런던에 본사를 둔 광산 컨설팅 기업 비윅, 모레잉컴퍼니가 오스트레일리아 서부의 금 매장지를 찾기 위해 미국에서 훈련받은 엔지니어를 초빙하고 싶어 한다는 것이다. 그들은 최고의 인재에게 월 600달러를 주겠다고 제안했다. 지금에야 시시하게 들리지만 그때는 후버가 뉴멕시코에서 받는 임금의 3배에 달하는 금액이었다. 그 돈이면 자신에 이어 스탠퍼드 대학교에 재학 중인 형을 지원하기에도 충분했다. 한 가지 걸리는 게 있다면 모레잉컴퍼니에서는 중년 남성을 기대하지만 후버는 스물세 살에 불과하다는 사실뿐이었다. 하지만 무슨 상관이랴. 후버는 일단 만나면 고용주들이 자신의 룰을 바꾸게 만드는 힘을 지닌 인물이었다. 회사에 명확히 기여하는 만큼 굳이 말하지 않아도 고용주들이 먼저 나서서 호의를 베풀었다. 후버는 런던으로 떠났다.

오스트레일리아의 포티나이너스가 자신들의 터전이 금으로 가득한 캘리포니아와 상당히 흡사하다는 사실을 깨달으면서 오스트레일리아와 런던을 잇는 축이 금의 새로운 중추 동맥으로 떠올랐다. 모레잉컴퍼니는 첨단 기술과 효율적 조직으로 세계적 명성을 자랑하는 캘리포니아의 엔지니어를 초빙하길 원했다. 이처럼 전문인력은 캘리포니아 북부에 집중되어 있었지만 최고 매장량을 자랑하는 곳은 캘리포니아가 아니었기 때문에 후버는 여러 지역을 바쁘게 돌며 금광을 평가해야 했다. 여기서 '여러 지역'이란 지정학적으로 볼 때 대부분 영국 영토거나 정복한 지역이어서 향후 금광이 발견됐을 때 런던 자본의 우선순위가 가장 높았다. 후버는 모레잉컴퍼니라는 기업의 에이전트로서뿐 아니라 본인 역시 투자금 두둑한 자본가로서 오스트레일리아를 돌며 암석을 조사했다. 캘리포니아 농장에 합리적 경영 방식을 도입한 지아니니처럼 장부와 기술을 표준화하고 민간지식 대신 과학을 신봉하며 노동력을 절감할 수 있는 기술을 도입하는가 하면 철저히 이윤을 추구하는 경영을 해나갔다. 현지 광부들을 관리자로 승진시키는 대신 스탠퍼드에서 지질학을 전공한 졸업생 등 미국 대학 출신들을 기용해 자신의 방식을 공유했다. 후버는 철도에서도 영감을 얻어 비용을 재분류하는 방법으로 영업 이익을 높이고 계약직 채용을 확대하며 영국인 대신 이탈리아 광부를 데려와 인건비를 절감하기도 했다.

특히 한 지역을 눈여겨본 그는 상사에게 조언해 그곳을 매입하고 책임자 직위를 맡아 1898년 가치 기준 25만 달러를 투자했다. "괄리아의 아들들Sons of Gwalia"이라는 이 광산은 후버의 지휘하에 25년 연속 연평균 백만 달러 가치 이상의 금을 생산할 만큼 엄청난 성공을 거두었다. 후버는 또다시 임금 인상을 획득해 연봉 1만 달러에 요리사와 운전기사를 포함해 경비 일체를 제공받게 되었다. 하지만 일부 노동자들은 겨우 스물네 살짜리가 앞장서서 근무일수를 늘리고 임금을 삭감하며 초과근무를 없애고 직원 수를 줄이는 데 분노해 서부 오스트레일리아에서 일련의 소요사태를 일으키기도 했다. 하지만 계약업체에서 고용한 이탈리아인 파업 훼방꾼들이 모든 사태를 진압했고 금은 흘러넘쳤다. 후버는 스탠퍼드의 교수, 샌프란시스코의 상사, 런던의 고용주, 자기 자신, 그리고 역사를 위해 자신의 본분을 다했다. 그리고 그 덕분에 수천만 달러 상당의 금이 서구 자본에 출현해 20세기의 경제확장을 이끌었다. 현대적 시스템을 구축한 후버는 이제 새출발을 할 수 있었고 모레잉컴퍼니는 후버가 다른 대륙에서 또 한 번 마법을 일으켜주길 학수고대하고 있었다.

1894~1895년 중일 전쟁에서 패한 광서제는 1898년 여름, 중국의 국제 경쟁력을 강화하기 위한 일련의 근대화 개혁을 단행했다. 새로운 교육 시스템을 도입하고 자본주의 산업화에 돌입했으며 귀족의 한직을 폐지했다. 광산청을 설립해 중국의 천연자원을 개발하겠다는 계획도 가지고 있었다. 당시 광산 '쟁탈전'에 한창이던 유럽 식민열강은 1885년 베를린 회의에서 아프리카 대륙을 분할한 뒤 이제 중국으로 새롭게 눈을 돌리고 있었다. 광산청장이던 장 이Zhang Yi는 찰스 모레잉에게 조언을 구했는데 모레잉은 중국 공업 및 광업 회사CEMC의 채권을 기꺼이 매입한 뒤 자신의 회사에서 광산 평가사로 가장 잘나가는 후버에게 기술진을 이끌어 달라는 제안까지 했다.[16] 모레잉컴퍼니는 후버가 다시 한번 미지의 지역을 탐색해 바다코끼리 이빨을 가져다준다면 연봉을 두 배인 2만 달러(물론 경비 별도)로 올려주겠다고 제안했다. 후버는 캘리포니아에 있는 루 헨리에게 전화 걸어 정식으로 청혼하고 자신의 모험에 동참해줄 것을 요청했다.

그의 지도 교수는 아니라고 부인하지만 후버는 어느 모로 보나 엄청난 행운아였다. 불과 스물다섯 살에 벌어들인 2만 달러(심지어 경비 별도)는 2022년 달러 기준으로 67만 5,000달러가 넘으며, 그때부터 그는 이미 책

---

16 후버가 미국인이라는 사실은 전혀 해가 되지 않았다. 만약 매니저가 유럽인, 러시아인이나 일본인이었다면 중국 광산청에서 경쟁국이라는 이유로 반대했겠지만 미국인은 해당 사항이 없었다.

임자로서의 무게에 익숙해져 있었다. 릴런드 스탠퍼드처럼 후버도 평생 가장 좋아하는 호칭을 고수했는데 바로 회장도, 감독도 아닌 대장이었다. 전통적으로 광부들은 상사를 부를 때 '대장'을 사용했기 때문이다. 1899년 3월, 후버와 새 신부가 북경에 도착했을 때도 사람들은 후버를 그렇게 불렀다. 한편, 그는 기술직원에게만큼은 의리 있는 상사여서 이전에 함께 일했던 직원을 새 프로젝트에도 고용하는 관행을 평생 지속해나갔다.

1901년 모레잉컴퍼니는 후버를 주니어 파트너 신분으로 다시 런던에 불러들였다. 스물일곱 살의 그로서는 전혀 나쁘지 않은 대우였다. 후버는 이후 7년간 은퇴한 뷰익을 대신해 모레잉컴퍼니의 완벽한 엔지니어로 전 세계를 돌며 글로벌 명성을 쌓아나갔다. 회사는 "중국, 웨일즈 및 트랜스발의 석탄 광산부터 콘월의 주석 광산, 오스트레일리아 서부, 뉴질랜드, 남아프리카와 서아프리카의 금광, 퀸즐랜드와 캐나다의 구리 광산, 네바다의 납은 광산, 이집트 시나이 반도의 터키석 광산에 이르기까지" 도처에 자산을 보유하고 있었다. 게다가 다른 소유주의 조언을 듣고 괜찮은 발견이다 싶으면 투자를 서슴지 않는 등 끊임없이 새로운 기회를 찾아다녔다. 세계적 광산 제국인 중국 역시 발견된 데 따른 시너지를 누렸다. 1904년 후버가 남아프리카에 도착한 이후 그가 이사로 있는 CEMC의 후원으로 모레잉컴퍼니가 중국인 '막노동꾼' 수만 명을 배로 실어나르기 시작했다. 이 같은 인종차익 거래는 후버에게 표준운영 절차였다. 회사에서 남아프리카의 흑인을 고용하려면 하루 60센트를 지급해야 하지만 중국인 광부에게는 45센트만 지급하면 됐기 때문이다. 이후 광산매니저 재직 시절 그의 이력이 선거 이슈로 떠오르자 그는 CEMC 계약 문제와 마찬가지로 해당 프로그램을 전혀 알지 못하며 책임도 없다고 부인했다.

얼마 지나지 않아 금융가들은 후버의 미다스의 손을 의심하기 시작했다. 금속보다 주식 거래로 더 많은 수익을 내는 듯 보였기 때문이다. 근대화는 좋은 판매전략이었지만 철도의 경우처럼 그 과정을 뒷받침하는 금융 메커니즘은 사실 자본주의의 '합리성'을 기이한 형태로 전락시켰다. 모레 잉컴퍼니의 잠재 투자자들은 이전 어소시에이츠의 잠재 투자자들처럼 자신의 돈이 이사들의 주머니를 채워주고 있다는 사실을 우려하기 시작했고 갈수록 돈을 내놓으려 하지 않았으며 이에 돈줄이 막힌 회사는 위기에 직면했다. 결국 후버는 모레잉컴퍼니 주주들의 압박에 못 이겨 1907년 이사 직을 (상당 금액에) 매수한 뒤 1908년 회사를 완전히 떠났다. 이후 그는 홀로 나아갔다.

광산 금융사기꾼 vs 대통령 후보

광업 컨설턴트 직을 내려놓을 무렵 허버트 후버는 부유하고 비교적 유명했으며 특히 스탠퍼드 대학 출신으로서 학교는 이래야 한다는 이상을 제시했다. 고아 출신임에도 교육과 노력으로 부자가 되었고 미국인으로서 세계를 발전 궤도에 올려놓을 수 있었기 때문이다. 그는 중국에서 돌아온 1901년부터 언론에 자신이 동년배 중 가장 높은 연봉을 받는다고 떠들어대면서 자신의 이미지를 구축해갔다. 팔로알토에서도 데이비드 스타 조던이 1902년 신입생을 대상으로 후버는 대학의 이상이라고 홍보했다. 미래에 대통령이 될 후버는 독립금융가로서 계속 전 세계 식민지를 돌며 수익이 될 만한 자원을 찾는 한편, 직원을 채용하든 해외 동문모임을 주최하든 졸업생들을 대접하든 틈만 나면 스탠퍼드 이야기를 했다. 오스트레일리아에서 자리 잡을 무렵부터는 광산에서 얻은 수익금을 학교에 기부하기도 했다. 형 테오도르가 스탠퍼드에서 역시 지질학을 공부할 수 있도록 학비를 대주었고(형은 후버와 함께 컨설턴트로 일했고 나중에는 스탠퍼드 대학 공학부장이 되었다) 레이 라이먼 윌버를 비롯한 학부 동기들에게도 돈을 보내 대학원 공부를 지원해주었다. 연봉이 늘자 기부금도 늘렸고 여행 중 구입한 수백 권의 책을 학교 도서관에 보내면서 사서 추가채용 비용까지 기부했다. 은혜를 결코 잊는 법이 없어 그의 후견인이던 브래너에게 수천 달러를 보내기도 했다.

제인 라스롭 스탠퍼드를 간편하게 살해한 이후 대학을 완전히 장악한 조던은 학교의 운명이 학교 출신 선구자들에 달려 있다는 사실을 잘 알고 있었다. 조던과 브래너는 후버가 1908년 모레잉컴퍼니와 결별하자 그에게 가족(루는 1903년과 1907년, 각각 아들 허버트 주니어와 앨런을 낳았다)과 캘리포니아로 들어와 이사회에 참여할 것을 제안했다. 후버의 가족은 그 마을에 이미 작은 집을 가지고 있었다. 가까이에 루의 가족이 살고 후버도 특별히 좋아하는 곳이었기 때문이다. 하지만 후버는 여전히 돈을 벌어야 했던 만큼 이사회에 참여하는 대신 캠퍼스에서 강연을 하고 천문학적 액수가 드는 학생회관 건설 사업에 자금을 지원했다. 그는 마치 진공청소기처럼 전 세계의 귀금속을 빨아들였고 팔로알토라는 거대한 조세 피난처에 상당한 지분을 예치했다.

몇 년 뒤인 1912년 스탠퍼드 이사회에 진출한 후버는 1913년, 스탠퍼드 최초의 정권 교체를 이끌었다. 노쇠한 데이비드 스타 조던을 '원장'이라는 새로운 고문직으로 옮겨 체면을 살려주는 한편, 자신의 멘토인 존 캐스퍼 브래너를 총장으로 승진시킨 것이다. 하지만 뜻밖에 브래너는 보수적 성향이 지나치게 강한 데다 교수진에 우호적이었다. 사실 후버가 원한 건 진보적인 자신과 뜻을 같이하는 꼭두각시 총장이었다. 브래너가 의과대학을 폐쇄하려 하자 후버는 이사회를 설득해 의과대 학장을 교체했다.[17] 후버가 서부 오스트레일리아에서 번 돈으로 의대 공부를 지원해준 학생회 시절 친구

---

17 브래너는 학교를 운영하는 대신 버지니아 브래너 가문을 30년간 연구한 끝에 결과물을 발표했다. 이는 20세기 초 미국 계보학의 중요한 업적으로 인정받고 있다. John Casper Branner, *Casper Branner of Virginia and his Descendants*, Stanford University, 1913.

레이 라이먼 윌버 말이다. 윌버는 후버 밑에서 일하든 멀리 떨어진 지역에서 협력하든 늘 가장 충성스러운 대리인이었다. 스탠퍼드 총장으로 27년을 재직했는데 그중 4년은 내무장관직을 수행하느라 떠나 있었지만 당시 대통령이 후임자 임명을 금지했기 때문에 자리를 지킬 수 있었다. 윌버는 2차 세계대전이 진행되는 동안에도 팔로알토를 후버의 마을로 지켜냈다.

부인을 먼저 떠나보낼 때쯤 후버는 엔지니어라기보다 오늘날 우리가 알고 있는 사모펀드 대표에 가까웠다. 그는 실로 생산적인 광산의 지분을 일부 보유하고 있었고 비금속 광미를 처리하는 새로운 기술 덕분에 오스트레일리아 서부에서 괜찮은 수익을 올렸다. 그런데 이제 금융이 지배하는 세상이 도래했다. 합리화와 효율성이 자본을 유치하는 좋은 방법이라는 사실을 깨닫기는 했지만 그렇게 한다고 해서 늘 높은 수익이 나는 건 아니었다. 그는 막대한 자금을 투자하거나 생산을 재편하지 않고도 새로운 프로젝트를 성공시킬 수 있었다.

이전에는 투자가 불가했던 뭔가가 지금은 좋은 투자처라고 다른 자본가들을 설득한 다음 지분을 팔아 이윤을 남기고 다시 설득 절차부터 반복하면 그만이었다. 이에 그의 사무실 역시 남아프리카와 오스트레일리아 서부가 아닌, 샌프란시스코, 뉴욕, 런던, 파리, 페트로그라드의 다섯 개 지역에 위치하게 되었다. 러일 전쟁이 끝난 후 몇 년간 그는 러시아 차르와 일본 자본가들을 대상으로 시베리아–한국–만주를 잇는 철도에 투자하도록 조언했지만 정작 본인은 자신의 다섯 개 사무소와 벨기에를 오가는 등 세계의 다른 곳에서 대부분의 시간을 보냈다. 벨기에에서는 고무 가격이 급등한 건 물론, 왕실이 콩고 농장에서 아프리카 노예를 과도하게 착취해 레오폴 2세와 관련 금융가들만 배를 불리고 있었다.

이 일을 시작한 지 20년이 다 되어가던 1914년, 후버의 운이 바닥을 드러내기 시작한 것처럼 보였다. 독보적 지위는 빛이 바랬고 사람들은 그를 단순한 주식 투기꾼도 아닌 최고 사기꾼 중 한 명으로 보기 시작했다. 그는 오래전부터 1914년에는 광업과 관련된 모든 지위를 내려놓고 책임자 자리에서도 물러나겠다고 주장했지만 실제로 그럴 것 같지는 않았다. 후버는 조던이 윌슨 대통령에게 청탁해주었음에도 파나마 운하 건설 책임자 자리는 얻지 못했고 대신 그의 장기를 십분 발휘할 수 있는 공직을 맡게 되었다. 바로 부자라는 사실을 내세워 원하는 걸 얻는 것이다.

1차 세계대전이 발발했을 때 후버 부부는 전쟁을 피해 처음에는 중립이었던 영국에서 여름휴가를 보내고 있었다. 후버는 유동성과 자신의 여러 사업체를 걱정하지 않을 수 없었다. 은행이 문을 닫고 신용이 경색된 상황에서 직원들에게 지급할 현금을 확보해야 했다. 그래도 정기왕복선으로 두 아들을 팔로알토의 학교로 데려다줘야 하는 8월까지는 얼마든지 기다릴 수 있었다. 하지만 유럽에 거주하는 미국인 모두가 그와 같은 호사를 누릴 수 있는 건 아니었다. 얼마 지나지 않아 미국인 1,000여 명이 영사관 앞에 모여들었다. 관광객을 비롯한 여행자들은 현금을 마련하거나 집으로 돌아갈 배를 구할 수 없었고 이를 처리할 만한 능력이 있는 이도 없었다. 결국 지역 당국의 요청으로 후버가 나서기에 이르렀다. 그는 인맥을 총동원해 자금을 조달하고 밀려드는 인파를 처리했다.

당시 후버는 아무런 직함도 없었거니와 미국의 공식 대표도 아니었다. 외국에 발 묶인 여행객 및 미국인 유학생으로 구성된, 만장일치로 충성을 맹세한 조합원들의 대장에 지나지 않았다. 그는 부유한 친구들로부터 순식간에 100만 달러를 끌어모았고 사람들이 집으로 돌아갈 수 있도록 이 돈을 조금씩 빌려주었다. 당시 후버가 모든 이의 말을 철석같이 믿고 미국인의 명예를 걸고 모든 걸 해결하기 위해 나선 것으로 알려져 있지만 사실이 아니다. 대신 신용 평가위원회를 구성하고 지원자를 임의 평가해 세 가지 범주로 나누었다. 신용도가 높다고 분류된 사람들이 흰색 카드를 받아 오면 후버 팀은 미국 현지 은행에서 수표(혹은 종이로 된 다른 신용 도구)를 수령한 뒤 현금을 제공했다.

하지만 신용도가 낮은 이들은 미국에 있는 친구나 친척에게 전화해 후버 팀의 런던 계좌로 송금해야만 돈을 받을 수 있었으니 사실상 대출은 아니었던 셈이다. 심지어 이 정도도 하지 못한 이들은 '극빈자'로 간주되어 미국 정부가 보낸 선박이 올 때까지 민간 자선 단체의 도움을 받는 수밖에 없었다. 후버는 이 마지막 집단을 '유색인종 짐꾼 또는 비슷하게 궁핍하면서도 유용한 직업군 수천 명'으로 묘사했다. 백인 교사처럼 유용하지만 신용은 제로라는 뜻이다. 후버의 팀은 하루에 수천 명의 사람을 효율적이고 합리적으로 처리하기 위해 그들이 가진 돈의 액수에 따라 세 집단으로 분류한 것이다. 부유한 후버는 압도적 요구에 부응해 '실제로 돈을 한 푼도 쓰지 않고도' 훌륭한 자선 행동가로 명성을 쌓았다. 적절한 전화 몇 통으로 구두쇠가 영웅으로 거듭나는 금융의 기적이 일어난 것이다. 그리고 후버는 자신의 재력이 돋보이게 하는 방법을 잘 알고 있었다.

다른 가족이 예정대로 8월에 팔로알토로 떠난 뒤 후버는 새로운 업무를 맡게 되었다. 제국주의 독일이 벨기에를 점령하자 국민은 식량부족에 시달렸다. 황제의 어리석은 군대가 벨기에 자원을 고갈시켰고 영국 정부는 서방으로부터의 추가수입을 봉쇄했다. 후버와 연이 있던 벨기에의 많은 고위층 인사는 후버가 유럽의 미국인을 다시 고국으로 보내준 것처럼 자신들의 문제 역시 해결해줄 것을 요청했다. 이에 후버는 미국이 중립국이던 시기에 초국가적 독립기구인 벨기에구호위원회CRB를 설립하고 독자적으로 허가를 끌어내며 서부 전선을 누볐다. 대략 이런 식이었다. CRB가 연합국 정부로부터 받은 기부금을 활용해 세계 시장에서 식량을 구입하고 벨기에로 운송해 벨기에 자치 당국에 배분하면 이들이 대부분을 지역 매장에 판매한다. 그러면 이 식량을 독일 점령하에서도 소비가 가능할 정도의 유동성을 지닌 소비자들이 구입하는 것이다. 남는 건 극빈층을 위한 구호품으로 사용되었다. 이전에도 그랬듯 후버 팀은 무엇보다 평준화의 재앙에 맞서 계층 구조를 공고히 하는 시장의 기능을 보존하기 위해 고군분투했다.

후버는 CRB를 통해 전쟁 중에서도 시장의 순기능을 살리는 데 성공했고 덕분에 교전국들도 그 혜택을 누릴 수 있었다. 독일은 신뢰할 수 있는 파트너를 통해 봉쇄를 유지하면서도 황제의 비용 부담 없이 벨기에인에게 식량을 공급할 수 있었고, 영국 내 미국의 세력가들은 독일 침략의 영향을 피부로 느낄 수 있었다(예를 들어, 스탠퍼드의 바이오노믹스 학자 버논 켈로그가 후버 팀의 일원으로 독일 사령부와 일한 뒤 독일과 미국이 맞대결할 운명에 놓여 있으며 그로 인해 우생학적으로 소중한 평화가 치명타를 입게 될 것이라고 확신한 사례를 떠올려 보라). 벨기에의 국민은 점령군에게 식량을 의존할 필요가 없었고 고위층 역시 배급을 받기 위해 더 이상 빈민층과 함께 줄 서서 기다릴 필요가 없었다.

한편, 후버로서도 영국정부와 신용한도를 협의함으로써 봉쇄된 유럽의 제련소로 광석을 운송하느라 발생한 사업부채를 충당할 수 있었다. 후버는 이렇다 할 수익을 낸 건 아니었지만 파운드화가 희귀한 시기에 높은 레버리지 비율을 유지한 덕분에 큰 문제를 해결하고 모든 우려를 해소했을 가능성이 높다. 비평가들은 식품산업에 종사하는 후버의 측근들이 특혜를 받는다고 불만을 제기했지만 CRB의 홍보팀은 후버를 국제적 명사로 띄우는 데 성공했다. 전쟁을 초월한 신사 엔지니어이자 중립국 미국의 자원봉사자로서 식량을 제공한 장본인이라고 포장한 것이다. 비평가들은 또 후버의 고위 경영진이 1년에 1달러를 받고 일할 수 있었던 이유는 그들이 제분업자, 정유업자, 통조림업자, 포장업자 등 농산물 가공 카르텔 및 신탁으로부터 따로 돈을 받았기 때문이며 그래서 이들이 CRB에 물건을 넘길 때 이윤을 많이 남길 수밖에 없었던 것이라고 주장했다. 하지만 비판세력은 후버의 친구들만큼 많은 신문사를 보유하고 있지 못했다.

수많은 글로벌 비즈니스 엘리트와 마찬가지로 후버는 세계 경제가 이 정도 규모의 전면전을 치르기에는 지나치게 긴밀하게 연결되어 있다고 믿었다. 물론 분쟁은 식민지 영토 안팎에서 일어났지만 돈이 걸린 이해관계가 발생하는 곳은 하나의 주식시장이었다. 후버는 전 세계 지배층의 대표이자 슈퍼 제국주의의 의인화 버전이었는데 모두가 친구인 세상에서 어떻게 싸울 수 있겠는가? 이 논리는 조반니 아리기의 품격 있는 표현대로 비스마르크 수상이 "독일 국가와 독일 사회의 생존 가능성에 대한 시장의 평결이 너무 가혹해 받아들일 수 없다는 사실을 깨닫고" 독일을 독자적 제국주의 기구로 구축함에 따라 무너졌다. 그럼에도 지배층은 비즈니스 관계 및 개인적 관계와 더불어 국가라는 울타리의 안팎에서 버텨냈고 앞장설 사람이 필요할 때면 언제나 캘리포니아 팔로알토의 허버트 후버를 찾았다.

1917년 미국이 세계대전에 참전하고 얼마 뒤 후버는 우드로 윌슨에게 미국의 전시 식량 시스템을 관리할 수 있는 공식 위원회를 구성해달라고 요청했다. 그는 독자적 권한으로 가격을 책정하고 적정 이윤을 결정하며 수출을 통제할 수 있길 원했다. 상사 눈치만 보는 농무부 인텔리의 간섭 없이 미국 시민과 연합군에 식량을 마음껏 제공한다는 계획이었다. 그는 식량 독점가가 되길 원했고 상원의 반대에도 윌슨은 요청을 받아들였다. 후버는 새로운 임시 부서에 식품 가공업체의 자원봉사자들을 공개적으로 채용했다. 이 일을 계기로 미국 정계에서 독특한 양아치 취급을 받던 그가 연방 위원의 지위를 획득하는 데 성공했고, 그 결과 향후 10년간 미국의 경로까지 결정되었다. 후버는 지도자들의 자발적 연합으로 형성되는 게 라이프스타일이나 비즈니스 전략만은 아님을 깨달았다. 하나의 이데올로기를 탄생시키는 것도 얼마든지 가능했다.

후버는 세계적 수요 급증에 직면해 밀 가격을 낮추는 게 급선무라고 공공연히 이야기하더니 실제로 가격을 낮춰 농부들의 공분을 샀다. 하지만 가공업자들은 전혀 불만이 없었다. 이들을 위해 후버는 가격을 정하는 대신 원가에 더해 합의된 비율의 액수까지 지급받도록 하는 '원가 플러스' 정책을 사용했기 때문이다.[18] 그는 농민 포퓰리스트의 분노, 가공업계의 충성, 그리고 기업 보도자료에 실린 내용을 곧이곧대로 믿는 모든 이의 찬사를 한 몸에 받았다. 미국은 전쟁에서 승리했고 군인들은 통조림 식품과 사탕에 감사하며 집으로 돌아왔다. 군인들이 각 지역으로 복귀했을 때 가공업체들은 대량생산을 줄이는 대신 전시수익을 쏟아부어 국영기업의 가공식품이 더 맛있고 안전하다는 광고를 대대적으로 내보냈다.

후버는 전쟁으로 황폐해진 유럽에서 전후 1년간 미국의 식량원조를 지휘한 뒤 영웅의 환대를 받으며 귀환했다. 전쟁은 그 자체의 부도덕함, 제국적 야망의 잔인한 실패, 그리고 냉소주의자에만 영광을 안기는 의미 없는 죽음의 결정판이었다. 하지만 대장에게만큼은 예외였다. 식량 독점가 후버는 머스터드 가스가 아닌, 머스터드를 무기로 싸웠다. 야만적 독일인을 이용해 큰돈을 벌고 절망에 빠진 벨기에인들에 식량을 공급하는가 하면 군인들에게는 초콜릿을 보냈다. 하나같이 재무부에 아무런 부담도 주지 않으면서 말이다. 그의 홍보 담당이 일터로 돌아가고 직업상 적들이 그를 동일 계층의 소중한 자산으로 여기기 시작하면서 그의 광산 금융사기 행각 역시 갈수록 희미해졌다.

1919년 고향에 도착한 후버는 공들여 가까워진 언론계의 친구들에게 두 가지 거짓말을 했다. 첫째, 그는 미국 대통령 후보가 아니며 둘째, 볼셰비키에 대해 전혀 걱정하지 않는다는 것이다.

---

18 후버는 부가가치 제품에 상당히 높은 비율(20~30%)의 이윤을 책정하도록 식량청에 지시했다. 산업은 생산을 확대하고 국내 소매업자들은 전시의 바가지요금 걱정을 하지 않도록 신호를 준 것이다. 폴 핀들레이가 〈식품 소매업자들의 애드버킷Retail Grocers' Advocate〉의 칼럼에 적었듯 후버의 의도는 가공식품을 "최대한 밀어붙여서 기회 있을 때 수익을 올린다"는 것이었다. Paul Findlay, *California Grocers Advocate*, The Retail Grocers'Advocate, 1919.

대장, 하버트 후버

농구 선수들이 이례적인 연승 행진을 기록하고 있을 때 자신의 운을 시험해보려고 말도 안 되는 거리에서 슛을 날리는 경우가 있다. 소위 '히트 체크'라는 이 관행은 허버트 후버가 미국으로 돌아왔을 때 했던 행동을 잘 설명해준다. 1920년 대통령 후보 예비선거를 앞두고 후버는 언론계 측근들에게 자신의 이름을 공화당과 민주당 모두의 유력 후보로 거론해달라고 요청했다. 본인은 자신의 야망을 밝히기가 상당히 조심스러운 척했지만 그의 동료들이 나서서 공화당이 후보 자리를 주지 않는다면 민주당의 지명을 기꺼이 받을 용의가 있다는 사실을 널리 알렸다. '후버 대통령 만들기' 캠페인은 이 식량 독점가에 대해 당파를 초월한 '풀뿌리' 지지를 끌어내 어느 당이든 그를 대통령 후보로 선택할 수밖에 없도록 만든다는 전략을 세웠다. 하지만 후버가 식품청 광고라는 정부 자원을 통해 인기를 견인할 수 있었음에도 본래 윗선에서 후보를 직접 선택하는 양당은 유권자들에게 직접 다가가려는 후버의 시도를 달갑게 여기지 않았다. 후버의 선거운동은 실패로 돌아갔다.

그가 정당을 선택하지 못한 건 단순한 기회주의적 계산착오, 혹은 히트 체크로 완전히 빗나간 골이 아니었다. 1차 세계대전은 후버 같은 국제주의적 자본가들에게 이념적으로 혼란스러운 시기였다. 후버가 자란 아이오와는 남북전쟁 이후 공화당 일당 체제였고 팔로알토 역시 캘리포니아 최초의 선출 주지사가 설립한 만큼 공화당 텃밭이었다. 하지만 후버는 민주당 소속의 우드로 윌슨 대통령을 위해 일하며 유권자들에 전쟁이 계속되는 동안 대통령을 중심으로 뭉쳐야 한다고 촉구했다.

스물셋에 오스트레일리아로 떠난 뒤로 미국에서 1년을 온전히 지내본 적이 없던 후버는 귀국 후 정치성향을 묻는 질문에 '자유주의자'라고 답했는데 의미를 해석하기 쉽지 않았지만 이는 우파 자본주의자가 즐겨 쓰는 답변이 되었다. 하지만 후버는 미국의 어느 조직도 꼭 맞아떨어지지 않는 정치적 통합체를 대표했다. 국제주의자라는 점에서 민주당이었지만 속내는 여전히 보수주의였기 때문이다. 그는 집단행동의 힘을 믿었지만 자신 같은 사람의 공적, 사적 활동도 지원하지 않는 정부가 중심이 될 순 없다고 믿었다. 20세기의 강경 자본주의자였지만 (후버 자신을 포함해) 사람들은 그것이 특히 공직에서는 뭘 의미하는지 잘 알지 못했다.

후버 정치의 근간에서는 그에게 소중한 개인주의, 그리고 모든 성공적 체제의 기반이 되는 집단주의가 충돌했다. 선의의 경쟁은 사회의 근간이지만 무한경쟁은 가격전쟁으로 이어져 수익을 훼손하고 연구개발의 진전을 가로막아 경제확대를 저해한다. 하지만 그렇다고 기업들을 연방정부의 보호하에 강제통합하면 수익 잠재력이 악화되면서 투자유치가 더뎌져 선의의 경쟁과 마찬가지로 역시 침체로 이어진다. 유일한 해결책은 공동의 이해관계를 가진 사업가들의 자유롭고 자발적인 연합이었다. 농업 카르텔에서 발견한 것처럼 장기적으로는 마케팅 등 특정기능을 중앙집중화하는 게 더욱 효율적이다. 가령 10개의 건포도 브랜드가 각축전을 벌이는 대신 그중 한 명에게 돈을 지불해 건포도 빵을 발명하도록 하는 것이다. 실제로 아마데오 지아니니는 모든 생산자가 비슷한 이익을 누릴 수 있도록 그들의 돈을 모은 뒤 업계 전체를 대신해 농업연구 재단에 투자했다. 하지만 이 같은 연합은 개인의 탐욕이라는 원심력에 의해 늘 분열될 위험이 있었다. 자본주의 근대화를 성공으로 이끌기 위해서는 세심한 절차가 필요했으며 후버가 보기에 이를 이끌 적임자는 본인뿐이었다.

적어도 예비선거 유권자들은 이에 동의하지 않았지만 후버는 여론몰이를 할 수 있는 고위층을 다수 확보했으며 식량청 광고 역시 그를 미국 주부들 사이에 유명인사로 만드는 데 일조했다. 정부가 허버트 후버의 말대로 가족 먹거리를 구성하도록 촉구하던 8월, 수정헌법 제19조가 비준되면서 1920년 대통령 선거에서는 사상 최초로 여성에게 투표권이 주어졌다. 후보 지명을 수락한 워런 하딩은 재빨리 후버에게 장관직을 제안했다. 민주당 내에서 잠재적으로 위협이 될 수 있는 그를 무력화하기 위해서였다. 1913년 노동부와 분리된 상무부는 생긴 지 가장 얼마 안 된 부서 중 하나인 데다 당시 비즈니스 자체가 워낙 빠르게 변화하고 있던 만큼 후버가 의제 및 방향성을 설정할 기회를 갖게 될 것이라고 하딩은 약속했다. 이를 수락한 후버는 하딩의 대통령 당선 이후 행정부에서 자신의 영역을 넓혀가기 시작했다. 내무부의 광산국, 국무부의 대외무역 부문, 인구조사국, 농무부의 시장국, 심지어 파나마 운하까지 원했다. 뿐만 아니라 비행기, 특허와 라디오까지 탐을 냈다. 후버 생각에 상무부가 곧 정부가 되어 국가의 거의 모든 기능이 그의 권한에 포함되어야 했다. 그래서 나중에 하딩이 후계 구도에서 더 높은 순위의 부서를 제안했을 때도 후버는 자리를 지키면서 자신이 수장으로 있는 상무부를 정부 속 작은 정부로 구축해나갔다.

후버는 다사다난한 자신의 삶에서 정치철학 같은 것을 끌어냈다. 1921년 후버는 자신을 낡은 산업주의와 새로운 산업주의를 새롭고 강력하게 통합해 미국이 개인의 노력, '풀뿌리' 참여 및 민간 기업에 내재된 에너지와 창의성을 희생하지 않고도 합리적 과학 및 사회 공학의 혜택을 누릴 수 있게 만든 장본인으로 여겼다. 후버는 신생한 상무부를 하딩 행정부의 근대화 담당기관으로 탈바꿈해 미국을 초강대국으로 만든 산업과 국가관료 간 밀착관계를 구축했다. 하울리는 이를 '조합 국가'로 명명했는데 이는 후버가 1921년 하딩 행정부에서 장관으로 취임하고부터 1932년 대통령 선거에서 프랭클린 D. 루스벨트에게 패배할 때까지 건설되었다.

조합 중심으로 운영된 광란의 1920년대가 대공황에 기만당하고 뉴딜 정책에 휩쓸리면서 역사가들은 후버의 세 번의 임기(하딩과 쿨리지의 행정부를 거치며 상무부 장관 두 번, 그리고 대통령 한 번)를 재앙으로 묘사했지만 1975년 이후 미국이 조합 및 도당 친화적 논리로 방향을 틀었다는 사실은 이들이 후버의 영향을 과소평가했음을 시사한다. 그로부터 한 세기가 지나 현재의 관점에서 볼 때 조합 국가와 뉴딜정책의 차이는 우리가 생각했던 것보다 크지 않다. 이 섹션에서 나는 후버의 조합 모델이 20세기 서부 해안의 농업 및 항공 산업을 어떻게 구축했는지 추적할 테지만 이는 시작에 불과하다. 실제로 후버는 부동산과 라디오 부문에도 못지않게 결정적이고 중요한 영향을 끼쳤다. 대부분의 역사가는 루스벨트가 미국 패권의 발판을 마련했다고 생각하지만 후버의 캘리포니아가 이뤄낸 걸 보면 다른 가능성도 생각해 볼 수 있다. 후버 행정부의 구체적 사항을 몇 가지 살펴봄으로써 다음 100년을 이해할 준비를 해보자.

후버 리더십의 최대 업적으로 이견 없이 손꼽히는 건 여전히 그의 이름으로 불리는 후버 댐이다. 콜로라도 강에 댐을 건설해 캘리포니아 로스앤젤레스의 '사우스랜드'에 물을 대고 전력을 공급하겠다는 계획은 후버가 미국에 돌아올 때부터 이미 세워져 있었다. 하지만 이렇게 거대한 사업을 여러 주와 지방정부, 연방기관, 민간기업이 어떻게 분배할지 협의하기 위해서는 후버 같은 조직가의 능력이 필요했다. 상무부 장관의 임기를 통째로 투자해야 했지만 결국 그는 자신이 구상한 대로 댐을 건설하는 데 성공했다. 댐은 후버가 불명예스럽게 워싱턴을 떠나고도 시간이 흐른 1935년에야 완공됐지만 그의 프로젝트가 분명했으며 조합 국가의 모든 흔적을 간직하고 있었다. 무엇보다 이 댐은 인류 역사상 가장 거대한 댐이자 이집트 대피라미드 이후 최대 규모를 자랑하는 건설 프로젝트였다. 이후 1940년 무렵에는 이 터빈 발전기가 미국 전체 전력의 8분의 1을 생산하는가 하면 로스앤젤레스가 캘리포니아 제2의 도시로 부상하는 데 수로와 더불어 결정적 기여를 했다. 이렇게 거대한 시멘트 벽이 건설된 배후에는 서부 해안에서 비교적 세력이 약한 건설 자본의 임시 연합이 있었다.

이들은 철도 건설 시기 샌프란시스코에 있던 중국인 협회의 이름을 따 '식스 컴퍼니'로 불렸지만 사실 조합에 더 가까웠다. 그중 가장 저명한 인물은 워런 벡텔과 헨리 J. 카이저로 이들은 후버 댐 덕분에 산업가로 이름을 날렸다. 신생의 이 '식스 컴퍼니'는 대공황기에 현대 기술 및 백인남성으로만 구성된 노동력을 활용해 프로젝트를 진행했다. 노조는 필요 없었지만 계약상 아시아계 노동자는 고용이 금지되었다. 이들은 노동자의 생활과 관련된 모든 사항을 현장에서 효율적으로 관리함으로써 비용을 비교적 낮게 유지했다. 카이저가 직원들을 회사 의료보험으로 전환해 의료비용을 합리화된 생산비용에 통합하기까지 몇 년이 걸리기는 했지만 말이다. 루스벨트가 취임할 때까지 식스 컴퍼니는 일부 어음으로 임금을 지불했고 1931년 세계산업노동자연맹에서 나온 이들이 선동하려 들자 현장 관리자들이 체포해 라스베이거스로 보냈다. 역사학자 케빈 스타의 표현을 빌리자면 이는 '애매하게 자애롭고 까다로운 독재'로서 독일과 일본의 폭력적 우익산업 문화에 견줄 만했다.

원원전략에 기반한 댐의 최고 배후에는 할 일이라고는 부자가 되는 것뿐인 캘리포니아의 지주 및 투기꾼들이 있었다. 또한 식스 컴퍼니(특히 카이저)의 뒤에는 A. P. 지아니니가 커다란 돈가방을 메고 서서 캘리포니아 땅값 상승으로 인한 수익을 최대로 챙기기만 기다리고 있었다. 이 댐 프로젝트 전반에는 후버의 지인들이 포진하고 있었는데 그중 헨리 로빈슨 회장의 경우, 그의 기업인 서던 캘리포니아 에디슨이 윌버 장관 덕분에 후버댐 전력 생산량의 25%를 할당받았지만 이후 비판이 일어 9%로 감축당했다. 보수적인 〈로스앤젤레스 타임스〉의 발행인이자 스탠퍼드 출신으로 후버의 대학 이사회 동료였던 해리 챈들러는 1930년대 내내 후버가 생산한 부동산 및 제조업 호황을 타고 로스앤젤레스에서 가장 중요한 자본가가 되었다.

이들은 캘리포니아의 세기를 구축할 견고한 기반을 닦았다.

　공직과 불로소득에 전념하기 전, 후버는 합리화된 접근 방식으로 '병든' 광산을 되살리거나 적어도 그렇게 하겠다고 투자자들을 설득하는 데 주력했다. 국가 지도자가 된 이후에도 동일한 기능을 수행하기 위해 노력했지만 이번엔 그 대상이 산업 전체라는 차이가 있었다. 미국은 본래 역동성의 땅이어야 마땅했지만 그때는 선진경제 부문이 하나같이 침체기에 빠져 있었다. 이는 특히 신제국주의 체제하에서 빠르게 발전하는 독일 및 일본과 비교했을 때 더욱 두드러졌다. 후버는 신기술과 관련해 조정 기준 및 표준을 정부가 확립해야 한다는 사실을 이해했다. 요기 베라의 "사람이 너무 많아서 아무도 가지 않는다"는 모순은 자본에도 해당되었다. 투자자들은 연구 개발에 대한 무임승차, 가격 경쟁 및 표준화 부족에 대한 합리적 두려움으로 발을 돌렸다. 괜히 기웃거리다 새로운 규정이 내려와 오도가도 못하게 되길 원하는 사람은 아무도 없었다. 이때 조합 모델이 등장했다. 후버는 물과 전력 등 물리적 인프라뿐 아니라 새로운 산업이 투자를 유치하는 데 필요한 정보 인프라도 제공할 수 있었다. 캘리포니아를 위한 세 번째 선물 역시 가지고 있었는데 이는 조만간 팔로알토 기술자들에게 다음 개척지를 제공할 것이었다.

　후버가 공식 입각했을 때 미국의 항공기 산업은 극도로 낙후되어 있었다. 미국 최초의 비행기 승객이 아직 나오지 않은 건 물론, 상업용 항공기라는 부문 자체가 존재하지 않았다. 1차 세계대전이 끝났을 때는 시장에 전투기가 차고 넘쳐 생산량이 98% 이상 급감했다. 평시의 항공기는 오락 매체에 더 가까워서 독립 파일럿들이 전국 순회공연을 펼치며 각종 묘기로 사람들을 감탄에 빠트렸다. 하지만 1차 세계대전 말미에 유럽인들이 공중전에 주력하면서 후버는 미국도 생존을 위해서는 국내 항공산업을 발전시켜야 한다고 확신했다. 뿐만 아니라 수익성 없이는 효율적 항공기를 만들 수 없다고도 믿었다. 후버는 상무부에서 이 취약한 산업을 최우선순위에 두고 그만의 전략으로 큰 성공을 거두었다.

후버는 연방정부와 협의해 비행경로를 설정하고 기상패턴을 연구하며 조종사 면허를 발급하는 데 이어 기타 일반적 방식도 활용해 개발을 촉진하겠다는 전략을 세웠다. 의회는 이 '항공 독점가'를 둘러싼 설왕설래 끝에 1926년 항공 상업법을 통과시켜 그의 계획을 승인했다. 후버는 구겐하임 가문과 협력했는데 가장이던 다니엘 구겐하임이 항공 엔지니어를 양성하고 기술을 개선하며 상무부의 새로운 권한에 따라 산업 전체를 발전시키는 데 250만 달러를 지원하겠다고 제안한 덕분이었다. 그들은 공적 이익은 물론, 사적인 수익까지 노리는 마음으로 정부의 강압 없이 업계의 모든 비용을 지원했다는 점에서 항공계의 지아니니라 할 수 있었다. 스탠퍼드와 MIT도 새로운 공학 프로그램을 유치하는 데 성공했지만 급성장하는 로스앤젤레스의 캘리포니아 공과대학이야말로 최고의 수확을 거뒀다. 구겐하임 항공 연구소가 개설되어 인근 지역이 전 세계 항공기 및 로켓의 본거지로 거듭나게 된 것이다.

항공산업을 일으키겠다는 후버의 계획에서 또 다른 중요한 기둥은 고가의 우편배달 계약을 독점 제공하는 것이었다. 웨스턴 에어 익스프레스가 서부에서 이 계약을 따냈고 여객기 비행을 최초로 시도할 기업을 찾던 다니엘 구겐하임 재단도 웨스턴을 선택했다.

1927년, 찰스 린드버그가 홀로 나선 대서양 횡단 비행에 성공한 뒤 구겐하임 가문은 그를 고용해 미국 전역을 돌며 비행 공연을 펼치도록 했다. 이는 후버의 당선과 더불어 월스트리트에 확신을 주기 충분했고 1929년 봄에는 항공 부문에 엄청난 자금이 밀려들었다. 금융 거물 리먼과 해리먼은 항공계의 선구자 셔먼 페어차일드(IBM 공동 창업자의 아들이자 미래의 마이크로칩 금융가)와 손잡고 지주회사를 통해 20개가 넘는 소규모 항공사의 지배 지분을 매입했다. 후버는 최소한의 정부자금과 개입만으로 민간항공 부문을 호황으로 이끄는 데 성공했다. 이런 맥락에서 보면 그가 모든 게 계획대로 진행되고 있다고 생각했던 이유를 좀 더 쉽게 이해할 수 있다. 심지어 백악관을 떠날 무렵에는 대공황에도 불구하고 미국이 군사 및 상업 분야에서 항공 강국으로 발돋움하고 있었는데 시기상 그 공로가 후임 대통령에게 돌아가고 말았다.

1920년대에 후버는 친구로 두기에 좋은 인물이었다. 가장 친한 친구 중에는 캘리포니아의 농장주들이 있었고 미국으로 돌아온 뒤 그 역시 농장주 계층에 합류했다. 그는 캘리포니아 식품 위원 출신의 랄프 메리트 및 다른 이들과 함께 로스앤젤레스 북부의 컨 카운티에서 대규모 면화 농장을 시작했다. 면화 가격이 폭락했을 때는 품종을 일부 석류로 전환하기도 했다. 후버가 생각하기에 농작물 산업만큼 자신의 도움이 절실한 분야는 없었다. 이 식량 독점가는 평소 고정 가격에 극도로 반대했지만 과잉생산이라는 국제문제는 정부가 잉여분을 헐값으로 외국에 넘긴다고 해서 해결될 게 아니며 수출산업을 관세로 구할 수 없다는 사실도 알고 있었다. 그의 해결책은 지아니니가 제시한 것과 비슷했다. 마케팅과 연구를 중앙 집중화하는 한편, 생산을 자제하겠다는 자발적 동의를 받아내는 것이다.

조합 국가가 농작물 생산량과 가격을 통제하는 데 실패한 건 후버가 문제를 잘못 이해했기 때문이 아니라 본질적으로 해결이 어려운 문제였기 때문이다. 루스벨트 역시 같은 문제로 난항을 겪었다. 그의 농업 조정법으로 인해 농부들이 우유를 내다버리고 농작물을 일부러 해치는 유명한 장면이 연출되었으며 연방정부는 높은 가격을 유지하기 위해 이 같은 행위를 오히려 부추겼다. 이는 가장 저속한 형태의 뉴딜 개입으로서 덕분에 심지어 후버 농장까지 때가 되자 보조금을 받을 수 있었다. 그럼에도 대공황의 기준으로 봤을 때 캘리포니아는 선방했다. 전기 양수기의 발명과 확산으로 캘리포니아는 20세기 초 수십 년간 활기를 띠었고 대규모 농장주들은 후버와 친구들 덕분에 더 많은 물과 전력이 공급될 것이라는 사실을 알고 있었다. 1890년대 철도가 그랬듯 실패는 집중으로 이어졌다. 누군가는 토지를 소유해야 했다.

캘리포니아 농업은 연방정부와의 연계성 이외에 포장업 및 가공업이 상당히 발달하고 또 핵심 역할을 한다는 데 큰 장점이 있었다. 자본 덕분에 모든 과일과 채소를 냉장하지 않고 국내 및 세계 시장으로 운반할 수 있는 장치가 개발되면서 19세기 말엽 캘리포니아는 농작물 가공 포장 및 운송 분야에서 세계를 선도하게 되었다. 1차 세계대전 이후 (물론 식량 독점가 덕분에) 미국에서 가공식품이 선풍적 인기를 끌어 캘리포니아가 그 길을 개척한 것이다. 지아니니는 자신이 등장하기 전에도 자본주의 특성이 비교적 강했던 농업을 카르텔로 전환해 토지 집약도를 높이고 자작농 대신 농장 노동자를 고용했다. 또한 캘리포니아 대학교의 농업연구에 투자하고 버클리 식품과학 및 기술학과에 기부하는 등 대공황의 와중에도 캘리포니아 전역에 걸쳐 연구자금을 지원했다. 과학자들은 첨가물을 가미하고도 건강한 식품을 만들 방법을 연구한 뒤 그 결과를 활용해 신제품을 홍보했다. 농업 수익은 먹거리 재배 자체가 아닌 부가가치로 발생했기 때문에 캘리포니아의 재배자-가공업자-은행-대학은 식품으로 돈을 버는 이들의 조합으로 자리잡았다. 하지만 이 조합에서 빠진 게 있었다. 문제는 노동이었다.

대공황과 1차 세계대전

허버트 후버는 릴런드 스탠퍼드 못지않게 주식회사가 창조한 인물이었다. 주식회사에서는 소유주가 투자자의 유동성을 해치는 일 없이 자본을 끌어올 수 있기 때문에 대륙횡단철도나 후버 댐 같은 대단한 업적을 국가를 대신해 달성할 수 있었다. 후버는 주식 투기로 시간을 허비하기도 했지만 투자 자본을 장기 확보할 수단을 구축하기 위해 광란의 20년대 내내 열심히 일했고 그 결과 넓은 인맥이 확보되어 있고, 비교적 낙후한 캘리포니아 남부에서 큰 성공을 거두었다. 투기꾼들은 후버를 같은 부류로 인지했고 미국 시장은 1928년 그의 대선 압승을 시작으로 호황이 일어났다. 조합 모형에서는 주식의 형태로 자본을 쌓아두는 게 중요했다. 그래야 회사가 자신의 돈을 한 군데 몰아넣고 전전긍긍할 일 없이 넉넉한 자금으로 기민성을 잃지 않으면서 비행기를 만들고 분할을 계획하며 새로운 라디오를 발명할 수 있기 때문이다. 후버는 조합 정부의 적절한 거리를 유지하고자 노력했다. 자본의 현재 가치를 훼손할지 모른다는 두려움에 미래 투자를 억제하는 일이 없도록 오로지 자본 친화적 환경을 조성하는 데만 몰두했다. 그런 식으로 개입하는 건 볼셰비키식 몰수나 다름없었다. 정부는 조력자 역할에서 벗어나는 일이 없도록 주의해야 했다.

후버로서는 본인은 자제하는 대신 은행가들이 마치 상자 속 건포도처럼 똘똘 뭉쳐줘야 했다. 주식 수요가 급증하자 금융가들은 공급을 늘리는 수밖에 없었다. 새로운 투자 신탁을 설계하고 더 많은 증권을 발행하며 투자자들의 신용 매입을 허가했다. 하지만 너무 많은 은행가들이 너무 많은 돈을 한 번에 투자하려고 하면 과잉 공급으로 신용도에 위기가 발생해 전체 시장이 무너질 수 있다. 후버는 자본가들이 본인 못지않게 자제해주거나 적어도 기회주의적 사기꾼들에게 투자하려는 대중을 부추기는 일만이라도 멈춰주길 바랐다. 신문 편집자들을 불러들여 주식시장 투기의 위험성을 경고하는 사설을 내도록 지시하고 재무부를 통해 주식보다 채권이 안전하다는 성명까지 발표했지만 둘 다 별 효과가 없었다. 1929년 봄, 계속 한 발 물러나 있던 그는 가장 아끼는 은행가 헨리 로빈슨을 뉴욕으로 보내 동료들의 의견을 구해오도록 했다. 모든 게 순조롭다는 로빈슨의 보고에 후버는 월스트리트 규제는 자신의 업무가 아니라는 확신을 얻을 수 있었다. 그 책임은 뉴욕 주지사이자 부유하고 인맥이 풍부한 프랭클린 델라노 루스벨트에게 있었고 그는 월스트리트 관계자들에 동조하는 듯했다. 일개 대통령에 불과한 후버로서는 경고가 최선이었다.

자서전에서 후버는 당연히 본인의 행동을 정당화하기에 급급했다. 오늘날 역사학자들은 대부분 1929년 가을의 대공황을 후버의 지도력 부재 탓으로 돌리지 않는다. 루스벨트의 뉴딜 정책이 2차 세계대전 못지않게 대공황 극복에 기여했다는 것도 인정하지 않는다. 하지만 당시 후버는 미국 정치 역사상 최악의 나락을 겪어야 했다. 이 자수성가한 고아는 일반인을 대표해 고담의 귀족들에게 공격당했고 누구나 다 아는 그의 이름이 '후버빌(대공황 시기 미국의 노숙자들이 지은 판자촌 이름. 당시 대공황을 초래한 장본인이라고 대대적으로 비난받은 후버의 이름이 붙었다)'로 박제되어 무일푼 노숙자의 영원한 적으로 자리잡았다. 후버를 저버린 건 실직 노동자뿐만이 아니었다. A. P. 지아니니, 피에르 뒤퐁과 미디어 거물 윌리엄 랜돌프 허스트 등 여러 주요 자본가들도 등을 돌렸다. 심지어 대공황을 초래한 장본인이라 할 월스트리트 투기꾼들조차 루스벨트를 지지했다.

허스트와 뒤퐁 같은 보수적 사업가들은 자신의 선택을 후회했지만 당시에는 후버를 희생양으로 삼으려는 유혹이 컸다. 대공황이 발생한 지 1년 후, 월간지 〈베니티 페어〉의 제이 프랭클린은 "요즘 워싱턴 사람들은 '불쌍한 후버 씨'라는 말을 입에 달고 다니지만 결코 좋은 일은 아니다. 사람들이 대통령을 비난하길 멈추고 동정하기 시작했기 때문이다. 그리고 동정은 사랑과 비슷할지 몰라도 정치권력의 표시는 아니다"라고 지적했다. 게다가 공화당은 그에 대한 공천 배제를 고민했다. 후버는 그야말로 사면초가였다. 보수주의자들은 후버를 한 번의 임기를 끝으로 내칠 준비가 되어 있었고 후버가 '전체주의적 자유주의자'로 명명한 집단은 정부의 경제 직접 개입을 약속했다. 하지만 가장 큰 위협은 후버를 살해하고 모든 재산을 빼앗 겠다는 기세로 그의 집 앞에 계속 나타나는 노동자와 군인, 즉 공산주의자 들이었다.

2차 세계대전 직후 해리 S. 트루먼이 전후 세계를 장악하기 위해 동맹 이던 조셉 '엉클 조' 스탈린과 대립하면서 공산주의자들이 미국의 새로운 적으로 떠올랐다는 게 일반적으로 알려진 사실이다. 하지만 후버에게 볼셰 비즘은 처음부터 개인적으로도 위협적 존재였다. 그들이 그의 광산을 채갔 기 때문이다. 사람들에게 풍긴 것과 달리 후버는 스탈린의 광산에 다양한 이해관계를 갖고 있었다. 실제로 두 사람은 비즈니스 파트너였으며 후버는 구리 광산 및 제련 단지의 근대화 작업을 감독한 바 있었다. 이에 그는 "꼭 대기에는 러시아 귀족 가문이, 밑바닥에는 10만 명의 농민과 노동자가 있 었고 그 사이에는 성직자와 감독관 이외에 아무도 없었다"고 말했다.

그럼에도 후버가 "우리의 진보적이고 행복한 공동체에 모두가 자부심을 갖고 있었다"고 묘사할 만큼 그에게 만족하는 듯 보였던 노동자들은 1917 년 운영권을 인수했고 새 위원회는 소유권 몰수, (60여 명의 미국인을 포함한) 경영진 추방, 임금 100% 인상이라는 세 가지 규정을 통과시켰다. 후버는 제정 러시아에서 진행했던 작업을 두고 "1차 세계대전이 아니었다면 나는 인류 역사상 가장 큰 엔지니어링 비용을 받았을 것"이라고 말했다. 그가 그 렇게 존경하던 로마노프 남작은 결국 상하이의 경마장 경비원이 되었고 덕 분에 러시아에 협력한 다른 이들보다 쉽게 벗어날 수 있었다. 후버는 또 1 차 세계대전이 아니었다면 돈을 돌려받으려는 수천 명의 성난 레닌주의자 들과 맞닥뜨릴 수 있었다는 사실도 어느 정도 알고 있었다.

후버는 전후식량 구호책임자로서 적색공포에 가장 먼저 뛰어든 인물 중 한 명이었다. 독일에서 들려오는 소식에 의하면 식량재고가 줄어드는 와중 에 독일 제국주의에 반대하는 스파르타주의자들이 대중의 지지를 얻게 되었다. 동유럽에서 소련은 혁명을 전 세계로 확대하기 위해 노력했고 중국에서는 공산주의자들이 민족주의 정부에 침투해 분리를 강요했다. 연합국은 소련 서부에 군대를 보내 훼방을 놓았고 후버는 배후에서 식량을 보냈다. 향후 비평가 앨버트 칸은 모스크바의 빨갱이들이 무너지지 않을 게 분명해질 때까지 미국의 식량원조가 반공지역에 집중되어 백인 민병대가 지역주민들을 매수하고 볼셰비키에 대항할 자원을 제공했다고 지적했다.

후버는 식량지원을 명백한 반공 프로그램으로 생각하고 이 같은 자본주의의 향기가 좌파 지도자들을 전복할 동기로 작용해주길 원했다. 이 전략은 루마니아 군대가 침공해 점령한 헝가리에서 가장 큰 성과를 거둬 공산주의 지도자 벨라 쿤을 몰아내는 데 성공했다. 하지만 후버가 최선의 노력을 쏟아부었음에도 공산주의자들은 꿈쩍하지 않았고 그는 세계대전을 한차례 더 일으킬 생각은 없었다. 결국 후버는 항복했고 소련 당국에 서한을 보내 자신에 대해 어떤 소문이 나돌든 러시아 자원에 개인적 소유권을 주장하지 않겠다는 의견을 전달했다.

1차 세계대전이 끝나면서 유럽의 세계 제국이 붕괴했고 더불어 후버가 감독한 캘리포니아식 광산 모형도 사라졌다. 새로운 국가가 형성되면서 일부 국가는 이전의 비선출 정부가 부과한 부채와 권리를 거부했다. 하지만 사람들이 이 같은 계약 사항을 소위 '경제 민주주의'라는 명목으로 일방적으로 취소할 수 있는 권리를 갖는다면 애초에 투자할 사람이 어디 있겠는가? 그리고 이는 유럽과 러시아만의 문제가 아니었다. 캘리포니아 자본이 많이 들어가 있던 멕시코에서는 1917년 헌법이 "국가는 사유재산에 공익이 요구하는 규제를 가할 권리뿐 아니라 도용되기 쉬운 천연자원의 이용을 규제할 권리 역시 항상 보유한다. 이는 천연자원을 보존하고 공공 자산의 보다 공평한 분배를 보장하기 위함이다"라고 규정했다. 이에 따라 멕시코 정부가 허스트, 챈들러 같은 미국 소유주로부터 재산을 몰수한 걸 시작으로

20년에 걸친 몰수 절차가 시작되었다. 다음 몰수 대상은 무엇이었을까? 미국의 새로운 파나마 운하?

볼셰비즘은 사상 유례없는 방식으로 후버의 글로벌 거버넌스 모델에 직접적 위협을 가했다. 자본가들은 수익이 보호받을 수 있을지 장담할 수 없게 되자 투자를 중단했고 그 결과 한창 궤도에 오르고 있던 발전 동력도 멈춰 버렸다. 인류가 일반 대중이 지배하는 암흑기에 갇힐 판이었다. 후버 개인의 관점에서 보면 오스트레일리아 서부의 금광 붐에서부터 벨기에 구호위원회에 이르기까지 성인이 된 이후 그의 삶을 가능하게 해준 국제 자본가 계층이 와해될 위기에 처해 있었다. 심지어 동료들이 불만으로 가득 찬 고용인들의 손에 인민재판을 받게 될 날도 머지않았다. 지난 몇 년간 이 같은 상황이 확산되어 왔다고 판단한 후버는 파리평화회의에서 이렇게 호소했다. "볼셰비즘이 전쟁보다 위험합니다!"

대공황은 후버에게 자신의 정부가 공산주의자들에 의해 난폭하게 전복될 수 있다는 새로운 공포를 심어주었다. 자칭 미국식 볼셰비즘은 국내 질서 세력에 직접적 위협이 되지는 않았지만 후버와 그의 충성스러운 추종자들은 혁명가들의 말을 액면 그대로 받아들였다. 그들이 보기에 생산 노동자들이 집단의 힘을 발휘하기 위해 결성한 조직은 자본주의 체제 자체에 대한 위협이었다. 물론, 우호적 조합은 조합 경제를 조율하는 데 유용한 파트너가 될 수 있었다. 실제로 철강업계는 후버와의 협의를 통해 12시간이던 노동 시간을 8시간으로 자발적으로 줄이기도 했다. 하지만 이는 노조가 궁극적으로 상사의 관용에 의존할 때만 가능한 일이다. 노조원들이 집단행동을 하려면 조율 절차를 거칠 수밖에 없으며 그들이 살고 있는 글로벌 맥락에서 이는 단 한 가지만을 의미했다. 바로 빨갱이들이 약속한 대로 세계 혁명을 단행하고 있다는 것이다.

퇴역 군인이 정부에 보너스의 조기 지급을 요구하는 데 비미국적 요소라고는 찾아볼 수 없다. 하지만 1932년 대공황의 한가운데서 '보너스 아미 Bonus Army', 즉 수만 명이 병역 보너스 인증서를 들고 의회로 몰려들이 현금을 요구했을 때 후버는 볼셰비키의 군사음모를 포착했다. 이 인증서를 보관하고 있으면 1945년 상환일까지 계속 이자가 붙었지만 대공황으로 기다릴 처지가 못 됐던 일부 장병들은 시위 같기도 하고 은행절도 같기도 한 사건을 벌였다. 후버는 보너스 아미 진영에서 협상할 만한 인물을 찾지 못했고 행정부는 무장 공산군이 여름의 워싱턴에서 겨울궁전 습격사건을 재현하려 하고 있다고 확신했다. 사실 모스크바는 미국 공산주의자들이 캠페인을 장악하지 못하는 데 좌절하고 있었지만 후버 세력은 최악의 상황에 대비했다.

더글러스 맥아더 육군 참모총장은 상관인 후버만큼이나 적색공포가 심해서 가족과 함께 텐트에서 야영하는 보너스 아미 집단을 혁명의 선봉에 선 무신론자로 여겼다. 결국 그는 기병대에 이어 보병대와 장갑차 다섯 대까지 동원해 시위대를 무참히 짓밟았다. 미국 최고의 전쟁 기술을 사용해 아직 도달하지 못한 구역에까지 최루탄을 살포했고 캠프에 도착했을 때는 체계적으로 불을 질렀다. 심지어 카메라까지 있었는데 말이다. 수십 명이 부상당했고 군대는 100명이 넘는 시위대를 체포했다. 후버는 잘못을 뉘우치지 않았고 루스벨트 캠프는 환희 속에 이를 지켜보며 후버를 위해 건배했다.

볼셰비키에 트라우마가 있던 후버는 보너스 아미를 보고 공포에 휩싸여 그렇지 않아도 임종 선고를 받은 대통령으로서의 자신에게 마지막 확인 사살을 했다. 이처럼 붉은 여명이 밝아오면서 후버의 마음속에서는 프랭클린 델라노 루스벨트를 포함한 모든 정적이 뒤섞여 분홍빛을 띠기 시작했다. 레임덕에 빠져 정치나 정서 모두 경직되어 버린 대통령은 퇴임 후 팔로알토로 향할 계획이었지만 캘리포니아도 안전하지 않기는 마찬가지였다.

미국의 공산주의

1932년 대통령 선거 당일, 후버 부부는 자신들이 건축 자금을 지원했던 스탠퍼드 학생회관에서 투표했다. 이후 임시 선거본부로 변신한 팔로알토의 현대식 저택으로 들어가 자리에 앉기도 전에 자신의 참패 사실을 알 수 있었다. 후버는 가파르게 추락해 미국 정치 역사상 가장 짧은 시간에 처지가 뒤바뀐 인물이 되었다. 그렇다고 그가 혁명의 희생자가 되거나 국민에 대한 범죄 혐의로 처형당할 처지에 놓였던 건 아니다. 하지만 금수저 출신 신사이자 같은 계층의 앙숙이라 할 루스벨트에게 패배했다. 연방정부는 후버 농장을 몰수해 노동자들에게 넘길 계획이 전혀 없었다(하지만 루스벨트 행정부는 후버 댐에서 일시적으로 후버의 이름을 삭제해 선거에서 받은 상처에 모욕감을 더해 주었다). 그럼에도 후버는 안심할 수 없었고 캘리포니아의 노동 상황 역시 불안감을 더했다.

농업 자본가 조직은 앵글로인들이 토지를 강탈하기 전부터 지역산업을 괴롭혀 온 고임금 문제를 대공황을 틈타 공격했다. 절박한 노동자가 넘쳐나면서 심지어 백인 노동자만 고용하는 통조림 공장에서조차 노동자의 입지가 좁아졌고 결국 1929년 여름 주당 16달러였던 임금이 4년 후 8달러로 떨어지는 지경에 이르렀다. 현장 노동자들의 상황은 더욱 참담했다. 더 이상 잃을 게 없어진 노동자들은 결국 조직을 구성해 작업을 중단하고 하드 피켓으로 바리케이드를 쳤다.[19] 수확 작업은 타이밍이 중요한 만큼 피켓은 노동력 과잉 시장에서 갖추기 힘든 무기를 노동자에게 선사했다. 노동자들은 공급 역시 통제할 수 있게 되었다. 후버는 무시무시한 보너스 아미의 공격을 피하러 왔다 오히려 미국 볼셰비즘의 붉은 심장부에 갇힌 꼴이 되

---

19 소비자 및 대체 노동자가 넘어올 수 있는 소프트 피켓 라인과 달리 하드 피켓 라인은 침범이 어렵다.

었다.

캘리포니아 연합 농민단과 그들의 자경단을 당시 유럽과 일본에서 동시에 부상하던 파시스트 운동의 일환으로 간주하는 시각이 역사적으로 널리 퍼져 있다. 분명 유사점이 있다. 1936년 상추 파업을 진압하려 했던 살리나스의 손도끼 자경단은 '수정의 밤Kristallnacht'에 유대인의 창을 깨부쉈던 돌격대의 캘리포니아 버전이었다. 히틀러 정권에 대한 감정은 농민과 그들의 사회적 환경에 따라 다양했으며 후버는 미국의 2차 세계대전 참전을 막기 위해 최선을 다했을 것이다. 일부 미국인을 포함한 파시스트들은 지역 공산주의자들을 혐오했지만 이들은 같은 변호인을 내세웠다. 캘리포니아의 레오 갤러거 변호사가 세계산업노동자 연맹의 아이콘 톰 무니부터 독일 제국의회 방화 혐의로 유죄 판결을 받은 조지 디미트로프, 그리고 새크라멘토 음모 재판에서 신디컬리즘 신봉자로 기소된 피고인들에 이르기까지 폭넓게 변호한 것이다. 그럼에도 합리화된 골드러시부터 파업, 그리고 1930년대의 강제 추수로 이어지는 미국 후버주의의 전통은 뚜렷하게 남아 그 배경을 이해할 필요가 있다.

자본주의하에서는 사람이 흔히 사물을 대변한다. 도축업자, 제빵사와 촛대 제작자는 베드 배스 앤 비욘드(미국의 홈데코 기업) 속으로 사라진다. 하지만 이와 반대로 지배층 내에서는 사물이 사람을 대변하는 경우가 더 흔하다. 가령 스미스 씨와 브라운 씨가 함께 저녁식사를 한다면 이는 은행과 신문이 마주 앉은 것으로도 볼 수 있다. 이처럼 거대 자본, 그리고 수년간의 노동에서 추출되고 응집된 결과물이 인간의 형태로 만나는 것이 바로 주식회사 모형의 미덕이다. 자본은 근본적으로 평균 이상의 수익을 추구하는 만큼 본전 찾기에 만족하는 운영자는 찾아볼 수 없지만 자본주의 시스템이 작동할 수 있으려면 협력이라는 단단한 기반 위에서 피상적 경쟁이 펼쳐져야 한다.

그런데 파시스트 체제의 경우, 경쟁은 국가끼리 장외에서 치르는 것이고 다양한 구성요소는 하나의 기구를 이룬다. 이때 개인의 이익은 그룹의 이익에 종속되는데 개인의 이익이 사회를 움직이는 원동력이라고 여긴 후버와 동료들로서는 결코 받아들일 수 없는 시각이었다. 자본주의적 집단성은 두 가지 방식으로 나타난다. 첫째, 자본가들이 직원의 노동에서 가치를 조금씩 추출하고 이를 한 덩어리로 모아 재투자하는 착취다. 둘째, 투자자들이 조금씩 모은 걸 공동의 대의를 위해 바치겠다고 약속하는 조합이다. 똘똘 뭉치는 파시스트 국가와 달리 조합 국가는 자유롭고 소프트볼 리그에 자발적으로 참여한 플레이어처럼 모인다.

대공황 기간 동안 장기적으로 수익을 내는 것보다 단기적으로 자신을 건사하는 게 중요해지면서 자본주의적 협력의 단단한 토대에 금이 갔다. 좌파와 자유주의자의 '대중 전선' 동맹은 조합 국가가 자본가들을 중재한 것과 마찬가지로 자본과 노동을 중재하는 민주국가의 모델을 제시했다. 이 아이디어는 특히 파시즘적 우파와 공산주의적 좌파 사이에서 많은 것을 제공했다. 그 결과 자신의 신념을 고수한 후버는 거의 홀로 버려졌다. 하지만 그가 다른 모든 이들과 달리 깨달은 게 있었으니 바로 금융화와 경제 민주주의는 공존할 수 없다는 사실이다. 만약 재산권이 대중통제의 대상이 된다면 투자자들은 대중을 장애물, 즉 관리해야 할 변수로 마주하게 된다. 가령 한 은행이 현재 인건비를 기준으로 농장에 신용대출을 시행했다고 해보자. 이후 피켓 시위가 일어나 노동 여건이 개선된다면 은행으로서는 자산 가치가 공격받는 것이고 심지어 금융화로 인해 자산이 아예 동결될 수도 있다. 루스벨트 연합은 자본과 노동을 한 바구니에 담았지만 한쪽이 늘 다른 쪽을 지배하려고 해왔다.

빌 캠프는 뉴딜정책 관료로서는 의외의 선택이었다. 은행가이자 목화 재배업자이며 클랜스맨 가문의 자랑스러운 아들이었던 그는 루스벨트 팀의 우파이자 남부연합을 지지하는 민주당원 중 한 명이었다. 그는 후버의 농업행정 모델을 뉴딜정책 시기에도 이어간 연결고리였다. 농업 조정법이 법적 도전에 직면했을 때 캠프는 연합의 좌파 세력에 소개되었고 자신의 변호사가 공산주의자라는 사실에 충격을 금치 못했다. 캠프는 공산주의자를 보면 바로 알아차렸고 농무부 관리들이 좌파 성향의 남부 소작농 연합을 도와 남부 면화 노동자들의 노동여건 개선을 위해 힘쓰고 있다는 사실을 알고 비난했다. 캠프는 면화 지대의 보수 정치인 친구 몇 명을 소집한 뒤 농무부 신임장관 월리스를 건너뛰고 루스벨트 대통령에게 직행했다. 다음 날 대통령은 좌파 변호사를 해고했고 농무부는 소작인에게 유리한 해석을 뒤집었다. 하지만 공산주의 변호사를 잊을 수 없었던 캠프는 지역구 의원 중 한 명이 빨갱이 자유주의자의 이름을 공개하도록 요구하자 앨저 히스라는 이름에 관한 모든 정보를 리처드 닉슨에게 전달해 의회의 적색공포에 불붙이는 데 일조했다.

빌 캠프와 앨저 히스가 각각 대변한 플랜테이션 소유주와 노동자 세력이 사이좋게 공존하도록 할 정부는 없다는 사실을 허버트 후버는 알고 있었다. 자본은 본질적으로 노동을 지배하며 그렇게 못하면 더 이상 존재할 수 없다. 농장주를 기존 소작농에 결속시키는 규정 해석에 캠프가 반대한 것도 농장주의 수익성을 크게 훼손하기 때문이었다. 당시 농장은 정부의 도움 없이는 수익을 전혀 내지 못했는데도 말이다. 이 같은 갈등은 그야말로 내재되어 있어서 2차 세계대전 이후 냉전이 시작되지 않았거나 자유주의자들이 어느 편에 설지 굳이 밝히지 않았어도 일어날 수밖에 없었다. 캘리포니아주지사 후보 자리를 괴짜 사회주의 작가 업턴 싱클레어에게 내준 이후 조지 크릴은 루스벨트와 함께 칼을 꺼내들었다. 먼저 싱클레어의 공약을 좀 더 온건하게 수정한 다음 공화당 소속의 당시 주지사 프랭크 메리엄과 합의를 맺었다. 싱클레어는 루스벨트의 지지 선언을 끝내 받지 못했고 메리엄은 선거에서 결국 대승을 거뒀다. 캠프는 크릴에 대해 "처음에는 공산주의가 위협이라는 사실을 깨닫지 못했지만 (공산주의에 맞서) 가장 위대한 투사 중 한 명이 되었다"고 회상했다. 뉴딜 정책에는 버거운 일이었다.

결국 크릴은 후버와 같은 클럽에 소속되었다. 클럽명은 비유적인 샌프란시스코 보헤미안 클럽이었지만 조합 국가 세계에서는 문자 그대로를 의미하기도 했다. 이 클럽은 매년 캘리포니아의 상류층을 숲속으로 초대해 보헤미안 그로브라는 여름 캠프를 열었다. 이곳에서는 여성은 출입이 금지된 파자마 파티를 통해 진짜 비즈니스가 이루어졌다. 그들은 촌극 공연을 하고 노래를 부르며 비밀 이야기를 나눴다. A. P. 지아니니와 해리 챈들러, 그리고 그 아들들이 참석했다. 레이 라이먼 윌버도 있었지만 루스벨트 행정부의 후임 내무부 장관인 해롤드 익스도 있었다.[20] 이 클럽은 블라디미르 레닌이 상상한 금융주도의 '개인적 연합' 그 자체였다. 당시 "은행, 산업 및 상업 부문의 최대 기업들이 서로 주식을 인수하거나 각자의 감독위원회에 은행 감독관을 앉히는 방법으로 합병을 달성해" 생겨난 것이다.

이들은 캘리포니아에서도 비슷하게 숲속에서 어울려 놀며 합병을 진행했다. 물론 허버트 후버가 모든 과정에 참여했고 그는 숲속 캠프 내에서 자신만의 별도 캠프까지 구축해 루스벨트보다 훨씬 늦게 사망할 때까지 글로벌 킹메이커의 역할을 계속했다. 한쪽에서 노동 공격 전략을 짜고 있는 자본이 다른 한쪽에서는 인간의 형태로 서로의 뒤통수를 치고 있는 것이다. 사람들이 투표로는 후버를 밀어낼 수 없었던 것과 마찬가지로 이 같은 핵심 연합을 망가뜨릴 수 있는 자는 아무도 없었다. 목화 따는 사람과 농장주 사이에 뉴딜이 있을 수 없고 착취자와 피착취자 사이에도 공정한 거래가 있을 수 없다.

---

20 크릴은 보헤미안 클럽은 워낙 사랑해 아내 사후에는 그 클럽에서 여생을 보냈다.

후버와 그의 동료들이 본 공산주의는 단순히 러시아를 운영하는 정당이나 경제철학이 아니었다. 사회에 대한 자본주의적 통제를 폐지하고 자본주의 전체를 파괴하려는 실제 운동이었다. 공산주의자들은 스스로 인지하든 못하든, 심지어 자신이 원하는 건 좀 더 높은 임금뿐이라고 생각할 때조차 공산주의자들이었다. 지금은 후버주의자들을 세계에 편집증적 환상을 품었던 희생자로 간주하기 쉽다. 마르크스주의의 혁명적 수사를 유일하게 진정으로 믿었던 부류, 혹은 도덕적 공황을 부추기는 냉소적 경영자로 보는 것이다. 하지만 후버는 세계 혁명이 현실이라는 사실을 알고 있었다. 그는 공산주의를 중국에서 목격했고 러시아에서 가까스로 피했으며 워싱턴 DC의 창밖에서 맞닥뜨렸고 캘리포니아에서 자신의 농장을 파괴하는 소리를 들었다. 공산주의는 그의 광산을 강탈했고 그가 경계하지 않았다면 전 세계에 퍼져 있는 특권층 친구들에게 그랬듯 그를 죽이고 나머지도 앗아갔을 것이다. 아직 패배의 상처에서 벗어나지 못했지만 퇴장과는 거리가 멀었던 허버트 후버는 계급 전쟁에서 승리하는 데 여생을 바쳤다. 팔로알토는 그의 감시탑이 되었다. 하지만 미국은 그보다 먼저 이겨야 하는 전쟁이 있었다.

Chapter 07

격동 속 젊은 인재들

포레스트의 트라이오드 → 전자 통신 → 바리안 형제와 룸바트론 → 루이스 터먼의 천재 아들
→ 캘리포니아 일본인의 억류

    연방 전신에서 오늘날의 인터넷 플랫폼에 이르는 베이 지역의 전자 산업은 선형으로 발전하지 않았다. 무선 송신기가 어떻게 비활성 실리콘 덩어리가 되겠는가? 하지만 팔로알토에서는 불과 50년 만에 그런 일이 벌어졌다. 리 드 포레스트의 다목적 진공관이 실리콘 웨이퍼로 변형되면서 산타클라라 밸리가 그 유명한 '실리콘밸리'로 다시 태어났다. 이 스탠퍼드 커뮤니티는 반도체에 전파를 실어 1900년대 중반 미국을 기존의 규모와 명성을 훌쩍 뛰어넘는 지역으로 도약시키는 데 공헌했다. 2차 세계대전 당시 미국이 캘리포니아를 통해 아시아 국가와 연결되면서 태평양 유역으로 뻗어나간 것이다. 무선통신 시대의 이들은 발명, 과대광고, 정부 계약 및 주식 사기 등을 결합해 테크 기업가들을 양산할 기반을 마련했다. 게다가 전 세계에 닥친 두 차례의 전쟁은 이들을 단순 기업가를 뛰어넘는 존재로 만들어 놓았다.

    리 드 포레스트는 팔로알토에서 마이브리지의 뒤를 이은 두 번째 스타 발명가였다. 자칭 무선통신의 아버지였던 포레스트는 뉴욕에서 비즈니스 파트너들이 주식 발행을 초과 청약하고 자산을 분할해 새로운 회사로 통합

함에 따라 파산의 상처를 떠안고 서부로 돌아왔다. 기업 회생이 불가능하다고 판단한 그는 "운명을 받아들이고 당장 일자리를 찾아야 한다는 사실을 인정했다"고 적었다. 연방 전신 설립자이자 스탠퍼드 졸업생으로 태평양 연안에서 일하던 싸이 엘웰과 운 좋게 친구가 되었고 엘웰은 기회를 놓치지 않고 그를 고용했다. 포레스트는 딱 1910~1913년 근무했지만 이때야말로 그의 생애에서 가장 중요한 시기였다.

포레스트는 무선 수신기의 성능을 발전시키는 데 성공했지만 그밖에 자신이 어떤 업적을 달성했는지는 깨닫지 못했다. 튜브 다이오드는 진공 덕분에 별다른 방해 없이 전자를 양전하를 띤 음극에서 양극으로 보낼 수 있었다. 이 튜브 장치는 가정용 교류 전류를 일정한 직류 전류로 정류해 무선 신호를 수신할 수 있었다. 그런데 포레스트가 음극과 양극 사이에 그리드, 또는 제어 그리드라는 세 번째 전극을 추가함으로써 스위치를 발명했다. 그리고 저전력 신호를 그리드에 띄우면 본래 다이오드 연결 사이에 흐르는 고전류를 통해 신호를 증폭할 수 있었다. 포레스트는 다소 우연한 기회에 트라이오드를 발명했다.

이렇게 생각해보자. 대규모 항공기 격납고 한쪽에 문이 있고 문 뒤로 굶주린 치타가 끝없이 줄지어 서 있다. 이게 음극이다. 맞은편에는 죽은 지 얼마 안 된 영양의 사체가 쌓여 있다. 이는 양극이다. 음극에 전원을 공급하면 치타가 한 방향으로 움직이기 시작한다(채식을 하는 치타는 없다고 가정한다). 이처럼 치타가 있는 음극과 영양이 있는 양극 사이에 동네 슈퍼에서 볼 수 있는 미닫이 유리문을 설치할 경우, 문을 열라고 말하는 데 드는 극소량의 에너지만으로 굶주린 치타 무리라는 거대 에너지의 흐름을 제어할 수 있게 된다. 이게 바로 증폭기다. 증폭기는 신호전력 때문에 통신기술 사용이 제한적이던 당시 상당히 중요한 역할을 했다. 증폭기가 없었으면 거리가 멀어질수록 신호가 약해져 AT&T는 한정된 지역 외에는 무선신호를 제공할 수 없었을 것이다. 포레스트보다 이 장치를 더 잘 이해한 엔지니어들이 세 개의 전극으로 이루어진 오디온을 탄생시켰고 덕분에 라디오 방송과 수신뿐 아니라 전화 통신까지 가능해졌다. 전화 회사는 신호가 희미해질 때 오디온을 사용해 신호를 반복함으로써 까마득히 먼 거리도 연결할 수 있게 되었다. 드 포레스트로부터 라이선스를 획득하고 이듬해였던 1915년, AT&T는 파나마-태평양 국제 박람회에서 최초의 해안 간 음성 회로를 발표했다.

연방 전신에서 진공튜브 생산 공정을 이끈 건 샌프란시스코 출신의 스탠퍼드 졸업생 찰스 리튼이었다. 1904년 태어난 리튼은 남쪽으로 30마일 떨어진 곳에서 성장한 4살 연상의 프레더릭 터먼과 마찬가지로 어려서부터 아마추어 무선 애호가였다. 진공 튜브 신동이던 리튼은 무선통신용 유리 부품을 제작해 판매하다가 스탠퍼드 통신 연구소의 진공 튜브 전문가가 되었다. 1925년 전기기계공학과를 졸업하고 3년 뒤 튜브 공정 책임자로 연방 전신에 채용되었다.[21] 하지만 연방 전신은 당시 국제 전화 및 전신ITT 소유로 곧 미국 뉴저지의 뉴어크로 시설을 통합할 예정이었다. 아직 20대로 스탠퍼드를 졸업한 지 10년도 안 된 리튼은 연방 전신을 당당히 그만두고 나와 튜브 제조장치 생산공장을 오픈했다. 캘리포니아에서 나고 자란 만큼 베이 지역을 떠날 준비가 안 됐던 건지 모른다. 이후 고품질 튜브를 대량 생산하는 유리 블로잉 선반을 설계해 수작업으로 제작하던 당시의 업계 표준을 크게 향상시켰다. 이제 리튼의 프로세스가 표준이 되었다.

리튼은 남다른 청년들 사이에서도 눈에 띄는 청년이었다. 1910년대에 태어나 무선통신 기술에 관심 있는 사람이라면 샌프란시스코 베이 지역만

---

21 당시 리튼이 AT&T나 월스트리트에서 투자하고 백악관에서 승인한 RCA의 독점기업들을 거스르지 않고 포레스트 스타일의 장치를 만들 수 있는 곳은 연방 전신이 유일했다. AT&T와 RCA는 현재 (전화보다) 무선통신 기능용 3극 진공관의 저작권을 보유하고 있다.

큼 살기 좋은 곳도 없었다. 리 드 포레스트와 연방 전신은 베이 지역을 아마추어 무선('햄ham') 애호가들의 천국으로 만들었다. 서부의 가장 진취적인 발명가들에게 베이 지역은 인근에서도 자본과 숙련 노동자가 가장 밀집한 구역이었다. 유타 출신으로 1920년대 중반 샌프란시스코의 텔레그래프 언덕 밑자락에 텔레비전 연구소를 설립한 필로 판스워스도 그중 하나였다(그는 텔레비전을 발명했다). 투자자가 차고 넘치는 태평양 연안의 샌프란시스코가 지역 인재를 마치 자석처럼 끌어당겼다면 팔로알토는 그렇게 결집된 이들의 잠재력을 미국 전역으로 송출하는 증폭기 역할을 했다.

캘리포니아 북부의 연방 전신은 기술 개발에 주력했음에도 자체적으로 성과를 내는 데 한계가 있었다. 더 좋은 조건에 뉴욕으로 스카우트 되어 간 포레스트는 다양한 지적재산권 분쟁에 휘말리게 되었다. 제3전극을 보유한 그와 양극-음극 플레밍 밸브를 보유한 마르코니 컴퍼니가 대결구도를 형성해 서로에게 필요한 존재였음에도 조금도 양보하려 들지 않았다. 하지만 전쟁을 계기로 무선통신이 군사 인프라로 전환되면서 해결책이 생겼다. 연방정부는 외국 소유의 마르코니 자회사를 제너럴 일렉트릭GE에 매매하도록 하고 분쟁 기간 동안 특허권을 박탈해 두 회사가 임시 카르텔을 구축할 수밖에 없도록 만들었다.

전쟁이 끝난 후, 허버트 후버 상무장관은 주요 업체들을 한자리에 모아놓고 급증하는 무선통신 수요를 수익으로 연결할 해결책을 촉구했다. 1920년대 초, GE는 후버의 지시에 플레밍 밸브를 포함한 무선 IP를 라디오 코퍼레이션 오브 아메리카RCA라는 새로운 자회사에 허가하고 독점 통신업체인 AT&T 및 웨스팅하우스의 전자 제조업체와 거래를 체결했다. 포레스트의 전기를 쓴 작가는 증폭 진공 튜브를 발명한 포레스트가 어쩌다 업계에서 추방된 괴짜가 됐는지를 두고 이렇게 설명했다. "AT&T가 RCA에 허가한 트라이오드 제조 권한을 RCA가 GE와 웨스팅하우스에 허가했다. GE

와 웨스팅하우스가 트라이오드를 제조해 라디오에 설치한 후 RCA에 판매하면 RCA는 그 라디오를 일반인에게 판매했다. 결국 리 드 포레스트의 무선전화 및 전신회사에서 뭔가를 구입하는 이는 아무도 없었다." 자본이 동부에 집중되어 있는 만큼 후버의 조직 자본주의 모형은 발명가와 기업가가 밀집해 있는 서부 해안에 단기적으로는 그리 매력적이지 않았다.

무선통신 시대에 자신의 발명품을 도둑맞은 엔지니어는 포레스트뿐만이 아니었다. 업계가 통합되면서 미국 전역에서 동일한 사례가 반복되었다. 1930년 하인츠와 카우프만은 자사의 지배 지분을 달러 스팀쉽에 매각했고 스팀쉽은 이 기술을 활용해 운송 회사 간 통신을 구축했다. 서부 해안의 목재 재벌 로버트 달러가 설립한 이 달러 스팀쉽Dollar Steamship은 태평양 횡단 무역을 통해 자본을 축적했다. 게다가 달러가 허버트 후버의 친구였던 터라 1921년 국제 상공회의소 소장에 임명됐다는 사실도 도움이 안 되지는 않았을 것이다.

하지만 1932년 달러가 사망한 뒤에는 후버와의 인맥도 무실해졌고 루스벨트 취임 이후에는 새로운 규제기관이 달러의 무선전송 기업을 폐쇄해 하인츠와 카우프만의 혁신기업은 창업자와 무관하게 사실상 끝을 맞이했다. RCA와 AT&T가 국내 통신 시장을 양분하고 ITT가 해외 시장을 장악한 터라 서부 해안의 신생 기업은 설 자리가 없었기 때문이다. 1931년에는 RCA가 필로 판스워스와 그의 텔레비전을 인수하려고 시도했지만 결국 판스워스는 필라델피아의 필코Philco, 끝내는 ITT의 품에 안기게 되었다. 무선통신 시대 초기, 베이 지역의 발명품은 어떤 식으로든 소송에 휘말려 결국 동부 해안 자본 세력의 손에 들어가는 경향이 있었다. 초기의 이 같은 트라우마는 실리콘밸리의 무의식에 여전히 내재되어 있다.

베이 지역의 기업가와 엔지니어들은 자신들의 발명품, 그리고 거기서 나오는 수익을 어떻게 통제할지 끊임없이 고민해야 했고 그 과정에서 모험을 택했다. 러시아 태생 수리공으로 1차 세계대전 당시 차르의 공군 부대에 소속되어 백인과 함께 볼셰비키에 맞서 싸웠던 알렉산더 M. 포니아토프를 떠올려 보라. 패배 후 그는 시베리아를 거쳐 상하이로 피신했다. 뉴욕주 스키넥터디로 건너가 GE에서 새로운 전기제품의 설계 일을 맡았다. 하지만 동부 해안 독점기업의 부품 같은 삶에 싫증을 느껴 다시 캘리포니아로 향했고 그곳에서 전력 독점기업인 퍼시픽가스&일렉트릭에 취업했다. 포니아토프는 스타트업에서 일하는 데 더 큰 매력을 느꼈고 1934년에는 달모라는 기계매장을 설립한 팀 모슬리라는 젊은 엔지니어 밑에서 일할 기회를 얻었다. 전기화로 기발한 전기제품 아이디어에 대한 수요가 높아지자 포니아토프와 모슬리는 새로운 미용기기를 고민하기 시작했다. 그리고 여성의 머리카락에 웨이브를 넣는 기기의 특허 획득에 성공했다. 하지만 소위 전기면도기라는 다른 기기와 관련해 분쟁에 휘말렸고 1939년에는 자본력이 비교적 탄탄한 쉬크Schick가 제기한 소송으로 결국 파산했다.

달모 매장은 이대로 끝날 수도 있었다. 동부 해안의 기업과 의도치 않게 대적하는 불운이 닥치면 고만고만한 스타트업들은 문 닫기 일쑤였다. 골드러시 상인들이 홍수나 화재에 휩쓸릴 위험이 있었던 것처럼 초기 전기제품 기업가들은 인수, 혹은 경쟁의 형태로 시장이나 법정에서 거대 자본과 맞닥뜨리는 즉시 지구상에서 사라질 위험에 처하고 말았다. 세계대전이 터져 국력을 모으는 게 우선순위가 되면서 자본가들 간 다툼이 뒷전으로 밀려나기도 했지만 전쟁이 끝나고 나자 동부 해안의 통신 독점기업들도 전후 평화와 함께 다시 도약했다. 캘리포니아 북부의 테크 기업가들에게는 다행스럽게도 1차 세계대전은 최후의 전쟁이 아니었다. 전자제품 발명가들은 이내 세계에서 가장 위험한 무기가 될 예정이었고 캘리포니아의 무장 상태는 놀라운 수준이었다.

전자 통신의 시대, 그리고 전쟁

1차 세계대전과 2차 세계대전 사이 기간, 비행기는 장난감에 불과했다. 그걸로 어떤 목적을 달성하려면 항로를 찾고 통신할 수단이 필요했다. 처음에는 이 같은 역할을 담당한 게 지상 및 기내 전자 시스템이었다. 2차 세계대전 이후부터는 이들 시스템을 항공 전자공학으로 통칭했지만 베이 지역은 그 전부터 이미 항공 전자공학의 중심지였다. 하와이를 파인애플 식민지로 개척한 제임스 D. 돌은 1927년 오클랜드와 호놀룰루를 오가는 비행 대회를 후원했다. 하인츠와 카우프만은 이 대회에 참가한 한 비행기에 본래 선박용으로 설계된 첨단 단파 무선통신 시스템을 설치해 조종사들과 통신했다. 그런데 무선통신 성능이 비행기보다 뛰어났던 바람에 당시 '댈러스 스피릿호' 탑승자들이 해안에서 600마일 떨어진 지점에 나선형으로 급추락하면서 살려달라고 부르짖던 육성을 지상의 통신 관계자들이 고스란히 들으며 공포에 떨 수밖에 없었다. 비극은 혁신을 일으키기 마련이어서 댈러스 스피릿호 참사 이후 전 세계 모험에 H&K 단파 시스템이 도입되었다. 북극과 남극 여행에도 H&K의 이 시스템이 사용되면서 로버트 달러는 태평양 지역 전반에 영구 통신 네트워크를 설치했다. 상승세를 타던 스탠퍼드의 무선통신 환경이 육지, 바다와 하늘을 연결하는 열쇠를 제공한 것이다.

평시에 등장하는 최신 기술은 기존 업체에 위협이 될 수 있다. 거대 자본가들은 기존 제품과 프로세스에 막대한 투자를 한 만큼 신생업체가 거둔 성과를 수용하기보다 짓밟는 게 더 득이 된다고 여기는 경우가 많다. 하지만 전시에는 국가가 집단 국익을 명분으로 국내 경쟁을 억제한다. 1차 세계대전 당시 플레밍 밸브와 오디온 특허가 이 사례에 해당된다. 전기면도기를 발명한 모슬리 역시 2차 세계대전을 통해 재기의 기회를 얻게 되었다.

달모가 강제 해체되고 5년 후 그는 포니아토프에게 돌아갔다. 당시 전투기에 설치할 새로운 레이더 안테나를 수소문하던 해군이 마침 조종사 출신인 포니아토프에게 레이더 안테나에 대해 물은 것이다. 하지만 포니아토프는 아는 바가 없었다. "나도 마찬가지요. 그래도 장치가 100일 안에 완성되어야 한다고 계약서에 명시되어 있으니 시간 낭비하지 맙시다." 모슬리가 답했다.

전설에 따르면 두 사람은 100일간 쉬지 않고 일해 결국 조달위원회에 시제품을 제출하는 데 성공했다. 위원회는 GE와 웨스팅하우스를 필두로 한 일련의 대기업에 계약을 잠정 발주한 상태였지만 달모 사의 안테나가 훨씬 성능이 뛰어났다. 독점 자유시장이었다면 모슬리와 포니아토프가 또다시 밀려났겠지만[22] 미국 청년들의 생명이 걸려 있는 만큼 정도를 가기로 한 국가는 달모의 설계를 채택했다. 달모를 짓밟는 데 실패한 웨스팅하우스 경영진은 달모에 공동 투자해 생산을 관리하겠다고 제안했다. 모슬리는 이상한 낌새를 눈치 채고 계약을 따내 달모를 달모 빅터로 바꾸고 그야말로 하룻밤새 대형 군수 계약업자로 발돋움했다. 달모 빅터는 1960년대 중반까지 미국의 거의 모든 잠수함 안테나를 생산했을 뿐 아니라 상공 및 우주 안테나 장비의 최대 공급업체가 되어 H&K의 자리를 대신했다.

1차 세계대전과 2차 세계대전 사이 기간 베이 지역의 다른 전기통신 기업들이 독과점 정책에 무너지는 사이 달모는 전쟁이라는 비상 상황과 모슬리의 수완이 빚어낸 시너지 효과로 살아남아 성장할 수 있었다. 포니아토프는 개발자로서 전성기를 구가하고 있었던 만큼 모슬리가 바로 손을 떼자고 제안했을 때 놀라지 않을 수 없었다. 모슬리의 계획은 이랬다. 자신들이 설계한 안테나를 생산하려면 역시 자신들이 만들어 다른 어디서도 구할 수

---

22 H&K는 그렇게 밀려났다. 보잉은 독점 부품 공급업체 웨스턴 일렉트릭의 요청에 따라 H&K의 우수한 무선통신 장비를 자신들의 비행기에서 제거했다.

없는 정밀모터가 필요했다. 두 사람이 정밀모터 회사를 분리설립하면 합작 투자가 가능해 웨스팅하우스에 의존하지 않고 새로운 자본을 확보할 수 있다. 이에 모슬리는 2만 5,000달러를, 포니아토프는 5,000달러를 투자해 새로운 회사를 설립 운영하기로 합의했다. 회사 지분은 50 대 50으로 나눠 갖는 대신 회사명에는 포니아토프의 이름을 넣어 알렉산더 M. 포니아토프 엑설런스, 줄여서 암펙스로 짓기로 했다.

포니아토프는 달모 빅터 빌딩의 다른 층으로 이사했고 암펙스는 스탠퍼드 공대 졸업생들을 채용해, 두 사람의 두 번째 회사가 이렇게 탄생했다(포니아토프가 최초로 고용한 직원은 스탠퍼드 석사과정을 갓 졸업한 마이런 스톨라로프였는데 LSD를 연구한 그의 업적은 그의 커리어는 물론, 세계 역사에도 막대한 영향을 미쳤다). 팀 모슬리는 자신의 이익을 영리하게 추구함으로써 군수산업 단지, 나아가 베이 지역의 기술 생태계에 상당한 공헌을 했다. 후버주의의 전통대로 사적 이익이 곧 공동의 이익이 되었다.

2차 세계대전을 통해 모슬리는 전자제품 장사꾼으로는 최초로 팔로알토에서 성공을 거둘 수 있었다. 하지만 이 지역의 모든 사람이 파시즘을 추방하는 데 자신의 사업을 헌신한 건 아니었다. 팔로알토에는 보헤미안의 이타적 성향 역시 존재했고 또 하나의 파일럿-엔지니어 조합이던 러셀 바리안과 시구르드 바리안 형제가 전형적 사례였다. 20세기가 밝아올 무렵 태어난 형제는 팔로알토, 그리고 남쪽의 신지학(밀교, 신비주의적인 사상 철학 체계) 유토피아 공동체이자 부모님이 지도자로 계셨던 할사이온Halcyon 사이에서 자랐다. 둘 다 공동체를 지향하는 좌파 성향뿐 아니라 틀에 박히지 않은 사고방식을 물려받았는데 처음에는 다른 방향으로 발현되기도 했다.

러셀은 열심히 노력해 학습장애를 극복하고 스탠퍼드 물리학 전공으로 학사와 석사 과정을 모두 마쳤지만 박사는 떨어졌다. 실망스러웠지만 학력만큼은 어디 내놔도 손색이 없었던 만큼 필로 판스워스의 샌프란시스코 텔레비전 연구소에 취업할 수 있었다. 그의 동생인 시구르드는 학업에 별로 관심이 없어 할시온 인근의 샌 루이스 오비스포에 위치한 캘리포니아 폴리테크닉을 중퇴하고 좀 더 화려한 삶을 추구했다. 비행 수업을 받던 중 1차 세계대전 당시 쓰였던 전투기를 손에 넣게 돼 전국을 순회하며 항공 곡예를 선보이는 스턴트 파일럿으로 일하게 되었다. 대담하고 모험심 강하며 키도 186cm나 됐던 것으로 알려진 시구르드는 팬아메리칸 항공에서 멕시코 및 중미행 항공편의 기장이 되었다. 영국 영사의 딸과 결혼한 이후 상당한 돈을 모으게 되면서 직장을 그만두고 형인 러셀에게 전화를 걸었다.

성장기 내내 러셀과 시구르드는 러셀의 인내심과 성실성, 그리고 시구르드의 열정과 기계적 재능을 합쳐 "아이디어 공장"의 설립을 꿈꿨다. 그에 따라 러셀은 학교에서 기술지식을 쌓고 시구르드는 돈을 모으며 여러 아이디어를 구상했다. 어느덧 둘 다 30대가 됐지만 동생인 시구르드는 '아이디어 공장'의 꿈을 놓지 않았고 돈과 아이디어를 모두 확보한 데다 금상첨화로 목표까지 생겼다. 2차 세계대전이 다가오던 무렵에는 파시즘 정부가 비행기와 폭발물을 합쳐 폭격기를 만들면서 항공기의 군사화가 본격화되었다. 보병과 달리 조종사는 전선 위나 그것을 넘어선 지역까지 비행하면서 도시 인프라 및 민간인들을 무차별 공격했다. 스페인에서는 나치군 항공기로 전력을 보강한 프랑스 군대가 공화당 영토를 폭격했는데 이 순간은 게르니카에 애도를 표한 파블로 피카소의 작품에 가장 아름답게 드러나 있다.

에티오피아에서는 무솔리니의 공군 부대가 독가스를 연이어 살포했다. 시구르드처럼 정치적으로 진보적인 조종사에게 또 다른 전쟁의 전조는 끔찍하기만 했다. 대부분 사회주의 성향의 미국인이 그랬듯 그는 독일과의 두 번째 전면전을 예상했고 팬아메리카 항공기에서 내려다본 미국에 재앙이 닥쳐올 것임을 알 수 있었다. 밤에 구름을 통해 비행하면 지상 방어군의 감시망을 피할 수 있다는 사실, 그리고 그가 파나마 운하를 폭격할 수 있다면 나치 공군 역시 그렇게 할 수 있다는 사실도 알고 있었다. 히틀러가 한술 더 떠 서반구에 기지를 설치한다면 장거리 폭격기가 미국 전역을 게르니카로 만들어 버릴 것이다. 집으로 돌아온 시구르드는 러셀에게 밤에도 비행기를 포착할 수 있는 방법을 찾아야 한다고 말했다. 모든 게 위태로웠던 만큼 러셀 역시 일을 그만두었고 두 사람은 할사이온으로 돌아와 사무실을 차렸다.

할사이온에는 많은 게 있었지만 실험 물리학 연구소는 없었다. 바리안 형제의 계획을 실행에 옮기려면 시설과 도구가 필요했지만 이 유토피아 공동체에서는 찾아볼 수 없었고 구입하려고 해도 시구르드 수중의 몇 천 달러 예산으로는 어림도 없었다. 러셀은 스탠퍼드 재학 시절 룸메이트이자 당시 물리학과 교수로 재직 중이던 윌리엄 웹스터 핸슨에게 연락했다. 핸슨은 고주파를 앞뒤로 발산해 전기장을 구축하는 빈 상자, 즉, 공동 공진기를 연구하고 있었다. 전자가 움직이는 모습이 춤추는 것처럼 보여서 장치의 이름을 룸바 댄스 열풍을 딴 룸바트론으로 정했다. 바리안 형제는 럼버트론을 이용해 제어된 고주파 '마이크로파' 빔을 생성하고 이를 구름을 관통해 통과시키면 적군의 항공기에 맞닥뜨려 반사되어 돌아올 것이라고 생각했다.

이렇게 돌아온 파동의 특성을 분석하면 항공기의 위치를 파악해 지상이든 상공이든 상황에 따라 적절히 대응할 수 있게 된다. 핸슨과 바리안 형제는 마치 늦은 시각까지 놀고 싶어 자고 가도 될지 청하는 어린아이처럼 캠퍼스 내에 연구를 계속할 수 있는 곳이 있을지 스탠퍼드 대학 측에 물었다. 러셀의 박사 지원서를 탈락시킨 바 있는 데이비드 웹스터가 여전히 학장으로 재직 중이던 공과대학은 다소 깐깐한 조건을 제시했다. 바리안 형제가 시설을 1년간 무료로 사용하는 대신 모든 특허에서 발생하는 로열티의 절반을 지급하라는 것이다. 그나마 재료비 명목으로 100달러를 지원하겠다는 약속은 덧붙였다. 주저 없이 제안을 받아들인 형제는 시구르드의 예금과 팔로알토의 과수원에 의존해 생계를 꾸려갔다.

얼마 지나지 않아 성과가 생겼다. 어린 석사였던 찰스 리튼이, 학교는 일찌감치 그만뒀지만 손재주는 뛰어난 시구르드에게 튜브 제작을 가르쳤고 시구르드는 빠르게 습득했다. 중요한 문제가 두세 달 만에 해결돼 첫 번째 프로토타입을 구축할 수 있었다. 그들의 계산이 적중해 듀얼 룸바트론이 춤을 추며 장치가 진동했다. 13cm짜리 파동이 방을 가득 채웠고 바리안 팀은 보이지 않는 성공에 흠뻑 취했다. 학과장이던 웹스터까지 감격에 겨워 재료비로 1,000달러를 추가 배정하고 특허 출원 준비에 나섰다. 이들은 이 장치를 '클라이스트론'이라고 불렀다.

요즘에는 스탠퍼드 물리학자 팀이 전투 성능을 개선할 장치를 발명하더라도 군에 따로 연락하지 않는다. 군이 애초에 연구 자금을 지원한 당사자로 개입되어 있기 때문이다. 서부는 지금에야 이렇게 무기기술에 깊이 관여하고 있지만 2차 세계대전 이전까지만 해도 연방정부가 보기에 낙후된 지역에 불과했고 팔로알토 역시 루스벨트의 나라에서 고립된 후버의 구역이었다. 게다가 진짜 과학을 다루는 건 기업 연구소 및 동부의 유서 깊은 대학이었다. 평시에 이 기술은 조종사를 위한 블라인드 랜딩 시스템에 사용되었지만 시구르드는 미국이 필요성을 느끼기 전에 미군의 손에 쥐어주기로 결심했다. 하지만 군사 관계자의 관심을 끄는 데 실패해 대신 상무부 신생 항공국의 오클랜드 지사에 연락했다. 그곳의 누군가는 적어도 클라이스트론의 잠재력을 이해하고 실현해주길 바랐다. 역시 기대는 어긋났지만 시구르드가 베이 지역 파일럿 커뮤니티에서 화제를 일으키기 얼마 전 상무부 항공국에서 다시 연락이 왔다.

이 장치를 이해할 수 있는 정부 관계자 두 명이 도착했는데 스페리 자이로스코프 컴퍼니 대표와 함께였다. 롱아일랜드에 본사를 둔 이곳은 다니엘 구겐하임 항공진흥기금이 자금을 지원한 스페리 항공의 항공전자사업부였다. 현금이 부족했던 팀은 동의했고 시구르드의 프로토타입은 방문자들에게 깊은 인상을 남겼다. 상무부 직원들은 실험용 블라인드 랜딩 시스템을 구동하기 위해 클라이스트론을 사겠다고 제안했지만 바리안 팀에는 판매할 물건이 없었다. 하지만 정부 관계자와 함께 동부에서 날아온 스페리 자이로스코프 컴퍼니 대표는 다른 제안을 했다.

스페리는 파동의 기체 반사를 이용해 밤에 적기의 위치를 파악하는 대공 방어 기계를 이미 생산한 상태였다. 서치라이트라고 불리는 이 제품은 눈에 보이는 스펙트럼의 파장을 이용해 하늘로 쏜 광선이 육지에서 대기 중인 광수신기로 되돌아오는 방식이었다. 물론, 그 광수신기가 눈이었다는 점에서 일종의 거대 손전등이나 다름없었다. 클라이스트론은 이 같은 생체역학에서 한 단계 업그레이드된 전자 방식이었던 만큼 스페리도 큰 관심을 가졌다. 그리고 스탠퍼드에 클라이스트론 연구를 후원하는 대신 기술에 대한 독점 라이선스를 달라고 제안했다. 스탠퍼드, 바리안 형제와 핸슨은 판매 수익의 순로열티 5%를 나눠 갖기로 했다. 스페리와의 관계는 처음부터 불안했다. 바리안스 팀을 소극적이면서도 공격적으로 매수하겠다는 스페리의 계획은 팀에 합류한 웹스터가 항의의 표시로 모든 팀원이 사임하겠다고 맹세하면서 무너지고 말았다. 하지만 스페리의 과학자들은 박사 학위 하나 없는 이들 형제를 그리 중요하게 생각하지 않았다. 1939년 초, 스탠퍼드 대학은 클라이스트론을 대중에 공개하며 블라인드 랜딩 시스템에 초점을 맞췄다. 행간을 읽을 수 있는 사람이라면 누구나 원시 레이더 기능을 알 수 있었지만 말이다. 클라이스트론 팀 역시 스페리가 자신들을 쇼의 주역으로 남겨둘 날이 얼마 남지 않았음을 잘 알고 있었다. 동부 해안의 자본이 또다시 캘리포니아 발명가들을 위협하고 있었다.

전쟁이 발발하자 스페리 경영진은 회사 문을 닫고 전 직원을 동부로 이

주시킬 좋은 구실이 생겼고 실제로 그렇게 했다. 시설을 폐쇄한 뒤 바리안 팀을 데리고 이동했을 뿐 아니라 ITT와 GE를 비롯한 대기업에 부품을 아웃소싱했다. 바리안 팀의 경우 웹스터를 뺀 모든 직원이 뉴욕으로 왔다. 캘리포니아 코뮌 출신의 러셀과 시구르드는 동부 해안의 기업문화에 적응이 안 되어 서부 해안으로 돌아갈 날만 손꼽아 기다렸다. 스페리 역시 유난히 두꺼운 눈썹에 박사 학위도 없는 괴짜 형제가 돌아가기만 고대하기는 마찬가지였다. 하지만 바리안 형제의 클라이스트론이 워낙 탁월해 1940년 연합군 무기로 지정되기에 이르렀다. 바리안 형제 팀은 알지 못하는 사이 영국군과 손잡은 미군은 지상 전자 레이더인 마그네트론을 보유하고 있었지만 클라이스트론이 무게에 비해 출력이 높았고 기존에 사용하던 장비와 달리 비행기 내부 설치가 가능했다. 시구르드, 러셀과 핸슨이 연구에 본격 착수한 지 불과 몇 년 만에 그들의 장치는 추축국과의 전자군비경쟁에서 반파시스트 동맹의 승리를 견인했을 뿐 아니라 무시무시한 나치 공군을 물리치는 데도 기여했다. 파나마 운하 역시 미국 대륙처럼 아무런 피해를 입지 않았다. 하지만 클라이스트론을 전장의 무기로 만드는 데는 또 다른 팔로알토 팀의 역할도 컸다.

앞에서 프레더릭 터먼을 언급했을 때 그는 부친인 루이스 터먼의 영재 실험 대상이었다. 지능은 유전 가능하며 자신은 위대한 사람이라 여기는 루이스의 견해를 고려하면 프레더릭의 테스트 결과는 최고의 증거나 다름없었다. 루이스가 애초에 아이들의 사고에 관심을 갖게 된 것도 아기 프레더릭이 처음 세상과 대면하는 모습을 관찰한 이후의 일이었다. 프레더릭은 그들에게는 그야말로 최초의 영재였던 것이다. 루이스는 자신의 과학적 결실에 집착해 프레더릭을 아홉 살까지 홈스쿨링했다. 당시 팔로알토에서 제공하던 초등교육보다는 자신의 작업을 선별적으로 적용해 교육하기를 선택했다. 하지만 프레더릭의 성장기는 리 드 포레스트의 전자통신 시대, 발명의 활기가 가득한 시대였다. 파장이 마치 캠퍼스 나무에 열린 열매처럼 누구나 잡을 수 있는 거리에 흐르고 있었다.

루이스가 갈수록 자신의 테스트 및 교수 일로 바빠져 프레더릭은 교수진의 다른 자녀들과 자유롭게 뛰어놀며 최신 무선통신 전자기기를 실험했다.[23] 열세 살의 나이에 팔로알토 고등학교의 첫 졸업반에 입학했지만 가장 중요한 교육은 스탠퍼드 도서관에서 대출한 책《아마추어를 위한 무선 전신 건설》과 온갖 놀이를 통해 받았다. 그는 어려서부터 초기 무선통신사였고 혼자 침실에서 모스코드 응답기를 만들었다. 동네 아이들 중 취향이 비슷한 친구들을 찾았는데 그중엔 역시 무선통신에 푹 빠진 허버트 후버 주니어도 있었다. 다른 많은 급우들과 마찬가지로 터먼은 팔로알토 고등학교 맞은편에 위치한 스텐포드 대학에 입학했다. 그의 부친이 구축한 영재 학습 가속 이론에 따라 조기 졸업하고 열여섯 살 반에 불과한 나이에 대학 과정을 시작한 것이다. 심지어 집이 캠퍼스와 맞닿아 있어 통학하기도 편했다.

성인이 될 때까지 한마을에서 자란 프레더릭 터먼은 그야말로 팔로알토의 산물이었다. 스탠퍼드에서 스무 살에 화학전공 학사학위를 따면서 아마추어 무선통신사에서 프로로 거듭나 연방 전신에서 여름 한철을 근무했고, 이후 역시 스탠퍼드의 전기공학 석사과정에 진학했다. 당시 1차 세계대전을 위한 징병이 한창이었는데 프레더릭의 생일 두 달 후인 1918년 여름, 징병 연령이 18세로 낮춰져 루이스 터먼은 특별히 유망한 청년을 군대가 낭비해 버리고 말 거라는 두려움에 휩싸였다. 이는 데이비드 스타 조던과 스텐퍼드의 신임총장 레이 라이먼 윌버도 마찬가지였다. 결국 학교는 학생군사훈련단을 모집했고 프레더릭을 입단시켰다. 학교의 기능이 프레더릭, 그

---

23 지질학자 존 캐스퍼 브래너의 아들인 조지 브래너 역시 1907년부터 팔로알토의 무선통신 장치를 가지고 놀았다. C. Stewart Gillmor, *Fred Terman at Stanford: Building a Discipline, a University, and Silicon Valley*, Stanford University Press, 2004.

리고 그처럼 앞날이 밝은 청년들을 수용하고 보호하는 영역으로까지 확대되면서 프레더릭으로서는 생애 유일한 고향인 캠퍼스에 다시 한 번 남게 되었다.

전쟁이 끝난 11월, 그는 훈련의 4분의 1을 마치고 무사히 제대해 박사과정 준비에 착수했다. 탁월한 성적과 유전적 혈통으로 전국 어디든 갈 수 있는 그에게 루이스는 분야 최고인 매사추세츠 공과대학MIT을 추천했다. 학과장으로서 예견했을 때 세 번째 학위를 고향 기관에서 받는 것보다는 동부 최고의 기술학교에서 받는 게 프레더릭을 더욱 가치 있는 인재로 만들어줄 것이라고 여겼다. 프레더릭은 해가 거듭될수록 천재의 길을 개척해 부친의 이론을 입증했다. 1920년대 중반이 되자 루이스의 이론은 상당히 타당성 있어 보였다.

1920년대 당시 전기공학이라는 새로운 과학에서 가장 중요한 건 전력의 사용 문제였다. 국가의 전기생산 및 분배 네트워크를 어떻게 구축하고 유지하며 개선할지가 관건이었다. 결국 캘리포니아 과학자들에게는 새로운 인재의 수혈이 필요했다. 터먼은 젊고 존경받는 엔지니어이자 기업가였던 버니바 부시의 지도하에 송전선의 특성을 연구하며 MIT에서 두각을 나타냈다. 당시 부시가 가정용 전류를 전환해 레이시온이라는 전기제품 회사에 공급하는 연구를 진행 중이었던 터라 이를 지켜보았다. 스물네 번째 생일 사흘 후, 프레더릭 터먼은 MIT 출신의 여덟 번째 전기공학 박사가 되었다. 여전히 천재적이지만 그때까지 얼마나 보호받으며 살아왔는지를 생각하면 어린애에 지나지 않았던 터먼을 원하는 곳은 많았다. 모교인 스탠퍼드와 MIT 모두 그에게 교수직을 제안했지만 아버지처럼 결핵으로 고생하게 되면서 서부로 발길을 돌렸다. 집으로 돌아온 그는 침대에 누워 독서와 사색만을 지속하며 시간을 보냈다.

침대에서 프레더릭은 십대 시절 진공관 무선통신을 갖고 놀던 경험과

MIT에서 받은 회로설계 교육을 결합해 무선통신공학 원리를 확립했다. 어느 정도 건강을 회복해 스탠퍼드 교수로 부임했을 때 자신의 고급 강의를 듣는 수강생 중 어린 시절 단짝이던 허버트 후버 주니어가 있는 걸 발견하고 흥분을 감추지 못했다. 졸업반이던 후버 주니어와 함께 처음 두 사람을 묶어준 아마추어 무선통신으로 돌아가 후버의 기숙사를 임시 무선통신 기지로 만들었다. 얼마 못 가 컨디션이 다시 악화된 이후에도 자신의 스탠퍼드 사무실에 앉아 성장세의 무선통신 산업을 조율하고, 관련 기업에 컨설팅을 제공하며, 찰스 리튼, 데이브 팩커드, 빌 휴렛 등 재능 있는 학생들의 커리어를 이끌어 주었다.

스탠퍼드 교수 중에는 유일하게 무선통신 부문 박사학위를 갖고 있어 어린 나이임에도 '중역'을 맡은 터먼은 스탠퍼드 전기공학과를 이끌며 지역 산업의 다양한 부문에서 활약했다. 일단 스탠퍼드의 통신 연구소를 인수해 지원을 늘리는 데 성공했는데 부친인 루이스가 1925년부터 본인이 만든 테스트의 로열티 일부를 기부해 아들의 학위를 지원해 온 도움이 컸다. 뿐만 아니라 1939년, AP 통신에 클라이스트론의 작동원리에 대해 설명한 것도 프레더릭이었다. 클라이스트론이 전기공학부가 아닌 웹스터가 이끄는 물리학과 프로젝트였는데도 말이다.

영재 및 바이오노믹스에 관한 루이스 터먼의 연구는 분명 국가자원 개발을 위한 것으로 지능을 매개로 한 인재육성 사업이었다. 그리고 프레더릭 터먼은 이를 통해 최고 인재로 성장한 미국인이었다. 자신의 고향을 필두로 과학과 산업을 발전시키며 주어진 역할을 해냈다(루이스는 아들이 미래에도 유전적 기여를 할 수 있도록 높은 IQ의 심리학 대학원생과 맺어 주었다). 하지만 버논 켈로그가 독일을 방문한 이후 바이오노믹스는 군사주의적 전환을 맞이했다. 독일의 제국적 신다윈주의는 도무지 열기가 식을 줄 몰랐고 독일 지도자들은 자국 및 인종의 우월성을 전쟁터에서 증명하기로 결심했다. 미국은 이 같은 전체주의적 독일에 다양한 영웅으로 맞섰는데 이들은 무력이 아닌 뛰어난 지능으로 적군의 치사율을 높이고 승리를 보장했다. 프레더릭 은 바이오노믹스 사상의 산물이자 무기였는데 이는 그가 군사훈련을 받아 서가 아니라 당시 과학자와 공학자가 전쟁의 운명을 결정했기 때문이었다. 간신히 1차 세계대전을 피한 그는 일본의 진주만 공격 3주 후 마침내 조국 의 부름을 받았다. 하지만 그가 향한 곳은 마닐라나 파리가 아닌, 각국이 현대전을 치르는 안보 시설 중 하나인 매사추세츠주 케임브리지였다.

미국 민간 과학의 군사화를 주도한 사람은 터먼의 지도교수이자 레이 시온의 공동 창립자인 버니바 부시였다. 그는 어느 정도 예상된 일본의 공 격이 있기 전 여름, 루스벨트에 제안해 국가방위연구위원회NDRC를 설립했 다. 대형 방위산업체, 뉴잉글랜드 최고의 대학, 연방정부가 협력해 만든 부 시의 NDRC는 빅사이언스 시대의 밑그림이었지만 당시로서는 추축국을 무찌르는 게 우선이었다. 하버드 무선통신 연구소RRL에서 터먼은 전자 무 기 경쟁의 선봉에서 독일과 일본의 엔지니어들을 압도할 여러 대책을 설계 해야 했다. 스탠퍼드 최고의 청년 과학자들을 초빙해 적의 레이더를 교란 하고 주의를 분산시키는 방법을 고안했다. 그 결과 RRL은 영국 과학자들 과 협력해 '채프chaff'(적군의 방공망을 교란하기 위해 전투기에서 투하하는 금속 조 각 다발)를 개발함으로써 최고의 성공을 거뒀다. 터먼은 영국으로 건너가 자 신들의 장치를 배치하는 고위급 작전을 지휘했다. 하지만 이들의 궁극적인 시험은 미국의 노르망디 침공 당일 펼쳐졌다.

연합군은 유혈 사태를 막기 위해 자신들이 프랑스 어디에 상륙할 예정 인지와 관련해 나치를 계속 혼란스럽게 만들어야 했다. 노르망디 전투는 무선통신 및 마이크로파 스펙트럼을 주요 무기로 내세운 전자장비 싸움이 었다. 연합군은 정확한 계산을 통해 항공기를 배치한 뒤 채프를 무더기로 투하해 독일 레이더망에서는 마치 공중 및 해상에 '유령' 함대가 밀려들어오는 것처럼 보이도록 만들었다. 또한 완전 위장하는 대신 전파방해를 교묘하게 활용해 실제처럼 보이게 만들었다. 이런 식으로 양측의 전투 공간에 파동이 구축되면 나치군은 있지도 않은 적군을 찾아낸답시고 온 사방을 수색했다. 루프트바페(2차 세계대전 당시 독일군의 공중전을 담당한 부대명)는 전파 방해로 추가 지시도 못 받고 목표물 포착에도 실패한 뒤 엉뚱한 곳에서 정처 없이 표류했다. 이처럼 독일군이 가짜 표적을 쫓는 사이 연합군은 거대한 '엘러펀트 시가' 전파 방해기로 상륙 지점을 공격했다.

이 같은 일련의 조치는 상당히 효과적이어서 독일군은 노르망디에 침략군이 오고 있다는 사실을 소리를 듣고서야 겨우 알 수 있었다. 유일하게 작동하는 수신기가 사람의 귀뿐이었기 때문이다. 하지만 전함이 다가오는 소리가 들렸을 때는 이미 너무 늦고 말았다. 연합군은 전쟁이 끝나고 나서야 전자 장비를 활용한 공격이 얼마나 성공적이었는지 알 수 있었다. 독일 기록 조사 및 과학자 인터뷰를 통해 밝혀진 사실은 놀라웠다. 나치군은 초기에 전자 장비를 이용해 항공기를 타격하기로 했지만 전자장비 수준이라는 게 인간의 눈보다 나을 게 없어서 결국 육안 조준에 의존하는 수밖에 없었다. 그리고 핵심이었던 레이더 싸움을 위해 보유한 과학자원을 총동원했지만 실패하고 말았다. 그 결과, 미국 조사관들은 "반격 프로그램이 독일의 대공포 및 전체 과학 프로그램을 무력하게 만들었다"고 결론지었다. 연합군은 전자 무기 경쟁에서 승리해 적군이 인간의 감각에 의존하는 수밖에 없도록 만들었다.

루이스 터먼이 옳았다. 영재들에게 과학적으로 접근해 지능을 키움으로써 지구의 미래가 걸린 전쟁에서 연합군이 승리하는 데 기여했다. 모든 어린이가 연구 대상이었던 건 아니지만 1910년까지 캘리포니아 북부에서 성장한 전자 분야의 천재 엔지니어들이 최적의 환경을 구축해주었다. 또한 그의 아들 프레더릭이 아버지의 역할을 이어받아 스페리의 빌 핸슨, ITT의 찰스 리튼(당시 프레더릭의 주선으로 마그네트론 튜브를 만들었다), 미 육군 신호단의 빌 휴렛 등 그의 학생, 동료 및 친구들과 소통했다. 그런데 역시 천재 테스트의 대상이었고 터먼이 방위산업체에서 가장 가깝게 지낸 동료임에도 연락을 지속하지 않는 한 사람이 있었다. 팔로알토 출신의 또 다른 골든 보이로서 연합군 전력을 과학적으로 강화한 그는 바로 윌리엄 쇼클리 주니어였다.

미국 과학계가 한창 전쟁 연구에 몰두한 1939년, 쇼클리는 벨 연구소에서 자신이 만든 반도체 트랜지스터 모델이 실생활에서 왜 작동하지 않는지 원인을 찾기 위해 고군분투했다. MIT 박사학위를 받은 만큼 벨의 고체 물리학 부문 기대주로 여겨졌지만 1940년 군사 분야로 전향했다. 1942년까지 벨 연구소에서 역시 고체인 우라늄을 연구하다 MIT 지도교수이자 당시 MIT 방사선 연구소에 근무하던 필 모스의 연락을 받았다. 모스는 대잠수함전 작전 연구 그룹을 모집하는 중이어서 쇼클리에게 연구 책임자를 맡아달라고 요청했다. 나치군의 잠수함을 폭파하는 일이라면 원하는 건 다 해도 좋다고 설득했다. 마음이 동한 쇼클리는 이때부터 벨 연구소에서 군으로 파견을 나가기 시작했다. 그리고 처음 주어졌던 문제를 불과 며칠 만에 해결해 자신이 해당 업무에 최적의 인물임을 증명했다.

대잠 폭뢰(대잠 무기의 일종으로 잠수함 가까이서 폭발해 수중 충격파로 잠수함을 파괴하는 방식으로 작동한다)는 선박에서 발사하면 성공했지만 항공기에서 투하하면 실패했다. 폭발은 했지만 아무런 타격도 입히지 못했다. 그는 폭뢰가 유보트를 겨냥할 땐 좋아도 수면 위 잠수함에는 무용지물인 게 수심 23미터 지점에서 폭발하도록 설정되어 있기 때문이라고 결론지었다. 이에 항공기에서 투하하는 폭뢰의 폭발 지점을 10미터로 재설정하자 대잠 공격의 성공 횟수가 두 달 만에 5배로 늘었다. 쇼클리가 문제를 해결한 것이다.

일단 성공궤도에 오르자 쇼클리는 데이터 분석을 활용해 전쟁의 비밀을 풀기 시작했다. 터먼과 달리 그는 전자장비를 활용할 수 없었다. 다음 섹션에서 살펴보겠지만 진공 튜브 컴퓨터가 몇 대 없어 그에게까지 돌아오지 않았다. 하지만 쇼클리는 종이와 연필만으로 무엇이든 척척 해냈고 자신의 팀을 계리사들로 채웠다. 이들은 작업을 수행하는 과정에서 쇼클리가 운용 과학이라고 이름 붙인 분야를 탄생시켰다. 여기서는 문제를 수학적 관점에서 분석함으로써 전쟁을 일종의 두뇌 테스트로 강등시켰다. 고위 간부들은 잠수함 명중률을 높이는 과정에서 나온 좌표 추정치가 추정이라고 할 수 없을 만큼 이미 너무 정확하다는 사실을 알고 함구령을 내렸다. 따라서 연합군이 독일 암호를 해독했다는 사실을 아는 사람은 이들 외에 아무도 없었다. 게다가 다른 여러 문제도 답이 술술 나왔다.

가령 빠른 폭격기는 느린 전투기보다 정확도가 떨어지고, 기상 데이터를 대조해본 결과 추축군 폭격기는 레이더 사용 없이 연합군 함정을 겨냥했으며, 대형 호송대가 소형 호송대보다 군함을 잃을 가능성이 적었다. 쇼클리를 필요로 하는 곳이 많아지면서 본래 전쟁과는 거리가 멀었던 그가 전쟁부 장관의 특별승인을 통해 원하는 상업용 비행기는 무엇이든 탈 수 있게 될 만큼 태평양의 전면에 나섰다. 군대에서 전략 폭격 부문으로 파견된 이후에는 파일럿 훈련 시 전자도구 사용법을 가르치는 등 개혁을 단행했다. 쇼클리의 연필이 훑고 지나간 부문은 하나같이 성과가 훨씬 좋아졌다.

전쟁이 막바지에 이르자 쇼클리는 전쟁부 장관의 전문가 고문으로 승진해 새로 편성된 공군의 사령관 하프 아놀드 휘하에서 일하게 되었다. 전쟁을 최대한 효율적으로 종결하는 게 자신의 임무라고 이해한 그는 금전적 비용을 따질 때 필수 임금, 저렴함, 이윤 같은 용어를 사용했지만 본래 맨먼스man-month(한 사람의 1개월간 작업량)라는 척도를 선호했다. 뼛속까지 바이오노믹스주의자였던 쇼클리는 한 사회의 핵심자원은 시민이며 모든 게 수

개월의 일반노동으로 환원될 수 있다는 사실을 잘 알고 있었다. 수학적으로 계산해보고는 독일 폭격이 그다지 효과적이지 않다는 사실을 발견했다. 맨먼스의 관점에서 영국인이 폭탄 제작에 들이는 비용을 기준으로 했을 때 나치에 입히는 피해가 3분의 1 정도밖에 되지 않았던 것이다. 이 같은 개념을 태평양 전체로 확대해보면 상황은 더욱 안 좋았다. 하지만 쇼클리는 레이더 폭격 대원들을 재교육했고 1945년 봄에는 네이팜탄과 백린탄으로 야간 공습을 시작해 일본의 여러 도시를 불바다로 만들었다. 도쿄의 절반을 불태워 하룻밤 사이 2차 세계대전 최고의 피해를 초래한 3월 도쿄 공격도 그중 하나였다.

그해 여름 쇼클리는 〈사상자 연구 범위 확대를 위한 제안〉의 5쪽짜리 분석 보고서를 올렸다. 전쟁에서 승리하려면 일본에 침략해 500만~1,000만 명의 사상자를 발생시켜야 하는데 그렇게 했다가는 미국인 역시 10:1에 가까운 비율로 희생될 것이라고 내다봤다. 일본인 사망자 10명당 미국인 사망자 1명이라는, 수용하기 힘든 높은 피해가 초래된다는 것이다. 쇼클리는 로스 앨러모스에서 무슨 일이 벌어지고 있는지 공식 보고는 받지 못했지만 지휘부가 더 효율적인 다른 옵션을 고려해야 한다고 제안한 걸 보면 충분한 정보를 갖고 있었던 게 분명하다. 해당 보고서가 전달되고 2주 후, 미국은 히로시마에 원자폭탄을 투하했다. 결국 쇼클리는 민간인 최고의 영예인 공로 훈장을 고향의 라이벌 프레더릭 터먼보다 2년 앞선 1946년에 수상하게 된다.

합동참모본부는 쇼클리의 직업 및 작전 연구라는 개념 자체에 감탄해 향후 그의 파견을 또다시 요청할 것임을 시사했다. 쇼클리는 트랜지스터 연구로 복귀하기 전, 버니바 부시의 핵무기 실무 그룹을 위해 제목도 불길한 〈원자 폭격의 경제학〉이라는 보고서를 추가로 작성했다. 보고서는 비례 전쟁의 한계를 지적하는 내용으로 시작되었다. 적군의 맨먼스를 몇 달 분량씩 파괴하는 데 아군의 맨먼스 역시 비슷하게 소요된다는 것이다. 물론 이 같은 유형의 한계는 전략 폭격으로 상당 부분 극복되기도 한다. 이에 쇼클리는 원자폭탄이 10~100배 더 효율적이라고 생각했다. 저렴함이라는 이 새로운 요인은 미래 전쟁에서 인적 자원이 사상 유례 없이 손실될 수 있음을 시사한다. 이 아이디어의 결론을 논리적으로 유추해보면 한 사람이 온 세상을 파괴할 위력을 발휘하는 날도 상상해볼 수 있다.

그럼에도 그는 역시 수치로 최종 결론을 내렸다. 효율성이 100배라고 가정하면 1맨먼스를 쓸 때마다 500 혹은 600맨먼스가 파괴되는 것이다. 이 정도 비율이면 누구나 버튼 하나로 세상을 지배할 수 있다. 결국 쇼클리는 전후 계획을 마치 세계 평화를 위한 호소처럼 포장해 아놀드의 이름으로 펼쳐 보였다. 전 세계에 전략 공군기지 건설, 무기 배포 및 당시 알려지지도 않았던 '상호확증파괴'(핵무기에 의한 보복공격으로 확실하게 적에게 '견디기 힘든' 손해를 미칠 수 있는 능력)를 촉구했다. 우리에게 필요한 건 막대한 R&D 지출이었으며 특히 독일의 V 시리즈 로켓처럼 '파일럿 없는' 무기 개발에 집중해야 했다. 또한 과학자들을 안보 규제로 짓밟아서는 안 됐다. 당시 본인도 예상했는지 모르지만 그는 파일럿 없는 무기를 개발하는 데 중요한 역할을 했다. 이후 쇼클리는 아버지에게 물려받은 자신의 이름을 내걸고 최선을 다해 일했다.

스탠퍼드 우생학 프로젝트는 미국 및 연합군에 엄청난 이득을 안겨줬지만 쇼클리도 분명 얻은 게 있었다. 팔로알토 시스템은 인간 생산 2회차를 완료했다. 후버와 광부들이 활짝 열어젖힌 지구에 무선통신 과학자들이 불을 붙였다. 사실 전쟁을 시작한 건 나치였으며 캘리포니아 부대는 태평양의 또 다른 식민지 세력인 일본과 싸우는 게 달갑지 않았다. 스탠퍼드의 바이오노믹스 이론가들은 일본의 인종적 특성을 존중하게 되었고 스탠퍼드 역시 일본의 제국주의 지배층과 좋은 관계를 구축했다. 데이비드 스타 조던은 캘리포니아의 반일 감정이 한창 고조되던 1905년 일본 소사이어티를 공동 설립했다.

양국 간 평화를 위해 로비를 벌였고 특히 일본산 어류에 관심이 많아 일본을 방문했을 당시 분류 및 목록 작성을 도왔다. 일본 지배층과 동일한 관점을 공유해 한국인이나 중국인, 나아가 일본인 농민들은 안중에 없었다. 가장 우수한 자신의 제자가 도쿄에서 성공하는 걸 보고 싶다는 꿈을 살아생전에 이루지는 못했지만 그의 제자였던 야마토 이치하시가 결국 달성했다. 1908년, 조던이 스탠퍼드 출신인 이치하시를 일본인 최초의 스탠퍼드 교수로 임명해 화제가 되고부터 수십 년 후, 이치하시는 미국 포로수용소 안에서 제자들이 자신의 고향을 폭격했다는 소식을 듣게 된다.

그 시대 캘리포니아의 일본인

스탠퍼드 대학은 위치와 타이밍, 그리고 초대 총장의 성향으로 인해 항상 일본인 학생이 있었다. 팔로알토 내 일본인 거주자가 소수에 불과했고 그나마도 대부분 가사 노동자였는데 말이다. 몰락한 전 사무라이의 아들이던 야마토 이치하시는 1890년대 중반, 큰형을 따라 샌프란시스코의 공립학교들을 거쳐 팔로알토로 왔다. '동양계' 학교에 일본인 학생을 분리 수용한다는 논란을 불과 몇 년 차이로 피해 1902년 로웰 고등학교를 졸업하고 1903년 스탠퍼드에 입학했다. 일본인 혐오가 고조되는 분위기 속에서 귀족적 성품을 지닌 이치하시는 일본인이 아시아의 백인이라는 조던의 생각에 꼭 들어맞는 인물이었고 따라서 그를 완전히 매료했다. 스탠퍼드는 신생학교였지만 학자의 입장에서 조던은 특히 총장이 된 후에는 든든한 후원자였다. 조던은 이민자인 이치하시에게 미국에서 학업을 계속하도록 권했다. 졸업 후 컬럼비아 대학원에 불합격한 이치하시는 스탠퍼드 대학에 남아 토르슈타인 베블렌과 함께 공부하며 경제학 석사학위를 취득했다. 석사까지 마친 뒤에는 전공 교수진 덕분에 의회 연구의 일환으로 캘리포니아에 거주하는 일본 이민자들을 인터뷰하는 일을 맡았다. 어부, 사탕무 농부 및 아스파라거스 재배자들과 교류하는 기회를 가졌지만 본래 자신이 가장 중요하고 이런 사람들과 자신은 다르다는 정체성이 컸던 만큼 그다지 공감은 못했던 것으로 보인다. 1910년, 그는 케임브리지로 이사해 하버드에서 박사학위를 마무리했다.

이후 보다 성장하기 위해 동부로 향했던 수많은 스탠퍼드 졸업생들처럼 이치하시는 캘리포니아로 돌아가고 싶어했다. 학업을 마치고 일본인의 미국 이민에 관한 논문에 착수한 뒤 지도교수였던 조던에게 서신을 보내 자신이 논문을 완성하는 동안 모교 강사로 고용해줄 수 있는지 문의했다. 이에 조던은 돌아와서 샌프란시스코에 머물며 일을 마무리하라고 화답했다. 조던은 최근 일본을 돌며 만났던 저명한 일본 사업가들에게 이치하시의 고용을 주선해 양국 간 가교를 놓고 미국 내 반일 감정에 대한 상호이해를 넓히겠다는 계획을 품고 있었다.

아시아인의 농장 소유를 금지하는 1913년 외국인 토지법에 캘리포니아 주지사가 서명한 다음 날, 샌프란시스코 주재 일본 영사는 조던에게 돈이 준비되었다는 사실을 알렸다. 표면적으로는 은행과 증기선 회사가 내준 돈이었지만 실제로는 일본 정부에서 줬을 가능성이 컸다. 하지만 조던과 스탠퍼드의 행정부는 전혀 개의치 않는 듯했고 설령 알았다고 해도 정치적, 이념적, 심지어 사회적으로도 일본 집권세력에 동조했던 만큼 진심으로 분노하는 일은 없었을 것이다. 이치하시는 친일 색깔의 에세이와 소책자를 출판해 미국인들이 당연한 듯 열등하다고 여기는 중국인과 일본인은 엄연히 다르다고 선을 그었다. 이들 일본의 '사업가'들은 스탠퍼드를 통해 이치하시와 계약을 갱신했고 스탠퍼드도 기꺼이 돈을 받았다. 1921년, 협상을 통해 이치하시의 후원자들로부터 상당한 금액(2022년 기준 50만 달러 이상)을 받게 된 스탠퍼드는 재단 이사회를 통해 이치하시를 대학 최초의 석좌교수로 임명했다.

조던은 모든 일이 술술 풀린 데 크게 기뻐했지만 FBI는 확신하지 못했다. 1차 세계대전이 끝난 후 이치하시는 유럽에서 통역 등 일본 대표단 지원 업무를 수행했는데 여기에는 미국 정보기관이 우려하는 업무도 포함됐을 수 있다. 학자 고든 창은 이치하시의 수감 일기를 일부 인용하며 이치하시가 군비 감축 회의를 위해 파리에 머무는 동안 미국 발명가 피터 쿠퍼 휴이트의 신무기 설계도를 입수하려는 일본의 음모에 직접 관여한 것으로 보인다는 의견을 냈다. 당시 민간 해군 자문위원회의 부회장이었던 휴이트가 이치하시를 리츠 파리의 아파트에서 내쫓은 이후 병에 걸린 데다 얼마 지나지 않아 사망했던 것이다.[24] 휴이트의 미망인 역시 이치하시에게 설계도를 절대 넘기지 않겠다고 다짐했는데 그녀가 미국으로 돌아가기 위해 예약한 선박에 이치하시 역시 탑승이 예정되어 있다는 사실을 발견하고는 미국 대사관과 해군에 그녀의 신변보호를 요청했다. 해군은 이치하시가 설계도를 훔치려 들 것이라 확신하고 문서를 파리에 보관했다. 승선 이후, 정보기관 관계자는 감시망을 확보하느라 법석을 떨었고 영국 요원들은 휴이트의 미망인을 둘러싼 채 다녔으며 미국인들은 이치하시를 스토킹하는 등 일개 시트콤 같은 상황이 펼쳐졌다. 하지만 해당 사건은 추가 소동 없이 마무리되었고 이치하시는 미국의 강화된 감시 속에서 교수 업무를 재개했다.

이후 이치하시는 미국과 일본의 엘리트 모두에 득이 되는 협상안을 도출하는 등 양국 외교에서 중요한 역할을 수행했다. 하지만 일본 내 인사들 중에는 이치하시를 자산으로 보는 이가 있는 반면 지나치게 서구화된 데다

---

24 어쩌면 이치하시는 조던의 진정한 제자임에 틀림없다.

해외 생활로 변질됐다고 보는 이도 있었다. 교구의 세력이 점점 커지면서 유용성이 줄어들자 그는 제국을 위한 직접 활동을 중단하고 자신의 이념적 열정에 따라 일본계 미국인 학자로서의 활동만 계속한 것으로 보이지만 FBI는 그의 움직임을 계속 추적했다. 1930년대에는 스탠퍼드 내 중국인 학생이 일본인 학생보다 많아지고 제국의 잔학 행위에 대한 관심이 높아지면서 조국에 대한 지원을 계속해오던 이치하시도 곤경에 처하게 되었다. "내가 고발자들 사이에서 정체가 발각된 범죄자인데 그들 모두의 자비로 목숨을 부지하고 있는 듯한 기분이었다. 나는 그들이 나를 알아차리지 못하도록 최대한 눈에 띄지 않으려고 노력했다." 당시 스탠퍼드에 재학 중이던 일본인 학생 22명 중 한 명이자 불과 4명이던 이세이(일본에서 태어난 이민 1세대, 미국에서 태어난 이민 2세대 닛세이와는 다름)에 속한 노보루 시라이가 회상했다. 하지만 일본 정부는 일본인들이 눈에 띄지 않고 살아가도록 내버려두지 않았다. 군국주의자들이 태평양 정복에 나서면서 캘리포니아의 일본 소사이어티는 군대를 위한 모금 전선으로 돌변했다. 시라이는 전시 체제에 돌입한 조국에 등 돌리고 싶지는 않지만 무자비한 난징 침략을 옹호하고 싶지도 않아 난감한 입장이 되었다. 교내 이세이 친구 중 한 명이 스파이가 분명했다는 사실 역시 시라이나 스탠퍼드 내 일본인 학생들이 조용히 지내는 데 도움이 되지 않았다.

스탠퍼드 학위가 있더라도 향후 미국인들이 자신을 고용해줄지 확신할 수 없었던 시라이는 1930년대 후반 동기생 대부분이 그랬듯 좋든 싫든 일본으로 돌아가는 방안을 고민했다. 또 다른 동기생인 야마카와 케이 역시 1939년 스탠퍼드의 전기공학 박사과정을 수석으로 마쳤지만 미국 무선통신 업계에서는 일자리를 전혀 찾을 수 없었다. 결국에는 인맥에 의존해 도쿄에서 별 볼일 없는 조교 자리를 구하는 데 그쳤다. 하지만 시라이가 동부 해안을 방문해 일부 진보 성향의 일본인 친구들에게 고국으로 돌아가자고 제안하자 친구들은 하나같이 반대 의견을 피력했다. 제국주의 극우파를 위한 말도 안 되는 전쟁에서 목숨을 잃느니 차라리 미국에서 차별받으며 사는 게 낫다는 것이다.

친구들의 논리는 아니더라도 결론에 동의한 이치하시 교수는 시라이에 역사학과 조교 자리를 주선해주었다. 두 사람은 백인을 위한 서비스 노동자를 제외하고는 스탠퍼드에 마지막으로 남은 이세이였다. 이치하시는 앞으로 무슨 일이 닥쳐도 살아남을 사람은 정교수이자, 내무부 장관을 지내기도 한 총장과 친분이 두터운 자신뿐이라고 믿었다. 시라이와 달리 이치하시는 일본의 만주 점령을 비롯해 팽창주의에 기반한 다른 계획까지 기꺼이 옹호했다. 중국인 교수 샤우 윙 찬과 벌인 캠퍼스 토론에서 그는 일본의 팽창주의가 태평양 지역을 공산주의에서 보호하기 위한 먼로 독트린이었다고 주장했다(그리고 야유를 받았다).

종전 후 백악관은 일본을 태평양 지역 내 반공 사상의 주축으로 세운다는 계획이었지만 1941년 12월 7일은 양국이 당시 직면한 관계에 대한 모든 의문에 답을 제시했다. 이치하시는 윌버 총장에게 사직서를 제출했지만 총장은 이를 거부하고 대신 유급 안식년을 제안했다. 이치하시는 여전히 고위직 친구들의 지지를 누렸지만 이번에는 예외란 있을 수 없었다. 2월, 루스벨트 대통령은 전쟁부가 일본 혈통을 가진 이는 누구든 격리할 안보 지역을 지정할 수 있도록 승인했다. 5월 23일 토요일, 야마토 이치하시와 그의 아내 케이는 다음주 화요일 소지품만 챙겨서 인근의 일본어 학교로 오라는 통보를 받았다. 팔로알토에서 추방된 144명은 전쟁에 휘말린 전 세계의 수많은 사람들처럼 소지품만 움켜쥔 채 비인간적 환경 속에서 한 치 앞을 알 수 없는 두려움과 마주해야 했다.

산호세의 중간 기착지를 경유해 툴레 호수로 간 이치하시 부부는 미국 정부에서 다른 지시가 내려올 때까지 그곳에 붙잡혀 있었다. 이치하시의 수감 일기와 시라이의 회고록은 놀라울 정도로 내용이 상반된다. 어떨 때는 음식이 기대보다 훌륭했다가 어떨 때는 형편없었다. 백인들은 어떨 때는 기대보다 친절했지만 또 어떨 때는 무례했다. 이치하시는 비공식 리더 자리를 꿰찼지만 협력하는 데 있어서는 신중하게 선을 그었다. 미군을 돕는 것으로 해석될 만한 건 어떤 일도 하지 않았고 스탠퍼드 정교수라는 지위에 맞지 않는 강의도 하지 않았다. 그의 일기와 편지에는 억류된 사람들에 대한 절망감도 담겨 있는데 자신을 그들과 똑같이 취급하는 수용소 시스템의 비논리에 분노한 것이다. 한편 안보상 위협이 전혀 되지 않았던 시라이는 이민자 신분 덕분에 툴레 호수에 계속 머물게 되었다.

야마토 이치하시가 전략적으로 행동했다면 제한 구역 밖에서 강의할 곳을 구해 전쟁이 발발했을 때 동부 해안의 대학에서 망명 생활을 했을 것이다. 하지만 그는 팔로알토에서의 삶을 즐겼고 다른 곳에 정착하려는 시도조차 하지 않았다. 일본 정부가 포로 교환자 명단에 그를 포함했을 때도 그는 미국에 대한 애국심 때문이 아니라 스탠퍼드를 아직 포기하고 싶지 않은 마음에 제안을 거부했다. 그는 절친한 친구이자 동료 교수였던 페이슨 트리트에게 편지를 보내 전쟁이 끝나면 이치하시가 귀환할 계획이라는 소문을 부인하도록 조언했다. 하지만 캘리포니아에서 존엄을 유지하며 살 수 있을지에 대한 확신도 없기는 마찬가지였다. "물론 우리를 원하지 않는 곳에 있어선 안 되네. 유대인과 달리 우리는 조국의 시민으로서 권리를 존중받고 또 보호받을 수 있으니 말이야. 나는 이제 늙었지만 아직 무력한 존재는 아니며 가족을 부양할 정도의 능력은 충분히 갖추고 있기 때문에 거지, 심지어 동정의 대상이 되지는 않을 것이네. … 나는 아무도 나를 원하지 않는 곳에 존재하는 데 안주할 수 없고 또 안주하지 않을 것이야." 집에서 강제 추방된 지 1년이 다 된 시점에 그가 적었다. 그가 원하는 건 단순히 돌아가는 게 아닌, 팔로알토의 집으로 가는 것이었다.

일본 제국주의 정부의 보호는 영토를 넘어서까지 적용되었다. 이들은 미국인 포로들도 수용하고 있었는데 미국 관리들은 일본인 수용소에서 벌어지는 대규모 학대가 해외의 자국민에게도 자행되고 있는 건 아닌지 노심초사했다. 툴레 호수 수용소의 수감자들은 투표를 통해 중립국(파시스트) 스페인의 대표단을 수용소 사찰에 초청하기로 결정했다. 친제국주의 성향의 수감자들은 자신을 전쟁 포로로 생각했고 때로 포로 신분을 요구하기도 했다. 진보 성향의 좌익 수감자들은 미국인들에 배신당하고 우익 동포들 사이에 남겨졌음에도 내부 투쟁을 계속했다. 인종을 이유로 자신을 강제 수용소에 가둔 정부를 지지한다는 건 상상하기 어려운 일이지만 두렵거나 안주하고 싶어서가 아닌, 확고한 정치적 신념에 따라 그렇게 하는 이들이 있었다.

사실 캘리포니아의 좌익 일본인들은 일본 제국주의와 싸우는 미국의 노력에 동참하지 않았다. 오히려 미국인들이 제국주의 일본에 대항하는 캘리포니아 좌익 일본인들의 싸움에 동참했다. 앞서 언급했듯 고토쿠 슈스이, 그리고 그의 존경받는 라이벌이자 일본 공산당 창시자인 가타야마 센 등 일본의 주요 반체제 인사 다수가 50년 전 고국의 정치적 탄압을 피해 캘리포니아로 이주했다. 데이비드 스타 조던이 천황과 악수하고 어류를 분류하는 동안 미국 경찰은 좌익 일본인들을 불온한 외국인으로 검거해 제국주의의 심판을 받도록 돌려보내고 있었다. 일본 내 반파시스트들은 당연히 일본의 적으로 간주되어 일본 교도소에 수감된 이들만 수천 명에 달한다고 샌머테이오의 전우 호코 히데오 이케다가 호소했다.

그는 1942년 샌프란시스코 노동계의 전설 톰 무니의 장례식에 인종 규정으로 참석을 금지당하자 전보를 통해 "우리는 피신해야 합니다. 하지만 어디를 가든 파시스트들과 계속 싸울 것입니다"라고 전했다. LA 경찰의 레드 스쿼드는 중국 영사관 앞에서 동조 시위를 벌이던 일본 반전 시위대를 체포했다. 1929년 일본 훈련선이 로스앤젤레스에 정박했을 때 공산주의자들이 생도들에게 반군국주의 전단지를 배포하자 이를 압수하기도 했다. 미국 고위층은 일본의 노동자보다 고위층 친구들과 더 많은 걸 공유했고 그 사실을 결코 잊지 않았다.

1934년 일본인 노동자들을 설득해 샌프란시스코의 부두 노동자 파업을 주도한 칼 요네다의 사례를 생각해보자. 그는 1926년 군 동원을 피하기 위해 일본을 떠났고 전쟁 물자가 일본으로 향할 수 없도록 부두에서 감시 활동을 펼쳤다. 1938년 12월 16일, 요네다를 비롯한 좌익 노동자들은 샌프란시스코 부두의 중국인 감시단에 합류해 하역 노동자들을 모두 선박에서 내보냈다.[25] 그리고 "일본의 침략을 중단하라!"는 구호 아래 4일간 이 빈 선박을 점령해 미국 전역을 떠들썩하게 만드는 한편 일본계 미국인이 이끄는 여러 평화 단체의 찬사를 받았다. 샌프란시스코 당국이 요네다에 대해 일본 당국에 고지하자 일본 경찰은 그의 어머니를 히로시마의 자택에서 쫓아냈다. 1942년 마닐라행 배에 16인치 포탄을 싣는 중이던 요네다를 FBI가 체포했을 때 그의 주머니에는 그가 발간하는 정치 소책자 〈도호Doho〉의 150명 독자를 대신해 루스벨트에게 보낼 전보가 담겨 있었다. 일본의 악랄한 군국 파시스트들을 무찌르는 데 지원을 아끼지 않겠다는 메시지였다. FBI는 그를 일본계 커뮤니티의 다른 지도자들과 함께 수감했는데 그중 한 명은 감방 창을 가리키며 이렇게 소리쳤다. "두고 보아라. 일본제국 해군이 곧 베이 지역으로 항해해 와 여기 있는 우리를 모두 해방시켜줄 것이다. 닛세이, 특히 요네다만 빼고!" 36시간 후 풀려난 그는 집으로 돌아가는 길에 상사에게 자신의 목숨을 바치겠다는 전보를 보냈다.

미국인들은 요네다가 이미 자신의 삶을 바쳐 싸우고 있던 전쟁에 동참

---

25 해당 사건은 역사적으로 유사한 보스턴 차 사건이 있은 지 165년 만에 일어났다. Karl G. Yoneda, *Ganbatte: Sixty-Year Struggle of a Kibei Worker*, University of California LA Asian Amer, 1983.

할 수 있도록 결국 허락해주었고 그는 캘리포니아의 다른 좌익 일본인과 마찬가지로 태평양 지역의 정보 장교로 복무하게 되었다. 그런데 이내 만자나르 수용소에 수감되었다.[26] 군국주의에 반대하는 조직가로 잘 알려져 있었던 만큼 훈련을 위해 미네소타로 향하는 길에 초국적 일본 우익 갱단에 납치되어 아내와 어린 아들 톰을 두고 수감된 것이다.[27] 그들은 위협 속에 삶을 지속하다 미국 당국이 이들은 미국 군인의 가족으로서 국가 안보에 더 이상 위협이 되지 않는다는 확인을 해준 뒤에야 풀려나 캘리포니아로 돌아왔다.[28]

요네다의 백인 동료들과 지역 동지들은 기회가 있을 때마다 그를 지지했지만 미국 공산당은 전쟁 중 일본계 회원의 활동을 중단시키기로 결정했다. 지나친 친미로 보일 수 있다는 우려 때문이었는데 그들이 일본의 군국주의에 반대하기 위해 이미 얼마나 많은 걸 감수해왔는지 고려하면 잔인한 조롱이었다. 이에 캘리포니아의 일본계 회원들은 당장 이의를 제기하는 대신 지역 지도부의 승인을 받아 지시를 무시하고 2차 세계대전에서 연합군의 승리를 위해 당 활동을 계속했다. "독일-이탈리아-일본의 파시스트 중심축이 승리하면 우리는 모든 권리를 잃게 된다는 게 우리의 논리였다. 전 세계 파시즘의 위협이 우리나라의 문을 두드리고 있었다. 우리는 연합군의 승리를 위해 무엇이든 해야 했다"고 요네다는 회고록에 적었다.

그리고 그는 이내 스스로에게 질문했다. 일본계 미국인 700명을 포함해

---

26 그의 아내였던 일레인 블랙 요네다는 러시아계 유대인이자 캘리포니아 공산당 지도자로서 남편과의 동반 수감을 스스로 선택한 몇 안 되는 백인 중 한 명이었다. 백인 남편의 일본인 아내들은 수감을 피할 수 없었다.

27 블랙드래곤은 만주와 러시아를 분리하는 강에서 이름을 따왔다. 이 갱단의 주요 임무는 볼셰비키의 침략을 방지함과 동시에 일본의 중국 식민지를 보호하고 확장하는 것이다.

28 수용소에서는 닛세이 수감자를 스태프 및 간수들과 구분할 때 국적을 기준으로 사용하지 않았다. 따라서 분리 시설에는 수감 상태 대신 인종이 표시되어 있었다. 이는 때로 혼란을 유발해 흑인 스태프가 '백인' 시설로 분류되고 억류된 소수의 백인 아내들이 그곳에 못 들어가는 경우가 발생하기도 했다. Gordon Chang, *Morning Glory, Evening Shadow: Yamato Ichihashi and His Internment Writings, 1942–1945*, Stanford University Press, 1997.

30만 명의 미국인이 사망한 전쟁에서 나의 정부와 자본주의 시스템은 제한적 민주주의라도 구해냈을 것인가? 전쟁으로 수백만 달러의 이익을 챙긴 고용주들은 일본계 미국인을 포함한 참전 용사들에게 문을 열어줄 것인가? 미국식 강제 수용소에 갇혀 있던 일본계 미국인들은 완전한 권리를 회복할 수 있을 것인가? 시민권과 인권은 보호받을 수 있을 것인가?

요네다는 금세 깨달았다. 몇 달 동안 군복 차림으로 렌트할 집을 찾아다녔지만 끝내 구하지 못했다. 가족은 활동을 계속했고 FBI는 마치 전쟁 같은 건 없었다는 듯 그들의 움직임을 다시 추적하기 시작했다. 그게 미국 당국의 선택이었다. 더글러스 맥아더 장군은 상관이었던 허버트 후버의 도움으로 쇼와 천황과 일본 제국주의 파벌의 대부분을 구출했다(그는 나중에 필리핀에서도 체포 위기에 처한 권력자들을 구해냈지만 뒤에서 살펴보겠지만 이 같은 결정은 팔로알토에 큰 도움이 되었다). 몇몇이 희생양이 되어 목숨을 잃기도 했지만 일본에서 혁명은 일어나지 않았다. 미국이 주도하는 전후 질서에서 칼 요네다가 할 수 있는 일은 생계를 위해 고군분투하고 경찰을 피해 도망 다니는 것뿐이었다. 전쟁 중 미국은 요네다 같은 캘리포니아 일본인들의 헌신에 많은 혜택을 입었지만 사실 그럴 자격이 전혀 없었다. 역사적 서사와 무관하게 미국 지도부는 파시스트를 상대로 무찌르고 아무런 교훈도 얻지 못했다. 상당히 영리했던 칼 요네다는 자신이 돌아가는 나라가 어떤 곳인지 잘 알고 있었다.

대부분의 수감자들은 정치적으로 이치하시나 시라이와 비슷한 상황에 처했다. 이치하시처럼 충성심과 좌절감이 복잡하게 얽힌 감정에 사로잡혀 있거나, 시라이처럼 신념 따위 고민 없이 개인으로서 좋은 삶을 살려고 노력했다. 일본계라고 해서 무조건 좋은 일자리를 찾을 수 없는 건 아니었다. 시라이는 아사히 홈캐스트 코퍼레이션의 사장이 되어 일본 라디오 및 TV 프로그램을 로스엔젤레스에 선보였다. 그리고 이치하시는 일본 측에서는 비공식 정부 대표로, 미국 측에서는 교수로 활동하며 양측에 상당한 기여를 했다. 그는 툴레 호수에서 자신의 성과와 정면으로 마주했다. 1942년 말, 이치하시가 백인 당국이 새로 임명한 수용소 소장을 만나러 갔을 때 스탠퍼드의 1924년 졸업생이자 그의 두 세미나에서 만났던 학생 하비 커버리를 보고 깜짝 놀랐다. 그건 우연이 아니었다. 이치하시가 커버리에게 이 역할을 위한 실질적 훈련을 시킨 셈이었다. 얼마 지나지 않아 스탠퍼드는 점령지 일본(식민지와 이전에 정복한 영토 포함)의 미래 군사 행정가를 위한 교육 프로그램을 후버 전쟁 도서관과 공동 프로젝트로 진행한다고 발표했다. 하지만 칼 요네다와 그의 동료들은 초대받지 못했다.

그야말로 '잠재력'을 지닌 청년의 시대였다. 특히 캘리포니아에서는 더했다. 그런데 과연 누구를 위해, 무엇을 해낼 잠재력인가? 요네다의 사례에서 알 수 있듯 잠재력이란 용기, 지능 및 승리를 부르는 여유 그 이상을 의미했고 그는 이 세 가지를 모두 갖추고 있었다. 하지만 미국과 일본은 그에게 상처만 안겨주었다. 이제 잠재력이 모든 걸 의미하는 팔로알토 시스템으로 다시 돌아갈 필요가 있다. 수레를 끌지 않는 망아지는 아무리 빨라도 시스템에 도움이 되지 않는다. 모든 말을 공격에 동원하는 망아지는? 그런 건 잠재력이라고 할 수도 없다.

불평등이라는 성장산업

전쟁의 지리적 특성상 미국의 자원이 태평양으로 몰리면서 서부 해안의 무기산업에 대한 투자 역시 증가했다. 앞서 이야기했듯 동부 해안의 자본이 신규 하이테크 산업의 상당 부분을 캘리포니아에서 빼갔지만 이동이 쉽지 않은 중공업, 캘리포니아 북부의 조선산업 및 남부의 항공산업 덕분에 지역 경제는 새로운 차원으로 도약했다. 2차 세계대전은 북부 캘리포니아의 인종 분포 역시 영원히 바꿔놓았다. 유럽 각국에서 온 다양한 이민자들이 일괄 백인으로 통합되는가 하면 남부의 흑인들이 처음으로 베이 지역에 대거 밀려들어와 1차 세계대전 이후 추방된 멕시코 프롤레타리아 계층 및 억류되거나 추방된 일본계 주민을 대체했다.

전시 기간에는 노동력이 부족해 본래 백인남성에 한정됐던 일자리에 백인여성과 흑인 이주 노동자들도 뛰어들 수 있게 되었다. 하지만 이 같은 전시 노동의 지각 변동에서 소외된 농장주와 철도 자본가들은 연방정부의 '브라세로Bracero' 프로그램에서 답을 찾았다. 멕시코의 농업 및 건설 노동자들을 데려와 기존처럼 노동권을 보장해주지 않고도 사용할 수 있도록 지원받은 것이다. 시민권이 없어 징집대상이 될 수 없던 멕시코 노동자들은 서부 해안 고용주들의 영구 해결책이 되었다. 일본 및 서독 점령으로 전쟁이 종결됐을 때 캘리포니아는 미국의 일개 내륙지역에서 전 세계로 뻗어나가는 미국 제국의 중심으로 거듭나 있었다.

당시 캘리포니아는 전후 번영을 향해 나아갈 요소를 완벽히 갖추고 있었다. 연방정부는 노동력 부족에 시달리는 고용주들을 적극 지원한 데 이어 예산까지 대규모로 투입해 캘리포니아의 경제 엔진에 더 많은 공기와 가스를 공급하는 방식으로 불을 지폈다. 캘리포니아는 무역 부문의 규모와 중요성 면에서도 크게 성장해 태평양 자본이 미국 북부 시장에 진출하는 진입로로 자리잡았으며 덕분에 팔로알토도 도약할 수 있었다. 서부가 이제 동부의 메이저리그에 가려진 마이너리그의 지위에서 벗어난 것이다. 미국은 서부를 이끌어갈 새로운 인재가 필요했고 이 부분을 스탠퍼드 대학이 해소해주었다. 멕시코 농장 노동자와 억류된 일본인, 심지어 점령군과 포로수용소 관계자들도 팔로알토 구성원을 지도자로 따랐다.

1905년에 태어난 에르네스토 갈라르자는 혁명의 소용돌이를 피해 어머니 및 두 삼촌과 함께 멕시코 할코코탄에서 탈출했다. 결국 새크라멘토에 정착한 뒤 삼촌들이 농장 일을 하고 철로를 놓으며 생계를 이어갔다. 캘리포니아는 미국 내 다른 대부분의 지역과 달리 학교에서 인종분리정책을 공식 시행하지 않았다(이는 샌프란시스코 통합 교육구에서 일본인 자녀를 배제하려다 국제 논란이 벌어져 루스벨트 대통령이 직접 개입해야 했기 때문이기도 하다). 갈라르자의 초등학교 시절은 그야말로 오늘날 다문화 교육을 추구하는 이들이 꿈꾸는 생활이었다. 그는 회고록에서 "2학년 때 내 친구들 중에는 부모님이 일본어만 하는 카즈시, 깡마른 이탈리아 소년 마티, 그리고 싸우는 대신 상대방을 바닥에 내동댕이치고 그냥 깔고 앉아 버리는 뚱뚱한 포르투갈 소년 마누엘이 있었다"고 적었다. 그 학교에는 한국인, 유고슬라브인, 폴란드인, 아일랜드인, 그리고 미국 태생 등 다양한 국적의 학생들이 있었다. 학교는 동화정책을 추구했지만 백인의 미국보다는 다양한 캘리포니아를 지향했다.

갈라르자는 성장해가면서 동화의 중요성을 절감했다. 학기 중에는 약국에서 일하며 웨스턴 유니온의 전보를 배달했고 여름에는 노동 계약업자들의 배려로 농장 및 과수원에서 일할 수 있었다. 학기 중에는 백인 어른들이 그의 성공을 응원하며 학업을 독려했지만 여름에 만나는 백인 어른들은 매일 악착같이 노동력을 착취하는 것 말고는 그에게 관심을 보이지 않았다. 당연히 학업을 계속한 갈라르자는 멕시코계 미국인 대학생이라는 실질적 집단에 처음으로 합류했다. 장학금을 받고 옥시덴탈 대학에 다녔고 자신에게 학문 연구가 잘 맞는다는 사실을 깨달았다. 1927년, 치카노 학생으로서는 최초로 스탠퍼드 대학원에 입학했고 이후 역시 최초로 컬럼비아 대학에서 멕시코의 전기산업 발전에 관한 논문으로 박사학위를 취득했다. 그는 아이비리그 박사과정을 밟는 중에도 자신이 일했던 새크라멘토 밸리 농장부터 볼리비아의 주석 광산에 이르기까지 아메리카 대륙 육체노동자가 견디고 있는 고통을 잊지 않았다. 그리고 남은 삶을 그들의 존엄을 지키기 위한 투쟁에 헌신했다. 미국 사회의 민주적 잠재성으로 이들 삶의 여건을 개선하고자 노력했다. 이 두 방향은 그가 잘 알기는 하지만 사실 결코 양립이 쉽지 않은 관계였다.

갈라르자는 자신의 학력을 활용해 종신교수로 재직하거나 멕시코 전력 산업 전문가로 많은 돈을 버는 대신 아메리카 대륙의 노동자들을 대변하는 삶을 선택했다. 범미주연합PAU에 가입한 뒤 노동 및 사회 정보부서를 만들어 운영했다. 1943년에는 단명한 미국 공공문제위원회의 후원으로 '라틴아메리카의 노동'이라는 제목의 팸플릿을 발행했다. 책자에서 그는 라틴아메리카 노동자들이 국제 대중전선에 포함되어야 한다고 주장했다. 이들은 "타협주의자들이 오스트리아, 스페인 및 체코슬로바키아의 파괴를 허용하기 전부터" 히틀러와 히틀러주의에 반대하며 '민주주의의 성벽'을 쌓아왔기 때문이다. 그는 미국이 초강대국으로 떠오르고 있으며 서반구의 경제 발전에 엄청난 영향을 미칠 거라는 사실을 알고 있었다. 무기산업을 육성할 자원을 찾아 미국자본 수억 달러가 국경 이남으로 이동했다고도 적었다.

루스벨트 정권이 (대부분 정치적 이유에서) 국내의 노동조직을 강화하는 정책을 펼쳤다면 외국과 체결하는 계약에 대해서도 같은 정책을 적용하지 못할 이유가 무엇인가? 그는 "미국 달러는 어디에 쓰이든 민주적으로 사용되어야 한다. 엄청난 양의 신규 자본은 지난 반세기 동안 민간수익으로 창조된 라틴아메리카 경제의 역피라미드 구조를 바로잡을 것인가, 아니면 단지 확대하는 데 그칠 것인가?"라고 적었다. 좋은 질문이었고 그는 미국 진보주의자들이 진지하게 답하기를 바랐다. 그러나 이내 불가능하다는 사실을 깨닫는다.

범미주 고속도로와 대륙 전반에서 임금을 인상할 국제경제계획을 구상했다. 갈라르자는 대중 전선 국제주의자인 루스벨트 민주당의 말을 곧이곧대로 믿었다. 그리고 이내 자신이 실수했다는 사실을 깨달았다.

갈라르자는 자신의 능력은 유연하게 활용할 줄 알았지만 브라세로 프로그램에 참패한 이후에도 주류권 밖에 있는 자신의 신념은 거두지 않았다. 그는 항상 국경이 삶에 미치는 영향을 실질적으로 줄여 미국과 멕시코의 노동자 모두를 보호할 수 있는 국제 조직을 꿈꿨다. 그런데 새로운 농장 노조 지도자 집단이 멕시코 인력에 강경노선을 취해 시민을 위한다는 명목으로 미등록 노동자를 소외시키는 국가정책에 동참했다. 한때 몸담았던 조직 및 이념에서 괴리감을 느낀 그는 결국 저술과 학계로 피신했다. 일찍이 1960년부터 '자유주의자 친구들'을 비난하는 글을 쓰는가 하면 1977년에는 '자유주의적 양심' 및 그 '약점'을 조롱하는 글을 선보였다. 한때 포드 재단의 최고 희망이었던 이가 완전히 돌아선 셈이다. 이렇게 공산주의자들과 가까워진 건 공산주의에 확신이 들어서가 아니라 자유주의적 국제주의자들이 그들의 주장만큼 자유롭거나 국제적이지 않았기 때문이었다. 20세기 중반의 합의 이면에는 볼리비아 광부 수백 명의 희생이 있었고 갈라르자는 미국이 그들을 뇌리에서 지우도록 내버려두지 않았다.[29]

인종 위계는 전후 캘리포니아의 사회질서에 결정적 영향을 미쳤다. 미국은 인민전선 구호와 달리 인류의 보편적 평등에 기반한 사회질서를 구축하기 위해 싸우지 않았다. 갈라르자와 앞부분에 등장한 무선통신 개발자들을 비교해보면 지극히 한정된 인사들만 시대 발전의 혜택을 누렸다는 사실을 알 수 있다. 미국식 자유주의에 동참한다는 건 국경에 충실한 태도로 멕시코 노동자는, 심지어 미국 농장에서 일하더라도 저버린다는 것을 의미했

---

29 뒤에서 살펴보겠지만 카타비 대학살은 전후 질서를 상징적으로 보여준다. 제3세계 반공 캠페인을 연구한 논문에서 저자 빈센트 베빈스는 이렇게 말한다. "20세기 최대의 패배자는 자유주의적 국제주의 질서가 존재한다고 진심으로 믿은 사람들, 민주주의 혹은 민주주의를 지지한다는 미국의 말을 지나치게 믿은 이들이었다. 이들 집단은 전멸했다." Vincent Bevins, *The Jakarta Method: Washington's Anticommunist Crusade and the Mass Murder Program that Shaped Our World*, Public Affairs, 2021.

다. 캘리포니아는 다른 국가의 천연자원 및 인적 자원을 바탕으로 부를 축적했고 지배층은 전쟁에서 승리한 이후에도 그 다른 국가의 권리를 전혀 돌려줄 의사가 없었다.

백인 우월주의는 법체계로 자리잡아 미국 국내에서 국적에 따른 불평등을 고스란히 재현했다. 이에 자신의 특출한 잠재력을 필요한 곳에 쏟아부은 남다른 인물들도 피해를 입었다. 아트 퐁은 1920년 새크라멘토에서 중국계 식료품점 주인의 아들로 태어났다. 공학과 무선통신에 관심이 많기는 했어도 개인적으로는 가업을 이어갈 계획이었는데 15세에 교사들의 추천으로 새로 설립된 캘리포니아 대학 로스앤젤레스 분교에 입학했다. 2년 후 졸업해 로스앤젤레스 전력국(전력 회사에는 늘 일자리가 있었다)에 취업했고 버클리로 진학하기 위해 돈을 모았다. 당시 연간 학비, 책값 및 각종 비용을 합친 금액은 100달러(2022년 기준 2,000달러가 조금 안 되는 금액)로 퐁이 전력회사에서 받는 월급 수준이었던 만큼 학업을 이어갈 만했다. 퐁은 버클리에서 두각을 드러냈고 진주만 폭격 이후 라드 연구소 채용 담당자로부터 스카우트 제의를 받았다. 마이크로파 스펙트럼 분야에서 일할 기회를 붙잡아 테스트 그룹을 담당하게 되었다.

퐁은 팔로알토의 다른 개발자들과 마찬가지로 캘리포니아 무선통신업계가 창조한 인물이었다. 누구나 그렇듯 그는 아내인 메리와 함께 하루빨리 캘리포니아로 돌아가고 싶어했다. 전쟁이 끝난 후 뉴저지에서 온 스카우트 제안을 거절하고 신호 부대의 어느 젊은 장교와 면접을 봤는데 마침 한 전자회사를 공동소유하고 있던 인물이었다. 빌 휴렛은 동창인 팩커드와 창업한 회사에 퐁을 고용했고, 퐁은 회사의 마이크로파 사업부에서 핵심적 역할을 했다. 퐁 부부는 빠르게 성장하는 외곽의 팔로알토에서 전후 아메리칸드림을 조금이나마 실현할 수 있길 바라며 고향으로 돌아왔지만 집을 구할 수 없었다. 그는 "중국계 미국인인 나는 팔로알토에서 원하는 구역에 집을 사거나 임대하는 게 불법이었다"고 회상했다.

백인이 아닌 자는 어디서 태어났건, 혹은 지역경제에 어떤 기여를 하겠다고 약속하건 상관없이, 그리고 참전 여부와도 무관하게 부동산 매입이 공식적으로 불가능했다. 퐁 부부는 팔로알토 경계의 한 토지구역을 발견하고 가가호호 방문하며 중국계 미국인이 인근에 사는 것에 대해 어떻게 생각하는지 의견을 수렴한 뒤 직접 집을 지었다. 팔로알토에서 아시아계(회고록에서 퐁은 '유대인, 흑인 및 히스패닉'이라고 덧붙였다) 주민은 아무리 탁월한 능력으로 지역회사에 영입되고 캘리포니아 태생의 퇴역군인 신분이라고 해도 2급 시민으로 전락했다.

2차 세계대전 이후 비백인 노동자들도 마을 경계라는 위치를 감수하기만 하면 간혹 캘리포니아에 집을 마련할 수 있었다. 그리고 당시에는 행정구역이 빠르게 확장되어 경계가 금세 중심지가 되었다. 실제로 퐁의 생가가 위치해 있던 지점은 오늘날 팔로알토에서 천문학적으로 비싼 다운타운 인근이다. 하지만 파시즘의 패배로 전 세계 모든 이들이 미국이 주도하는 세계 질서 속에서 평등하게 대우받기를 바랐던 에르네스토 갈라르자 같은 사람에게 20세기 중반의 미국은 끝없는 좌절과 실망의 연속이었다.

전후 미국 주거지역의 문화가 백인우월주의에 가부장주의, 그리고 보수주의의 색채를 띠게 된 것은 우연이 아닌, 치밀한 설계에 따른 결과였다. 갈라르자가 깨달은 것처럼 부의 분배는 전 세계 노동자들이 떠받치는 역피라미드 구조로 이루어졌다. 후버와 그의 동료들이 계획한 그대로 말이다. '자유주의자들'의 최선의 노력에도 불구하고 세계적 불평등은 그 자체로 성장산업이었으며 윌리엄 쇼클리의 예상대로 폭탄이 지배하는 세상의 형태로 나타났다. 팔로알토에는 이보다 더 좋을 수 없는 일이었다.

1945

PALO

제3부

1975

ALTO

Chapter 08

폭발적 산업화

미사일 경제 → 부동산 → 팔로알토 동부의 게토화 → 폴 바란과 적색공포 → 냉전 시대의
대학

    스탠퍼드 대학, 나아가 팔로알토는 후버 일당의 루스벨트 반대 정서가
워낙 강하게 들끓었던 탓에 1940년대까지 낙후되어 있었다. 대규모 전쟁
계약을 둘러싼 정부와의 경쟁을 지양하며 때가 오기를 기다렸다. 그렇다고
스탠퍼드 지도부가 국가와 학계 간의 협력에 원칙적으로 반대한 것은 아니
다. 실제로 후버는 상무부 장관 재임 당시 국립연구기금을 조성하기 위한
노력을 주도했다. 하지만 볼셰비즘으로 간주되는 루스벨트 행정부의 정책
만큼은 두려워했다. 정부가 뉴딜 농장지원을 핑계로 농장노동에 개입하듯
공공 지원금이나 계약을 수주한 민간대학 행정관에게 관여하려 들면 막을
도리가 없었다. 스탠퍼드 대학은 수확량을 높일 연구에 충실했지만 2차 세
계대전 종전과 더불어 팔로알토에 몇 가지 기회가 생겼다.

    1944년 11월 17일, 루스벨트는 과학연구개발국ₒₛᵣ 국장에게 종전 후
과학연구를 어떻게 이끌어갈 것인지 묻는 메모를 보냈다. 특히 전쟁으로
발전한 기술을 상업적 혹은 의학적으로 어떻게 활용할 수 있을지, 연구를
위해 정부는 어떤 역할을 해야 하며 미국의 과학인재를 어떻게 발굴하고
또 지원할지도 물었다. 또 "이성의 새로운 영역이 우리 앞에 펼쳐져 있습니

다. 우리가 이 전쟁에 투입한 비전, 대담성 및 추진력을 똑같이 발휘한다면 양적으로나 질적으로 더욱 알찬 고용, 양적으로나 질적으로 더욱 알찬 삶을 창조할 수 있습니다"라고 말했다. OSRD 국장 버니바 부시가 이에 대한 답변으로 국립연구재단에 제안한 '과학, 끝없는 개척지'라는 제목의 문서는 전후 미국 학자들 사이에 전설이 되었지만 1945년 7월 25일 소인이 찍힌 이 문서의 수신자는 3개월 전 이미 세상을 떠난 뒤였다. 문서는 결국 트루먼에게 전달되었고 의회는 연방 과학 연구의 미래에 대한 논의를 시작했다.

버니바 부시는 스탠퍼드 출신은 아니었지만 스탠퍼드 출신의 전형을 보여주었다.[1] 학계(MIT 부사장 및 공대 학장), 기술업계(발명가 및 레이시온 설립자)와 군사정부의 최고위층에서 활동한 그는 결국 팔로알토를 이끌게 될 부류의 인물이었다. 1941년 12월 5일, 후버는 그에게 스탠퍼드 총장직까지 제안했지만 이틀 후 발생한 진주만 폭격으로 부시는 선택의 여지없이 OSRD에 남게 되었다. 백악관의 임명을 받은 것과 무관하게 뉴딜정책에 반대했으며 루스벨트의 남은 측근이 전후 연구를 기술주의가 아닌 민주주의로 다스리고 특허 수익을 사실상 기업에 양도하는 대신 국가에 귀속시키려 했을 때도 꿈쩍하지 않았다.[2] 대신 약간의 두려움을 가지고 군으로 향했다. 1950년, 법에 따라 국립과학재단이 설립될 무렵, 해군 연구청ONR은 과학 분야를 이미 분할하고 있었다. 1,000명의 인하우스 과학자들이 수백 개 기관으로 나뉘어 5,000명이 넘는 연구원을 지원하는가 하면 1,200개의 외부 후원 프로젝트를 수행했다.

행정부의 불만에도 불구하고 스탠퍼드 대학은 스타 무선통신 엔지니어

---

1 정계의 부시 가문과 혈연관계는 전혀 없다.

2 부시는 후버의 충성스런 지지자로서 전쟁 중 국립과학학회 회장 프랭크 쥬엣의 말을 전하기 위해 후버에게 전화했을 때 측근만 사용하는 별명인 '대장'으로 칭했다. 학자 네이선 레인골드는 루스벨트 후임 체제에서 부시의 행동이 "대체로 트루먼 행정부에 대한 반대 계략을 짜는 듯보였다"고 적었다. Nathan Reingold, *"Vannevar Bush's New Deal for Research: Or the Triumph of the Old Order,"Historical Studies in the Physical and Biological Sciences 17, no. 2,* 1987.

프레더릭 터먼을 비롯해 40명이 넘는 교수를 무기 연구에 투입했다. 스탠퍼드 대학의 두 번째 아들이라 할 프레더릭이 아버지 조언에 따라 MIT로 가서 다름 아닌 버니바 부시 교수 밑에서 석사 공부를 했다는 사실을 상기해보라. 그는 스물다섯의 나이에 교수로 화려하게 귀환한 이후 지도교수의 뒤를 이어 15년간 신생기업을 돕고 성장을 이끌었다. 1941년, 학계와 기술업계에 이어 군사경력을 쌓을 때가 되자 전쟁의 부름을 받았다. 짐을 싸서 다시 케임브리지로 향한 뒤 부시로부터 꿈의 과제를 위임받게 되었으니 하버드에서 무선통신 연구소를 운영하게 된 것이다. 이는 스탠퍼드 대학이 미국에 어디까지 기여할 수 있는지와 관련해 데이비드 스타 조던, 그리고 터먼의 부친 루이스의 믿음이 최종적으로 실현되는 순간이었다.

루이스의 천재 아들은 지능과 업적뿐 아니라 목표 적합성 면에서도 모두의 기대에 부응했다. 국가가 자신에게 투자한 자원을 보답하도록 요청하자 그는 자신의 비상한 두뇌, 과학적 훈련 및 리더십 역량을 기꺼이 전쟁에 쏟아부었다. 그리고 승리했다. 스탠퍼드 대학은 후버의 대통령 당선이 아닌, 터먼의 화려한 귀환으로 설립 이후 최고의 전성기를 맞았고 과학 왕국의 열쇠를 기꺼이 그에게 넘겨줄 준비가 되어 있었다. 이내 공과대학 학장에 임명된 그는 간발의 차로 아버지와 동료가 될 기회는 놓치고 말았다(루이스는 1945년 여름 은퇴했다). 터먼이 총장이 되기까지 10년이 더 걸렸지만 거대한 변화에 착수하기까지는 그리 오래 걸리지 않았다.

전후 경제에서 핵심을 차지한 건 전시 제조산업의 민간 버전이 아니었다. 그보다 항공우주, 통신 및 전자ACE 부문이 부상했고 터먼은 이 세 분야를 리드하고 있었다. 그는 하늘로 뻗어나가는 '탁월함의 첨탑'을 세운다는 계획이었다. ACE의 하위 분야에서 남다른 경쟁력을 구축해 연방 및 민간 연구 자금이 스탠퍼드로 흘러들 수밖에 없도록 만들겠다는 것이다. 터먼은 전쟁 전 스탠퍼드의 최대 발명품이라 할 바리안 형제의 클라이스트론을 생산한 기술에서부터 연구를 시작했고 1945년 1월에는 신임 총장 도널드 트레시더를 설득해 2만 5,000달러 지원금을 확보한 뒤 마이크로파 연구소를 설립했다. 빙산의 일각에 지나지 않는 금액이었지만 터먼은 나머지를 어디서 충당해야 할지 알고 있었다.

해군 연구소가 주도하는 22만 5,000달러의 연간 정부 보조금을 따내는 데 성공했다. 전시에 연구개발을 위해 백지수표를 쓰는 데 익숙했던 국방부 관계자들은 이제 평시에도 스탠퍼드 대학 같은 계약업체를 위해 백지수표를 남발했다. 이는 입자 가속기, 원자로, 컴퓨터 등 건물 크기의 값비싼 연구 기계에 대한 비용을 정부가 부담했다는 의미였다. 이 때문에 특히 선형 가속기 센터 등을 두고 스탠퍼드와 연방정부 간에 관할권 다툼이 벌어지기도 했지만 정부 계약을 수주한 게 스탠퍼드에 악영향을 미쳤다고 주장할 사람은 아무도 없었다. 1948년, 스탠퍼드 물리학과에서 사용한 비용도 학교보다 정부가 더 많이 부담했다.

터먼은 연구를 기초와 응용의 두 개 범주로 나누었다. 기초 연구자는 학부 교수를 겸할 수 있지만 응용 연구자의 전문성은 강의실에서 제대로 활용될 수 없다고 믿었다. 그래서 관리자들이 민간산업 연구소를 모델로 후버 계획을 부활시켰을 때 응용 연구자들을 꽂아넣을 최적의 장소라고 여겼다. 스탠퍼드 연구소는 터먼의 도움으로 국방부 예산을 빠르게 먹어치우기 시작했다. 하지만 후버가 역시 독단적으로 선택했던 트레시더 총장은 연구 계약을 정부용과 민간용으로 명확히 구분했으며 전자의 경우 공산주의에 대항하기 위한 목적이라고 보았다. 이렇게 상반되는 해석은 터먼이 스탠퍼드 연구소를 사실상 공적 책임을 지는 기관으로 만들 해군 연구청의 대규모 계약을 체결하면서 절정에 달했다. 트레시더는 스탠퍼드 연구소에 민간 자금을 유치할 수 없었음에도 정부가 떠안는 건 거부했다. 하지만 운명은 피할 수 없었다. 비협조적이던 스탠퍼드 연구소장 윌리엄 탤벗을 해고하고 몇 달 후, 트레시더는 후임을 지명하기도 전에 심장마비로 사망했다.

트레시더는 기업이 스탠퍼드에 기부할 의무가 있다고 믿었다. 일반 과학이 발전하면 장기적으로 그 혜택을 기업이 누리게 될 테니 말이다. 하지만 사업가 기질이 있던 터먼은 그걸로는 기업을 움직일 수 없음을 알고 있었다. 그보다 바리안 어소시에이츠에서 쌓은 경험을 지표로 새로운 협력 관계를 구축했다. 즉, 정부가 스탠퍼드의 마이크로파 연구를 지원하면 스탠퍼드 교수들은 바리안에게 자문을 제공하고, 바리안은 다시 스탠퍼드 학생들을 고용해 마이크로파 튜브를 생산한 뒤 이를 정부에 판매한 것이다. 이처럼 스탠퍼드, 업계 및 국방부가 모두 원원할 수 있는 파트너십을 강화함으로써 스탠퍼드는 동부 및 서부 해안의 라이벌 대학을 모두 제치고 앞서 나갈 수 있었다. 학교는 교실과 땅이라는 두 가지 거대 자산을 보유하고 있었고 터먼은 두 가지 모두 활용했다.

터먼은 스탠퍼드의 민간 연구와 관련해 단순히 스탠퍼드 연구소를 설립하는 것보다 훨씬 광범위한 비전을 품고 있었다. 스탠퍼드 행정부가 보유하고 매각이 영구 금지된 산타클라라 카운티의 아름다운 땅 8,800에이커를 기업에 임대해야 한다고 생각했다. 스탠퍼드 산업단지는 1953년 최초로 바리안 형제의 R&D 부서에 임대를 주었는데 터먼이 바리안 형제의 투자자이자 이사였던 걸 감안하면 자연스러운 일이었다. 이어서 터먼이 지도한 바 있는 휴렛팩커드가 본사를 들여왔고 GE, 코닥과 같은 대기업들도 캠퍼스에 문을 열었다. 입주에 따른 한 가지 이점은 명예 협력 프로그램이 있어 기업 직원들이 입학 절차 없이 최첨단 과학 부문의 고급 강의를 들을 수 있다는 점이었다.

수업료는 두 배였지만 상관없었다. 산업단지 덕분에 스탠퍼드는 칼 제라시 같은 기업가 교수들에게 구미가 당기는 선택지가 되었다. 피임약을 공동개발한 그는 화학과 교수로 부임한 이후 자신의 기업인 신텍스를 캠퍼스 안으로 옮겼다. 교사와 학생이 공원과 학교, 영리 및 비영리 단체를 오가며 자연스럽게 뒤섞였다. 스탠퍼드 산업단지의 최고 대어는 록히드 에어크래프트 코퍼레이션이다. 1955년 로스앤젤레스에 있는 미사일 부서를 서니베일로 확장 이전할 계획을 세웠는데, 전쟁 이전에는 몇 안 됐던 대규모 방어 계약의 일환으로 모펫 비행장에 건설된 나사의 에임스 연구 센터 인근에 자리잡기 위해서였다. 터먼의 설득으로 록히드는 이듬해 산업단지에 연구단지를 건설했고 곧이어 제조단지까지 건설해 카운티의 주요 고용주로 자리 잡게 되었다.

버니바 부시는 자신이 후버에게서 배운 걸 터먼에게 가르쳤다. 정부자금, 신기술 개발을 좇는 민간산업, 그리고 그 사이의 학계가 합쳐지면 경제가 성장하고 미국이 강해진다는 것이다. 그리고 터먼은 고향으로 돌아가 이를 증명했다. 이 같은 공식은 성공했고 팔로알토는 달라졌다. 과수원 시대가 막을 내리면서 산타클라라 카운티의 과일재배 면적은 1940년 101,666에이커에서 1973년 25,511에이커로 감소했다. 누가 봐도 시골이던 팔로알토는 1950년대 들어 탈공업지역으로 변모했다. 산업에 종사하는 인구비율이 폭발적으로 증가하고 가구 중위소득이 50% 증가했음에도 비생산직 대비 생산직의 비율은 감소했다. 서부로 온 이 시대의 정착민은 팔로알토를 더 부유하고 젊은 데다 교육수준도 높은 곳으로 만들었다. 그런데 그들은 정확히 뭘 한 걸까?

전쟁이 끝나고

작가 마이클 S. 말론은 실리콘밸리에서 자랐지만 그의 아버지가 B-17 폭격기로 날려버리는 데 기여한 독일의 뮌헨에서 태어났다. 아버지 말론은 새로운 공군 병력의 일원으로서 대규모 국가지원 인프라를 활용해 전례 없이 높은 효율성으로 작전을 수행했다(즉, 많은 사람을 상당히 빠르게 살해했다). 종전 후에는 정보기관의 군사 연락관이 되었고 1962년, 국가의 컴퓨터 시스템이 종말을 향해 치닫던 순간에는 텔레타이프 앞에 무력하게 앉아 있었다. 쿠바 미사일 위기와 심장마비로부터 살아남은 이후, 그는 가족을 데리고 캘리포니아로 건너가 나사에서 일하게 되었다. 아들 말론은 '미국에서 가장 빠르게 성장 중이던' 산타클라라 카운티로 자신의 가족을 데려다놓은 이민 물결에 대해 이렇게 설명했다.

"젊은 청년들이 새로운 가족을 데리고 매일같이 무더기로 밀려들었다. 항공이나 전기, 기계공학 학위로 무장한 이들은 항공우주업계에 몸담는 미래를 꿈꿨다. 목장형 주택, 혹은 모험심 강한 이들이라면 아트리움이 있는 바우하우스 스타일 주택을 구입했고 매일 아침, 대륙간탄도미사일을 만들기 위해 록히드로 향했다."

이들은 1962년 말론의 아버지가 텔레타이프라이터로 읽었던 대륙간탄도미사일과 동일한 것이었다. 핵전쟁의 공포에서 벗어나기 위해 실리콘밸리로 이주하는 건 뉴욕의 저녁 바람이 너무 차가워 알래스카로 이사하는 거나 다를 바 없었다. 전후 미국 경제의 모형 상품이 컴퓨터가 가득하고 거대한 데다 상당히 정교한 폭발 로켓이었던 이유는 무엇일까? 또한 테스트를 하거나 우주선에 부착한 경우를 제외하면 한 번도 발사하지 않았던 이유는? 전후 산업의 고유상품은 마치 대륙횡단철도 노선을 따라 텅 비어 있는 마을들처럼 완전히 방치되어 있었다. 국가가 제작한 이 모든 걸 사용하지는 않는다는 사실이, 정작 계획을 세우는 사람들에게는 중요하지 않았다.

2차 세계대전으로 세계 대부분 지역이 폐허가 됐지만 미국은 비교적 쉽게 재기했다고 말하는 건 어불성설이다. 살아남은 두 초강대국 중 하나로서 세계의 절반을 재건할 책임을 지고 있었는데, 이는 곧 글로벌 금융 시스템에 다시 한번 돈이 흐르도록 만들어야 한다는 사실을 의미했다. 유럽 재건 및 일본 개발을 위해 착수한 마셜플랜으로 약간의 현금이 유통되기도 했지만 그 규모나 속도가 턱없이 부족했다. 딘 애치슨 국무장관, 그리고 트루먼 행정부의 폴 니체 정책기획실장은 'NSC 68'이라는 제목의 메모에서 민간 산업을 위축시키지 않으면서도 막대한 정부자금을 사용할 방법을 제안했으니 바로 재무장이었다. 미국과 서유럽에 자본을 투입해 평시에도 무장 상태를 유지하면 쇼클리가 이론화한 대로 공산주의자들과의 전쟁에 대비하고 전 세계의 수요를 촉진해 물가 하락을 방지할 수 있다. 그러면 오늘날 우리가 알고 있는 20세기 자본주의의 황금기가 열리는 것이다. 이 계획은 또 평시의 실직 위기에 처한 ACE 부문의 군수 계약업체들을 구제했다. 애치슨과 니체는 1950년 국방부 예산을 트루먼이 세 배로 증액해주길 원했다. 국가가 세계를 날려버릴 기계를 만들어 세계 경제의 확대에 자금을 대야 한다는 군사 케인스 경제학은 영리하면서도 어리석은 자본주의적 국가 정책 중 끝판왕에 속했다. 물론 이는 성공을 거뒀다.

팔로알토와 산타클라라 카운티를 보면 재무장이 어떻게 지역의 발전을 이끌었는지 한눈에 알 수 있다. 캘리포니아는 전시에 급등했던 철강 생산 점유율을 그대로 유지했고 목재산업 역시 비교적 높은 임금에도 불구하고 점유율이 1929년 전국 생산량의 41%에서 1958년 60%로 높아졌다. 하지만 전자 및 군수 산업이 카운티 내 일자리의 대부분을 제공하게 되면서 1952~1968년 산업 매출의 대부분을 달성해준 건 연방정부였다. 이중 대부분이 스탠퍼드의 중개로 이루어졌으며 이는 카운티에서 단순히 무기만 만든 게 아님을 의미했다.

산타클라라 밸리로 몰려온 정착민은 군사지출을 소비지출로 전환했다. 미사일 제조라는 안정적이고 돈도 많이 주는 일자리를 내세워 주택담보대출을 받은 뒤 새로 지은 주택을 매입했다. 이에 따라 냉장고, 에어컨, 자동차, 잔디 깎는 기계 등 교외 생활에 꼭 필요한 물품의 수요가 급증했다. 카운티에는 주택 구획이 생기고 고급 쇼핑센터도 들어섰지만 스탠퍼드는 발전에 따른 부작용을 최소화하느라 애를 먹었다.

행정 관계자들은 스탠퍼드의 성공에 결정적 역할을 했다고 평가되는 목가적 분위기를 해치지 않기 위해 입주 산업체에 다양한 규제를 가했다. 건물이 2층보다 높아선 안 됐고 굴뚝은 금지였으며 불쾌한 소음이나 냄새를 풍겨서도 안 됐다. 교외 스타일을 위해 앞마당의 잔디도 필수였다. 이들 공장이야말로 미래형 공장이었고 주민들은 공장이 있다는 사실도 몰라야 했다.[3] 만약 산업화로 지역경제를 활성화하면서도 조경을 해치지 않을 수 있다면 정착민이 계속 밀려들어와 카운티의 주택가격이 계속 상승할 것이기 때문이다. 또한 기업들이 직원에 스톡옵션을 제공하기 시작하면서 직원들의 직접 투자로 생산 유동성이 확보되고 기업 성장을 견인할 수 있었다. 20세기 중반의 과학자 중 미래에 투자하고 싶지 않은 이가 어디 있었겠는가? 캘리포니아에서 야망이 특히 강한 이들은 직접 베팅할 수도 있었다. 1950년 국방물자생산법DPA은 "국내 산업 기반에서 생산을 확대하도록 장려하기 위해" 계약 및 대출 시 영세기업을 우선 선정했다. 트루먼이 후버 파벌의 우려와 달리 루스벨트의 노선을 따르지 않았던 만큼 DPA는 국유화를 위한 조치가 아니었다. 정착민들에게 나눠주는 선물이었다.

정착민 번영의 토대이자 전후 교외지역의 기본 단위는 다름 아닌 집이었다. 후버는 농업 및 전기 분야와 마찬가지로 루스벨트의 뉴딜 프로그램을 위한 패턴을 구축했다. 상무부 장관으로 첫 임기를 시작하면서 부동산 산업에 자신의 조합 모형을 적용했다. 그의 첫 번째 임무는 도시 계획의 기준을 수립하는 것이었다. 그가 (입맛대로) 뽑은 산업 대표들로 구성된 소위

---

3 이 같은 노력은 수십 년에 걸쳐 성공을 거뒀다. 만약 팔로알토의 수많은 사무실 건물이 나무숲 뒤에 숨어 있는 듯 보인다면 실제로 숨어 있기 때문이다.

원회는 국가를 위한 구역법 초안 모델을 작성했다. 이는 엄밀히 말해 연방 정부가 최소한의 권한을 행사한 것이었지만 이들이 만든 팸플릿은 상당한 영향력을 행사했다. 후버의 모호한 권한 밑에서 지방자치단체는 경찰 권한을 위임받아 "지역사회의 건강, 안전, 도덕성 혹은 일반 복지를 증진하기 위해… 건물과 기타 구조물의 높이, 층수와 크기, 점유율, 마당, 정원 및 기타 열린 공간의 크기, 인구 밀도, 그리고 무역, 산업, 주거 또는 기타 목적을 위한 건물, 구조물 및 토지의 위치와 사용을 규제하고 제한"했다. 정부는 이 같은 언어를 채택함으로써 지방 정부 및 토지 소유주들이 영구적으로 엄청난 권한을 손에 쥐는 데 도움을 주었다. 그리고 이는 전후 미국의 일상 세계를 구축했다. 특히 구역 설정은 주거지 분리를 완화하는 데 강력한 무기가 되었다.

대공황의 수렁 속에서 후버 대통령은 연방 자금으로 민간주택대출을 지원해주면 억눌린 주택 수요를 해결할 수 있다고 확신하게 되었다. 그가 생각하기에 미국의 모든 가정이 주택 매입을 원하지만 이를 가로막는 요인이 두 가지 있었다. 바로 자금이 충분하지 않고 살 수 있는 주택 또한 충분하지 않다는 사실이다. 주택 대출은 이자가 높고 단기로만 가능하며 매입 비용의 절반 정도만 커버해준다. 이 때문에 주택 건설이 활성화될 수 없었는데 심지어 대공황이 닥치면서 집값이 떨어지자 건설이 완전히 중단되다시피 해 주택 위기가 악화되었다. 1931년, 급진주의자들이 예의주시하는 상황에서 후버는 부동산 및 건설 전문가 수백 명을 불러 모아 주택 건설 및 소유에 관한 전국 회의를 주재했다. 그리고 공동의 적인 공공주택의 위협에 어떻게 맞서 싸울지 전략을 세웠다. 이들은 비록 불황에 빠진 대중을 구제하는 데는 실패했지만 민간주택에 자금을 지원하는 공공정책을 수립함으로써 핵심목표를 달성했다.

회의에서는 네 가지 전략을 내놨다. 장기분할상환 대출, 이자율 인하,

빈곤층을 위한 민간주택 지원, 그리고 건설비용 절감이다. 이 모든 게 전후 시기 교외지역을 건설한 '건축 투기업자, 가전제품 제조업체 및 자동차 기업'에 요긴하게 작용했다. 후버는 건축업자들의 신용보장을 위해 국립 모기지 은행을 설립했지만 벨기에 구호 프로그램과 마찬가지로 이는 자선 프로젝트가 아니었다. 정부는 마지막 한 푼까지 돌려받을 계획이었으며 이 때문에 정작 도움이 절박한 미국인은 지원받을 꿈도 못 꿨다. 실제로 4만 명이 넘는 신청자 중 직접 대출을 받은 건 정확히 세 가구에 불과했다. 결국 루스벨트는 주택소유자대출공사HOLC와 연방주택국FHA을 통해 모기지 프로그램을 확대하기에 이르렀다. 후버와 그의 주택정책 담당관 수백 명이 구상했던 걸 2차 세계대전에 힘입어 이들이 정확히 달성한 것이다. 그리고 미국은 여전히 이 같은 번영의 결과를 이해하기 위해 고군분투하는 건 물론, 그 여파 속에 살아가고 있다.

2017년 호평을 받은 저서 《부동산, 설계된 절망: 국가는 어떻게 승자가 정해진 게임을 만들었는가?》(국내에는 2022년에 출간되었다)에서 리처드 로스스타인은 팔로알토를 패러다임 사례로 제시한다. 연방정부가 비교적 광범위한 조건으로 민간대출을 지원하는 슈퍼뱅크의 역할을 했다는 것이다. 캘리포니아의 농장이 이탈리아 은행의 조건에 맞춰 변화했듯 주택산업은 그들이 설정을 도운 정부의 비전에 따라 스스로를 구축해나갔다. 후버의 잃어버린 자식이던 FHA는 후버의 DNA를 여전히 많이 가지고 있어서 정부비용이 전혀 들지 않는 대출 프로그램을 선보였다. 자금 상황이 탄탄한 대출자들만 골라서 지원하면 사람들은 경제 호황 속에서 얼마든지 대출을 갚을 수 있고 재무부가 개입할 일도 절대 생기지 않는다는 논리였다. 이를 위해 우수한 대출자가 어디 있는지 데이터를 구축했고 HOLC는 대출시행 가능 여부에 따라 도시를 여러 구역으로 나눈 뒤 색을 구분한 지도를 만들었다. 이때 흑인이 빨간색으로 표시되면서 흑인 및 통합 지역을 FHA 대출 적격 지역에서 제외시키는 '레드라이닝'이라는 관행까지 생겨났다. 이 모든 게 자본가들이 규칙을 만들면서 벌어진 일이었다.

정부는 흑인 및 다른 소수 민족이 당연히 부동산 가치를 떨어뜨린다고 여겼다. 이는 곧 백인이 이들과 멀리 떨어져 살기 위해 더 많은 돈을 지불했다는 의미다. 부동산 중개업자들은 지도 구획을 위반하는 동료가 있으면 무조건 '징계'를 내려 이 같은 현상이 벌어질 수밖에 없도록 만들었다. 게다가 애초에 연방정부를 위해 구획을 나눈 것도 부동산 업계였다. 역사학자 토마스 슈그루는 "전후 시기 주택 부문에서 공공과 민간의 구분은 모호했다. 유명 개발업자, 은행가 및 부동산 간부들이 민간관행과 정부정책을 뒤섞는 경우가 빈번했다"고 적었다. 공공 및 민간 부문에 후버의 부동산 하수인들이 마치 민들레 홀씨처럼 퍼져나가면서 그가 제시한 모형이 계속 유지되었다.

토지 소유권에 대한 규제조항에 따르면 토지매입은 향후 백인에게 매매한다는 조건에서만 이루어질 수 있었다. 그런데 베이 지역이 선한 백인 진보층의 구역이라는 얘기는 무엇인가? 이는 전혀 사실이 아니다. 1940년대 후반, 중산층과 노동자 계층으로 구성된 팔로알토의 페닌슐라 주택 협회는 스탠퍼드 인근의 미개발 목장을 매입해 수백 세대 및 공용 공간을 갖춘 협동주택건설 계획을 세웠다. 하지만 처음 150가구 중 2%가 흑인이었기 때문에 연방정부는 건축대출을 보증해주지 않았고 따라서 은행도 대출을 허가해주지 않았다. 정책상 FHA가 대출을 거부한 건축물의 경우, 뱅크오브아메리카를 비롯한 은행들도 설사 훌륭한 투자처라 해도 대출이 불가했기 때문이다. 1948년, 협회는 결국 260에이커 규모의 구획을 포기하고 FHA의 조건대로 백인에게만 매매한다는 개발업자에게 넘겼다. 이 라데라 지구는 지금도 그대로 있으며 현재 시점 기준 지난 1년간 26건의 거래가 평균 300만~400만 달러 사이에 이루어졌다. 게토화Ghettoization, 혹은 블록버스팅

Blockbusting(부동산 중개인과 건물 개발업자가 특정 지역 주민들에게 자신의 부동산을 시장 가격보다 낮은 가격에 판매하도록 설득하는 미국의 사업 관행)은 부동산 중개인들이 정부 정책에 발맞춰 설계한 또 다른 관행으로 이번에도 팔로알토가 패러다임을 제시했다.

1950년대에 비백인들은 새 규정으로 인해 심지어 일자리 때문에 이주한 경우라도 집을 구하기가 어려웠다(중국계 미국인 아트 퐁이 전쟁 후 HP에 입사하면서 팔로알토로 왔지만 결국 임대주택도 찾지 못했던 걸 떠올려보라). 그런데 101번 고속도로 반대편 팔로알토 동부의 한 백인 주민이 자신의 집을 흑인 가족에게 팔면서 해결책이 생겼다. 상황이 달랐다면 해당 커뮤니티는 매매자를 내쫓았을 것이다. 실제로 다른 지역에서 색상 지도를 어긴 사람은 하나같이 강제 추방당했다. 하지만 또 다른 기회를 포착한 부동산 중개인과 투기꾼들은 마을의 백인 가구를 일일이 돌면서 마을이 달라지고 있다고 경고하기 시작했다. 이들을 겁먹게 만든 게 흑인이든 레드라이닝이든 결과는 같았다. 집값이 떨어지고 있으니 지금 팔아야 하는 것이다. 투기꾼들은 주택을 헐값에 사들인 다음 베이 지역 주택을 사지 못해 안달인 흑인 노동자들에게 프리미엄을 붙여 팔았다. 로스스타인에 따르면 오로지 백인뿐이던 '팔로알토 동부' 이스트 팔로알토가 6년 만에 흑인이 82%인 지역으로 거듭났다. 물론 아무도 백인을 배척하지 않았지만 백인전용 지역처럼 FHA 대출을 받거나 집값 상승을 보장받을 수 없는 게 현실이었다. 게다가 이곳에 들어가기 위해서는 프리미엄을 지불해야 했는데 백인은 집단으로 이를 거부했다.

FHA는 어떤 상황에서도 흑인 매입자에게 대출을 해주지 않았기 때문에 이스트 팔로알토의 새 소유주들이 자신에게 허용된 대출을 갚으려면 방을 임대 놓는 수밖에 없었다. 결국 교외는 한적하다는 인식이 무색하게 인구 밀도가 높아졌다. 그나마 팔로알토에서 다가구 주택용지는 전체 주택용지의 10% 미만으로 제한되었고 단독주택 부지 크기 역시 최소로 정해져 있었다. 인근의 로스 알토스 힐스, 애더튼, 우드사이드 같은 도시가 최소 부지 조건을 거대하게 설정하고 다가구 지대는 전혀 지정하지 않은 것과 달리 팔로알토는 높은 인구밀도를 완전히 금지하지는 않았다. 대신 전후 백인 민족 동화의 역학과 비슷할 뿐 아니라 잘 보여주기까지 하는 고도의 게임을 벌였다. 부동산 개발업자 조셉 아이클러와 그의 스타일리시하면서도 저렴한 주택을 유치하기로 한 것이다. 팔로알토는 확대되고 있는 남부 구역 십여 군데에 아이클러의 주택부지를 승인했다. 하지만 이는 고층 아파트는 들어설 수 없다는 의미였으며 1970년대 초, 시 위원회는 50피트 이상의 신축 건물을 금지했다. 1950~1960년대 초에 걸쳐 주택 개발이 확대됐지만 백인들이 '거주 개방' 위협에 대한 장기 해결책을 촉구하면서 법적인 주택분리 규정까지는 아니어도 관계자들의 개입에 따라 백인과 흑인의 주거지가 뚜렷하게 구분되었다.

학교 역시 주택 못지않게 인종분리 노력의 중심에 있었고 구역을 나누는 방식으로 해결을 도모했다. 이스트 팔로알토에 인구가 많아져 고등학교를 새로 지어야 했다. 자유주의자들은 남북을 나누는 구분선을 긋고 각 구역에 통합학교를 한 개씩 만들자고 제안했지만 현실로 이어지지는 못했다. 1958년, 이스트 팔로알토 한가운데 새 학교가 세워졌고 당시 학생들을 분리하던 관행은 극소수의 예외 사례를 제외하고 오늘날까지 이어져 오고 있다. "연방 및 주 정부의 주택정책이 이스트 팔로알토에 슬럼가를 창조했다"고 로스스타인은 요약했다. 쉽게 돈을 벌겠다는 후버의 부동산 전략으로 인해 백인의 주거지역과 흑인의 빈민촌이 탄생한 것이다. 이 계획에 따랐던 백인은 부자가 되었고 그렇지 않은 이들은 떠나야 했다. 후버 정부의 공사 협회인 연방정부모기지협회Fannie Mae와 정부국립모기지협회Ginnie Mae는 모기지 표준방식을 확립했고 덕분에 은행은 가장 빠르게 성장할 수 있는 서부로 자본을 이전했다.

1970년대 브롱크스의 저축은행들은 보유 자본의 10%만 이 지역에 재투자해 사실상 지역사회에서 떨어져 나왔다고 케네스 잭슨은 지적한다. 새로운 부동산 호황으로 캘리포니아의 부동산 투기꾼, 개발업자 및 그들이 고용한 중개인들이 부자가 되었고 부동산 업계는 물론 은행, 산업가 및 농업 카르텔이 막강한 영향력을 행사하게 되었다. 이들은 빼앗긴 멕시코의 교외 주민이라는 이름으로 민족운동을 주도한 서부의 보수 정치인들을 후원하고 홍보했다. 국가의 무게 중심이 서부로 이동했고 부동산 소유주들은 돈방석에 앉았다.

빈민촌의 고속도로 맞은편에는 전후 세대주 사회가 형성되었다. 이들은 (과수원이나 조선소에서 일하지 않고) 가정을 지키는 백인 아내, 두 명의 백인 자녀, 하얀 울타리로 둘러싸인 집, 초록의 멋진 잔디밭과 원하는 색상의 자동차 두 대를 기본으로 보유했다. 또 대량살상무기를 만들어 번 돈, 새 스테레오와 식탁에 굴러다니는 신제품 카탈로그로 더욱 풍성한 생활을 누렸다. 뱅크오브아메리카는 이 같은 꿈을 지원한다는 명목으로 200달러짜리 냉장고 대출을 줄줄이 시행해 6,000만 달러 규모의 포트폴리오를 구축했다. 사람들의 소비를 부추기고 싶은 마음에 캘리포니아 농경 중심지를 시작으로 소비자들에게 멋대로 신용을 부여하고 수만 장의 카드를 경고 한 마디 없이 우편 발송하며 범용 신용카드의 시대를 활짝 열었다. 하지만 마이클 말론의 경고대로 이들은 "고지식하기 짝이 없는" 보수주의자가 아니었다. 전쟁이 끝난 지 20년도 채 되지 않아 인공두뇌나 달 식민지 등 현실과 동떨어진 발상까지 철석같이 믿는 낙관주의자가 되어 있었다. 〈플레이보이〉 독자였고 온갖 장비로 무장한 비밀요원 제임스 본드에 대한 이야기를 늘어놓았다.[4] 초대 손님이 오면 무엇이든 보여주고 싶어 안달이었다.[5] 산타클라라 카운티의 기존 주민보다 더 젊고 WASP 성향이 강하며 교육수준도 더 높아 아메리칸드림의 선봉대라 할 수 있었다. 1970년대 캘리포니아를 배경으로 한 경찰 수사물 〈콜롬보〉에 등장하는 악당 캐릭터로서 직장에서 출세하기 위해 거짓말하고, 속이고, 심지어 살인까지 저지르는 인물들이었다. 한마디로 이들은 케이크를 먹고 새로 출시된 장난감을 사들이는 것으로 모자라 주택 및 주식 같은 장기 자산까지 사 모았다. 이들이 필요로 하지 않는 한 가지가 있다면? 바로 노동 운동이었다.

전후 시기, 노동과 자본은 생산성 급증으로 발생한 수익을 특권층 노동자들이 공유한다는 데 합의했다. 대신 이들은 왕성하게 소비하고 공산주의자들을 멀리하며 세계 최고의 폭탄을 만들어야 했다. 하지만 다른 노동자들은 전시의 파업금지 조약으로부터 해방된 만큼 1930년대의 관행으로 돌아가길 원했다. 전후 미국 경제에서는 중대 분쟁이 끊이지 않았다. 1946년에는 기업수익 및 노동파업 횟수 모두 신기록을 세웠다. 양측 모두 전시 이익을 영구화하고 생산량 확대에 따른 이득을 더 많이 차지하려고 노력한 한편, 노동자들은 전시 통제 이후 급격히 상승한 소비자 물가를 따라잡기 위해 고군분투했다. 오클랜드에서는 백화점 노동자 1,000명으로 시작된 파업이 도시 전역에서 10만 명이 참여한 총파업으로 확대되었다. 하지만 루스벨트 행정부 중재의 특징이던 형평성은 사라져 버렸다.

이전이나 확장을 원하는 기업들은 강력한 산업노조가 없다는 점에서 산타클라라 카운티를 선호했는데 많은 기업이 같은 이유로 외곽에 공장을 지었다. HP와 IBM 같은 기업소속 엔지니어들은 철도 엔지니어와 마찬가지로 노조결성이 어려웠지만 일부 시간제 생산직 노동자들은 전국노동관계

---

4 본드의 저자인 이안 플레밍은 2차 세계대전 당시 영국 해군의 정보 연락관으로 본인 스스로 열렬한 기술 신봉자였다. 우주 정착민의 목소리를 문학으로 풀어내는 대변인으로서 발명가 가족을 보호하는 비행 로봇 자동차에 대한 동화를 쓰기도 했다. Andre Millard, *Equipping James Bond: Guns, Gadgets, and Technological Enthusiasm*, Johns Hopkins Press, 2018.

5 이들 제품 중 하나가 가정용 비디오카메라였다. 프렐링거 아카이브가 보유한 수십 개의 테이프에는 이 시기 캘리포니아 교외지역 가구의 레저 및 소비문화가 고스란히 담겨 있다. 결혼식, 휴가 여행, 놀이공원, 새 원피스를 입은 아이들, 새로운 차와 집, 오토바이를 타는 남성 등이 담겨 있는 것이다. 그러고 보니 외상 후 스트레스 장애의 악몽 같은 건 여기서 찾아볼 수 없다.

법을 내세워 단체교섭을 벌였다. 군수 계약업체인 웨스팅하우스의 서니베일 공장에서는 좌파 성향의 전기노동자연합UE이 수백 명의 노동자를 대표하는 선거에서 보수 노조를 물리치고 승리했다. UE는 약 30만 명의 여성 포함, 70만여 명의 노동자를 보유한 CIO에서 세 번째로 큰 회원 노조로 성장했다. 하지만 UE에는 공산주의 기류가 강하게 흐르고 있었다. 심지어 1947년 공화당 의회가 전국노동관계위원회와 협력하는 노조 지도자들은 공산주의자가 아님을 증명해야 한다는 태프트-하틀리 법안을 통과시켰을 때 이에 따르지 않았다. 이내 CIO에서 탈퇴해 나와 좀 더 다루기 쉽고 과격하지 않은 AFL에 가입할 준비를 했다. 결국 UE는 반공주의 색채가 갈수록 강해지는 주류 노동운동에서 소외되고 동조 파업을 금지하는 태프트-하틀리 법안에 발이 묶여 유명무실해졌다.

1956년 웨스팅하우스 노조 재선에 실패했고 50년대 말에는 급성장하는 실리콘밸리에서 밀려났다. 이는 생산라인의 여성 노동자들에게 특히 중대한 타격을 입혔다. 역사학자 글레나 매튜스는 "UE가 실리콘밸리에서 존재감을 상실했을 때 여성 노동자들은 노조를 결성할 최고의 기회를 잃었다"고 적었다. 공교롭게도 실리콘밸리 기업들은 향후 수십 년간 이주민 여성을 고용해 비노조 저임금 조립직을 채웠다. 태프트-하틀리 법안을 통해 각성하고 내부 경쟁에서 벗어난 산타클라라 카운티의 노조 지도자들은 경영진과 우호적 관계를 유지했다.

제조업체들은 사측의 높은 임금을 충당하고자 제품 가격을 올림으로써 매출과 무관하게 임금을 받는 미국인의 삶을 어려움에 빠트렸다. 경제학자 존 케네스 갤브레이스는 이 같은 역학 관계에 대해 "아주 빠른 자동차에 탄 승객은 얼마든지 속도를 따라잡을 수 있다고 확신한다. 하지만 그 옆에서 달려가는 사람은 불리할 수밖에 없다"고 적었다. 교외 군사 업계의 케인스 경제학은 과속하는 자동차였고 모두가 탈 수 있는 건 아니었다. 그래서 노동자들은 새로운 방식으로 낙오할 수밖에 없었다. 가령 비교적 높은 임금의 과일업계 노조는 미등록 이민자들도 고용했지만 군수업체들은 대부분 미국 시민권자만 고용했다. 그럼에도 전 세계 노동자들이 새롭게 떠오르는 번영의 중심지로 몰려들면서 캘리포니아 북부의 멕시코인 인구가 급증했는데 이중 상당수는 지역 인력 계약업체가 불러들인 셈이었다.[6]

1948년 대법원은 부동산 매매 규제 조항을 폐지해 등록된 멕시코 노동자들이 원하는 어디든 살 수 있도록 허용했지만 첨단기술기업은 아무리 국방과 무관한 분야라도 이들을 고용하는 걸 허락하지 않았다. 한편 기계화로 캘리포니아의 식품 생산방식이 전면 달라졌다. 1949년~1969년 캘리포니아의 농업 노동력은 (절대 수치로) 20% 이상 감소했지만 이들은 사실상 동일한 면적의 농작물을 수확했다.[7] 브라세로(멕시코인 계절 농장 노동자), 멕시코계 미국인 및 미등록 멕시코 이민자는 분리된 노동시장에 함께 격리되어 줄어드는 일자리를 두고 경쟁을 벌였다.

캘리포니아 남부 시골 지역에 거주하던 흑인 수십만 명은 2차 세계대전 중 산업 부문의 일자리를 찾아 이주했고 그중 상당수가 서부로 흘러들었다. 1940년~1945년, 샌프란시스코의 흑인 인구는 4,800명에서 20,000명으로 4배나 증가해 샌프란시스코의 웨스턴 애디션 및 필모어 지구처럼 인종 규제가 없는 지역을 채웠다. 이스트 베이에서는 군수기업 임금 덕분에 활기찬 흑인 커뮤니티가 형성되었는데 이스트 베이의 중심도시인 오클랜드 다운타운이 24시간 내내 인파로 북적이게 되었다. "극장과 카페는 교

---

6 일본인 노동자들의 갑작스런 억류로 혼란에 빠진 캘리포니아 농업 자본가들은 계약업체 및 광고를 통해 노동자들을 끌어들였고 이는 결국 노동력의 과잉 공급을 초래했다.

7 1949년-1969년 캘리포니아 농작물 수확량이 소폭 줄어든 것은 전적으로 보리의 재배 면적이 줄었기 때문이었다. 보리 수확은 1955년 최고치를 기록한 이후 갑작스레 감소하다 21세기 들어 사실상 자취를 감췄다. Alan L. Olmstead and Paul W. Rhode, *"A History Of California Agriculture"*, University of California Agriculture and Natural Resources, 2017. 캘리포니아 인기 산업인 와인업계의 고용 역시 바닥을 찍은 1950년부터 1975년 사이 회복세를 보였다. 이들의 고용률은 1970년대 초반에야 세계대전 직후 수준보다 높아지기 시작했다. Ann R. Markusen, *Profit Cycles: Oligopoly, and Regional Development*, MIT Press, 1985.

대 근무 인력을 수용하기 위해 밤새 문을 열었고 소득이 높은 전쟁 노동자들을 사로잡기 위해 댄스홀, 선술집, 기타 오락시설이 우후죽순으로 생겨났다." 하지만 종전으로 조선업이 쇠퇴하자 가장 먼저 해고당한 것도 흑인 노동자였다. 1945년 8월부터 1946년 2월 사이 오클랜드의 제조업 고용은 70%나 감소했다.[8]

이들 오클랜드의 흑인은 백인 정착민과 마찬가지로 그들이 떠나온 지역사회의 주민보다 젊고 교육 수준도 더 높았다. 샌프란시스코와 이스트 베이 지역의 조선업이 더 이상 일자리를 제공할 수 없게 되자 이중 수천 명은 사우스 베이 지역에서 운을 시험해보기로 했다. 1940~1980년 사이 산타클라라 밸리의 흑인 인구는 10년마다 두 배 이상 증가해 1940년 730명에서 1960년 4,187명으로 늘었으며 대부분 산호세와 팔로알토 주변에 자리잡았다.[9] 하지만 이들은 생산직 요건을 갖추고 있었음에도 산업직 일자리를 구하는 데 애를 먹었고 경비 업무에 만족해야 하는 경우도 많았다. 역사학자 허버트 G. 러핀은 일반적으로 알려진 '흑인 대이동Great Migration' 서사와 달리 전쟁 경험, 노동조합 및 연방정부의 차별금지 규정만으로는 흑인 노동자가 사우스베이 제조업에서 중요한 역할을 맡을 수 없었다고 결론지었다.

일부 정책 결정자들은 재무장이 세계 경제를 부양할 완벽한 해결책이라고 여겼을지 모르지만 미국에 정말 필요한 건 많은 비용이 드는 새로운 전쟁이었고 미국의 대통령은 언제나 이를 너무 쉽게 찾아냈다. 1953년 프린스턴 고등연구협회에서 열린 J. 로버트 오펜하이머의 트루먼 시대 평가 세미나에서 NSC 68 재무장 계획의 최종 성공에 대해 논의하던 누군가 의견

---

8 군수품 생산직에 종사하던 백인여성 역시 해고당했다. 하지만 이들의 노동력은 (대부분의 흑인 노동자와 달리) 교외 지역의 백인 가구로 흡수될 수 있었다.

9 이민자들에게 열려 있던 지역사회로 산호세의 전 일본인 마을을 들 수 있다. 이곳은 일본인 억류 도중 및 이후 흑인들이 집을 구할 수 있는 레드라인 구역이었다. Herbert G. Ruffin, *Uninvited Neighbors: African Americans in Silicon Valley, 1769–1990*, University of Oklahoma Press, 2014.

을 제시했다. "한국이 등장해 우리를(구해줬어요)… 우리를 위해 그 일을 해 줬어요." 참석자이자 NSC 68을 설계한 딘 애치슨도 인정했다. "그렇다고 할 수 있죠."[10]

불평등의 고착화

미국의 1950년대 초반을 전후 시기라고 이야기하는 건 오해의 소지가 있다. 엄연히 전쟁이 진행 중이었기 때문이다. 군사업계의 케인스 경제학이 된 재무장 계획은 트루먼에게는 엉뚱하게 들렸지만 중국 공산주의 혁명과 소련의 핵 실험은 (미국 반공주의의 독단적 강화와 더불어) 세계가 3차 세계대전을 향해 치닫고 있음을 시사했다. 1945년, 소련과 미국은 38선을 기준으로 한국을 양분해 북한과 남한을 탄생시켰고 1950년 6월, 북한군이 휴전선을 넘어오자 미국 의원들은 동아시아의 붕괴를 목격했다. 마오주의 중국에서 시작된 공산주의 도미노가 오스트레일리아와 인도네시아까지 덮쳤다. 마침 인도네시아에서는 인기가 높았던 공산당이 선거 혹은 반란을 통한 집권까지 넘보고 있었다.[11] (후버를 위해 보너스 아미의 캠프를 불태웠던) 더글러스 맥아더 장군이 이끄는 1만 3,000명의 유엔군은 한반도에서 중국 국경까지 치고 올라갔다. 마오쩌둥이 동원한 40만 명의 자원병은 미군 7,000명을 생포한 뒤 유엔군을 다시 남쪽으로 몰아냈다. 1953년, 스탈린 사망 이후 휴전

---

10 전체 발언을 애치슨이 한 것으로 잘못 인용되는 경우가 종종 있다. 데이비드 M. 케네디 등의 교과서인 《아메리칸 페이지언트The American Pageant》도 그중 하나다. 안타깝게도 트루먼 도서관에 보관돼 있는 녹취록에는 애치슨 이외의 연사는 표시돼 있지 않지만 세미나 참석자 중에는 조지 F. 케넌 주 소련 대사, NSC68의 공동 저자 폴 니체, W. 애버렐 해리먼 상무부 장관, 필립 제섭 유엔 대표, 딘 러스크 국무부 극동 담당 차관보 등 트루먼 행정부의 거물들이 포함돼 있어 하나같이 그런 말을 했을 법하다. David S. McLellan, *Dean Acheson: The State Department Years*, Dodd, Mead & Company, 1976. 어쨌든 애치슨은 NSC68과 관련한 한국의 역할에 대해 잘못 알려진 것보다 더 회의적이지는 않아도 덜 아쉬워했던 것으로 보인다. "*Transcript of Princeton Seminar Discussion, Wire VI, Dean Acheson Papers*", Harry S. Truman Library & Museum, 1953.

11 1949년 CIA 보고서는 오스트레일리아 공산주의자들이 노조 지위를 활용해 "오스트레일리아의 산업을 무력화할 수 있다"고 경고했다. "*Communist Influence in Australia*", Central Intelligence Agency, 1949.

이 선언되면서 국경도 재설정되었다.

군사적 측면에서 강대국 간 무승부였던 이 전쟁은 한국인과 중국인에게 재앙이었다. 쇼클리의 팀이 치밀하게 주도한 전략 폭격이 일본에서 그 위력을 입증한 만큼 맥아더는 북한의 도시 및 기반 시설을 겨냥한 대규모 공격으로 전쟁을 시작했다. 랜드 연구소 보고서에 따르면 미군은 적군의 허술한 방공망을 틈타 여유롭게 폭격을 진행했고 두 달도 채 안 되어 거의 모든 목표물을 파괴했다. 한 전투기 조종사는 폭탄이 그야말로 차고 넘쳐서 오토바이를 타고 가는 단 한 명의 적군을 물리칠 때까지 계속 투하했다. 전쟁이 지속된 3년간 미 공군이 투하한 폭탄은 네이팜탄 3만 톤을 포함해 총 63만 5,000톤으로 2차 세계대전 태평양 전선에서 사용된 총량보다 많은 양이다. 그 결과 40만~100만 명으로 추산되는 중국군이 사망했고 미 전략공군사령부 책임자는 북한 인구의 5분의 1도 사망한 것으로 추정했다. 이에 비해 미군 측 희생자는 3만 5,000명이 채 되지 않아 이때부터 엄청난 효율을 자랑하는 미국 살상 무기의 새 시대를 열었다.

한국전쟁은 케인스 군사 경제학의 이면을 드러냈다. 1950~1952년 폭격으로 북한의 여러 도시가 폐허가 되는 사이 전자 연구에 대한 군사 지원은 3배로 증가했다. 스탠퍼드의 지도부는 2차 세계대전에 신중하게 접근했지만 공산주의자를 무찌르는 데는 거침이 없었고 맥아더도 후버와 함께 트루먼을 끌어내릴 계획을 세우는 등 여전히 자랑스러운 후버파로 남았다.[12] 1951년 국방부의 예산은 130억 달러에서 580억 달러로 5배 가까이 증가했고 일부 대학은 그야말로 '군사기관의 금융 계열사'가 되었다. "후버를 충

---

12 대통령 재임 당시 후버는 맥아더를 육군참모총장으로 임명하고 이후 짧게 끝난 그의 정치 커리어를 지원했다. 1952년 아이젠하워에 밀려 공화당 대선 후보 선출에 실패한 맥아더는 후버가 동부 해안에 머물 때 사용하던 뉴욕시의 발도르프 아스토리아로 이주했다. 〈뉴올리언스 타임스〉에 게재된 만화에서 두 사람은 저 밑으로 지지자들이 환호하고 있는 가운데 건물 꼭대기 층에서 서로에게 이렇게 소리친다. "고요하고 한적하죠?" Keith Temple, *"Quiet and isolated, isn't it?,"* Library of Congress Prints and Photographs Division, https://lccn.loc.gov/2016684220.

분히 기쁘게 할 만큼 반공주의적이고 반루스벨트적인" J. E. 윌리스 스털링 총장은 1954년 프레더릭 터먼에게 공학을 혁신한 것처럼 대학의 다른 부문 역시 혁신해줄 것을 촉구하며 학장으로 승진시켰다. 터먼은 또 한 번 전쟁에서 승리했고 마침내 공화당(아이젠하워)이 백악관에 복귀하면서 스탠퍼드는 더 이상 정부에 무서울 게 없어졌다.

"종전에 따른 경제 위기를 해결하는 방법은 그냥 전쟁을 끝내지 않는 것"이라고 역사학자 월터 존슨이 적었다. 냉전은 실로 장기간 지속된 전쟁이었으며 수백만 명이 사망했다. 미국의 '전후' 경제, 혹은 1950년대 상황은 평화를 되찾은 국가와는 거리가 멀었다. 오히려 평화를 완전히 끝내기로 한 국가, 영구 분쟁을 받아들이기로 한 국가였다. "전 세계가 아시아 문명 대 서구 문명의 맞대결에 직면해 있다네." 후버가 1946년 맥아더 장군을 성경의 설교자에 비유하고 정치 연설을 시작하도록 촉구한 '세례 요한'이라는 편지에서 적었다. "서구 문명은 공산주의가 세계를 지배하거나 또 다른 세계대전이 일어나는 충격을 견딜 수 없어. 미국이 외교적으로 만반의 대비를 하고 감각과 용기를 키워야만 이 두 사태 모두 방지할 수 있네."[13] 하지만 전 세계에 무기가 흘러넘치게 만들겠다는 취지의 쇼클리-아놀드 대비 전략에는 몇 가지 외교 문제가 있었다. 아이젠하워의 계획에 따라 핵 탑재 중거리 탄도미사일이 유럽의 나토 동맹국들에 할인 판매되면서(케인스 군사 경제학의 표준) 소련의 문지방인 터키에서 제1격 핵무기가 등장했고 그에 따라 5년 후 쿠바 미사일 위기가 발발하게 되었다.[14] 하지만 미사일 덕분에 교외지역이 성장을 지속하고 사방의 빨갱이를 견제할 수 있었던 것도

---

13 이 편지는 1950년 NSC68보다 앞서 작성됐음에도 그 형태를 제시해 후버가 대통령에서 물러난 이후에도 상당한 영향력을 지니고 있었음을 보여준다. *"Herbert Hoover to Douglas Macarthur, October 17, 1946,"* Herbert Hoover Papers, Post-Presidential Individual Correspondence, 1933–1964, Herbert Hoover Presidential Library, Box 129.

14 허점이 많아 확산된 혼란스러운 정보에 따르면 미사일은 쿠바에 판매된 반면 핵탄두는 기술적으로 여전히 미국의 소유였다. Barton J. Bernstein, *"The Cuban Missile Crisis: Trading the Jupiters in Turkey?,"* Political Science Quarterly 95, no. 1. 1980.

사실이다. 그리고 그게 안 되는 지점에서 3만 톤의 네이팜탄이 사용되었다.

미국이 한국전쟁에 전통적으로 내세워온 명분은, 굳이 하나를 꼽자면, 한 국가의 질서가 곧 세계 질서라는 논리였다. 미국 주도의 유엔이 한국의 기존 국경을 공산주의의 침략으로부터 보호하기 위해 개입한 것이다. 트루먼은 인종적으로 통합적인 군대를 만들었고, 다시 고삐를 조여 미국의 폭주를 막음으로써 더 많은 이들이 번영에 동참할 수 있도록 했다. 미국은 동아시아 인구 200만 명을 죽여야 하는 명분을 마련하기 위해 한국전쟁에 참여했다. 하지만 전쟁은 국내에서도 벌어졌다. 연방과 주 차원에서 '적색 공포'가 다시 시작되었다. 1952년 이민 및 국적법이 트루먼의 거부권 행사에도 반공주의라는 명분으로 통과되면서 1924년 국가별 쿼터제가 재확립되고 아나키스트와 공산주의자의 자동추방이 가능해졌다. 과격파(특히 흑인 과격파)는 감시와 체포, 심지어 새 법이 발효된 이후에는 추방까지 당했다. 군사통합도 계획대로 진행되지 않았다. 대량학살로 인종 간 화합이 어려워졌고 주한 미군은 새로운 흑인 병사들을 맞이하며 남부동맹 깃발을 펄럭였다. 스털링 총장은 스탠퍼드 대학에서 공산주의 교수 채용 불가를 선언하고 캘리포니아 비미국 활동 위원회와 협력하기 시작했다. 뿐만 아니라 캠퍼스의 후버 파벌과 결탁해 좌파 교수를 감시하고 밀어냈다.

1950년대와 1960년대 초, 스탠퍼드 교수 중 반공주의 압박을 가장 많이 받은 이는 경제학자 폴 A. 바란이었다.[15] 1948년, 애국적인 좌파 경제학 교수를 원했던 대학에 바란은 탁월한 선택이었다. 러시아계 유대인으로 아버지가 볼셰비키가 아닌 멘셰비키였던 그는 베를린에서 학업을 마쳤다. 그곳에서 1차 세계대전과 2차 세계대전 사이 기간 독일의 좌파 경제학을 이끈 선구자이자 《금융 자본Finance Capital》의 저자인 루돌프 힐퍼딩의 제자로 수학

---

15 폴란드계 미국인 엔지니어이자 팔로알토의 동료인 폴 바란과 혼동하지 않도록 주의해야 한다. 그는 RAND 연구소에서 핵 복원력이 좋은 네트워킹 인프라를 연구하는 동안 데이터 패킷을 설계한 것으로 알려져 있다.

했다. 좌파가 히틀러와의 투쟁에서 패배하자 바란은 결국 하버드로 도피했다. 천재적 두뇌의 소유자였던 그는 2차 세계대전 발발 이후 미국에서 자신의 능력을 필요로 하는 곳이 차고 넘친다는 사실을 깨달았다. 물가관리국, OSS의 R&D 부문에서 일하는가 하면 독일과 일본에서 전략폭격조사를 실시했다. 전쟁이 끝난 뒤에는 상무부와 뉴욕 연방준비은행에서 근무했다. 열정적 교수이기도 했으며 신흥 소비에트 블록에 대해 잘 알았다. 자신의 사회주의 성향을 군이 숨기지 않았지만 당시에는 그게 큰 문제가 되지도 않았다. 그가 공산당원이 아니었고 독일 재건을 위한 미국의 정보수집을 도운 이후로는 소련에서도 환영받지 못했기 때문이다. 스탠퍼드 대학은 이내 그를 정교수로 임용하고 종신 교수직을 부여했다. 실수였다.

바란은 동료 전문가이자 (적어도) 주요 자유주의 경제학자들과 어깨를 나란히 하는 지식인이었다. 전시에 함께 일한 갤브레이스는 그를 "내가 아는 경제학자 중 가장 똑똑하고, 단연 압도적인 차이로 가장 흥미로운 경제학자"라고 칭송했다. 하지만 다른 이들이 폭탄을 실어 날라 미국을 번영으로 이끄는 데 열심이었던 데 반해 바란은 군사 케인즈주의를 혐오했다. 사실 군사 케인즈주의가 발전할수록 케인즈주의는 더 넓은 의미의 타당성을 잃게 되어 있다고 여겼다. 바란은 하버드의 친구인 폴 스위지와 함께 케인즈주의를 주류 경제학계에서 가장 신랄하게 비판했다.

1957년 저서 《성장의 정치경제학The Political Economy of Growth》에서는 수요가 어디서 오는지가 중요하며 경기 부양을 위해 대량살상무기를 비축하겠다는 발상은 "돼지를 구워먹기 위해 집을 태우는 거나 다를 바 없었다"고 주장했다. 미국 경제를 운영하는 과점 기업들은 정부를 따라 터무니없는 연구 개발의 길을 밟으면서 국민에게 유용한 건 아무것도 생산하지 못했다. 기업 리더들은 비용을 절감할 수 있는 투자만 추구했고, (앞서 살펴본 것처럼) 가격 경쟁에 불을 붙이고 수익은 깎아 먹는 생산확대 계획은 외면했다. 케인즈주의자들이 예측한 것처럼 노동자들의 삶은 갈수록 녹록지 않았다. 자본주의하에서 사람들은 국가의 사회적 잉여를 유용하게 사용할 수 없었다. 대신 그와 같은 자원을 과점적 통제에 맞서 제대로 활용하지 못하는 무능이 자본주의를 규정했다.

좌파 케인즈주의에 대한 좌파의 비판 중에서도 좌파를 대변하는 바란의 결론은 논란의 여지가 있었지만 정작 그를 곤경에 빠트린 건 쿠바였다. 《성장의 정치경제학》에서 그는 소위 '자원 국가'라는 미국이 어떤 종류의 대중 주권이든 용인할 의지도, 경제적 능력도 없다고 주장했다. 제3세계 국가들은 어떤 형태의 정부를 추구하든 의미 있는 독립을 원한다면 외국 자본가들을 수용해야 했다. 1950년대 들어 미국은 외국의 내부 정치에 적극 개입하기 시작했는데 베네수엘라, 영국령 기아나, 과테말라, 케냐, 필리핀, 인도차이나, 이란, 이집트, 아르헨티나가 대표적이라고 바란은 지적했다. 제3세계 혁명은 미국과 러시아의 군국주의를 넘어서는 새로운 길을 바란에게 제시했다.

그는 1960년 가을, 피델 카스트로의 초청으로 쿠바를 방문한 뒤 3주 만에 스탠퍼드로 돌아와 보고했다. 그의 공개 강연에는 청중이 넘쳐났다. 바란은 카스트로를 높이 평가하는 한편, 미국이 곧 쿠바의 쿠데타 시도를 중단시켜야 할 것이라고 경고했다. 과테말라에서 재산이 몰수된 기업들이 쿠데타를 일으켜 하코보 아르벤스 대통령을 축출한 사례를 참고해야 한다는 것이다. 하지만 그는 쿠바에서는 그런 쿠데타가 성공할 가능성이 낮다고도 덧붙였다. 방송에서는 해당 강연을 다음과 같은 어조로 전국에 보도했다. "스탠퍼드에는 공산주의자 경제학 교수가 종신 재직 중이다."

바란은 친소련주의자가 아니었다. 그가 만큼 마르크스주의자임을 고백했다 해도 1950년대의 대부분 인사는 이를 정치적 성향과 무관한 지적 지향으로 치부했다. 그의 하버드 학위, 직업적 명성과 미국 공직에 오랫동안 몸담은 경력이 보호막 역할을 하기도 했다.[16] 하지만 대규모 군중 앞에서 카스트로를 옹호하는 교수에게 임금을 지불하는 건 스탠퍼드의 보수주의자들로서는 감당하기 힘들었다. 학교를 꾸준히 후원하는 동문들의 편지가 쏟아졌다. 텍사코의 한 임원은 전년도 학교에 1만 달러를 기부한 텍사코가 카스트로 정권으로부터 자산 5,000만 달러를 몰수당했던 사실을 스털링에게 상기해주었다. 학교가 더 많은 기부를 받고 싶으면 '미국의 숙적이자 어느 스탠퍼드 후원자의 강도나 다름없는 자에게 찬사를 보낸 교수'를 가만둬선 안 된다고 강조했다.

자본주의자들에게 글로벌 계급 전쟁은 늘 개인적 의미를 띠었다. 스털링은 뱅크오브아메리카의 전신인 트랜스아메리카 코퍼레이션의 최고 경영진을 포함해 고액 기부자들과 점심 모임을 가졌다. 스탠퍼드 이사이자 서부 해안의 기업가인 데이비드 팩커드는 친 바란 성향의 〈스탠퍼드 데일리〉에 바란이 공산주의자들로부터 1달러를 받을 때마다 그의 임금을 1달러씩 삭감하도록 제안하는 서한을 작성했다. 너무 선동적이어서 실제로 전달하지는 않았지만 여기엔 스탠퍼드 이사회의 태도가 잘 반영되어 있다. 어쨌든 동문 인사들의 비난은 공개적으로 쏟아졌고 〈스탠퍼드 데일리〉는 보수적인 후원자들의 입김을 폭로하고 바란을 옹호하는 칼럼을 5부작으로 게재했다. 학장 프레더릭 터먼은 다들 애지중지하는 학교의 평판을 망친 것도 아닌데 단순히 논란을 일으켰다는 이유로 종신 교수를 해고할 순 없다고 경고했다. 대신 그들은 바란을 죽는 날까지 괴롭혔다.

1964년, 바란은 55세의 젊은 나이에 심장마비로 사망했다. 스위지와 함께 집필한 역작 《독점 자본Monopoly Capital》이 출간되는 것도 보지 못했다. 그해 초, 그는 스위지에게 이렇게 불평했다. "내년엔 강의를 다른 교수들보다

16 그가 캘리포니아 팔로알토라는 지적으로 뒤떨어진 지역에 기꺼이 눌러앉은 것도 도움이 됐을 것이다. 스탠퍼드에서 바란을 고용함과 동시에 하버드는 스위지의 종신 교수직을 박탈했다.

두 배는 더 많이 해야 해. 내 월급은 그들의 60%밖에 안 받는데 말이야. 그래도 그들은 활짝 웃는 얼굴로 '우리처럼 민주적이고 자유로운 데다 관용적인 사람이 또 어디 있어!'라고 우쭐대겠지." 학교는 바란이 처음 시작된 심장마비에서 아직 완전히 회복하지 못했다는 사실을 알면서도 그렇게 한 것이다. 바란은 아들 니키가 아니었다면 학계를 떠나 정직한 마르크스주의 지식인으로서 소박한 삶을 살았을 거라고 스위지에게 말했고 스위지는 이를 잡지에 기고했다. 바란이 1년만 더 살았어도 분명 실제로 그렇게 했을 것이다. 바란의 이른 죽음이 후대에 끼친 손해를 가늠할 수는 없다. 스탠퍼드 행정부의 의사결정이 내부적으로 어떻게 이루어졌는지와 관련해 지금처럼 많은 정보가 알려진 이유는 1971년, 캠퍼스의 지적 자유와 관련한 논쟁이 더 크게 불거졌을 때 누군가 잠긴 문을 부수고 들어가 오래된 파일을 훔친 뒤 카피본을 배포했기 때문이다. 이는 폴 바란 사망 이후 수년간 학교를 분열시킨 폭로 중 하나로 작용했다.

역사적 아이러니는 1960년대 스탠퍼드가 폴 바란 같은 마르크스주의 지식인을 흡수하지 못한 바로 그 무능으로 인해 바란의 이론이 오히려 더 의미를 가진다는 사실이다. 텍사코의 편지에서 알 수 있듯 스탠퍼드 대학은 쿠바 국민은 물론, 과테말라 국민, 이란 국민, 그리고 스탠퍼드 후원자들의 자산이 위치한 수많은 지역의 국민과 제로섬 싸움을 벌여야 했다. 그 싸움에서 바란은 당당히 스탠퍼드의 반대편에 섰다. 《독점 자본》의 감사의 말에는 "체에게(체 게바라를 의미)"라는 세 마디만 적혀 있었다.

스탠퍼드는 미국 자본주의 경제의 생산 기구로서 자본주의 체제와 동일한 한계를 지니고 있었다. 기관으로서 수익 및 기존 자산 관계라는 뚜렷한 투자 목표가 존재했다. 이 섹션의 나머지 부분에서 논의하겠지만 전자산업과 그 밖의 분야에서 실제로 스탠퍼드를 움직인 건 수익 동기였다. 학교 자체의 수익이 아니라 전반적 수익 말이다. 지아니니의 카르텔 모델에서 대학은 개별 기업이 아닌 자본가 계급을 대신해 연구개발을 수행하는 역할을 지녔다. 스탠퍼드는 조던의 설계에 따라 국가의 시급성에 따라 언제든 지원 가능한 현대적 역량을 갖추고 있었다. "적절한 자격을 갖춘 기술 인력과 일류 과학자를 만족스러운 양만큼" 공급했다. 따라서 이 같은 작업의 결실이 폭탄, 광고, 통조림 식품, 그리고 할리우드의 '바보 같은 오락'이었던 건 결코 우연이 아니라고 바란은 적었다. 자본주의 체제에서는 이 모든 게 '존재와 생존을 위한 최소 기반'이었던 것이다. 우리는 현대 식품체계에서 이같은 역학이 펼쳐지는 것을 목격했다. 정부가 전쟁을 위한 통조림 식품을 요구하면 기업이 식품가공에 투자한다. 실제로 식품이 가공되는 동안 기업은 광고, 운반, 기계화 및 첨가물 연구를 계속한다. 결국 우리에게 남는 건 인간과 지구에 객관적으로 해롭기 짝이 없지만 수익성은 좋은 식품체계다. 터먼 학장의 스탠퍼드와 '전쟁 이후' 팔로알토 커뮤니티를 뒷받침한 것도 바로 이 같은 역학이었다.

역사가들은 이 시기에 국방비로 진행된 학술 연구를 옹호하는 경향이 있다. 연구가들이 대개 정부의 막대한 자금을 활용해 사리사욕을 채웠다고 믿었기 때문이다. 실제로 지난 수십 년간 매일 매 순간 위협했던 것처럼 스탠퍼드에서 개발한 록히드 ICBM 중 하나가 레닌그라드(오늘날 러시아의 상트페테르부르크)를 쑥대밭으로 만들었다면 오늘날 상황은 조금 달라졌을 것이다. 하지만 정부는 공학뿐 아니라 터먼이 기업가적 본능에 따라 새로운 하위 분야로 구축한 커뮤니케이션(저널리즘 대체), 문화인류학, 정치 행동 및 아동 발달 등 응용 연구에 새로운 초점을 맞추기 시작했다.[17] 스탠퍼드는 모든 스펙트럼을 아우르는 냉전 연구소로 빠르게 변해갔고 이는 학교를 혼

---

17 캠퍼스 반대편에서 고전 부문의 한 고위 구성원이 비즈니스와 무관한 자신들의 분야는 예산이 삭감된 데 불만을 토로하자 터먼은 '외롭고 좌절한 독신 여성의 몸부림'으로 치부했다. Rebecca S. Lowen, *Creating the Cold War University: The Transformation of Stanford*, University of California Press, 1997.

돈으로 몰아넣었다.

초기의 한 사례로 스탠퍼드 화학자들은 독성을 가늠할 수 없는 산화아연 카드뮴 용액을 제조해 뭔가를 테스트한다는 명목으로 사전경고도 없이 미니애폴리스, 세인트루이스와 위니펙의 빈민가에 분사했다. 또 다른 예로 스탠퍼드 심리학자들은 최고 수준의 인적 자본을 발견할 새로운 방법을 모색하다 어린아이들과 마시멜로를 사용해 테스트를 실시했다. 아이들이 먹고 싶은 걸 참고 얼마나 오래 기다릴 수 있는지 실험하면 자기 통제력이 높은 아이를 찾을 수 있다는 것이다. 한국에 붙잡혀 있던 미국인 포로가 귀환한 데 고무된 정책 입안자들과 연구자들은 온갖 종류의 나쁜 과학에 몰두하다가 세뇌 및 도플갱어에 대한 환상을 실현해보려 들기도 했다. 이 같은 행위는 군사 부문이나 인류에 모두 치명적 결과를 초래했지만 지원금만큼은 두둑하게 따내 스탠퍼드를 미국, 나아가 세계를 이끄는 지위에 올려놓았다.

냉전 시대 방위계약에는 막연한 희망과 노골적 사기가 만연했다. 1950년대 미국의 군사 기술 인프라에 대해 설명해달라고 요청하면 사람들은 대부분 외면하고 말 것이다. 하지만 그렇지 않은 사람이 있다면 어두운 방에서 흰 셔츠를 입고 뿔테 안경을 쓴 과학자들이 북미의 레이더 지도가 계속 업데이트되는 원형 스크린을 모니터링하는 모습에 대해 설명해줄 것이다. 그리고 실제로 그러던 때가 있었다. 공군과 MIT, 심지어 IBM을 필두로 한 주요 컴퓨터 기업까지 협력해 만든 반자동 지상 환경SAGE 시스템 때문이다.

이는 그날의 비행 계획이 암호로 저장된 펀치 카드를 운영자가 거대한 컴퓨터에 입력하고 이후 입력된 항로와 일치하지 않는 뭔가가 포착되면 소련 핵폭격기로 가정해 미사일이나 항공기를 배치하는 방식으로 운용된다. SAGE 기지의 컴퓨터는 미국 전역의 모뎀 및 전화선과 연결되어 있었다.

IBM은 이 시스템과 관련해 '경계 태세!: SAGE 이야기'라는 제목의 12분짜리 광고 영상을 제작해 홍보 혁신을 일으켰다. 이는 그야말로 이례적인 냉전 선전물이라 할 수 있었다. 엄마 아빠가 잠든 딸을 지켜보는 장면으로 마무리되면서 두 부모가 가정의 SAGE 시스템을 상징했다.[18] SAGE 엔지니어 레스터 어니스트에 따르면 이 시스템 역시 무용지물이기는 마찬가지였다.

미국이 실제로 SAGE를 사용했다고 주장하는 사람은 아무도 없지만 어니스트는 그게 불가능한 일이었다는 입장을 고수했다. 시스템은 일견 포레스트 검프에 비유할 수 있어서 "상당히 빠르고 재정도 탄탄하지만 믿을 수 없을 만큼 멍청했다"는 것이다. 우선 소련은 이미 능숙했던 레이더 대응을 SAGE는 할 수 없었다. 폭격기 대신 핵을 운반하게 된 ICBM도 레이더망을 벗어나 우주로 날아가 버렸다. 결국 SAGE는 잘해야 항공교통 관제 시스템, 최악의 경우 핵미사일을 버그투성이 코드와 보안되지 않은 전화선에 연결할 뿐이었다.[19] 하지만 냉전 시대의 엘리트들은 학계, 방위산업과 군사 부문에 밀집해 있었던 만큼 SAGE 같은 허술한 사기를 지속할 이유가 충분했다.

워낙 많은 게 걸려 있었기 때문에 잠재적 보안 위협, 내부 고발자 및 악성 콘텐츠가 시스템에 침투하는 일이 없도록 충성 서약과 확인 점검을 철저하게 실시했다. 그에 따라 관심과 재능이 아무리 출중한 인재라도 설 자리를 잃는 경우가 생겨났다. UC 버클리 공대생 리 펠젠스타인은 나사의 비행연구 센터에서 일과 공부를 병행할 수 있는 꿈의 일자리를 제안받았지만 그의 부모님이 미국 공산당원이었다는 사실이 대학 측에 알려지면서 취소되었다. 업계 내 자신의 미래에 낙담한 펠젠슈타인은 결국 학교를 중퇴

---

18 IBM 동영상은 래퍼 세이지 프란시스의 2005년 앨범 〈건전한 불신A Healthy Distrust〉의 타이틀곡 '더 버즈 킬'에 나오는 내레이션을 샘플로 사용했다. *"On Guard! The Story of SAGE"*, IBM Corporation, 1957.

19 악의적 컴퓨터 해커 같은 게 아직 등장하지 않았기 때문에 네트워크 보안은 필요 없었다.

했다. 미국인의 교육수준은 전반적으로 향상되고 있었지만 방위관련 학계와 산업 부문은 지원자가 누구인지, 좀 더 정확히는 무엇인지에 따라 교육과 커리어에 온갖 종류의 장벽을 설치했다. 그 결과, 국내는 물론 세계적으로도 미국 자본주의의 지속적 확장을 의문의 여지없이 반길 수 있는 WASP만이 공학 부문 엘리트로 올라설 수 있었다.

프레더릭 터먼은 냉전의 태양을 한껏 누리고 있었지만 그의 아버지 루이스는 점점 더 어두운 그늘로 들어갔다. 그는 자신의 천재적인 연구 덕분에 궁극적으로 국방 부문이 강화되길 꿈꿨지만 국가도 이런 천재들을 두고 같은 생각을 하는 건 아니었다. 루이스 터먼의 호소에도 불구하고 미국 당국이 일본계 미국인 흰개미(터먼의 연구 대상을 칭하던 용어)들을 수용소에 가둔 것이다. "일본계 미국인들이 재배치될 때 당신은 제외될 수 있도록 최선을 다했지만 군사 당국은 단호했습니다." 자신의 자녀들이 안전한 곳으로 가게 해달라는 알프레드 타다시의 요청에 터먼이 답했다. 그는 천재성을 지닌 타다시 가문의 또 다른 일원 로널드 탤벗에게도 편지를 썼다. "미국 시민으로서 나의 동포들이 인종적 편협함으로 무장해 당신을 비롯한 많은 이들을 고통에 빠트리고 있다는 사실이 무척이나 수치스럽습니다."[20] 비미활동위원회가 흰개미 출신의 영화감독 에드워드 드미트릭을 할리우드 블랙리스트 10인에 올리자 루이스는 UC 버클리 교수진에 요구되는 새로운 충성 서약에 분노했다.[21]

1952년 은퇴한 루이스는 후버의 궤도에서 살짝 벗어났고 그의 소중한 아들이 자유주의 교수들의 임기를 습관처럼 단축하는 사이 그 어느 때보다

---

20 타다시 가족은 당시 이미 캘리포니아 외곽의 농장 지역으로 이주해 전쟁이 진행되는 동안에도 자유인의 신분을 유지했다. 한마디로 그들은 숨어서 나오지 않았고 아무도 그들을 찾지 못했다. Joel N. Shurkin, *Terman's Kids: The Groundbreaking Study of How the Gifted Grow Up*, Brown, 1992.

21 감옥에서 나가기 위해 드미트릭은 비미활동위원회에 여러 이름을 불었다. Henry L. Minton, Lewis M. *Terman: Pioneer in Psychological Testing*, University Press, 1988.

인생의 핸들을 왼쪽으로 크게 틀어 애들레이 스티븐슨(민주당 소속 정치인)에게 투표했다. 그로서는 실망스럽게도 개인의 IQ는 미국의 구조적 불평등을 앞설 수 없었다. 그러기엔 너무나 뿌리 깊게 고착되어 있었다. 스티븐슨이 아이젠하워 장군과의 재대결에서 패배하고 6주 후, 루이스 터먼은 사망했다. 그리고 그의 실수는 지속적인 영향을 미쳤다.

Chapter 09

군사·산업·학계의
단단한 블록화

휴렛팩커드 → 반도체의 발명 → 쇼클리와 페어차일드 → 벤처캐피탈의 출현 →
냉전과 실리콘밸리 → 해외공장과 오프쇼어링

대학 행정부의 신중한 태도에도 불구하고 스탠퍼드와 팔로알토는 2차 세계대전 관련 계약과 하도급을 종전 이후나 조선업 지역만큼은 아니어도 기대 이상으로 따냈다. 바리안 클라이스트론, 포니아토프의 안테나와 리튼의 튜브 설계 모두 연합군의 통신장비에 중요한 역할을 했으며 터먼이 이끄는 무선통신 연구소도 마찬가지였다. 버니바 부시는 젊은 제자가 자랑스러웠고 본인 역시 군사 연구 계약을 어느 누구보다 많이 따냈다. MIT와 레이시온은 전쟁 특수를 남부럽지 않게 누렸으며 부시와 그가 새로 설립한 해군연구소 역시 팔로알토 덕을 톡톡히 봤다(부시가 정치적으로 여전히 후버파였다는 사실은 별로 방해가 되지 않았다).

스탠퍼드 공과대학 학장으로 임명되어 고향으로 돌아온 터먼은 스탠퍼드와 지역 산업계가 머지않아 도래할 항공우주, 통신 및 전자 산업 호황에 민첩하게 대응할 수 있도록 하는 데 헌신했다. 팔로알토가 부시와 해군 연구청의 도움으로 냉전 초기 자금을 확보하고 이를 바탕으로 정착과 번영이 보장된 희망의 땅으로 나아갈 수 있게 만들었다. 이번 장에서는 드 포레스트의 연방 전신 트라이오드에서 실리콘밸리의 마이크로칩에 이르기까지 그 사이를 메운 기술적, 상업적, 그리고 궁극적으로 지정학적 발전에 대해 살펴본다. 그 거리는 아마 생각보다 멀지 않을 것이다.

첫 번째, 어떻게 전구로 컴퓨터를 만들 수 있을까? 터무니없는 소리처럼 들리겠지만 한편으로는 20세기 중반의 연구실에서 가운을 걸친 연구원들이 거대 계산기의 방전된 튜브를 교체하기 위해 이리저리 뛰어다니는 모습을 떠올릴 수 있다. 그렇다면 이들 전구 컴퓨터는 어떻게 작동했을까? 이 질문의 답을 알면 고급 진공관 생산의 본거지였던 팔로알토가 어떻게 그렇게 단시간 내에 실리콘밸리로 거듭났는지 알 수 있다.

리 드 포레스트의 오디온 트라이오드는 에디슨의 기본 전구에 비해 월등히 복잡한 건 아니었지만 진공관 무선통신 호황을 일으킨 주역이었다. 뿐만 아니라 데이비드 스타 조던의 팔로알토가 연방 전신이 떠난 뒤에도 지도에서 사라지지 않게 해준 마이크로파 기술의 기반이기도 했다. 게다가 트라이오드는 모두가 처음에 기대했던 것보다 훨씬 많은 잠재력을 지니고 있었다. 프레더릭 터먼, 알렉스 포니아토프, 찰스 리튼, 바리안 형제, 그리고 스탠퍼드의 나머지 팀USA 레이더 군단이 튜브와 파동의 힘을 이용해 히틀러를 물리쳤다면 연합군의 또 다른 집단은 트라이오드로 새로운 영역을 개척했다.[22]

하지만 무언가를 할 수 있다고 해서 반드시 해야만 하는 건 아니다. 초기 컴퓨터로 뭘 할 수 있겠는가? 실제로 이렇다 할 기능이 많지 않아서 오

---

22 기술적으로 트라이오드가 어떻게 컴퓨터가 될 수 있을까? 앞서 오디온을 치타와 영양에 빗대 설명했던 걸 떠올려보자. 다이오드에서는 회로가 두 부분으로 나뉘어 전기가 흐르거나 흐르지 않는다. 치타가 있는 쪽이 있고 없는 쪽이 있는 것이다. 하지만 트라이오드는 전원이 들어왔을 때도 껐다 컸다 할 수 있기 때문에 치타가 문만 긁고 있거나 영양을 먹어치울 수 있다. 이제 영양 더미의 무게를 재는 저울이 있다고 상상해 보자. (치타한테 먹혀서) 영양의 무게가 일정량 이하로 떨어지면 불이 켜진다. 우리에게는 불을 켜거나 끌 수 있는 이원 스위치가 있다. 이에 따라 치타가 영양을 먹을 수 있거나 없다. 이 같은 스위치는 이원 컴퓨팅 시스템의 기본 요소이며 이들을 어떻게 조합할지 상상력을 발휘하기 시작하면 이른바 '논리 게이트'를 형성할 수 있다. 영양 더미가 쌓여 있는 곳에 A와 B, 두 개의 유리문을 나란히 설치했다고 해보자. 이때 신호는 다이오드와 달리 "치타, 들어가!"를 의미하지 않는다. "치타, A문과 B문, 혹은 A문이나 B문으로 들어가!"를 의미한다. 각 문 앞에 문을 하나씩 더 설치하면 신호는 "A문과 B문으로 들어가"를 의미한다. 어느새 배고픈 치타로 "만약… 그렇다면"의 논리 회로를 설계한 것이다. 이후 영양의 저울과 연결된 신호를 다른 곳에 연결해 각각의 문을 작동한다. 이것이 바로 배고픈 치타와 죽은 영양 더미로 컴퓨터를 만드는 방법이다.

디오 발명 이후 35년이 지난 뒤에야 진공관 컴퓨터가 선을 보였다. 마침 연합군이 나치 독일의 암호화된 메시지를 해독하는 데 한계가 있었고 다양한 조건 속에서 포탄이 그릴 궤적을 계산할 필요성이 대두되었기 때문이다. 이처럼 2차 세계대전이야말로 전자 컴퓨터 개발의 도화선이었다. 트라이오드의 가능성을 실현하기 위해서는 막대한 자원이 필요했는데 이를 기꺼이 투입할 만큼 중대한 계기가 되어준 것이다.

스탠퍼드의 많은 유명 과학자들이 다양한 방식으로 전쟁기술에 몰두하는 사이 (리튼은 뉴어크의 ITT로, 휴렛은 미 육군으로, 프레더릭 터먼은 케임브리지의 RRL로, 쇼클리는 대잠수함전 작전 연구 그룹으로, 바리안 형제는 뉴욕의 스페리 자이로스코프로, 핸슨은 MIT로 각각 파견되었다) 데이브 팩커드는 고향에서 휴렛팩커드의 운영을 책임지고 있었다. HP가 2차 세계대전을 위한 무기나 장비를 직접 납품한 건 아니었지만 미군에서 HP 제품을 사용하고 있었고 연방정부로부터 하도급을 받기도 했다. 그리고 미군이 전쟁에 막 발을 담그려던 시점에는 특수 무선통신 및 마이크로파 기술과제를 의뢰받았다. 가장 큰 프로젝트는 레이더에 대응해 적의 스캐너에 가짜 위치신호를 보내는 레오파드 프로젝트였다. 터먼의 무선통신 연구는 RRL 밖에서도 전쟁기술에 기여해 레오파드 프로젝트의 경우, 그가 학생들을 위해 설계한 상업화 경로가 사용되었다.

휴렛팩커드는 터먼이 미군에 처음 연결해준 전자통신 스타트업이었다. 처음에는 팩커드가 휴렛을 고집했고 대공황 시기에는 터먼과 팩커드도 여러 난관에 부딪혔지만 종국엔 모든 게 터먼의 계획대로 흘러갔다. 군사 계약 및 하청이 봇물처럼 밀려들기 시작했을 때 터먼은 학생들을 어디에 배치해야 최대의 효율을 낼 수 있을지 정확히 알고 있었다. 터먼의 지식(그리고 부친의 바람대로 그의 IQ)은 조국인 미국, 고향 및 출신 기관의 잇속을 동시에 채워주었다.

HP는 처음에 볼링 파울 표시기, 에어컨 부품, 하모니카 조율기 등 지역 기업이 요구하는 프로젝트에 일회성으로 참여했다. 그러다 빌 휴렛이 설계한 트라이오드 기반 발진기로 최초의 제품 개발에 성공했는데 정밀 음파를 생성하는 이 금속 상자에는 프레더릭 터먼의 무선통신 작업도 일부 활용되었다. 작은 내부 전구 역시 일종의 전기 배기관으로 사용되어 왜곡을 줄였다. 향후 업그레이드 된 신제품을 선보였을 때는 터먼이 25명의 잠재고객을 추천해주기도 했다. 하지만 해당 제품에 최초로 대규모 발주를 넣은 건 월트 디즈니의 수석 사운드 엔지니어 버드 호킨스였다. 그는 개봉 예정작 〈판타지아〉를 위해 8개 장치를 구입했는데 워낙 수백 달러를 일시불로 지불하는 데 익숙한 인물이었던 만큼 정가보다 훨씬 많은 돈을 기꺼이 치렀다.[23] 휴렛과 팩커드는 이 첫 경험을 통해 제품만 확실하다면 가격은 얼마든지 유연하게 받을 수 있다는 사실을 깨달았다. 만약 구매자가 300달러를 지급할 생각이라면 제품 정가가 50달러든 100달러든 별 상관없는 것이다. 구매자만 만족한다면 그건 바가지가 아니다.

자신의 이름을 딴 회사로 돌아왔을 때 휴렛은 세상에서 자신의 지위가 달라졌다는 사실을 깨달았다. 1940년만 해도 매출이 4만 달러가 채 안 되던 곳이 2차 세계대전이 절정에 달하면서 직원은 200명이 넘고 연 매출은 150만 달러에 이르는 진정한 기업으로 성장했다. 게다가 설립자들이 루스벨트 정부를 상대로 계약을 따낸 데 비해 팩커드는 외부 투자자에 의존하지 않고 매년 100%씩 성장할 수 있는 수익원을 확보했다. 자본주의 이데올로기를 향한 열정에 기반해 허버트 후버와 로널드 레이건 대통령 모두의 신뢰받는 고문으로 거듭나면서 루스벨트의 전시 재협상 위원회에서 온 요

23 돈은 사실상 디즈니의 모기업인 뱅크오브아메리카에서 나왔다. A. P. 지아니니는 〈이상한 나라의 앨리스〉, 〈밤비〉, 〈피터팬〉, 〈피노키오〉, 〈백설공주와 일곱 난쟁이〉 등 다른 클래식 작품뿐 아니라 디즈니 스튜디오와 디즈니랜드 테마파크의 제작비도 지원했다. Janet Wasko, *Movies and Money: Financing the American Film Industry*, Ablex Publishing Corporation, 1982.

청도 거부할 수 있었다. 관료 두 명이 팔로알토로 찾아와 HP가 과잉수익 규제안을 위반했다고 경고하자 팩커드는 그들이 이해도 못하는 자유시장 이론에 대해 성토한 뒤 '사실상 자신들이 요구하는 모든 것'에 대한 동의를 얻어냈다. 캘리포니아 후버빌에서 루스벨트의 대리인과 사회민주주의 의제가 다시 한 번 무력해진 것이다. 전쟁이 끝나고 대형 계약의 씨가 마르자 HP도 매출의 3분의 2가량이 줄었다. 하지만 전시 수익이 두둑했던 덕분에 전후 경제를 향해 얼마든지 도약할 수 있었다. 휴렛과 팩커드에게는 앞으로 뭘 만들지 결정하는 일만 남아 있었다.

1950~1960년대, 그들은 한때 캘리포니아의 마그네트론 왕이었던 찰스 리튼을 통해 자신들이 원하지 않는 게 무엇인지 배울 수 있었다. 실리콘밸리의 기업가들은 인지하지 못할지언정 리튼은 오늘까지 그들을 쫓아다니는 반면교사다. HP처럼 리튼의 사업 역시 2차 세계대전과 한국전쟁을 거치며 호황을 누렸다. 그의 마그네트론은 독보적 수준이었으며 튜브 생산량도 경쟁사보다 훨씬 높았기 때문에 판매가격도 크게 낮출 수 있었다. 하지만 최고의 제품을 최고의 가격에 제공하면서도 리튼은 자신이 통제할 수 없는 수치가 있다는 걸 깨달았다.

팩커드가 재협상 위원회에서 겪었던 것처럼 기업의 급속한 성장을 떠받칠 만큼 엄청난 수익이 나지 않는 한 외부투자를 받거나 사업규모를 축소하는 게 불가피하다는 것이다. 하지만 제품이 국가안보에 필수였기 때문에 사업축소는 선택지가 될 수 없었다. 팩커드처럼 연방정부를 무시할 만큼의 배포를 지니지 못한 리튼은 마그네트론 사업을 분리해 더 큰 기업에 매각하기로 했다. 하지만 리튼에게는 불운하게도 연방정부는 마그네트론에 많은 기업이 뛰어드는 걸 원치 않아 연관 기업에 매각하는 것을 금지했다. 결국 그는 캘리포니아 남부 휴즈 항공 출신의 엔지니어들이 분사해 세운 스타트업 일렉트로 다이나믹스에 마그네트론을 넘겼다. 이들은 리먼브라더스와 클라크 닷지의 금융가들이 투자한 150만 달러도 안 되는 자금으로 리튼의 마그네트론 특허와 공장을 인수했다. 리튼은 최고 경영진도 해당 매각을 통해 수익을 챙길 수 있는 방법을 모색하다가 세 명의 직원에게 새로운 사업의 스톡옵션을 시작가에 부여하기로 했다. 당시로서는 이례적인 협상안이었다.

새로운 소유주는 팩커드 스타일의 협상을 통해 과잉수익 제한에 대한 대규모 예외를 인정받는 등 가능한 모든 방법을 동원해 1953년 말 200만 달러에 인수했던 회사를 1961년 연 매출 1억 8,000만 달러의 기업으로 성장시켰다. 리튼의 개인 브랜드는 특히 군사조달 전문가 사이에서 탁월한 품질과 가격으로 깊이 각인되어 있어 일렉트로 다이나믹스는 인수 후 1년 만에 기업명을 리튼으로 다시 바꿨다. 찰스 리튼은 부하 직원들을 위한 스톡옵션을 협상하면서도 자신의 지분은 거절해 1950년대 말과 1960년대 비즈니스 언론의 웃음거리가 되었다. 리튼보다 못한 이들이 그의 작업과 이름으로 더러운 부를 축적하는 동안 리튼은 유리 선반을 들고 베이 지역을 떠나 다시 시작하기 위해 시에라 동부의 그래스밸리로 향했다. 빌 휴렛과 데이브 팩커드도 그런 식으로 모든 걸 내려놓지는 않았을 것이다.

바리안 형제도 또 다른 사례를 제공했다. 이들은 1939년 HP와 달리 전쟁 전 법인을 설립하지 않았다. 기업가적 야망보다는 반파시즘 신념에 따라 움직였기 때문이다. 하지만 1948년, 형제는 베이 지역에서 스페리의 클라이스트론 엔지니어 몇 명을 모아 바리안 조합을 설립했다. 그들은 회사 설립 방식에 대해 많은 고민을 했고 심지어 이념적으로도 엄격했다. 특히 러셀은 노동자 및 지역사회 구성원이 전적으로 소유하는 엔지니어 협동조합을 원했다. 뉴욕의 자본가들이 투자를 문의해와도 바리안 형제는 빈손으로 돌려보냈다. 대신 1930년대 리튼에서 클라이스트론 프로젝트에 고문 및 이사로 함께 참여했던 빌 핸슨, 프레더릭 터먼, 데이브 팩커드 등 친구와 가족에게 도움을 요청했다.

오늘날의 기준에서는 어리석기 짝이 없지만 핸슨은 자신의 집을 담보로 대출까지 받아 기업의 설립을 도왔다. 바리안 형제는 기업을 연구개발 연구소 형태로 운영해 제품을 표본 혹은 소규모 단계까지만 생산하다 규모를 키울 시점이 되면 더 크고 자금력도 탄탄한 기업에 판매한다는 계획을 세웠다. 사무실의 전통적 위계질서나 비뚤어진 성장 압박이 없는, 스탠퍼드나 스페리보다는 할사이온에 더 가까운 발명가들의 유토피아가 되길 바랐다. 달모 같은 초기 장비 회사로 후퇴한 것처럼 들리지만 클라이스트론 산업은 군사 부문에 속했다. 바리안 조합이 원하는 종류의 모험적 연구개발은 오로지 군에서만 진행할 수 있었기 때문이다. 냉전 자본주의라는 긴급 사태로 인해 바리안 형제의 진보적 계획이 손쉽게 달성되었다.

바리안 형제와 팀은 HP와 달리 자신들이 개발한 전쟁기술의 수익을 누리지 않았고 종전 이후 그에 대한 특허도 소유하지 않았다. 정부 지원금으로 개발한 제품인 만큼 아이텔 맥컬러의 다른 튜브 엔지니어들과 설계를 공유했으며 이들은 제품을 군사용으로 대량 생산하기 시작해 기업을 빠르게 성장시켰다. 바리안 조합은 후버의 지시로 잠시 상무부에 소속되었으나 곧 군대로 이관될 국립표준국 군수품 개발과와 첫 번째 대형 계약을 체결했다. 이는 고도의 정확성을 갖춘 클라이스트론을 개발하기 위한 것이었다. 근접 신관이 지면과의 거리를 추적해 파괴력이 극대화되는 높이에서 핵폭탄을 폭발시킬 수 있도록 말이다. 1950년대 초, 냉전이 시작되고 군의 공군 의존도가 높아지면서 정부는 바리안 조합의 빠른 확장을 강조하는 한편, 군대에 더 많은 특수 튜브를 공급하도록 압박을 가했다. 바리안은 연방정부로부터 150만 달러의 '승리' 대출을 받아 생산량을 늘렸는데 그중 대부분은 프레더릭 터먼의 첫 번째 산업단지인 스탠퍼드의 새 시설에서 생산했다.

바리안 조합은 스탠퍼드를 떠나지 않았음에도 불과 몇 년 만에 창업자들이 꿈꾸던 모습과는 전혀 다른 기업이 되어 있었다. 유토피아 같은 엔지니어링 협동조합이 아닌, 대규모 군사 계약업체가 되었고 그에 따른 요구사항은 창업자의 보헤미안적 설립 의도를 압도해버렸다. 스탠퍼드 관계자 중 소련에 동조하는 자들이 교내에서 진행되는 안보관련 연구를 방해하고 있다고 반공주의자 조셉 매카시 상원의원의 비미활동위원회가 주장했을 때 터먼을 포함한 이사회 구성원 세 명은 충성의 표시로 잠시 물러나야 했다. 이 전략이 성과를 거두면서 바리안 조합은 군으로부터 연간 수백만 달러의 연구개발 계약을 따내고 수십 명에서 수백 명의 엔지니어를 고용하는 등 미국과 더불어 빠르게 성장했다. 회사의 자본 수요는 더 이상 협동조합 구조로는 감당할 수 없었고 심지어 바리안의 노동자-주주들도 주식이 아닌, 현금을 원했다.

엄밀히 말해 이들은 수익성 좋은 대형군사 계약업체의 지분을 상당 부분 소유하고 있었지만 바리안이 모든 수익을 다시 성장에 투자해야 했던 만큼 주주들에게 배당금을 지급할 여력이 없었다. 노동자 협동조합 모형의 문제가 바로 여기 있었다. 자본가를 탄생시킬 수 없고 노동자는 계속 일만 해야 하는 것이다. 1950년대 후반, 바리안은 그나마 남아 있던 창업정신도 저버리고 뉴욕증권거래소에 상장했다. 오래도록 기다려온 민간자본은 기회를 놓치지 않고 뛰어들어 직원들에 소수지분을 넘긴 뒤 발행 당시 2달러였던 주가를 불과 몇 년 만에 68달러까지 끌어올렸다. 이 기업은 자본을 투입해 급성장하는 클라이스트론 시장을 장악했고 바리안의 원년 멤버들은 부자가 되었다. 바리안 형제에게 레저는 치명적이었다. 러셀은 1959년 알래스카로 떠난 여행에서 미래의 국립공원 입지를 물색하던 중 사망했고 그로부터 2년 후, 시구르드는 직접 조종하던 비행기가 과달라하라와 푸에르토발라타 사이의 바다에 추락하면서 사망했다.

팔로알토의 전체 산업이 번창했고 기업들은 비슷한 압박 속에서 비슷한 방식으로 자리 잡아 갔다. 동부의 더 오래되고 더 거대하며 자본력도 더 좋은 기업들이 상업용 통신 분야와 수익률 낮은 부품의 대량생산 분야를 나눠 갖는 사이, 스탠퍼드 지역은 실험기술 부문의 전문성을 구축했다. 일단 실험이 시작되면 불과 몇 년 만에 표준이 탄생할 만큼 급격한 발전이 이루어졌고 베이 지역의 기업은 독점공급 계약으로 독점수익을 올리며 너나 할 것 없이 규모를 키웠다. 미국의 1차 공중전에서 2차로 넘어가는 사이 가장 크게 도약한 기업은 단연 HP였다. 휴렛과 팩커드는 바리안 형제와 달리 비미활동위원회의 기준에 위배되지 않는 정치를 했고, 찰스 리튼과 달리 당당하게 수익에 대한 권리를 주장했다. 특히 팩커드는 전쟁으로 수익을 올리는 데 다른 누구보다 거리낌이 없어 HP의 재정구조를 더 탄탄하게 만들어주었다.

예를 들어, 바리안 형제는 초기 자본을 조달하기 위해 마이크로파 연구에 대한 권리를 2만 달러라는 헐값에 매각했다. 소유주이자 운영자로서 이를 유지할 여력이 없었기 때문이다. 반면 전쟁으로 금고가 꽉 차 있던 HP는 기술을 곧장 인수해 제품을 개발해서 수백만 달러가 넘는 수익을 올렸다.

HP는 1849년 초의 상인들과 마찬가지로 가격에 둔감했다. 하지만 냉전이 골드러시보다 훨씬 오래 지속되면서 수익을 눈덩이처럼 불리는가 하면 직원들의 자사주 매입을 통해 인건비를 재투자하는 방식으로 사업을 계속 확장해나갔다. 연구에 집중한 덕분에 늘 제품 개발을 선도하고 가격 경쟁에서 벗어날 수 있었다. 1957년, 바리안 형제가 주식 공개를 통해 성공을 거둔 뒤 HP도 첫 번째 주식 공모를 실시했고 1961년에는 뉴욕증권거래소에 상장했다. 이렇게 확보한 자본을 바탕으로 1950년대 말~1960년대 초 수익성 좋은 여러 분야로 빠르게 확장할 수 있었다. 1960년대 말에는 서독의 미국 점령지에 제조 공장을 설립했고 몇 년 뒤에는 일본과 공동으로 요코가와 휴렛팩커드를 설립했다. 또한 1958년 모슬리(범용 프린터가 된 그래픽

플로터), 1961년 샌본(의료 모니터링 장치) 등 관련 기술을 보유한 소규모 기업을 인수하기도 했다. 이처럼 HP의 제품군을 확장해 군사 의존도를 줄여 갔지만 크게 벗어나지는 않았다. 1957년부터 계속해 온 것처럼 오실로스코프 화면에 파동을 출력할 수 있다면 종이에 출력하지 못할 이유가 없었다. 심장 박동 역시 신호여서 HP는 데이터로 전환할 수 있었다.

측정 및 테스트 기기는 HP의 핵심사업이었다. 그리고 HP는 이를 통해 전자실험산업의 핵심기업으로 자리 잡았다. 측정과 테스트 없는 실험이란 존재하지 않으니 말이다. 21세기의 관점에서 보면 이러한 계측기, 분석기와 발전기는 모두 똑같이 생겼다. 이렇다 할 출력장치 없이 손잡이만 달린 금속상자일 뿐이다. 하지만 어떤 전자기기든 개발, 생산, 테스트, 유지보수 및 수리를 하려면, 즉 만들고 사용하려면 이 금속상자가 반드시 있어야 했다. 발진기는 HP의 영혼이자 주력제품이었으며 그 두뇌는 진공관 세트였다. 정보기술기업 HP의 장치는 어떤 내용을 입력하면 세심하게 설계된 회로로 끌고 들어가 실행 가능한 데이터를 생성했다. 더 많고 빠르며 더 정확한 정보는 돈을 절약해주었고 이는 곧 돈을 벌었다는 뜻이었으며 모두가 끝없이 돈을 벌길 원했다.

HP는 암펙스, 리튼, 바리안 같은 캘리포니아 진공관 업체 중에서도 독자적 방식으로 성공할 수 있는 독보적 지위에 서 있었다. 가장 중요한 건 이 같은 유연성을 확보했다는 사실이었다. 아는 사람은 많지 않았지만 진공관이 전자제품의 핵심을 차지하는 시대는 이미 저물고 있었다. 대체재가 부상 중이었고 이는 트라이오드와 마찬가지로 팔로알토에서 태어났다.

기술의 교차점

최초의 트랜지스터는 가장 기본적 형태의 트라이오드였다. 트랜지스터는 리 드 포레스트의 오디온처럼 에미터, 컬렉터, 베이스라는 세 개의 전극을 연결한다. 진공관에서 이는 각각 음극, 양극과 그리드에 해당한다. 핵심 작동원리는 거의 동일하다. 베이스의 전하가 달라지면 에미터와 컬렉터 사이의 전자 흐름이 연결, 혹은 분리되는 것이다. 단, 트랜지스터에서는 에미터와 컬렉터가 진공이 아닌 반도체를 통해 연결된다는 점이 다르다. 대부분의 물체는 (여러 금속처럼) 전기를 전달하거나 (가령 나무와 고무 등의 절연체처럼) 전달하지 않지만 전달 여부가 상황에 따라 결정되는 물체도 존재한다. 진공은 아무것도 없는 상태이기 때문에 아무 일도 일어나지 않는다. 전자가 통과할 수도 있지만 점프해야 한다. 진공은 전도체도 절연체도 아니지만 반도체 물질은 경우에 따라 두 가지 모두에 해당한다.

게르마늄 같은 반도체는 기능적으로 전기 게이트의 특성을 가진 고체 물질이다. 전자가 통과할 때도 있지만 그렇지 못할 때도 있다. 진공관에서와 마찬가지로 전자의 흐름이 일어났다 안 일어났다 해서 긴 회로의 기반을 이룬다. 하지만 이론상 반도체는 진공관보다 훨씬 안정적이다. 진공관 트라이오드에서 전자는 기체 상태로 떠다니다 자성에 의해 진공을 건너뛴다. 열이 발생하면서 에너지를 잃고, 크고 무거운 데다 충돌과 고도 변화에 취약해 잘 깨진다. 온기와 빛은 컴퓨터의 원조 버그인 모스$_{moth}$를 유인한다. 트랜지스터에서 전자는 고체 상태로 존재해 전도체에서 반도체로, 그리고 또 다른 전도체로 확실히 헤엄쳐 간다. 트랜지스터는 쉽게 과열되고 취약한 진공관 대신 이동이 자유롭고 크기도 작은 전자기기의 놀라운 가능성을 약속했다. 최초의 트랜지스터에서 전도체는 다름 아닌 금으로 만들어졌다.

반도체 트랜지스터를 누가 발명했는지는 민감한 문제다. 그에 비해 어디서 발명했는가는 명확한데 바로 독점 전화기업의 연구센터인 벨 연구소다. 이 장치를 처음 발명한 사람은 존 바딘과 월터 브래튼이었지만 결국 이들의 관리자가 공을 대부분 가로채갔다. 바딘과 브래튼은 근면하고 성공한 연구 과학자로 노벨 물리학상을 수상한 이후에도 별 다를 바 없는 생활을 지속해 70대까지 (각각 일리노이 대학교와 휘트먼 대학에서) 학생들을 가르쳤다. 둘 다 빅사이언스 시대에 넘쳐난 소박한 일꾼으로서 공공을 위하는 태도로 산업계와 학계를 넘나들며 활약하면서도 특별한 상업적 보상에 욕심내지 않고 중상류층의 생활에 만족했다. 하지만 그들의 상사는 달랐다. 그는 자신의 이름을 직접 새겨넣는 한이 있어도 모든 것에 자신을 내세우더니 노벨상과 특허에도 자신의 이름을 넣었다.

2차 세계대전이 끝난 후 벨 연구소는 연구원 윌리엄 쇼클리를 고체 물리학 부문의 새로운 책임자로 임명했다. 연구소가 트랜지스터에 관심을 가진 이유는 명확했다. 기존에 AT&T는 가입자 간 통화를 연결할 때 진공관과 전자기계식 스위치의 하이브리드 시스템을 사용해왔는데 전체 시스템의 효율성을 높이고 관리도 더 수월하게 할 수 있도록 반도체 기반으로 변경하고자 했던 것이다. 쇼클리는 자기장에 대한 이론을 가지고 있었지만 벨 연구소 팀에는 이를 구현할 수 있는 이가 없었다. 형편없는 관리자였던 쇼클리가 혼자 일하고 설계도 혼자 했다. 하지만 바딘과 브래튼이 멀리 떨어진 뉴저지 머리힐에서 쇼클리 없이 점접촉 트랜지스터를 개발하자 쇼클리는 서둘러 자신의 지분을 주장했다. 이는 정당한 주장이었고 바딘과 브래튼도 그에 대해 문제 삼지 않았다. 점접촉 트랜지스터라는 돌파구가 나온 이후 쇼클리는 또 한 번의 업그레이드를 이뤄냈으니 바로 성장 접합 트랜지스터였다. 산업용 성장 접합 트랜지스터는 세 개의 전선이 용접된 암석으로 진공관 트라이오드의 세계에서는 그야말로 신의 계시처럼 여겨졌다. 1951년 여름, 벨 연구소는 이를 발표했다.

쇼클리는 연구소를 넘어서는 원대한 야망을 품었고 롤모델도 많았다. 스탠퍼드, 캘리포니아 공과대학과 MIT를 거치면서 자신의 발명품으로 사업을 벌여 부자가 된 이들을 숱하게 봐 온 상황이었다. 데이비드 팩커드만 해도 두 살이나 어리지만 국가적으로 이미 중요한 리더로 자리 잡았으니 말이다. 쇼클리는 미국의 모든 기업이 결국 어떤 식으로든 반도체 장치를 필요로 하게 될 것임을 알고 있었다. AT&T의 자회사인 웨스턴 일렉트릭이라는 대기업은 이미 독과점 금지 압박에 직면한 만큼 쇼클리의 설계안을 사용하도록 허가해줄 수밖에 없을 것이다. 그렇다면 이를 생산하는 데 쇼클리보다 적합한 인물이 어디 있겠는가? 그는 트랜지스터계의 찰스 리튼이 될 수 있었다. 게다가 튜브 트라이오드의 한계가 극복되어 전산능력이 무한 확장되면서 생산의 완전 자동화도 넘볼 수 있게 되었다. 쇼클리는 군대 내 항공 전자 장비의 필요성이 갈수록 커지고 있다는 사실도 누구보다 잘 알았을 것이다.

벨 연구소의 결정으로 1954년 여름부터 1년간 국방부 무기 시스템 평가 그룹WSEG의 연구 책임자로 파견되었다. 이후 분석을 통해 1세대 실리콘 칩을 싹쓸이하다시피 한 무기 프로그램이 정당했다는 결론을 내놓았다. 정부를 대신해 계산기를 두드려본 쇼클리는 치명적 전략 폭격으로 미국인의 소중한 생명을 상당수 구한 만큼 국방부가 이 같은 기술을 사실상 끝없이 갈구할 것임을 알고 있었다. 그의 트랜지스터는 리 드 포레스트의 진공관이 갖고 있던 수많은 문제를 한 방에 해결할 솔루션이었다. 1920년대는 반도체를 중심으로 흘러갔고 반도체에 대해서라면 윌리엄 쇼클리가 단연 최고의 권위를 자랑했다. 적어도 자본가가 되길 원하는 사람 중에는 말이다.

WSEG로 파견되기 전 쇼클리는 캘리포니아 공과대학에서 한 학기 동안 객원교수로 지냈다. 그는 캘리포니아의 햇빛을 만끽하며 벨 연구소의 다른 연구원들을 괴롭히지 않아 양측 모두에게 행복한 시간이었다. 게다가 로스앤젤레스나 베이 지역에서 그는 고향의 자랑이었다. 엄밀히 말해 아직은 직원 신분이었지만 벨 연구소 생활은 이미 끝난 거나 다름없었다. 40대

중반에 접어든 쇼클리는 스스로 변화할 준비, 자신에 대한 극도로 높은 평가가 반영된 인생의 한 지점에 오를 준비가 되어 있었다. 그래서 이제 온갖 하찮은 일들은 다 털어낼 예정이었다. 1955년 2월, 그는 본업을 중단하고 로스앤젤레스 상공회의소가 자신을 기리기 위해 주최한 갈라 행사에 참석했다. 사실 이 행사는 쇼클리와 리 드 포레스트라는 두 명의 발명가를 기념하기 위한 것이었다. 이들은 진공 트라이오드와 그것을 대체한 트랜지스터를 개발해 전자 장비를 탄생시켰다.

갈라에 참석한 이들 중에는 벡맨 기구의 창립자이자 상공회의소 부소장이던 아놀드 벡맨이 있었다. 벡맨은 캘리포니아 남부의 휴렛팩커드라 할 수 있었다. 팩커드만큼은 아니었지만 183cm가 넘는 장신에 상당한 미남으로 캘리포니아 공과대학에서 화학 박사학위를 땄고 HP처럼 1930년대에 소규모 계약 창업으로 시작했다. 그의 첫 번째 히트작은 미국 우체국에서 편지와 소포에 직인을 정확히 찍도록 해주는 뭉침 방지 잉크였지만 HP의 전구 발진기에 버금가는 초대형 히트작은 선키스트 카르텔에서 레몬 부산물의 산도를 측정할 때 사용한 진공관 기반 pH 측정기였다. 벡맨은 HP가 베이 지역의 전자산업 부문에서 그랬던 것처럼 진공관 트라이오드 기술의 발전을 이용해 캘리포니아 남부의 감귤 산업이 자체 생산 공정에 대한 유용한 데이터를 생성할 수 있도록 지원했다. 갈라 행사가 열릴 당시 벡맨은 청년들이 우러러볼 만큼 성공한 과학자이자 발명가, 자본가였다.

1955년 말, 쇼클리는 자신의 교수였던 벡맨에게 전화 걸어 투기적 성격의 쇼클리 반도체 연구소 이사회에 합류해 달라고 요청했다. 이 계획을 들은 벡맨은 걱정이 앞섰다. 그 역시 반도체의 미래가 밝다는 건 알고 있었지만 쇼클리에게 경쟁적 환경에서 살아남을 비즈니스 감각은 없었기 때문이다. 쇼클리는 그때까지 학계-군-AT&T로 이어지는 빅사이언스 부문에서 경력을 쌓아왔기 때문에 기업 이사회를 구성하는 데는 문외한이었다. 쇼클리 반도체를 설립하기 위해 동부의 자본가들과 직접 협의하고 버니바 부시의 레이시온과 계약을 타결할 뻔도 했지만 결국 무산되었다(이 편집광과 함께 일하는 게 어떤 건지 잠재 투자자들이 아마 양심적으로 귀띔해줬을 것이다). 이는 백맨에게 데자뷰를 일으켰을 게 분명하다. 1930년대 리 드 포레스트가 비즈니스를 시도하다 번번이 실패할 때 그도 파트너 관계를 맺고 있었기 때문이다.

백맨은 쇼클리에게 백맨 기구의 자회사로 반도체 기업을 시작해보도록 제안했다. 이들은 트랜지스터 특허를 따냈고 쇼클리를 기리는 갈라 행사를 하고 1년여 후 새로운 사업을 발표했다. 그해 말, 쇼클리는 트랜지스터를 개발한 공로로 바딘 및 브래튼과 함께 노벨상을 수상했다. 이는 기업에는 길조가 분명했지만 윌리엄 쇼클리 주니어에게는 성공의 정점으로 안타깝게도 그에게는 이제 내리막길만 기다리고 있었다.

쇼클리가 평소 본인 성격대로 다른 이름은 고려도 안 하고 결정한 쇼클리 반도체 연구소는 재앙이었다. 설립 이후 4년간 실리콘 트랜지스터를 단한 개도 판매하지 못한 이 연구소를 백맨은 1960년에 매각했다. 하지만 배설물 더미가 정원을 창조한다고 볼 수 있다면 쇼클리도 실리콘밸리의 설립자가 분명하다. 윌리엄 쇼클리는 타인을 평가하는 걸 가장 좋아했고 특히 노벨상 수상으로 부정적 평판을 말끔히 썻어낸 후에는 연구진을 고용해 자신의 이름으로 전문 연구를 수행하도록 하는 걸 더 좋아했다. 그는 팔로알토 시스템이 낳은 진정한 영재, 자신의 무기가 될 만한 청년을 원했다. 바딘이나 브래튼이 그와 다시 일할 확률이 제로였기 때문에 더욱 간절했다. 오래전부터 자신의 기업을 창업할 계획을 세워 온 쇼클리는 팔로알토 밖으로 눈을 돌려 미국 전역과 유럽에서 최고 수준의 물리학자와 엔지니어를 찾아다녔다. 야심만만한 햇병아리 과학자들은 까다로운 트랜지스터 발명가와 함께 일할 기회를 마다하지 않았다. 심지어 그게 저 멀리 교외지역으로 이사해야 한다는 걸 의미했더라도 말이다.

일부(특히 쇼클리의 최고 인재 중 한 명인 고든 무어)는 쇼클리가 팔로알토를 선택한 건 그의 어머니가 계시기 때문이라고 주장했다. 물론, 그것도 중요한 이유였지만 반도체 연구소 같은 첨단기술기업에는 프레더릭 터먼의 새로운 산업단지가 최적이기도 했다. 1956년 록히드 미사일 앤 스페이스가 이곳으로 이전한 것만 봐도 이 지역에 천문학적 금액의 계약 건수가 넘쳐난다는 사실을 알 수 있었다. 터먼은 팔로알토의 동료 과학자 쇼클리뿐 아니라 그의 궤도에 있는 다양한 사람들과도 연결되어 있었다. 벡맨 역시 쇼클리의 파트너로 가장 먼저 터먼을 영입하도록 제안했고 반도체 연구소를 팔로알토로 들여오기 위해 열심히 로비를 펼쳤다. 때마침 의료용 원심분리기 제조업체인 스핀코를 인수하고 스탠퍼드 산업단지에 새 시설을 건설 중이었던 것이다. 쇼클리는 즉각 스탠퍼드 공대 교수로 합류해 허버트 후버가 윌리엄 시니어에게 열어줬던 길을 그대로 밟았다. 이 모든 건 자연스럽게 흘러갔고 팔로알토의 선택은 워낙 옳아서 연구소의 대실패조차 결국 엄청난 성공이었던 것으로 밝혀졌다.

쇼클리가 영입한 직원들은 자신들의 상사가 결코 평범하지 않다는 사실을 금세 알아차렸다. 쇼클리는 심리검사를 몇 차례씩 실시한 데다 이미 최고인 인재들을 IQ 테스트라는 촘촘한 거름망으로 한 번 더 걸러냈다. 금과 금이 아닌 것들을 구분하는 것이라고 그는 믿었다. 종국에는 젊은 백인남성으로 엄선된 연구집단이 형성되었다. 쇼클리의 팀에는 '루스벨트와 2차 세계대전의 평준화 효과'가 고스란히 반영되었다. 병역 의무화와 뉴딜 정책으로 미국 내 백인남성이 전부 뒤섞여 인종과 출신 지역에 따른 구분이 없어지면서 유대인 난민과 중서부 목사의 아들이 한 회사의 동료로 테이블을 사이에 두고 마주볼 수 있게 되었다. 이들은 모두 정부 지원금으로 훈련받았으며 쇼클리는 이들에 대한 군의 투자를 차세대 미사일 무기용 반도체를 생산하는 데 사용함으로써 사실상 정부가 자신이 투자한 자산을 되사도록 만들 계획을 세웠다. 이는 군사·산업·학계가 결성한 트랜지스터 블록, 즉, 고체 국가였다.

쇼클리가 영입한 인재 중 가장 유명한 이들은 쇼클리가 향후 '배신자 8인방'으로 칭하게 되는 팀이었다. 목사의 아들(로버트 노이스)과 유대인 난민(유진 클라이너)을 비롯해 줄리어스 블랭크, 빅터 그리니치, 진 호에르니, 고든 무어, C. 셸던 로버츠와 제이 라스트로 구성되어 있었다. 하나같이 20대 후반에서 30대 초반이던 이들은 각자의 분야에서 전문성을 갖추었고 기술에 확고한 신념을 가지고 있었다. 캘리포니아 북부 출신은 무어가 유일했는데 다른 이들은 학계와 산업이 공존하는 동부 해안의 빅사이언스 환경에 안주하지 않고 캘리포니아에서 기꺼이 위험을 감수할 만큼 야심차고 모험적인 인물이었다는 의미다.

쇼클리는 전통적 위계 속에서 반항기 가득한 동생 역할을 해볼 기회를 제공하면서도 대규모 조직 생활의 압박 같은 건 주지 않았다. 그래도 스타트업에서 일하기 위해 캘리포니아로 이주까지 한 연구원들은 여러 난관에 부딪혔다. 윌리엄 쇼클리는 견딜 수 없이 끔찍한 상사였다. 자신의 올스타 팀이 하나로 단합해 일하는 데 만족하기는커녕 끊임없이 서로 비교하고 또 자신과 비교하며 질책했다. 노벨상 수상을 계기로 자존감이 하늘을 뚫을 기세로 치솟으면서 젊은 과학자들과 엔지니어들은 하인쯤으로 여겼다. 폭군 쇼클리는 트랜지스터보다 더 많은 논리 기능을 수행할 수 있는 4겹 PNPN 다이오드에 대한 계획에 집착했고 애초 고용 의도와 달리 직원들이 실리콘 장치를 다룰 수 없도록 금지했다. 실로 말도 안 되는 상황이었다. 연구팀이 원하는 건 처음에 약속받은 캘리포니아 드림을 실현하는 것뿐이었으니 말이다.

막돼먹은 관리자만 제외하면 쇼클리 연구소는 쇼클리가 처음 생각했던 것보다 훨씬 훌륭하게 비즈니스를 해나가고 있었다. 1957년 10월, 스푸트니크 1호 발사와 동시에 우주 경쟁의 막이 오르면서 더욱 강력하고 안정적인 트랜지스터의 개발이 시급해졌다. 하지만 타이밍이 너무 늦었다. 쇼클리 사임을 보장받지 못한 드림팀 8명은 한 달 전인 9월 이미 전원 사직한 상태였다. 가장 위대한 세대에 해당하고 박사 출신에 용모도 멀끔한 이들 퇴역 군인은 기술 스타트업의 냄새나고 지저분한 괴짜들과는 차원이 달랐지만 나름의 문제는 있었다. 한 명도 빠짐없이 함께 일하면서 폼나는 뭔가를 만들고 싶어했는데 이를 위해서는 약 100만 달러의 예산이 필요했다. 하지만 본인들이나 지인 가운데는 그만한 투자금을 가진 이가 없었다. 그나마 부탁이라도 해볼 만한 사람이 클라이너였는데 그는 부친이 뉴욕 투자은행 헤이든 스톤앤컴퍼니에 계좌를 갖고 있을 만큼 부유했다. 투자 가치가 있다고 판단한 헤이든 스톤은 직원 두세 명을 보내 반도체 자회사를 설립하려면 어떤 게 필요한지 알아보도록 했다. 그런데 도리어 전도유망한 스타트업의 가능성을 확인할 수 있었다.

헤이든 스톤의 아서 록은 잠재적 투자자를 물색한 끝에 결국 셔먼 페어차일드에게 연락했다. 부유한 집안의 유일한 상속자였던 페어차일드는 스물여덟 살의 어린 나이에 유산을 물려받았다. 아마추어 파일럿이자 발명가로서 처음엔 항공사진 촬영 분야에 몸담았다 여객기 회사로 옮기고 이후 항공사 지주로 변신했다. 하지만 드림팀 8인방에게 더욱 중요한 건 그가 부친이 공동설립하고 이끈 IBM의 최대 개인 주주라는 사실이었다. 자신이 지분을 많이 소유한 회사의 계약 공급업체를 소유하는 것은 돈을 벌 수 있는 좋은 방법이었으며 페어차일드는 팬아메리칸 및 기타 여러 항공사의 항공기 공급업체이자 주주로서 이 같은 전략에 이미 능통했다. 가령 페어차일드의 비행기를 운항하기 시작한 멕시카나 데 아비아시온의 지분 20%를 매입했다

5년 뒤인 1930년 팬아메리칸이 전체를 인수하면서 대공황의 한가운데서 3중으로 돈을 벌었다. 이처럼 영리했던 그는 드림팀 8명에게도 밑질 것 없는 제안을 했다. 일단 그들에게 138만 달러를 지원해 주고 2년간 운영권도 보장해준다. 이후 사업이 잘되면 각 연구원에 30만 달러(2022년에는 약 300만 달러)씩 지급하고 직원으로 고용할 테지만 잘 안 될 경우 자신과의 계약은 그대로 종료되는 것이다. 만약 잘돼서 페어차일드 촬영장비 기업의 자회사가 될 경우, 이름은 '쇼클리'와는 전혀 무관한 페어차일드 반도체가 될 것이고 팔로알토에 그대로 남을 것이다. 이 같은 계약 조건에 동의한 8인방은 노이스를 일종의 일인자로, 무어를 그의 대리인으로 임명했다. 그리고 사업은 크게 성공했다.

　　페어차일드는 사업을 시작한 지 1년도 채 안 돼 IBM에 회로를 납품했다. IBM 같은 대기업과 거래하기에는 영세 기업이었지만 셔먼 페어차일드가 IBM 집행위원회 회장이었던 만큼 CEO인 토마스 왓슨 주니어를 직접 만나 성사시킬 수 있었다. 페어차일드는 실리콘칩 100개를 IBM에 개당 150달러씩 판매해 쇼클리 연구소는 꿈도 못 꿨던 매출을 달성했다. 게다가 우주 경쟁에도 발을 들여 값싼 범용 회로는 다른 기업에 넘기고 나사 및 국방부에 납품할 초고도 안정성의 특수 칩에 집중했다.

　　이들 정부기관은 우주로 가거나 소형무기에 쓰일 트랜지스터가 필요했고 페어차일드 팀은 IBM 같은 계약업체를 통해 전달받은 요구사항에 따라 제품을 생산했다. 페어차일드 엔지니어 진 호에르니는 실리콘 산화물의 비전도성을 이용한 새로운 공정을 통해 훨씬 안정적인 칩을 생산해냈다. 녹절연층이 회로를 보호하는 이 평면 트랜지스터는 신뢰도가 요구 수준을 충족할 만큼 높아 업계에는 큰 기술적 도약이었다. 역사학자 레슬리 베를린에 따르면 페어차일드는 개당 제작비가 13센트인 이 제품을 1.50달러에 판매했다. "경쟁 상대가 전무했던 만큼 엄청난 비용을 청구하는 게 가능했고 그래서 우리에겐 돈이 넘쳐났다" 물리학자 제이 라스트가 회고했다. 미사일 시대의 상업기술은 이 같은 고유의 방식을 통해 발전했고 페어차일드는 독점수익의 기적을 발견했다.

페어차일드는 이론적 발전과 함께 호에르니의 평면 공정에서 얻은 수익을 통해 다음의 중요한 발명에 한 발짝 더 다가갔다. 이들은 고도로 섬세한 공정의 비용 효율성을 높이기 위해 도핑된 실리콘 웨이퍼(슬라이스 또는 기판이라고도 하는 웨이퍼는 집적 회로 제작을 위한 전자기기 및 웨이퍼 기반 태양광 전지에 사용되는 반도체 소재의 얇은 조각을 의미한다) 위에 여러 개의 트랜지스터를 배치한 뒤 부위별로 조심스럽게 절단했다. 그러면 구매자가 이들 트랜지스터 중 일부를 저항기 및 축전기와 다시 연결해 필요한 회로를 만들었다. 그런데 호에르니가 여러 트랜지스터의 패턴을 웨이퍼에 새길 수 있었다면 이들 회로의 통합 패턴을 하나의 웨이퍼에 새겨넣어 접합 및 재연결 단계를 건너뛰는 것도 가능한 일 아닌가? 엔지니어들이 해야 할 일은 트랜지스터와 다른 하위 소자를 웨이퍼에서 서로 분리한 다음 전극에 올바른 패턴으로 연결하는 방법을 찾는 것뿐이었다.

팀은 작업에 착수한 지 얼마 지나지 않아 솔루션을 확보할 수 있었다. 부품 사이에 전류가 흐르지 않도록 각 부품을 PN 접합 해자에 가라앉히는 한편, 그 위에 금속 라인 패턴을 배치해 전류가 흐를 수 있도록 한 것이다. 이 개념을 구현해낸 노이스가 집적 회로 발명의 1차 공로를 인정받았지만 먼저 밝혀낸 건 텍사스 인스트루먼트의 잭 킬비였다. 생산의 관점에서 볼 때 노이스의 방식은 킬비의 방식과 달리 실현 가능했다. 군사 및 우주 부문의 요구에 맞는 공정을 구축하면서도 생산 효율성을 놓치지 않아 산업 내 페어차일드 반도체의 우위를 상징했다. 페어차일드의 즉각적 성공은 쇼클리의 비전에 시사하는 바가 많았다. 이렇게 당대 최고라 할 벤처팀을 데리고 있으면서 아무 실적도 못 냈을 정도면 관리자로서 그가 얼마나 최악이었는지 극적으로 보여주었다.

하지만 쇼클리 연구소를 떠나온 8인방으로서는 자신의 일을 정확히 알고 있는 상사와 일하는 것도 그리 녹록하지 않았다. 2년이 지나자 셔먼 페어차일드는 반도체 사업부 인수 권리를 행사함과 동시에 8인방에게 페어차일드 촬영장비 기업의 주식을 각 30만 달러어치씩 증여했다. 하지만 이들로서는 손해 보는 느낌을 지울 수 없었다. 전년도 반도체 매출이 300만 달러를 넘은 데다 회사가 넘어가면 무엇보다 기업가에서 직원으로 강등되기 때문이다. 30만 달러로는 평생 갑부로 살 수 없었던 만큼 더 이상 회사에 남을 이유가 없었다. 결국 이들은 페어차일드를 떠나 속속 새로운 벤처를 시작했고 자신들의 성공으로 구축된 자금 조달 시스템도 활용했다. 게다가 아서 록도 그들을 기다리고 있었다.

페어차일드 반도체가 급부상한 이후 투자자들은 밸리 지역에서 실리콘으로 단박에 억만장자가 될 수 있다는 사실을 깨달았다. 셔먼 페어차일드만 해도 현금 150만 달러로 불과 몇 년 만에 미국에서 두 번째 큰 반도체 제조업체를 만들지 않았는가. 심지어 그가 한 일이라고는 젊은 아서 록과 헤이든 스톤 동료들의 제안을 수락한 것뿐이었다. 페어차일드가 쇼클리 연구소에서 나온 8인방과 손잡고 100만~200만 달러를 투자해 2년 만에 수익성 높은 반도체 사업을 완성했다면 페어차일드를 이용해 같은 성과를 거두지 못할 이유가 어디 있는가? 이에 따라 1959년, 페어차일드 반도체의 총책임자 에드 볼드윈이 이끌고 공조기업 림 매뉴팩처링이 자금을 지원하는 림 반도체가 처음 선보였다.[24] 하지만 시작부터 불길했다. 페어차일드는 림 반도체를 지적재산권 도용 혐의로 고소하고 2년 후 레이시온에 강제 매

---

24 림은 림 형제 소유로 그들의 부친은 캘리포니아 스탠더드 오일(현재 셰브론Chevron)을 이끌었다. 향후 이스트베이 지역 리치몬드의 한 공장에서 급진주의자들이 노동자들의 파업을 선동할 때 다시 등장할 예정이다. 림은 당시 스탠더드 오일 정유사에서 분리되어 나왔다.

각했다. 1960년대에는 그나마 상황이 좀 나아졌다. 1961년 페어차일드의 엔지니어들은 시그네틱스를 설립한 뒤, 페어차일드가 개발했지만 그다지 활용하지 않았던 집적회로 작업을 수행했다. 페어차일드로서는 이미 수익률 높은 평면 트랜지스터 관련 시장을 확보한 터라 별 필요성을 못 느낀 것이다. 시그네틱스는 리먼브라더스를 통해 100만 달러를 투자받았고 신속하게 집적회로로 전환해 성공을 거두었다. 동부의 자본가들 역시 실리콘밸리에서 돈 벌 방법을 궁리하기 시작했다.

예비 창업자들은 업계에서 페어차일드와의 친분으로 유명한 아서 록의 조언을 구하고 싶어했다. 그가 전자 분야에 실질적 지식이나 경험이 전무했는데도 말이다. 1960년, 리튼 전자 사업부의 두 책임자가 록을 찾아가 기업 분리를 위한 자금을 요청하자 록은 순순히 내주었다. 리튼을 즉각 대기업으로 만들고 싶었던 이들은 다른 투자자들이 투자할 만한 기술을 찾는 사이 소규모 전자 회사들을 일부 인수해 주식시장에 빠르게 진입한다는 계획이었다. 헤이든 스톤이 자금을 보태 록을 든든하게 지지해주었다. 이들은 가장 먼저 텔레다인이라는 명칭에 대한 권리를 매입했고 다음으로는 세금 공제를 위해 남부 캘리포니아의 제조 공장인 아멜코Amelco를 사들였다. 1961년 1월, 록은 쇼클리 연구소 출신 8인방 중 4명(호에르니, 로버츠, 클라이너, 라스트)을 설득해 아멜코를 텔레다인의 군용 특수회로 공급업체로 재탄생시키기로 결정했다. 텔레다인은 설립 1년 만에 기업공개를 실시해 모두가 돈방석에 앉았고 그 돈을 성실하게 지역 전자산업에 재투자했다.

그해 말에는 돈이 다른 방향으로 흐르게 되었다. 록이 헤이든 스톤과 결별하고 자신만의 벤처캐피탈 펀드를 시작하기 위해 캘리포니아로 이주한 것이다. 또한 더 재밌는 투자처를 찾던 중 프레더릭 터먼 및 스탠퍼드 전자산업단지를 발견한 컨 카운티 랜드 컴퍼니의 토미 데이비스 부사장과도 새롭게 손잡았다. 록으로서는 이미 많은 사람을 스스로 돈을 모을 수 있을 정도의 부자로 만들어준 만큼 더 이상 헤이든 스톤을 위해 일할 이유를 찾을 수 없었다. 새로운 벤처 캐피탈 기업에는 데이비스와 록은 물론, 4명의 아멜코 창립자들도 초기 투자자로 이름을 올렸다. 이 회사의 벤처캐피털 펀드는 실리콘밸리와 동부 해안의 선도적 기술 자본가들을 한데 엮어 수익이 나면 발명가들과 그 친구들이 먼저 나눈 뒤 이후 커뮤니티에 재투자했다. 이는 프레더릭 터먼이 산업단지를 통해 확립하고자 했던 재정보상 방식이었다.

데이비스와 록은 두 번째로 25만 달러를 사이언티픽 데이터 시스템즈에 투자했다. 이 기업은 (내구성은 덜하지만 표준인 게르마늄 대신) 실리콘, 그리고 노이스의 견고한 집적 회로가 개발되는 대로 이를 사용해 연구 및 사업을 위한 초강력 소형 컴퓨터를 만들 계획이었다. 실리콘 사용은 주효했고 회사도 성공했다. 이 기업의 시그마 시리즈(1966년 출시)는 IBM의 전설적 360 컴퓨터와 우열을 가리기 힘들 정도의 우수성을 자랑해서 사이언티픽 데이터 시스템즈는 1960년대 중반 잠시나마 엘리트 계층의 전용기업으로 자리 잡았다. 이보다 더 완벽할 수 없는 타이밍에 제록스는 1969년 이 회사 주식을 9억 달러(2022년 기준 70억 달러 이상) 넘게 사들여 인수했고 그 결과 데이비스와 록은 25만 7,000달러 투자금으로 약 8,000만 달러의 수익을 올렸다. 제한적 파트너십이 1968년 끝나면서 이듬해, 데이비스와 록은 각자 펀드를 설립했다.

이후 록은 애플이라는 또 다른 컴퓨터 스타트업에 투자했으며 그 사이 기간에는 마침내 페어차일드를 떠나 컴퓨터 메모리 칩을 연구할 준비가 된 노이스와 무어를 위한 자금을 마련했다. 이들이 설립한 NM 일렉트로닉스는 인테그레이티드 일렉트로닉스로 이름이 바뀌었다가 종국에는 기억하기 쉬운 인텔로 자리잡았다. 몇 년 후, 유진 클라이너는 록의 선례를 따라 HP 컴퓨터 사업부의 총책임자였던 토마스 퍼킨스와 함께 최대 규모의 벤처캐피털 파트너십을 시작했다. 실리콘밸리의 첫 번째 승자들은 자신들의 자리를 확보하고 좋은 기회를 가족끼리 나눠 갖기 위해 공모하면서 갈수록 서로를 말도 안 되는 부자로 만들어주었다.

쇼클리 연구소가 실리콘밸리의 윤택한 비료더미였다면 페어차일드 반도체는 뿌리로서 재정적 뿌리를 튼튼하게 내리면서 갈수록 더 많은 기업을 성장시켜 나갔다. 실리콘밸리는 쇼클리 자신과 마찬가지로 발전하는 트라이오드 기술과 미국의 전략 폭격이 교차하는 지점에서 성장했고 덕분에 엄청난 수익을 거둘 수 있었다. 진공관 트라이오드에서 시작해 실리콘 집적회로에 도달하기까지 역사적으로 몇 십 년밖에 걸리지 않았고 심지어 지리적으로는 더 가까웠다. 휴렛팩커드는 두 기술을 깔끔하게 연결했고 그 안정성 덕분에 격변하는 스타트업의 바다에서 후발주자들에 추월당하는 와중에도 이 지역을 대표하는 기업으로 자리 잡을 수 있었다. 리튼이나 바리안과 달리 HP는 진공관에서 컴퓨터로 넘어가는 시대를 그만의 방식으로 살아남았다. 그 시대에는 쇼클리, 심지어 프레더릭 터먼보다 휴렛과 팩커드가 더 잘 맞아떨어졌다.

냉전과 아웃소싱 자본주의

실리콘밸리의 출현을 이해하기 위해 알아야 하는 건 이 지역을 규정하게 된 일련의 발명가 및 투자자뿐만이 아니다. 국가 간 경쟁 및 동맹 관계가 복잡하게 뒤얽혀 있던 세계 질서에서 냉전의 양극 체제로 전환하기까지 실리콘밸리가 어떤 역할을 했는지도 파악해야 한다. 한마디로 정리하면 미국이 다른 나라로부터 원한 건 무엇이며 팔로알토와 스탠퍼드에서 쏟아부은 막대한 자금이 이를 얻어내는 데 어떤 역할을 했는지 알아야 한다.

미국은 그 자체로 모순의 땅이지만 미국 자본은 한결같이 더 높은 수익을 추구해왔고 여기서 우리가 중요하게 다루는 것도 자본이다. 세계에서 가능한 한 많은 지역을 확보하는 것은 자본가에게 필수 사항이었다. 이는 무역을 위해서나 '인권'을 감시하기 위해서가 아니라 '자유'가 높은 수익에 전념하는 국가를 의미했기 때문이다. 자본주의 국가에서는 토지 개혁과 압수 과세를 주장하는 노동자들 앞에서도 국가가 재산권을 존중하고 보장해줄 거라고 믿고 의지할 수 있었다. 노동 갈등이 발생했을 때 자본의 편을 들고 임금 통제에도 도움을 줄 거라고 확신할 수 있었다. 이 같은 보장이 없다면 해외에 투자했다 현지인들의 정치적 변덕에 휘말릴 수 있고, 그랬다가는 자칫 애초에 예상했던 투자수익에 손실을 볼 수도 있는 일이다. 캘리포니아의 자본가들이 20세기 전반기에 개인적으로 절감한 것처럼 전 세계 노동자들은 천연자원 및 생산 수단을 장악할 의지와 능력이 충분했다. 2차 세계대전이 끝날 무렵에는 사회주의가 자본주의 못지않게 전 세계로 확산되었고 정반대의 이 두 체제는 모든 노동 현장에서 통제권을 놓고 경쟁했다. 정부의 10여 년에 걸친 인프라 확장과 전쟁 지출에 뛰어든 미국 자본은 반드시 승리하겠다는 의지를 다졌다.

1959년, 휴렛팩커드는 자체적으로 사업을 확장하던 중 최초의 해외 제조 시설을 독일 뵈블링엔에 설립했다. 회사는 국제적 명성을 자랑했고 전후 회복기의 유럽에는 품질 좋은 테스트 및 측정 장비가 필요했지만 팔로알토에서 굳이 뵈블링엔까지 확장한 이유는 무엇이었을까? 유럽에 영업소를 추가할 때 HP는 대규모 상업 중심지로서 전쟁 피해를 입지 않은 스위스 제네바를 후보지로 택했다. 하지만 뵈블링엔은 정반대였다. 1943년 10월 7일 밤, 영국 왕립공군 폭격기가 독일의 산업 도시 슈투트가르트 폭격에 성공했는데 그날 구름이 잔뜩 끼었던 탓에 남서쪽으로 10마일 떨어진 뵈블링엔에도 폭탄이 투하되었다.

그 결과 수백 채의 건물이 무너지고 수십 명이 사망하는 등 마을 대부분이 파괴되었다. 그럼에도 1950년대 말 서독은 세계 최고 수준의 수익과 성장에 힘입어 외국인 투자의 중심지로 떠올랐다. HP의 공장은 옛 추축국 영토가 공산주의에 점령되는 걸 막기 위한 반공 프로젝트의 일환이었다. 서방 점령국들은 독일과 일본의 자본주의를 최대한 빠르게 안정 궤도에 올려놔야 했다. 소련의 위협으로부터 독일은 유럽을, 일본은 동아시아를 지키는 경계 역할을 했기 때문이다. 전후 지도에서 두 체제 사이의 경계는 늘 위태로웠다. 하지만 애초에 전쟁을 원치 않았던 미국의 보수파들은 해외에서 계속 돈이 나가는 것도 원치 않았다. 이들이 패전국들에 재건 프로그램을 제공할 수 있도록 설득할 수 있는 사람은 오직 한 명뿐이었다.

연방 식량 프로그램 관계자 중에는 여전히 충직한 후버파가 있었고 그중 한 명의 설득으로 트루먼 대통령과 후버 전 대통령의 만남이 성사되었다. 회담 후 후버는 미국 행정관들과 점령지를 순방했는데 트루먼 정부는 그가 구호 패키지와 관련해 공화당 의원들을 설득해줄 것으로 기대했다. 전후 독일 통제위원회의 경제부서 책임자였던 윌리엄 드레이퍼 주니어 장군은 필요한 예산을 확보하는 데 기여한 후버와 함께 구호 프로그램을 진행해 나갔다. 이 같은 개입이 순전히 인도주의적 차원에서 이루어진 건 아니었다. 이들에게는 무엇보다 탄광의 운영을 재개해 독일의 공장 및 경제가 다시 가동될 수 있게 하는 게 중요했다. 드레이퍼와 후버는 석탄 노동자들의 일일 배급량을 4,000칼로리로 늘렸는데 굶주린 가족을 위해 식량을 빼돌리는 이가 없도록 광산 정문에서 몸수색을 실시했다.[25] 아내와 아이들의 배까지 채우기 위해 그들이 덜 먹는다면 석탄을 생산하기 쉽지 않기 때문이다.

---

[25] "뭐, 인도주의적 관점에서 보면 용인해 줄 수도 있겠지만 그런 식으로는 지속이 불가능해요. 그래서 식량을 빼앗고 본인만 먹도록 할 수밖에 없었죠." 윌리엄 H. 드레이퍼 주니어 장군의 인터뷰 중. Oral History Interview, Harry S. Truman Library, interview by Jerry N. Hess, January 11, 1972, https://www.trumanlibrary.gov/library/oral histories/draperw.

후버는 단기적으로는 미국의 점령이, 장기적으로는 냉전 체제에서 독일의 입지가 위태롭다는 사실을 잘 알고 있었다. 후버와 드레이퍼는 "독일인들을 같은 진영으로 복귀시키려면 우선 너무 많이는 말고 살 수 있을 만큼 먹여야 한다"는 결론에 이르렀다. 민간인 시절 뉴욕의 투자은행가였던 드레이퍼는 전쟁 차관으로 승진해 독일은 물론 일본, 한국 및 오스트리아 점령을 책임지게 되었다. 전후 미국 해외 행정부의 최고위직에서 후버파의 군사 집단에 합류해 당시 연합군 대표로 일본을 통치한 더글러스 맥아더 장군과 쌍벽을 이뤘다. 이들은 사회주의의 위협을 막기 위해 파시즘과 제국주의를 경계하는 대신 급속한 경제 재건에 초점을 맞췄다. 후자가 훨씬 시급한 문제라고 생각했기 때문이다.

1948년 드레이퍼는 금융가로서 일본 경제를 평가하기 위해 파견되었는데 연구원 스털링과 페기 시그레이브의 말에 따르면 이는 결국 '개혁에 치명타'가 되었다. 맥아더, 드레이퍼와 일본 황실 연락관 보너 펠러스는 무슨 일이든 후버에게 보고했다. 이들은 트루먼 국무부를 불신하는 보수주의자이자 충성파였으며 후버는 1945년 루스벨트 사망 이후 1949년 트루먼이 취임하기까지 가장 최근 선출된 대통령이었기 때문이다. 이들은 일본 지배층과 궁정 대표들에 향해 있는 대중의 관심과 자원을 급속한 산업화로 돌리기 위해 계략을 꾸몄다. 일본 제국 지도부를 처형하라는 소련의 요구는 물론, 점령군이 일본의 은행과 기업을 혁신해야 한다는 무난한 제안조차 무시했다. 후버파는 몰수에 전략적으로 반대했고 자신들이 척결해야 하는 이가 있다면 그건 좌파뿐이라며 좌파 사냥을 단행했다. 점령군은 신속하고 안전하게 태평양 지역을 자본주의로 전환할 기반을 마련했으며 뱅크오브아메리카 역시 준비를 마쳤다. 전쟁이 끝난 후 뱅크오브아메리카는 필리핀(마닐라), 중국(상하이), 일본(도쿄와 요코하마)에 지점을 열었다.

미국이 장악했을 당시 HP, 아니 빌 휴렛은 일본에 있었다. MIT의 물리학과장이자 버니바 부시의 동료이던 칼 콤튼이 MIT 석사 졸업생이자 미 육군 신호대 출신인 휴렛을 일본 과학기술 산업을 분석할 팀장으로 택한 것이다. 휴렛은 그곳에서 일본 최고의 과학자 및 엔지니어들과 어울리며 이들이 전적으로 동의할 만한 대화를 나누며 전쟁에도 책임이 없다고 생각 했다. 이렇게 인맥을 쌓고 일본 기술산업에 친숙해지면서 1963년 도쿄에 요꼬가와 휴렛팩커드를 공동 출자로 설립할 수 있었다. 서독과 달리 일본 은 보호주의적 접근방식을 취했다. 외국 자본을 배제하고 외국 상품에 관 세를 부과하는가 하면 막강한 권력의 국제통상산업성이 잠재력이 있다고 판단한 분야에서는 '게이레쓰keiretsu'라는 독점 네트워크를 육성했다.

해외 식민지가 없었던 일본은 대부분의 제조업에 필요한 원자재를 확 보하지 못했기 때문에 국내 기술산업에 자원을 집중했다. 성장 우선주의에 따라 높은 수익은 뒷전으로 밀려났고 후버파는 (서독에서 그랬던 것처럼) 미국 과 일본이 하나라고 주장했을지 몰라도 행정관들은 일본의 자립을 돕는 데 만족했다. 단, 미군을 일본에 무기한 주둔시키고 새롭게 부상한 마오주의 중국에 적대 노선을 유지한다는 조건은 보장받았다. 일본의 경우, 외국 기 업의 단기이익 창출원보다 동아시아 자본주의 체제의 전진기지 역할을 해 주는 게 더 중요했던 것이다. 한편, HP로서는 일본에 일찍 진출한 게 상당 히 중요한, 심지어 목숨을 살린 결정이었다.

전후 미국 기업이 일본에 자본을 유치할 수 있는 방법은 세 가지였다. 현지 제조업체에 제품사용 허가를 내주거나 일본 기업을 대주주로 하는 합 작회사를 설립하거나 혹은 두 가지를 동시에 하는 것이다. 암펙스는 이 같 은 시스템을 어떻게 이용하면 안 되는지 반면교사 사례를 제시한다. 전후 암펙스는 독일에서 몰수한 오디오 녹음 기술에 3M의 새로운 자기 테이 프를 결합해 테이프 리코더를 생산했다. 이후 1948년 빙 크로스비가 자신 의 라디오 프로그램을 녹음 방송하기 시작하면서 이는 돈 버는 기계가 되었다. 암펙스는 독점 이익을 바탕으로 연구에 몰두했고 8년이 지나서야 VRX-1000 비디오테이프 리코더를 생산했다. 사실상 일본에 진출할 수 없었던 데다 모방 위협에까지 직면해 소니와 도시바 같은 회사에 지적재산권의 사용을 허가해주었고 소니와 도시바는 결국 리코더는 물론 관련 기술을 통해 일본뿐 아니라 세계 시장까지 장악했다. 칩 수출은 오디오 및 비디오 리코더와 마찬가지로 미국의 전자 제조업체에 실존적 위협이 되었다.

HP는 그런 문제와는 거리가 멀었다. 요꼬가와 휴렛팩커드가 있어 일본 생산성 향상의 이점만을 누렸다. 1970년대 후반 국내 메모리 칩 품귀현상에 직면한 HP 컴퓨터 사업부는 일본 공급업체에 도움을 요청했고 일본 칩이 미국산보다 저렴할 뿐 아니라 훨씬 안정적이라는 사실을 깨달았다. 1980년 초, 칩의 수입 검사를 실시한 결과, 10,000개당 불량 제품이 미국산은 10~20개 비율로 발견된 반면 일본산은 0.00개, 즉, 전혀 발견되지 않았던 것이다. 비용과 배송 등의 요소를 고려한 품질 종합 지수에서도 미국 메모리 칩은 일본 칩을 능가하지 못했다.

이처럼 악명 높은 앤더슨 보고서에 실리콘밸리는 타격을 입었지만 휴렛팩커드는 오히려 날개를 달았다. 탁월한 제품을 생산하려면 강력한 테스트 및 측정 장비가 필요했는데 일본이 전자제품 제조 부문에 국가적 투자를 단행한 덕에 HP도 전 세계에서 수확을 거둘 수 있었다. 그야말로 돈방석에 앉은 HP는 창업 20년 뒤인 1983년, 일본 전자산업이 더 이상 외국 자본을 두려워하지 않게 되자 요꼬가와 휴렛팩커드의 지분을 소수인 49%에서 다수인 75%로 늘렸다. 일본에 일찌감치 베팅할 수 있었던 창업자의 군사 및 정치적 인맥, 그리고 냉전 지형 내 중요한 지위를 활용해 장기전을 펼쳤다.

전후 HP가 증명한 것처럼 제1세계 점령지 재건은 곧 수익으로 이어질 수 있었다. 추축국 재건을 담당한 미국인들은 일부 굵직한 예외 사례를 제외하면 독일 및 일본의 지배층과 사이좋게 지냈다. 주로 파시스트가 공산주의자보다 자본가에 더 가깝다는 단순한 이유에서다. 50 대 50의 세계에서 이들은 자유 진영에 속했고 후버와 후버파를 포함한 미국인은 고임금과 번영이라는 성벽 안에서 이들을 재창조할 수 있다고 보았다. 전략폭격은 성장기회를 창출했고 팔로알토는 이를 실현해 HP의 해외투자를 위한 기반을 닦았다. 슈투트가르트 공습은 영국 왕립공군이 설계한 기내 레이더 대응 시스템 '에어본 시가'를 실제 상황에서 처음 테스트해 실수로 뵈블링엔까지 공격했지만 결과적으로는 성공이었다. 산업시설이 파괴되면서 미국이 재건을 후원하게 되었고 덕분에 HP가 수익을 올렸기 때문이다. 이 공습으로 수도관이 파손되어 지하대피소에 피신해 있던 36명이 익사하기도 했다.

전쟁 후 태평양 지역의 자본이 실리콘밸리에 진출한 기묘한 이야기는 조셉 맥미킹이라는 한 남자를 중심으로 전개된다. 마닐라에서 보안관의 아들로 태어난 맥미킹은 10대 시절 캘리포니아로 유학을 떠났고 동생 헨리와 함께 스탠퍼드에 다니며 서부 엘리트 계층의 아들들과 가깝게 지냈다. 필리핀에 돌아온 뒤로 카메라 매장에서 일했고 모험심 강한 당대의 수많은 젊은이처럼 비행기 조종을 배웠다. 육군 항공단 예비군에 입대했고 전쟁이 발발하자 섬 출신으로는 유일하게 맥아더 장군의 개인 참모로 채용되었다. 심지어 전쟁의 핵심 지점만 돌면서 복무해 빠르게 승진했다. 맥아더가 일본으로 떠난 뒤에도 마닐라에 남아 연락을 담당한 맥미킹은 어느 순간 벼락부자로 올라섰다.

밸리 지역에 관한 대부분의 역사자료에 따르면 맥미킹의 자산은 조벨 드 아얄라 가문으로부터 기인했다. 2차 세계대전이 발발하기 전, 맥미킹 가족은 스페인 태생 자본가 엔리케 조벨 드 아얄라의 집 바로 옆에 살았다. 조벨 드 아얄라는 팔랑헤 당의 고위 멤버이기도 했는데 팔랑헤당은 유명 프랑스 지지자들이 속한 파시스트 팔랑헤 인터내셔널의 필리핀 지부였다. 조벨 드 아얄라 가문은 부유한 부동산 금융가 집안으로 맥미킹 가문과 교류하면서 딸과 조셉을 결혼시켜 메르세데스 조벨 드 아얄라라는 외동 손녀도 보았다.[26] 이들은 식민지 자본가로서 점령국과 협력하거나 아니면 그들로부터 몰수당하는 것 사이에서 줄다리기하다 일본이 필리핀의 영구 점령을 노리는 상황에서 전쟁 종식을 맞이했다.

당시 아얄라 가문의 자산이 크게 줄었던 만큼 필리핀의 일부 언론인과 역사가들은 맥미킹이 가문의 재정을 구한 것이지 그 반대가 아니었다고 주장한다. 이에 스털링과 패티 시그레이브가 답을 제시했으니 맥미킹이 1945년 일본군 소령에 대한 고문을 감독한 이후 필리핀에 매장되어 있던 일본군 전리품의 일부를 손에 넣었다는 것이다. 당시 일본군은 일본 범죄조직에 의뢰해 아시아의 전체 금 보유량 중 상당 분량을 체계적으로 빼돌렸는데 맥미킹은 그중 일부를 획득해 구축한 자금을 후버파의 반공 비자금으로 지원했다. 시그레이브 부부는 일본이 전쟁에서 획득한 금 1억 달러어치를 후버가 자신의 명의 계좌에 보관했다고 적었다. 그의 측근 세력은 재무부 지원이나 어느 누구의 감시도 받지 않은 채 우익 정치인(특히 일본)에 자금을 지원하고 뇌물을 지급하며 아시아 전역에 자본주의를 전파했다.

그런데 만약 정치인과 정부에 모든 돈이 흘러들어갔다면 그건 후버파의 전략은 아니었을 것이다. 조 맥미킹은 군사기지 근처에 아내 집안 명의로 고급 저택을 지었다. 이는 당시 태평양 연안의 섬에 광범위한 영향력을 발휘하고 있던 미국의 의도를 꿰뚫어보고 진행한 일이 아닐 수 없었다. 19세기 스페인 식민지 시절의 증류소로 거슬러 올라가는 아얄라 가문은 명성을 회복해 현재까지도 그 세력을 유지하고 있으며 고급 부동산 개발 사업에서 시작해 금융 및 식품 가공업에도 진출했다. 맥미킹 형제는 후버파의 전형적 방식을 활용해 실리콘밸리의 도약에도 기여했다. 1947년 샌프란시스

---

26 마닐라의 히스패닉 상류층에게는 유전 다양성이 걱정거리였다. 메르세데스의 부모 역시 사촌지간이었다.

코에서 투자 그룹을 결성한 뒤 처음으로 암펙스 지분의 절반, 좀 더 정확히는 팀 모슬리의 지분을 36만 5,000달러에 매입했다.[27] 맥미킹의 인맥으로 확보한 군사 정보, 그리고 이사회 멤버 프레더릭 터먼의 도움에 힘입어 암펙스는 방위 계약업체로 거듭났고 나치에서 확보한 테이프 리코딩 장비를 NSA(미국 국가안보국)에 공급해 명성을 쌓았다.

1952년, 맥미킹이 진행한 암펙스의 첫 번째 주식공모가 성공한 것을 계기로 월스트리트도 서부 해안의 기술주식에 투자를 시작할 수 있게 되었다. 이로써 벤처캐피탈의 원형이 등장하고 스탠퍼드 커뮤니티도 기술로 즉각 부를 쌓는 게 어떤 건지 경험할 수 있었다. 스탠퍼드 엔지니어이자 MBA였던 레이드 데니스는 캠퍼스에서 운 좋게 헨리 맥미킹을 마주쳤는데 맥미킹은 데니스에게 어머니를 설득해 남부 캘리포니아의 에디슨 주식 1만 3,000달러를 매매하고 대신 암펙스 주식을 사들이라고 조언했다. 이 투자금은 불과 몇 년 만에 100만 달러 가까이 치솟았다. 바리안과 HP는 방위 계약을 체결하고 포니아토프의 자동차 자회사를 따라 1950년대 후반 주식 시장에 상장했다. 보험회사에서 일하던 데니스도 상사의 돈을 암펙스에 투자해 성과를 거뒀다. 엄청난 수익 덕분에 회사의 신임을 얻게 되면서 경영진으로부터 일부 자본을 제공받아 서부 해안의 전자 스타트업에 투자하기도 했다. 이 책을 쓰는 현재, 데니스는 밸리에서 가장 명망 있는 벤처 캐피털리스트 중 한 명으로 손꼽힌다.

미국은 계량기, 튜브와 반도체 등 실리콘밸리가 개발한 모든 기술의 용도를 찾아냈다. 발명가이자 주식투자가인 리 드 포레스트와 파시즘에 반대했던 바리안 형제가 불과 수십 년 전 팔로알토에서 시작한 일련의 무선통신 도구들은 세계에서 가장 높은 치사율을 자랑하는 살인기계의 실리콘 브

---

27 모슬리로서는 밑지는 장사는 아니었다. 5,000달러 투자금을 4년 만에 36만 5,000달러로 불렸으니 말이다. 그는 동부 해안 자본과 정부의 수익 통제가 전자부문 스타트업을 잠식하기 전에 분리해 나왔다.

레인으로 자리잡았다. 군사 케인즈주의는 SAGE 같은 사례에서 보이는 것처럼 무용지물은 아니었다. 이들 첨단기술 도구는 자유진영이나 악의 제국이 아닌 아시아, 아프리카와 라틴 아메리카의 비동맹 국가, 즉 사회주의와 자본주의 모두에 취약한 개발도상국과 저임금 국가 등 이른바 제3세계에 미국이 얼마나 치명적일 수 있는지 깨쳐주었다. 냉전 시대의 진짜 영토 분쟁, 그리고 실리콘밸리 전자기업들의 진정한 성과가 여기 있었다. 다시 말해, 팔로알토는 아웃소싱 자본주의 행성을 생산하기 위한 매개체였다.

낮은 비용, 급속한 성장

페어차일드는 1960년대 초의 평면 트랜지스터를 활용해 한층 개선된 트라이오드를 만들었다. 주원료(실리콘)는 상당히 저렴했고 일괄처리 생산 방식을 통해 회사의 한계비용을 13센트까지 낮출 수 있었다. 트랜지스터는 원가가 1.50달러로 페어차일드가 IBM의 첫 번째 일괄 회로에 청구한 가격의 1/1,000에 불과했던 만큼 90%도 넘는 수익률을 달성했다. 하지만 트랜지스터의 매출 비중이 10%도 안 되다 보니 페어차일드는 TI와 모토로라 등 실리콘을 다루지 않는 주요 업체들에 비해 성장 속도가 느렸다. 게다가 자본집약 산업은 변화가 워낙 빨라 신기술 및 생산 자동화를 위한 투자에 위험 부담이 컸다. 잘못된 타이밍에 잘못된 장소에 잘못된 공정의 잘못된 공장을 지었다가는 그야말로 침몰할 수 있는 것이다.

페어차일드는 수익성 좋은 평면 트랜지스터 덕분에 자본을 마련하고 R&D 부문에서 큰 성과를 거뒀음에도 자체 생산에 착수하기를 주저했다. 결국 자본가들이 경쟁적으로 대신하겠다고 나서면서 연구 엔지니어 및 기업 내 다른 인력의 참신한 아이디어가 실현 기회를 잃어버렸다. 실리콘밸리의 전자산업 생태계에서 페어차일드 자회사란 곧 무궁무진한 발전을 의미했지만 페어차일드 반도체의 캘리포니아 경영진은 고민이 많았다. 회사는 진퇴양난에 빠졌다. 특정 기술에 미래를 걸지 않고도 수익률을 높일 수 있는 투자방법이 필요했다.

재료비만 놓고 보면 평면 트랜지스터는 이미 예술작품, 페어차일드의 유일한 히트작이었다. 13센트 중 순수 재료비는 3센트에 불과했고 나머지 10센트는 인건비였다. 회로 하나를 완성하기까지는 여러 공정이 필요했는데 크게 실리콘 웨이퍼 제작과 회로 기판 조립으로 나눌 수 있다. 즉, 거대한 실리콘 웨이퍼가 완성되면 노동자들이 이를 개별 부품으로 조각낸 뒤 보드에 장착해 전선을 연결하고 테스트 및 포장을 하는 것이다. 게다가 이 모든 단계가 섬세하게 진행되어야 한다.

초창기에 페어차일드는 이 모든 단계를 베이 지역 시설에서 수직 통합했다. 과수원과 통조림 공장에서 노동자를 성별에 따라 분리했던 것처럼 여성은 조립 작업을 하고 남성은 그들을 감독하도록 했다. 인건비를 줄이기 위해 크게 세 가지 방법을 사용했는데 자동화를 통해 칩당 노동량을 줄이거나, 칩당 인건비 절감 방법을 찾거나, 아니면 두 가지 방법을 모두 사용하는 것이다. 자동화는 비용이 많이 들고 위험했다. 페어차일드 생산 감독관 톰 마허에 따르면 엔지니어들이 조립 공정을 자동화하기 위해 100만 달러짜리 기계를 설계했지만 이내 한 젊은 엔지니어가 등장해 초기비용 60 달러만으로 노동자들의 작업속도를 3배 더 높일 수 있는 방법을 제안했다. 그 결과 생산 책임자는 "이후 몇 달간 새로운 자동화 장비에 비단 얼마라도 지출하는 걸 허용하지 않았다."

이 생산 책임자의 이름은 찰리 스포크로 그는 페어차일드, 그리고 이후 분사한 내셔널 세미컨덕터에서 실리콘밸리의 미래와 미국 경제 전반을 이끌어가는 데 중요한 역할을 한 인물이다. 1960년대 초, 페어차일드는 설립 후 약 5년 만에 홍콩에 첫 해외 조립 공장을 오픈했다. 밥 노이스의 아이디어였던 이 같은 행보에 업계 전체가 놀랐지만 조립공장의 초기비용이 낮았던 만큼 노동비용 절감의 교과서로 자리잡았다. 1960년대 중반 페어차일드의 해외생산을 총괄한 윌프 코리건에 따르면, '준숙련' 노동자의 조립 비용은 베이 지역에서는 시간당 2.50달러(2022년 기준 20달러 이상)였지만 홍콩에서는 96%나 낮은 10센트에 불과했다.

페어차일드는 코리건이 '제트시대(가스 터빈 엔진을 항공기의 추진 수단으로 사용하고, 그로 인해 여러 가지 사회적 변화가 나타난 시대)의 자동화'로 칭하고 우리가 오프쇼어링Offshoring이라고 부르게 된 혁신을 도입한 기업이었다. 중국인 철도 노동자들이 센트럴퍼시픽을 건설한 지 한 세기가 지났음에도 그때와 동일한 하루 1달러에 노동자를 부릴 방법을 찾아낸 셈이다. 특히 공산주의 중국과 상당히 인접한 곳에서 그렇게 적은 임금을 지급하는 게 위험할 수 있었지만 안보는 미군기지가 충분히 보장했다. 세계에 반공주의를 확산한다는 미국의 정책은 자본주의적 통치를 보장했고 덕분에 자동화보다 오프쇼어링에 투자하는 게 전망이 더 밝았다. 스포크는 내셔널 세미컨덕터에서도 똑같이 해고 우선 전략을 재연했으며 업계의 다른 기업들도 그 뒤를 따랐다.

기업들이 멕시코에 공장을 건설해 북미 지역 노동자를 사용할 의사도 얼마든지 있었다는 점을 감안하면 오프쇼어링은 정확한 용어는 아니다. 1965년 페어차일드는 뉴멕시코주 쉽록의 나바호족 보호구역의 실업률이 높다는 데 착안해 저임금의 '훈련생' 프로그램을 도입하는가 하면 나바호 자치국에서 70만 달러의 대출도 받았다. 학자 세드릭 로빈슨은 쉽록 같은 지역을 "기업이 특권을 더욱 확실하게 보장받고 더 악랄하게 착취할 수 있는 생산 최적화 단지"라고 불렀다. 어쨌든 실리콘밸리는 고비용의 엔지니어링 및 설계 작업을 저비용의 조립 작업과 분리하는 노동 차익거래 전략 중심으로 재편되었고 쉽록 지역은 뉴멕시코 최대의 산업 고용주로 급부상했다. 뒤에서 살펴보겠지만 이 전략은 이후 기업 차원에서 설계와 생산을 분리한 '패브리스_{Fabless}'(제조 공장 없이 설계 및 마케팅을 전문으로 하는 기업) 제조를 통해 절정에 달했다.

제1세계의 냉전 무기고는 자본이 저임금 노동을 착취할 수 있는 생산 최적화 단지를 창조했고 덕분에 반도체 기업은 물론 궁극적으로 미국 산업 전반이 국내의 임금 인상에서 자유로워질 수 있었다. 게다가 동아시아 및 동남아시아에 오프쇼어링함으로써 전자기업은 최대 고객인 미국 군사 부문과 근접성을 유지했다.

미국은 다른 여러 나라를 사회주의 반란이라는 국제적 흐름에서 고립시키고 자본투자, 노동착취 및 수익흐름의 정확한 패턴에 연결하는 등 마치 집적 회로 부품처럼 다뤘다. 미국은 제3세계 자본주의 국가로부터의 난민 유입은 차단한 반면, 소련 동맹국의 난민은 심지어 미국 반공주의 이민법에 무제한 예외를 적용해가며 적극 끌어들였다. 이는 일종의 반도체 세계주의였고 HP는 처음부터 그 일부를 차지했다. 군 지도부는 냉전 시대에도 실리콘밸리에 계속 관여해 1959년, 전 전쟁 차관 윌리엄 드레이퍼 주니어 장군은 록과 데이비스를 제치고 실리콘밸리 최초의 벤처캐피탈 파트너 드레이퍼, 게이더 앤 앤더슨을 공동 설립했다(드레이퍼 가문은 이후에도 팔로알토에 계속 머물렀다. 장군의 아들인 윌리엄 드레이퍼 3세는 서터 힐 벤처스를 설립했고, 손자인 팀 드레이퍼는 오늘날 최고의 벤처캐피탈리스트로 성장했으며 증손자인 아담, 빌리와 제시가 가업을 이어가고 있다[28]). 이에 베이 지역도 군사 부문에 뭔가 보답해야 할 입장이 되었다. 1969년 새로 취임한 리처드 닉슨은 후버의 심복 데이비드 패커드를 국방부 차관보로 불러들였다.

베이 지역의 전자산업은 국가에 핵심적으로 기여함으로써 해외공장을

28 팀은 스탠퍼드 재학 시기에 한 기업에서 인턴으로 근무했으니 그곳이 어디겠는가? 다름 아닌 HP다.

확보했고 어느 누구도 대적할 수 없는 공수 전투력을 구축했다. 실리콘 칩은 일부 페어차일드의 오프쇼어링 전략 덕분에 낮은 비용으로 급속한 성장을 거듭해 소비자 시장에까지 진출했다. 빅사이언스 시대가 막을 내리고 있었고 실리콘밸리 반도체 과수원의 그늘에서 새로운 산업이 싹트기 시작했다.

Chapter 10

PC의 등장, 개인 혁명

비약적인 발전, 컴퓨터 → 인간증강 LSD → 밥 카우프만 → 켄 키지와 스탠퍼드 실험

개척지가 흔히 그렇듯 실리콘밸리의 땅은 빠르게 채워졌고 정착민은 노동자가 되었다. 1960년대의 산타클라라 카운티는 연방정부 의존도가 워낙 높아 전자산업은 마치 거대한 파도 위의 작은 배처럼 국방비 지출에 따라 흥망이 결정되었다. 정착 초기에 안정감이 높았던 과학자와 엔지니어들도 실업이라는 망망대해로 내팽개쳐졌다. 1963~1964년 캘리포니아 엔지니어 3만 명이 해고되었다. 베트남전이 막바지에 이르자 엔지니어 실업률은 4배로 뛰었다. 노동조합에 가입하고 싶지 않았던 이들은 대부분 불투명한 미래에 직면했다.

이들이 두고 온 동료들은 민관 국방 관료체제라는 거대 기계 속에서 이름 모를 부품이 된 것처럼 작고 초라한 기분을 느꼈다. 경제학자 해리 브레이버맨은 전후 노동력의 구성변화에 대한 연구에서 이렇게 적었다. "1960년대 말, 다양한 종류의 '전문직' 실업률이 상승하면서 사람들은 자신의 현실이 생각했던 것과 다르다는 사실을 깨달았다. 이런저런 기업과 마지못해 '손잡아준다'고 생각했는데 사실은 그간 내려다봐 온 사람들과 마찬가지로 고용됐다 해고되는 노동시장의 부품에 지나지 않았던 것이다." 최신 발명

과 혁신은 미사일에 관해서만 이루어졌고 미사일 및 데이터베이스 시스템을 구축하는 건 죄책감이 들 정도는 아니어도 지루하고 무의미했다. 저널리스트 스티븐 레비에 따르면 컴퓨터는 "평범한 애국 시민 수백만 명이 혐오하는 대상"이었는데 "사회를 비인간적으로 만드는 요인"이었기 때문이다. 새로운 스테레오 등 신기술에 열광하는 엔지니어가 고정관념으로 자리 잡았고 태평양 건너 일본의 전자제품 산업이 위협으로 떠올랐다.

정보기술이 곧 버니바 부시를 필두로 한 일련의 이론가와 행정가들은 급속한 발전을 예견했다. 1945년 〈애틀랜틱〉에 '우리가 생각한 대로'라는 영리한 미래주의적 제목으로 기고한 글에서 부시는 상상해볼 수 있는 종합 기술에 대해 설명했다. 책상에 내장된 마이크로필름 하드드라이브에 모든 인쇄물을 저장하고 또 이를 불러와 경사진 반투명 스크린에 투사할 수 있게 된다는 것이다. 문서 간 '흔적'을 인코딩하는 게 조만간 가능해지면 정보를 정리하는 새로운 방법이 등장할 것이다.

"변호사는 자신의 모든 경험과 친구 및 당국의 경험에서 나온 관련 의견과 결정을 손에 쥐고 있습니다. 변리사는 수백만 건의 특허가 발급되고, 고객의 관심사가 있는 모든 지점에 익숙한 흔적을 가지고 있었습니다. 환자의 반응에 당황한 의사는 이전에 유사한 사례를 연구하면서 확립한 흔적을 따라가면서 유사한 사례 기록을 빠르게 살펴보고 관련 해부학 및 조직학에 대한 고전을 참고합니다."

부시는 이 발명을 메멕스$_{memex}$라고 불렀는데 그의 막강한 영향력에도 이 같은 발상은 상상에 그쳤고 레이시온 역시 실현하려 들지 않았다. 하지만 데스크톱 지식 기계에 대한 연구는 왕성하게 진행되었다. 1960년, 전 SAGE 직원이자 MIT 교수였던 J.C.R. 리클라이더는 '인간과 컴퓨터의 공생'이라는 제목으로 논문을 발표해 엘리트 노동자들이 자신의 암기 작업을 '컴퓨터'(그 당시 '컴퓨터'는 따옴표 안에 넣어야 할 만큼 어설픈 용어였다)에 아웃소싱할 것이라고 예측했다. SAGE가 궤도를 계산했던 것과 마찬가지로 컴퓨터가 임무를 완료한 뒤 그 결과를 운영자에게 제시할 것이라는 얘기다.

컴퓨터 부문은 MIT를 중심으로 돌아갔지만 프레더릭 터먼은 서부 해안 지역의 경쟁 준비를 마쳤다. 레이더는 세상의 복잡한 정보를 수집해 사람이 사용할 수 있도록 자동으로 표시해주는 최초의 시스템이었으며 젊은 기술자들은 이 경험을 통해 인간-정보 인터페이스 장치가 더 많은 기능을 할 수 있다고 상상하게 되었다. 그 기술자 중 한 명이던 더그 엥겔바트는 해군에 입대해 무선통신 부문의 엘리트 훈련을 받았지만 파병되기 무섭게 전쟁이 끝나 대일전승기념일에 맞춰 필리핀으로 파견되었다. 어쨌든 그에 대한 군사 훈련은 훌륭한 성과를 거뒀다. 그는 마닐라베이에서 짧은 휴가를 보냈는데 가는 길에 〈라이프〉에 재게재된 버니바 부시의 〈애틀랜틱〉 기사를 읽게 되었다.

1950년, 스물다섯 살의 엥겔바트는 산타클라라 카운티의 모펫 비행장에 있는 에임스연구센터에서 (곧 NASA가 될) NACA의 전기 엔지니어로 근무하던 중 남은 인생에서 무엇을 할지 결정했다. 그는 자신을 중요하고 복잡하며 값비싼 도구로 인식했는데 이는 군에서 그를 바라보는 시각과 정확히 일치했다. 즉, 인간과 기계가 결합된 하이브리드 레이더 장치에서 인간에 해당하는 존재였던 것이다. 그는 세 가지 통찰을 갖게 되었다. 첫째, 세상의 문제는 인간이 그걸 해결할 수 있는 속도보다 더 빠르게 늘고 있다. 둘째, 인류의 문제해결능력을 향상시키는 것은 가치 있는 활동이다. 그리고 세 번째는 스크린 앞에 앉아 현재 우리가 범용 컴퓨터로 알고 있는 것을 조작하는 자신의 모습이다. 그는 사람들이 전혀 새로운 방식으로 정보를 공유하게 될 것임을 내다봤다. 극장의 대형 스크린에 투영되는 걸 함께 지켜보는가 하면 사무실에서 스크린을 통해 서로 데이터를 주고받는 것이다. 정보는 필요한 만큼 빠르게 이동할 수 있었다. 변화무쌍한 세계에서 텍스트와 그래픽을 결합하면 필요한 건 무엇이든 나타낼 수 있었다. 하지만 그가 이런 얘기를 하면 사람들은 하나같이 정상이 아니라고 여겼다. 결국 엥겔바트는 직장을 그만두고 버클리 대학 박사과정에 등록했다.

심지어 버클리의 동료 대학원생조차 그가 '인간증강'이라고 부른 아이디어를 터무니없다고 여겨서 그는 별다른 법석 없이 박사과정을 마쳤다. 학위취득 후 스탠퍼드 연구소에 취업한 그는 마침내 공군에서 소정의 보조금을 받아 '인간지능증강'에 관한 보고서 초안을 작성하게 되었다. 1962년 그가 제출한 보고서에는 '디지털 컴퓨터를 개인용 도구로 사용하게 될 것'이라는 미래 가능성이 담겨 있었다. 이에 리클라이더와 NACA에서 그의 멘티였던 밥 테일러가 관심을 보였다. 리클라이더는 그가 컴퓨터 연구비로 조달하던 미국 고등연구계획국ARPA의 자금 일부를 엥겔바트에게 제공했다. 워낙 MIT를 주축으로 여기고 있던 만큼 팔로알토 출신의 사내에게 그리 큰 기대는 걸지 않았지만 "엥겔바트가 맞는 말만 하고 있기 때문에 우리는 일종의 명예를 걸고 자금을 지원해야 한다"고 친구에게 이야기한 것으로 전해진다. 테일러의 자금 지원으로 엥겔바트는 (마우스로 알려질 장치로 경연대회 우승을 차지한) 컴퓨터 포인팅 도구를 발명할 수 있었고 테일러가 ARPA의 정보처리기술 사무소에 합류하자 엥겔바트는 더 많은 기관의 자금을 동원해 스탠퍼드 연구소의 증강연구센터ARC를 설립했다. 미국은 아직 달에 도달하지 못했지만 학계와 군사 분야의 유력 인사들은 이미 다음 개척지를 바라보고 있었다.

돌아보면 증강연구센터에는 마법 같은 아우라가 있었지만 초기에는 스탠퍼드 연구소의 미운오리새끼나 다름없었다. NACA가 센터를 지원하던 초기, 엥겔바트의 상사는 테일러가 원한다면 이 괴짜를 지원하겠지만 그게 아니라면 지원할 여력이 없다는 점을 분명히 했다. 감리교 목사의 입양아로 텍사스에서 자란 테일러는 심리학에서 공학으로 전공을 바꾼 뒤 성장세의 항공우주산업에 뛰어들었다. 추후 전산산업에 히피적 색채가 가미되자 이에 반대하고 심지어 막으려 들었지만 파이프를 피우는 농구 코치였던 그도 증강의 꿈에는 동의해 1968년 엥겔바트가 자신의 첫 발명품을 대중에 과시하고 싶어하자 센터에 또 한 번 백지수표를 지원해주었다. 이에 센터는 무려 17만 5,000달러(2022년 기준 150만 달러)를 들여 하루 시연을 실시했는데 그만한 가치가 있었다.

컴퓨터 시스템은 전산기술의 비약적 발전이었다. '모든 데모의 어머니' 동영상에서 엥겔바트가 카리스마 넘치는 포스로 이를 사용하는 모습을 보면 어떤 인터페이스인지 오늘날에도 쉽게 알아볼 수 있다. 마우스가 2차원 화면에서 자유롭게 움직이면 연결된 하이퍼텍스트가 윈도우창 위에 등장하는 것이다. 이는 엥겔바트가 샌프란시스코에서 키보드-마우스-스크린 단말기를 조종하면 멘로파크에 위치한 센터 내 컴퓨터에 마이크로파가 전송되어 조작되는 원리였다. 그는 스탠퍼드 연구소의 팀과 실시간으로 화상 채팅을 진행했고 청중은 열광했다.

다음으로 이 같은 퍼포먼스를 프로토타입으로 전환하는 작업이 남아 있었지만 철학자 엥겔바트는 이를 수행할 계획이 없었다. 한편 밥 테일러는 자금 삭감에 실망한 데 이어 전쟁정보관리체계를 업그레이드하기 위해 베트남에 갔다 환멸을 느껴 ARPA를 나왔다. 1969년에는 유타대학교에서 ARPA의 지원으로 미국 최고의 컴퓨터 과학 프로그램을 운영했으며 이듬해에는 팔로알토의 새로운 연구센터PARC 내 컴퓨터과학연구소CSL 설립을 도와달라는 복사기 대기업 제록스의 요청에 해안으로 향했다. 제록스가 원한 건 테일러의 방대한 인맥이었다. ARPA에서 컴퓨터 연구계의 산타클로스로 활약한 만큼 그는 최고의 인재와 연락처를 꽉 잡고 있었다. 게다가 컴퓨터업계의 모든 이가 그를 잘 아는 건 물론, 신세까지 지고 있었다. 테일러는 엥겔바트의 연구소에서 수석 엔지니어 빌 잉글리쉬를 빼왔고 영세해 어려움을 겪던 버클리 컴퓨터 회사에서도 최고 인재 대여섯 명을 확보했다. 본인은 박사 출신이 아니었지만 최고의 과학자 및 엔지니어 군단을 보유해 이들을 이끌고 최초의 PC라는 약속된 땅으로 나아갔다.

제록스의 PARC는 곧 CSL을, 또한 CSL은 곧 테일러를 의미했다. 테일러가 이 같은 등식을 구축하기 위해 열심히 노력함에 따라 그의 동료들은 그야말로 돌아버릴 지경에 이르렀다. 어쨌든 CSL의 성과는 놀라웠다. 엥겔바트의 시연이 있은 지 5년이 채 지나지 않아 PARC가 화면과 마우스, 그리고 책상 밑에 들어가는 본체를 갖춘 독립형 개인용 컴퓨터 시스템 알토Alto를 개발한 것이다. 이는 이더넷 네트워킹, 레이저 프린터 및 친숙한 그래픽 사용자 인터페이스를 갖추고 있었다. PARC가 해냈지만 제록스가 그 공을 놓치고 말았다.

비즈니스의 역사는 으레 이런 식으로 흘러갔다. 제록스는 PARC 덕분에 미래를 쥐고 있었지만 몸집이 너무 커 기민하게 대처하지 못했고 결국 알토가 달성한 다양한 혁신은 제록스의 뚱뚱한 손가락 사이로 모두 빠져나가 버렸다. 결국 제록스는 PC나 네트워킹으로 수익을 올리지는 못했지만 레이저 프린터가 큰 성공을 거둬 R&D에 들어간 엄청난 자금을 충당하고도 남았다. 하지만 돈만 벌면 된다는 건 실리콘밸리의 기준이었고 제록스는 뉴욕주 로체스터의 기업이었다. 이에 리클라이더와 엥겔바트는 동부의 상사가 원하는 걸 달성하지 못했다는 느낌을 지울 수 없었다.

더그 엥겔바트는 인간증강의 개념적 틀에서 누구의 지능을 먼저 증강해야 하는지 질문을 던졌다. 그리고 컴퓨터 프로그래머, 특히 인간증강을 연구하는 사람들이 당연히 선두에 서야 한다는 결론을 내렸다. 그래야 증강을 더 많이, 더 빠르게 할 수 있기 때문이다. "그들은 자신이 소속된 계급을 위해 더 나은 도구를 개발하고 있다"고 엥겔바트는 적었다(엥겔바트는 이를 분명 선순환으로 봤지만 오늘날의 독자들은 다른 가능성을 감지할 수 있다). 제록스도 같은 생각으로 같은 작업에 몰두해 1981년 경영진은 자신들을 염두에 두고 알토를 마침내 스타 시스템이라는 이름으로 시중에 선보였다. 하지만 이는 성능이 좋은 만큼 크기도 크고 값도 비싼 사무용 워크스테이션으로 대기업만 감당할 수 있는 비용에 결국 실패하고 말았다. 개인용 컴퓨터는 업무뿐 아니라 사람 자체를 위한 것이어서 컴퓨터 업계의 간부들이 개인 혁명에 관심을 갖지 않는 한 결코 이해할 수 없었다. 그들은 스톨라로프의 말에 귀 기울였어야 했다.

40세의 마이런 스톨라로프는 우리에게도 익숙한 실리콘밸리의 전자기업 암펙스의 임원이었다. 스탠퍼드 출신으로 포니아토프가 최초로 고용한 정규직이기도 했다. 그런데 1960년이 되자 동료 엔지니어들의 창의력을 증강해 미래로 나아갈 기업을 직접 차리고 싶은 생각이 들었다. 엥겔바트처럼 혁신에 개인이 얼마나 중요한지 꿰뚫어보고 있었던 것이다. 전자산업에서 적절한 타이밍에 올바른 관점을 제시할 역량 있는 인재를 확보하는 건 기술에서 수년을 앞서가는 건 물론이요, 수백만, 심지어 수십억 달러의 독점수익을 의미했다. 이에 스톨라로프는 사람들에게 컴퓨터가 아닌, LSD를 주는 걸 해결책으로 제시했다.

암펙스의 다른 간부들은 워낙 강력한 데다 잘 알지도 못하는 환각제를 최고의 엔지니어들에게 투여하는 데 동의하지 않았다. 하지만 스톨라로프는 강한 신념으로 스탠퍼드 공학협회 출신의 친구들을 끌어들이는 데 성공했다. 그중엔 스탠퍼드의 윌리스 하먼 교수뿐 아니라 HP와 스탠퍼드 연구소의 직원들도 포함되어 있었다. 당시 혼자서도 재력이 충분했던 스톨라로프는 암펙스를 그만두고 나와 팔로알토에 국제고급연구재단을 설립했다. 그리고 그곳에서 엘리트 엔지니어들을 LSD로 '증강'했다.

1960년대 전반, 이 재단은 수백 명의 대상자에게 LSD를 한 방에 500달러(현재 가치로 약 5,000달러)에 제공했고 체험담은 극찬 일색이었다. 팔로알토는 부르주아 약물 씬의 빛나는 중심지, 미국인의 정신이 약물로 해방되길 꿈꿨던 티모시 리어리 같은 마약 선구자를 뒷받침하는 지역이었다. (스탠퍼드 연구소 내 엥겔바트의 증강 센터에서) 스톨라로프를 보좌하던 하먼과 제임스 파디만 등 연구팀은 몇 년 후, 약물을 복용하고 업무를 처리하려 한 전문직의 경험담을 요약해 예비연구결과를 발표했다. 지금은 우리가 당연하게 여기는 LSD의 효과 (맥락의 확장, 잠재의식에 대한 접근, 공감능력향상) 이외에도 여러 범주에서 업무성과가 살짝 향상됐다고 보고했다.

LSD 복용 경험에 대해 한 엔지니어는 이렇게 설명했다. "회로의 이미지가 보이기 시작했어요. 게이트 자체는 선으로 연결된 은색의 작은 원뿔이었죠. 나는 이 회로가 어떤 성능을 발휘하는지 지켜봤어요." 한 건축가는 완벽한 설계를 발견했다. "건물을 그리기 시작했는데… 어느 순간 설계도가 완성되어 있었어요. 재빨리 몇 가지 계산을 해보니… 부동산에 걸맞을 뿐 아니라… 비용과 수입 요건에도 꼭 들어맞았죠… 주차 공간도 충분하고… 모든 요건을 충족했어요." 재단은 고위급 연방 관리들이 방문을 예정하는 등 돌파구를 눈앞에 두고 있었지만 LSD를 둘러싼 정세가 뒤바뀌면서 1966년 스톨라로프의 임상연구는 갑작스럽게 중단되고 말았다.

다행히 팔로알토의 다른 군상들은 자금 지원을 잘 받았다. 스탠퍼드 연구소의 하먼 역시 대안미래프로젝트의 후원으로 조용히 약물실험을 재개할 수 있었다. 파디만은 이 연구를 현재까지도 계속하고 있으며 2011년 책을 출간하면서 '미세 투여'에 대한 폭발적 관심을 불러일으켰다. 미세 투여는 현재 실리콘밸리 기술업계에서 성과를 높이기 위해 널리 쓰이는 방법으로 업무 전 LSD를 소량 복용하는 관행을 칭한다. 파디먼이 처음 제안한 이같은 방식은 21세기 들어 처방전 없는 약물 사용을 통해 자리잡았다고 회자되기도 하지만 사실 베이 지역의 지식 근로자들에게 LSD는 처음부터 생산성 향상 보조제로 판매되었다.

컴퓨터와 의식의 개인 혁명은 거의 동시에 일어났을 뿐 아니라 겹치는 부분도 많았다. (직접적으로나 환경적으로) LSD의 도움을 받은 기술자들은 캘리포니아의 대기업도 따라오기 힘들 만큼 위험하고 극단적인 각종 연구를 단행했고 정부 지원은 정점을 찍었다 감소했다. 하지만 진짜 위험은 국방부에 대한 실리콘밸리의 의존도가 지나치게 높다는 데 있었다. 전자산업의 고객이라고는 지금껏 미국의 군대와 대기업 계약업체가 전부였는데 어느 누가 컴퓨터를 사겠는가? 누구에게 그만한 여력이 있겠는가? 약물에 찌든 캘리포니아의 괴짜들은 이에 대한 답이 조만간 개별 가정을 포함한 '모두'가 될 것으로 확신했다. 군대에 판매하는 건 '고객이 정해져 있어' 비교적 간단했지만 가정용 컴퓨터를 일반 대중에 판매하려면 팔로알토에는 아직 생소한 홍보가 필요했다.

그래도 컴퓨터든 LSD든 광고의 법칙은 기본적으로 비슷했다. 사람들은 가진 자와 가지지 못한 자, '관심이 있는 자'와 '아직 없는 자', 증강된 사람과 그렇지 않은 사람으로 나뉜다. 자신이 속한 세대의 최고 지성이 누구인지, 어디서 만날 수 있는지 알고 있다는 주장으로 미국인의 호기심을 일으킨 지 몇 년 후, 마케터에서 시 기획자로 변신한 앨런 긴즈버그는 팔로알토 정신연구소의 관찰 아래 LSD를 투여했다. 스탠퍼드에서 글 창작으로 높은 주가를 자랑하던 켄 키지 역시 비슷한 시기에 투약을 시작했다. 이분법적 특징이 뚜렷한 이 같은 홍보에 성공의 기존 문법을 따르지 않는 신흥 세대의 문화 엘리트 계층이 반응하기 시작했다.

그 많은 LSD가 왜?

1973년 3월 31일, 시인 밥 카우프만이 팔로알토 문화센터에서 T. S. 엘리엇의 운문 희곡 〈대성당의 살인〉의 한 구절을 낭독했다. 이렇게 즉흥적으로 이루어진 그의 공개낭독은 사람들에게는 놀랍기 짝이 없었는데 그가 지난 10년간 말을 거의 하지 않은 것으로 알려져 있었기 때문이다. 침묵한 이유를 두고 JFK 암살, 불교와 베트남전 사이에 논란이 분분했지만 어쨌든 카우프만의 상태가 좋지 않았다는 데는 이견이 없었다. 어린 시절, 루이지애나에서 마주친 건달들은 그의 엄지손가락을 묶어 밤새 천장에 매달아 뒀으며, 이후에는 가차 없는 구타로 이가 몇 개씩 나가게 만들었고, 청력에도 영구 손상을 입혔다. 카우프만은 중독자이기도 해서 뉴욕의 벨레뷰 병원에서 전기충격 치료를 받는가 하면 샌프란시스코에서 노숙자 생활을 하기도 했으며 파리에서는 '미국의 흑인 랭보'로 통했다.

미국인들은 카우프만을 비트 시와 더 광범위한 미학의 발전에 핵심 인물로 인식하게 되었다. 샌프란시스코의 대형 출판사 시티라이츠는 그의 사후인 2019년, 그의 시를 모아 시집을 출간했고 캘리포니아의 재능 있는 감독 빌리 우드베리는 2015년 그에 대한 다큐멘터리 〈나는 죽어도 죽지 않을 것이다〉를 선보였다. 그렇다고 카우프만이 생전에 전혀 주목받지 못했던 것은 아니다. 하지만 그의 작품이 세상의 빛을 볼 수 있었던 것도, 말년에 그가 국립예술기금을 수상할 수 있었던 것도, 그리고 60세까지 생존할 수 있었던 것도 모두 이런 사람들 덕분이었다. 그가 유작으로 남긴 시를 보면 알 수 있듯 카우프만은 그야말로 빈사 상태였고 그의 창작물에는 패배와 자기파괴의 정서가 가득했다.

"내 얼굴은 죽은 나라들의 지도로 뒤덮여 있다"는 문구도 그의 사진을 보면 더욱 선명해지는 걸 알 수 있다. 그는 히로시마와 나가사키의 버섯구름 아래서, 이름 없는 인디언의 무덤 위에서 글을 썼다. 역사의 파도가 밀려올 때마다 카우프만은 직감적으로 알아차렸다.

카우프만의 시에는 개인적 혁명이나 나아질 거라는 느낌 같은 건 찾아볼 수 없다. 그는 보통 사람들이 경험하는 것과는 전혀 다른 삶을 살았다.

열일곱 살 무렵, 불안한 젊은이의 전형적 출구로 여겨지던 상선단에 입대해 2차 세계대전 동안 무기를 포함한 미국 제품을 전 세계로 실어 날랐다. 20대에 들어선 뒤 2~3년간은 CIO와 연계된 급진적 선원단체 전미해원노동조합NMU에서 조직활동을 했다. 1945년에는 NMU를 대표해 차별반대법 지지의견을 의회에 전달하는가 하면 트럭을 끌고 다니며 노조의 임금 인상 운동을 대중에게 알리는 캠페인도 이끌었다. 하지만 1940년대 후반 백인 반동분자가 NMU를 장악하면서 당시 뉴욕시에서 흑인으로는 최고 지위를 차지한 페르디난드 스미스 부위원장이 노조에서 제명된 데 이어 자메이카로 추방까지 당했다.

급진적 노동운동은 인종통합을 추구하는 방식으로 저항했지만(일부 항구에서 NMU 선원들은 폭력으로 술집에서 유명했다) 전국적으로 패배하면서 인종분리가 베이 지역의 문화로 정착했다.[29] 당시 백인 예술가 대다수는 흑인들에게 동료나 동지가 아닌 재료나 영감의 대상으로, 인간이라기보다는 상징으로 접근했다. 캘리포니아 일본계 주민의 억류와 추방 역시 지금은 알아보기 힘든 방식으로 영향을 미쳤다. 1차 세계대전과 2차 세계대전 사이 기간, 팔로알토 출신의 가장 유명한 예술가이자 연예인은 1932년 팔로알토 고등학교를 졸업한 미국 태생의 중국계 탭댄서 폴 윙이었다.

윙의 가족은 팔로알토 설립 멤버에 속했다. 폴의 부모님이 다운타운 에머슨 스트리트에서 세탁소와 여성의류 매장을 운영한 것이다. 2022년 화폐 가치로 3만 달러가 넘는 초기 자금은 부친의 삼촌이었던 아 윙이 지원해준 것으로 보이는데 그는 제인 스탠퍼드 살해 혐의에서 벗어난 뒤 그녀의 유언에 따라 1,000달러를 상속받은 바로 그 요리사였다. 폴의 모친이자 샌프

---

29 NMU의 메릴랜드 지부장은 다양한 인종의 선원들을 이끌고 해안의 술집에 다녔던 일화를 공유했다. 사장이 인종분리 영업을 고집하면 그는 술집 거울에 맥주잔을 던지며 이렇게 말했다. "자, 당신도 이제 통합되었소." Gerald Horne, *Red Seas: Ferdinand Smith and Radical Black Sailors in the United States and Jamaica*, NYU Press, 2009.

란시스코 차이나타운에서 태어난 로즈 통 쥬는 영어와 중국어에 모두 능통할 만큼 교육수준이 높아 팔로알토의 백인 커뮤니티와 초기 중국인 이민자들 사이에서 연결고리 역할을 했다. 윙 가족은 중국계 미국 가족으로는 거의 최초로 팔로알토에 집을 장만했다.

밝아오는 할리우드의 황금기에 깊은 인상을 받은 폴은 어린 시절부터 쇼비즈니스와 사랑에 빠졌다. 그래서 부모님이 장남의 직업에 회의적이었음에도 탭댄스 훈련에 매진했다. 보드빌(17세기 말엽부터 프랑스에서 시작된 버라이어티 쇼 형태의 연극 장르)로 성공한 삼촌을 보면서 용기를 얻어 중국계 미국인이 드문 업계에서도 적극적으로 댄스 경력을 쌓았다. 로스앤젤레스에서 자란 도로시 토이라는 댄서와 팀을 이뤄 활동했는데 토이는 그의 가족이 운영하는 중국음식점에서 식사를 해결하고 레슨을 해주는 러시아인 강사로부터 발레를 배웠다.

팀명을 '토이 앤 윙'으로 짓고 활동을 시작한 두 사람은 빠른 발과 러시아에서 영감을 받은 킥 동작, 그리고 환상의 호흡으로 찬사를 받았다. 팬들로부터 중국의 프레드 아스테어와 진저 로저스로 불렸고 뉴욕의 최고급 에이전시 윌리엄 모리스와 계약해 브로드웨이까지 진출했다. 할리우드에도 눈도장을 확실하게 찍어 1937년 지옥 같은 유랑극을 다룬 단편영화 〈데블드 햄Deviled Ham〉에 출연했다. 그런데 투어 중인 치코 막스를 지원하고 첫 번째 장편영화 촬영을 앞둔 시기에 안 좋은 소식이 들려왔다. 본명이 타카하시인 도로시 토이를 누군가 밀고했다는 것이다. 진저 로저스는 사실 중국인이 아닌 일본인이었다. 캘리포니아로 돌아갈 수 없게 된 두 사람은 그대로 뉴욕에 머물렀고 그들의 부모님은 유타에 억류되었다. 결국 영화 출연이 무산되면서 그 영향이 미국 문화에 고스란히 반영되었다.

백인 우월주의 및 인종분리를 수용한다는 건 비백인의 재능을 일정 부분 희생한다는 것을 의미했다. 인종차별주의자 루이스 터먼의 경우 탁월한 젊은이를 발굴하는 데 많은 시간을 투자한 만큼 일본인의 억류와 추방에 경악을 금치 못했다. 인적자본 확보라는 목표를 고려할 때 캘리포니아주가 인종분리로 낭비한 자원이 얼마인지, 또 얼마나 뒤처지게 됐는지 헤아리기 어렵다. 팔로알토 교외의 백인 승자들은 이렇게 역사적으로 숱한 불공정 사례를 목격하고 고귀한 패배를 안겨주면서도 어떻게 자신들이 진정한 패자 반란군이라는 인식을 확산시킬 수 있었을까?

이는 켄 키지의 사례를 보면 알 수 있다. 대학 재학 시절, 오레곤의 레슬링 챔피언이었던 키지는 1950년대 후반 스탠퍼드의 대학원생으로서 글 창작 커뮤니티를 양극화시켰다. 프로그램 감독인 윌리스 스테그너는 카리스마 있고 반항적인 키지를 광대로 생각했지만 소설가 말콤 코울리를 비롯한 다른 교수진은 가능성을 엿보았다. 재향군인 병원에서 지역 자원봉사자에게 돈을 주고 흥미로운 신약을 복용하도록 한다는 얘기를 전해들은 키지는 기대에 부풀어 지원했고 멘로파크 재향군인 병원에 취직해 실험용 마약에 무제한 접근할 수 있게 되었다. 키지는 마약을 집으로 가져왔다. 1962년 데뷔 소설《뻐꾸기 둥지 위로 날아간 새》가 출간 즉시 베스트셀러가 되면서 키지가 병원에서 본 환자들이 하나의 표본으로 미화되었다. 뻐꾸기 둥지 속 사람들은 미친 게 아니었다. 정신적으로 예속당한 것뿐이었으며 키지가 투영된 캐릭터 랜들 맥머피는 동료 환자들이 남성 과대망상증에서 벗어나도록 애쓴다. 소설의 성공으로 키지는 현실 속 맥머피로 거듭날 수 있었고 (소설 속 맥머피처럼 사람들로부터 계속 돈을 뜯어내지는 않았다) 대규모 약물 파티를 열기 시작했다. 한때 운동선수였던 경험을 살려 이를 경쟁력 있는 LSD '테스트'의 장으로 정착시켜 나갔다.

조던, 후버, 터먼 등의 정치적 이념, 그리고 다양한 전자 및 기술 산업을 제외하면 키지는 팔로알토가 배출한 20세기의 가장 중요한 문화산물일 것이다.《뻐꾸기 둥지 위로 날아간 새》는 히피 사상의 정수로 센세이션을 일으켰다. 키지는 개인의 의식, 그리고 그가 (릴런드 스탠퍼드에 빗대) '콤바인'이라고 부른 사회통제시스템 사이의 뚜렷한 대립을 그려냈다. 책에는 '컴퓨터'라는 단어가 등장하지 않지만 윙윙대는 중앙처리장치는 사악한 간호사 래치드의 지배장치의 일부였다. 이는 인간과 기계의 대결을 상징하지만 정치적 의미는 오리무중이다. 키지는 앞선 스타인벡과 마찬가지로 자신이 투영된 비극의 주인공을 내세워 시대의 투쟁을 실존적 멜로드라마로 승화시켰다. 반란이 개인의 사고 프레임에 따라 일어날 수도, 안 일어날 수도 있다면 이는 인간증강에 따라서도 결과가 완전히 달라진다. 소설 끝부분에서 브롬든 대장을 포함한 새로운 반란군은 펀치카드 기계를 부수고 개인주의의 창을 통해 탈출하는데 이 역동적 이미지는 향후 실리콘밸리의 상징으로 사용되었다.

하지만 밥 카우프만과 달리 키지는 환자가 아니었다. 병원에서 일했을 뿐이다. 레슬링 챔피언 출신의 그는 정신병원에서 정확히 뭘 했을까? 그리고 장애인이 된 퇴역 군인들은 그 많은 LSD가 왜 필요했을까?

이기기 위한 수많은 실험

1950~1960년대에 걸쳐 팔로알토의 많은 기관에서는 LSD 실험이 빈번하게 진행되었다. 팔로알토는 케임브리지와 로스앤젤레스, 그리고 뉴욕 밀브룩에 위치한 티모시 리어리의 저택과 더불어 향정신성 약물 연구의 진원지였다. 스탠퍼드 연구소와 국제 고급 연구재단의 환각제 연구원들은 엔지니어 동료들에 환각제를 투여해 틀에 박힌 사고에서 벗어나게 해주는가 하면 다른 과학자들은 수감자를 대상으로 같은 약물을 사용해 정신분열을 일으켰다. 후자의 실험에 학생 자원봉사자로 참여한 키지는 너무 좋았던 나머지 신분을 감춘 채 계속 참여했다. 그런데 LSD가 해방감을 준다면 정부

가 감옥과 병원에 가둔 사람들에게 투여한 이유는 무엇일까?

간단히 말하자면 CIA는 무슨 일이 일어나는지 보고 싶었다. MK-울트라는 1953~1973년 CIA가 자금을 지원하고 민간 기관의 계약업체가 북미 전역에서 수행한 하위 프로젝트 183개를 일괄해 칭하는 용어다. 이는 마인드컨트롤 프로그램으로 불리기도 했는데 일부 프로젝트는 적군의 포로를 심문할 때 약물을 사용해 방어 심리를 무너뜨리는 데 초점이 맞춰져 있었기 때문이다. 하지만 프로젝트의 목표는 혈액형 연구부터 소형 거짓말 탐지기 개발까지 다양했고 우리가 알고 있는 건 스탠퍼드에서 진행된 실험 중 극히 일부에 불과하다.

혁신을 위해 프레더릭 터먼을 총장으로 맞은 스탠퍼드는 냉전 시대의 전형적 대학으로 거듭났다. 국방비 및 관련 예산이 밀려들어 학교의 운명이 바뀌었다는 얘기다. 터먼은 외부 자금을 유치할 수 있는 방식으로 스탠퍼드를 운영했고 팔로알토 자체도 이후 수십 년간 국가의 우선순위에 따라 발전 방향이 결정되었다. 산업단지에서 무기 연구가 진행되고 록히드에서 미사일이 제작된 것이다. 하지만 터먼은 공학 분야의 성공이 학교의 다른 분야에서도 재현될 수 있도록 압박을 가했다. 1955년 스탠퍼드는 캠퍼스 내에 재향군인 병원을 짓기 위해 87.5에이커의 부지를 연방정부에 양도했다. 이는 이전 10년의 대부분을 전쟁으로 보낸 국가를 위해 학교가 기부한 것으로 이해할 수도 있지만 외부 지원을 극대화하기 위한 터먼의 셈법이 담겨 있기도 하다. 재향군인회는 환자당 지출이 국립병원보다 두 배 더 많았고 환자들은 학생과 마찬가지로 실험 자원이었다. 냉전 시대에는 새로운 기술이 필요했고 새로운 기술을 개발하려면 실험 대상이 필요했다. CIA는 스탠퍼드 교수진의 MK-울트라 작업에 때로는 행정부의 승인 없이, 심지어 연구원들조차 모르게 수십만 달러를 지원했다.

키지의 첫 약물 투여를 감독한 의사는 레오 홀리스터로 팔로알토 역사에서 중요한 역할을 한 인물이다. 해군의 후원으로 샌프란시스코 재향군인회에서 수련한 뒤 한국전쟁에 파견된 홀리스터는 미국이 전쟁을 이렇게나 많이 치를 거라면 민간에서 활동하기보다 재향군인회에서 경력을 쌓는 게 낫겠다고 판단했다. 멘로파크 재향군인 병원에 내과 전문의로 부임한 이후 1950년대 초, 고혈압 약물을 사용해 정신분열증을 치료하는 획기적 성과를 거두었다. 1959년, 홀리스터는 멘로파크 병원의 의료 책임자이자 정신약리학 분야의 리더로서 CIA가 후원하는 LSD 관련 회의에 참석했다. LSD 복용 후 나타나는 증상이 정신분열증상과 비슷하다는 발표자들의 발언에 홀리스터는 회의적이었다. CIA는 그가 이를 확인해볼 수 있도록 기꺼이 자금을 지원해주었다.

키지가 LSD부터 실로시빈, 메스칼린과 나팔꽃 씨앗에 이르는 모든 약물을 시도해본 게 그래서였다. 키지는 약물 투여에 얼마든지 동의할 수 있었다. 1960년 올림픽까지 출전한 스탠퍼드 학생으로서 신체 조건만큼은 어떤 기준으로도 완벽한 표본이었기 때문이다. 물론, 홀리스터의 모든 환자가 이런 건 아니었다. 홀리스터는 스탠퍼드 캠퍼스에 문을 연 재향군인 병원으로 들어가 연구를 총괄했는데 향후 그 병원에 대해 이렇게 묘사했다. "오늘날의 기준에서는 야만적이기 짝이 없었다. 팔로알토 재향군인 병원에는 1차 세계대전 이후 50년간 단 한 번도 병원을 떠나지 않고 죽을 때까지 머문 환자들이 있었다. 그 수만 해도 천여 명에 달했고 대부분 아주, 아주 조용했다." 장기 복역수나 전쟁포로처럼 긴장증(정신분열의 일종) 환자도 임상실험을 하기에 좋은 대상이었다. 무엇보다 일러바칠 사람이 없으니까.

MK-울트라는 실험들이 워낙 기이하고 방법론적으로 수상한 점이 많아 논란이 됐지만 당시 연방정부가 스탠퍼드에 자금을 지원해 진행한 수많은 연구도 하나같이 비슷했다. 증거가 모두 파기되어 어디까지가 CIA의 불량 프로그램이고 어디서부터가 스탠퍼드의 정규사업인지 확인하는 것도 불가능했다.

하지만 스탠퍼드에서 진행된 가장 끔찍한 정부 실험은 CIA와 전혀 무관했다. 사회심리학자 필립 짐바르도가 1971년 여름 6일간 진행한 이 악명 높은 연구 프로젝트는 스탠퍼드와 긴밀한 해군연구소가 자금을 지원했다. 홀로코스트 이후 사회심리학 분야에서는 규율, 순응과 복종의 심리가 핫이슈로 떠올랐다. 짐바르도는 수감자와 간수의 역학 관계를 연구했기 때문에 팔로알토에서 청년들을 모집하고 조던홀 지하에 작은 감옥을 만들었다. 본인이 감독관을 자처하고 참가자 중 누가 수감자, 혹은 간수가 될지는 동전을 던져 결정했다. 사실감을 극대화하기 위해 팔로알토 경찰이 '수감자'를 집에서 체포해 수갑을 채운 뒤 지하 감옥으로 데려가 간수가 돌보는 상황을 설정했다. 실험의 대부분이 영상으로 기록되어 있어 70년대 캘리포니아 특유의 여유를 자랑하는 청년들의 인터뷰를 직접 볼 수 있다. 일요일 아침, 아무 예고도 없이 급작스럽게 체포된 뒤로는 사뭇 다른 모습이지만 말이다.

감옥에서는 즉시 학대가 시작되었다. 간수들은 수감자를 괴롭히는 게 자신의 임무라는 사실을 깨닫기 무섭게 심리적으로 고통을 줄 방법을 고안해냈다. 이름 대신 번호로 부르기, 강제 팔굽혀펴기, 음식 통제, 수면 방해, 잠자리 보류, 끝없는 반복 훈련, 모의 강간 등 다양했다. 수감자들은 바로 다음날부터 무너지기 시작했다. 그중 한 명이 석방을 요구하자 감독관인 짐바르도는 대신 자신의 정보원이 되는 건 어떠냐고 제안했다. '방문객의 날'에 수감자 부모들이 아들의 몰골이 말이 아니라고 불평하자 짐바르도는 의도적으로 남성의 자존심을 건드렸다. "아드님이 못 해낼 것 같으세요?" 간수들은 수감자에게 행복하다는 내용의 편지를 쓰도록 강요했는데 그게 겨우 수요일이었다. 금요일 아침, 짐바르도의 여자친구인 스탠퍼드 심리학 대학원생 크리스티나 마슬라크는 상황을 목격한 뒤 당장 감옥을 폐쇄하라고 호소했다. 하지만 계획된 일정은 아직 8일이 더 남아 있었다.

추후 짐바르도는 끔찍한 은유에 기대 실험을 회고했다. 2007년, 아부그라이브 교도소 고문 스캔들이 터지고 난 뒤 책을 출간해 이후 관련 재판에서 변호인 측 전문가로 증언하기도 했다. 책 제목은 《루시퍼 이팩트》라고 붙였다. 누군가에게는 조던홀로 걸어들어가는 게 그야말로 지옥이었다. 그는 스탠퍼드 감옥에서 벌어진 일을 '악의 심리학'에 대한 실험으로 여겼다. 하지만 '우연히' 자신의 사무실 지하로 사탄을 소환해 일주일간 그의 계시를 수행한 데 대해 별다른 사과조차 하지 않았다. 오히려 자신의 작은 연극이 얼마나 큰 영향력을 지니게 됐는지 자부심을 가졌고 심지어 루이스 터먼의 뒤를 이어 미국 심리학협회 회장직에 오르는 등 보상까지 받았다. 만약 정황상 악이 일종의 악마가 빙의된 것이라고 생각한다면 호스트를 그리 나쁘게 볼 필요도 없었다. 하지만 짐바르도가 이런 상황 자체를 창조했고 적어도 가담했다는 것을 부인할 수는 없다.

스탠퍼드 감옥 실험의 목표는 장소가 아닌, 인간이라는 종에 대한 교훈을 얻는 것이었지만 팔로알토 청년들의 행동을 일반화하는 건 과학적이라고 할 수 없다. 연극의 서사는 대립에서 기인하는 면이 있었다. 이렇게 훌륭한 대학생들이 얼마나 빨리 괴물이 될 수 있는지 보라는 것이다. 하지만 실험은 조던홀에서 이루어졌다. 국가 입장에서 대학생들은 이미 전쟁에 투입된 필수 국가자원이었고 이는 짐바르도도 마찬가지였다. 수십 년이 지난 지금 돌이켜봐도 상황은 짐바르도가 이해했던 것보다 훨씬 광범위했다. 스탠퍼드 과학자의 주도로 수감자 신세가 된 이들 청년은 캘리포니아 백인 정착민과 정확히 동일한 행동양식을 보여줬다. 심지어 가학성이라는 유용한 도구까지 갖고 있었다.

국방비를 지원받은 한 교수가 급하게 지어진 지하 감옥에서 일부 대학생이 다른 대학생들을 고문하게 만들어놓고 연구하는 모습은 터먼이 이끄는 전후 스탠퍼드에서 나올 수밖에 없는 결과였다. 1,000명의 아주, 아주 조용한 재향군인이 배급받는 건 뭐든 삼켜버리는 병원도, 개인용 컴퓨터도 마찬가지다. 그리고 이 모든 건 냉전이라는 공산주의에 대한 세계적 투쟁의 일환이었다.

Chapter 11

탈식민,
제국을 파괴하는 방법

2차 세계대전 이후 → 한국전쟁과 베트남 전쟁 → 탈식민 지도자

2차 세계대전이 끝날 무렵, 미국은 국제사회에서 우뚝 솟아올랐다. 민주국가들을 승리로 이끌었을 뿐 아니라 자국 영토에 별다른 피해도 입지 않았다. 소련과 유럽이 재건에 몰두하는 사이 미국은 대량살상무기를 축적함으로써 미사일을 장착한 속도로 미래 경제를 향해 나아갔다. 쇼클리의 맨먼스 효율성 방정식과 핵폭탄을 이용해 국력의 질적 도약을 견인했다. 이제 미국은 버튼 하나만 누르면 전 세계에 자신의 권위를 투사할 수 있게 되었고 자국민과 자산을 소모하는 비용은 사상 최저치로 줄였다. 전략 폭격 덕분에 비교적 저렴한 비용으로 승리를 거둘 수 있게 된 만큼 전 세계 어디서든 일어나는 정치적 변화는 미국 내부의 심의대상이 되었다. 자유세계의 수도 워싱턴은 이내 전 세계의 수도로 거듭나 막강한 경계 태세로 지구 전체를 편안한 잠자리로 안내할 것이다.

다만 한 가지 문제가 있었다. 미국의 비전이 현실에서는 작동하지 않았다. 연합군의 승리는 소련이 이끄는 전 세계 좌익 세력의 위상을 높이고 또 강화했다. 1945년 종전 당시 러시아는 다른 어느 나라보다 만신창이가 되고도 전승국으로서 자본주의 미국만큼이나 강력하게 미래를 주장했다. 그리고 서방이 금전적 우위에 있었다면 공산주의 인터내셔널Communist International은 전후 제3세계의 주요 정치이슈인 탈식민지화와 토지개혁에서 더 유리한 고지를 점하고 있었다. 19세기 말 설치된 식민지의 대리 지도자들과 그들에 반대하는 민족해방 운동 간 갈등에 파시즘이 끼어들었다. 양쪽은 대립을 중단하고 전쟁 동맹을 맺었다. 하지만 대중 주권과 경제 민주주의라는 핵심 이슈는 식민 세계 전역에서 아직 해결되지 않았다. 2차 세계대전의 총성이 멈추기 무섭게 반식민 투쟁이 재개되었다.

두 개의 초강대국 소련과 미국은 지구를 반으로 나눠 가졌다. 자본주의와 공산주의 세력은 무너진 제국 독일과 일본(후자는 동아시아의 대부분을 포함하고 있었다)을 중심으로 마치 위도선을 경계로 서로의 꼬리를 쫓는 거대한 개와 여우처럼 국경을 맞대고 있었다. 일부 지역에서는 식민지 관계가 전쟁으로 지나치게 흔들려 회복 자체가 불가능해졌다. 인도는 영국으로부터 독립했고 1947년 파키스탄으로부터 분리 독립한 이후에는 아대륙의 프랑스와 포르투갈 식민지를 통합하기 위해 움직였다. 네덜란드는 국내는 나치에 의해, 동인도는 일본에 의해 폐허가 되었고 천황의 패전으로 해방된 인도네시아의 경우, 수카르노라는 반식민 지도자가 1945년 자유 인도네시아를 선포했다. 수카르노는 20년도 넘게 통치했다. 장개석의 중국 국민당 정부는 내부의 주요 적대세력이었던 공산주의자들과 함께 일본에 맞서 인민전선을 구축했지만 내전이 재개되면서 발목을 잡혔다. 1950년 봄, 공산주의 인민해방군은 약해빠진 정권을 대만으로 완전히 몰아냈다.

자본주의 세력은 장제스와 중국 민족주의자들을 승리로 이끌 만큼 빠르게 후버주의적 세계 공산주의에 대한 이해로 방향을 바꾸지 못했다. 부패하고 허약한 장제스에 대한 마오쩌둥의 시도는 처음에는 미국의 정책에 관한 한 모호한 것으로 보였지만, 소련 편을 들기로 한 마오의 분명한 결정은 미국의 냉전주의자들에게 '중국 패배'를 심각한 트라우마로 만들었다. 갑자기 세계 지도에 대한 그들의 이해가 바뀌었다. 공산주의자들이 아시아에서 진군하고 있었고 자본가들이 단결해 이를 막지 못하면 아시아 대륙 전체가 무너질 수 있었다. 서구를 비롯한 세계 전역에서 공산당 전국망이 생겨났고 프랑스 공산당은 전후 프랑스 최대의 연립정부 파트너로서 대도시 내부의 식민지 투쟁을 약화시켰다. 공산주의자들은 전 세계 반식민 운동을 주도하겠다고 위협했고 미국인은 그 맞은편에 서게 되었다.

다음 발화점은 일본 철수 후 프랑스가 재점령할 계획이었던 프랑스 인도차이나 지역이었다. 민족주의 세력, 특히 공산주의자 호치민이 이끄는 베트민은 이에 반대했다. 일본이 항복하자 호치민은 베트남 독립을 선언했다. 프랑스는 삼색기를 들고 침공했지만 1954년 디엔비엔푸에서 결정적 패배를 당하면서 미국이 그해 전쟁 비용의 80%에 가까운 10억 달러 이상을 부담하게 되었다. 마오쩌둥의 승리는 장제스와 프랑스와의 합의를 배신하고 소련과 함께 베트민에게 물자 및 훈련을 지원하면서 전세를 역전시키는 데 도움이 되었다. 이들의 성공으로 베트남을 공산주의 북부와 자본주의 남부로 임의로 분할하는 일시적인 타협이 이루어졌다. 미국인들이 말하는 베트남 전쟁은 1960년대에 시작됐지만 그 뿌리는 19세기와 유럽 식민지화를 둘러싼 전 세계적인 투쟁에 깊숙이 자리 잡고 있다.

베트남 독립을 위한 베트민의 투쟁을 이 같은 관점에서 이해하면 적어도 베트민이 창립된 1941년으로 거슬러 올라가며 냉전 구도는 미국이 아시아에 군사를 공식 파견한 시점에 따라 일본, 한국과 베트남 순서로 형성된다. 하지만 전후 시기를 합리적으로 이해하기 위해서는 미군 역사를 중심으로 바라보는 시각에서 벗어나야만 한다. 그렇다고 해서 미국이 이야기에서 사라지거나 중요한 역할을 하지 않은 것은 아니지만 서사가 달라지는 것은 사실이다. 칼 요네다와 에르네스토 갈라르자가 발견한 것처럼 미국의 배신은 냉전 세계 질서를 형성했다.

필리핀을 생각해보라. 필리핀 지도자들은 1942년부터 일본 점령에 협력했고 미국은 좌익 소작농 후크Huk(또는 인민)의 저항을 지원했다. 하지만 승전 후 미국은 전 세계 많은 지역에서 그랬던 것처럼 공산주의자가 포함된 연합에 속한 소규모 민주주의 동맹국들에 기회를 주기보다 협력자인 토지 소유 계급을 지지했다. 후크는 일본 국기가 아닌 독립 국기를 휘날리며 착취자들에 대한 투쟁을 계속했다. 독립을 허용할 의향은 있었지만 중요한 미국 자원의 주요 거점으로 남아 있던 영토를 양도할 의향은 없었다. 미국의 새로운 중앙정보국은 이 섬을 '더러운' 반공 전쟁의 전초기지로 삼아 농민들을 공포에 떨게 하고 지도자들을 사라지게 했다. 미국으로부터 자금을 지원받은 필리핀 정부는 자국의 노동자 계급과 수십 년에 걸친 전쟁을 벌였고, 페르디난드 마르코스 정권과 계엄령으로 정점을 찍었다.

한국전쟁 역시 구조적으로 유사한 미국의 배신으로 인한 결과였다. 한국의 반란군은 19세기 말 일본이 한반도에 대한 영향력을 행사하기 시작한 이래로 일본의 영향력에 맞서 싸워왔다. 1930년대 초 일본의 만주 침공과 만주국 꼭두각시 국가 수립으로 저항이 공식화되었다. 일본의 식민지배는 유럽의 식민지배가 다른 나라에서 그랬던 것처럼 한국 국민을 농민과 노동자로 구성된 대규모 계급과 지역 관리자로 구성된 소수의 계급으로 나누었다. 냉전의 이분법적 조직 아래서 두 집단은 한 방향으로만 연대할 수 있었고, 한국의 공산주의자들은 전후에도 국내 협력자 계급에 대한 저항을 계속했다.

한국은 일본, 러시아, 중국의 접경에 위치해 있었기 때문에 한국의 무장 세력은 연습과 훈련의 기회가 많았고, 이들 중 좌파는 반란 단계의 중국 공산당에서 중요한 부분을 차지했다. 이 그룹에는 한국 공산주의자들을 이끌게 된 청년도 포함되었다. 그는 1912년 김성주라는 이름으로 태어나 어린 시절 만주로 이주했다. 민족주의 집안 출신인 김성주는 일제 강점기에 앞서 10대 시절 공산주의 지하조직에 가입했다. 1930년대 게릴라 지도자였던 그는 전 세계의 많은 동지들이 가명을 사용한 것처럼 김일성이라는 가명을 사용했지만, 제국주의 일본이 그의 첫 번째 부인을 찾아 납치하고 살해하는 것을 막지는 못했다. 2차 세계대전 중 그는 자신의 사단을 소련 영토로 이동시켜 적군에 합류하고 훈련을 더 받았다. 러시아와 중국과의 강한 유대 관계, 군사적 리더십에 대한 명성, 동포들 사이에서 대의에 대한 끊임없는 헌신으로 김 주석은 강대국들이 공산주의와 자본주의로 임의로 분할한 한반도 북부를 이끌 적임자로 10년 후 베트남에서 디엔비엔푸 이후 사용한 것과 같은 방식을 택했다. 그리고 하버드와 프린스턴에서 학위를 받고 평생을 미국 영토에서 망명 생활을 하며 한국 독립을 위한 로비에 실패한 연로한 독립운동가 이승만이 남한의 리더가 되었다. 프랑스에서 그랬던 것처럼, 전후 상황은 좌익 빨치산과 온건 망명자들이 주도권을 놓고 경쟁을 벌이는 양상이었다.

동남아시아의 옛 일본 영토를 양분한 인위적인 경계선은 유지될 것으로 예상되지 않았다. 이 민족이 국가 체제 내에서 독립과 자결권을 획득한 바로 그 순간, 즉 국가 체제가 존재하는 한 거부당했던 바로 그 순간에 새로운 외국 세력이 등장했다. 미국인들은 반공주의자들을 모아 힘을 실어주며 영국에 우호적인 망명 저항 지도부(주로 종교적 기독교인)와 현지 지주 협력자 계급 사이의 타협을 중개했다. 예를 들어, 이승만 정권은 일본과 합의하여 대한민국의 권력구조를 완성했다. 한국에서도 베트남에서도 각각이 진영은 모두 자신의 정권 아래 국가를 통일할 계획을 세웠다. 베트남의 경우 민주주의는 남방 블록에게 위험한 게임이었으며, 지도자들과 그 대리인들은 자유세계의 미래를 손바닥 뒤집듯 보여주기 위해 위험을 감수하지 않았다. 베트남에서는 약속된 선거가 치러졌다. 대한민국에서는 이승만 정부의 의회 설치가 미국 점령군에 의해 미리 예정되어 있었다.

동아시아의 토착적인 반식민지 운동의 관점에서 볼 때 냉전은 방향을 바꾸었지만 수십 년에 걸친 갈등 국면을 쇄신하지는 못했다. 이 지역 농민들에게 경제 민주주의는 프롤레타리아화를 피하거나 관리하는 것, 토지 개혁과 진정한 국익을 위한 국가 자원의 국가적 소유에 관한 것이었다. 캘리포니아의 대부분의 농업 파업가들처럼 동아시아의 '공산주의자'들은 더 적은 비용으로 더 많은 것을 얻을 수 있는 방법, 노동자를 착취하는 새로운 방법을 항상 찾아내는 현대 자본가들에 맞서 집단행동을 통해 착취 수준을 낮추기 위해 애쓰는 노동자들이 더 많았다. 필리핀의 후크 반란은 좌익 운동이었지만 모스크바에서 주도한 건 아니었다. 1945년 미군이 상륙할 때까지 자치적인 지역 인민위원회가 통치한 한반도의 제주도도 마찬가지였다. 자본주의 대리 정부는 이들 세력을 공산주의자로 취급하는 수밖에 없었다. 미국인들의 시각이 그랬거니와 경제민주주의자들이 정권을 잡으면 마오쩌둥처럼 소련에 동조하거나 최소한 중립을 지키려는 강력한 유인에 직면할 것이기 때문이었다. 1940년대 후반, 이승만 정권은 제주에서 일어난 시위에 대해 대반란 작전으로 대응했다. 미군 점령군이 지켜보는 가운데 좌익으로 의심되는 수만 명을 사살했다.

트루먼 행정부의 봉쇄 독트린은 후버라이트 적색공포의 관점 뒤에 민주당과 공화당 간의 새로운 냉전적 단결을 의미했다. 노동과 자본의 전쟁에서 프랜시스 퍼킨스와 백악관이 중립을 지켰던 짧고 고르지 못한 시대는 끝났다. 정부는 좌파를 숙청했고 소련 동조자들은 더 이상 선량한 미국인으로 간주되지 않았다. 전 세계의 격렬한 탄원에도 불구하고 연방당국은 존재하지도 않는 핵 음모라는 어설픈 스파이 혐의로 줄리어스와 에델 로젠버그 부부를 사형에 처했다. 검찰은 1950년 초 빌 캠프의 뉴딜 빨갱이 변호사였던 앨거 히스가 러시아에 빌려준 원조에 대해 거짓말을 했다는 이유로 위증죄로 유죄 판결을 내렸다. 적어도 공개적으로는 후버와 같은 인물이 국무부에서 더 이상 환영받지 못했다. 미국은 기업-군사 중심의 리더십을 지향했고, 세계를 하나의 거대한 체스판으로 보았으며, 각국은 그저 처리해야 할 말들로 가득했다. 승승장구하던 미국의 반공 전략은 일본 제국주의의 패전 이후 마침내 돌파구를 마련한 동아시아의 반식민지 운동과 충돌했다. 중국 공산주의 혁명으로 힘의 균형이 바뀌었다. 미국과 유럽 동맹국들은 소련과 중공(중국이 공식적으로 대만으로 망명했기 때문에 미국은 마오쩌둥 정부를 그렇게 불렀다)의 연합군에 맞서 아시아에서 3차 세계대전을 일으킬 준비가 되어 있지 않았다. 1950년 여름, 김일성은 남한 침략을 위해 움직였다.

소련이 붕괴한 이후, 전후 미국 외교정책의 모든 명분이었던 반공주의가 무너졌다. 미국인들이 생각하는 한 미국의 아시아 냉전 개입은 실수나 오산, 집단사고와 같은 심리적 원리의 예시, 또는 보다 근대적인 서구의 군사적 정당화 프레임을 소급 적용한 과열된 '인도주의적 개입'으로 여겨진다. 하지만 이는 다소 약한 설명이며, 반식민지 투쟁을 전후 세계의 중심에 놓으면 미국사를 더 명확하게 이해할 수 있다. 이 모든 글로벌 사건들을 땅과 자유를 위한 제3세계 투쟁과의 관계에서 생각하면 모호하게 남아 있는 연결고리, 대칭, 유추를 쉽게 발견할 수 있다. 당시 전 세계 대부분의 사람들이 미국 역사를 그렇게 이해했기 때문에 이러한 새로운 시각에서 미국의 역사를 다시 생각해볼 가치가 있다. 외국인뿐만이 아니다.

"백인은 지상전에서 다시는 승리할 수 없습니다." 1964년 봄, 말콤 엑스가 선언했다. "전쟁, 승리, 지상전 승리에서 백인의 시대는 끝났습니다. 증명할 수 있냐고요? 그럼요. 지금 이 지구상에서 백인이 관여하는 일에 대해 생각해보세요. 그리고 백인이 이기고 있는 게 있으면 알려주세요. 일부 농부들, 쌀농사를 짓는 그 농부들이 백인을 한국에서 쫓아냈죠, 네, 한국에서 쫓아냈어요. 기껏해야 운동화, 소총과 밥 한 그릇만 가진 농부들이 탱크와 네이팜탄, 그리고 필요한 모든 작전으로 무장한 백인을 압록강 너머로 쫓아낸 겁니다. 왜냐고요? 백인이 지상에서 이길 수 있는 날은 이미 지나갔으니까요." 1968년 구정 대공세(베트남 전쟁 당시 베트남 인민군과 남베트남 민족해방전선이 베트남 공화국, 미국과 그 동맹국 군대에 맞서 1968년 1월 30일 개시한 작전)에서 적 베트남군을 폭격으로 굴복시킬 수 없음을 입증하기 3년 전, 말콤 엑스는 세계 곳곳의 벽에 쓰인 글귀를 보았다. 완전 무방비 상태였던 한국을 무장한 미국 군력이 점령할 수 없었다는 것은 폭격에 의한 통치 방정식에도 문제가 있었음을 알려준다.

더글러스 맥아더와 커티스 르메이 등 강경 반공주의자들은 핵을 사용하지 않고 김 주석과 중국 공산당 후원자들과 싸워 결국 무승부로 전쟁이 끝났기 때문에 이를 미쳤다고 생각했다. 핵 단추 전략은 밀어붙일 의지가 있을 때만 효과가 있는 것이다. 하지만 그 이유는 미국의 화력이나 파괴 의지가 부족해서가 아니었다. 미국은 모든 것을 갖추고 있었고, 이 작전은 한반도를 황폐화시켜 북한의 식량 생산능력을 체계적으로 파괴하는 것이 목표였다. 폭격은 평균적으로 독일과 일본보다 더 심했다. 미국은 북한의 22개 대도시 중 18개 도시 대부분을 파괴했다.

그럼에도 불구하고 북한은 땅굴을 건설하고 침략자들과 계속 싸웠다. 쇼클리의 방정식은 미국 지배의 시대, 즉 전투 비용이 저렴한 시대를 열면서 미국이 전쟁을 가볍게 이기는 것으로 여겨졌지만 한국에서 반식민 세력은 그것이 승리할 수 있는 전략이 아니라는 것을 증명했다. 파시스트 제국주의자들을 물리치기 위해 만들어진 도구로는 대중의 해방운동을 진압할 수 없으며, 값싼 전쟁 같은 것은 존재하지 않음이 증명되었다. 서방은 이러한 교훈을 받아들이는 데 느렸고, 전후 지도자들은, 앞에서 주장한 것처럼, 공포와 흥분에 사로잡혀 전술적 측면에서 기괴하게 막다른 길로 나아갔다.

1950년대와 1960년대를 이해하는 데 있어 자본주의 초강대국의 부상과 미국의 합의 시대보다는 반항적인 반식민지 운동에 초점을 맞추면 모든 번영의 이면에 흐르는 공포의 흐름을 설명하는 데 도움이 된다. 전쟁의 여파가 없는 교외지역이 호황을 누리면서 새롭고 광범위한 백인 미국인 집단이 세계에서 특권적인 지위를 누릴 수 있게 되었다. 그들의 혜택은 지속적인 군사비 지출에 기반을 두고 있었지만 그 모든 군사비 지출은 패배의 가능성과 그에 따른 특권의 소멸을 암시했다. 본질적으로 불안한 입장이었다. 19세기 말 후버와 그의 동료들이 설계한 전 세계적인 인종 분업이 공격을 받자 그들은 백인을 이용해 돈을 벌 수 있었다. 더스트볼 오키스(기후 재앙인 모래폭풍을 피해 캘리포니아를 비롯해 서부지역으로 이동한 이주자) 역시 아메리칸드림의 몫을 찾았지만 나눔에는 관심이 없었다. 좌파 뉴딜 정책 관료에서 전업 개혁가로 변신한 헬렌 호스머는 도로시아 랭에게 유명한 대공황 사진에 담으라고 지시했던 한때 굶주렸던 사람들에 대해 "바로 그 사람들이 2차 세계대전 이후 방위산업에서 일자리를 얻었고 트랙트 하우스와 TV 세트, 자동차를 구입했다고 확신한다"며 "나는 그들이 로널드 레이건 주지사를 당선시킨 지지층의 근간이 되었다고 긍정적으로 생각한다"고 말했다. 그들은 후버의 남부 캘리포니아에 상륙했는데 이 지역은 모순적으로 번영을 꽃피우면서 동시에 불안한 우익 반동의 세계 중심지가 되었다.

탈식민 지도자들이 기존의 재산 분할을 재평가하려는 의지를 보임에 따라 공산주의는 탈식민화와 경제 민주주의, 토지와 자유에 대한 미국의 완곡한 표현이 되었다. 미국 지도자들은 제3세계의 비공산주의 사회민주주의자보다 권위주의적 지도자를 더 선호했고(유럽 동맹국들 사이에서도 마찬가지였지만), 자본주의 초강대국은 대부분의 사람들에게 적으로 여겨졌다. 한때 자본주의의 표어였던 개발은 위협적인 존재가 되었다. 자본가들이 알타 캘리포니아에서 성직자 통치를 파괴하는 방식이나 서인도 제도에서 노예독점과 자유무역을 대립시키는 방식처럼 봉건적 권력관계를 변화시키려는 진보적 경향은 때때로 역전되었고, 미국 주도의 블록은 사제, 지주, 왕, 추장, 남편, 아버지 등 제3세계의 구시대적 권위자를 일관되게 옹호하는 존재로 변모했다. 갑자기 많은 백인 미국인들이 세계 투쟁에 자신들이 이해관계가 있다고 느꼈다. 그들은 한국에서의 무승부뿐만 아니라 1950년대 중반 영국이 압도적으로 우세한 공군력을 사용하고도 패배한 케냐의 영국 식민지 지배에 맞선 마우마우 반란의 승리를 애도했다. 이러한 우려는 현재 대부분의 미국인이 히스테리적인 것으로 인식하는 방식으로 나타났지만(스탠리 큐브릭의 영화 〈스트레인지러브〉에서 예시된 것처럼), 적색공포에 휩싸인 백인들의 우려가 완전히 틀린 것은 아니었다.

이상에 충실하려 했던 공산주의 진영의 미국인들은 한국과 필리핀에서 그랬던 것처럼 국가로부터 고립되고 버림받았다. 산업 노동의 기업 수익 점유율이 그 어느 때보다 높았고, 노동자 자신들조차 이상이 아닌 이해관계를 따질 수밖에 없었다. 앞서 말했듯 AFL이 이끄는 주류 노조는 공격적인 냉전 외교 정책을 지지하고 좌파를 숙청했다.

미국의 전후 국내 갈등을 미국을 우위에 둔 반식민주의 내러티브의 관점에서가 아니라 미국 또한 그 안에 속해 있는 지극히 일부 국가로 치부하고 재구성한다면 역사를 어떻게 볼 수 있을까? 또한 전후 미국의 캠퍼스, 반전, 민권 운동이 서구 자본의 지배에 대항하는 전 세계적 투쟁과 상호 연관되어 있다고 본다면 어떨까? 흑표당(흑인의 권익 보호와 향상을 목표로 했던 미국의 극좌익 성향 단체)이 마오쩌둥의 작은 빨간책을 팔고 알제리에서 훈련을 받은 후 쿠바로 탈출한 이유 등 많은 것들이 이해되기 시작할 것이다. 그리고 대학 캠퍼스의 급진주의자들이 북베트남 국기를 휘날린 이유도 알 수 있다. 그리고 말콤 엑스가 흑인들의 소송을 백악관이 아닌 유엔으로 가져가려 했던 이유도 여기에 있다. 20세기 3/4분기의 미국이라는 국가 주류와는 반대편에 있는 탈식민지화는 국내에서 시작되었다.

1975
PALO

제4부

2000
ALTO

Chapter 12

세계에서 으뜸가는
캘리포니아

실리콘 통조림 공장 → 백인 주택 소유주 → 사방에 새로운 장벽 → 젠슨주의와 미국식 나치즘

"인류를 위해 위대한 걸음을 내디딘 신발의 끈을 묶은 팀의 일원이 되어 영광이었습니다. 빌어먹을 미사일을 만들 때는 그런 기분이 들지 않죠." 1977년 영화 〈폭소 대소동Fun with Dick and Jane〉은 항공우주 엔지니어 딕 하퍼와 그의 상사가 이렇게 달 착륙 이후의 산업을 지탄하는 장면으로 시작된다. "솔직하게 말해도 될까?" 상사가 딕에게 묻는다. "물론이죠" 딕의 답변에 상사가 말한다. "넌 해고야." 비슷한 직업을 찾지 못한 딕은 미국의 계급 피라미드에서 추락하여 사회 안전망의 틈새로 빠져나가고 아내와 함께 거리의 범죄자로 전락한다. 딕은 이전 기업의 현금 뇌물 자금을 거액으로 빼돌린 뒤 복귀에 성공한다. 회사가 차마 손실을 보고할 수 없어 딕을 다시 경영진으로 고용한 것이다. 20세기의 마지막 분기, 캘리포니아 경제는 한 가지 규칙을 따랐다. 자르거나 잘리거나. 앞서 나가거나 뒤처지거나. 이득을 취할 수 있는 유일한 방법은 딕이 되는 것뿐이었다.[1]

베트남 민족해방군의 패배 이후 대도시들이 군사 케인즈주의의 붕괴로

---

1 〈폭소 대소동〉은 과학 데이터 시스템으로 유명한 막스 팔레브스키가 자금을 댄 파라마운트 영화였다. 영화에는 주인공이 태평양 전화국 지점을 터는 장면이 등장하는데 이때 다른 고객이 직원들에게 "컴퓨터를 쏴요!"라고 소리친다.

어려움을 겪는 동안 실리콘밸리는 자신의 입지를 공고하게 다졌다. 공산품 산업은 특히 미국이 제공하는 (값비싼) 안보 장벽에 둘러싸여 국가산업정책을 실시하는 일본 및 독일과 새로운 경쟁을 벌여야 했다. 냉전으로 인해 군비지출이 커지고 국내의 사회복지 확대 요구도 높아지면서 정부부채 역시 급증했다. 1975년 10월, 뉴욕시는 거의 디폴트 상태에 빠졌으나 교사노조가 퇴직연금 관련 합의에 도달하면서 구사일생했다. 이러한 상황은 지리학자 데이비드 하비가 '70년대의 해결책'이라고 명명한 상황으로 이어졌다. 국내외에서 봉기가 잇따른 이후, '실업, 탈산업화, 이민, 오프쇼어링 및 각종 기술적, 조직적 변화(가령 하청)'가 일어나면서 고용주가 노동자들에 대한 고삐를 더 바싹 조일 수 있게 된 것이다. 기업이나 지자체들은 하나같이 노동자 혜택을 줄여 수지타산을 맞췄다. 자본가들이 고안한 이 노동문제 해결책은 팔로알토에 특히 제격이었다. 이 마을의 자산은 또다시 이 나라 노동자 계급의 웰빙과는 반비례해 증가했다.

  하비의 목록에 있는 두 가지 전략, 즉 이민과 오프쇼어링은 언뜻 서로 모순되는 것처럼 보인다. 이 지역 기업들이 생산을 해외로 이전한다면 이민자들은 왜 일자리를 찾아 이 도시로 오는 것일까? 하지만 이는 동전의 양면과도 같다. 두 경우 모두 기업들은 생활수준의 지역적 격차를 이용했다. 전자 제조업체들은 국내외를 불문하고 임금을 깎는 데 혈안이 되어 있었다. 외국에 조립라인을 새로 건설하는가 하면 국내에서는 1세대 실리콘칩을 조립한 여성 대신 이민자들을 고용할 수 있었다(전자부품 제조는 크게 커다란 패널에서 개별 칩을 잘라내는 작업 및 다양한 도핑, 에칭과 베이킹 절차를 포함하는 제조, 그리고 작은 부품을 회로로 연결하고 완제품으로 포장하는 조립의 두 가지 공정으로 나뉜다. 전자는 실험실의 '클린룸'에서 수행되므로 해외 이전에 적합하지 않은 반면, 후자는 전통 조립라인에서 이루어진다. 제조는 여러 종류의 유해 화합물을 포함하는 화학공학 공정이며, 관련 부품은 매우 취약하고 아주 작은 잔류물질에도 영향을 받기 때문에 독한 용매로 계속 세척해줘야 한다).

미국의 반도체 제조사들은 전 세계 여성인력을 채용해 일본을 따라잡았다. 기업들은 제조작업의 대부분을 멕시코, 한국, 싱가포르, 말레이시아, 태국으로 아웃소싱하고 현지 생산 인력도 베트남과 필리핀 여성으로 채웠다. 국내 고용주들은 인종 간에 과학적 차이가 있다는 근거 없는 믿음을 갖고 있었다. 아시아계 여성이 혁명적 선동에 취약한 멕시코계 여성보다 임금 투쟁에 동참할 확률이 낮다고 믿었다. 한 관리자는 반도체 생산직의 자격 요건을 '체구가 작은 외국인 여성'이라고 설명했다. 베이 지역의 이민 여성 중 멕시코와 중앙아메리카 출신은 '외국인'에 해당하지 않아 보장 권리가 적은 가사 서비스직으로 밀려났다. 1차 세계대전과 2차 세계대전 사이 기간 동안 재배업자들을 배불린 인종, 성별, 민족, 국적과 이민 신분에 따른 공식, 비공식 노동 차별은 다른 지역이 경제 침체에 빠졌을 때도 실리콘밸리의 수익을 높이고 베이 지역의 지속적 성장을 일으키는 핵심 자원이 되었다.

공산주의 북베트남이 남베트남과 미 동맹국들을 패배로 몰아넣은 뒤 베트남 난민 수십만 명이 캘리포니아로 피신했고 이후 계속해서 이민자가 밀려들었다. 당시 전자제품 생산 붐이 일던 산타클라라 카운티, 그중에서도 산호세 지역이 주도적으로 난민을 받아들였다. 이들 노동자는 기술이 뛰어나고 정치적으로 보수성향이 강하며 절망적 상황에 놓여 있어, 고용주들의 구미에 딱 맞았다. 1984년 무렵, 휴렛팩커드가 고용한 베트남 이주 노동자 수는 4,000명에 달했는데 기업 간부들, 그리고 국방부 오른팔이던 데이비드 팩커드에게는 자랑스러운 성과였다.

미국이 남베트남을 상대로 승리를 거뒀다면 HP는 분명 일부 생산시설을 미국으로 옮겼을 것이다. 하지만 그렇지 못했더라도 팩커드는 저임금 노동자들을 확보할 수 있었다. 사우스베이 지역이 오늘날까지 미국 최대의 베트남 이민자 밀집 지역을 유지하고 있는 것은 우연이 아니다. 난민들이 임금 때문에 실리콘밸리로 밀려든 것처럼 기업들 역시 임금 때문에 이들을 고용할 준비가 되어 있었다.[2] 전쟁 지출은 캘리포니아 생산업체에 연구개발 자금을 지원하고 아시아계 노동자들을 대거 끌어들여 민간 전자산업의 도약을 이끌었다.

생산직이 다른 지역에서는 자취를 감춘 것과 달리 베이 지역에서는 늘었지만 전자산업은 일반적인 다른 산업에 비해 생산직 노동자 수가 훨씬 적었다. 1970년대에는 기계화로 인해 반도체 부문 생산직 노동자가 절반으로 줄어든 반면, 관리자, 엔지니어, 마케팅 담당자 비율은 상대적으로 높아졌다. 기업들은 이분화된 노동 모형을 채택해 생산직 임금을 미국 평균보다 20% 낮게 유지했는데 이에 비해 전자산업 전문직들은 다른 직종보다 수입이 훨씬 높았다. 이번에도 우연이라고 할 수는 없는 것이 기업들이 임금을 통제하는 관리자들에게 따로 보상을 제공했기 때문이다.

다른 노동자들에게 돈을 주지 않기 위해 일부 노동자에게 돈을 주는 건 얼핏 이상해 보이지만 기업들은 스톡옵션과 보조금을 활용해 전문직 노동자와 고용주의 이해관계를 일치시킬 수 있었다. 그 결과, 높은 가치의 엔지니어들에게는 온정적 분위기를 제공하는 한편, 총 임금은 낮게 유지해 가격이 떨어지는 와중에도 두 자릿수 이윤을 창출했다.[3] 반도체 제조업체들은 판매에도 비슷한 이분화 모형을 적용해 독점생산하는 맞춤 제품에는 높은 가격을 매기고 대량생산하는 다른 제품들은 싼값에 내놔 경쟁우위를 점

---

2 베트남 출신 거주자들은 로스앤젤레스-롱비치-애너하임으로 이어지는 메트로폴리탄 지역에서 1.9%로 압도적 다수를 차지하지만 면적이 더 좁은 산호세-서니베일-산타클라라 지역에서는 전체 인구의 5%를 구성한다. Laura Harjanto and Jeanne Batalova, *"Vietnamese Immigrants in the United States,"* Migration Policy Institute, October 15, 2021, Table 1, https://www.migrationpolicy.org/article/vietnamese-immigrants-united-states.

3 1994년 마이클 크라이튼의 동명 소설을 원작으로 한 기술산업 스릴러 영화 〈폭로〉에서 마이클 더글러스는 제조업체 '디지콤'의 간부로 등장한다. 자신이 해고될 수 있다는 소식을 접한 그는 안부를 걱정하는 상사에게 씩씩하게 대답한다. "네, 제 걱정은 안 하셔도 돼요. 저는 주주니까 회사에 좋은 게 좋죠."

했다. 투자자들이 10% 이상 치솟는 인플레이션을 방어할 방법을 찾으면서 외국자본이 미국, 특히 산타클라라 카운티에 쏟아져 들어왔다. 인플레이션의 가파른 상승률을 능가해 성장할 지역산업이 있다면 바로 캘리포니아의 전자산업이었다.

실리콘밸리에 도박을 거는 건 미래에 도박을 거는 것이었으며 '70년대의 해결책' 이후 미래는 인건비 하락을 의미했다. 1970년대 초부터 미국 취업자 대비 노조원 수는 급격히 감소하기 시작했고 팔로알토는 이 같은 추세를 주도했다. 산업 대도시들이 대표적 노조들과 전쟁을 벌이는 동안 노동 적대적인 이 교외 도시는 공장에 노조가 아예 발붙일 수 없도록 만들어 생산 임금을 낮게 유지했다. 대기업 노조는 1930년대의 농업투쟁 당시와 같은 이유로 반도체 산업의 저임금, 다국어 이민 여성을 조직에 적극적으로 끌어들이지 않았고, 전문직 노동자들의 경우에는 워낙 보수가 높고 자신의 일에 자부심도 커 아예 관심을 갖지 않았다.

스탠퍼드 졸업생 에이미 뉴웰이 노동정치에 뛰어든 건 핏줄에 새겨져 있는 거나 마찬가지였다. 1940년대에 그녀의 아버지 찰스 뉴웰은 피츠버그 웨스팅하우스 공장에서 전미전기노동조합UE의 사업 관리자로 좌파 노조를 이끌었고, 어머니 루스는 실바니아 공장의 노조결성에 기여했다. FBI의 악명 높은 스파이 매튜 크베틱이 1953년 상원 법사위원회 청문회에서 아버지를 공산당원으로 지목하면서 그녀의 가족은 캘리포니아 왓슨빌로 이주했다. 뉴웰은 스탠퍼드 재학 중 캠퍼스 반전 운동이 무력시위로 바뀌는 걸 목격하고 1969년 졸업한 뒤 버팔로 뉴욕 주립 대학 박사과정에 등록했다. 1972년, 부모님 댁을 방문했다 반도체 노조 결성 준비가 한창인 걸 보고 자신이 도움이 될 수 있다고 판단했다. 남자친구를 설득해 함께 대학원을 그만두고 사우스베이로 이주해 취업한 뒤 동료직원들의 노조 가입을 유도하는 '솔츠'로 일하기 시작했다. UE가 서니베일에서 퇴출되고, 태프트-하틀리 법(고용주가 노조 활동을 제한하고 단결권에 저항할 수 있도록 권리를 보장한 미국 노사관계법)으로 공산주의자들이 공식 노동운동에서 배제된 지 몇 십 년이 지나 빨갱이가 다시 돌아온 것이다. 공식 노동운동에서 공산주의자를 숙청하고 UE가 서니베일에서 쫓겨난 지 수십 년이 지난 후, 빨갱이들이 다시 돌아왔다. 뉴웰은 재직 중이던 실리코닉스에서 다른 반도체 노동자들을 선동하는가 하면 내셔널 세미컨덕터, 실텍, 페어차일드, 세미메탈 등의 기업에서도 공장단위로 조직을 꾸리기 시작했다.

이후 뉴웰은 UE 전자조직위원회를 이끌며 수많은 제조공장에서 노조원을 500명도 넘게 확보하고 영어, 스페인어, 타갈로그어로 된 뉴스레터를 발행했다. 뉴웰은 주로 대형공장을 겨냥해 조직활동을 펼친 것을 두고 "그들이야말로 자본투자를 싹쓸이하는 대어들이고 우리는 곧장 심장을 공략하고 싶었기 때문"이라고 말했다. 이들 민중세력은 UE 중앙지부와 논의하기도 했지만 대개는 자신만의 힘으로 앞날을 개척했다. 사우스베이 지역반도체노조는 수많은 어려움에 직면해 있었는데 특히 전미노조의 지원을 충분히 받지 못하는 게 대표적이었다. 노동자들이 다국어를 구사하는 것도 문제였고, 10년만 지나도 구식이 되어버리는 생산시스템을 교체해야 하다 보니 공장이 이사 갈 확률도 높고 그만큼 이직률이 높은 것도 골치였다. 반도체산업 자체가 워낙 빠르게 성장하다 보니 직원들이 고용주 못지않은 대우를 기대하는 것도 마찬가지다. 전반적으로 미국 노조원으로 살아가기 힘든 시대였는데 실제 1970~1980년대 사이, 캘리포니아 노동자 중 노조원의 비율은 36%에서 22%로 40%가량 줄었다.

그중에서도 가장 큰 난관은 뛰어난 조직력을 자랑하는 고용주들로, 이들은 노조에 대한 정보를 서로 공유하는가 하면, 팩커드가 설립한 미국전자협회AeA(혹은 서부전자제조업체협회)의 울타리 안에서 비용을 분담하며 반노조 캠페인을 벌였다. 이전에 농민연합이 그랬던 것처럼 말이다. 1968년, (암펙스를 포함한) 세 개 기업의 노동자 5,000여 명이 파업을 일주일이나 지속하고 나자 경쟁업체들이 겁을 먹고 단합하기에 이르렀다. 빠르게 변화하는 반도체산업에서 그 정도 방해는 감당할 수 없었던 것이다. 해외 이전과 실직의 위협은 노동자들을 결집시키기 좋은 이슈였지만 고용주 입장에서는 비장의 카드이기도 했다. 실제로 비디오게임 제조업체 아타리는 1983년, 유리조립 노동자들이 여러 사업장에서 끝내 선거를 진행할 것처럼 보이자 이 카드를 휘둘렀다.

회사는 노동자들과 협상하는 대신, 1,700명을 해고하고 실리콘밸리의 공장 세 곳 중 두 곳을 폐쇄한 뒤 생산시설을 홍콩과 타이완으로 이전했다. 유리조립 노동자들은 당연히 아타리의 국내 생산노동자들을 노조에 끌어들이기 어렵다는 사실을 깨달았고, 뉴웰을 비롯한 이들의 노력에도 UE는 번번이 조직화에 실패했다. 그리고 이는 인텔의 트럭 운전자 등 다른 전미노조도 마찬가지였다. 1994년, 학자 애너리 색스니언은 실리콘밸리와 매사추세츠의 기술산업을 비교한 자신의 연구에서 앞선 20여 년이 낳은 현실을 이렇게 설명했다. "베이 지역 4개 카운티에 있는 노조원 20만 명 중 첨단기술산업에 종사하는 이는 사실상 전무하다. 지난 20년간 노조가 생긴 첨단기술기업은 단 한 곳도 없으며 결성 시도가 이루어진 횟수도 10회가 채 안된다." 노동자들에 가혹했던 만큼 반대로 고용주들에게는 이보다 더 좋을 수 없는 시대였다.

사우스베이에는 전통 노조연맹이 많지 않았기 때문에 노조 간부들은 다른 경로를 택했다. 실리콘밸리는 초기 설계로 인해 교외지역의 외관을 갖고 있지만 실제로는 엄청난 환경오염을 일으킨다. 산업재해 비율만 해도 일반 생산업의 두 배에 이르는데 독성이 있는 화학물질을 워낙 흔하게 사용하기 때문이다. 지역의 진보운동가들과 환경정의연합을 이끄는 노조 간부들은 AeA를 도발하는 일 없이 친노정책을 추진할 수 있었다. 로빈 베이

커, 아만다 호즈와 팻 램본이라는 세 여성의 주도로 산타클라라 산업안전보건센터가 설립되었는데 이중 생산 노동자는 한 명뿐이었다.

이들은 환경오염이 미국 가정에 미치는 영향에 대한 우려가 전국적으로 만연한 데 착안해 더욱 안전한 노동관행을 정착시키기 위한 로비를 펼쳤다. 호즈는 독성이 있는 반도체 세척 용매 트리클로로에틸렌을 금지하기 위한 캠페인에 대해 이렇게 적었다. "이 캠페인은 시작된 이유도, 초점도 노동자에 있었다." 이들은 노동자와 환경보호운동가는 대척점에 있다는 고정관념에 맞서 "노동자들이 직면한 위험이 우선적으로 해결되지 않으면 우리가 모두 그 피해를 입게 될 것"이라는 메시지를 전파하고자 했다. 이 같은 논조는 "전 세계의 노동자들이여, 단결하라!"는 구호보다 훨씬 안전하고 설득력 있었다. 무엇보다 노동자의 대다수가 엔지니어, 주택소유주, 혹은 부모인 상황에서는 더욱 그랬다. 산업안전보건센터와 거기서 파생된 수많은 단체는 반도체 생산업체들에 환경오염 책임을 묻는 데 성공했지만 막강한 노동자 권력을 구축하는 것은 태생적으로 불가능했다.

미국 자본가들이 노조를 워낙 두려워하다 보니 전미자동차노조는 뜻밖의 구세주에게 신세를 지게 됐는데 다름 아닌 토요타였다. 당시 일본 기업들은 미국 제조업체를 앞지름으로써 '미국인의 일자리'를 빼앗아가는 걸로 악명이 높았다. 이렇게 일본이 효율성 면에서 미국을 추월해가자 캘리포니아의 백인들은 또 한 번 분노와 시기심에 휩싸였다. 자동차 제조는 특히 민감한 분야였다. 한때는 미국의 힘, 독창성과 중산층의 좋은 일자리를 대표했지만 이제는 전 국민의 불만을 사는 존재로 전락했다. 1982년, 제너럴모터스는 캘리포니아 프리몬트 공장을 폐쇄했는데 이곳은 1978년에만 해도 노동자가 6,800명에 달했지만 폐쇄 당시에는 3,000명까지 줄어 있었다.

당시 GM공장은 사기가 바닥을 쳐서 그중 한 명은 심지어 이렇게 회상했다. "나는 누군가 단조로움을 깨기 위해 지게차로 벽을 뚫는다고 해도 전혀 신경쓰지 않았다. 그리고 실제로 우리는 그렇게 하기도 했다." 2년 후인 1984 년, 토요타는 GM과 함께 뉴 유나이티드 모터스 매뉴팩처링, 즉 누미NUMMI 라는 이름으로 공장을 인수하기로 합의했다. 일본 자동차 제조업체가 전미 자동차노조의 노조원들을 고용한다는 발상은 일자리와 국제 경쟁에 대한 통념에 정면으로 위배되는 것이었지만 누미는 GM에서 해고된 시간제 노 동자 대다수를 고용하는 데 합의했다. 심지어 이들이 파괴 행위를 일삼은 전적이 있었는데도 말이다.

처음에 누미 공장은 세계적인 성공 사례였다. 전미자동차노조의 노조원 들을 고용한다는 발상은 일자리와 국제 경쟁에 대한 통념에 정면으로 위배 되는 것이었지만 누미는 GM에서 해고된 시간제 노동자 대다수를 고용하 는 데 합의했다. 심지어 이들이 파괴 행위를 일삼은 전적이 있었는데도 말 이다. '해고 금지' 정책은 모두를 안심시켰고, '지속적 개선'이라는 원칙은 직원들로 하여금 효율성 향상에 기여하도록 유도했다. GM의 분위기가 숨 막혔던 데 비해 누미는 노동자들을 생각하는 사람으로 존중해주었는데 이 정책이 주효했다. 그것은 이념적 도약이었다.

누미의 생산 시스템은 표준화와 자율성 사이의 이분법을 뛰어넘었다. 공장 노동자들은 요구해온 대로 자신의 두뇌를 사용할 여지를 얻었지만 그 것도 균일생산이라는 틀 안에서만 허용되는 일이었다. 비즈니스 분석가들 은 노조 프로젝트에서는 보기 드문 해법에 찬사를 보냈다. 1993년, 폴 아들 러는 〈하버드 비즈니스 리뷰〉에 발표한 사례 연구를 통해 "반복 공정의 효 율성과 품질을 향상시키는 데는 테일러주의적 시간 동작 원칙, 그리고 형 식적 관료주의 구조가 필수다. 하지만 조직의 이 같은 구조와 원칙이 반드 시 경직성과 소외로 이어질 필요는 없다"라고 밝히며 누미의 공장에 찬사 를 보냈다. "누미는 테일러(프레더릭 윈즐로 테일러는 20세기에 들어설 무렵 생산 조직에 대한 과학적 관리법을 창안한 인물)라는 악당을 넘어 진정한 학습 지향적 관료제를 설계하는 길을 제시했다." 이에 교훈을 얻은 GM은 토요타 시스템을 차용해 그들만의 '글로벌 생산 시스템'을 발전시켰다. 동서양의 접점을 찾은 베이 지역은 미국식 생산노조의 새 시대를 열 수도 있었다.

하지만 현실은 그렇지 않았다. GM은 2008년 금융위기 이후 파산 구조조정의 일환으로 누미에서 철수했고 토요타는 2010년에 문을 닫았다. 이같은 회사의 결정에 대해 〈뉴욕타임스〉 칼럼니스트 밥 허버트는 "여기서 중요한 건 노동자와 지역사회에 대한 기업의 배신이다. 그로 인해 지난 수십 년간 수많은 사람들의 인생은 물론, 경제의 장기전망 또한 완전히 망가졌다"고 적었다. 하지만 위기에 처한 건 베이 지역의 경제만이 아니었다.

하얀 반란

1970년대의 해결책은 적어도 백인 정착민들에게는 그 많은 채찍 속 몇 개의 당근이 없었다면 캘리포니아에서 불가능했을 것이다. 주택과 주식의 가치 상승이라는 형태의 자산 소유는 부를 향한 대안 경로였으며 토지를 소유하게 되는 건 정착민들의 특기였다. 백인 노동계층 주택 소유주들은 노동 계층의 일원으로서가 아니라 백인으로서, 주택 소유주로서 정체성을 드러내기 시작했는데 그 이유가 없는 건 아니었다. 인적자본이 빠르게 감가상각된다면 집값은 급등했다. 산타클라라 카운티의 주택가격 지수는 1975년과 1990년 사이에 2.5배나 상승했다. 주택 소유와 함께 캘리포니아 공립학교 시스템에서 미래의 전문 노동자들을 교육할 수 있는 자리도 보장되었다.

미국사회는 계속해서 양분되었고 강력한 노동운동이 뒷받침되지 않은 상황에서 사람들은 자신의 가족을 올바른 편으로 이끌기 위해 노력해야 했다. 이러한 환경에서 이민자 그룹의 지속적인 동화는 백인 주택 소유주에게 심각한 위협이 되었다. 그들은 비백인들이 인근으로 이주하여 집값을 떨어뜨리고, 그들의 자녀들이 백인의 세금으로 지원되는 공공 프로그램을 이용하고 결국 백인 자녀들과 미래의 이점을 놓고 경쟁하게 될 것을 두려워했다. 기회의 균등은 이론적으로는 좋게 들리지만 사실상 임금에 대한 공격은 돌아갈 이가 별로 없다는 걸 의미했다. 백인 정착민에게 평등은 곧 일보후퇴였다.

1963년 캘리포니아주의회는 흑인 자유를 위한 운동의 도덕적 호소와 분리된 흑인 슬럼가가 폭력으로 분출될 수 있다는 두려움에 힘입어 럼퍼드 공정주택법을 통과시켰다. 법은 판매자가 백인이 아닌 잠재적 구매자를 배제하는 제한적 계약을 금지했다. 이는 많은 백인 주택 소유주에게는 매력적이지 않았지만 부동산 중개업자들에게는 견딜 수 없는 일이었다. 업계는 피부색 특권이 집중되고 통합된 백인 독점지역과 더 적은 비용을 지불하고도 같은 가치를 기대할 수 없는 비백인 배제지역 모두에서 높은 부동산 가치를 유지하기 위해 차별을 이용했다. 개인 판매자는 백인이 아닌 구매자로부터 집값을 더 많이 받을 수 있었기 때문에 소수계 소유주가 가격을 낮춘다는 주장을 약화시킬 수 있었지만 이러한 경계에서 협력함으로써 에이전트들은 백인 카르텔을 통해 이익을 얻었다. 공정한 주택은 더 저렴한 주택을 의미한다고 생각했다. 1964년 3월, 캘리포니아부동산협회CREA의 이사들은 팔로알토에서 가장 고급스러운 호텔인 카바나에 모여 발의 절차를 통해 풀뿌리 차원에서 공정 주택을 위해 싸우겠다는 의지를 밝혔다. NAACP와 CORE는 호텔 밖 엘 카미노에서 500명 이상의 질서 정연한 시위를 조직했다.

발의안14는 분리찬성계획이 투표용지에 등장하면서 주택 소유자가 원하는 사람에게 주택을 판매할 수 있는 권리에 대한 질문의 틀을 잡았다. 실제로 이 법안은 CREA가 주 전역에 걸쳐 분리 기준을 계속 설정할 수 있는 권한을 부여했다. 엄밀히 말하면 인종 중립적인 표현이었지만 서부 해안에서 인종차별의 길을 걸어온 백인시민위원회와 존 버치 소사이어티와 같은 전국적인 증오 단체의 분명한 결집의 외침이었다. 이 발의안은 캘리포니아주 헌법을 변경하여 럼퍼드법을 무효화할 뿐만 아니라 향후 주 의회나 지방 정부가 유사한 조치를 취하지 못하도록 하자는 것이었다. 이 발의안은 캘리포니아의 모든 곳에서 공정 주택을 영원히 금지했다. 이 주민투표는 찬반을 떠나 명백하고도 단순한 인종차별이었다. 이 발의안은 큰 표 차이로 통과했다. 비백인 노동계급 인구가 많은 산호세에 위치한 산타클라라 카운티에서도 발의안14를 승인했다. 럼퍼드법은 1963년 여름에 발효되었고 1964년 선거까지 캘리포니아의 극우 부동산 커뮤니티는 입법부를 영구적으로 무력화하는 캠페인을 성공적으로 수행했다. 이는 주 차원에서 신속하게 대응하는 집단적 자기방어 조직화를 위해 부동산 보유자가 나선 훌륭한 사례였으며 현재까지도 반동 정치의 모델이 되고 있다. 백인의 거부권이라고 할 수 있다.

법원은 몇 년 만에 발의안14를 무효화했지만, 자본가들이 백인 유권자들을 인디언 사냥을 위해 민병대에 돈을 지불한 이래 서부 정착의 일부였던 시민 경계주의에 동원하면서 발의안 제도는 캘리포니아에서 급진 우파의 표준도구로 바뀌었다. 20세기 마지막 분기에 백인은 새로운 방식으로 주택가치와 얽혀 있었지만, 캘리포니아의 꿈은 항상 인종적 배제와 지배를 전제로 한 토지투기에 관한 것이었다. 상대적으로 포퓰리즘적인 이 부의 축적방식은 기업이 사회에 대한 책임을 줄이면서 이윤을 늘리기 위해 경쟁할 때 안전판을 제공했다. 확장하는 교외지역은 산업 일자리를 유치하기 위해 사업 세율을 낮췄고, 빠르게 성장하는 교외지역뿐 아니라 자본이 정반대의 속도로 내다버린 도시지역 모두에서 개인에게 국가의 세금 부담이 전가되었다. 일부 주택 소유주에게 이것은 그야말로 완벽한 폭풍이었다.

주정부는 그들의 집을 치솟는 금액으로 평가했으며 그 사이 판매세와 소득세 역시 올랐다. 높은 인플레이션으로 인해 소비력이 약화되었다. 부동산 평가액이 고정소득보다 높아지면서 세금을 물게 될 위기에 처한 고령의 주택 소유자들에 대한 동정심이 특히 커졌다. 좌파는 기업이 공정한 몫을 내야 한다고 주장했지만 우파는 다른 대안을 제시했다. 누구도 그래선 안 된다는 것이다. 1978년 캘리포니아는 발의안13을 지금은 사라진 발의안14와 거의 동일한 표차로 통과시켰다. 발의안13은 재산세 제도를 변경하여 부동산이 매각될 때까지 1976년 수준(물가 상승률에 연간 2%를 더한 최대치)으로 세금을 고정하고 세금을 해당 부동산 가치의 1%로 상한을 두었다. 발의안14를 둘러싼 논의와 마찬가지로 발의안13을 둘러싼 수사는 개인 주택 소유자에 대한 공정성 측면에서 문제를 제기했지만 그 혜택은 조직화된 자본가들에게 불균형적으로 돌아갔다. 발의안13에서 규정하는 구제책의 60% 이상이 임대인과 기업에게 돌아갔다. 3대 1의 차이로 찬성표를 던진 프리몬트에서는 이 법안으로 GM의 공장에 대한 연간 지방세 청구서가 380만 달러에서 110만 달러로 줄어들어 공공 서비스로 유입되지 않는 수백만 달러를 절약했다.

캘리포니아의 백인 주택 소유주들은 시민의 경계심을 바탕으로 1965년부터 1975년까지 10년간 전 세계 노동자 계급의 봉기를 물리치기 위해 조직화된 자본과 힘을 합쳤다. 비즈니스 커뮤니티의 속임수와 세일즈맨십이 어느 정도 개입되었지만 주택 소유주들은 표의 가치를 얻었다. 역사학자 마이크 데이비스는 "발의안13의 명시적 약속은 평가를 철회하고 주택 소유주가 자본 이득을 챙길 수 있도록 하겠다는 뜻과 함께 도심 인구의 교외지역 침입을 막겠다는 암묵적 약속을 동반했다"고 적었다. 캘리포니아 주택 소유주들은 이전 시대를 특징지었던 임금-가격 인플레이션에서 자산 상승으로 가치 창출의 국제적 전환의 선두에 서 있었다. 임금이 하락했고 소비자 물가도 하락했는데 집값은? 집값은 상승했다.

이 새로운 가치가 발의안13에 의해 과세 대상에서 제외되면서 캘리포니아주에 존재했던 사회민주주의적 야망은 어떠한 비용도 없이 시들어 버렸다. 공동의 냄비는 증발했고, 주택 소유주들이 교외에 스스로를 봉쇄하면서 공공 서비스는 악화되었다. 시민 자경단은 백인들의 불만이 노동자 계급의 요구가 아닌 인종과 재산에 따른 불만으로 표출되도록 하기 위해 노력했다. 1960년대와 1970년대에 전 세계 노동자 계급에 대한 미국의 보복 중 하나는 치카노 노동에 대한 범죄화였다.

연방 이민 수배자 중 멕시코인은 1965년 절반에서 1985년 94%로 증가해 영국인의 상상 속에서 두 인종이 동일시되었다. 자산가들의 재산이 증가하면서 계약, 조경, 청소 및 기타 가사 업무에서 단순노동 수요가 증가했다. 이러한 노동자들은 장부 외 현금으로 임금을 받을 수 있어 세금을 탈루할 수 있는 또 다른 방법이었고 이민 당국이 이들을 추적하는 상황에서 학대를 당해도 의지할 곳이 거의 없었다. 멕시코 노동자들이 농업 및 산업 노동에 의존하지 않는 앵글로와 접촉이 증가하면서 백인혐오 공격이 증가했고 자경단은 주 정부에 국경의 군사화를 촉구했다.

정규 앵글로 자경단이 주먹과 소총으로 멕시코인을 공격하는 동안 시민 자경단은 법을 계속 사용했다. 1986년 유권자들은 영어를 주 공용어로 공식 지정하는 발의안63을 통과시켰는데 이는 특히 스페인어 사용자들이 공공 편의시설을 이용할 자격이 없다는 것을 암시함으로써 이들을 소외시키려는 노골적인 시도였다. 1994년 발의안187은 주정부가 시민권 데이터베이스를 유지하여 유효한 서류가 없는 주민이 학교와 응급실 등 서비스 현장에서 공공혜택을 받지 못하도록 하는 내용을 명시적으로 규정했다. 이는 어린이, 병자, 부상자 등 가장 취약한 계층에 대한 공격이었으며 동화의 길은커녕 사회구성원으로서의 자격을 박탈하는 행위였다. 이 법안은 통과되었고 법원은 미국 기준으로도 인종차별이 너무 극심했던 주 내 앵글로인구에 대한 통제를 다시 시작해야 했다.

20세기 4분기 내내 이러한 반동적인 국민투표는 주에서 가장 부유한 슈퍼다수파에 반대하는 것을 꺼려 했던 민주당원들을 겁에 질리게 했다. 교외지역 주민들은 세율과 지출을 조정하여 빈곤층을 고립시키고 공공자금에 대한 접근을 차단했다. 지리학자 루스 윌슨 길모어가 지적했듯 캘리포니아의 유권자들은 1970년대 후반과 80년대 내내 분리된 지역사회에 돈이 머무는 한 세금인상에 기꺼이 동의했다. 발의안13로 주택 소유는 쉬워지고 구입은 어려워졌다. 그러면서 주택 소유자들은 사실상 영구적으로 주거 분리를 통해 인종과 계급을 대신하여 커뮤니티를 사용할 수 있게 되었고 그 반대의 경우도 마찬가지였다. 부유층은 교육수준이 향상되었지만 빈곤층은 오히려 악화되었다. 주 아동 빈곤율은 상승했다. 분리는 1970년대 위기에 대한 만능해결책이었으며 이는 국내외에서 공산주의의 패배, 뉴딜 사회민주주의 프로그램의 패배, 민권운동의 패배, 조직된 노동 전반의 패배를 의미했다. 캘리포니아의 조직화된 자본가들과 허버트 후버의 보헤미안 그로브의 지도층에게 이 모든 건 어쨌든 항상 하나였으며 동일했다.

팔로알토는 특히 뉴딜정책의 비전을 믿지 않았다. 양분이 도시를 건설했다. 전 세계가 실리콘밸리 경제와 불평등의 이익 약속에 투자했고 땅과 그 위에 위치한 기업의 가치는 하늘 높이 치솟았다. 이 과정의 잔재는 폭발적이었다. 비백인 노동자 계급은 세대적 진보의 언덕에서 미끄러져 내렸고, 인구가 감소하는 도시에서 좋은 일자리가 줄어들었고 공공 서비스가 쇠퇴하는 데 갇혔다. 대학학위가 없는 사람들의 임금은 정체되었다. 진보에서 보수에 이르기까지 모든 표현의 노동은 패배했다. 하지만 패배한 사람들은 어떻게 되었을까? 범죄의 유령이 교외지역을 괴롭혔고 주택 소유주들은 호황을 누리는 경제로 인해 전자제품을 비롯한 제조업 일자리가 사라지고 있다는 사실을 인정할 수밖에 없었다.

실업과 불완전 고용은 더 많은 노동자들이 합법적인 고용시장에서 벗어나 안전망의 새로운 구멍을 통해 거리로 내몰리는 것을 의미했다. 이민 귀화청과 국경 자경단도 알고 있듯이 범죄가 만연한 곳은 취약한 노동 쪽이었다. 미국 흑인들은 남북전쟁에서 무력으로 권리를 쟁취했지만, 노예제는 헌법과 감옥과 교도소의 창살 뒤에서 계속 유지되었다. 마이크 데이비스가 이 시기에 '젊은 흑인남성의 노동시장 지위 악화'라고 설명하는 것의 일환으로 캘리포니아주는 도시 인구를 대규모로 범죄화하여 수정헌법 제13조의 보호를 받지 못하는 흑인이 급격히 증가했다. 범죄는 성장산업이었으며 캘리포니아의 정치인들은 시골의 제조업 일자리를 새 일자리로 대체하여 이익을 취할 방법을 찾았고, 감옥을 짓고 지키는 일을 시작했다. 캘리포니아는 '세계 역사상 가장 큰 교도소 건설 프로젝트'에 착수했다. 주정부는 특정한 노동계급을 통제하기 위해 비용을 들이는 전형적인 조치를 취했다.

국경, 교도소 주변, 그리고 엘리트 계층의 새로운 교외에 이르기까지 장벽이 높아졌다. 캘리포니아의 분리주의 전략은 캘리포니아를 (금융 집합체로서) 경기침체의 급류를 뚫고 옛날 팔로알토의 창립 엔지니어들이 꿈꾸던 고요한 산업화 이후의 석호로 이끄는 데 성공했다. 냉전 시대 국방비가 감소하는 와중에도 스탠퍼드와 그 주변지역은 큰 몫을 차지했다. 그러나 더 중요한 것은 실리콘밸리가 국방 의존에서 상업적 독립으로 가장 강력하게 도약한 지역경제라는 점이다. 조직화된 자본의 팔로알토 세력은 노동계급에 맞서 큰 베팅을 했고 후버는 현실적으로 뉴딜의 최종승리를 지켜보지는 못했지만 그의 비전은 공화당의 온건파, 민주당, 미국 전체, 그리고 20세기 역사를 상대로 승리를 거뒀다.

후버의 귀환

행위자들은 많은 제약을 받았지만, 20세기 말 수십 년 동안 자본가들과 부동산 소유주들이 했던 방식으로 캘리포니아를 핵심으로 분열시키는 데는 여전히 약간의 사고와 계획이 필요했다. 조직화된 자본은 이전 시기의 해방 투쟁으로 인한 전 세계 자유권 인구의 팽창과 자의적인 불평등의 고정된 시스템을 이론적으로나 실제로 조화시킬 방법을 찾아야 했다. 미국 대중이 사회 민주주의를 통해 국내 생산에서 더 많은 몫을 차지하게 되고 제3세계가 사슬을 풀고 천연자원을 재사용하게 되면 투자자들은 수익성 있는 성장의 길에서 벗어나 궁지에 몰리게 될 것이다. 국제 공산주의와의 치열한 경쟁에서 조직화된 자본은 도미노가 모두 쓰러질까 봐 그런 종류의 실수를 감수할 수 없었다. 후버 사람들은 그들이 직면한 위험을 과대평가했을 가능성이 높지만 동시에 인구학적 위협은 실제적인 것이었다. 영미식 지배는 모든 사람이 평등한 세상에서 살아남을 수 없었기 때문이다. 자연스러운 것으로 여겨졌던 색채주의는 무너질 위기에 처했고, 이는 돌이켜보면 부자연스럽고 단지 강요된 것임이 드러날 것이다. 이제 미국 반공주의의 보루였던 팔로알토의 임무는 불평등을 재발견하고 다시 회복하는 것이었다.

아이젠하워 공화당은 광범위한 시민의 생활수준 향상에 기반을 둔 팍스 아메리카나를 상상했지만 후버 진영은 실존적 위협이 지평선에 다가오고 있음을 직시했다. 후버는 1964년 아흔 살의 나이로 세상을 떠나기 전 몇 년 동안 스탠퍼드에 반격할 공간을 확보하는 데 전념했다. 그는 수집 중심의 후버 도서관을 후버 연구소의 정치적 힘으로 탈바꿈시켰는데 그 목적은 "연구와 출판물을 통해 공산주의, 사회주의, 경제적 유물론, 무신론 등 칼 마르크스 교리의 악함을 입증함으로써 그러한 이념과 음모로부터 미국의 삶의 방식을 보호하고 미국 체제의 타당성을 재확인하는 것"이었다. 그들은 마을 위에 우뚝 솟아 우익 사상가와 기부자들을 대학으로 끌어들이며 앞으로 수년 동안 전국에 반집단주의 이론을 퍼뜨렸다. 그러나 후버의 마지막 발기는 캠퍼스 내 우익사상의 등대가 되었지만, 아직 갈 길이 멀었다. 20세기의 4분기에 스탠퍼드는 신후버주의자들이 국가를 확장하는 데 사용한 이념적 갈고리의 세 가지 발톱, 즉 유전학, 인구통계학, 재산권을 만드는 데 도움을 주었다.

반도체산업에서 실패한 후, 윌리엄 쇼클리는 사업적 명성은 아니더라도 지적 명성은 그대로 남게 되었다. 노벨상은 노벨상이고 그는 반도체와 실리콘밸리에 대한 공로를 인정받을 만큼 언론을 잘 활용했다. 어머니가 공부하고 아버지가 가르쳤던 곳이자 세계에서 가장 뛰어난 두뇌들이 언제나 환영받는 스탠퍼드 대학은 물리학자에게 논리적인 착륙지였다. 암펙스 재단은 1963년부터 쇼클리가 남은 여생 동안 무엇을 하고 싶은지 고민할 수 있는 알렉산더 M. 포니아토프 공학 교수직을 위해 자금을 기부했다. 이 발명가는 캠퍼스의 아름답고 기술적으로 소유할 수 없는 '교수 게토'로 이사했고 보헤미안 클럽에 가입하기도 했다. 홈스쿨링을 받은 하이퍼 엘리트주의자가 우주의 음모를 꾸미는 사람들 사이에서 물가에 있는 그를 상상하기란 쉽지 않다. 그는 자신처럼 생각하는 법을 가르치는 시스템을 설계하는 일부터 시작했고, 팔로알토의 윌버 중학교에 이를 가르치는 프로그램을 개설하여 10만 달러의 연방 보조금을 받았다. 하지만 쇼클리는 곧 다른 곳으로 관심을 돌렸다. 바로 지능의 유전학이었다.

1965년 쇼클리는 〈US 뉴스 앤 월드 리포트〉와 광범위한 인터뷰를 통해 '인구의 질'에 대한 다양한 질문을 던지며 새로운 우생학 담론의 시작을 알렸다. 쇼클리의 말은 루이스 터먼("만약 한 여성이 지금 17명의 아이를 낳는다면 그녀의 유전자는 적자생존에서 살아남을 것이고 그녀보다 더 똑똑하고 잘난 유전자보다 엄청나게 빠른 속도로 번식할 것이다")과 데이비드 스타 조던("우리는 과거에 인간의 진화와 발전을 이끌었던 힘이 조금이라도 역할을 하고 있는 풍요로운 복지국가에 살고 있다")이 한 말이었을 수도 있다. 쇼클리는 유전학자는 아니었지만 저명한 과학자로서 금기를 깨는 중요한 질문을 던질 수 있는 좋은 위치에 있다고 주장했고 실제로 그렇게 소개되었다. 쇼클리는 '범죄와 구호 명단에서 흑인의 높은 발생률'에 유전이 어느 정도 영향을 미치는지 묻는 질문에 "인종차별주의자라는 비난이 두려워 아무도 문제를 제기하지 않기 때문에 적절한 과학적 조사가 부족하다"라고 한탄했다. 그 말의 의미는 유전자가 그들의 언어를 정확하게 해석하는 방법을 찾으면 인종 질서에 관한 지배적인 통념을 설명할 수 있다는 것이었다.

생물학자 조셉 L. 그레이브스는 쇼클리를 당시 미국에서 '기형 발생의 위험성에 대해 가장 솔직한 과학자'로 묘사한다. 쇼클리는 노벨상 수상으로 얻을 수 있는 모든 미디어 기회를 활용했으며 인종평등의 과학적 근거에 대한 의혹을 제기하는 데 있어서는 거리낌이 없었다. 1970년, 그는 하원 교육 소위원회에서 학교통합에 반대하는 증언을 하면서 "백인과 흑인의 인종 사이에는 잘 알려져 있고 종종 측정되는 학습능력의 차이가 존재하며 그 차이는 '학교 환경의 변화로도 극복할 수 없는 유전적 성격'을 띠고 있다"고 말했다. 쇼클리는 흑인 아기를 (백인) 유대인 가정에 입양하는 인종 간 입양에 대한 연구, 핵 재앙 발생 시 사용할 천재 정자은행과 같은 황당한 제안을 하면서도 중립적인 과학적 논조로 인종주의를 표현하는 방법을 알고 있었고, 주류 언론은 이를 받아쓰면서 점점 더 큰 메가폰을 들고 백인 중심의 소음을 울려 퍼뜨리고 있었다.

터먼과 IQ 테스트의 역사를 모르는 사람들은 물리학자의 이상한 일탈이라고 생각할 수 있지만 쇼클리는 펜타곤에서 생명의 무게를 측정하는 일을 시작했고 페어차일드에서도 비슷한 일을 했다. 평생 비교지능에 집착했던 그는 백인 인종을 위한 과학적 대변인을 자처하며 반발의 초기 파고를 헤쳐 나갔다. 남은 생애 동안 그는 자신의 엄청난 노력이 끌어낼 수 있는 모든 관심을 비백인의 과학적 열등성을 주장하는 데 쏟았다.

애초에 젊은 쇼클리에게 이러한 사상을 형성하는 데 대학이 무슨 역할을 했든 스탠퍼드는 1963년 그를 전문 인종차별주의자가 아닌 물리학자로 채용했다. 벤세레모스와 임시로 결성된 '쇼클리 반대 세계 연합'의 학생 시위는 그의 수업을 방해하고 그의 이론에 대한 대중의 현미경을 들이댔다. 급진주의자들의 압력에 밀려 학교 행정부는 그가 인종과학을 가르칠 수 없다고 결정했고 심지어 학점이 없는 선택과목으로 지정했다. 쇼클리는 학교의 약점을 노린 현명한 해결책을 찾았다. 그가 '유전학' 연구를 위해 외부 자금을 유치할 수 있는 한 대학은 그를 계속 연구하게 하거나 검열관으로 기소하여 다른 저명한 교수의 학문적 자유를 침해해야 했다. 그는 전국의 우생학 단체와 부유한 애호가들에게 자금을 지원했고 빠르게 성장하고 있던 우생학자 파이오니어 기금으로부터 반복적인 보조금을 포함해 단숨에 수만 달러를 모금하는 등 성공을 거두었다. 그의 백인권력 의제 측면에서 가장 중요한 것은 다른 학자들과의 친밀감이었다.

1966년, 교육 심리학자 아서 젠슨은 UC 버클리 교수직을 그만두고 스탠퍼드의 행동과학 고급연구센터(1954년 포드 재단 프로젝트의 일환으로 시작되어 프레드릭 터먼이 이끄는 학교 사회과학 학부의 군사화를 위한 수익 창출의 일환으로 1970년 캠퍼스 무장 세력이 불 태운 센터)에서 1년을 보냈다. 비교적 일찍 경력을 쌓은 젠슨은 10년 전에 컬럼비아에서 박사학위를 받았으며 스탠퍼드에서 쇼클리와 마찬가지로 학교의 핵심 관심사였던 아동의 교육 성취도 차이에 대한 문제를 연구하고 있었다. 젠슨은 다른 대부분의 학자가 그렇듯 노벨상 수상자가 만나고 싶어 한다는 소식에 흥분을 감추지 못했다. 쇼클리는 젠슨이 자신의 시간을 투자할 가치가 있을 만큼 충분히 똑똑하다고 판단한 후 후배 학자의 마음을 사로잡기 시작했다. 젠슨은 비백인 학생들의 낮은 점수를 사회적 배제 탓으로 돌리는 경향이 있었지만 쇼클리는 아이큐는 타고나거나 그렇지 않은 것이며 일부 인종은 다른 인종보다 더 높은 경향이 있다고 설득했다. 사람들은 개종자만큼 열광적인 사람은 없다고 말하며 젠슨은 쇼클리보다 더 효과적인 인종과학의 옹호자로 밝혀졌다.

재정적 효율성에 초점을 맞춘 스탠퍼드는 포드 재단이나 파이오니어 펀드와 같이 각자의 의제를 가진 외부단체가 학교 공동체에 참여할 수 있도록 개방했다. 1969년 하버드 에듀컬 리뷰에 실린 젠슨의 글은 저자가 스탠퍼드에서 겪은 태도의 변화를 요약한 것이다. 이 기사는 저널 역사상 가장 긴 기사로 1~123페이지를 채웠으며 '젠슨주의'를 미국 주류 정치에 밀어붙이는 폭탄 같은 기사였다. 공식적인 인종분리 이후 미국학교가 흑인과 백인 학생들을 동일한 시험점수로 교육하는 데 실패한 문제를 해결해야 하는 과제를 맡은 젠슨은 첫 문장에서 자신의 카드를 내밀었다. "보상교육이 시도됐지만 분명 실패했다"는 것이다.

이 논문은 사이비 과학과 인종주의적 '상식'에 대한 호소에 의존하는 현대의 다양한 미국 인종과학의 일종의 공통 조상이라고 할 수 있다고 썼다. "교각이 서 있지 않을 때, 항공기가 날지 않을 때, 기계가 작동하지 않을 때… 사람은 자신의 노력을 이끄는 기본적인 가정, 원칙, 이론, 가설에 의문을 갖기 시작한다. 이제 교육에서도 전례를 따라야 할 때인가?" 그가 물었다. 젠슨과 쇼클리에게 있어 '오컴의 면도날(어떤 사실 또는 현상에 대한 설명들 가운데 논리적으로 가장 단순한 것이 진실일 가능성이 높다는 원칙)'은 흑인이 백인보다 열등하며, 이를 부정하는 것은 과학을 부정하는 것이었다. 백인들의 반발과 더 광범위한 도시 위기, 그리고 부족한 세금을 둘러싼 분리된 싸움 속에서 그 시기가 도래한 아이디어였다. 두 사람은 자신의 아이디어가 정치적 함의가 있다는 것을 확실히 알고 있었고, 주변의 모든 사람들도 마찬가지였다. 1970년 〈라이프〉에 실린 이 두 사람의 프로필에는 그 배경이 명확하게 설명되어 있다.

"놀랍게도 수백 건의 게토 폭동으로 인한 신체적, 도덕적 잔해가 산재한 이 나라에서 젠슨은 자신의 연구를 통해 흑인들의 낮은 IQ 점수가 유전의 산물이라는 사실을 보여줄 수 있다면 그들이 주장하는 모욕이나 차별에 대해 불평하지 않아야만 한다고 말한다. 특정 직업에 종사하는 몇몇 집단을 불평등하게 표현하는 것, 또는 교육적으로 실제 차이가 있다는 것을 밝히는 것에 사람들이 왜 불안해해야 하는지 모르겠다."

물론 젠슨은 이러한 차이점을 입증했다고 주장했다. 어떤 면에서 새로운 반복은 이전의 인종과학적 시도보다 더 유연했다. 인구 수준의 확률적 상관관계를 사용하면 백인만큼이나 재능이 뛰어난 흑인의 존재를 인정할 수 있었는데 이는 폴 로빈슨을 포함하기 위해 부풀려진 세계에서 이의를 제기하기 어려운 생각이었지만, 지배적인 통념에 따라 인종을 정렬하는 경향을 제시하여 악명 높은 인종 지능의 서열을 만들어냈다. DNA는 인종주의자들이 인종적 위계를 정당화하기 위한 코드를 제공했다. 아무리 모든 인간은 평등하다는 것을 강조해도 모든 인종이 동등하지 않다는 것이었다.

그의 주장은 보수주의자들을 기쁘게 했다. 루이지애나 출신의 백인 우월주의자이자 반공주의자인 민주당 의원 존 래릭은 하버드에서 젠슨에 관한 논문이 발표된 후 몇 달 만에 의회 기록에 젠슨에 관한 기사를 실어주었다. 1970년 젠슨주의는 닉슨 내각 회의의 화두였다. 대니얼 패트릭 모이니핸에 따르면 누군가 "젠슨은 어때요?"라고 물었다. '흑인 문제' 전문가이자 사회 구성주의자인 모이니핸은 백인 자유주의가 동원할 수 있는 가장 강력한 비난을 흑인에 대한 새로운 공격으로 쏟아냈다. "대통령께서 제게 아는 것이 있는지 물으셔서 제가 내각에 브리핑했습니다. 젠슨이 누구인지, 무슨 말을 했는지, 그리고 이론의 정수가 무엇인지요. 즉, 그것은 단지 가설

일 뿐이고 실제로 지능의 유전적 기초에 대한 직접적인 지식이 없고 추론적 지식만 있다는 점, 아무도 '똑똑한 유전자'가 어떻게 생겼는지 모른다는 점 등을요. 젠슨은 철저히 존경할 만한 사람이며, 인종차별주의자는 결코 아니며, 단지 가설에 불과하다는 점을 말입니다." 그는 "젠슨은 어떻습니까?"라는 질문에 대한 답변이 무엇인지는 언급하지 않았지만 큰 의미에서 우리는 알고 있다. 그것은 흑인 평등에 관한 문제였다. 미국 최고위직에서, 최고 수준의 정책 논의에서, 흑인의 평등에 관한 중요한 한 가지는 과학의 문제로서 아무도 배제할 마음이 없었다는 것이었다.

쇼클리와 젠슨은 인종차별적 사상에 대한 성공적인 '입장 전쟁'을 벌였고 여기에는 미국 과학계 내에서의 싸움도 포함되었다. 특히 쇼클리는 노벨상 수상자로서 접근할 수 있는 8월의 여러 행사장에서 무대에 오르기 위해 노력했다. 결국 그는 국립과학아카데미를 무너뜨렸고 이 기관은 우생학 연구를 지지하는 쇼클리의 제안을 연구하기 위한 위원회를 만들었다. 학계에서 인종주의에 대한 반박을 발표할 수 있는 기회였지만 쇼클리는 운이 좋았다. 위원회의 수장은 불평등에 대한 가장 강력한 신봉자이자 최고위급 신후버주의자인 버클리 사회학자 킹즐리 데이비스였기 때문이다.

대부분의 다른 과학자들과 마찬가지로 데이비스는 단순한 유전적 설명이 가능한 단일 IQ에 회의적이었지만 위원회의 보고서는 쇼클리의 인종과학에 대해 긍정적이었고 이는 데이비스 자신의 연구를 고려할 때 당연한 일이었다. 데이비스는 1945년 윌버트 E. 무어와 함께 쓴 '계층화의 몇 가지 원리'라는 짧은 논문에서 데이비스—무어 가설을 학문적으로 정립했다. 이 가설의 핵심은 가장 힘들고 필수적인 직업은 '적절한 개인'을 끌어들이기 위해 높은 인센티브가 필요하기 때문에 사회 계층화가 '기능적 필요'라는 것이다. 분명한 함의는 사회의 엘리트는 그에 대한 보상을 받을 자격이 있으며 평등에 대한 잘못된 시도에서 이를 박탈하겠다고 위협하는 것은 취약하지만 최적화된 분업을 약화시킨다는 것이다. 데이비스의 또 다른 유명한 아이디어는 출생과 사망이 일치하는 정상 상태 인구라는 개념인 인구 통계 이론에 기여한 것이다. 그는 인구제로성장 또는 ZPG라는 용어를 만든 것으로 알려져 있으며, 이는 곧 인구통제운동의 표어가 되었다. 쇼클리의 사상을 접한 것이 영향을 미쳤든 아니면 더 큰 분위기의 영향을 받았든 데이비스는 NAS에서 위원회 활동을 한 후 몇 년 동안 점점 더 인종주의적인 사상을 갖게 되었다.

데이비스의 인구학 이론에 대한 이야기는 다음과 같다. 인구는 높은 출생률과 사망률로 시작하여 기술발전으로 사망률이 억제되어 인구과잉이 발생하지만 출생률을 낮춤으로써 이를 보완하여 낮은 출생률과 낮은 사망률을 통해 안정화된다는 것이다. 1970년대에 데이비스는 제3세계의 임박한 위기를 지적한 여러 인구학자 중 한 명이었다. 그가 주장하는 공식적인 자료에 따르면 의약품과 기타 사망을 막는 기술이 국경을 넘어 쉽게 보급되면서, 선진국이 ZPG로 향하던 시기에 '무임승차' 인구가 통제불능 상태로 증가했다.

그 결과는 허용되든 안 되든 이민의 물결을 일으켜 선진국들을 압도하여 1인당 자원을 감소시키고 기술발전을 저해하며 임금을 약화시킬 것이라고 경고했다. "인종의 이동과 혼합으로 인해 오늘날 세계에는 과거 어느 때보다 더 많은 인종문제가 발생하고 있다" 1974년 〈사이언티픽 아메리칸〉에서 그는 말했다. 이 글에는 미국으로 가는 멕시코 이민자 수가 다른 어떤 국가보다 훨씬 많음을 나타내는 그래프가 포함되어 있었다. 데이비스의 이러한 주장은 영향력을 발휘했고 1981년 후버 연구소의 선임 연구원으로 입사해 1997년 팔로알토에서 사망할 때까지 머물렀던 후버 연구소와도 잘 어울렸다. 그리고 바로 생물학 교수 파울 에를리히가 등장한다.

에를리히의 1968년 저서인 《인구 폭탄》은 처음에는 폭발적인 반응을 얻지 못했지만 〈투나잇 쇼〉에 몇 차례 출연하면서 판매량이 폭발적으로 증가했다. 그는 문제는 간단하다고 주장했다. 인구가 너무 많았고 인구증가 속도가 식량증가 속도를 앞질렀다. 따라서 인구통제와 죽음이라는 해결책만이 유일한 대안으로 남았다. 출산율을 낮추지 않으면 많은 사람이 죽게 될 것이다. 델리의 혼잡한 거리에 혐오감을 느낀 에를리히는 인도의 모든 남성 중 세 명 이상의 자녀를 둔 남성에게 불임 수술을 제안했다. 미국은 이 작전의 성공이 우리의 관심사이기도 하므로 자발적으로 물류 지원을 제공했어야 한다고 그는 주장했다. "강압 아니냐고요? 어쩌면요. 좋은 명분을 내세운 강압이겠죠." 인도정부는 1970년대에 미국의 식량원조 보류에 밀려 다양한 강압적 기법을 사용해 1,000만 명 이상의 인구를 불임 시술했으며 에를리히도 이러한 입장을 공개적으로 지지했다. 국제사회가 인구 증가를 통제하는 동안 "불우한 사람들이 원조지역으로 몰려드는 것을 막기 위해" 이주 통제는 필요했다.

에를리히는 자신의 자격에 크게 기대었지만 《인구 폭탄》은 학술적 책이 아니었다. 역사학자 에밀리 클랜처 머천트는 "공상과학소설에 가깝다"고 결론지었다. "전 세계 핵폭발과 대규모 기근 등 끔찍하고 매우 투기적인 미래를 그려내는 데 상당한 지면을 할애했다… 그런 추측은 나비 생물학에 대한 에를리히의 전문 지식을 뛰어넘는 것이 분명했다. 인구 증가의 위험성에 대한 그의 주장 중 경험적 연구에 의해 뒷받침된 것은 거의 없었다." 하지만 맬서스의 이론을 재구성하지 않은 이 책은 임박한 재앙에 대한 이러한 예측 덕분에 바이오노믹스는 구매력을 얻었고 특히 캘리포니아에서는 당시 교외의 보수주의에 녹색 빛을 더했다.

ZPG는 엘리트 환경주의자들의 슬로건이 되었으며 일반적으로 직장 조직화에서 성장한 환경 정의 운동과는 구별되는 엘리트 환경운동의 슬로건이 되었고 에를리히는 같은 이름의 옹호 단체를 공동 설립했다. 특히 1975

년 이민 제한론자인 존 탠턴이 ZPG의 회장으로 취임하면서 이민 제한은 조직의 국내 정책 초점이 되었다.

몇 년 후, 특히 1974년 사이언티픽 아메리칸에 실린 데이비스의 예측에 겁을 먹은 탠턴은 미국 이민개혁연맹FAIR을 분리하여 ZPG의 온건 환경주의자들을 배제하고 멕시코에 관심을 집중했다. 에를리히는 온건파로 기억되기를 바랐지만 그는 처음부터 FAIR에 합류하여 주도했고, 《황금 문: 국제 이주, 멕시코, 그리고 미국》의 공저자로 참여하는 등 주도적인 역할을 했다. 그는 반이민주의로 비치지 않도록 노력했지만, 그럼에도 불구하고 독자들에게 페어에 동참해 달라는 요청으로 끝을 맺었다. 1977년, 교수는 불법 이민자를 '인간 해일'로 지칭하는 대량 우편발송 서한에 공동서명했다. 에를리히는 미국에서 가장 조직적인 편견에 동참하여 그들의 선전에 스탠퍼드의 얼굴을 빌려주었다.

탠턴은 과장된 표현 없이 미국식 나치즘이라고 부를 수 있는 이 단체의 주요 인물이 되었다. 탠턴은 특히 인종 간 사회 민주주의를 약화시키는 데 전념하는 또 다른 조직인 미국 영어를 통해 캘리포니아주 헌법에 영어를 명시하려는 발의안63을 만들고 추진했다. 그는 무엇보다도 다국어 투표용지를 없애고 비영어 사용자를 정치적 대표에서 완전히 배제시키려고 했다. 페어는 여전히 이민 제한주의 의원들이 증언할 '전문가'가 필요할 때 찾는 단체로 남아 있으며, 탠턴은 넘버스USANumbers-USA(페어의 '풀뿌리' 버전)와 이민연구센터(정책 부서) 등 더 많은 전담조직을 계속 분사했다. 1980년부터 오늘날까지 미국에서 반이민 운동이 존재한다면 이 시기의 영향이 분명하다. 그는 2019년에 사망했으며 스티브 밀러와 크리스 코바흐 같은 새로운 세대의 주류 편견주의자들이 고삐를 잡는 것을 볼 만큼 오래 살았다. 1970년대 후반, 인구 통계학적 위협이 중심 이슈로 떠오르면서 캘리포니아의 신후버주의자들과 이후 10년 동안 그들은 이 개념을 전국적인 개념으로 받아들였으며 특히 젠슨주의와 결합했을 때 우익 정신의 중요한 위치를 차지한다. 이 개념은 선량한 백인 부동산 소유주를 제치고 열등한 흑인과 멕시코인들이 지역사회를 장악하고, 세금을 모두 소진하고, 우대 조치와 사회 프로그램을 통해 불공정한 혜택을 누리고, 다산으로 환경을 파괴하고, 미국 인구의 질을 떨어뜨리고, 재산가치를 파괴하는 인종차별적 환상으로 구체화되었다. 그리고 이러한 변화는 종국에는 해결 불가능한 상태로 남게 될 것이다. 자, 소비에트 아메리카에 오신 것을 환영한다. 1970년대와 1980년대의 박해 판타지를 뒷받침하는 것은 스탠퍼드의 유전학과 생태학이라는 다소 복잡하고 어려운 새로운 과학 분야였기 때문에 자유주의자들이 반박하거나 거부하기 어려웠다.

루스벨트 연합형태의 민주주의는 후버주의자나 신보수주의자 모두에게 국내적 문제였을 것이다. 부는 소수에 의해 통제되지만 정치권력은 다수에 의해 통제된다면 다수는 세금과 재분배를 통해 소수의 부를 빼앗을 책임이 있다. 정치적 민주주의는 경제적 민주주의로 이어질 것이지만 '불평등'을 세상의 자연스러운 상태로 이해하는 후버주의자들의 이해에 따르면 이는 일종의 폭도에 의한 폭정일 뿐이다. 당시 후버의 해결책은 재산권 보호에 충분한 관심이 모아지도록 하여 몰수 요구가 흥미롭기는커녕 두려움의 대상이 되도록 하는 것이었다.

사람들은 여전히 자본가들이 필요로 하는 노동력을 떠나지 않고도 주인이 되어야 했다. 해결책은 주택이었다. 1931년 후버 대통령은 정부가 지원하는 민간주택 건설 붐에 대한 계획을 설명한 '주택건설 및 주택소유에 관한 회의'에서 인종과 정치적 측면에서 이 문제를 제기했다. 그는 3,000명의 대의원들에게 "민주주의나 자치 정부에 대한 두려움이나 집주인이 아무리 겸손하더라도 자유나 자유에 대한 두려움은 있을 수 없다"고 말하며 집주인과 잃을 것이 적은 세입자 및 연립주택 거주자를 대조했다. "우리 국민이 자신의 집에서 살아야 한다는 것은 우리 민족과 미국인의 마음속 깊은 곳에 있는 정서입니다." 후버는 민주적 통제에 취약한 공공주택이 아니라 정부의 재정지원을 제안했다. 대출 기관이 보증금 요건을 낮출 수 있도록 허용하는 조항이 적절한 주택을 구매하는 올바른 구매자에게 혜택을 주는 한 말이다.

후버는 교외 주택 붐에 대한 공로를 FDR이 인정받자 당연히 분개하면서 자신의 계획이 효과를 거두는 것을 옆에서 지켜봐야 했다. 1940년대와 1950년대에 캘리포니아주민의 주택소유 비율은 40%대 초반에서 50%대 초반으로 증가했다. 후버는 대통령 선거에서 패배했지만 부동산 업계에서 그의 충실한 하인들은 날아다니는 원숭이 군대처럼 역사 속에서 충분히 군림했다. 캘리포니아에서 백인들의 충격적인 반응으로 분리 규정이 만들어지고 시행되었는데 연방정부가 이를 모두 중단하도록 했지만 시행이 거의 끝나지 않았다. 1978년 발의안13으로 조작되어 끝내 끝나지 않은 '납세자들의 반란'은 경제 민주주의의 위협에 대한 후버주의자 해결책의 일환이었다.

이 운동을 주도한 사람은 은퇴한 사업가이자 1932년 허버트 후버 대통령 선거 캠프의 언론 담당관이었던 76세의 하워드 자비스였다. 거의 50년이 걸렸지만 후버주의는 다시 행진했다. 뉴딜 연합은 앞서 살펴본 바와 같이 민간주택시스템에 기반을 둔 호황을 기반으로 독약을 스스로에게 먹였다. 주정부는 '재산권' 확대에 자금을 지원함으로써 인종평등과 재분배를 위한 세수확보라는 사회민주주의적 요구에 대한 대응책으로 재산권 선거구를 확대했다. 주택을 소유한 백인들이 많을수록 정부가 재산세를 깎아주는 것에 화가 난 사람들이 많았다. 대담해진 새로운 캘리포니아 공화당원 집단이 이 일을 이어받았다.

1932년 프랭클린 루스벨트 대통령이 허버트 후버를 해임한 이후, 미국 자본가들의 강경 반공주의 세력은 표면적으로 주도권을 쥐고 있었음에도 불구하고 방어에 나섰다. 후버 자신은 1964년 더글러스 맥아더 전 장군과 죽기 직전의 반동적인 애리조나 상원의원 배리 골드워터를 포함한 일련의 우익 패자들을 지지하다가 사망했다. 그러나 린든 베인스 존슨LBJ 대통령은 진보-경찰 연합을 하나로 묶지 못했고, 1968년 악명 높은 민주당 전당대회 앞에서 시카고 경찰의 지휘봉 아래 시위대의 머리처럼 분열되었다. 수십 년 동안 대선에서 패배한 후 보수주의자들은 기회를 잡았다. 그들은 외교 정책 부통령으로 활약했던 남부 캘리포니아 퀘이커 반공주의자 리처드 닉슨을 재신임했다. 후버는 닉슨을 좋아하지 않았지만 로스앤젤레스 백인 파워 미사일 교외의 아바타로서 후버 계획에 큰 진전을 이루었다.

하지만 닉슨은 전임자가 (정치적으로) 죽었던 것과 크게 다르지 않은 폭스홀에 갇힌 채 전투에 임하게 되었다. 닉슨은 베트남에서 항복하고 마오쩌둥의 중국을 인정했다. 그의 행정부는 연방 예산에 대한 민주당의 요구를 막아낼 수 없었고 백악관은 대통령이 개인적으로 혐오하는 단체를 지원하기 위해 수표를 계속 인쇄했다. 대통령이 역사의 꼭두각시라는 일화가 있다면 닉슨과 그의 국방부 차관 데이비드 팩커드(미사일 케인즈주의의 최고 전문가)가 사회 프로그램을 위한 정부 자금을 확보하기 위해 냉전 시대의 군사 지출을 줄여야 한다는 강박감을 느꼈다는 점일 것이다.

미국 산업은 국가가 경제에서 전쟁 양탄자를 걷어내면서 비틀거렸다. 팩커드는 밸리의 주요 고용주였던 록히드 마틴이 새 전투기에 대한 과잉 투자로 치명적인 위기에 처했을 때 간신히 구해냈다. 정리해고는 국가 전체를 뒤흔들었다. 그러나 이 위기로 인해 고용주들은 전쟁상태의 핵심역할을 수행하며 두 자릿수 임금인상을 요구하던 유능한 직원들을 해고할 수 있었다. 전쟁 노동자들이 반공주의에 몰두하여 네이팜탄의 효과를 보고도 기꺼이 제조에 나설 수 있도록 한 이 협상은 결국 실패로 돌아갔다. 1972년 닉슨의 임금위원회는 인플레이션 방어를 명분으로 항공업계의 임금 요구를 10% 미만으로 억제하기 위해 개입했다.

동남아시아에서의 철수와 함께 '평화 배당금'은 없었고 대신 금융화된 경제에서는 어떤 경기둔화에도 굴복하지 않기 때문에 부채위기가 미국을 강타했다. 생존을 원하는 기업들은 노동자와 지역사회에 대한 의무를 다하기 위해 최선을 다했다. 자본은 저임금과 낮은 세금을 찾아 실업대열을 늘리고 지역예산 부족을 더욱 악화시켰다. 1973년 국제 카르텔에 의해 조작된 유가쇼크로 물가는 상승했지만 임금은 정체되고 실업률은 증가했다. 워터게이트 논란으로 캘리포니아 요바 린다의 닉슨은 대통령직에서 물러났지만 그는 고향 환경에 그다지 도움이 되지 못했다. 부동산 중개업자와 미사일 판매업자들이 자신들의 이익을 위해 세상을 운영하려면 닉슨보다 더 잘해야 했다.

후버주의자들은 1932년 패전 이후 팔로알토 가마솥에서 거품을 일으키며 맥아더, 닉슨, 골드워터와 같은 잠재적 후계자들을 유혹했지만 루스벨트 연합을 영원히 무너뜨릴 만큼 강력한 묘약이 되기까지는 반세기가 걸렸다. 후버 연구소의 전직 연구원은 1980년 한 인터뷰에서 이렇게 말했다. "후버 사람들은 미국이 점점 더 보수화되고 있으며 로널드 레이건이 선거에서 승리하면 그의 대열에 올라타 영광을 누릴 것이라고 생각했다. 1979년 아프가니스탄 침공 이후 그들은 후버 타워에서 마치 공공정책의 패권을 장악하기 직전인 것처럼 이야기하기 시작했다." 그들의 말은 틀리지 않았다.

Chapter 13
레이건 대통령의
전쟁 자본주의

후버 연구소 → 로널드 레이건과 더티 해리 → 노동과 자본의 캘리포니아 시스템 →
미군과 무기·밀수품 → 독재자를 위한 최고급 기기 컴퓨터

상대적으로 인상적이지 않은 배우 로널드 레이건이 어떻게 새로운 우파
의 아바타로 선정되었을까? 누가 그를 선택한 것일까? 자본가 및 자산 소
유자 단체는 노동조합에 비해 역사 문헌에서 소홀히 다루어졌으며 공격받
는 당사자였다. 헌신적인 후버주의자들은 20세기 중반의 황무지 시절에 네
트워크를 유지하면서 정부, 기업 이사회, 군대 내 여러 곳에서 미국의 우선
순위를 신중하게 형성했다. 버니바 부시, 윌리엄 드레이퍼 등 당파적 기술
주의자들 덕분에 후버주의는 대중의 명령 없이도 그 명맥을 유지할 수 있
었다. 그러나 1960년대와 1970년대에 아이젠하워에 반대하는 공화당원들
은 분노한 백인들의 '침묵하는 다수'를 새로운 기반으로 삼으려는 계획을
세웠다. 후버주의자들은 거리로 나왔다. 자유주의자들로부터 당과 국가권
력을 탈취하기 위해 자본가들은 이윤을 둘러싼 노동과의 싸움에서 충분한
대중을 설득하여 자신들 편에 서도록 했다.

높은 이윤과 양분화된 노동력을 바탕으로 캘리포니아는 미국 전역에 자
본주의 규율의 모범이 되었다. 투자 자본은 서부로 빠져나가 캘리포니아주
소유주들에게 보상을 안겨주었다. 1979년과 1986년 사이에 국민총생산에

서 차지하는 총 제조업 비중은 거의 제자리걸음을 유지했지만, 그 구성은 크게 바뀌었다. 컴퓨터와 기계, 전자 및 전기 장비, 계측기, 항공기의 비중이 두 자릿수로 증가한 반면 다른 모든 제조업 부문은 감소했다. 금속, 석유, 석탄, 목재와 같은 1차산업이 가장 큰 타격을 입었고, 해외로 수출되는 자동차, 섬유도 마찬가지였다. 이는 탈산업화가 아니라 캘리포니아화였다.

국가의 정치계급은 기업 매각을 불가피한 것으로 제시하면서 주식보유 주택 소유주와 보상 국가의 수혜자 사이에 남은 찌꺼기를 놓고 대립했다. 이러한 양극화는 국내 탈식민지화 투쟁을 재구성했다. 베트남전 이후 타고난 백인 우월주의는 실행 가능한 답이 아니었지만 '개인의 권리'는 개인의 자유에 대한 진보적 요구를 보수적 현상유지에 대한 옹호로 전환시켰다. 개방형 주택에 대한 요구에 대해 보수주의자들은 재산권으로 답할 수 있었다. 집단 이익을 위한 자원의 민주적 통제는 사라지고 주권자인 개인이 그 자리를 차지했다.

후버는 다양한 초기 산업과의 우호적인 관계 덕분에 미국 역사에 큰 이념적 발자취를 남겼다. 그의 죽음으로 인한 공백 속에서 자본주의의 소름 끼치는 괴물들이 나타나 똑같은 메시아적 열정을 가지고 그의 업적을 이어갔다. 역사학자 킴 필립스-페인은 후버의 계열사들이 오랜 FDR과 자유주의 시대 동안 반공주의의 횃불을 계속 밝히는 데 중요한 역할을 했다고 말한다. 레너드 리드(팔로알토 부동산 중개업자로 상공회의소 회장을 지낸 인물)는 1940년대 W.C. 멀렌도어(허버트 후버의 비서실장으로 남부 캘리포니아 에디슨 사장이 된 인물)의 뉴딜 정책에 반대했다. 1940년대에 리드는 루드비히 폰 미제스, 프리드리히 하이에크, 밀턴 프리드먼, 아인 랜드와 같은 변두리 대자본주의 사상가들을 홍보하는 선전단체인 경제교육재단FEE을 통해 강경 반공주의의 초기 전도사가 되었다.

경제교육재단과 같은 조직은 이념적으로 헌신적인 부유층을 모아 자금을 지원함으로써 지배계급의 유대를 강화하고 거물급 반동세력을 끌어들였다. 듀퐁, 쿠어스, 퓨와 같은 이름들이 후버 자신과 나중에 데이비드 팩커드와 함께 기부금 명단에 이름을 올렸다. 이들은 뉴스레터를 발행하고, 강연을 후원하고, 펠로우십을 제공했다. "1950년대에 걸쳐 자유기업 수호와 노동조합 및 복지국가 반대 투쟁에 헌신하는 수십 개의 새로운 조직이 기업 중심의 보수주의자들의 지원을 받아 생겨났다"라고 기록된다. 경제교육재단과 함께 다른 단체들도 반동적 운동의 무대를 마련했다. 몽펠르랭 소사이어티(1947)는 경제교육재단의 국제적 버전과 같았고, 미국기업연구소(1938)는 진보적인 브루킹스연구소에 대항하는 유서 깊은 보수단체였다. 하지만 반공주의 싱크탱크 중 가장 대표적인 곳은 역시 후버 연구소였다.

1차 세계대전 이후 후버가 축적한 역사적 기록을 보관하기 위해 설립된 후버 연구소는 40년대 초 스탠퍼드 대학 캠퍼스에 위치한 황갈색 건물 후버 타워로 이전하면서 미래를 향한 후버주의적 비전을 홍보하는 것으로 사명을 확장해나갔다. FDR의 2차 세계대전 전성기 동안 국가 주류로부터의 소외가 심화되자 그는 자신의 팔로알토 뒷마당에 반공주의자들을 위한 망루를 세우며 기관을 더욱 오른쪽으로 밀어붙였다. 후버의 기관은 대학에 접목함으로써 학교와 지역사회도 우익으로 나아갔다. 1960년대 말 스탠퍼드에는 좌파 운동이 강했지만 앞에서 언급한 것처럼 좌파는 우파 학생 반란에 맞닥뜨렸다. 캠퍼스 내 우익 단체인 '자유를 위한 젊은 미국인'의 스탠퍼드 지부 회원들은 급진주의자들을 물리적 싸움으로 유인하고 봉기를 대회로 비틀어보려고 했다. 그들은 1969년 반전 시위에 후버 세트용 황동 너클인 동전 뭉치로 무장한 채 참가했다. 우파는 엘리트 인맥을 압박하고 시민사회의 약점에 개입하면서 적을 혼란에 빠뜨려 권력을 획득하는 신좌파의 소수주의 전술을 채택했다.

주거 분리는 주택소유자협회, 학군, 학부모단체, 교회 및 기타 지역 재정 지원 커뮤니티 기관에서 엄격한 계급적 선을 넘어 백인을 주택 소유자 및 학부모로 통합하여 반격의 사회적 기반을 제공했다. 이들은 자신이 가진 것을 보호하고, 특히 국내외의 탈식민지화 운동으로부터 자신들의 성공적인 미래를 위한 정보를 공유했다. 다시 한 번 캘리포니아가 이러한 대응의 선두에 섰다. 캘리포니아주의 백인 커뮤니티는 깊은 자경단 전통과 카르텔화된 비즈니스 문화로 잘 조직되어 있었다. 우파의 공식 정부에 대한 경멸이 심해지면서 캘리포니아의 지도자들은 정치인을 고용인으로, 그것도 유능한 인재가 아닌 직원으로 보기 시작했다. 닉슨은 회사생활에서 오래 버틸 수 있을 만큼의 호감도가 높지 않은 열성적인 신입사원이었다. 배리 골드워터는 자본주의 이데올로기 네트워크와 백인 커뮤니티 조직에 의해 대통령 선거에 밀려나야 했다.

데이비드 팩커드 같은 사람이 회사에서 행사할 수 있는 재량권에 비하면 정치적인 일은 산만하고 번거로운 일이며 결국에는 강등되는 것처럼 느껴졌을 것이다. 우파의 지도자들은 세상이 어떻게 작동해야 하는지에 대한 새로운 아이디어를 가진 허버트 후버가 아니라 싱크탱크에서 개발한 아이디어를 광고주들의 마케팅을 통해 판매할 수 있는 사람을 원했다. 그들은 자유시장 우선의 자본주의, 개인의 권리, 반공주의 브랜드 홍보대사를 원했다. 닉슨식 타협 없이 러시아에 맞설 수 있을 만큼 강경하면서도 노동자계급에 대한 반격을 감행할 만큼 유연한 백인 지배계급의 반격을 위한 그릇이 필요했다. 상황은 정확한 연기를 요구했다.

비즈니스 보수주의자들은 자신의 아이디어를 홍보하기 위해 사람들을 고용하고, 청중의 취향에 따라 돋보기 안경이나 주방 작업복을 입고 자유에 대한 금융가의 개념을 포장하는 데 익숙해졌다. 그들은 이데올로기적으로 헌신적인 좌파 연예인들에 대항하여, 존 웨인을 필두로 자신들을 홍보했다. 가수 아니타 브라이언트는 동성애 반대 운동을 주도하여 전국적인 인물이 되었다. 그리고 여기 한 백치 배우가 최고의 전문 자본가 대변인으로 자리매김한다. 로널드 레이건은 단연 동료 자유주의자들과 차별화되는 배우였다. HUAC 할리우드에서 외톨이가 된 그는 영화에서 텔레비전으로 피신했다. 당시에는 지금보다 프로그램 개발에서 스폰서의 역할이 더 컸는데 로널드 레이건은 자신의 프로그램이 방영되는 CBS가 아니라 타이틀 스폰서인 제너럴 일렉트릭에서 일했다. 레이건은 계약의 일환으로 제너럴 일렉트릭 극장을 주최하는 것 외에도 GE 공장을 순회하며 각 지역의 직원들에게 일반적인 동기부여 연설을 했다. 레이건의 '더 스피치'는 아내 낸시 데이비스와 GE의 동료인 레뮤엘 불웨어의 멘토링 아래 정치적으로 우파적인 성향을 띠게 되었다. 그의 자유주의적 반공주의는 친기업적 기독교 보수주의로 변모했다.

불웨어는 GE의 강경한 관리자였기 때문에 노사 관계에서 '불워리즘'이라는 별칭을 얻었는데, 지금도 '협상하지 않으면 물러서지 않는 태도'를 의미한다. 그는 대기업에서 부사장으로 승승장구했지만 거기서 멈추지 않았다. 불웨어는 고작 이 작은 회사 직원들의 마음을 얻는 것만으로는 충분하지 않았다. 보다 많은 사람들에게 GE의 본질적으로 보수적인 메시지를 전달하여 공무원을 선출하고, 더 나은 비즈니스 환경을 조성하는 법안을 통과시킬 수 있도록 유권자들의 지지를 얻어야 했다. 레이건은 연설을 연습하며 자유시장 사상가들의 입장과 공산주의의 진정한 악에 반대해야 하는 이유를 학습했다. 1962년 불웨어는 은퇴한 후 프리랜서가 되어 총기규제와 의료사회화 반대 캠페인에 목소리를 냈다. 1960년대 중반까지 레이건은 10년 동안 보수주의 대변인 역할을 수행했고 그 역할에서 최고로 인정받았다.

레이건이 1964년 골드워터 캠페인을 지원하기 위해 전국 무대에서 연설 버전을 선보였을 때, 이 연설은 청명한 푸른 하늘에서 번개처럼 번져나갔다. 타협할 줄 모르는 60년대 중반, 자동차 딜러 홈즈 터틀이 이끄는 남부 캘리포니아 자본가 그룹이 레이건과 그들의 주장을 펼칠 수 있도록 전국방송 시간을 사주었다. 레이건은 일반적인 정부지출뿐만 아니라 뉴딜 정책의 핵심인 사회보장제도도 공격했다. 카스트로의 쿠바에 있는 가난한 난민들을 위한 경우를 제외하고는 해외원조는 낭비라고 주장했다. "우리는 문제가 너무 복잡해서 간단한 해답을 찾기 어렵다는 얘기를 숱하게 들었습니다. 그들은 틀렸습니다. 쉬운 답은 없지만 간단한 답은 있습니다."

미국은 아직 본격적인 반응을 보일 준비가 되어 있지 않았지만 캘리포니아는 이미 준비가 되어 있었다. 1965년 1월, 레이건에게 전국 광고 시간을 사주었던 캘리포니아 자본가들이 다시 찾아와 주지사 선거에 출마해 달라고 요청했다. 동시대 많은 배우들과 마찬가지로 우익으로 돌아선 캐그니는 선거 때마다 한때 함께 일했던 레이건 대통령을 위해 선거운동을 했다. 1986년 캐그니가 사망했을 때 레이건은 그를 '결단력과 노력으로 가난에서 벗어나 전국적인 찬사를 받은 전형적인 미국인의 성공스토리'라고 추모했다.

1966년 당선된 레이건은 흑인 급진주의자, 치카노 급진주의자, 페미니스트 급진주의자, 캠퍼스 급진주의자 등 모든 세력을 마음대로 결집시킬 수 있는 기성 세력의 대표 얼굴이었다. 투쟁과 항복 사이에서 그는 투쟁을 선택했고, 전형적인 반공 민병대인 캘리포니아 고속도로 순찰대와 수천 명의 주방위군을 버클리에 배치하여 학생들을 처리했다. 레이건은 캘리포니아의 자유주의자들이 허용한 것보다 반정부 급진주의로 더 나아가지도 않은 안젤라 데이비스와 흑표당을 비방함으로써 겁에 질린 교외 주민들에게 점수를 얻으며 좌파를 자신의 포로로 만들었다. 새크라멘토에서 두 번의 주지사 임기 동안 그는 우파의 냉전 전사가 되었고, 1976년에는 현직 포드 대통령의 공화당 후보 자리를 빼앗을 뻔하기도 했다. 1980년 경선도 그렇게 박빙이 아니었고 총선도 마찬가지였다. 좌파 세뇌에 사로잡힌 시대에 국민들은 머릿속에 다른 것은 생각조차 할 수 없을 때까지 친시장 선전을 반복하는 사람을 대통령으로 뽑았다.

후버 연구소는 레이건을 지지하는 것 이상의 일을 했다. 1960년대와 1970년대에 사무실에 그의 초상화가 걸렸던 것은 단지 그가 주지사였기 때문만은 아니었다. 불웨어가 대변인 로니의 귀에 속삭이던 모호한 이념적 메시지는 후버 타워에서 자본주의의 기도문처럼 방송되던 것과 같은 것이었다. 레이건의 핵심 측근 중에는 1960년대 컬럼비아 대학에서 재무학 교수로 재직 중인 덥수룩한 눈썹의 강경 우파 경제학자인 마틴 앤더슨이 있었다. 그는 비교적 어린 서른다섯 살이던 1971년부터 후버의 선임 연구원으로 일했다. 일부 대통령 자문관들은 레이건이 얼마나 텅 비어 있는 무식한 사람인지 알고 놀랐지만 앤더슨과 그의 파벌은 이미 1976년 예비 선거부터 캠페인을 함께했던 경험이 있는 만큼 레이건의 정체에 대해 혼란스럽지 않았다. 더군다나 레이건의 고용주가 그들의 고용주이기도 했다. 전 노동부(그리고 재무부) 장관 조지 슐츠의 팔로알토 자택에서 중요한 회의를 주선한 사람 또한 앤더슨이었다.

이 그룹에는 후버 경제학자, 미래의 레이건 내각 멤버인 에드 미즈, 유일무이한 앨런 그린스펀, 그리고 백텔 부부가 포함되었다. 저녁 식사에서 저레이건은 이 닉슨 그룹을 설득하기 시작했다. 스탠퍼드의 골드워터 지지자들처럼 입에 거품을 물지 않았다. 이들은 패자의 침묵하는 다수에 속하지 않았고 잃을 것에 대한 걱정보다 얻을 것에 더 관심이 많았다. 후버 연구소는 공화당의 연합 균열을 자유시장 정통주의라는 이름으로 메웠고, 이는 슐츠와 같은 미래 지향적인 부호들뿐만 아니라 겁에 질린 변두리 주택 소유주들에게도 어필했다. 이 그룹을 설명하기는 어렵다. 레이건 행정부의 '핵심'은 거대한 무리로 특징지을 수 있다. 겉보기에 보스를 중심으로 국가를 운영하는 고문들로 보이지만 그들의 저녁은 세계에 대한 명확한 우익의 방식을 설명해준다. 미국 정치를 빠르게 지배하게 된 과정을 잘 보여준다.

레이건이 백악관에 들어서자 앤더슨은 준비를 마쳤다. 1970년대 레이건 대통령 선거 캠페인을 하며 그는 후버 연구소에서 향후 10년을 위한 프로그램을 고안했다. 《1980년대의 미국》이라는 벽돌만 한 책에는 후버 분야의 전문가가 직접 집필한 정책 주제가 담겼다. 밀턴과 로즈 프리드먼('경제적 자유'), 그리고 앨런 그린스펀('인플레이션의 위험')이 경제에 관한 에세이를 주도했다. 베트남에서의 패배 이후 반정부 감정을 언급하며 이 그룹은 분위기를 고조시키며 불을 지폈다. 레이건의 모든 의제가 여기에 담겨 있었다. 바로 세금 및 정부지출 축소, 규제, 자격 및 해외원조 삭감, 적극적 차별금지 조치 반대, 조직노동의 임금 압력에 맞서기, 시장 확대 소련과의 관계 강화, 중앙정보국CIA의 재갈 풀어주기 등이다.

대통령의 국내 및 경제 정책 고문이 된 앤더슨은 '복지 개혁', 즉 복지 접근을 제한하는 방법에 관한 글을 기고했다. 이것이 바로 플레이북이었다. 자본주의 정치인은 지배 계급의 하수인에 불과하다는 미국 엘리트들의 이해를 공유했던 소련인들에게 무슨 일이 벌어지고 있는지 담겨 있었다. 레이건 대통령과의 첫 회담에 앞서 조지 슐츠 당시 국무장관을 만난 미하일 고르바초프는 거대한 후버주의자들의 책을 복사해 슐츠의 얼굴에 흔들었다. "그런 말 하지 마시오! 우리는 당신이 어떻게 생각하는지 알고 있소!" 소련 공산당 신임 서기장이 말했다. "우리는 이 책을 읽고 레이건 행정부에 의해 모든 프로그램이 채택되는 것을 지켜보았소." 앤더슨은 이 일화를 회고록의 서두로 사용했다. 하지만 슐츠에게 보인 그의 혼란스러운 반응은 어리석기 짝이 없다. 물론 슐츠는 이 책에 대해 알고 있었다. 벡텔과 스탠퍼드 경영대학원에서 동시에 근무한 그는 이 책을 집필한 4명으로 구성된 자문위원회를 이끌었던 장본인이었다.

《1980년대의 미국》에서 레이건의 브레인트러스트가 세급 간 연합을 구성해 뉴딜 정책의 유산을 공격하기 위해 얼마나 민첩하게 움직였는지 알 수 있다. 이 책의 편집자들은 정책과 여론에 관한 에세이에서 긴 루즈벨트 시대에 대해 "미국에는 영국식 계급의식이 없었지만 기업-노동 간 적대감을 구축하고 다양한 개별 이슈에서 중산층과 노동자 계급 사이에 명확하고 일관된 차이를 만들어낼 만큼 계급의식이 충분히 발전했다"고 적었다. 캘리포니아의 재산세 제한 발의안13의 배후에 있는 연합을 지적하면서 그들은 인플레이션 압력으로 인해 오래된 분열이 해체되어 '새로운 이념적 혼합'이라는 결과를 낳았다고도 적었다. 저자들은 미국 계급적 일관성의 붕괴를 짧은 흑백민권연합의 동시붕괴와 연결시킨다. "실질적 평등과 강제 통합에 대한 최근 운동의 초점은 미국의 개인주의적이고 성취 지향적인 요소에 맞서게 되었다. 이로써 합의가 깨졌다." 이러한 모순으로 인해 소수집단 우대조치는 자유주의 진영에서 썩은 대들보가 되었고 그들은 그 약점을 이용하려고 했다. 그들의 주요 조직방식은 파벌이었지만 개인주의는 레이건식 망치였고, 대통령의 측근들은 새로운 국가 프레임이 단단하게 그 부품들을 함께 짜맞추기만을 기다리고 있었다.

그러나 그들 혼자서는 할 수 없었다. 실업자들에게 어떻게 개인주의를 팔 수 있겠는가? 인플레이션을 잡겠다는 약속은 도움이 되었지만 노동계급이 그들이 주장하는 치료법을 받아들이도록 설득해야 했다. 자유주의자들은 부의 집중으로 심각한 좌절을 경험한 캘리포니아에 한 가지 방안을 제안했다. 노동계급과 빈곤층이 이용할 수 있는 사회적 잉여의 규모를 줄임으로써 광범위한 임금 근로자 범주 내에서 균열을 야기할 수 있다는 것이었다. 특히 부유층에 대한 세금 감면은 다른 모든 사람들에게 돌아갈 예산의 여지를 좁혔다. 특히 실리콘밸리의 첨단기술 분야인 국방에 많은 돈을 지출하면서 세수가 소유주 주머니로 다시 흘러들어갔고 비노조로 분열된 노동력이 확대되었다. 닉슨은 사회 서비스를 제공하기 위해 국방비를 삭감한 반면 레이건은 사회 서비스 삭감을 정당화하기 위해 국방비 지출을 늘렸다. 캘리포니아의 보수주의자들과 마찬가지로 레이건 행정부는 상당수의 백인들이 새롭고 활기찬 보수적 개인주의를 선호할 것으로 예상했다.

정치적 좌파에 대항하는 백인들의 계급 간 연합을 동원하는 데 있어서 캘리포니아는 레이건 팀에게 오랜 역사를 가진 곳이다. 앞서 말했듯 백인 자경단원들은 오랫동안 캘리포니아 자본가들의 중요한 파트너였다. 이 시기에 YAF는 대학 캠퍼스에 '질서의 수호를 위한 무질서'라는 전통을 가져왔다. 다시 살아난 이들은 남부 국경 순찰을 책임지겠다고 주장했다. 극우파 존 버치 소사이어티는 레이건의 승리에 기뻐했다. 강경한 반동적 하위문화는 비백인, 좌파, 여성, 퀴어에 대해 부정적인 부류를 만들어 양극화시켰다. 그들은 그동안 국가가 열심히 일하고 숙련된 데다 공정한 기회만을 원했던 겸손한 백인남성 개인들을 몰아냈다고 주장했다.

미국 백인들이 흑인 동포들에게 기꺼이 내준 권력이 사회적 평화를 이루기에는 충분하지 않았지만 백인들에게 점점 더 많이 부과되는 세금이 반미 흑인 혁명가들을 위해 쓰이고 그들을 훈련시키는 사회 프로그램에 사용된다는 생각은 이미 감당할 수 있는 수준을 넘어설 만큼 만연해 있었다. 대부분의 백인들은 자신들의 유일한 혜택이자 자산이 중심지에 위치한 주택, 자녀가 다니는 학교, 분리된 노동 시장에서의 특혜 등이 무너지고 있었다. 레이건 사람들이 말하는 '강제 통합'은 이 세 가지 모두를 위협하는 것이었다. 그렇다면 선량한 대부분의 미국인들은 이렇게 누군가 자신이나 가족, 그리고 자녀의 미래를 위협할 때 어떻게 대응했을까?

레이건의 실제 고향인 할리우드는 반발을 불러일으킬 준비를 마쳤다. 1960년대 도시 재개발과 캘리포니아 경제 성장으로 할리우드는 투자 자본의 스펀지가 되었고, 베이 지역 또한 괴짜들을 끌어당기는 곳으로 세계적인 명성을 얻게 되었다. 샌프란시스코 시장실은 재정적 인센티브로 지역

영화 제작사를 유혹했지만 영화 제작자들이 뒤에서 이 도시를 타락하고 범죄가 만연한 곳으로 묘사하는 것을 지켜봐야 했다. "1960년대 후반과 1970년대의 샌프란시스코 자경단 영화는 미국인들이 샌프란시스코에 대해 갖고 있는 최악의 이미지 그 이상을 보여주며 큰 인기와 수익을 올렸다." 〈택시 드라이버〉, 〈데스위시〉 등 1970년대와 1980년대 대도시의 심각한 이면을 보여주는 영화들이 인기를 얻었다.

클린트 이스트우드는 베이 지역에서 태어나고 자랐으며, 청소년 시절에는 흑표당 본거지였던 오클랜드 공대에서 공부하기도 했다. 1971년부터 이스트우드는 〈더티 해리〉에서 샌프란시스코의 형사 해리 칼라한으로 분해 백인 자경단의 자화상을 완성하는 데 일조했다. '더티' 해리는 진보적인 대법원이 범죄자들에게 너무 관대하다는 것에 분개하며 범죄자들을 그냥 총으로 쏴버리며 하나둘 처치해나간다. 영화는 국가가 역차별을 일삼았기 때문에 인종 비하쯤은 아무것도 아니라고 말한다. 게다가 그의 아내가 죽고 그는 전쟁(한국)에 참전했기 때문에 국가가 그에게 충분히 빚을 졌다고 생각한다. 그의 파트너인 치코 곤잘레스와 같은 사람들 또한 해리의 일(범죄자 사살)을 도와주는 일이라면 그건 나쁜 일이 아니라고 괜찮다고 생각한다. 해리의 대표적인 대사는 총을 들고 싸움에 동참하게 하는 것이었다.

1978년, 샌프란시스코 수퍼바이저 위원회의 우익 위원이자 전직 샌프란시스코 경찰관인 댄 화이트는 샌프란시스코의 진보적 시장인 조지 모스콘과 동성애자 커뮤니티의 지도자였던 그의 진보적 동료 하비 밀크를 암살했다. 국가를 비웃는 보수주의자들은 살인자 화이트를 마스코트로 삼았다. 1982년 디트로이트에서는 두 명의 백인 자동차 노동자가 빈센트 친이라는 중국계 이민자를 구타해 사망에 이르게 해 화제가 되었다. 1989년 1월에는 캘리포니아주 스톡턴의 한 초등학교에서 총격범이 총기를 난사해 캄보디아와 베트남 어린이 5명이 사망하고 수십 명이 부상을 입었다. 이 충격적인 사건들은 세금만 남발하는 수감자의 증가와 개인적 증오범죄 사이 혼재된 갈등이 뿌리 깊은 백인 폭력의 현실을 대변했다.

더티 해리와 그의 수많은 화신들은 정치적 주제를 다룰 때에도 계급 갈등 내에서 백인의 불만을 대변하는 목소리를 냈다. 그들은 모든 종류의 집단과 기관에 대한 분노라는 이데올로기적 혼란을 보여준다. 〈람보〉(1982)의 존 람보는 경찰이나 반전 시위대를 참지 못한다. 〈화성인 지구정복〉(1988)에서 나다는 사회를 지배하는 사악한 외계인을 드러내는 안경을 얻고 가짜 국민, 자본가, 노동 지도자들을 쫓는다. 람보와 나다 모두 실업자이지만 그들이 싸우고자 하는 대상은 부자들 그 자체가 아니다. 그들은 전후 맥락을 따져 볼 여유가 없는 지친 보수주의, 다음 세대를 위해 현상유지나 하려는 보수주의, 캘리포니아의 앵글로 정착민들을 반영하는 보수주의를 묘사한다. 그들은 과거 상추밭이나 오늘날 전자제품 조립라인과 같은 일자리가 아닌, 새롭게 부상하는 일자리 따위는 원하지 않았다. 그들은 아메리칸드림을 위해 죽음을 무릅쓰고서라도 아메리칸 드림의 소유권을 지키고 싶었고 그중 상당수는 이미 아메리칸드림을 이뤄본 이들이다. 그들이 맞서 싸워 지키고 싶은 것은 그들의 재산이었고 권리였다. 레이건은 재선을 준비하던 1985년 미국 비즈니스 컨퍼런스에서 이렇게 말했다. "나는 의회가 어떤 증세안을 상정하더라도 거부권을 행사할 준비가 되어 있습니다. 그리고 세금 인상론자들에게 할 말은 한 가지뿐이죠. 어서, 해보시오."

삶의 민영화

개인주의, 프라이버시, 재산, 경쟁. 이 개념적 구도는 정치권에 정책의 물질적 호소력을 넘어 사람들과 대화할 수 있는 방법을 제공했다. 레이건 정부는 자립 비용을 분산하고 공정한 경쟁의 장을 만들어 개인에게 기반을 제공하는 대신, 국가가 개입하지 않겠다고 약속했다. 그러나 후버식 정부의 아이러니는 정부 관료주의에 반대하기 위해 정부 관료가 필요하다는 점이다. 후버 연구소가 백악관에 입성하면서 앤더슨과 그 일행은 이상한 기술주의자가 되어 큰 변화를 가져올 것으로 예상되는 규칙, 즉 효율성의 정의를 조금씩 수정해 나갔다. 그들의 주요 도구는 규제 완화와 민영화, 그리고 감세였는데, 이 모든 것이 서로를 강화하는 역할을 했다. 자본에 대한 세금을 인하한 의회 공화당 의원들이 이미 시작한 작업이다. 세금을 1920년대 재즈시대 수준으로 다시 낮추고, 최고 한계세율을 너무 급격하게 인하하여, 양도소득세를 정치적이고 다소 몰수적인 세금에서 단순한 세금으로 재정의했다.

규제완화로 인해 새로운 수익에 투자하기가 쉬워졌고 주식은 1960년대와 1970년대의 하락세를 반전시켰고 더 오랜 기간의 상대적 무관심을 극복할 수 있었다. 금융 자본주의의 녹슨 톱니바퀴가 다시 한 번 삐걱거리며 돌아가기 시작했다. 20년간의 폭발적인 미국 주식 성장이 시작되었다. 조직화된 노동은 노동자들의 연금자산을 호황을 누리는 주식시장에 투입함으로써 산업규제 완화의 타격을 어느 정도 완화할 수 있었다. 여기에 사회주의로 가는 또 다른 길이 있었다. 노동자들이 다른 사람들처럼 회사를 인수할 수 있게 된 것이다.

하지만 노조는 일반적으로 의결권을 관리하지 않았고, 그 일은 그들이 고용한 은행에 맡겨졌으며. 은행은 노동자를 약화시키는 정책에 경영진과 한 표를 던졌다. 결국 노동자들은 생산수단을 구입하는 대신 퇴직금을 상사에게 다시 빌려주게 되었다. 노동분리는 주택과 주식을 구매할 가능성이 높은 고소득층 미국인들에게 경제적 잉여가 흘러들어가면서 주식과 주택 가격을 상승시켰다. 1980년대 샌프란시스코와 산타클라라 카운티의 중간 주택가격은 거의 세 배 가까이 올랐다. 대출, 주택담보대출, 신용카드를 통해 소비자 신용이 확대되었다. 기존 소유주들은 비록 그들이 노동자로 분류되는 반대편에 있었더라도 혜택을 받았다. 이것이 새로운 이데올로기가 구체화된 것이었다.

캘리포니아가 전후의 뜨거운 행진을 계속할 수 있을 거라고는 믿기 어려웠다. 특히 우주 경쟁이 끝나고 베트남에서 패배한 상태에서 말이다. 이로 인한 해고의 물결은 뜨거운 행진이 지속될 수 없다는 광범위한 의심을 확인시켜 주었다. 다음에는 개인용 컴퓨터 산업을 다룰 것이다. 하지만 팔로알토가 제공한 것은 PC만이 아니었다. 금융 자본은 언제나 외곽을 좋아했다. 참신함은 고성장 동력이었고, 팔로알토는 신기술 인큐베이터를 구축했다. 50%가 넘는 막대한 자본 이득세 감면과 연금 투자규제 완화는 케임브리지, 매사추세츠, 베이 지역에서 잘 아는 몇몇 친구들이 하던 벤처캐피탈을 국가적인 성장전략으로 전환하는 데 도움이 되었다. 전 세계에서 자금이 팔로알토의 새로운 수도인 '샌드 힐 로드'로, 그리고 살구나무처럼 솟아나는 수백 개의 벤처펀드로 몰려들었다. 1970년대 말 10억 달러였던 펀드의 자본은 1980년대 초에 4배로 증가하여 1983년에는 40억 달러에 달했다.

후버가 국가적 지렛대를 쥐고 있는 가운데 실리콘밸리 자본주의는 그 모습을 드러냈다. 후버가 상업용 비행기 산업의 활주로를 닦은 것처럼 레이건 행정부는 새로운 첨단기술 투자를 위한 법적 인프라를 구축했다. 마이크로 일렉트로닉스 붐은 완전한 군사기술인 집적 회로가 실제 상업적 기반을 찾은 최초의 사례 중 하나였으며, 지식이 풍부한 벤처 자본가들은 군 계약업체와 소비 대중 사이의 간극을 메워주었다. 정부 컴퓨터가 소련의 미사일 궤적을 가상으로 그려낸 지 수십 년 후, 미국의 어린아이들은 근처 오락실과 자기 방에서 같은 작업을 할 수 있게 되었다. 즉, 부모가 여유가 있다면 말이다. 레이건은 후버가 항공산업에서 그랬던 것처럼 정부가 투자에 대한 소유권을 갖지 않고 새로운 주식 붐을 일으켰다. 실제로 1980년 바이-돌 법안(특허 및 상표에 관한 법)을 통해 연방정부는 정부자금으로 개발된 기술에 대한 독점적 지분을 넘겼다. 계약업체와 결정적으로 대학은 지적재산을 보유할 수 있었고, 이를 고성장 스타트업으로 전환하여 막대한 벤처자본을 흡수한 다음 주식시장에서 투자자본을 흡수할 수 있었다. 레이건 행정부의 팔로알토 브레인트러스트는 공공지식을 사유화하면 공공을 위한 최선의 활용을 보장할 수 있다고 역설적으로 주장했다.

이러한 사고방식은 자본가들이 스탠퍼드 생태학에서 채택한 우화에 따른 것이었다. '공유지의 비극(공유지와 같은 공유자원은 소유권이 설정되어 있지 않기 때문에 과다하게 사용되어 고갈된다는 내용이다)'이라는 스탠퍼드 환경 인종차별주의자들의 우화에서 따온 것이다. 스탠퍼드에서 교육을 받은 생태학자 개럿 하딘은 1968년 12월 학술지 〈사이언스 저널〉에 실린 6페이지 분량의 글에서 공공의 '공유지'는 본질적으로 행위자를 극대화함으로써 남용될 수 있다고 주장했다. 반이민 단체 페어의 공동 창립자이자 편견론자였던 하딘은 특히 인구에 대해 걱정했다. 그는 "복지국가에서 가족, 종교, 인종, 계급(또는 실제로 구별 가능하고 응집력 있는 집단)이 자신의 세력확장을 위해 과잉번식을 정책으로 채택하는 경우 어떻게 대처해야 하는가?"라는 질문을 던진다.

신나치즘에서 한 발짝 떨어진 이 질문은 닉슨 시대에는 환경주의의 외피라도 입었지만 레이건 행정부 시절에는 애초 과학 출판물에 어울리지 않는 철학논문이 공공재 전반에 적용되며 부풀려졌다. 경제가 발전함에 따라 국가는 점점 더 많은 공유지가 과잉착취 또는 과소착취로 인해 오용되지 않도록 신경 쓰고 있어야 했다. 우리가 알다시피 자본은 입지를 보호할 수 없는 새로운 시장에 진입하기를 꺼리기 때문이다. 이는 새로운 산업을 위한 지적재산 공유지 구축의 필요성을 인식하는 것에서 신기술의 확산을 제한하여 가능한 한 최상의 투자환경을 조성하는 것으로 이념의 변화를 나타낸다. 활발한 반독점법 집행이 최초의 트랜지스터 라이선스의 확산을 보장한 반면, 새로운 국가 종교는 공공의 비용으로 기술 독점을 장려했다.

이 정부 지원 주식 사기극의 포스터 차일드(특정한 질병이나 문제 등을 가진 아동에 대한 도움을 구하는 포스터에 나오는 아동)는 베이 지역의 새로운 합성 환경의 유기적 산물이었다. 1970년대에 베이 지역 UC와 스탠퍼드의 과학자들은 생명공학의 기본 구성요소인 DNA 염기 서열을 설계하고 이를 생명체에 삽입하는 방법을 연구했다. 동시에 스탠퍼드는 캠퍼스 연구를 통해 장기적인 재정적 이익을 확보하기 위한 방법으로 상업적 라이선스를 모색했다. 스탠퍼드 관료였던 닐스 라이머스는 정부의 공식 정책 변경보다 10년이나 앞선 1970년에 기술 라이선싱 사무국OTL을 만들었다.

특히 1974년에는 과학자 허브 보이어와 스탠리 코헨을 대신하여 UC와 함께 재조합 DNA 프로세스에 대한 특허를 출원했을 때, OTL은 회색 영역에서 활동했다. DNA도 특허를 받을 수 있을까? 커뮤니티의 많은 과학자들은 아니라고 말했고 재조합 DNA를 개발하려면 보이어와 코헨보다 훨씬 더 많은 사람이 필요하다는 것을 직접 경험으로 알고 있었다. 미국 특허청은 이를 만류했지만 보이어는 클라이너 퍼킨스의 벤처 캐피털리스트인 밥 스완슨과 함께 생명공학 시장의 가능성을 보고 1976년 재조합 DNA 라이선스 및 사용을 계획하는 회사를 설립했다. 당시의 간단한 이름 짓기 관습에 따라 회사 이름을 '제넨텍Genetech'라고 지었다. 그들은 직원을 고용하는 대신 쇼클리의 투자자이자 감귤류 pH 측정자인 아놀드 베크만처럼 베크만 연구소에 업무를 아웃소싱했다. 실패할 거라면 팔로알토 시스템에 따라 빠르고 저렴하게 하기 위한 것이었다.

그들은 실패하지 않았다. 1980년 운명의 해에 상황이 정점에 달했고, OTL은 회색 지대에서 벗어날 수 있는 일련의 청신호를 받았다. 첫째, 6월에 대법원은 '다이아몬드 대 차크라바티 판결'에서 모호했던 부분을 명확히 정리했다. 판결을 통해 합성 유기체에 대한 특허를 명시적으로 허용하여 생명 사유화를 허용했다. 이 유망한 지표를 바탕으로 제넨텍은 10월 공개 시장에 상장했고 제품도 없는데도 첫날 주가가 두 배로 오르면서 허브 보이어는 수백만 달러의 부자로 거듭났다. 12월, 차크라바티에서 명확성이 확립된 후 특허청은 재조합 DNA 출원을 승인했고 연말이 되기 전에 의회는 바이-돌 법을 통과시켰다. 제넨텍 모델은 관련 과학자 전원은 아니더라도 정부와 월스트리트의 승인을 받은 것이나 다름없었다. 월터 브래틴과 존 바딘처럼 전통주의자들은 명성에 만족할 수 있었고 보이어와 같은 학자 출신 기업가들은 큰돈을 벌었다.

이두갑은 그의 저서 《재조합 대학: 유전공학과 스탠퍼드 생명공학의 출현》에서 "지적재산에 초점을 맞추는 것은 연구개발의 초기 단계에서 벤처 자본의 유입을 확보하기 위한 중요한 비즈니스 전략으로 발전했다"고 적었다. 스탠퍼드는 재조합 특허에 대한 OTL의 지분으로 25억 달러 이상의 상업적 로열티를 받았다. 비평가들은 이 특허가 활용도가 낮아서 벤처캐피털의 지원을 받지 못한 소규모 스타트업의 진입을 막았다고 지적한다. 하지만 기술 확산이라는 측면에서 보면 라이선스 비용과 제넨텍의 성공에 대해 비판적으로만 보기는 어렵다. 1980년대 말, 팔로알토의 많은 사람들을 부자로 만든 이 회사는 스위스의 다국적 제약 대기업인 로슈가 대주주로 인수했다. 베이 지역의 자본가들과 과학자들은 정부의 개입을 배제함으로써 법적으로 모호한 종잇조각을 사람들이 사용하는 약을 만드는 실제 회사로 탈바꿈시켰다. 공유지의 비극에서 재조합 DNA를 구해낸 대가였다. OTL의 DNA 지식재산권에 힘입어 스탠퍼드는 특허 수입 면에서 미국 최고의 대학이 되었다. 하지만 이 과정에서 대중이 얻은 것과 잃은 것을 계산하기는 어렵다.

스탠퍼드처럼 금융자본을 중심으로 성장한 기관에 있어서도 그 시대는 절충의 시대였고, 행정부는 민간 부문에서 열리는 기회와 줄어드는 공공 자원 사이에서 길을 찾아야 했다. 이러한 경고에도 불구하고 스탠퍼드는 자유주의적 합의와 막대한 정부 계약에 적응했다. 그러나 팔로알토는 20세기 마지막 분기에 방위산업, 기술스타트업, 학술연구 간의 결합으로 흥청거렸다. 레이건 행정부는 새로운 냉전의 한 방을 노리며 국방 R&D 지출을 늘렸다. 미국의 군사비는 베트남 전쟁 수준으로 돌아갔다. 컴퓨터 증강은 더 이상 LSD의 환상이 아니었고 새로운 무기에는 컴퓨터가 가득했다. 1983년까지 이 대학은 연간 3,000만 달러 이상의 국방부 연구비를 포함해 전체 연방 대학 연구 계약의 23%를 확보했다. 하지만 10년도 채 되지 않아 캠퍼스에는 수십 명의 연방 조사관이 몰려들었고 정부 감사가 신문에 실렸으며 학교 총장은 수치심에 사임했다. 무슨 일이 있었던 것일까?

냉전 시대의 모범적인 대학으로서 스탠퍼드의 존재는 국방부와의 관계에 달려 있었고 국방부와의 관계는 국방부 산하기관 중 하나를 통해 중재되었다. 대학은 단일기관을 통해 국방부와 전반적인 관계의 측면을 협상하며 스탠퍼드는 학교의 전후시설 건설을 도왔고 악명 높은 스탠퍼드 감옥 실험에 자금을 지원한 기관인 해군 연구청과도 협력했다. 수십 년 동안 그 관계는 매우 돈독하여 앞서 언급한 수백만 달러의 연간 보조금으로 이어졌고, 스탠퍼드는 이러한 상을 최대한 활용하는 데 매우 능숙했다.

대학이 보조금을 받을 때, 학교는 건물청소, 조명유지 및 기타비용과 같은 간접비용에 대한 수수료를 보조금 지급 기관에 청구하므로 1달러당 대학은 간접비용에 대한 추가 비율을 받게 된다. 스탠퍼드는 1980년 58%에 달했던 간접비 비율이 1991년에는 78%에 달할 정도로 간접비 회계에서 미국을 선도했다. 냉전이 종식되면서 냉전 대학의 필요성도 줄어들었고, 공화당과 민주당은 소련에 대한 걱정보다 적자와 정부 팽창에 대한 걱정을 더 많이 하기 시작했다. 1988년, 스탠퍼드에서 간접비 비율이 올라가는 것을 관장하던 해군연구소의 로빈 심슨 대표는 승진하게 된다. 그의 후임은 대학에 불운이 겹쳐 폴 비들이라는 회계사가 맡았다.

그들은 교직원들과 이야기를 나누면서 높은 간접비 비율로 인해 보조금 취지와 맞지 않는 비용이 지출되고 있다는 우려를 갖게 되었다. 회계사였던 비들은 전임자와 달리 학교 장부를 보고 싶어 했다. 스탠퍼드 대학은 1980년대에 심슨과 맺은 100여 건의 협약에 따라 감사를 실시하지 않았다. ONR의 대표인 비들이 장부에서 발견한 내용은 결국 전국 언론에 보도되었다. 총장 집의 삼나무로 장식된 옷장에 6,000달러, 매달 2,000달러의 꽃, 고급 화장실에 1,200달러, 시트에 7,000달러, 장작 난로와 자쿠지가 장착된 72피트짜리 호화 요트 등이었다. 이것이 바로 공적 지원 내용이었다.

스탠퍼드는 심슨에게 직접 호소하여 비들을 우회하려 했고 이는 비들을 더욱 분노하게 만들었다. 그러나 비들이 자신의 연구결과를 상부에 보고하려고 했을 때 해군 상사들은 스탠퍼드의 사기 행각을 추적하는 데 관심이 없었고 아마도 연방정부는 팔로알토의 너무 많은 사람들이 정부의 전후 인체 실험 시체가 어디에 묻혀 있는지 알고 있다는 것을 우려했을 것이다. 하지만 비들은 결단력이 있었고 그가 가진 정보는 폭발적이었다. 그는 동료 참전용사이자 하원 에너지 및 상업위원회 위원장이었던 미시간주 하원의원 존 딩겔에게 이 정보를 가져갔다. 청문회 결과는 스탠퍼드에게 큰 망신을 안겨주었고 다른 연구중심 대학에 경종을 울리는 계기가 되었다.

딩겔은 학교와 총장뿐만 아니라 심슨과 ONR에 대한 기록까지 상세하게 남겼다. "초기 청구서에 따르면… 프랑스 세탁소에서 한 달에 1,000달러가 넘는 세탁비가 청구되었습니다"라고 그는 말했다. "저는 폴란드인이고 중국인 세탁소에 세탁을 맡깁니다." 스탠퍼드는 엘리트 학계 자유주의자들이 국민의 돈을 사치스러운 일에 낭비하는 완벽한 분노의 표적이 되었다. 농담이 현실이 된 것이다. 하원의원은 비들을 칭찬하며 그에게 무슨 일이 생기면 ONR을 협박했다.

전 국민 앞에서 망신을 당한 대학총장 도널드 케네디는 부하직원들과 함께 사임할 수밖에 없었다. 해군은 심슨을 징계하고 비들에게 공로 민간인 봉사상을 수여하며 그를 기렸다. 비들은 만족하지 않았다. 그는 스탠퍼드가 연방정부에 2억 달러의 빚을 졌고, 내부 고발자 소송에서 이기면 그중 30%를 받을 수 있다고 생각했다. 하지만 〈람보〉에서와 마찬가지로 아무도 비들 씨의 진실을 듣고 싶어 하지 않았다. 법원은 내부 고발자 소송을 기각했다. 스탠퍼드 대학은 수억 달러의 빚 중 극히 일부만 갚았다. "이번에는 우리가 이길 수 있을까?〈람보〉에서 답이 "아니"라는 것을 알면서도 고개를 갸웃거리면서도 모델은 계속 작동했다. 사실, 가속도가 붙고 있었다. 어쨌든 케네디는 이사회에 너무 소심했다. 자유주의적 합의를 폐지한다고 해서 정부 낭비가 종식되는 것이 아니라 민간 부문으로, 스탠퍼드의 경우 큰 규모의 공공-민간 비영리 부문으로 이전될 뿐이었다.

미국 지도부는 임금보다는 자산가격의 성장에 가장 큰 희망을 걸었다. 수요가 많은 노동자들은 보장된 임금과 스톡옵션을 맞바꿔 기업주들에게 기꺼이 한 표를 던졌다. 국가 번영과 높은 임금은 더 이상 국가, 자본, 노동조합 간의 계약에 의해 보장될 수 없었다. 국가 경제가 글로벌 투자 자금을 유치할 수 있는 능력을 통해서만 확보할 수 있었다. 지적재산에 대한 새로운 산업의 발전은 이러한 변화의 한 부분이었으며 현지 변호사들은 실리콘밸리에서 눈에 띄는 위치를 차지했다. 한계생산비용의 문제에도 불구하고 수익성 있는 소프트웨어 산업을 구조화하는 데 중요한 역할을 담당했다. 금융 자본주의의 유연성 덕분에 커뮤니티 내에서 소송을 피할 수 있는 경우가 많았는데 특히 양측이 같은 로펌을 이용하는 경우에는 더욱 그랬다. 양측 모두 이해 상충을 피하는 데 관심이 있으면 갈등을 피해가기 수월하다. 게다가 공유할 수 있는 주식이 충분했고, 그렇지 않다면 특히 멋진 지적재산이 있다면 더 많이 인쇄할 수 있었다. 제넨텍은 올바른 지적재산이 투자자를 백만장자로 만들 수 있다는 것을 증명했다.

후버의 파벌정책 덕분에 자본의 공급이 늘어났다면 노동력은 어땠을까? 특히 첨단기술기업에 필요한 숙련된 노동력은 어떻게 되었을까? 공공자원을 차단하는 레이건 전략으로 인해 숙련된 노동자를 위한 프로그램이 약화되었다. 또한 공급이 제한되어 있었기 때문에 졸업생들은 임금 요구를 통해 고용주에게 비용을 전가할 수 있었다. 한 가지 해결책은 교육의 민영화였다. 학생들을 민주적으로 통제되는 커뮤니티 칼리지에서 빼와 트라이오드 발명가 리 드 포레스트가 무선 수리공 훈련학교로 공동설립한 사설 아카데미 프랜차이즈이자 데브리 대학이 이끄는 영리 '기술' 직업학교에 넣는 것이다. 학생들이 무료로 커뮤니티 칼리지에 다니는 것보다 돈을 내고 기술학교에 다니면 교육을 소중히 여기고 투자에 대한 수익을 추구할 것이라는 생각에서였다. 기업들은 자체적으로 교육기관을 개설하여 커리큘럼을 맞춤화하고 수업료를 받기로 했다.

보비 실은 정치적인 방해 없이 실이 처음 의도했던 대로 기술이나 항공우주 직업을 훈련할 수 있었다. 공공의 통제를 받지 않는 이 학교들은 사적수요가 있는 기술만 가르쳤고 시장의 초개인적 초지능에 따라 국가의 인적자본을 최대한 활용할 수 있었다. 시장은 이를 인정하여 1991년 공개거래 첫날 주당 10달러에서 24달러로 데브리 주식을 상장했다. 이제 자본가들은 노동자들이 스스로 교육을 받도록 할 수 있을 뿐만 아니라 그 특권에 대한 대가를 지불하게 할 수도 있었다. 이에 발맞추기 위해 커뮤니티 칼리지는 기술 기업을 초청하여 수업시간을 대신하고 공적 자금이 투입된 과정의 커리큘럼을 설정하기도 했다.

레이건 시대의 공식적인 개인주의의 중심에는 아이러니가 있었다. 국가가 제공하는 사회 서비스의 축소로 인해 사람들의 삶의 기회는 개인으로서 기여한 바가 전혀 없는 출생환경에 더 많이 의존하게 되었다. 전후 미국 자유주의의 전성기에는 앞서 말했듯이 연방 프로그램이 백인남성 간의 차이를 평준화했다. 군 징병제는 국가의 필요에 따라 유망한 미국 소년들을 고등교육과 전문과학분야로 끌어들였다. 국방부는 백인 신병의 출신에 무관심한 채 지속적인 인재 발굴에 나섰다. 이후 빈곤퇴치프로그램과 공립고등교육의 확대로 더 많은 사람들이 연방정부의 지원을 받는 기회의 산업에 들어오게 되었다.

이 시스템은 통제불능상태가 되어 흑표당 탄생에 기여하고 반란세대를 고무시켰다. 레이건주의는 우파가 기회의 과잉으로 여겼던 것에 대한 응급처치였다. 보수주의자들은 유전자에 새로운 불평등이 존재한다는 팔로알토의 생각에서 정당성을 찾았다. 보상 국가는 일련의 불평등한 분배 경향으로 구성된 자연질서를 왜곡할 뿐이라는 것이었다. 물론 부자들은 새로운 질서하에서 더 잘하는 경향이 있다고 생각했다. 애초에 그들의 가족이 부자가 된 것은 유전적 우월성 덕분이라는 생각이었다. 사유화된 삶은 노력의 측면에서 개인주의를 의미하는 것이 아니라 계급화된 IQ 논리의 부활과 상속의 재분배를 의미한다. 대학생이 되는 데 드는 비용의 증가는 빨갱이 부랑자를 막았을 뿐만 아니라 고등교육을 다시 가족 투자로 전환시켰다.

데이비드 스타 조던이 처음 계획했던 것처럼 인적자본을 국가자원으로 취급하는 대신, 미국의 새로운 리더들은 개릿 하딘의 비극적 공유지의 논리를 적용했다. 그들이 그것을 나눠 주면 사람들은 학교에 가서 학교에 가서 폭탄을 만드는 대신 급진적인 새로운 연극예술 관행을 발명할 것이라는 것이다. 반면에 교육이 폐쇄되어 있으면 시장에서는 제대로 된 가치를 평가하고 최선의 활용을 보장할 수 있다. 학생들은 스스로를 걸어 다니는 투자처로 여기기 시작했다. 양분된 세상에서 그들은 그렇게 하지 않을 수 없었다. 실리콘밸리의 고용주들은 노조를 지역산업에서 배제하기 위해 투트랙 노동력을 이용했다.

고임금을 받는 직원들을 위해 기업들은 팀 여행, 고급 식사, 무료 맥주까지 다양한 혜택을 제공했다. 내셔널 세미컨덕터는 14에이커 규모의 '직원 휴양 공원'에 수백만 달러를 투자했다. 추천 보너스는 직원들이 지인들에게 회사에 대해 이야기하도록 장려하기도 했다. 상사들은 공식적인 위계질서를 없애고 개방적인 분위기를 조성했다. 직장을 더 재미있고 더 개인적인 공간으로 만들어 직장 내 소외감을 해소하는 것은 근로자를 끌어들이고 노동조직을 견제하는 유연한 방법이었다. 이러한 공짜 혜택은 80년대 초 경기침체와 같은 불황기에 임금이나 명시된 혜택보다는 쉽게 철회할 수 있다는 장점도 있었다. 당시 학자인 앤 마쿠센과 조엘 유드켄은 "국방부는 노조파괴에 적극적으로 협력하고 있다"고 말했고, 주 정부는 비노조 지역에 대한 투자를 장려했다. 레이건 1기 말 국방부 주요 계약 상위 4개 카운티 중 3개가 캘리포니아에 있었고, 그중 산타클라라가 3위를 차지했다. 이 카운티는 1980년 전체 국방부 계약의 3%를 차지했는데 인구 기준으로 5배에 달했다.

실리콘밸리는 노사관계의 모델이 되었고 CEO들은 전국적인 인물이 되었다. "고성장 기업의 조직은 사람 중심입니다"라고 애스크 컴퓨터 시스템의 창립자이자 CEO인 산드라 커치그가 1984년 합동 의회 위원회에서 설명했다. "회사는 가족처럼 기능합니다. 성과가 좋은 직원은 보살피지만 성과가 좋지 않은 직원은 환영받지 못하고 원치 않는 존재입니다. 실리콘밸리에 노동조합이 없는 것은 다행히도 사람을 중시하는 기업문화 때문입니다." 정말 이상한 가족이 아닐 수 없다.

새로운 세계와의 새로운 질서

레이건 시대는 카터 대통령을 비롯해 조지 부시 시니어, 클린턴, 조지 부시 주니어, 오바마, 트럼프, 바이든 대통령을 거치며 미국을 다시 정상 궤도에 올려놓았다. 미국의 햇볕이 내리쬐는 시간은 끝난 것이 아니라 이제 막 시작되었다. '미국의 아침'이라는 슬로건처럼 말이다. 경제적으로는 광산, 공장과 함께 20세기 중반의 노동모델을 버리고 산업에서 탈산업으로 도약했다. 1차 산업과 중공업 분야에서 세계 시장을 이길 수 없다면 만들어내서라도 이길 수 있다고 생각했다. 혁신은 국가적 표어였고, 하이테크는 새로운 미국 브랜드였다. 하지만 이 전략이 이전보다 이 시기에 더 성공적일 수 있었던 이유는 무엇일까? 컴퓨터화가 미국의 전통적인 제조 공정에 경쟁력을 유지할 만큼 충분한 효율성을 부여하지 못했기 때문이다. 미국의 기술 전략은 베트남에서 비참하게 실패했는데 특히 전략 폭격과 센서를 사용하여 전장을 계산 가능하게 만들려는 군의 노력은 LSD문제는 말할 것도 없고, 베트남에서 실패했다. 스푸트니크에서 정점을 찍은 소련의 급속한 과학기술발전은 자본주의 발전의 길에 특별하거나 본질적으로 더 빠른 것이 없다는 것을 증명했다. 그렇다면 미국은 어떻게 일련의 패배를 냉전에서의 승리로 전환할 수 있었을까?

문제의 상당 부분은 자본이 조직노동을 파괴하고 이후 미국사회를 규정하는 탈노조화 및 임금억압 추세가 시작된 가정에서 해결되었다. 이는 동북부 지역에서 남서부 지역으로, 그리고 분화된 노동력으로 생산되는 컴퓨터와 기타 전자제품으로 투자가 이동하는 것을 수반했다. 자본 친화적인 개혁은 이 과정을 가속화했다. 그러나 자본가들에게 결정적인 냉전의 싸움은 제3세계에서 벌어졌다. 미국과 소련의 사활을 건 경쟁은 어느 쪽이 전 세계를 자기 진영의 생산과 소비의 회로에 동화시킬 수 있느냐의 문제였다. 군사적 케인즈주의 전략은 일본, 대만, 한국, 서독 등 소련과의 국경을 확보하는 데 성공했지만, 이들 국가로부터 수입하는 규모는 국내 수익성을 급속히 악화시켰다. 캘리포니아의 금융자본은 풀기 어려운 이 문제를 다시 한 번 해결해야 했다.

레이건이 취임하자 백악관을 장악한 강경 이데올로기 자본가들은 미국의 힘을 이용해 후버라이트 노선에 따른 글로벌 정책 혁명을 추진했다. 전 세계의 계급권력 균형을 지역 엘리트 쪽으로 이동시킴으로써 국내 자산 가격을 끌어올린 것과 유사한 금융성장의 선순환을 촉발시켰다. 해외 자본가들은 이익을 내기 위해 투자해야 했고 미국 자본가들과 동일한 세계사적 압력을 받았기 때문에 그들의 자금은 미국에 본사를 둔 불균형적인 수의 동일한 금융 싱크대로 향하는 경향이 있었다.

미국과 미국이 주도하는 기관들은 마셜플랜 기금과 비밀전쟁 자금으로 동맹국을 지원하는 대신 공공자산을 민영화하여 상환하거나 후버라이트 개혁의 대가로 탕감받을 수 있는 대규모 대출을 이들 국가에 제공했다. 비민주적인 지도자들은 대출(사치스러운 생활 방식을 지원), 민영화(뇌물과 자기 거래의 기회를 제공), 개혁 자체(경제 흑자를 유리하게 전환)로부터 많은 이득을 얻었다. 또한 미국산 무기를 대량으로 구매할 수 있었기 때문에 정권은 자국의 노동자 계급을 공격하여 스스로를 보호할 수 있었다. 소수의 손에 자본이 집중되면서 모든 사람을 같은 상황으로 끌어들이는 것이 더 쉬워졌고 나중에 워싱턴 컨센서스(중남미 개발도상국에 대한 미국식 자본주의 국가발전 모델)라는 이름으로 명명되었다.

자본가들은 미국 무역정책의 민주적 통제에서 벗어나기 위해 '자유무역'을 추진했는데, 이는 협정체결 권한을 행정부로 이관하고 관세를 이용해 자국산업에 대한 외국의 지원을 약화시키는 것을 의미했다. 그러나 고도성장을 이룬 일본을 제외하고는 자본주의 남아시아 및 동아시아에서 익숙한 문제가 발생했다. 개발도상국 경제를 양분함으로써 지도자들은 광범위한 노동자 계층의 상품과 서비스에 대한 기능적 수요를 감소시켰고, 이는 특히 상향 이동성이 높은 전문직 종사자들의 실업률을 불안정하게 만들 수 있는 잠재적 요인으로 작용했다. 인구를 절반으로 줄일 수는 있지만 그 중간에 있는 사람들을 어떻게 처리해야 할까? 예를 들어, 비동맹 국가였던 인도는 수십 년 동안 도시화가 진행되면서 엔지니어 공급이 과잉되었고, 교육지원을 확보하기 위해 미국과 소련을 상대로 경쟁을 벌였다. 한국과 필리핀은 특히 의료 분야에서 치과의사, 의사, 간호사, 약사 등 비슷한 인적자본 과잉을 겪었다.

학자 로널드 타카키는 필리핀에 대해 "문제는 의사가 너무 많아서가 아니라 가난한 사람이 너무 많아서 발생했다"고 적었다. 레이거노믹스 하에서는 치통으로 치과를 찾는 수요라도 돈이 없는 수요는 중요하지 않다고 말한다. 양분화는 의료에 대한 노동계급의 수요를 충족되지 않은 채로 남겨두는 어려운 방식으로 의료 수요를 줄이는 것을 의미했다. 그러나 이 문제는 관점에 따라서는 해결책이기도 했다. 미국 내에서는 자본을 기꺼이 지불할 수 있는 수준의 숙련된 노동력을 만성적으로 공급하지 못했고, 동아시아에서 온 숙련된 노동자를 실망시키는 건 미국의 특기였기 때문이다.

미국은 자본뿐 아니라 법으로도 새로운 이민 노동력을 활용할 준비가 되어 있었다. 1965년, 아마도 존슨 행정부의 초당적인 반인종주의 노력의 일환으로 미국은 이민 규정을 자유화하여 귀화에 대한 인종 요건을 없앴다. 그 대신 합법적 영주권자의 전문가와 친척에게 추가 점수를 부여하는 유사 공로 시스템이 도입되어 귀화할 수 있게 되었다. '숙련된'(또는 매우 근면한) 이민자 한 명이 한 가족을 구성할 수 있게 된 것이다. 국가에 도움이 되는 자본을 가져온 사람들도 법의 우회로를 통해 들어올 수 있었다. 미국으로의 이민은 인디라 간디(인도), 박정희(대한민국), 장제스(대만) 및 페르디난드 마르코스(필리핀)뿐만 아니라 로널드 레이건(미국) 정권의 안전판 역할을 했다.

베트남, 캄보디아, 중국에서 비교적 특권을 누렸던 사람들도 이해할 수 있는 이유로 이주를 모색했다. 쿠바와 동구권의 일부도 마찬가지였다. 미국은 탈북자들을 기꺼이 받아들였다. 그들의 노동력, 기술, 자본 등 자원의 이전을 의미했기 때문이다. 기술, 그리고 그들이 가져올 수 있는 모든 자본을 의미했기 때문이다. 미국 이민법의 '가석방' 조항은 일종의 사면 기능인 개별 사건을 위해 만들어졌지만 1950년대부터 당국은 이 조항을 이용해 탈북자를 대량으로 수용하기 시작했다. 1970년대 말, 가석방된 100만 명 이상의 사람들 중 99.7%가 공산주의 국가 출신이었다. 베트남 난민의 첫 번째 물결은 교육수준이 높고 영어에 능통한 전문직 종사자나 관리직 가정 출신이었다. 중국 난민들은 대만이나 홍콩을 통해 들어왔으며 고임금 전문·기술·관리직과 저임금 사무직으로 나뉘었다. 중국과 미국의 관계가 좋아지면서 중국 본토 이민자 집단도 함께 들어왔다. 그 다음 캄보디아와 라오스 출신 난민들이 들어왔다. 이들은 70년대 후반 베트남 난민의 두 번째 물결처럼 훨씬 적었다.

미국 정부 내 일부 세력의 부추김을 받은 열렬한 반공주의자들을 제외하고는 고국을 되찾겠다는 의지를 가진 강경 반공주의자들을 제외하고, 1965년 이후 아시아 이민자들은 과거 '코호트'처럼 돌아갈 계획이 전혀 없었다. 이들은 미국에 정착하기 위해 온 가족들이었고 이 이민의 물결은 지금은 많은 사람들이 당연하다고 여기는 방식으로 미국을 형성했다. '아시아계 미국인'이라는 정체성은 이 시기에 범아시아적 연대와 함께 생겨났다. 이 '아시아'라는 추상적 개념, 즉 고대 그리스인들이나 식민 지배를 하던 영국인들이 사용했던 것과는 매우 다른 방식으로 시작된 반식민지 범아시아 운동은 부분적으로는 미국 법에서 비롯된 것이지만 분명한 것은 많은 다양성을 포함하고 있다는 점이었다. 자본은 모든 사람을 하나의 국가적 용광로에 섞기보다는 그 다양성을 활용했다.

국가별 제한이 없었기 때문에 후버주의자들의 이 자본주의 슈퍼 인텔리전스 집단은 유입되는 모든 자본과 노동력을 최적으로 배분하는 방법을 결정해야 했다. 직업배경과 교육수준도 이민자들을 조직하는 데 도움이 되었지만, 언어 능력과 자본에 대한 접근성도 그에 못지않게 중요했다. 인도와 홍콩(영국의 식민지), 한국, 남베트남, 필리핀(미국의 식민지)에서 온 영어 능력을 갖춘 전문인력은 합리적으로 기대할 수 있는 고위직 수준은 아니더라도 해당 분야에서 일자리를 찾을 수 있는 상당한 기회를 가졌다. 중국, 한국, 크메르, 라오스, 몽족 등 영어를 구사하지 못하는 노동자 계층과 가난한 이민자들은 전자, 섬유 등 비노조 부문의 공장이나 조립라인, 저임금 서비스 직종에서 일자리를 찾았다. 특히 한국인 중 상당수의 영어실력이 부족한 전문직 및 관리직 이민자들은 다시 한 번 양분화되는 경제적 운명에 놓이게 되었다. 하지만 레이건 시대의 미국에는 가령 1만 달러만 있으면 해답이 있었다.

미국 노동시장이 1965년 이후 다양한 이민자 집단을 어떻게 수용했는지에 대해 이야기하는 것은 지금은 미국이라는 국가가 지향하는 발전적인 마인드에 위배되는 지겨운 인종적 고정관념을 반복할 위험이 있다. 그러나 이에 대해 이야기하지 않으면 동일한 패턴으로 귀결되어 특정 직업에 대한 인종적 적합성과 미국에서 일반적으로 아시아계 이민자에게 부여하는 역할에 대한 잘못된 생각을 강화할 위험이 있다. 예를 들어, 흔히 한국 이민자가 운영하는 도시 곳곳의 코너 상점의 관계를 경제 역사적 맥락에서 이해해야만 이 순서를 이해할 수 있다. 1965년 이후 아시아계 이민자 중 불균형적으로 많은 수가 여러 가지 이유로 소규모 사업체를 소유하는 데 몰두했다. 이민 규정에 따라 개인이 자신의 자본으로 사업체를 인수하면 포인트 시스템 점수에 관계없이 입국이 허용되었고, 소규모 사업체는 가족이 비공식적인 저임금으로 가족구성원을 고용할 수 있어 생활비가 해결되는 경쟁 우위를 점할 수 있었기 때문이다.

이 이민자들은 영어권 고용주처럼 영어능력의 필요성을 과장하지 않았고, 소규모 사업체를 어렵게 마련하고 나서도 자녀만큼은 전문직에 성공적으로 동화시킨 후 인생의 마지막을 앞두고 그 가게를 팔아야 한다는 압박감을 느꼈던 이들이다. 미국의 자격증 시스템을 통과하지 못한 이들은 교육받은 전문가의 도움을 받아 적당한 대출과 지역사회 네트워크의 자본을 이용할 수 있었다. 남부와 서부 지역으로의 교외 확장은 새로운 시장을 만들어냈고, 수요가 창출되었고, 소규모 사업체들이 이 시장을 채워야 했다. 이 소규모 사업체, 즉 식당, 도넛 빵집, 소규모 식료품점, 자동차 수리점, 신문 가판대, 모텔, 네일숍, 주류 판매점, 편의점 등은 소자본만으로 가능한 노동 집약적인 비즈니스로 충분히 생존 가능했지만 이윤이 적었기 때문에 자신과 가족의 착취가 돈을 버는 유일한 방법이었다.

로널드 타카키는 가게 주인이 되기에 '적절한 시기'를 말하면서도 "한국 사업주들을 대상으로 한 연구에 따르면 90% 이상이 한국에서보다 더 열심히 일하고 더 검소하게 살고 있었다." 레이건 대통령이 아시아계 미국인과 태평양 섬 주민들을 모범적인 소수민족으로 칭송한 것도 바로 이러한 검소한 생활태도에 기인한다고 지적한다. 모든 노동자들은 열심히 일하고 검소하게 살아야 한다는 말이었다.

1965년 이후 아시아 이민자에 대한 이야기는 이탈리아계, 특히 유대인의 미국동화과정과 비교하지 않고는 이해하기 어렵다. 1980년대와 1990년대 미국 교외에서 대만 이민자의 자녀로 성장한 에디 황은 자신의 회고록 《프레시 오프 더 보트》에서 "미국인들이 중국 역사를 이해하는 가장 쉬운 방법은 모든 것을 유대인의 역사와 비교하는 것이다"라고 말한다. 하지만 가장 쉬운 방법이 최선이 아닐 수도 있다. 유대인의 역사는 이미 너무 단순하다.

《프레시 오프 더 보트》을 각색한 텔레비전 시트콤을 보면 그의 부모님은 레이건의 이상에 가깝다. 아버지 루이스는 상냥하고 창의적이며 낭만적인 레스토랑 주인이고, 어머니 제시카는 까다롭고 말도 안 되는 '호랑이 엄마'로 부동산 세일즈에 열을 올린다. 두 사람은 모두 미국에서의 기회와 자유를 위해 열심히 일하면서 그들의 가치를 미국 문화에 접목시켜 상호보완적인 가치관으로 아이들에게 전수한다. 아시아계 미국인의 그렇고 그런 성공스토리인 것이다. 하지만 책 버전은 더 복잡하고 더 흥미롭다. 책에서 황은 어머니의 부모님이 백만장자였다고 말한다. 이민자 출신으로 대만 섬유 공장의 자본을 가지고 버지니아 교외에 가구를 판매하는 가게를 열었고 그 가게는 더 커졌다.

책에서 그의 아버지는 학생 신분으로 미국에 온 반개혁적인 건달로 우연히 엄마를 임신시켰고, 지금도 엄마 몰래 뒹굴고 있을 것이다. 그는 또한 거실에서 총기를 가지고 장난을 치기도 한다. 아버지는 플로리다주 올랜도에 있는 레스토랑을 마음에 들어 하고, 몇 주 동안 요리사로 일한 후 자신의 가게를 연다. "집주인은 임대 계약을 체결하면 보증금과 3개월 임대료가 무료인 식당을 주겠다고 했어요"라고 황은 레스토랑을 하게 된 과정을 이렇게 설명한다. "테마파크와 햇살이 가득한 붐타운(갑자기 성장하는 신흥도시)이었죠." 책과 시트콤이 완전히 다른 것은 아니지만 책에서는 구체적인 역사적 맥락과 부모와의 관계를 깊이 있게 다루고 그것이 이민 서사에 어떤 영향을 미쳤는지를 강조하는 반면 시트콤에서는 모호한 방식으로 개인적 문화적 가치의 차이에서 오는 재미를 우선순위에 두는 것이 특징이다. 이 불일치에서 우리는 레이건 시대 '노동에서 상속으로의 전환기'에 펼쳐지는 1965년 이후의 성공적인 코호트의 역사가 어떻게 부트스트랩(한 번 시작되면 알아서 진행되는 일련의 과정)이라는 진부한 표현으로 다시 쓰였는지 알 수 있게 된다.

이 시기 태평양 대륙 간 노동과 자본의 흐름에서 혼란스러운 한 가지는 이민 노동과 자본이 미국으로 건너가는 동시에 미국 기업들이 바로 대만, 홍콩, 한국, 필리핀으로 생산을 오프쇼어링(생산비와 인건비 절감 등을 이유로 해외로 생산시설을 옮긴 기업들이 다시 자국으로 돌아오는 현상)하고 있었다는 점이다. 아시아 자본이 미국에 오기를 원하면서도 동시에 미국 자본은 왜 또 아시아로 간 것일까? 한 가지 이유는 이민을 통해 얻은 정치적 안정이 자본주의 동아시아를 외국인이 투자하기에 안전한 곳으로 만들었기 때문이다. 그리고 양키와 동맹을 맺은 여러 독재정권의 지배계급이 해외에서 벌어들인 이익을 국내생산 확대에 투자하기에는 한계가 있었다. 과세와 몰수의 대상이 되기 너무 쉽고, 도주하기가 너무 어렵다는 점이었다.

미국의 자본가들과 마찬가지로 다른 나라의 자본가들도 대중의 의무와 거리를 두었다. 미국 역시 동맹국 은행들이 뉴욕(또는 샌프란시스코나 로스앤젤레스)에 있는 것을 강력히 선호했다. 데이비드 하비의 설명에 따르면, 1973년 석유 카르텔을 깨기 위한 미군의 침공으로부터 사우디를 구한 것은 바로 이러한 합의였다. 미국은 사우디가 미국에 기반을 둔 다국적 계약업체에 현금을 분배할 준비가 될 때까지 사우디의 현금을 보유했는데 계약업체 존 퍼킨스는 이 과정을 자신의 저서 《경제 청부업자의 고백》에서 개인적인 경험을 바탕으로 설명한다. 해외에서 미국으로 들어오는 투자 수익률과 미국이 해외에 투자하는 수익률은 모두 증가했지만 전자의 수익률이 더 높았다. 이는 자본주의를 위해 세계를 안전하게 지켜준 미국에 대한 보상이었고, 이 신식민지적 공물은 전 세계 노동자의 가치를 미국의 금융기관과 자산으로 전달하여 국제 지배계급을 축소하고 강화했다.

1918년 소련이 반혁명에 대항하기 위해 소비를 억제하고 노동력을 늘렸을 때 사람들은 이를 전쟁 공산주의라고 불렀다. 1970년대에 군사적 케인즈주의가 국내외에서 너무 많으면서도 부족하고, 너무 강하면서도 너무 약하면서 세계 자본주의 세력은 자신들만의 새로운 버전이 필요했다. 바로 전쟁 자본주의였다. 닉슨의 항복을 뒤집고 노동계급의 수요를 자본 성장으로 전환해야만 미국은 냉전이라는 경제 경쟁에서 승리할 수 있었다. 부유층의 음란한 소비 증가는 넓은 틀에서 볼 때 자본주의 슈퍼 인텔리전스의 하수인으로서 제공한 서비스에 대한 마땅한 대가에 불과했으며, 그들이 이러한 자원을 더 잘 사용할 수 있도록 더 많은 서비스가 제공되고 있었다.

비상사태는 (공산주의자들에게는) 임원의 급여를 삭감해야 할 필요성을 시사할 수 있지만, 자본가들에게는 그 반대의 신호일 수 있다. 아타리, HP, 페어차일드 등 시장에서 사랑받는 첨단기술기업의 사례에서 보듯, 더 나은 방법은 종종 노동력이 더 저렴한 지역으로 생산시설을 옮기는 것이었다. 이렇게 이동한 자본은 동일한 사이클을 반복하여 투자자의 수익률을 더욱 높이고 노동자의 지위를 약화시켰다. 정보의 속도로 전 세계를 오가는 자본은 지역적 책임감을 떨쳐버리고 국제적인 재산권 시스템을 최고의 법으로 따랐다. 채권자이자 금융의 연결고리인 미국은 자본주의 세계 어디에서든 자본주의에 반하는 좌파적 사상에 의한 실질적인 압박은 이익 감소를 불러일으키는 범죄이자 권리침해라고 주장하며 심판자 역할을 자처했다. 그리고 늘 그렇듯이 전 세계적으로 착취가 만연했을 때 캘리포니아와 팔로 알토는 번성했다.

시스템이 완벽하게 작동하는 것은 아니었다. 미국의 지원을 받은 많은 지도자들은 극도로 인기가 없었는데, 이란의 샤(왕)인 모하마드 레자 팔레비도 인기 없는 지도자 중 하나였다. 1953년 CIA 쿠데타로 사회민주주의자이자 석유 국유화 정책을 추진한 모하메드 모사드데그를 대신하여 권좌에 오른 팔레비는 외국 기업과의 파트너십을 복원했다. 유가상승 덕분에 이란은 빠른 속도로 현대화되었고 경제는 미국과 밀접한 관계를 맺게 되었다. 샤는 1973년 아랍 석유 금수조치 당시 이란의 생산량을 늘리고 참가국들의 철수를 촉구하며 미국과 이란이 소중한 동맹임을 입증했다.

그는 〈뉴욕타임스〉를 통해 아랍 지도자들에게 이렇게 물었다. "전체 시스템이 무너지면 은행에 있는 돈이 무슨 소용이 있습니까?" 1970년대에 이란은 500개 기업에 걸쳐 미국 기업에 7억 달러의 투자금을 유치했고, 12개의 국제 은행이 22억 달러의 이란 자산을 축적했다. 한편 이란 투자자 계층은 그들의 자본을 캘리포니아로 이동시켰다. 10년 후반에 이란인들은 농지, 중소기업, 부동산에 투자했다. 한 중개인은 금수조치 이후 유가와 생산량이 증가한 몇 년 동안 이란 국민들이 비벌리힐스에서만 연간 2,000만 달러 상당의 부동산을 매입했다고 기자에게 이야기했다. 이란은 미국의 최대 무기 고객이자 미국의 입장에서 최대 수출국이 됨으로써 관계를 강화해나갔다. 심지어 일부는 망명자이자 정치적 반체제 인사들이었지만, 정권의 동맹국으로서 기술교육을 받아 본국으로 가져와 국제 민관합동 투자의 탱고를 추었다.

이란은 새로운 버전의 미국 국제 영향력의 모델이었다. 이란은 노동계급, 중산층, 자본가 계급은 물론 외국 투자자와 은행을 만족시킬 만큼 빠르게 성장하고 있었다. 미국의 도움으로 훈련되고 잔인한 고문으로 악명 높은 비밀경찰 조직이 반체제 인사들을 감시했다. 마르크스주의자들과 무슬림들을 줄 세웠다. 이란은 매우 전략적인 지정학적 요충지였으며 동맹국이자 중동 내 CIA의 비공식 본부이자 이스라엘의 드문 우방이었다. 이스라엘의 샤 자신도 친성장 포퓰리즘 자본주의자였다. 석유라는 달러, 그 석유의 강을 항해하는 친성장 포퓰리즘 자본가이자 식민지 이후의 세계에서 자유로운 '포스터 차일드'였다.

이것이 샤가 제시한 그림이었고 서방은 이를 믿었던 것으로 보이며 1979년 이란의 좌파와 정치적 무슬림이 혼합된 새로운 이데올로기가 이란과 미국인 인질을 점령했을 때 그토록 놀랐던 이유도 여기에 있다. 양측은 상대방의 자산을 몰수하고 동결했지만 미국이 통제하는 은행에 있는 수백억 달러의 이란 달러는 미국이 혁명 이후 경제를 장악하는 데 큰 도움이 되었다. 1980년대에 양측은 협상 테이블로 나왔고 이란은 수용의 피해자인 미국 기업에 하나씩 보상했다. 같은 금융시스템에 편입된 반미 혁명도 양국 간의 신식민 관계를 끊을 수 없었다. 이란은 여전히 컴퓨터와 석유 장비를 구매해야 했다. 한편, 이란의 부호들은 아메리칸드림에 재투자하여 자산 몰수를 피해야 했고, 이미 캘리포니아에 정착해 있었다. 위대한 시장의 기능은 손실을 자동으로 최소화하고 있었다.

미국의 지원을 받는 정권에 충성하는 측근들에게 캘리포니아는 거부할 수 없는 유혹이었다. 스타트업 및 교외 개발, 쇼핑센터 및 오피스타워의 풍요로움 등 캘리포니아는 국내 상황이 나빠져도 안전한 조건에서 높은 수익을 약속하는 든든한 투자처였다. 한 팔로알토 부동산 중개인은 뉴스 인터뷰를 통해 1985년 필리핀 투자자에 대해 "그들은 돈으로 가득 찬 쇼핑백, 그러니까 진짜 돈을 들고 이곳에 온다"고 말하기도 했다. 필리핀에서 베이 지역으로 자본이 도피하는 것을 조사하는 과정에서 페르디난드 마르코스 대통령과 관련된 엘리트 집단이 국가 금고에서 수십억 달러를 빼돌린 사실이 드러나기도 했다. 필리핀 정권이 국민 신용한도로 국제대출기관에서 빌린 수십억 달러를 조사하는 과정의 일환이었다. 부패한 독재자들도 투자를 해야 했고, 가장 좋은 방법 중 하나는 캘리포니아 변호사 책상 위에 현금 더미를 던지는 것이었다.

한 사례로, 악명 높은 횡령범이자 영부인이었던 이멜다 마르코스가 이끄는 정부자본이 지주회사를 통해 실리콘밸리 기술기업 세 곳을 인수하는 데 수백만 달러를 투자했다. 캘리포니아의 엘리트 필리핀 투자자들 중 눈에 띄는 사람은 엔리케 조벨이었다. 암펙스 공동소유주 조 맥미킹의 장인이었던 그는 팔랑헤주의자(이탈리아 파시즘의 고유의 정신과 유사한 방식으로 공화주의자, 전위주의자, 근대주의자)라는 사실을 기억할 수 있다. 가족 재산이 회복된 후 조벨의 아얄라 인터내셔널은 샌프란시스코와 로스앤젤레스에서 총 7,300만 달러 규모의 호텔 프로젝트 두 곳을 관리했다. 실리콘밸리의 한 전자업체 임원은 〈머큐리〉와의 인터뷰에서 자신이 함께 일했던 필리핀 투자자들에 대해 "정말 부유한 사람들은 항상 뭔가 잘못될 수 있다는 걱정에 대한 안전망으로 여기에 돈을 넣었다"고 말했다. 또 "필리핀을 벗어나 전화만 연결할 수 있다면 아무 문제가 없다"고 말했다.

공산주의 혁명이 일어나든 민주적 정권 교체가 일어나든 캘리포니아의 부자들은 계속 부자가 될 수 있다는 것을 의미했다. 캘리포니아에 투자한다는 것은 바로 그런 거였다. 〈머큐리〉의 '숨겨진 수십억: 필리핀의 자금 유출' 기사는 필리핀 섬에 큰 파장을 일으켰다. 지역 신문들은 이 기사를 발췌하여 전체 기사로 반복 보도했다. 재정적으로 어려움을 겪고 있던 시기에 이 '달러 염장'은 굶주린 사람들의 입에 들어갈 식량을 빼앗고 경제 발전을 지연시켰으며 280억 달러의 부채를 만들었다. 이 스캔들은 마르코스 대통령이 조기 선거에 양보하도록 압력을 가해 그를 권좌에서 끌어내리는 데 도움이 되었다.

필리핀 엘리트들이 자국의 상황에 대한 책임을 져야 한다면 냉전 금융가들은 그 범죄의 공범인 셈이다. 소련이 동맹국의 개발을 지원했던 것처럼 국제금융기관들은 그들의 금고에 넘쳐나는 석유 달러를 가져다가 나머지 자본주의 제3세계에 대출해주었다. 필요한 현금을 빌려서 성장에 투자하고 나중에 모두 갚으면 되니 석유 소비국이 유가상승으로 인해 고통받을 이유가 없었다. 마르코스 부부와 같은 무책임한 지도자들에겐 거부할 수 없는 거래였고 그들은 그 돈을 자신의 주머니에 넣을 수 있었다. 뱅크오브아메리카는 '세계은행' 파트를 만들어 석유 달러의 물살을 정면으로 맞았다. 1975년 그들의 광고는 네 조각으로 나뉜 지구본 아래 접이식 칼이 펼쳐진 모습이었다. 1980년 뱅크오브아메리카의 회장이자 보헤미안 클럽 회원인 톰 클라우센이 세계은행 총재로 임명되었다.

이러한 과정은 채무국들을 말라 죽게 만들었다. 일단 빚더미에 앉은 국가들이 채권국과 기관에 제공할 수 있는 것은 주권뿐이었다. 세금은 사회지출 대신 부채상환에 사용되었고, 지도자들은 국가 자산을 매각했으며, 국가 경제는 필요한 대출과 투자를 계속 유치하기 위해 저임금 수출개발 모델로 전환했다. 특히 라틴 아메리카는 국가부채라는 '다모클레스의 칼(권력자들이 직면하는 항시 존재하는 절박한 위험을 상징)' 아래 군사 독재자들과 그들의 지극히 사적인 친구 CIA에 의해 국민의 목은 도마 위에 놓여졌다. '콘도르 작전'은 1975년부터 아르헨티나, 볼리비아, 브라질, 칠레, 파라과이, 우루과이의 조직화된 우익 보안군이 '반공'이라는 이름으로 수만 명의 사람들을 납치, 고문, 강간, 살해하고 어린이를 납치하는 남미대륙 전역의 테러 캠페인을 미국이 지원한 작전이다. 정보기관들은 미국 파나마 운하 지역에 기반을 둔 암호화된 통신 시스템을 통해 협력했다.

학자 조안 패트리스 맥쉐리는 "칠레의 디나, 파라과이의 라 테크니카, 과테말라의 정보기관인 아키보, 엘살바도르의 제5부, 이후 온두라스의 3-16대대 등 컴퓨터를 기반으로 치명적인 능력을 업그레이드한 라틴 아메리카 정보기관을 설립하는 데 미국 인력이 중심 역할을 했다"고 설명한다. "이 정보기관들은 곧 야만적인 폭력으로 유명해졌다." 부채에 기반한 신식 민주의는 값싼 버전의 또 하나의 냉전이었다. 미국은 그레나다(1983년)와 파나마(1989년)를 침공하여 표면적으로는 자국 내 미국인과 그들의 재산을 보호하기 위해 정치적 불안정 상황을 정리했다. 또 자메이카에서는 마이클 맨리 같은 선출직 사회민주주의자들이 국민들의 신뢰를 유지하기 어렵도록 자본의 불안정을 야기하며 질서를 교란시켰다. 한편, 소련은 아프가니스탄의 베트남에서 CIA의 지원을 받는 무자헤딘 반군 때문에 수렁에 빠지기도 했다.

전쟁 자본주의가 눈을 가리고 끔찍하고 터무니없는 계획의 미로 속으로 자신 있게 뛰어들 수 있었던 것은 계급적 권력의 영향력 때문이었다. 부자가 강해지고 노동자 계급이 약해지는 쪽으로 모든 것이 이 올바른 방향으로 흘러가야 했다. 하지만 곧 자본가들이 일자리와 산업기반 확대보다는 금융 고공행진, 독점적 초과이윤, 최악의 저비용으로 가고 있는 제조업 경쟁에 투자하고 있다는 사실 따위는 별로 상관없어진다. 21세기는 어차피 소프트웨어의 시대인 것이다. 로봇이 알아서 할 것이다. 실리콘밸리의 리더들은 기성세대의 녹아내리고 있는 반석을 아이스크림 삼아 마치 그 꼭대기에 놓인 우아한 체리처럼 이 세계 시스템 위에 앉아 있었다. 그들이 볼 수 있는 한 역사를 주도하는 것은 그들의 새로운 아이디어였다. 미국정부라는 고객이 칠레로 컴퓨터를 가져오고자 한다면 최종 사용자가 미래의 희생자를 검색하는 데 컴퓨터가 필요하다는 것을 아는 것은 프로그래머만의 일이 아니었다. 컴퓨터는 다양한 용도로 사용될 수 있다. 세레니티는 팔로 알토가 급진주의자들을 제거한 대가로 받은 상이었고, 스탠퍼드는 다시 한 번 죄 없는 소년이 되었다.

1983년, 이란 출신의 부유한 이민자와 최근 퇴역한 공군 정보장교가 캘리포니아주 로스가토스에 스탠퍼드 테크놀로지 트레이딩 그룹 인터내셔널 이라는 모호한 회사를 설립했을 때 아무도 눈치 채지 못했다. 지극히 일상적인 하루에 일어난 놀라울 것 없는 일이었다.

스탠퍼드 기술

이 모든 것이 추상적으로 복잡하게 들린다면 다시 구체적으로 살펴보면 그다지 어려울 게 없다. 몇 가지 사례를 들어보면 새로운 세계질서 속에서 실리콘밸리의 위치와 관련자들의 동기를 명확히 이해해볼 수 있다. 스탠퍼드에서 얼마 멀지 않은 곳에 위치한, 지금도 건재하고 있어 방향을 잡기 쉬운 휴렛팩커드부터 시작해보겠다.

HP만큼 진정한 '스탠퍼드 기술'을 보유한 기업은 없었다. 그들은 1970년대와 1980년대에는 독일과 일본에서의 프로젝트와 스위스 영업조직을 통해 글로벌 생산 및 고객 기반을 넓히는 데 주력했다. 1973년, 데이비드 팩커드는 지역무역단체인 서부 전자제조업체 협회를 대표하여 무역 자유화를 지지하는 의회 증언을 했다. 특히 그는 권위주의 군대를 강화하는 데 기술이 사용될 수 있다는 이유만으로 수출 통제가 민간기술 판매를 부당하게 제한하고 있다고 주장했다. 컴퓨터는 다양한 용도로 사용될 수 있었다. HP는 규제를 뚫고 1991년까지 해외매출이 회사매출의 60%를 차지했다.

이러한 군용수출 거래가 매력적이었던 요인 중 하나는 부정부패였다. 체인에 속한 모든 사람들이 원가를 올려서 자기 주머니에 무언가를 더 넣었는데 이는 마진이 높고 판매지분이 없는 사람은 잘 모르는 전자회사에서 쉽게 할 수 있는 일이었다. 또한 기술적으로 수출할 수 없는 전자 시스템을 허용 가능한 부품으로 분해한 다음 다른 쪽에서 재구성하는 방법만 알고 있다면 수출할 수 있었다. 수많은 중개인이 실리콘밸리와 제3세계 정부를 연결하여 수의계약을 따내고 수출관련 법망을 피해 다녔다. 1970년대에 HP에게 급성장하는 시장 중 하나는 이란이었는데 이란은 HP의 신호 및 통신 기술을 많이 사용했다. 이란의 HP 판매 대리인은 알버트 하킴이라는 사람이었다. 하킴은 샤의 처남인 이란 공군 수뇌부와 연결되어 있었기 때문에 가장 크고 수익성이 높은 미국 무기시장의 중심통로가 되었다. 그는 자신의 미국 회사 이름을 스탠퍼드 테크놀로지 코퍼레이션STC이라고 불렀는데, 독재자에게 깊은 인상을 남기고 싶으면 회사 이름에 '테크놀로지'를 넣는 것이 당연했다.

하킴은 이란의 신호 시스템에 대한 자체 계획을 가지고 있던 CIA와 미군 정보부를 만났을 때, 샤의 비밀경찰이 시민들을 감시하는 전화감청 기술을 손에 넣을 수 있도록 STC를 돕고 있었다. '프로젝트 아이벡스'는 이란을 소련과 아프가니스탄 전장으로 향하는 신호정보 전진기지로 만들기 위한 미국의 작전이었다. 하킴이 수백만 달러 규모의 프로젝트에 참여했던 반면, 아이벡스는 그보다 훨씬 큰 규모인 5억 달러에 달했고, 곧 두 배로 늘어났다. 하킴과 STC는 이 프로젝트의 연장선상에서 전화 모니터링 시스템 계약도 따냈다. 하킴의 특기는 누구에게 뇌물을 줘야 할지 아는 것이었다. 아이벡스의 주 계약자는 로크웰이라는 회사였지만, HP도 상당한 하청계약을 받았다. 이 업계의 한 신문은 테헤란에서 미국인 아이벡스 계약자 3명이 총격을 받고 사망한 사건의 수상한 거래에 대해 보도했다. 1979년, 완벽한 타이밍에 하킴은 샌프란시스코 베이 지역으로 이주하여 50만 달러짜리 집을 샀다.

STC는 분명 능력은 있었다. 일을 시작한 지 얼마 지나지 않은 1976년, 현직 CIA 요원이라는 프랭크 테르필이라는 사람이 STC에 연락을 해왔기 때문이다. CIA의 계열사로서 스탠퍼드 테크놀로지는 사업을 확장했다. 이집트의 안와르 사다트에게 법적으로 제한된 레이더 재밍 시스템을 몰래 공급하고 우간다의 이디 아민과 리비아의 무아마르 카다피를 위한 컴퓨터 정보 시스템을 구축했다. 테르필과 그의 동료 윌슨은 전자 시스템에서 소형 무기 및 폭발물, 암살로 서비스 영역을 확장했다.

특히 카다피와 긴밀한 관계를 맺은 것으로 보이는 두 사람은 카다피의 내부 보안군 훈련을 계약하고 20톤의 C-4 플라스틱 폭탄을 공급했다. 윌슨이 이란용 위성 영상 시스템의 코드를 농업기술로 재포장해 소련에 판매하다 적발되면서 STC의 상황은 최악으로 치닫게 된다. CIA와 STC는 테르필과 윌슨을 해고하면서 두 사람의 관계를 단절했고, 두 사람은 리비아에 무기를 거래한 혐의로 유죄판결을 받았다. 테르필은 계속 도망 다녔다. 윌슨은 1982년 체포되어 수감되었지만 재판과정에서 CIA가 주장한 것과는 달리 윌슨이 활동하는 동안 연락을 유지했다는 법원의 판결로 2004년에 풀려났다. CIA는 알버트 하킴을 투옥하거나 블랙리스트에 올리는 대신 그에게 새로운 파트너를 제공했다.

1970년대 중반, 미국과 동맹을 맺은 니카라과의 소모사 정권은 산디니스타 민족해방전선FSLN이라는 좌파연합의 공격을 받았다. 강경 반공주의자들에게는 중앙아메리카에 적색 해변이 들어서는 것을 막는 것이 매우 중요했다. 거기서 캘리포니아 국경까지 거리가 얼마 되지 않았기 때문이다. 동시에 소모사는 새로운 세계질서 모델이 요구하는 것보다 더 나은 지도자가될 수 없었고, 국민들은 타격을 완화할 석유 매장량도 없었다. 1972년 지진이 수도 마나과를 덮쳤고 소모사는 니카라과 국민이 고통받는 동안 수억달러의 원조금을 자신의 주머니에 털어넣었다. 당시 자리를 잡아가고 있던미국 우파는 니카라과의 상황을 면밀히 추적하며 우려를 표했다. 카터가취임한 1977년, 새 대통령이 소모사에 대한 군사 지원을 끊을 것을 우려한STC과 CIA는 몇몇 유령 회사와 에드 윌슨을 통해 독재자와 접촉하여 쿠바국외 경호원, 국내 트레이너, 샤를 위해 구축했던 수색 및 파괴 암살 프로그램 등 보안 패키지를 모두 내놓았다. 소모사는 의심할 여지없이 부풀려진 가격에 대해 1979년 초까지 이의를 제기했지만 이미 너무 늦은 후였다.

소모사는 도피처인 바하마에서 STC의 요원이자 베이 오브 피그스의 지도자인 치치 퀸테로를 만나 STC와의 협력을 계속하되 이번에는 니카라과정부를 강화하는 것이 아니라 전복하는 것을 목표로 하기로 합의했다. 쿠바의 영향력이 본토로 확산되는 것을 필사적으로 두려워하는 극우파에게이 반혁명 세력, 즉 콘트라는 집착의 대상이 되었다. 그러나 니카라과는 어떤 이유에서인지 항상 권위주의 고문단을 지원하는 것처럼 보이는 CIA의 독자적인 외교 정책에 질린 자유주의자들에게도 모래 위의 선이 되었다. 산디니스타는 정정당당하게 승리했고 대부분의 사람들은 그들이 더 나은 지도자라고 평가했다. 의회는 새로 들어선 레이건 행정부의 소모사 복권 노력에 맞서 싸웠다. 자본주의는 공적 자금으로 생존할 수 없었고, 스스로를 보호할 방법을 찾아야 했다.

스탠퍼드 테크놀로지 코퍼레이션과 그 많은 자회사는 니카라과 정부 시절부터 콘트라에 장비를 공급해왔다. 하킴과 STC는 회사설립 초기에 CIA의 그럴듯한 역할로 영입되었지만, 테르필과 윌슨의 자폭으로 인해 이 민간 회사는 주로 이국적인 물건보다는 암살 패키지 같은 물리적 보안 시스템을 판매하게 되었다. 1983년, CIA는 하킴에게 리처드 시코드라는 또 다른 '은퇴한' 요원을 파견했다. 쉰 살의 시코드는 군인 출신으로, 비밀작전 수행 능력 덕분에 빠르게 직급을 올렸다. 비행 교관으로서 그는 비행 금지 구역에 들어가 친미 용병 비행단을 훈련시켰다. 이후 이란 공군에 대한 미국 연락관으로 일하면서 그는 앨버트 하킴을 만나 프로젝트 아이벡스에 합류하게 된다. 시코드는 소장과 국방부 차관보로 군을 떠나 중동, 아프리카, 남아시아에서 에드 윌슨 사건을 포함한 비밀 작전을 담당했다. 윌슨과 테르필과는 달리 그는 부인하지 않았지만 공식적으로 민간 부문으로 전향했다. 이는 그가 실제로 무엇을 하고 있었는지에 대한 편리한 위장이었다. 이스라엘이 레바논에서 압수한 소련제 무기 1,500만 달러 이상을 비공개 채널을 통해 니카라과의 콘트라에 전달하기로 한 '팁 주전자 작전'이 바로 그것이다. 1983년 하킴은 시코드를 STC에 고용했고 둘은 주식회사 형태로 스탠퍼드 테크놀로지 트레이딩 그룹 인터내셔널 자회사를 공동 설립했다. 두 사람은 주식을 50 대 50으로 나누었다. STTGI는 여러 가지 이유로 STC와 혼동되는 경우가 많은데, 시코드의 도움으로 비밀리에 제3세계 소형무기 보급활동을 확대했다. 베트남에서 복무하던 시코드는 라오스에 금을 실은 비행기를 띄우고 부족 그룹을 매수하여 미국의 노력에 동참하도록 하는 CIA 기구의 일원이었다.

이 그룹들을 가능한 한 빨리 세계 시장에 편입시키기 위해 미국요원들은 지역 아편생산을 확대하고 미군에게 길을 포함한 밀수라인을 연결했으며, 미군은 밀수품을 미국으로 들여와 미국 도시생활에 해로운 영향을 미쳤다. 시코드는 자신의 참여뿐만 아니라 그 기간 동안 라오스에서 상업용 아편 작전이 존재했다는 사실도 부인했다. 헤로인은 킬로그램당 가치가 높았고 마약 밀수는 비용을 낮추는 데 도움이 되었지만 전쟁에서 승리할 만큼 충분히 낮추지는 못했다. 시코드 소장은 스스로를 현금을 대체하는 대규모 물물교환인 역무역의 전문가라고 생각했고, 이제 합법적으로 자신의 주머니를 채울 수 있게 되었다. 시코드와 하킴은 돈을 벌 때마다 세계 정치에 영향을 미칠 수 있는 능력을 키웠다. 한편 의회는 니카라과에 대한 레이건 행정부를 궁지에 몰아넣으며 CIA 자금을 금지했고, 백악관이 국가안보회의 자금을 대신 사용하자 모든 자금을 금지했다. 돈 없이 어떻게 전쟁을 치를 수 있을까? 철도가 건설되는 것처럼 전쟁을 어떻게 스스로 건설할 수 있을까?

하킴과 시코드는 무기거래 회로 설계자로서 일종의 아프가니스탄과 앙골라의 우익 반군에게 자금을 지원하고 니카라과에서 전투를 벌이고 있는 반군에게 자금을 지원하는 일종의 반공주의 국제사회의 로빈 후드 역할을 했다. 이것은 미국 정부의 친콘트라가 필요했고 CIA 국장인 빌 케이시는 새로 진급한 중령으로 NSC 직원인 올리버 노스에게 하킴과 시코드와 함께 작전을 조율하도록 했다. 백악관은 돈을 쓸 수 없었기 때문에 연방정부는 미국의 힘이 필요했던 동맹국의 사치스럽게 부유한 권위주의 지도자들에 의존했다.

가장 큰 기부는 파드 국왕으로부터 나왔다. 사우디아라비아의 파드 국왕이 3,200만 달러를 기부했고, 그 뒤를 이어 브루나이의 술탄이 1,000만 달러를 기부했다. 브루나이 술탄이 1,000만 달러, 대만에서 200만 달러를 기부했다. 남아프리카공화국과 한국에서는 그보다 적은 금액이 기부되었다. 이스라엘, 칠레, 싱가포르, 베네수엘라, 영국, 파나마, 온두라스, 엘살바도르, 과테말라, 코스타리카에서는 이 프로젝트에 대한 비금전적 지원을 제공했다. 하킴은 제네바의 스위스 은행에서 수년간 근무한 은행 전문가로 재무를 담당했다. STC는 시코드와 함께 코스타리카 인근의 반군 창고에서 최전방 부대로 총기를 운반하는 물류문제까지 해결하며 풀 서비스를 제공했다. 최전방 부대에 전달하기 위한 물류까지 담당했다.

이 민관합동작전은 분명 의회의 의도에 위배되는 것이었지만 레이건 백악관에서는 이에 대해 별다른 반대가 없었다. 조지 슐츠(국무부)는 비둘기파, 와인버거(국방부) 대위는 매파를 연기했지만 두 사람 모두 벡텔-레이건 측근이었고 무기거래에 대해 잘 알고 있었다. 슐츠의 아이디어로 브루나이에 접근했지만 결국 그의 대리인 엘리엇 에이브럼스를 보내 요청을 했다. 콘트라는 메데인 카르텔로부터 1,000만 달러를 더 받았는데 메데인은 엄밀히 말하면 국가는 아니지만 자본주의 국가였고 공산주의자인 산디니스타보다 마약 밀매자들로 가득 찬 콘트라를 선호했다. 게다가 CIA와 같은 중앙아메리카 비행장을 사용하는 것도 이점이 되었다.

콘트라가 코카인을 밀매하고 있다는 사실을 최초로 문서로 기록한 미국 관리가 로버트 오언이라는 청년이었는데 그를 직접 만나지는 못했지만 그를 추정해볼 수 있다. 키가 186cm인 오언은 스탠퍼드에 잘 어울렸을 뿐 아니라 어디에서든 잘 적응할 수 있었을 것이다. 그는 정치학을 전공했고 열렬한 반공주의자였으며 베트남에서 특수작전을 수행하다 전사한 형을 우상화했다. 그는 군대와 CIA에 입대하려 했지만 오래된 무릎 부상 때문에 뜻을 이루지 못했다. 그래도 그는 빌 케이시 CIA 국장과 친분이 있던 보수 성향의 댄 퀘일 상원의원의 사무실에서 일하면서 우파에 도움이 될 수 있는 방법을 찾았다.

그렇게 해서 오언은 올리버 노스의 배달원이 되었다. 오언은 니카라과에서 인도주의적 지원을 관리하기 위해 정부 보조금을 받아 IDEA(민주주의, 교육 및 지원 연구소)라고 불리는 501(c)(3)비영리 단체를 설립해 기업가적 위장을 했다. 실제로 오언은 북한의 심부름꾼이 되어 반군 진영으로 날아가 무기 주문을 받았고, 반공 민병대를 위한 국가안전보장회의의 사실상 대변인 역할을 했다. 오언과 같은 우익 빨치산에게는 꿈의 직업이었으며 대부분의 관련자들과 마찬가지로 그는 올리버 노스를 존경하고 심지어 경외하게 되었다.

우익 급진주의자가 올리버 노스 같은 사람을 섬기는 것보다 더 잘할 수 있는 것이 있을까? 그러나 니카라과에 있을 때 오언은 상당수의 조직원들과 심지어 콘트라 반군 지도자 자신도 마약 밀매자라는 사실을 알 수 있었다. 1980년대는 코카인 산업이 성장하던 시기였다. 니카라과의 코카인 밀매와 국가를 착취하는 밀매는 서로 겹치는 부분이 있었고, 시코드와 같은 반무역 전문가가 아니었다면 보급품을 내려놓은 후 빈 비행기를 타고 미국으로 돌아가는 것이 얼마나 큰 기회를 놓치는 것인지 알아챌 수 없었을 것이다. 메데인 카르텔은 이미 이 지역을 통과하는 북쪽 경로를 이용하고 있었기 때문이다. 콘트라가 마약으로 전쟁 자금을 조달한다는 생각은 적어도 니카라과 밀매업자들에게는 반가운 이야기였지만 실제로는 그렇지 못했다.

자금이 콘트라에 전달되지 않은 이유 중 하나는 관련 인물들이 하나 같이 진정한 자유의 투사가 아니라 그저 마약 밀매업자였기 때문이다. 또 다른 이유는 국제 기부금, 다른 무기판매 수익, 미국 정부자금의 유용으로 인해 콘트라의 재정상태가 양호했기 때문이다. 한 달에 약 200만 달러가 필요했지만 STC와 관련 조직은 2년 동안 필요금액의 두 배가 넘는 1억 달러에 가까운 자금을 그들에게 공급한 것으로 보인다. 자유시장에 능숙한 그들은 은행계좌에 돈이 썩게 둘 수 없어서 잉여금을 단기 예금증서에 투자하여 금융시스템에 다시 투입했다. 그중 많은 부분이 사라져 버렸다. 하킴과 시코드는 서방과 이란의 새 정권 사이의 새로운 뒤통수 치는 역할을 하는 가장 큰 거래를 성사시켰다. 빌 케이시 CIA 국장은 아야톨라(이슬람 종파 중 하나인 시아파의 성직자 계급의 하나)에게 소련이 지원한 이라크와 싸우기 위해 1,200만 달러 상당의 미사일을 판매하는 것이 좋은 생각이라고 확신하게 되었고, 지역 라이벌들이 상호 자멸을 위한 싸움을 계속하기를 원했던 이스라엘의 요청을 받아들였다. 하킴의 그룹이 물건을 비싸게 판 것이 보통이었지만 공식 적국인 이란에게는 무리수를 두면서까지 무려 1,600만 달러의 수익을 얻었고, 그중 380만 달러만이 반군 활동에 투입되었다.

MK-울트라를 수사할 때와 마찬가지로, 국가안보 인프라는 적발되면 터무니없는 이야기일지라도 어느 정도 이해받을 수 있는 커버스토리를 만들기로 한다. 이 이란-콘트라 사건(정리하면, 로널드 레이건 집권기인 1986년에 레이건 행정부와 CIA가 적성국이었던 이란에게 무기를 몰래 수출한 대금으로 니카라과의 우익 성향 반군 콘트라를 지원하면서 동시에 반군으로부터 마약을 사들인 후 미국에 판매하다가 발각되어 큰 파장을 일으킨 사건)은 법의 정신에 위배되지만 미국의 독창성과 충성심이라는 더 깊고 중요한 정신을 고수하면서, 납세자들에게 저비용 또는 무료로 마약을 제공하고 니카라과 자유 투쟁가들에게 자금을 제공한다는 영리한 발상이었다. 게다가 노스와 그의 팀이 이란 정부에 바가지를 씌우고 있었다면 어떻게 이란을 지원할 수 있었을까? 배신이라기보다는 자기희생적인 애국심이었다. 노블리스 오블리주가 모든 책임을 진다는 이름으로 1990년대 초에 세 건의 중범죄 유죄판결이 뒤집혔다. 그들이 하킴과 시코드에게 뇌물을 받았다는 증거는 없었지만, 그들이 뇌물을 제공했다는 증거는 많이 있었다.

하지만 시스템은 작동했다. 총과 돈, 미사일, 코카인의 흐름은 코카인이 산디니스타를 전복시키지는 못했지만 사회주의 사회를 발전시키고 건설하는 것을 어렵게 만들었다. STC는 제3세계의 노력을 방해하여 사우디아라비아와 대만과 같이 지속적으로 불평등한 자본주의 국가로부터 자원을 이전하여 농민과 노동 계급의 자결권에 대한 글로벌 투쟁, 즉 경제 민주주의를 실현하기 위해 노력했다.

이 시스템은 궁극적으로 냉전에서 승리한 시스템으로, 사회주의를 고려하고 있는 제3세계 국가를 학살의 현장으로 만들지도 않았고 국내 인플레이션을 유발하지도 않았다. 이 전략은 궁극적으로 니카라과에서도 충분히 효과가 있었지만 온두라스와 엘살바도르가 우익 군인과 준군사조직의 손에 의해 인권침해로 분류되는 일을 겪은 북쪽에서 더 효과적이었고 이 두 국가는 여전히 미국의 영향권 안에 머물러 있었다.

전 세계 무기 거래상과 독재자로 구성된 이 네트워크에서 음모를 찾는 것은 어려운 일이 아니다. 〈산호세 머큐리〉의 기자 게리 웹은 로스앤젤레스를 중심으로 한 크랙 코카인의 유행은 결국 반공주의자 뒤에 숨은 밀수업자에게 눈을 감은 연방당국과 밀접한 관계가 있었고, 이들은 코카인을 통해 냉전 투쟁으로 쇠락해가는 미국의 빈민가 경제를 부추겨 가난한 흑인과 흰 피부를 갖지 못한 미국인들을 제3세계 마약과 총기거래에 끌어들였다고 말한다. 스탠퍼드 인류학자 필립 부르고아 또한 엘살바도르와 이스트 할렘에서 일어난 현장 경험을 비교하면 계급의 정치적, 구조적 폭력이 어떻게 변화되고 답습되는지를 알 수 있다고 했다. 투쟁을 탈정치화된 자본주의적 테러의 일상적 폭력으로 전환시켰으며 그 밑에서 강하고 운이 좋은 사람들만 이웃과 가족을 쫓아내고 살아남을 수 있었다. 이 공식은 앞에서 언급한 미국의 국가적 통치 시스템과 유사하다. 후버 연구소는 이데올로기를 악용하기 위해 전략을 세운다. 레이건이라는 인물을 전면에 내세워 계급 관계를 혼란스럽게 한다. 자본을 가진 이에게 이득이 되는 감세라는 목표를 달성한다. 종국에는 민간인 군중을 향해 헬리콥터 총격을 퍼붓는 짓까지 한다.

누가 언제 무엇을 알았는지가 왜 중요할까? 이러한 질문은 이란-콘트라 사건 청문회와 〈머큐리〉 기사 논란을 포함한 그 시기 사건에 대한 수사의 초점은 여기에 맞춰져 있다. 레이건은 전혀 아는 게 없다는 이유로 상징적으로 무죄를 선고받았고, 또 이로 인해 그는 진짜 아는 게 없어 결국 국가를 운영하지 않은 꼴이 되어 늙은 바보라는 오명을 얻고 유죄 판결을 받았다. 닉슨처럼 곤경에 처하는 것보다는 나았다. 레이건 쪽에는 실제로 단 한 명의 주동자가 없었다. 마틴 앤더슨도, 노스도, 테르필이나 윌슨도, 하킴이나 시코드도, 심지어는 심지어 조지 슐츠나 빌 케이시, 캐스퍼 와인버거도 아니었다. STC 초창기부터 그 어둠의 돈은 멈추지 않고 계속 순환했지만 그 누구도 주동자는 아니었다. 이러한 책임의 분산화는 전쟁 자본주의가 지닌 진짜 미덕일지 모른다. 하나의 음모가 실패하더라도 또 다른 음모가 기다리고 있다. 조직원들이 기꺼이 받아들이기만 한다면 중앙집권적인 책임 없이도 언제든 새로운 계획과 조정을 할 수 있었다. 돈의 절반 정도가 사라질 것이라는 사실을 그리 대수롭지 않게 받아들이기만 한다면 말이다. 어떤 식으로든 은행으로 되돌아갈 수 있었다.

STC라는 회사가 제3세계에 반공 무기를 공급하기 위해 자금을 움직였다는 사실은 레이건 행정부 지도부의 대부분을 배출한 1978년 팔로알토 회의와 1980년대 후버 연구소의 계획과 그 궤를 같이 한다. 구조적 연관성은 그보다 더 깊다. 팔로알토의 이러한 도구는 이 새로운 형태의 사회 전쟁에 적합했다. 앨버트 하킴이 HP 영업 사원으로 일하게 된 것은 단순한 우연이 아니라 우연과 우연이 합쳐진 결과다. 마틴 앤더슨은 "노스가 한 일 중 가장 흥미로운 것은 완전히 비밀스럽고 안전한 자신만의 전 세계 통신 네트워크를 구축한 것"이라고 감탄한다. 그는 니카라과나 온두라스, 유럽이나 중동, 미국 어느 곳에서든 해독 불가능한 암호로 동료와 공모자들에게 메시지를 보낼 수 있었다." 그리고 여기에 소수 인원만으로 세계 정부를 운영할 수 있는 휴대용 접이식 컴퓨터라는 실질적인 인간증강장치가 있었던 것이다.

대륙 간 조직을 연결하기 위해 올리버 노스는 벤처 자금으로 설립된 제록스 PARC에서 분사한 그리드 시스템즈 코퍼레이션이 생산한 최초의 노트북, 즉 휴대용 컴퓨터라는 최고급 기기를 서류 가방에 넣고 다녔다. 클램셸 플라즈마 스크린이 달린 매끈한 검은색 컴퓨터는 대단한 사업가가 아니라면 감당하기 힘든 고가였지만 국가안보국은 가치 있다고 판단하고 추가 비용을 들여 독점적인 암호화 칩까지 연결해주었다. 엄청난 고가의 컴퓨터였지만 연방정부 입장에서는 임금 가격 인플레이션과 빨갱이의 위협 사이에서 자본주의를 지킬 수 있는 가치 있는 거래였다. 그리드는 방위 계약업체로 재탄생했고, 1988년 대형 컴퓨터 회사 중 하나인 탠디가 5,000만 달러가 넘는 주식으로 회사를 인수하면서 주주들은 부자가 되었다. 그리고 부자가 된 그들 모두는 소액의 양도소득세를 납부한 게 전부였다. 컴퓨터는 사우스 베이의 마운틴 뷰에서 만들어졌는데 꽤 많은 부분이 베트남 난민들의 손에서 이루어졌을 것이다. 게임오버였다. 미국은 냉전에서 승리했고 실리콘밸리는 이 모든 사건을 발판으로 개인용 컴퓨터를 빠른 속도로 발전시키는 쾌거를 이룬다.

Chapter 14

잡스와 게이츠

1세대 디지털 개척자 → 잡스와 워즈니악 → 게이츠와 마이크로 소프트 →
개인용 컴퓨터 PC 혁명

　새로운 민간 질서가 구축되면서 다양한 계획, 그리고 그 계획을 실현할
다양한 사람들이 등장했다. 1세대 디지털 개척자들은 집이 아닌 사무실에
주목했으며 휴렛팩커드와 인텔 같은 기술 기업도 개인이 아닌 기업에 제품
을 판매했다. 하지만 그렇다고 그들이 작고 저렴해진 미래의 컴퓨터를 상
상하지 못했던 건 아니다. 문제는 20세기 중반을 산 이들이 그걸로 뭘 할지
감을 못 잡았다는 사실이었다.

　전후에 가정과 사무실의 경계가 다시금 뚜렷해지면서 엔지니어들은 자
신의 발명품을 가정에서 어떤 용도로 활용할 수 있을지 쉽게 떠올리지 못
했다. 1960년대~1970년대 초, 기술발달이 사회변화보다 빠르게 진행되
자 업계 간부들은 개인용 컴퓨터 개발 프로젝트를 단념했다. 인텔의 고든
무어는 한 엔지니어의 가정용 컴퓨터 개발 계획을 거절했다. "당시 그가 생
각해낸 용도라고는 주부가 요리법이나 입력해넣는 게 전부였고 나는 아내
가 저녁에 컴퓨터 앞에 앉아 식사를 준비하는 모습을 상상할 수 없었다"
고 1993년 무어는 회상했다. 컴퓨터 작업은 업무를 위한 것인데 남성들에
게 집이란 휴식과 안식을 위한 공간이었다. 게다가 기업들은 아직 이렇다

할 기능이 없는 고가의 기계를 여성이 구입할 것이라고 여기지 않았다. 엔지니어가 보기에 가정용 컴퓨터 프로젝트는 계속 깜빡이기는 해도 별 볼일 없는 희미한 빛에 불과했다.

하지만 1970년대 중반 들어 칩 생산 가격이 하락하면서 소규모 전자제품 기업은 값싼 부품의 안정적 공급이 가능한 대형 반도체 기업과 더 이상 경쟁할 수 없게 되었다. 그와 같은 전자제품 기업 중 하나가 뉴멕시코주 앨버커키에 위치한 MITS로, 전후 미국에서 성장기를 보낸 여느 소년처럼 로켓에 열광했던 에드 로버츠가 운영하고 있었다. 그는 장난감 로켓 조명부터 휴대용 계산기 및 디지털 시계용 키트에 이르는 취미용 전자제품을 생산하며 MITS를 명망 있는 중견기업으로 성장시켰다. 하지만 가격이 계속 하락하고 업계가 텍사스 인스트루먼트와 페어차일드 같은 기업에 통합되면서 MITS를 비롯한 모든 회사가 곤경에 처했다.

1974년 회사의 부채는 36만 5,000달러(2022년 가치 기준 200만 달러)에 달했지만 로버츠는 믿는 구석이 있었다. 인텔에서 8008보다 훨씬 저렴하고 성능도 강력한 8080칩이 조만간 출시되면 모든 게 해결된다는 걸 알고 있었던 것이다. 로버츠는 임박한 파국을 미래를 향한 발판으로 활용해 인텔과 8080칩 대량구매 계약을 체결하고 MITS를 DIY 컴퓨터 키트 생산기지로 전환했다. 1975년 1월, 마침내 알테어 8800의 출시 소식이 미국 전역에 떠들썩하게 퍼져나가면서 개인용 컴퓨터의 시대가 열렸고 MITS에는 수백, 수천 달러에 달하는 우편 주문이 쏟아져 들어왔다.

히피문화와 장인정신이 결합한 기업문화가 캘리포니아 북부를 지배했는데 이는 비단 초기 컴퓨터 프로그래머들에만 해당되는 이야기는 아니었다. 스탠퍼드 학생 두 명이 이끄는 3인조 팀은 1970년대 후반 팔로알토에서 '완전 초보를 위한 저글링 가이드'를 판매하기 시작했고 1982년에는 2권을 출간했다. 이 회사는 출판사 클루츠로 성장해 2000년도에는 7,400만 달러의 매출을 올렸고 현재는 스콜라스틱의 자회사가 되었다. 노엘 리는 1970년대에 로렌스 리버모어 국립연구소에서 레이저 융합 엔지니어로 일하다 그만두고 아시아계 멤버로 구성된 컨트리록 밴드 아시안 우드와 투어에 돌입했다. 캘리포니아 북부로 돌아온 뒤에는 오디오 케이블 개발에 몰두해 1979년 몬스터 케이블을 선보였는데 수익률이 워낙 높아 연 매출 1억 달러를 달성했다. 어떤 제품이나 사업 계획을 내놓아도 행운이 따르는 좋은 시기였다. 하지만 개인용 컴퓨터 엔지니어들은 이 같은 타이밍 이외에 또 다른 무기를 갖고 있었다. 커뮤니티가 구축된 건 물론, 심지어 하위문화까지 시작되고 있었던 것이다. 에드 로버츠와 MITS로서는 놀랍게도 가정용 컴퓨터는 이미 열광적 팬을 보유하고 있었는데 그중에는 20세기의 끝무렵 컴퓨터를 대세로 이끌 2인조 팀이 있었다.

베이 지역의 공대 괴짜들과 무정부주의 해커들은 1975년부터 실리콘밸리 홈브루 컴퓨터 클럽에 정기적으로 모여 공동체적 분위기 속에서 각자의 부품과 설계, 진전 상황과 꿈을 공유했다. 여기에는 버클리의 반전주의 기술자, 기술기업의 젊은 직원, 그리고 교외 케인즈주의 베이비붐 세대의 첫 후손으로서 베트남전 종전 이후 처음으로 선택이라는 걸 할 수 있게 된 지역 청년들이 모여들었다. 자유주의 정신과 기업가적 야망을 두루 갖춘 캘리포니아 청년들이 유기적 기반이 되어 개인 혁명의 모멘텀을 구축하고 있었다. 모임 장소는 스탠퍼드 강당으로 정착되었다. 홈브루 컴퓨터 클럽 출신 중 막내에 해당되었던 두 명은 쿠퍼티노의 홈스테드 고등학교 출신으로 이름도 스티브로 똑같은 잡스와 워즈니악이었다(둘 중 더 어렸던 잡스는 클럽 가입 이후 학교를 졸업했다). 워즈니악이 뭔가를 만들기 좋아하고 유머감각이 뛰어난 휴렛팩커드의 새내기 엔지니어였다면 잡스는 그냥 잡스였다. 오만한 데다 특유의 체취를 풍기는 히피였던 잡스는 HP 같은 고루한 직장이 아닌, 아타리 같은 신생기업에 걸맞은 인재였다. 실제로 오리건 주 포틀랜드의 리드 대학에 지원했다 떨어진 뒤 1974년 다시 베이 지역으로 돌아와 당시 게임 회사로 인기가 뜨거웠던 아타리에 지원했다. 그의 나이 갓 열아홉 살이 된 참이었다.

1970년대 중반 무렵, 아타리는 실리콘밸리에서 가장 크지는 않았지만 가장 재미있는 컴퓨터 회사였다. 스티브 잡스가 아타리에 가장 크게 기여한 건 워즈니악을 영입한 일이었다. 잡스와 달리 뛰어난 코더였던 워즈니악은 HP에서 잡스가 일하는 아타리에 게임을 하청 주었는데 그 과정에서 절친한 친구인 잡스에게 갈취당한 일화는 유명하다(잡스는 아타리가 제시한 계약금보다 훨씬 낮은 금액을 워즈니악에게 주고 차액을 챙긴 것으로 알려져 있다). 하지만 워즈니악은 돈보다 도전을 원했고 잡스는 워즈니악이 개발에 매진하는 동안 돈 벌 방법을 계속 찾아냈다. 워즈니악은 자신의 일이나 잡스의 일을 하지 않을 때면 알테어에 단독으로 도전장을 내밀고자 HP 책상에서 컴퓨터 회로 설계에 몰두했다. 이전의 다른 사람들처럼 워즈니악도 단말기 안에 내장된 소형 컴퓨터, 가정에서 완성되는 개인 혁명을 꿈꿨다. 인텔 8080은 그가 사용하기에는 여전히 너무 비쌌는데 1975년 가을, 모토로라 엔지니어들이 저비용 고성능의 6502를 출시했다. 이듬해 봄, 워즈니악은 연구하던 컴퓨터 개발에 성공했고 잡스는 20달러에 한 대를 만들어 40달러(2022년 화폐 기준 200달러가 조금 넘는 금액)에 팔 수 있다고 설득했다. 그 회로기판이 바로 애플 I 이었다.

잡스가 결국 사업가로서 명성을 얻기는 했지만 성공의 열쇠를 쥐어준 이들과 끝까지 함께하기를 거부한 것에 대해 비난할 수 있는 이는 아무도 없었다. 늘 양심적이었던 워즈니악은 자신의 발명품을 HP에 먼저 제안했다. HP 직원으로서 HP의 자원을 이용해 개발한 것인 만큼 자연스러운 수순이었지만 그의 상사는 워즈니악의 회로기판에 해커 정신이 너무 강하다고 판단해 거절했다. 잡스는 아타리 설립자 부쉬널의 자금력을 눈여겨보다 애플 지분의 3분의 1을 임의로 5만 달러에 사들이라고 제안했지만 역시 거절당했다. 부시넬은 대신 잡스를 발렌타인에게 보냈는데 발렌타인 역시 투자를 거절하고 페어차일드-인텔의 참전용사이자 젊은 백만장자 마이크 마쿨라를 소개해주었다.

드디어 마쿨라가 팀에 합류해 비즈니스 감각과 개인신용을 제공해주면서 애플은 투자할 만한 기업으로 거듭났다. 취미용 기판이던 애플 I은 1977년, 세련된 애플 II로 발전해 코모도어, 탠디/라디오 쉑에서 새롭게 선보인 초소형 컴퓨터와 경쟁하게 되었다. 컬러 출력과 스프레드시트 프로그램을 갖춘 애플 II(및 주변기기)는 1억 달러 규모의 제품 라인으로 빠르게 성장해 1977년 마이크로 컴퓨터 제품군에서 최고의 지위에 올랐다. 1979년에는 한 독립 소프트웨어 회사가 애플 II에서만 작동하는 스프레드시트 프로그램 비지칼크VisiCalc를 출시하면서 그야말로 혁명을 일으키게 된다. 최초의 '킬러앱(시장에 등장하자마자 다른 경쟁 제품을 몰아내고 시장을 완전히 재편할 정도로 인기를 누려 투자비용의 수십 배 이상의 수익을 올리는 상품)'이었던 이 프로그램은 사용자가 데이터를 행과 열로 정렬하고 함수를 적용할 수 있게 함으로써 마이크로 컴퓨터를 장난감에서 엄연한 도구로 탈바꿈시켰다.

하지만 애플이 가정용 컴퓨터 부문의 대어로 거듭나기는 했지만 IBM이나 제록스 같은 거대기업에 비하면 여전히 비디오게임 회사에 더 가까웠다. 미국에서 가장 인기 있는 기업 중 하나였음에도 위태로운 지위를 벗어나지 못한 채 1970년대를 마감했다. 메인프레임의 IBM이나 복사기의 제록스처럼 이미 막대한 독점 이익을 확보하고 있던 대형 사무기술 기업들은 자본력이 워낙 탄탄했기 때문에 소매용 마이크로 컴퓨터를 만들겠다고 마음만 먹으면 곧바로 실행할 수 있었다. IBM이 결국 자사의 소매용 컴퓨터를 만들 것이라는 사실을 모두가 알고 있었던 만큼 기업으로서 IBM과 경쟁하는 건 그야말로 자살행위였다. 인텔은 공급업체로 남기로 결정했고 다른 칩 제조업체들도 마찬가지였다.

　제록스는 '알토' 개발을 위해 밥 테일러의 팔로알토 연구센터에 상당한 투자를 했지만 승승장구하는 인텔을 맞닥뜨릴 게 두려워 상용화를 더디게 진행했다. 맥 개발로 이어진 팔로알토 연구소와 애플의 1979년 만남 뒤에는 이 같은 배경이 있었다. 스티브 잡스가 제록스로부터 백만 달러를 투자받으면서 이 만남을 조건으로 내건 것이다. 애플 주식 10만 주를 단돈 10.50달러에 살 수 있었다니 지금 생각하면 엄청난 기회지만 제록스가 진정 원하는 건 그게 아니었다. 소매용 알토의 계약 생산업체로 점찍은 기업에 지분을 확보하려는 것뿐이었다. 이는 말도 안 되는 발상은 아니었다. 워너 소유의 아타리 역시 실패했을지언정 마이크로 사이즈로 컴퓨터 블루를 생산할 특권을 IBM에 요구한 적이 있었다. 하지만 애플은 다른 계획이 있었던 만큼 잡스가 전면에 나서서 제록스의 알토를 생산할 의사가 전혀 없다고 팔로알토 연구소 팀에 밝혔다. 그는 애플의 엔지니어들이 알토 고유의 사용자 인터페이스를 배워 애플의 차세대 컴퓨터에 적용할 수 있길 바랐다. 그 결과, 우리가 아는 애플의 개인용 올인원 컴퓨터, 맥이 탄생했다.

　제록스가 팔로알토 연구소에 지원한 막대한 자금 덕을 애플도 일부 누리기는 했지만 1980년대 가전용 컴퓨터 시장에서 경쟁하기 위해서는 자본이, 그것도 엄청나게 필요했다. 하지만 1980년은 빠르게 성장하는 기술 기업이 투자를 유치하기 좋은 시기였다. 그때까지 애플에 투자한 사람들은 돈을 몇 배로 불렸고, 현금화한 사람들도 훨씬 큰 수익을 거둘 여지를 남겨두었다. 1980년 말, 애플은 기업 공개를 단행해 1억 달러 공모에 8% 수익이라는 뜨거운 호응을 얻었다. 덕분에 향후 10년간 두 대의 새로운 컴퓨터를 개발하고 생산할 자본을 확보했으니 바로 최고급 '워크스테이션' 리사와 매킨토시다. 시장의 신뢰 덕분에 애플은 애플Ⅲ와 리사의 실패를 거쳐 알토의 영적 계승이자 베이지색 상자 속 개인 혁명인 매킨토시에까지 이르게 되었다.

잡스는 반문화에 경의를 표하고 애플이 그 계보에 합류한다는 의미로 존 레논과 오노 요코, 그리고 믹 재거와 비앙카 재거의 자녀들에 맥을 선물했다. 그리고 1984년 슈퍼볼 기간에 상징적 광고를 방영해 제품 출시를 알렸다. (당시 '에일리언'과 '블레이드 러너'로 명성이 높았던) 리들리 스콧이 감독한 이 1분짜리 광고는 조지 오웰의 《1984》에 나오는 한 장면을 구성했다. 대열을 이룬 노동자들이 대형 화면 속 빅브라더에 홀려 있는 사이 경찰의 추격을 받는 금발 여성이 애플 탱크톱을 입고 달려온다. 그녀가 거대한 망치를 휘둘러 선전 화면을 향해 던지면 화면에 자막이 올라가는 동시에 내레이터가 읊조린다. "1월 24일, 애플 컴퓨터가 매킨토시를 선보입니다. 1984년이 왜 《1984》와 다른지 알게 되실 겁니다." 《1984》의 판권 소유자로부터 광고중단 명령을 받은 애플은 광고를 단 두 번 방영했다. 한 번은 연간 최대의 광고 이벤트인 슈퍼볼에서, 또 한 번은 한 달 전, 광고상 출품 자격을 얻기 위해 아이다호 트윈 폴스의 작은 시장에서 한밤중에 기습적으로 내보낸 게 다였다. 광고는 이목을 끄는 데 성공했지만 맥은 동일한 효과를 얻지 못했다. 비슷한 가격대의 다른 컴퓨터와 비교하면 성능이 떨어졌기 때문이다. 워즈니악이 애플을 떠난 뒤 잡스는 순전히 본능에 따라 개발을 지휘했다. 가령 윙윙거리는 소리가 마음에 들지 않는다는 이유로 냉각 팬을 일체 사용하지 않는 식이었다. 맥은 부유한 아이들을 위한 멋진 장난감이 되어줄 수는 있었지만 가성비가 떨어져 애플의 세 번째 기술적 실패작으로 기록되었다. 심지어 애플은 이제 더 심각한 빅브라더 문제에 직면했다. IBM이 출격한 것이다.

숏을 쏘다

업계 관계자들은 IBM이 아타리 인수를 고사한 이후 일본 파트너를 통해 미국 소형 컴퓨터 시장에 진출할 것이라고 예상했다. 그리고 1981년 마쓰시타(파나소닉의 일본 모기업)는 IBM과 계약 논의를 진행했다고 인정했다. IBM은 왜 컴퓨터를 자체 생산하지 않은 것일까? 제록스의 사례를 보면 그 이유를 짐작해볼 수 있다. 이 사무용 기기 회사는 막대한 비용 구조에 발목이 잡혀 있었다. 생산노조와의 단체협약, 고액연봉의 영업사원, 그리고 독점교체부품을 보유한 내부수리부서에 이르기까지 마이크로 컴퓨터 소매기업에 걸맞은 건 아무것도 없었다. 제록스는 클립 하나도 3,000달러에 판매해야 할 것이라는 한 엔지니어의 농담이 널리 회자될 정도였다. 이 같은 고비용 구조에 떠밀려 제록스 스타 시스템(제록스사가 1981년에 도입한 '제록스 810 정보 시스템'을 의미)은 심지어 대기업 고객의 입장에서도 지나치게 비싼 가격으로 책정됐다. 게다가 제록스는 이더넷으로 서로 연결된 일련의 컴퓨터부터 레이저 프린터에 이르는 제품군을 기업들이 통째로 구매해주길 원했다. 그 경우 비용은 사용자당 3만 달러(2022년 화폐 기준 10만 달러) 전후, 총 수십만 달러에 이를 수 있는데 구매 관리자에게는 위험부담이 따를 수밖에 없었다. 전에 없던 새로운 플랫폼이었던 데다 컴퓨터 업계 종사자가 아니고서는 다들 아직 타이핑도 못하던 시절이었기 때문이다. 컴퓨터를 비서처럼 사용할 수 있기까지는 아직 갈 길이 멀었던 만큼 제록스는 결정적 순간에 투자하지 않기로 결정했다.

1977년 이후 시작된 가격 전쟁으로 마이크로 컴퓨터의 가격이 최저 수백 달러까지 떨어지자 IBM은 그 시장에 진입하기 위해 전체 생산시스템을 완전히 바꿔야만 했다. 플로리다 보카러톤에서 코드명 체스라는 비밀 프로젝트에 착수해 IBM 소비자 가전 컴퓨터를 만들었다. 1년이 채 안 돼 완성된 이 컴퓨터가 바로 우리가 아는 'PC'의 시작이다. 이제 갓 첫발을 뗀 사무용 마이크로 컴퓨터 업계는 언젠가 무언가가 등장해 더 저렴하고 좋은 기계로 모두를 박살 낼 거라는 걱정에 휩싸여 있었다. 그리고 실제로 그렇게 되었다. 이 같은 판세는 PC가 일반용어로 자리잡고 한참이 지난 후까지도 지속되었다.

메인프레임 컴퓨터에서 마이크로 컴퓨터로의 전환은 오늘날에야 작은 변화처럼 보이지만 기업 구조 자체가 크게 달라져야 하는 어마어마한 일이었다. IBM은 엄청난 비용 구조에서 벗어나 소비자 직판 소매업체 및 카탈로그로 진출할 방법을 찾아야 했다. 컴퓨터 소매업체들은 IBM의 신제품을 매장에 진열하고 싶어 하면서도 고객이 가져온 컴퓨터를 IBM의 감독 없이 수리하고 개조할 수 있기를 원했다. 이를 위해 IBM은 해커의 관점에서 생각해야 했다. 자사의 PC를 처음부터 새로 만드는 대신 계약업체에서 구매한 기성 부품을 조립하는 것이다. 새로운 인텔 8088 프로세서가 두뇌 역할을 담당하고 제니스는 상징적 녹색 모니터를, 엡손은 프린터를, 쓰리콤이 이더넷 보드를 제공했다. 게다가 이는 하나의 구성에 불과했으며 컴퓨터의 용도 및 예산에 따라 얼마든지 다른 방식으로 조립할 수 있었다. IBM은 이런 방식으로 제록스에서 해고된 스타트업의 천재들을 영입했다. 제록스는 10년이 채 지나지 않아 워크스테이션 부서를 통째로 매각해야만 했다.

한편 IBM은 구매 관리자가 믿고 사는 기업으로 알려져 있었다. IBM 제품은 업계뿐 아니라 산업 전반에서 기업 데이터 기술의 표준이었던 만큼 "IBM 제품을 구매해서 해고된 사람은 아무도 없다"는 말까지 나돌았다. 하지만 이들의 고객층은 전국의 뉴스레터 발행인이나 중소기업 같은 개인 혁명의 주역이 아닌, 판을 흔들 생각은 전혀 없이 조직의 자본으로 낙오만 안 하는 수준으로 버티고자 하는 전문경영인 계층과 관료들이었다. 이들은 컴퓨터 시장을 재정의해 IBM을 감히 라이벌로 여길 생각조차 하지 않는 기업들을 제치고 IBM을 업계 최고로 만들어 놓았다. 기성품처럼 취급된 IBM PC는 가격도 5,000달러 미만(2022년 기준 15,000달러 미만)으로 스타워크스테이션에 비하면 3분의 1도 되지 않아 성능 격차를 보상하고도 남았다. 심지어 애플이 기업으로서의 지위를 한 차원 높이고자 선보였던 애플 III 역시 가볍게 밟아 주었다. 컴퓨터 시스템으로 전환하려는 기업들은 예상을 뛰어넘는 비율로 IBM을 선택했다.

1983년 봄, 〈뉴욕타임스〉는 "빅 IBM이 또다시 해냈다"고 보도하며 PC가 너무나 큰 성공을 거둬서 IBM의 하이엔드(메인프레임) 및 로우엔드(워드프로세서) 시장의 매출 역시 감소할 지경이라고 지적했다. IBM PC는 너무 많이 팔린 것 이외에도 한 가지 문제가 더 있었다. 만약 기성부품으로 만들어진 것이라면 누구나 전자제품 매장에 가서 똑같은 부품을 사서 자신만의 PC를 만들 수 있었던 것이다. 게다가 그렇게 만든 PC를 누구나 판매할 수도 있었다. 자신의 이름을 완전히 내주고 만 화학자 빅터 프랑켄슈타인과 달리 IBM은 무無에서 괴물을 창조한 데 그치지 않았다. 말 그대로 하나의 카테고리를 탄생시켰다.

IBM PC는 가정용 컴퓨터 지적재산권 제도의 출발점으로서 문제와 해답을 비슷한 수준으로 제시했다. IBM은 시장에서 가장 인기 있는 상품에 대한 지적재산권 주장을 효과적으로 물리침으로써 일부 계약업체의 권리를 확보해주었다. 그런데 이중 두 군데의 계약업체는 저작권과 상표라는 두 날개 덕분에 선형 성장의 중력에서 벗어나 하늘로 날아오르며 IBM을 능가하는 성과를 거뒀다. 결국 마이크로소프트와 인텔은 원조 IBM을 넘어 PC를 정의하게 되었다. 이 글을 쓰는 현재 인텔의 시가총액은 IBM의 거의 두 배에 달하며, 마이크로소프트는 20배에 가까운 압도적 우위를 점하고 있다. 지적재산권 없는 PC를 창조한 IBM의 선택은 개발속도 측면에서 볼 때 현명했으며 덕분에 반독점 당국의 규제에서 벗어날 수 있었다. 하지

만 정작 PC 호황이 생산한 엄청난 돈은 법의 보호를 이용해 독점수익을 차
지한 기업에 돌아갔다. 빌 게이츠가 한동안 세계 최고의 부호였던 건 이 때
문이었다.

어린 시절 트레이로 불렸던 게이츠의 경우, 실제 재력은 어머니 쪽에 있
었다. 맥스웰 가문은 게이츠의 증조부가 서부로 건너가 19세기 말, 시애틀
의 내셔널시티은행을 설립한 이래 계속해서 직접 운영해왔다. 게이츠는 레
이크사이드에 위치한 프리스쿨에 다녔는데 그곳에서 미래의 공동창업자
폴 앨런을 처음 만나고 컴퓨터 역시 처음 사용해보았다. 레이크사이드의
학비는 게이츠가 입학할 당시 연간 1,475달러로 꽤 높았는데 어머니는 그
이상으로 수천 달러까지 지원해 자녀들이 컴퓨터를 사용할 수 있게 해주었
다. 컴퓨터의 매력에 푹 빠졌던 게이츠는 한번은 공용 컴퓨터를 망가트렸
다. 이후 C-큐브드라는 기업이 게이츠와 친구들에게 버그를 잡는 대가로
컴퓨터를 일정 시간 무료로 사용할 수 있게 해주면서 그의 커리어가 시작
되었다.

게이츠는 서부를 떠나 하버드에 입학했지만 그리 오래 머물지는 않았
다. 워낙 기업가적 성향이 강했는데 컴퓨터산업, 혹은 적어도 그 미래는 저
반대편에 있는 게 분명했다. 1975년 1월, 그와 앨런은 몇몇 사람들과 함께
〈파퓰러 일렉트로닉스〉의 표지에서 알테어를 보고 비슷한 결론을 내렸으
니 바로 마이크로 컴퓨터의 시대가 열리고 있다는 것이었다. 게이츠와 앨
런은 앨런이 훨씬 강력한 PDP-10에 인텔 8080 에뮬레이터를 사용해 구축
한 프로그래밍 언어 베이직을 번역해주겠다고 MITS에 제안했다. 새로운
카테고리의 마이크로 컴퓨터 하드웨어를 미니 컴퓨터에서 시뮬레이션해
보자는 것이다. MITS는 회의적이었지만 두 사람은 실행에 옮겼고, 부지런
한 새가 먹이를 잡듯 알테어의 베이직 언어 계약을 따내는 데 성공했다. 상
업용 마이크로 컴퓨터 소프트웨어를 작성하는 최초의 기업으로서 기업명

도 그에 걸맞게 마이크로소프트로 정했다.

노동자가 독성물질을 사용해 직접 제작해야 하는 하드웨어와 달리 새로운 소프트웨어는 한계비용이 상당히 적었다. 결국 정보에 불과했기 때문이다. 정보를 복제하는 건 정보를 공유하는 것과 같았고 정보공유는 급성장하는 마이크로 컴퓨터 환경 전체의 기반이 되었다. "알테어를 소유한 사람이라면 누구나 마이크로 컴퓨터 소프트웨어를 위한 프로그램을 한 번쯤써 봤을 것"이라고 마이클 스웨인과 폴 프라이버거가 당대의 역사에 대해기술했다. 최초의 마이크로 컴퓨터를 사용하기 위해서는 단순 소비자가 아닌, 협업 커뮤니티의 일원이 되어야 했으며 그 커뮤니티의 중심이 바로 홈브루 컴퓨터 클럽이었다. 클럽 회원 일부는 초기 알테어를 소유하고 있었고 이들은 새로운 기술의 등장에 너나 할 것 없이 들떠 있었다

1975년 6월, MITS의 캐러밴이 말 그대로 팔로알토로 굴러들어와 엘 카미노의 하얏트 리키스 호텔에 자리를 잡았다. 로드쇼용 알테어는 텔레타이프에 연결되어 (종이테이프 롤에 펀칭된) 마이크로소프트 베이직을 로드한 다음 사용자들과 상호작용했다. 베이직을 로드한 뒤 '2+2'를 입력하면 '4'가 출력되었다. 언어가 없는 알테어 8800은 스위치 달린 상자에 불과했던 만큼 홈브루 컴퓨터 클럽은 이 언어가 필요했지만 이미 구입한 기계를 사용하기 위해 수백 달러를 지불하고 싶지는 않았다. 하지만 그렇다고 알테어가 언어를 사용할 준비가 될 때까지 기다릴 수도 없었다. 누군가 알테어에서 베이직의 종이 롤 중 하나를 가로채 와 페어차일드의 계열사 시그네틱스에서 일하던 클럽 회원 댄 소콜에게 넘겼고 소콜은 PDP-11의 고속 테이프 복사기를 활용했다. 이후 홈브루 모임에 복사본 50부를 들고 가 한 부씩나눠주며 각자 두 부로 만들어오라고 주문했다. 이처럼 해적판 베이직이소규모 마이크로 컴퓨터 커뮤니티를 통해 빠르게 확산되면서 플랫폼의 소프트웨어 개발을 앞당겼지만 게이츠는 사용 중인 모든 사본에 대한 로열티

를 받아야 한다고 여겼던 만큼 분노했다.

게이츠는 베이직이 대중적으로 사용되고 있음에도 알테어 소유자 중 라이선스를 구매한 사람은 10%에 불과하다고 분노하면서 다음과 같이 빈정 댔다. "대다수 사용자들이 알고 있겠지만 사람들은 대부분 소프트웨어를 훔칩니다. 하드웨어는 돈 주고 사는 것이지만 소프트웨어는 공유하면 그만이지요. 소프트웨어 개발자들이 작업에 대한 보상을 받는 것에 신경 쓰는 사람이 어디 있을까요?" 소프트웨어 불법복제와의 대한 싸움은 소프트웨어의 역사만큼이나 오래되었으며 어쩌면 그보다 오래됐을 수도 있다. 베이직이 구매자들에게 배송되기도 전에 홈브루 클럽이 가로챘기 때문이다. 사용자들은 게이츠의 베이직 인터프리터를 구입하지 않는 것만큼이나 고집스럽게 그의 주장에 넘어가지 않았다. 마이크로소프트가 종이 테이프를 특정 패턴으로 펀칭한 데 불과한 베이직을 만드는 데 100달러를 청구할 만큼 비용을 많이 들였다고도 여기지 않았다. 그들 중 일부는 베이직을 무료로 만들 수는 없다는 주장에 반박하기 위해 우편비로 5달러만 청구하거나 직접 만나 무료로 나눠주는 타이니 베이직을 직접 선보이기도 했다.

또한 애초에 베이직은 세금으로 지원되는 언어로서 게이츠가 하버드에서 방위고등연구계획국의 PDP-10 컴퓨터로 작업했다는 주장도 있었는데 이는 엄연한 사실이었으며 앨런 역시 허니웰에서 근무하던 당시 또 다른 PDP로 작업했을 확률이 높다. 이 모든 게 홈브루 클럽이 스탠퍼드 선형 가속기센터에서 모이는 거나 소콜이 시그네틱스의 테이프 복사기를 빌려 쓰는 것과 뭐 그리 다르다는 말인가? 직원 및 학생인 사용자들은 메인프레임과 미니 컴퓨터에 대한 접근 권한을 이용해 마이크로 컴퓨터를 연구했으며 대형 컴퓨터 산업은 세금을 기반으로 구축되었다. 이를 통해 이익을 얻으려 드는 건 옳지 않은 일인데 심지어 그렇게 거만하게 행동하는 건 더 나쁘다. 결과적으로 마이크로소프트는 적대적이던 이들에게 빚진 셈이 되었다.

불과 몇 년 후 IBM이 PC용 운영체제를 연구하기 시작했을 때 이 같은 논란 덕분에 마이크로소프트가 논리적 선택을 할 수 있었기 때문이다.

마이크로소프트에는 PC의 인텔 8088을 위한 운영체제가 없었지만 시애틀의 또 다른 컴퓨터 기업인 시애틀 컴퓨터 제품SCP에는 있었다. 게이츠는 중개인 거래 방식을 이용해 IBM에 약식 운영체제QDOS를 단돈 2만 5,000달러에 제공하기로 합의했다. 보카러튼 전략에 따라 IBM의 PC-DOS 라이선스는 비독점 제공되었고 이에 마이크로소프트는 모든 복제 PC 제조업체에 MS-DOS라는 자체 브랜드명으로 호환 버전을 판매했다. 그 무렵 이미 블루 계약을 따낸 게이츠는 QDOS 개발자인 팀 패터슨을 내쫓고 SCP의 소프트웨어를 고작 5만 달러에 영구 매입했다. IBM PC가 사무실을 컴퓨터화하고 복제 PC가 가정을 컴퓨터화하면서 마이크로소프트는 독점적 지위를 구축해 PC 운영체제 시장을 장악했다.[4] IBM의 오리지널 라이선스는 (마이크로소프트가 SCP의 운영체제 전체에 대해 지불한 것보다 비싼) 정가 10만 달러에 영구 무제한 사용이 가능했던 만큼 소비자들은 더욱 저렴하게 제공받을 수 있었다. 하지만 입지가 강화된 마이크로소프트는 중앙처리장치CPU가 판매될 때마다 자사의 소프트웨어 설치 여부와 무관하게 라이선스 비용을 내야 하는 새로운 모델에 정착했다. PC제조업체가 어디든, MS-DOS를 사용하든 안 하든 게이츠가 수익을 챙기게 된 것이다. 구매자들 입장에서는 어차피 비용을 지불한 만큼 라이선스를 많이 사용하게 되었다.

너드

미국인들은 실리콘밸리의 마이크로 컴퓨터 산업 초기를 발명의 역사라

---

4 메인프레임 서버는 대부분 마이크로소프트가 아닌 운영체제를 사용했는데 마이크로소프트 변호사는 이를 근거로 마이크로소프트가 운영체제 시장을 독점한 게 아니라고 주장했다.

는 맥락에서 이야기하는 것을 좋아한다. 발명의 역사는 데이비드 팩커드, 고든 무어와 로버트 노이스, 스티브 잡스와 워즈니악, 빌 게이츠와 폴 앨런 같은 상징적 천재 사업가의 스토리에서 가장 극명하게 드러난다. 이들은 당대 최고의 엔지니어나 프로그래머는 아니었지만 일찌감치 미래를 내다본 선각자임에 분명했다. 진정한 발명의 길은 결코 깨끗하거나 단순하지 않지만 과학적 공로가 순이익과 일치하지 않을 때 대중은 늘 후자가 전자를 압도하는 모습을 보아왔다. 결국 발명가의 공로를 인정하는 건 어렵기로 악명 높다. 모든 혁신은 이전 혁신을 기반으로 이루어지며 모든 발명가는 이런저런 커뮤니티와 불가분하게 얽혀 있기 때문이다. 두 사람 이상이 같은 아이디어를 동시에 내는 경우도 적지 않다. 돈이 일종의 점수판 기능을 해 본래 비교할 수 없는 것들의 비교를 가능하게 해주기도 한다. 릴런드 스탠포드가 서던퍼시픽의 유명 그림작품에 등장했던 것처럼 스티브 잡스는 '씽크 디프런트' 포스터를 고안해냈다. 유다와 워즈니악은 직접 개발한 제품의 브레인으로 역사 속에 묻혔고 철로를 깔고 칩을 조립한 노동자들은 기껏해야 배경화면의 등장인물로 남았다.

산업화 이후의 이 시기를 가늠하기 위해 지역 비즈니스 환경을 살펴보는 것도 좋은 방법이다. 특히 실리콘밸리에 경제적 성공이 비단 개별 리더나 기업의 차원이 아니라 이들을 모두 넘어선 하나의 프로젝트처럼 집중될 수 있었던 이유가 핵심이다. 이렇게 되기까지는 발명가나 고립된 선각자보다 매개자가 더 큰 역할을 했다. 스탠퍼드 총장실에서 실리콘밸리의 탄생을 조율한 프레더릭 터먼, 혹은 일본인들로부터 영감을 받아 기업의 가족 구조를 채택한 벤처 캐피털리스트 같은 이들 말이다. 스티브 잡스와 빌 게이츠는 이 이야기에서 상당히 중요한 인물이지만 사회의 비인격적 힘이 의인화한 대상으로서 훨씬 큰 의미를 지닌다. 프랭크 노리스가 말한 것처럼 "밀과 철도에 대해 이야기할 때 당신이 말하는 건 인간이 아닌 힘"이었다.

컴퓨터도 마찬가지다. 만약 잡스와 게이츠가 아니었다면 또 다른 누군가가 그들의 역할을 대신했을 것이다. 하지만 그들은 의인화된 대상으로서 그와 같은 힘을 입증하고 규정하는 데 도움이 될 수 있었다.

적잖은 다른 사람들과 마찬가지로 빌 게이츠는 1세대 개인용 컴퓨터의 운영체제를 개발하기에 제격인 때와 장소를 타고났다. 하지만 누가 정확히 운영체제를 개발했느냐가 중요한 게 아니었다. 게이츠가 차별화될 수 있었던 건 다른 이들과는 달리 PC-DOS에 대한 법적 권리를 따냈기 때문이었다. 왜 게이츠였고 그는 어떻게 그렇게 할 수 있었을까? '사용자에게 보내는 공개서한'이 그 이유를 설명해준다. 이 편지는 사용자 커뮤니티에서 재산권을 주장한 획기적 주장이었다. 컴퓨터가 취미였던 시대와 마이크로 컴퓨터 산업을 확실히 구분하려는 시도였으며 게이츠가 마이크로소프트로 수십억 달러를 벌어들인 이유이기도 했다. 홈브루 클럽은 컴퓨터 과학을 본질적으로 공공의 영역으로 보았고 1970년대에는 기술적으로 그들이 옳았다. 심지어 컴퓨터가 개인 소유였던 시절에도 미국 내 거의 모든 전산전력 비용이 공공자금으로 충당되었기 때문이다.

게이츠가 하버드에서 방위고등연구계획국 PDP를 사용했다는 사실 역시 지적될 수 있다. 다들 공식 프로세서를 사용해 개인 프로젝트를 처리한 경험이 있을 뿐 아니라 베이직 인터프리터 작성에 사용할 수 있는 컴퓨터도 한정되어 있었기 때문이다. 이들은 모두 대학, 민간 방위산업체나 군대 등 공적자금을 지원받은 빅사이언스 컴퓨터로 코딩을 배웠다. 그 작업의 결과물인 지식 제품은 결국 베이직과 마찬가지로 대중에 귀속되었다. 그 지식으로 제품을 만들어 판매하는 건 용인될 수 있었지만 일부 주요 지침에 울타리를 쳐놓고 독점 사용료를 받는 건 대담한 행동이었다. 게이츠는 어디서 그런 용기가 났을까? 그와 취미로 컴퓨터를 하는 사람들 사이에는 중요한 차이점이 있었다. 게이츠는 주로 공공 시스템이 아닌 곳에서 코딩을 배웠다. 부와 특권에 있어서도 기술 못지않게 새 시대를 누린 시기의 큰 아들이었던 것이다.

의사 결정권자들이 왜 아이들의 마이크로 컴퓨터 사용을 금지했는지는 어렵지 않게 알 수 있다. 컴퓨터는 상당히 비싸고 망가지기 쉬운 데다 중요한 시스템이 여기에 의존하고 있었기 때문이다. 컴퓨터 사용료가 비싸다는 사실은 말할 것도 없다. 하지만 시애틀 레이크사이드의 10대 소년 게이츠는 제한적 학습도구로서 메인프레임 터미널에 접근할 수 있었는데 이는 또래 중 어느 누구도 누려본 적 없는 혜택이었다. PDP-10은 새롭고도 혁신적인 기계였다. 1968년 가을, 워싱턴 대학의 컴퓨터 전문가 네 명이 시애틀 지역의 투자자들로부터 자본을 유치해 컴퓨터 센터 기업, 혹은 C-큐브드를 설립했다. 이는 PDP-10 등의 하드웨어를 임대해 '서부 해안 최대규모의 시간공유 컴퓨터 전력단지'를 조성한 뒤 보잉 같은 회사에 시간 단위로 판매할 계획이었다. 마침 C-큐브드의 파트너 중 레이크사이드의 학부모가 포함되어 있어 학교는 시간공유 계약업체를 C-큐브드로 옮겼다. 게이츠를 비롯한 학생들에게는 절호의 타이밍이었다. 앞서 말한 것처럼 게이츠가 C-큐브드 PDP-10을 망가트린 뒤 회사는 그와 친구들이 버그를 빠짐없이 찾아내 보고하면 시스템을 쓸 수 있는 시간을 허락해주었다. 향후 몇 년간 이들은 다양한 시스템의 시간 공유를 위해서는 C-큐브드 컴퓨터에서 뭘 해야 하는지 배웠고 미국에서 가장 탁월한 10대 프로그래머로 거듭났다. 이처럼 게이츠는 민간자본이 투자한 민간기업과 계약을 맺은 사립학교를 통해 컴퓨터 교육을 받았다. 자선사업가 어머니를 통해 IBM과 인연을 맺었고 변호사 아버지로부터 법률자문을 받았다. 게이츠에게 사회 같은 건 안중에 없었고 오로지 가족과 기업뿐이었다. 자신은 타인에게 빚 따위 진 적 없다고 여겼으며 그대로 행동했다.

게이츠는 양분된 시대의 아바타였다. 그가 자란 곳은 워싱턴 대학교 옆

멋진 호숫가 구역인 로렐허스트로 1936년 주택 소유자 대출 공사가 지도에 '최고'라고 표시한 지역이었다. 반면, 당시 비백인 대출자들은 물가에서 멀리 떨어진 산업지구로 밀려날 수밖에 없었다. 게이츠가 초등학교 1학년 정도였던 1962년, NAACP(1909년 설립된 미국 최대 흑인민권운동단체)는 브라운 대 교육위원회 재판에 힘입어 통합을 모색하고자 시애틀 교육구를 상대로 소송을 제기했다. 교육구는 자발적 버스 통학 프로그램에 동의했지만 실행이 수년간 지연되면서 1966년 본격 시위가 시작되었다. 조직가들은 시애틀의 흑인 학생들을 이끌고 이틀간 파업을 벌였다. 이듬해 SNCC (학생비폭력조정위원회)지도자 스토클리 카마이클은 사실상 인종분리가 시행 중이던 가필드 고등학교에서 4,000여 군중에 선동적 연설을 하며 흑인들이 징병제에 저항할 것을 촉구했다. "킹 박사님이 계셔서 다행인 줄 알라고 전하세요. 우리가 총을 갖게 되면 누구를 죽일지 뻔하니까요. 우리는 이 나라를 위해 살점이 뜯기고 피를 쏟았는데 이 나라가 배출할 수 있는 최악의 학교에 다니고 있습니다. 우리는 이 나라를 위해 살점이 뜯기고 피를 쏟았으니 이제 그들이 우리를 위해 살점이 뜯기고 피를 쏟을 차례입니다." 시애틀의 학교는 전쟁터였다. 1968년, 게이츠가 얼마 전 공립학교로 전학한 폴 앨런과 함께 레이크사이드 프로그래머 그룹을 결성하는 동안 반대편에서 시애틀의 다른 젊은이들은 캘리포니아 이외 지역 최초의 흑표당 지부를 설립했다. 흑표당은 현대기술에 대한 대중의 통제를 원했지만 레이크사이드 그룹은 그럴 수 있는 대상이 아니었다.

70년대의 해결책이 그 시대에 성공한 사람과 기관의 유형을 결정했다. 실리콘 시대 이전의 실리콘밸리 거물들은 잘생기고 운동능력이 뛰어나며 호감도가 높은 경향이 있었다. 바이오노믹스 시대의 인재로 다방면에서 두각을 드러낸 이들은 탁월한 유전자와 지도교수의 축복을 받은 '재능 있는' 사람들이었다. 공중전과 연구를 통해 전쟁에서 승리를 거둔 개인들은 일찍

이 기관의 선택을 받았다. 신뢰와 존경을 받을 자격이 충분해 대기업 최고 위직에 어울리는 인물이라는 인식에 따라 해당 분야의 경험을 쌓기도 전에 미리 기관에 선발되어 미래 분야로 투입되었다. 반면 빌 게이츠와 스티브 잡스는 개인위생이 좋지 않았고 스포츠를 전혀 즐기지 않았으며 얼간이로 유명했다. 둘 다 군 복무를 하지 않았고 대학도 중퇴했다. 두 사람은 결국 서로 다른 기업 전략을 채택해 때로 비즈니스 적수가 되기도 했지만 결국 역사적으로 동일한 힘을 의인화한 인물들이었다. 대중을 위해 일하지 않았고 프레더릭 터먼 같은 교수 행정가나 밥 테일러 같은 군사관료 등 깔끔하게 면도한 권위주의자들의 지지 따위 필요로 하지도 않았다. 그 결과 자신들은 물론, 자신이 고용한 기술 노동자들이 냄새를 풍기고 다녀도 자유롭게 내버려두었다(역사학자 찰스 피터슨은 이 변화를 '관료적' 남성성에서 '얼간이' 남성성으로의 전환이라고 설명한다). 혐오스러운 이 두 청년은 1960년대 위기에 빠진 자본을 '탐욕은 좋은 것'이라고 외치는 1980년대로 구해낸 건 물론, 잘 씻거나 먹지 않는 게 프로그래밍 기술과 경제적 가치를 상징하는 행위로 보이도록 만든 도구였다.

전례 없는 금액이 이 두 사람을 통해 흘러들어갔는데 과연 게이츠와 잡스가 유치한 돈의 의미는 무엇이었을까? 제록스 팔로알토 연구소는 애플 맥 컴퓨터를 위해 엄청난 예산의 연구개발 노력을 쏟아부었지만 결코 상사가 좋거나 (잡스는 냄새만 풍기는 인물이었다) 투자 기회를 원해서 그런 건 아니었다. 애플과의 계약은 회사의 인건비 문제를 해결하기 위한 방법이었다. 애플은 훌륭한 브랜딩과 실리콘밸리 최악의 노동관행을 결합한 기업이었다. 애플이 우수 파트너 기업으로 떠오른 건 사실 네트워크 덕분이었다.

간단히 말해 제록스가 애플을 원한 건 순전히 노조 없이 컴퓨터를 만들 수 있기 때문이었다. 그래야 직원들에게 미치는 영향(오프쇼어링, 하도급, 기술 속도 향상, 시장의 실시간 수요에 따른 고용 및 해고) 따위 걱정하지 않고 생산 효율성을 높일 수 있었던 것이다. 이 같은 솔루션 없이 제록스는 저가의 일본 제조업체와 경쟁할 수 없었다. 이와 달리 애플은 컴퓨터를 만들기 위해 다른 업체와 계약하는 대신 계약업체를 위해 컴퓨터를 만들었다.

애플 광고를 보면 이를 잘 알 수 있다. 1970년대 후반, 애플의 초기 광고는 컴퓨터의 기능이 너무 다양해서 그걸로 뭘 할 수 있는지 일일이 알려주는 게 어렵다고 말한다. 이에 다른 기업에서 컴퓨터를 어떻게 사용하는지 최고의 스토리를 보내온 사용자에게 250달러를 포인트로 제공하는 이벤트를 벌였다. 80년대 광고에는 토마스 에디슨과 헨리 포드 같은 발명가가 등장했다. "개인 컴퓨터를 소유한 사람은 어떤 사람이지?" 한 사람이 질문을 던지면 "시간이 곧 돈이라면 애플이 더 많이 벌 수 있도록 도와드립니다"라는 문구가 나온다. "가장 잘하는 일에 집중하세요. 나머지는 애플이 알아서 합니다." 소규모 기업의 경우 개인용 컴퓨터가 작업시간의 한계비용을 줄여주었다. 일정요금으로 프로세서를 무제한 사용하고 자체 활용도를 높여 기존 기업과도 경쟁할 수 있었기 때문이다. 애플 II 이후의 애플 컴퓨터는 성능에 비해 비쌌지만 친근한 운영체제를 좋아하는 사용자들을 충성고객으로 유지해 다른 마이크로 컴퓨터 기업들이 서로 경쟁하는 동안에도 고가, 고수익 전략을 고수할 수 있었다.

하지만 애플이 세계 최대기업이 된 건 갑자기 수백만 명이 창업을 했기 때문은 아니었다. 미니 컴퓨터에서 마이크로 컴퓨터로 전환되면서 중고등학교와 초등학교에서 마이크로 컴퓨터를 교육도구로 사용할 수 있게 되었기 때문이다. 게다가 애플은 교육용 컴퓨터로 자리매김하기 위해 만전을 기했다. 지난 세대의 과학자 및 엔지니어들이 졸업 후에도 대학 실험실에서 사용하던 브랜드의 도구를 선호하는 모습을 익히 봐왔기에 아이들이 애플 고유의 운영체제 및 브랜드에 익숙해지면 나이 들어서도 자사 컴퓨터를 구입할 가능성이 높다고 여겼다.

1978년 미네소타 내 시범 운영을 성공적으로 마친 스티브 잡스는 캘리포니아 의회와 주지사 제리 브라운을 상대로 맞춤형 세금공제 로비를 펼쳤다. 학교에서 구매하는 컴퓨터 대당 가격의 25%를 학교에 기부하겠다고 공언한 것이다. 1983년, 그는 캘리포니아주에 위치한 9,250군데 학교에 애플Ⅱe 시스템 설치를 제안했고 거의 모든 학교가 이를 받아들였다. 회사의 막대한 이윤과 세금공제로 인한 비용상쇄 덕분에 애플이 실제 부담하는 비용은 액면가의 5% 미만이라고 회사 측은 밝혔다. 잡스가 부르주아 전자제품 거래에서 발생하는 세금을 교묘하게 납부할 방법을 찾아낸 것이다. 업계 큰형 같았던 HP의 스타일을 저버린 애플은 1990년 무렵, HP보다 직원당 2.5배 많은 매출을 올렸다.

70년대의 사회경제적 힘은 마치 계속되는 압박을 견디다 물체의 형태를 띠게 되는 다이아몬드처럼 애플Ⅱ가 점령한 교실을 생산했다. 애플은 친근한 인터페이스로 어필했지만 애플 컴퓨터는 대다수 사람들이 갈수록 살기 힘들어지는 세상의 상징과도 같은 제품이었다. 애플은 그렇게 행운의 투자 기회를 잡았고 부자가 되었다.

Chapter 15

온라인 아메리카

세계 최고의 기술기업 → 지적재산 vs 아웃소싱 → 코카인과 카푸치노 → 스타트업 전쟁 →
깨진 유리창 법칙 → 펫츠닷컴

커피, 컴퓨터, 그리고 코카인

LSD시대와 마찬가지로 1980~1990년대에는 프로그래머의 능력을 보강할 수 있는 방법이 다양하게 존재했다. 엥겔바트가 한때 상상한 것처럼 컴퓨터, 그리고 컴퓨터 간 네트워크가 기술산업 내 개인의 생산성을 향상시켰다. 실리콘밸리는 그 자체로 실리콘밸리 제품의 위대한 광고 역할을 했다. 실리콘밸리의 지향점과 도구를 채택한 기업 및 개인은 실리콘밸리처럼 획기적인 수익성과 효율성을 손에 넣을 것이라는 메시지를 전파한 것이다. 실리콘밸리는 인터넷 시장과 주식 시장에서도 갈수록 복음의 아이콘으로 자리잡았다. 바깥으로 국내외의 채택과 투자를 촉진했을 뿐 아니라, 내부적으로도 소매시장 못지않은 평판과 동력을 확보하고자 노력했다.

베이 지역은 기업 간, 개인 간 활동이 워낙 많이 일어나는 만큼 중립성이 보장되는 공공장소 네트워크가 필요했다. 그 결과 실리콘밸리는 커피문화로 유명세를 떨치게 되었다. 파리 야외 카페의 여유가 아닌, 노트북과 라떼, 정보회의와 업계가십만이 난무했다. 이 무렵, 버클리의 피츠커피에서 시작되어 시애틀의 스타벅스로 이어지고 급기야 전 세계로 확산된 미국 커피의 '제2의 물결'이 일어났다. 실리콘밸리의 자아 인식에서 카페를 창조적 거점으로 여기는 시각이 핵심을 차지하게 돼 향후 기업들은 사무실을 아예 안락한 커피숍처럼 꾸몄다. 하지만 커피 전문점이 미래의 사무실로 변모하면서 고용 트렌드에 우려스러운 변화가 나타나고 있었다. 스타벅스에 자리한 사람들 중 일부는 부자이거나 점차 부를 쌓아가고 있었지만 돌아갈 일자리가 사라지는 이들도 갈수록 많아졌다. 글로벌 자본 시장 내 실리콘밸리의 가치는 대부분 새로운 비즈니스 모델에서 나왔고, 비즈니스 모델 혁신이란 새로운 고용 모델을 완곡하게 표현한 것이었지만 안타깝게도 새로운 고용 모델은 대부분의 노동자들에게 불리하게 작용했다.

기술발전은 늘 컴퓨터가 제조업무를 자동화한다는 전제하에 일어났다. 1975년에 이미 해리 브레이버먼은 펀치카드가 생산업무를 어떻게 변화시켰는지, 또 어떻게 생산 노동자를 강철 못지않게 숫자도 많이 다뤄야 하는 기술자로 변모시켰는지 적었다. 미국 제조업 성장률은 기술발달에 힘입어 급증하기는커녕, 값비싼 컴퓨터 장비로 인해 오히려 떨어졌다. "2000년 무렵, 비즈니스 부문 컴퓨터 중 76.6%가 소매 및 서비스 기업에서 사용됐지만 해당 경제 부문은 생산성 증가와 별 관련이 없었다"고 학자 프레드 터너는 적었다. 실리콘밸리의 새로운 노동 당국은 파이의 크기를 키우는 대신, 그간 노동자에게 돌아갔던 보상을 상사, 관리자 및 주주들에게 몰아주는 데 뛰어났다.

기술기업들은 '비용을 절감'하거나 '가상'으로 존재하며 최대한 많은 업무를 아웃소싱했다. 제조업에서 이는 솔렉트론과 플렉스트로닉스, 그리고 타이완에 본사를 둔 폭스콘 등의 국내 계약업체에 하청 주는 것을 의미했다. 쓰리콤과 시스코 같은 인터네트워킹 기업은 이 같은 방식을 통해 단말기 판매 수익을 그대로 거두면서도 소프트웨어 기업에 한 발 더 다가갈 수 있었다. 지적 재산을 제외한 모든 걸 아웃소싱하는 순수 아이디어 기업이야말로 이들이 꿈꾸는 이상이었다. HP 같은 대기업은 노동운동이 미약한데 힘입어 제조 인프라의 대부분을 하청업체에 매각한 뒤 그 업체와 계약을 맺었다. IBM은 한술 더 떠서 위탁 제조기업 셀레스티카를 1997년에 분할 설립했다.

1990년대, 산타클라라 카운티는 전반적으로 화려한 기록을 달성했지만 전자장비 부문을 포함한 생산 임금은 감소했다. 기업들은 고임금 업무마저 아웃소싱했으며 1991년에는 팔로알토 산업디자인 컨설팅업체인 이데오 IDEO가 문을 열어 기술 스타트업이 주력 분야를 좁히도록 독려했다. 한 분석에 따르면 1984년에서 1997년 사이 캘리포니아주 고용 증가의 절반 이상(최대 80%)이 외부 계약직 근로자의 형태로 이루어졌다. 단, 이는 국내에 그대로 머문 직종의 경우이며, 1980년에서 1995년 사이 캘리포니아 주 전체에서 전기 및 전자 제조업체의 고용은 38.7%나 감소했다. 게다가 노동자들은 고통받는데 자본가들은 번성하는 것만 문제는 아니었다. 생산량이 제자리걸음이었던 만큼 분배가 관건이었다. 하지만 노동자가 잃어버린 만큼 자본가들은 벌어들였는데 이 같은 현실은 실리콘밸리가 잔뜩 흥분한 채 쏘아올린 폭죽에 가려져 있었다.

그런데 세계 최고의 기술기업들이 어떻게 저임금 계약 노동자들에게 업무를 하청 줄 수 있었을까? 이는 생각보다 간단한 일이다. 이전 장에서 살펴봤듯 애플에서는 계약 이민 노동자들이 규제보다 낮은 단가로 기판을 조립했으며 이는 비단 애플만의 고립된 사례가 아니었다. 1990년대에 이 지역 인도차이나 이민자 인구의 3분의 1에 해당하는 4만 명이 인쇄회로기판 조립에 종사한 것으로 추정된다. 타이완 계약 제조업체가 갈수록 발전한 것도 더 많은 아웃소싱을 부채질했다. 중국에서는 덩샤오핑의 친시장 정책으로 타이완 계약업체들이 다시 중국 본토에서 '국내' 생산을 할 수 있게 되었고 덕분에 인민 공화국 최초의 자본주의 생산 이민족으로서 특권을 누렸다. 이처럼 기업들이 생산에서 발을 뺀 뒤 국내외의 어딘가로 밀어넣으면서 극도로 유해한 산업이 환경과 건강에 미칠 위험성까지 다른 누군가의 회계 장부로 넘어갔다. 비용 절감은 법적 부담도 줄이는 효과를 가져왔다.

미국은 두 갈래로 갈라지는 고용패턴에 맞춰 이민자 집단을 수입했고, 실리콘밸리의 투자자나 이사회 구성원 또는 창업자 한 명당 제3세계 출신 난민 한 가족이 현지 지하실에서 컴퓨터 산업의 숫자를 움직이는 저임금 제조노동을 수행했다. 신식민주의는 실리콘밸리의 방위산업 전자제품에 시장을 제공한 것뿐만 아니라 노동력도 제공했다. 1970년대부터 멕시코로부터의 이민이 급격히 증가했고, 1980년대에는 미국의 간섭으로 불안정한 사회를 탈출한 중앙아메리카인들이 그 뒤를 이었다. 불평등과 이민이 증가하는 시기에 많은 노동자들이 가사 서비스, 유지보수, 건설노동 등의 형태로 양분된 시장에 흡수되었고, 이러한 노동자들은 평균 이상의 착취와 학대로부터 보호받지 못한 채 비공식적으로 일하는 경우가 많았다. 1980년대 동안 상대적으로 임금이 낮은 서비스 부문에서 미국 라틴계 노동자의 비중은 28%에서 61%로 증가했다. 계약직 청소부였던 이들은 1990년대 초 지역 기술 업계에서 유일하게 성공적인 노조운동을 주도하여 대형 브랜드와 노동계약업체를 연결함으로써 애플과 HP에 압력을 가했다. 하지만 노동자들이 이 행동을 IBM 칩 조립 계약업체인 버사트로넥스의 조립라인으로 확대하려 하자 회사는 공장을 폐쇄했다.

탄탄한 중산층 일자리의 측면에서 베이 지역은 국방 의존도 감소로 인해 매년 제공해야 할 일자리가 줄어들고 있었다. 냉전을 믿을 수 없다면 무엇을 믿을 수 있었을까? 정부도 일자리 감소를 초래하면서 퇴직금과 고용 안정 대신 스톡옵션을 제공하는 새로운 기술기업들을 믿을 수 없었다. 심지어 회사 설립자들도 투자자와 체결한 계약에 따라 아무런 보상 없이 해고되기도 했다. 최신 신기술을 발명하지 못했거나 부자들을 설득할 수 없다면 하이테크산업과 관련된 기술을 개발하는 것이 최선의 선택인 것처럼 보였다. 유능한 프로그래머나 엔지니어라면 적어도 시장에서 활용할 수 있는 무언가가 있었다. 이러한 컴퓨터 기술로 정규직이 되지는 못했지만 수요가 많았고 수표를 받을 수 있었다. 그리고 모든 종류의 기관은 여전히 취약한 컴퓨터 시스템을 유지 관리하기 위해 자체 '정보기술' 직원이 필요했다. 근로자는 1년짜리 인턴십 프로그램 중 하나 또는 다른 인턴십 시스템에서 자격증을 취득하고 기술직에 취업할 수 있는 자격을 얻을 수 있었다. 1990년대에 실리콘밸리에서 새로운 중산층의 개념이 만들어진 것은 바로 이 지점이었다.

학자 샬리니 샹카르는 실리콘밸리에서 남아시아 10대의 삶을 연구하면서 이러한 '그레이칼라(블루칼라와 화이트칼라의 중간인 노동자)' 일자리가 당사자와 그 가족에게 강력한 영향력을 발휘한다는 사실을 발견했다. "새로운 유형의 기술직종은 인도 중산층 청소년들에게 화이트칼라 세계로 진출할 수 있는 기회를 제공했다. 고도로 숙련된 엔지니어링 직종과 고된 조립라인 작업 사이에 시스템 운영자, 마이크로소프트 윈도우 관리자, 기타 하이테크 세계로 진입하는 '로우테크' 직종 등 중간 범주의 기술인력이 등장했다. 조립라인 작업보다는 더 권위 있지만 엔지니어링 작업보다는 훨씬 덜 상향 이동성이 있는 이러한 종류의 작업은 현대와 진보를 상징하는 산업에서 컴퓨터 전문가라는 독특한 타이틀과 금전적 혜택을 제공한다."

긴축된 노동시장에서 마이크로소프트, 시스코 등의 기술기업은 불안정한 시스템을 계속 운영하면서도 고객 대응을 위해 사람들을 교육해야 했지만, 경력 고용의 길이 거의 열려 있지 않았기 때문에 열심히 배우고 노력하는 이 그레이칼라에게 의존해야 했다. 이 모델은 학생과 근로자가 모든 위험을 감수하도록 강요했으며, 시스템과 기술이 변화하면 그때 기업의 기술을 업데이트하거나 골칫거리에서 빠져나갈 수 있었다. 집단적 행위로 해석하기 어려운 일련의 과정이다. 1960년대와 1970년대 초의 폭동에 대한 처벌로 인해 캘리포니아의 비공식적으로 분리되어 있고 공식적으로 예산이 부족한 공립학교는 더 이상 흑인과 히스패닉 학생들이 모든 기술직에 필요한 고등교육을 받을 수 있도록 준비시키지 않았다. 조립라인 관리자들은 미국 태생의 동료들보다 권리가 적은 외국 태생의 노동자를 선호했다. 이 지역의 흑인 노동계급은 전체 인구에서 차지하는 비중이 높아지면서 저임금 서비스업과 비공식 고용 부문으로 내몰렸다. 한 다큐멘터리에서 1970년대 LA에서 자란 한 남성은 졸업 후 다른 친구들처럼 기술학교에 진학할 계획이었지만 글을 읽지 못해 진학에 어려움을 겪었다고 이야기한다. 그는 서부 해안에서 가장 악명 높은 독립 코카인 유통업자가 되었다.

커피와 코카인은 베이 지역 기술환경에서 많은 공통점을 가지고 있었다. 두 가지 모두 제3세계 경제가 소모품 수출로 재편되는 과정에서 왔고, 여러 가격대에서 점점 더 많이 더 쉽게 구할 수 있었으며, 오랜 기간 동안 사람들을 빠르게 움직이게 만들었다. 마이애미, 로스앤젤레스, 뉴욕에 이어 실리콘밸리는 미국 코카인 광풍의 네 번째 지역이 되었다. 부분적으로는 미국 연방정부기관과 코카인 업계의 밀접한 관계 덕분에 이 기간 동안 국제 코카인 거래량이 증가했다.

1980년대 코카인의 도매가격은 급격히 하락한 반면 순수가격은 상승했다. 팔로알토는 이 약에 괴짜 같은 매력을 부여했다. 실리콘밸리의 업계 거물들은 그들의 사무실이나 남편들이 함께 모여 아내를 무시한 채 컴퓨터에 대해 끊임없이 이야기하는 하우스 파티에서 코카인을 즐겼다. 코카인은 그 화려함과 매력을 그대로 간직하고 있었다. 하지만 이 밸리에서는 모든 것이 일을 밀어붙이기 위한 것이었다. 코카인은 꿈을 위해 노력했다. 대부분의 사람들에게 그 꿈은 환상이었지만, 그럼에도 불구하고 그들은 그 꿈을 쫓았다. 코카인은 그들을 경주에 계속 참여하게 했다. 그 시대는 "작업장에서 훔친 깨끗한 실리콘 웨이퍼로 만든 코카인 거울로 완성된, 그들만의 하얀 눈보라"라고 묘사된다. 이 약물은 엉뚱한 방향으로 나아간 비즈니스 모델과 이상할 만큼 과잉된 열정, 미국 최고의 이혼율을 설명하는 데 확실히 도움이 되어주었다.

인터네트워킹 회사들이 미국인들이 신뢰하는 매끄럽고 멋진 웹사이트를 추악하고 이해하기 어려운 코드로 만든 것처럼, 기술업계는 클린룸 엔지니어의 완벽한 작업으로 매우 수상한 비즈니스 관행을 제시했다. 당국도 이를 확신했고, 산호세 경찰서는 도둑을 잡기 위한 잠복 작전으로 결국 전자 기술자들을 잡는 데 성공하자 놀라움을 감추지 못했다. 1980년대 초 경찰은 비밀리에 자체 바를 열고 도난품을 보관할 수 있는 안전한 장소라는 소문을 퍼뜨렸다. 일반적인 보석 등이 들어올 것으로 기대했지만 보석 대신 디스크 드라이브와 마이크로칩을 얻었다. 기술회사 직원들은 장비를 훔쳐 고물상이나 중고 컴퓨터 상인에게 팔아 코카인 대금을 챙기고 있었던 것이다. 회연구실에서는 금선 같은 귀중한 재료가 사라지는 경우가 많았다. 심지어 간혹 스파이(국제 스파이, 산업 스파이 등)가 중요한 정보를 얻기 위해 거래를 하기도 했다. 하지만 그런 일은 실리콘밸리가 장려하는 문화 안에서 사업을 하는 데 따르는 대가일 뿐이었다. 유명 기업의 관리자들은 코더들에게는 코카인을, 조립라인의 직원들에게는 저렴한 필로폰을 나눠주는 등 직원들에게 마약을 권했다. 정확성보다는 속도가 더 중요했고 부품의 고장률이 높았다. 별거 아니었다. 마진이 너무 크면 그냥 무료 교체품을 보내면 된다. 애초에 진정한 품질관리를 구현하는 것보다 더 저렴했다.

이와 같은 고용 변화는 대륙 간 공급라인의 위아래로 울려 퍼졌다. 평균적인 콜롬비아 사람들은 다른 제3세계 국가 노동자들이 국제 하도급의 영향을 받는 것과 거의 같은 방식으로 마약 거래의 영향을 받았다. 1980년대

비공식 노동의 성장을 추적한 《지하경제의 부상》에서는 이들은 외국 자본을 위해 직접 일하는 대신 천문학적인 이윤을 누리는 국내 공급업체에 고용되었다고 이야기한다. 석유나 전자제품 제조능력이 없는 국가들은 다른 국제 원자재와 마찬가지로 단위당 가치가 높고 이윤을 많이 남길 수 있는 무언가를 찾아야 했다. 그게 코카인이었다. 미국의 지원을 받은 아메리카 대륙의 지도자들은 미국의 지도자들이 전자제품 기업에 연루된 것처럼 그들은 마약 밀매에 연루되는 경향이 있던 거였다. 이는 그들에게 좋은 비즈니스였다. 물론 마약 카르텔은 보통 그랬던 것처럼 많은 돈을 서구 은행에 보관했다.

전문적인 화학적인 지식을 거론하지 않더라도 헤로인과 코카인을 습관성 물질로 설명하는 것은 비교적 논란의 여지가 없다고 생각한다. 하지만 이 화합물은 자본주의에서 또 다른 마법의 속성을 가지고 있었다. 비싸고 휴대가 간편한, 농민들이 재배한 코카인은 사람들을 생산자와 사용자 양쪽의 이해관계가 부합하는 가격체계로 끌어들였다. 더 이상 다른 작물 재배로는 생계를 유지할 수 없는 가난한 생산자와 시장에 유용하게 쓰여야 할 절박한 이유가 있는 가난한 사용자가 만났다. 이 연대의 메시지는 제3세계 단결에 대한 잔인한 왜곡이었다. 1980년대 일부 하위문화인 스트레이트 에지 펑크족은 모든 마약을 자본주의의 독으로 규정하고 거부하는 주장을 펼쳤는데 일리 있는 행동이었다.

흑인(그리고 점점 더 많은 치카노, 동남아시아, 중앙아메리카) 빈민가라는 지역사회에서 마약은 이미 빈곤으로 고통받는 사람들로 하여금 돈을 끌어모았다. 딜러와 유통업자가 축적한 부는 가끔 구석으로 흘러내리기도 했지만, 피라미드 조직처럼 애초 길거리를 떠도는 이들에게까지 돌아갈 리 없었다. 이 약은 조립라인 없이는 아무것도 생산되지 않았다. 레이건의 "'노'라고 말하세요"라는 마약방지 정책에 속을 사람은 없었다. 인터넷 초창기 샌프란시스코의 한 잡지에 실린 한 풍자 광고는 유비쿼터스 부자가 되는 방법 중 하나를 제시한다. "어떻게 하면 일을 그만두고 연간 3만 달러를 벌 수 있을까?" 정답은 무엇일까? "프리랜서 마약 판매자가 되세요!" 미국에서 수입된 아프가니스탄 해시시, 파키스탄과 버마 헤로인, 파라과이와 볼리비아 코카인에 대해서는 '예스'라고 답하고 그게 아닌 다른 일에 대해서는 '노'라고 하면 되는 것이다. 레이건의 말과 반대로 하면 되는 것이었다.

실리콘밸리로 유입된 마약은 생산적인 회로를 완성했다. 캘리포니아는 마이크로칩을 수출하고 약물을 수입했다. 그 약물이 다시 마이크로칩에 들어가는 노동력을 제공했다. 마약이 유통될 때마다 자본가들은 점점 더 많은 지분을 빼앗아 노동자와의 관계에서 자신의 위치를 강화해갔다. 마약은 마치 부식성 사회적 시멘트가 되어 사람들을 어설프게 하나로 묶어주는 역할을 했다.

이것이 유일 초강대국 자본주의 세계의 모습이었으며, 당국은 코카인에 관해서는 자신들의 역할을 부인했지만 국제 커피 시장에 대한 기록만큼은 합법적으로 남아 있다. 이 시장에 대한 연구에서 학자 조셉 네빈스는 1970년대 중반과 1990년대 중반 사이에 일어난 큰 변화는 '작물과 관련된 소득 분배를 둘러싼 장기적인 투쟁'과 관련이 있다고 말한다. 이 시기 초기에 재배자들은 커피 수익 1달러당 평균 약 20센트의 수입을 올렸다. 이들은 1962년 국제커피협정ICA이라는 협정을 통해 일종의 카르텔 계획으로 작용하여 공급을 제한하고 조정했다. 쿠바혁명(1953~1959) 이후 케네디 행정부는 서반구에서 공산주의의 온쇼어링을 막기 위한 냉전 도구로서 ICA와 제3세계 노동자에 대한 양보를 지지했다. 그러나 미국의 전략이 바뀌면서 미국과 자유 시장 중남미 대리인들은 1989년 ICA를 포기했다. 1990년대 중반까지 재배농가의 점유율은 20%에서 13%로 감소했다. 커피를 소비하는 국가의 로스터, 상인, 소매업자들은 54%에서 78%로 점유율이 향상되었다. 이러한 크고 빠른 변화는 부분적으로는 재배자 임금의 억압, 서구의 국내 서비스 임금의 억압, 업계의 통합, 새로운 고가 커피 음료의 등장 덕분이었다. 스타벅스는 1992년에 상장되었고 1990년대에 기술기업처럼 사회적 변화에 힘입어 번창했다.

멕시코와 아메리카 대륙의 노동자들의 환경이 악화되면서 사람들이 북쪽으로 밀려났고 미국 내 불법 이민자 인구가 급격히 증가했다. 레이건 행정부는 이민자를 고용하려는 고용주와 민족주의적 이민 제한주의자 사이에 끼어 수백만 명의 미등록 노동자를 합법화하면서도 국경 단속을 강화했다. 대부분의 마약이 합법적인 입국항을 통해 국내에 유입되었음에도 불구하고 보수와 진보 모두 국경단속을 마약과의 전쟁의 중심 전선으로 삼았다. 이민 비용의 증가를 막을 수는 없었다. 사람들은 더 큰 요인에 반응하고 있었다. 예를 들어, 멕시코의 커피 산지로부터의 이주는 ICA가 해체된 후 증가했다. 1994년 북미자유무역협정NAFTA이 발효된 후 이러한 경향은 더욱 심화되어 멕시코는 값싼 제조업 수출과 값싼 미국산 옥수수 수입에 더욱 집중하게 되었다.

이 기간 동안 값싼 노동력과 상품의 과잉공급은 주변부뿐만 아니라 중심부의 노동보호를 약화시켰고, 미국은 빠른 속도로 노조를 없앤다. 레이건은 불워리즘(단체 교섭에서 경영자쪽의 처음이자 마지막인 단 한번의 회답 방식)을 백악관에 도입하여 정부 일자리의 보루를 약화시켰다. 그의 대표적인 사건은 취임 첫해에 파업 중인 항공교통 관제사 11,000여 명을 해고하고 노조 설립을 취소한 사건이다. 대통령은 언론에 노조를 탈퇴하고 시키는 대로 출근한 한 관제사의 말을 인용했다. "내가 법을 지키지 않는데 어떻게 아이들에게 법을 지키라고 할 수 있겠습니까?" 다시 한 번 개인의 범죄에 대한 의문은 레이건 사람들을 확고한 지위에 올려놓았다. 조직된 노동계는 신규 또는 미래 조합원에 대한 혜택과 보호를 축소하는 2단계 계약에 동의함으로써 제도를 유지하면서 재방어에 나섰다. 자본은 나쁜 습관처럼 세기 중반의 노동합의를 파기하고 이전에 더 넓은 공동체에 대한 책임을 줄였던 방식으로 자사 노동자에 대한 책임을 줄였다. 두 번째 부분은 많은 표가 필요하지 않았다.

조직화된 노동은 '기업 노조주의'라는 모래사장에 갇혀 뒷걸음질 치고 있었다. 자본주의적, 정치적 선거구도는 사라졌고 노동자의 상황을 개선하고자 하는 사람은 당대의 이념적 한계 내에서 다른 모델을 찾아야 했다. 파업과 같은 집단적 전략은 끊임없는 개인주의 선전에 의해 대중을 선동했다. 여성, 아동, 특정 소수집단의 복지를 중심으로 한 정치단체는 기업을 사회적 책임과 다시 연결시키기 위해 기업에 압력을 가했다. 시위는 브랜드를 더럽힐 수 있는 능력이 민간 부문에 있는 몇 안 되는 영향력 중 하나였기 때문에 브랜드 이미지 실추를 표적으로 삼아 공급망의 조건에 대한 책임을 물었다.

이 전략의 최종 목표는 국가가 개입하지 않는 일종의 DIY 규제인 개혁 약속이었다. 개별 위반자를 추적하는 것은 범죄와의 전쟁 시대의 반자본주의 전략이었으며, 브랜드가 많은 해외 섬유회사들이 특히 취약했다. 가장 유명한 사례는 나이키였다. 활동가들은 상표권으로 등록된 스우시 로고를 제3세계 열악한 노동 공장에서 일하는 어린이를 연상하게 하는 데 성공했다. 공동 창립자이자 CEO인 필 나이트의 광범위한 약속을 이끌어냈다. 하지만 이러한 합의는 노동 상황을 개선하는 효과적인 방법이 아니었고 관련자들 중 일부만이 그러한 합의가 효과적이라고 착각했다. 이 시기는 노동자들에게 좋지 않은 시기였다. 물색없이 주식시장이 상승하던 시기였다.

20세기 4분기에 많은 개별 기업이 망했지만 지수는 분명한 의도를 가지고 상승했고 '시장'에 투자한 대부분의 사람들은 실제로 돈을 벌었다. 성장그래프에도 불구하고 이 시기는 제로섬의 시대였고 전 세계 노동자들은 많

은 것을 잃었기 때문에 어딘가로 가야만 했다. 러시아에는 자본주의 과두
정치가들이 득세했고 다국적 기업들은 이 지역의 자산을 사유화하는 데 도
움을 주었다. 최근까지 공산주의 승리의 상징이었던 베트남은 미성년 노동
자들이 나이키를 위해 축구공을 꿰매던 곳이다. 자본주의가 쏟아내는 지저
분한 오물이 전 세계를 뒤덮었다.

　우리는 미국과 그 동맹국들이 폭력적인 무질서를 통해 새로운 형태로
사회를 통제하고, 갱스터 자본가들의 파벌을 이용해 지역주민들을 규율하
고, 학살을 통해 전 세계 노동가격을 하락시키는 방법을 보았다. 하지만 국
내 상황은 어땠을까? 긴 레이건 시대에 당국이 노동자들에게 충분한 임금
을 지급하지 않는다면 어떻게 사회적 균형을 유지할 수 있었을까? 개인주
의 선전이 매우 효과적이었다고 해도 사람들은 먹고살 방법을 찾아야 했
다. 공식적인 일자리가 보수를 지급하지 않는다면 노동자들은 비공식적인
일자리를 찾아야 했다. 기술과 마찬가지로 마약과 범죄 네트워크도 독점적
인 구조였고 높은 수익을 가져다주었다. 새롭고 강력한 총기류가 마약과
함께 유입되었고 고층빌딩에서 소유권 계급의 이익 향연이 벌어지는 동안
미국의 여러 도시는 지구 반대쪽 국가들과 함께 불안정해졌다.

　이러한 맥락에서 범죄에 대해 비판적으로 이야기하는 것은 계급화된 정
의를 받아들이는 것이다. 임금절도, 주식사기, 탈세는 심각한 범죄이며 이
시기에 극적으로 증가했지만, 1990년대 '범죄 물결' 담론의 주요 대상은 아
니다. 왜냐하면 속임수나 부실작업 등 지배계급의 불법적인 여러 위반을
행위는 이미 조장하는 시스템의 일부로 여기게 되었기 때문이다. 범죄 물
결은 경찰과 검찰이 관심을 갖는 범죄, 즉 노동자 계급과 빈민층이 저지른
범죄를 말하며, 이 기간 동안 분명 증가했다. 이러한 종류의 범죄에 대한
진지한 분석은 범죄 의도에 대한 개인주의적 관점보다는, 노동조건과 함께
사회학적 관점에서 이루어져야 한다. 그래야 미스터리를 풀 수 있다. 그러

나 레이건부터 조지 부시 2세까지의 행정부는 그저 또 다른 임금-물가 상승의 위험을 피하기 위해 좋은 일자리가 너무 적어서가 아니라 범죄자가 너무 많아서 발생하는 문제로 상황을 몰고가야 했다.

이 기간 동안 국가 당국은 국내 반란 캠페인을 좌익단체에서 빈민층에 의한 모든 형태의 조직으로 확대했다. 이 치안 전략은 거리를 완전히 장악하는 것을 요구했으며, 이는 익숙한 인물의 연구를 기반으로 했다. 1960년대 후반, 작은 정부 보조금으로 연구하던 필립 짐바르도는 자동차 몇 대를 가지고 가벼운 실험을 시도했다. 유명한 감옥 실험을 몇 년 앞두고 그는 뉴욕대학교 사우스 브롱크스 캠퍼스 외곽과 스탠퍼드 외곽에 차량 두 대를 버렸다. 뉴욕의 자동차는 빠른 시간 안에 도난당했고, 지역주민 누군가가 정글짐으로 바꾼 것이 보고되었다.

짐바르도는 도시의 익명성이 반사회적 행동을 가능하게 한다고 추측했고, 뉴욕의 자동차 도난 사건을 자동차가 도난당하지 않은 팔로알토와 대조했다. 짐바르도는 스탠퍼드 시나리오를 더욱 발전시켰다. 그는 대학원생 두 명에게 망치를 들고 차를 내리치라고 지시했고 그 순간 군중들이 몰려들어 "더 세게 내리치라!"고 외쳤다. 그는 연구 발표에서 스탠퍼드 대학에서 어두운 충동이 깨어났다고 설명했다. 두껍지도 않은 빈약한 사례와 얇은 증거 풀에서 짐바르도는 사회구조의 붕괴가 '방출 신호'에서 시작되며 익명성이 강한 사회일수록 필요한 신호가 약하다고 떠들었다. 그는 지옥으로 가는 길에 필요한 것은 누군가 첫 번째 창문을 깨는 것이라고 생각했다. 10여 년 후, 사회과학적 분석을 근거로 경찰은 모든 원치 않는 행동을 범죄로 재분류하는 집중적인 '깨진 유리창' 전략을 시행하고 있었다. 그러나 진정한 사회 붕괴는 낙서와 쓰레기보다는 미국인의 삶에 대한 경찰의 개입이 늘어나는 것이 더 큰 문제였다.

1988년 캘리포니아는 입법부가 주에서 활동하는 '약 600개의 거리 범죄조직'을 겨냥한 거리 테러 집행 및 예방법STEP을 통과시켰다. 이 법은 점점 늘어나는 주 경찰에게 갱단원을 표적으로 삼을 수 있는 백지수표와 함께 '범죄 조직원'을 스스로 정의할 수 있는 광범위한 재량권을 부여했다. "입법부는 인종, 피부색, 신념, 종교, 출신 국가, 성별, 성 정체성, 성 표현, 나이, 성적 지향 또는 장애에 관계없이 모든 사람이 폭력적인 집단과 개인의 활동으로 인한 공포, 협박, 신체적 피해로부터 안전하고 보호받을 권리가 있다"는 이유에서였다. 의원들은 시민권이라는 언어를 사용해 집단의 폭압으로부터 개인의 자유를 선언했고, 레이건은 항공교통 관제사에 대해 이야기했다. 1980년대 후반, 정부가 1970년대 해결책의 마지막 단계를 모든 분야에서 실행에 옮기면서 수감률은 이미 주식시장과 유사한 추세를 보이고 있었다.

경찰과 교도소를 군사적 케인즈주의로 보는 것이 아니라 또 다른 형태의 사회통제 수단으로 보는 논평가들이 나왔다. '케인즈주의에 대한 향수를 불러일으키는 것' 정도가 아니라 '어느 정도 유효수요를 보장하고 다인종 국가에서 가장 취약한 노동자들에게 인색하고 무작위적인 소득과 서비스를 제공했던 정책 대신 다른 형태의 사회적 통제가 실제로 침해에 개입해야 한다는 것'이었다. 캘리포니아의 지배층은 이러한 형태를 설계할 수 있는 강력한 위치에 있었으며 역사학자 비제이 프라샤드는 이를 '공장 규율보다는 기아 규율에 의존한 것'이라고 설명했다. 캘리포니아의 유권자들은 1994년 발의안 184를 72%의 찬성으로 통과시키며 지도자들에게 '강력 범죄' 정책에 대한 막대한 권한을 부여했다. 이 '쓰리 스트라이크' 이니셔티브는 '심각하고 폭력적인' 범죄에 대한 긴 목록을 만들어 세 번째 유죄 판결을 받으면 정상 참작에 관계없이 가해자를 무기한 구금하는 법안을 마련했다. 다른 주들도 그 뒤를 뒤따랐고, 연방정부는 경찰 및 기타 처벌 솔루션에 수십억 달러를 지원했지만, 범죄는 이미 정점에 달한 상태였다. 그 결과, 미국 수감자 수는 마치 서로 연관이나 있는 것처럼 나스닥과 함께 증가했다.

너무 많은 나쁜 놈들

넷스케이프는 자본 시장의 판도를 바꾼 기업이다. 〈포브스〉는 1997년 7월 출간된 창간 80주년 기념호 표지에서 "실리콘 부의 폭발, 1조 달러의 다음 주인공은 누구?"라는 질문을 던졌다. 짐 클라크는 자신이 목표로 한 일을 놀랍도록 짧은 시간 내에 달성했을 뿐 아니라 마치 별일 아닌 것처럼 보이게 만들었다. 넷스케이프의 IPO 투자설명서에는 이 회사가 투자자들의 패러다임을 바꾼 이유에 대한 몇 가지 힌트가 담겨 있다. 이 회사의 직원 수는 R&D 114명, 영업, 마케팅, 고객지원 114명, 관리 및 재무 29명 등 총 257명에 불과했다. 투자 설명서가 나오기 전 6개월 동안 넷스케이프는 1,600만 달러 이상의 매출을 올려 직원 한 명당 연간 10만 달러 이상의 수익을 창출했는데 비즈니스 모델을 아직 구축 중인 기업으로서는 놀라운 기록이 아닐 수 없었다. IPO 당시 넷스케이프가 모색했던 수익모델에는 거래 처리 등의 가상상점 인프라, 광고 및 구독 지원 온라인 출판물 지원, 관심사 기반의 가상 커뮤니티 소셜 네트워크가 포함되었다. 이 모든 아이디어는 결국 성공적인 웹 플레이로 이어졌지만 넷스케이프는 아니었기 때문에 잠재력은 충분했고, 일부 서버와 사무실 공간 외에는 물리적 제약이 없었기 때문에 명확한 한도 없이 사업을 확장할 수 있었다. 주식의 성과는 비슷했다.

넷스케이프는 이 장의 첫 번째 섹션에서 언급한 인터네트워킹 회사들, 즉 같은 줄기세포에서 나온 다른 장기처럼 벡톨샤임의 회로기판에서 진화한 일련의 장치들과 인터넷 붐의 진정한 웹 스타트업 사이의 경계를 넘나

드는 회사였다. 소프트웨어인 프로그램이 들어 있는 디스크의 실제 사본을 우편으로 받는 것은 지금 생각하면 비효율적으로 들리지만, 당시에는 전화선을 통해 대용량 파일을 다운로드한다는 생각 자체가 터무니없는 일이었다. 브라우저는 인터넷 하드웨어와 콘텐츠 사이에 끼어 있는 존재였고 넷스케이프는 그 영역의 대부분을 차지했다. 가상 공간은 부동산과 마찬가지로 본질적으로 가치가 있어 보였고, 넷스케이프의 기업공개는 인터넷 토지 쟁탈전의 시작이었다.

소비자 소프트웨어 독점업체인 마이크로소프트는 위협을 느꼈다. 넷스케이프가 모든 컴퓨터와 인터넷 사이에 위치할 수 있다면 마이크로소프트의 윈도우 운영체제가 아닌 표준 디지털 인터페이스가 될 수 있었다. IBM의 플레이북을 따라 마이크로소프트는 자체(라이선스) 브라우저를 시장에 전격적으로 출시했다. 넷스케이프는 윈도우 운영체제의 일부로 인터넷 익스플로러를 패키지화했다. 기업 사용자의 브라우저 라이선스 비용도 0원으로 낮춤으로써 빌 게이츠는 인터넷 분야의 가격 경쟁이 빠르게 과열되고 있음을 일찌감치 보여주었다. 이러한 움직임은 명백히 경쟁에 반하는 것이었고, 마이크로소프트는 가능한 한 많은 영역을 장악하려는 의도를 숨기지 않았다. 게이츠는 1990년부터 정부의 감시를 받아왔고, 10년 동안 항소와 동의 판결을 통해 혐의를 벗는 데 성공했지만 규제 당국이 세무 소프트웨어 회사인 인튜이트와의 합병을 막아서면서 죽음의 문턱까지 갔다. 넷스케이프는 마이크로소프트에 맞서기 위해 깜짝 인물을 고용했다. 전설적인 보수주의자이자 한 차례 대법관 후보로 지명된 적이 있는 로버트 보크는 반독점 이론의 창시자였다. 보크조차도 독점행위가 있다고 말했다면 아마도 독점행위가 있었을 것이다.

클린턴 행정부는 소송을 제기했고 마이크로소프트는 법무부 반독점 부서의 책임자였던 변호사를 고용했다. 하지만 지방 판사는 빌 게이츠를 좋아하지 않았고, 마이크로소프트도 좋아하지 않았다. 그는 결별을 판결하여 극적인 헤드라인을 장식했지만, 마이크로소프트는 항소심에서 승소했고 이후 매우 친기업적인 조지 부시 주니어 행정부와 관대한 합의를 이끌어냈다. 마이크로소프트가 브라우저 전쟁 항소를 제기하기 한 달 전인 2001년, MGM은 〈패스워드antitrust〉를 개봉했다. 이 영화에서 팀 로빈스는 컴퓨터 업계의 실력자이자 백만장자인 게리 윈스턴을 연기한다. 영화에서 라이언 필립은 기술 스타트업을 공동창업하려는 스탠퍼드 컴퓨터 공대생으로 출연했는데, 로빈스가 그를 마이크로소프트, 아니 NURV에 영입한다. 필립은 NURV가 말 그대로 스타트업 창업자들을 살해해 코드를 훔치고 있다는 사실을 알게 되고, 어떻게든 대항해야만 했다. 부를 숭배하는 미국이라는 세계에서 가장 부유한 사람임에도 불구하고 대중문화는 게이츠를 연쇄 살인범처럼 취급했다. 대중은 빌 게이츠가 원했던 것처럼 돈을 지불해야 했다. 인터넷 스타트업의 승자인 마크 큐반은 성공의 기준을 묻는 질문에 게이츠를 언급하며 자신도 의회 반독점 조사관 앞에 앉을 때까지는 행복하지 않을 것이라고 말했다.

문화적, 법적 전선에서 일부 승리를 거두었지만 넷스케이프는 마이크로소프트와 경쟁해야 했고 그사이 사용자에게 과금하는 것을 포기해야 했다. 소프트웨어는 무료를 지향하는 경향이 있었고 인터넷은 소프트웨어로 만들어졌다. 넷스케이프는 광고로 방향을 선회했고, 이는 사용자 관심 외에는 팔 것이 없는 회사들의 표준적인 움직임이 되었다. 그럼에도 불구하고 초기 투자자들은 웹 스타트업이 결국 어떻게 수익을 창출할지에 대해 크게 걱정하지 않았고, 땅 짚고 헤엄치기식의 투자였기 때문에 기업공개 정도에만 신경 쓰고 투자에 몰두했다. 기존 은행들은 특히 거품이 많은 이 분야에서 플레이어에게 부과할 수 있는 부풀려진 수수료를 염두에 두고 기꺼이 동참했다. 그 시기 사람들이 코카인을 많이 하고 있었다는 것을 기억하라.

브라우저 다음으로 자본이 모일 곳은 개인 웹사이트였다. 초기 사이트는 최초의 소프트웨어 개발자와 애플Ⅱ의 뉴스레터 발행인 사용자 집단과 동일한 장인적 성향을 반영했다. 매니아들의 세계였다. 리터러리 킥스 Literary Kicks는 비트 문학을 아카이브했다. 샌프란시스코의 포그는 밴드 메가데스처럼 자체 사이트를 만들었다. 기존 미디어 기관들은 자신들의 사이트를 올려놓으면 저스틴, 글렌, 제리라는 이름의 사람들이 자신이 좋아하는 사이트의 링크를 게시하는 버즈웹닷컴과 나란히 앉아 있을 뿐이었다. 하지만 초창기에는 웹의 지배자와 사용자 사이의 경계가 어디까지인지 불분명했다. 이러한 사용자 사이트는 웹의 콘텐츠였을까, 아니면 웹의 인프라였을까? 벤처 캐피탈리스트들은 장비투자 기회를 찾았다.

인터넷은 이미 운영체제에서 라우터와 모뎀, 서버와 브라우저에 이르기까지 일련의 병목 현상을 거쳤다. 이러한 단계 하나하나에 많은 비용이 들었고 모두 구축해야 했다. 또 무엇이 있었을까? 투자자들은 웹 위에 올라갈 새로운 계층을 찾았다. 1994년에 만들어진 링크 사이트 중 하나는 스탠퍼드 전기공학 대학원생이자 웹 애호가인 큐레이터 제리 양과 데이비드 필로의 이름을 따 '제리와 데이비드의 월드와이드웹 가이드'라고 불렀다. 엄청난 온라인 팔로알토 커뮤니티에 힘입어 디렉토리에 많은 트래픽이 발생하고 있었다. 일단 사람들이 온라인에 접속하면 다음 단계로 넘어갈 곳을 찾아야 했는데, 그것이 바로 제리와 데이비드의 레이어였다. 그들은 사이트 이름을 야후로 바꾸고 95년 봄에 세쿼이아 캐피탈로부터 수백만 달러를 투자받았다. 1년 후, 이 사이트의 기업공개는 최초의 진정한 웹 주식 성공 사례 중 하나가 되었다.

그의 '포털' 레이어가 웹에서 가장 중요한 위치를 차지한 데에는 분명한 이유가 있었다. 사용자들이 어디로 이동하든 이 레이어를 통과해야 했기 때문이다. 야후!는 경쟁기술의 대명사인 마이크로소프트를 비롯한 소수의 경쟁자들과 함께 이 레이어를 폐기해야 했다. 게이츠는 경쟁업체가 윈도우 사용자와 콘텐츠 사이의 문을 가로막는 것에 만족하지 않았고, 마이크로소프트는 운영체제 수익을 이용해 웹 경쟁업체에 대한 공격을 지원했다. 10년이 채 지나기도 전에 넷스케이프는 인터넷 익스플로러의 압력에 굴복하여 불운한 인터넷 서비스 제공업체인 아메리카 온라인에 매각되었고, 썬과의 복잡한 3자 거래가 이루어졌다.

하지만 시장의 막대한 현금이 투입된 덕분에 야후를 비롯한 일부 스타트업은 다른 스타트업을 인수하여 거대기업과 경쟁할 수 있었다. 제리와 데이비드는 게임 회사, DIY 웹사이트 회사, 그룹 회사, 메신저 회사를 연달아 인수했다. 마이크로소프트는 1997년에 무료 이메일 사이트인 핫메일을 사용자 기반과 함께 인수하며 보조를 맞췄다. 출시 18개월 만에 4억~5억 달러라는 미공개 금액에 인수된 것으로 알려진 핫메일과 같은 신생 기업의 경우 인수는 기업공개나 다름없다. 투자자들은 주가를 끌어올려 이 먹이 주기 열풍에 기꺼이 자금을 지원했다. 1995년 7달러 미만이었던 마이크로소프트의 주가는 10년이 끝날 무렵 58달러로 상승하여 빌 게이츠를 세계 최고 부자로 만들었다. 야후!의 주가 역시 110달러 이상 급등했는데 이는 앨런 그린스펀 연방준비제도이사회 의장이 '비이성적 과열'이라고 불렀던 전형적인 사례였다.

그린스펀의 연설은 1996년 말, 미국기업연구소에서 그의 친구들이 주최한 연례 만찬에서 이루어졌다. 데이비드 팩커드는 그해 초에 사망했지만 그 전에도 AEI에 막대한 투자를 하여 이 기관을 위한 기금 모금을 주도하고 우익 지식인의 중요한 인물로 자리매김했다. 그린스펀이 금융 엘리트들에게 몇 가지 우려를 제기한 것은 당연한 일이었다. "어떤 가격이 중요한지 어디에 선을 그어야 할까요?" 그는 궁금해했다. "물론 현재 생산되는 상품과 서비스의 가격, 즉 인플레이션의 기본 척도가 중요한 것은 분명합니다. 하지만 그 보다 더 중요한 주식, 부동산 또는 기타 수익자산과 같은 미래 상품 및 서비스에 대한 청구권 가격은 어떨까요? 물가의 안정이 경제의 안정에 필수적일까요?" 당시 물가는 안정적이지 않았고 곧장 상승세를 타고 있었기 때문에 테이블을 치우지 않고 있던 사람들에게는 좋았지만, 일부 사람들은 의문을 품지 않을 수 없었다. 너무 거대한가? 분명히 시장의 무언가가 정상적으로 작동하지 않는 것은 분명하지만 그것이 문제가 있나? 비관론의 원인은 어디에 있었을까? 투자자들이 본 것은 비관적인 폭풍우가 아니라 타이거 우즈를 내세운 '엠부시(매복) 마케팅(공식 스폰서가 아닌 기업들이 교묘하게 규제를 피해 자신의 브랜드나 제품을 연결해서 마케팅 효과를 얻는 불법적인 마케팅)'이었다.

문제는 인터넷 주식과 그린스펀이 '실물 경제', 즉 생산, 일자리, 상품 가격 사이에 연관성이 있는지 여부가 아니라 그 관계의 정확한 성격이 무엇이냐는 것이었다. 그린스펀이 우려한 것은 자산거품이 터지면 모든 것이 무너질 수 있다는 것이었다. 1996년에 실제로 그렇게 될지 여부는 오픈된 질문이었다. 아마도 그 타격은 멋진 투자자와 스톡옵션이 있는 코더들에게 돌아갔을 것이다. 이 회사들의 매력 중 하나는 어차피 해고할 직원이 많지 않다는 것이었다. 마이크로소프트가 브라우저와 포털 전쟁에 뛰어들면서 기업가들은 웹과 실물 경제를 통합할 수 있는 수익성 있는 방법을 모색했다. 비결은 단순히 기업 부문에 인터넷 도구를 판매하는 것뿐만 아니라 웹의 파괴적인 성향을 새로운 호스트에게 전파하는 것이었다. 지아니니의 은행이 한때 캘리포니아의 농장을 금융 카르텔로 끌어들였던 것처럼 전체 산업을 네트워크에 따라 재편하는 것은 큰돈이 되었다. 그리고 이를 실현한 사람이 바로 짐 클라크였다.

극적인 넷스케이프 기업공개 이후 클라크는 이 지역의 전문가가 되었다. 그는 엔지니어로서 실리콘밸리 최대 벤처캐피털에 조건을 제시하고,

이를 통해 엄청난 부를 얻기도 했다. 기업가들은 더 이상 돈 많은 사람들 앞에서 움츠러들 필요가 없었다. 창업자의 시대가 열리던 때였고, 클라크는 그야말로 적임자였다. 키가 183cm인 그는 백인 억만장자답게 잘생겼고, 오토바이 운전, 비행기 조종, 요트, 연하 여성과의 결혼, 돈을 빨리 많이 벌 수 있는 새로운 방법의 구상 등 대중들이 관심 가질 만한 매력요소를 가지고 있었다. 당시에는 클라크와 같은 방에 앉는 것이 황금티켓을 잡는 것과 같았고, 그의 아이디어에 대한 수요가 너무 많았기 때문에 그는 공급을 자유롭게 줄일 수 있었다. 마이클 루이스는 "그는 인터넷 덕분에 미국 경제의 거의 전부를 손에 넣을 수 있다고 생각했다"고 적었다. 유일한 제약은 마이크로소프트의 관심을 피할 수 있을 만큼 빠르고 이질적인 무언가를 만드는 것이었다. 21세기에 실리콘밸리를 유명하게 만든 그의 사고방식을 보여주는 예로, 클라크는 병원진료를 받으러 갔다가 의료산업 전체를 바꾸기로 결심했다.

클라크는 이 거대한 산업이 의사와 환자, 그리고 쓰레기 덩어리로만 구성되어 있다고 생각했다. 인터넷은 클라크가 유용하다고 판단한 사람들 사이의 모든 정보를 처리하고 불필요해 보이는 사람들을 걸러낼 수 있었다. 그의 사업계획서는 칵테일 냅킨 한 장에 들어갈 정도로 작았고 벤처캐피털과 엔지니어들은 그가 적어 내려간 도표만 보고는 그 이상은 필요 없었다. '지불자', '공급자', '소비자', '의사'가 회사를 중심으로 배열된 다이어그램이었다. 클라크가 기꺼이 기여하고자 했던 것은 그 정도였고 그는 이 아이디어가 연간 25조 달러의 매출 가치가 있다고 생각했다. 적어도 그는 사람들에게 그렇게 말했다. 이 계획이 월스트리트 은행가들에게 전달될 무렵, 헬스온의 프레젠테이션은 보다 정교해졌지만, 중요한 것은 구조적으로 1조 달러 규모의 산업에 종사하는 모든 이해관계자들이 신생 스타트업을 둘러싸고 있다는 점이었다. 투자를 받기 위해 대형업체들을 설득하여 파트너로 등록하도록 하고, 경쟁업체를 제압할 수 있는 인터넷 도구를 제공하겠다고 약속했다. "우리는 의사와 환자에게 힘을 실어주고 그 외 다른 모든 멍청한 존재들은 배제하고 싶어요"라고 클라크는 루이스에게 말했다. 힐테온은 땅따먹기 비유를 노골적으로 사용했는데, 그 말에 은행가들은 투자하지 않을 수 없었다.

인터넷을 이용해 오프라인 산업을 혁신한 모델은 아마존이었다. 시애틀에 있는 인터넷 서점으로 헤지펀드 출신의 젊은 사업가 제프 베이조스가 설립한 아마존은 현존하는 가장 X세대적인 기업 중 하나였다. 책은 웹에 적합해 보이는 값싸고 부패하지 않는 상품으로 그가 선택한 결과였다. 카스트로가 아버지의 목재 공장을 국유화한 후 10대 시절 쿠바를 떠난 엑손의 석유 엔지니어였던 양아버지의 초기 투자 덕분에 베이조스는 반스앤노블과 같이 반응이 빠르고 발 빠른 경쟁자조차 따라잡을 수 없을 정도로 빠르게 개념을 구축하고 확장해나갔다. 아마존은 인터넷 서점이었다. 1997년 2달러 미만으로 데뷔한 아마존의 주가는 약 1년 후 10배나 올랐다. 1998년 여름부터 1999년 가을까지 수요가 너무 많아 주가가 무려 세 번이나 폭등했다. 아마존은 5억 달러가 넘는 매출을 기록하며 1998년을 마감했고, 베이조스는 수익보다 성장을 위한 확고한 선택을 하며 사업에 다시 자금을 투입했다.

이 회사는 유럽의 경쟁업체 두 곳을 인수하고 음악과 영화 판매로 사업을 확장했다. 아마존은 외부 투자자들의 도움으로 다른 소비자 배송 스타트업에 대규모 투자를 단행하여 드럭스토어닷컴, 홈그로서닷컴, 펫츠닷컴 등 베이조스가 이끄는 게이레츠를 형성했다. 베이조스는 상품 생산자와 소비자 사이의 온라인 계층을 발명하고 지배한 최고의 중개인 상인이었으며, 물리적 매체에서 시작하여 빠르게 확장해나갔다. 1990년대 후반 실리콘밸리에는 X를 위한 아마존' 스타트업이 넘쳐났다. 갑자기 인기를 얻은 이 사업계획은 짐 클라크의 다이어그램 연장선상에 있는 것처럼 보였다.

1990년대의 총체적인 지표는 기술주에 대한 강한 상승세를 보여주고 있었다. 물론 맞는 생각지만 실제로는 보이는 것보다 조금 더 불안정했다. 좋은 시절과 나쁜 시절이 있었고 한 치 앞을 내다볼 수 없을 것 같았던 시기도 있었고 전체가 무너질 것 같았던 순간도 있었다. 파티의 밤과 숙취의 아침. 음악이 멈춘 상태에서 거래가 이루어되면 상황이 순식간에 나빠질 수 있었다. 월간지 〈와이어드〉의 모회사는 더 많은 잡지, 도서 출판사, 웹 출판물을 통해 인터넷 시대 미디어 콘텐츠의 아마존으로 확장할 계획을 가지고 있었다. 이 회사는 인터넷 기업답게 투자자금을 지출하고 스톡옵션을 나눠줬으며 규모를 확장하기 위해 더 많은 현금이 필요했다. IPO를 계획했고, 최고 수준의 골드만삭스가 4억 4,700만 달러라는 거액의 밸류에이션으로 처리하기로 동의했는데 이는 잡지 출판사가 아니라 그 잡지 톱기사에 실리는 잘 나가는 인터넷 기업에나 어울리는 액수였다. 실리콘밸리에 대한 열기가 조금 식으면서 대형 기관 투자자들은 골드만의 프레젠테이션에 냉담한 반응을 보였다. 그들의 첫 번째 책인《마음의 수류탄: 미래에서 온 선언문》이 출간된 이후 그들은 모든 것을 취소해야만 했다.

1870년대 철도 위기의 기원을 생각해보면 너무 많은 도로가 너무 적은 지역으로 연결되어 있었다. 웹처럼 가격 경쟁을 위해 만들어진 트랙이 아니라 독점적인 계획이었기 때문에 취약한 구조였다. "당신은 0이거나 1입니다. 살아있거나 죽었거나" 식는 팀 로빈스 버전의 빌 게이츠 '반독점'을 반복하며 밸리의 비즈니스 환경과 살벌한 경쟁 정신을 설명한다. 투자자들에게는 기대 수익률 자체가 아니라 0이 아닌 1이 될 확률을 기준으로 기업의 가격을 책정한다는 의미였다. 벤처 캐피털리스트들은 항상 그런 식으로 게임을 했고, 소수의 큰 승자가 다수의 패자를 위해 여유분을 메워주었다.

클린턴 행정부는 1997년에 초당적인 레이건식 양도소득세 인하를 시행하는 등 1990년대 후반의 호황을 부양하기 위해 최선을 다했다. 주가가 오르면서 거대 인터넷 기업들은 벤처캐피털처럼 스타트업을 갉아먹거나 심지어는 통째로 소비하기도 했다. 많은 창업자들이 실패한 사업을 매각하여 부자가 되었다. 기업공개는 했지만 여전히 적자를 내고 있던 브로드캐스트닷컴의 마크 큐반은 1999년 야후!에 55억 달러 이상의 주식으로 매각해 가장 유명한 인물 중 한 명이 되었다.

당시 〈뉴욕타임스〉는 투기성 인터넷 기업만이 그런 베팅을 할 수 있다고 지적했다. 저널리스트인 사울 핸셀과 로라 M. 홀슨은 "인터넷 기업은 주식의 가치를 약속이 아닌 수익으로 평가하는 기존 기업이 인수할 수 없다"고 말한다. 따라서 브로드캐스트닷컴은 CBS나 월트디즈니와 같은 논리적인 구매자에게는 손이 닿지 않는 곳이다. 하지만 야후! 입장에서는 높은 가치의 주식을 브로드캐스트닷컴의 주식과 간단히 교환할 수 있는 쉬운 일이었다. 야후! 또한 몇 년 후 브로드캐스트닷컴의 규모를 축소하여 인수에 따른 손실을 감수할 수 있었다.

19세기 말, 철도 거품이 꺼지면서 수많은 계획에 의문을 던진 것은 은의 화폐화였다. 20세기 말 웹 버블을 일으킨 것은 양말인형 강아지였다. 펫츠닷컴의 이 마스코트가 실제로 2000년 인터넷 주식의 폭등을 일으킨 것은 아니지만, 코미디언 마이클 이안 블랙이 목소리를 연기한 이 작은 세일즈맨은 거품의 아이콘이 되었고, 다른 어떤 기업 못지않게 좋은 진입 포인트가 되었다. 1984년 애플의 광고를 제작한 샤이엇데이 광고회사가 기획한 이 양말인형 캠페인(최고의 아웃소싱 옵션)은 관심을 끄는 데 성공하여 애완동물 용품 배송 분야에서 독점적 지위를 누리고 사용자 기반을 구축하기 위해 수백만 달러를 썼다. 그 돈의 대부분은 인형이 등장하는 광고에 사용되었는데, 사람들은 그 광고가 30파운드짜리 개 사료 봉지를 우편으로 배송한다는 아이디어만큼이나 우스꽝스럽다고 생각했다. 펫츠닷컴과 이와 유사한 스타트업이 나아갈 수 있는 유일한 길은 자본 시장의 은혜뿐이었다. 투자자들이 그들의 계획을 계속해서 지지한다면 계속 고객을 확보할 수 있었지만, 신뢰가 흔들리는 것은 시간 문제였다. 펫츠닷컴이 1999년에 제프 베이조스와 친구들로부터 모금한 5,000만 달러는 실제 배송 인프라를 구축하는 데 필요한 자금으로는 충분하지 않았고 거래 손실과 광고, 경쟁사 인수를 동시에 감당하기에는 턱없이 부족했다. 수천만 달러를 길거리에 쏟아부어도 별다른 성과 없이 장부만 남았다. 메이시 백화점 추수감사절 퍼레이드의 자본주의가 만들어낸 카이주처럼 센트럴파크 주변을 행진하는 멍청한 광고 인형의 거대한 풍선은 모두가 지켜보는 가운데 터져버렸다. 이 회사는 닷컴 부의 상징인 30초짜리 슈퍼볼 광고에 120만 달러를 지출했다. 그러나 한 달에 사이트 수익보다 훨씬 더 많은 돈인 1,000만 달러를 마케팅에 지출하고도 아마존과 디즈니와 같은 기관 투자자의 도움을 받았음에도 불구하고 펫츠닷컴은 경쟁업체를 충분히 앞서지 못했다.

이들 업체는 각각 짐 클라크와 같은 대단한 인물을 하나씩은 가지고는 있었지만 '가운데 큰 바보 하나' 전략은 종국에는 효과가 없었다. 펫츠닷컴과 같은 사이트를 죽이기 위해 투자자들은 완전히 등을 돌릴 필요도 없이 단지 추진력을 잠시 멈추는 것만으로도 충분했다. 견실한 비즈니스는 기대치가 부정적으로 돌아서는 것 정도는 감당할 수 있지만, 이것은 견실한 비즈니스가 아니라 도박이었다. 도박은 돈이 되든 안 되든, 1이 되든 0이 되든 결과는 정해져 있는 것이다. 2000년 말 펫츠닷컴은 무너졌고 수많은 스타트업이 그 뒤를 이어 절벽에서 떨어졌다.

Y2K 버블은 필요 이상으로 많은 원인을 가지고 있었다. 기술적인 헤지 펀드는 주가가 고점에서 뛰어내리고 덜 정교한 자본이 무거운 가방을 들고 있게 만드는 전략으로 주가를 올렸다. 그 전략은 충분히 성공적이었고 자금은 대부분 놀랍게도 온전하게 회수되었다. 펫츠닷컴은 나스닥을 폭락하

게 해서 글로벌 투자자들의 정신을 차리게 하고 더 많은 사람들이 배달된 개 사료를 쓰레기통에 던져 버리기 전에 이를 멈추고 모두가 지혜를 발휘 하도록 좋은 일을 한 것일 수도 있다. 주식이 폭락한 후 실리콘밸리의 많은 사람들은 꿈에서 깨어난 몽상가처럼 이야기했다. 거대한 콘크리트 봉지를 위한 가상의 웹 배송 플랫폼인 '시멘트닷컴'에 대한 농담도 있었다. 분석가 들은 전자 상거래 부문 전체를 어리석은 일로 치부했다. 2001년 식료품 배 달 사이트 웹밴의 사례 연구에 대한 인터뷰에서 하버드 비즈니스 스쿨의 존 데이튼 교수는 인터넷 광고는 계속되겠지만 인터넷 업체들이 슈퍼마켓 의 효율성과 경쟁할 수는 없다고 했다. 데이튼의 예측은, 요점을 길게 말하 자면, 결국 틀린 것이었다. 닷컴 기업이 낭비성 지출에 빠져드는 것을 보면 서 데이튼은 인터넷과 실물경제의 관계에 변화가 필요하다는 것을 깨달았 다. 하지만 결과적으로 정작 변화가 필요한 것은 인터넷이 아니었다.

배달 닷컴의 진짜 문제는 이를 운영하는 사람들이 역사적 맥락을 이해 하지 못한다는 것이었다. 2013년, 웹밴의 창립 기술 책임자였던 피터 릴란 은 〈테크크런치〉에 회사가 실패한 이유와 다음 배달 스타트업이 같은 운명 을 피할 수 있는 방법에 대해 설명했다. 그는 웹밴의 전략은 홀푸드의 좋은 품질, 세이프웨이의 가격, 택배의 편리함을 제공하는 것이었다고 말한다. 하지만 웹밴은 인프라에 그렇게 많은 돈을 투하지 말았어야 했다. 웹밴은 새로운 알고리즘으로 구성된 거대한 네트워크, 수 마일에 달하는 컨베이어 벨트, 팜파일럿을 사용하는 배송기사가 있는 맞춤형 트럭 등 첨단 유통 시 스템을 처음부터 구축했다.

전성기 시절, 웹밴은 벡텔과 10억 달러 규모의 계약을 맺고 전국에 새 로운 물류 시설을 건설했다. 웹의 효율성이 투자자, 근로자, 고객 등 모든 관련자에게 이익을 가져다주는 전자상거래의 유토피아적 비전의 일환이었 다. 2000년 미국 증권거래위원회에 제출한 보고서에 따르면 웹밴은 모든 택배기사가 '웹밴 직원'이라고 자랑했다. 전문가들은 웹밴의 배송 인건비를 시간당 30달러, 2022년 기준으로 50달러 이상으로 추정했다. 2001년 1월 1일에 보고된 4,476명의 직원 중 3,705명은 7개 대도시 지역에 걸쳐 약 150만 평방피트에 실제로 존재하는 운영시설에서 근무했다. 이 회사는 수억 달러의 손실을 입은 후 2001년 여름에 파산 신청을 했다.

웹밴은 스톡옵션으로 식료품 및 육류 포장 노조에서 노동자들을 유인하는 데 성공했고, 고평가된 주식을 이용해 아마존의 지원을 받은 경쟁업체 '홈그로서'를 삼켜버렸다. 이 회사의 모델은 당연해 보이지만 우연한 것이었다. 고정 자본과 노동력 교육에 대한 대규모 투자가 수십 년간 미국 번영의 핵심이었지만, 지금은 다른 시대다. 자본가들이 고임금으로는 냉전에서 이길 수 없다는 것을 깨닫게 된 것처럼 닷컴도 고임금으로는 이길 수 없다는 것을 깨닫게 되었다. 펫츠닷컴도 비슷한 방식으로 사내 창고 및 유통 시스템을 확장하려다가 거품이 꺼졌다. 업계 리더들은 상생과 원원의 기술 경제에 대한 환상을 버려야 했다. 인터넷은 그런 용도가 아니었기 때문이다. 웹이 사람들의 삶을 어떻게 개선할지에 대한 홍보자료를 배포하는 것은 좋았지만 실제로 그런 이미지를 만드는 데 수십억 달러를 쓸 필요는 없었다. 실리콘밸리에 필요한 것은 레이건 시대로의 회귀였다.

2000~
PALO

제5부

2020
ALTO

Chapter 16

B2K

부시 행정부의 기업정책 → 9/11 이후 인터넷 개인정보 → 구글과 아마존 → 아이팟 시대

수년간 미국의 문화 평론가와 정치 논객들은 공화당원들이 빌 클린턴을 왜 그렇게 싫어하는지, 그가 보수파의 존재를 위협하는 것처럼 보이는 이유는 무엇인지 이론을 설파해왔다. 국내외 정치 이슈에서 클린턴은 민주당의 가면을 쓴 채 작은 정부와 강한 군대라는 레이건 시대의 명맥을 이으며 우익으로 나아갔다. 클린턴의 정책 지향이 리처드 닉슨의 진보 정책과 일치하기 어렵다는 점도 클린턴의 보수 성향을 입증했다. 그럼에도 공화당은 그를 참을 수 없었다. 시골뜨기 멍청이에 불과한 출신, 소탈한 태도, 전문직 아내와 이보다 더 환상적일 수 없는 타이밍을 견딜 수 없었다. 냉전 시대 전사들이 투쟁해서 얻어낸 미국의 단독 헤게모니 시대를 그가 누리게 됐다는 사실이 너무나 분했다. 겉보기엔 풍요로운 시대에 차별화할 방법을 찾지 못하면 공화당원들은 1992년과 1996년 연속으로 클린턴에 패배한 것처럼 계속해서 질 게 뻔했다. 경제문제가 해결되면 공화당은 진보세력과의 문화 싸움에서 이길 수 없어 새로운 전략을 필요로 한다. 이에 부유하고 늙은 데다 가까스로 수감을 피한 후버-레이건 일당이 마지막 한탕을 위해 돌아왔다.

자본가들은 공화당이 영구적인 소수당이 되지 않을지 노심초사하면서도 우익 이데올로기에 대한 투자를 계속했고 그에 따른 수확을 거뒀다. 한때 괴짜, 혹은 엉터리 정책 입안자들이나 주장하던 극단적 정통 자유시장주의가 정치 주류의 핵심으로 자리잡았다. 자본가들은 자신들의 의제를 효율적으로 밀어붙여 전문 운영요원과 캠페인 참모로 구성된 거대 인프라를 구축했다. 전문 운영요원과 캠페인 참모로 구성된 거대 인프라를 구축했다. 미국의 그늘에 숨어 있던 레이건 일당이 바로 이들이었으며 그 요원 중 한 명이 칼 로브였다. 서부의 후미진 산악지대에서 온 로브는 닉슨의 공화당에 자신의 인생을 걸었으며 앞만 보고 나아갔다. 공화당 전당대회에서 아버지 조지 H. W 부시가 그를 당의 대학 지부 의장으로 선출한 이후 쭉 부시 가문과 함께했다. 로브에게 정상으로 가는 티켓을 쥐어준 건 멍청하기로 유명했던 그의 아들 조지 W. 부시였다.

부잣집 바보 아들이던 조지 W. 부시는 베트남전이 끝날 무렵 텍사스 근처를 돌면서 나중에 사용할 제복 사진을 수집하는 데 열을 올렸다. 1970~1980년대는 아무리 멍청하더라도 돈과 기업을 갖고 있다면 실패하기 힘든 시절이었다. 그는 누가 봐도 석유 시추나 야구, 주식 거래의 전문가라고 할 수 없었지만 그럼에도 세계무대에서 승승장구했다. 부시와 로브는 1970년대 후반부터 공직에 출마하기 시작했고 헌법상 더는 당선이 불가하다고 판명될 때까지 멈추지 않았다.

1998년, 아들 부시가 텍사스 주지사 재선을 향해 달려가고 있을 때 옛 패거리에서 그를 시험해보기 위해 불러들였다. 조지 슐츠가 로브에게 연락해 샌프란시스코에서 예정된 모금 행사를 마치고 부시와 함께 팔로알토에서 하루를 보낼 수 있을지 물었다. 다른 주의 주지사 후보에게 하루 동안의 간담회를 요청할 수 있는 사람은 많지 않지만 슐츠는 막강한 세력가였기 때문에 로브는 일정을 조절했다. 그들은 캠퍼스 내 슐츠 건물에서 경제학자 애널리스 앤더슨, 마이클 보스킨, 존 코건, 애널리스의 남편이자 레이건 대통령의 수석 꼭두각시였던 마틴 앤더슨, 전 NSC 직원이자 당시 스탠퍼드 학장이던 콘돌리자 라이스 등 후버 연구소 인사들과 회동을 가졌다. 아들 부시는 후버 정책을 귀담아듣고 다시 한 번 이를 시행할 의지와 능력이 있음을 입증해 초청한 자들을 만족시켰다. 회동이 마무리될 즈음 슐츠는 로브를 따로 불러 엄지손가락을 치켜세우며 말했다. "로널드 레이건도 대통령에 출마하기 전 이 방에서 이런 만남을 가졌소." 팔로알토에서의 그 순간부터 부시는 2000년 공화당 예비선거의 압도적 후보로 떠올랐다.

팔로알토 회동의 의미를 아는 이가 슐츠만은 아니었다. 〈크리스천 사이언스 모니터〉는 후버 연구소가 부시 캠페인에 얼마나 중요한지에 관한 기사를 레이건 행정부 당시 게재한 것과 놀랍도록 유사하게 발표했다. 이 글에서 인용한 마틴 앤더슨은 부시의 능력을 과장하고 있는데 그 이유를 작성자는 명확히 알고 있었다. "서구 반공주의 성채에 대한 부시의 의존도가 언제 줄어들지 알 수 없지만 앤더슨으로서는 자신이 제안한 세금정책 시행의 열쇠를 부시가 쥐고 있었다." 기사는 후버 일당을 "부시 대통령 고문단의 핵심인사로 부상한 노련한 보수주의자들"이라고 묘사했다. 얼마 지나지 않아 앤더슨, 라이스와 슐츠는 오스틴으로 날아가 한 번 더 만남을 가졌는데 이번에는 전 국방부 장관이자 할리버튼 CEO인 리처드 '딕' 체니 등 새 얼굴도 추가되었다.

냉전이 종식되고 배상 국가가 해체되면서 2000년 선거는 이례적으로 중요하지 않게 여겨졌다. 박빙의 승부가 플로리다에서 재검표를 둘러싼 거리 싸움으로 이어지자 부통령 후보인 조 리버먼을 비롯한 민주당원들은 이성을 잃었다. 부시는 레이건과 같은 사명을 띠고 대통령에 당선되었다. 국가가 제공하는 혜택을 받는 국민에게 가혹하거나 무심해 보이지 않으면서도 금융이 주도하는 성장을 계속 유지해야 했던 것이다. 여전히 개인의 권리가 중요했지만 부시와 그의 무수히 많은 참모들은 더 부드럽고 친근한 버전을 제시했다. 이 같은 노력은 레이건 때와 마찬가지로 그 자체로는 성공을 거두지 못해서 아들 부시는 지지율이 계속 50%를 밑도는 가운데 두 번째 임기를 보냈다. 하지만 팔로알토의 다른 수혜자들과 마찬가지로 그는 전쟁을 이용해 지지율을 끌어올렸다.

2001년 9월 11일, 사우디의 20대가 주축이 된 팀이 비행기 4대를 납치하고 그중 3대를 주요 목표물에 충돌시키는 등 미국에 대규모 테러를 감행했다. 그 결과 뉴욕시에서 3,000명 이상, 국방부에서 그보다 적은 수가 사망했다. 충격에 빠진 미국에는 치어리더가 필요했는데 마침 아들 부시가 앤도버 및 예일대 출신이었다. 그는 뉴욕시 잔해 위에서 메가폰을 들고 서서 미국을 전쟁의 광풍으로 몰아넣었다. 해당 테러의 자금 지원책 오사마 빈 라덴의 은신처이자 한때 백악관 인사들이 반소련 무장세력에 무기를 공급했던 아프가니스탄이 타깃으로 선택되었다. 이는 복수를 위한 임무였다. 미국 주도의 침략군은 탈레반을 권좌에서 일시적으로 몰아내고 서구식 교육을 받은 비호감 전문 경영인 집단을 파견한 뒤 수십억 달러를 지원했는데 주로 계약업체를 통해 흘러들어간 이 돈은 스탠퍼드 기술 시대 때와 마찬가지로 자꾸 어디론가 사라지는 경향이 있었다. 미국, 그리고 지나치게 많은 지원을 받은 대리군은 20년에 걸쳐 서서히 패색이 짙어지더니 2021년에는 다시 탈레반에 정권을 내주었다.

부시 전쟁 내각은 연설, 전략, 목표 및 인사들(슐츠의 참모인 폴 월포위츠와 엘리엇 에이브럼스 등)까지 레이건 팀과 겹쳤다. 슐츠의 멘티이자 그가 직접 셰브론 이사회에 발탁한 콘돌리자 라이스는 국가안보보좌관에 임명되더니 두 번째 임기에는 국무장관으로 승진했다. 슐츠는 후버 연구소 및 베이 지역의 바이오 제약회사 길리어드에서 근무하며 조언을 아끼지 않았다. 멘로 벤처스의 벤처캐피탈리스트들이 구상하고 제네텍의 전직 과학자가 이끈 길리어드는 1980~1990년대 생명공학 스타트업 중 가장 성공한 회사 중 하나로 심지어 부시 내각에 관료까지 파견했다. 회장이던 도널드 럼스펠드가 포드 행정부 이후 국방부 장관을 한 번 더 역임하게 된 것이다. 다른 제약회사 임원이었던 럼스펠드는 한때 레이건의 중동 특사로 활동했으며 1983년에는 사담 후세인을 만나 벡텔의 송유관 건설 제안을 밀어붙인 것으로 유명하다. 슐츠의 노련하고 깊이 있는 자문팀은 배후에서 아들 부시를 계속 조종했다. 2003년, 미국은 이번엔 '충격과 공포'라는 작전명으로 이라크를 침공했고 미사일과 영상 기술을 결합해 총체적 지휘력을 과시했다. 후세인 정권이 무너지고 '유지 연합coalition of the willing(미국 주도의 이라크 다국적군)'이 그 자리를 대신했다. 당시에는 로켓 폭탄에 의한 쇼클리의 지배 모델이 마침내 실현된 것처럼 보였다. 컴퓨터 앞에 앉은 캘리포니아인들이 세계를 지배한 것이니 말이다. 하지만 이라크 점령은 폭력과 혼란을 낳아 이슬람 국가IS가 급부상하는 등의 결과를 초래했다. 이 문제에 대한 수많은 연구를 검토한 존 터먼은 미국의 이라크 침공으로 2010년까지 무려 100만여 명의 이라크인이 사망했다고 결론지었다.

부시 행정부와 직접 연관된 기업들은 상당한 혜택을 누렸다. 특히 벡텔과 할리버튼에서 분사한 KBR은 아프가니스탄과 이라크의 점령군 지원뿐 아니라 재건 사업에서도 거액의 계약을 수주했다. 석유 수요가 늘어 유가가 치솟고 에너지 부문 수익도 덩달아 높아졌다. 메디케어 프로그램에서 처방약 혜택이 확대되어 제약업계는 연간 수백억 달러의 보너스 수익을 올렸다. 친기업 환경이 조성되면서 생산량은 제자리걸음인 와중에도 자산 소유자들은 전반적으로 번창했다. 마틴 앤더슨은 아들 부시 행정부에서 자본 수익, 고소득, 배당금, 기업 이익에 대한 감세 혜택을 레이건 행정부 당시와 똑같이 누렸다. 투자자들은 신호를 감지했고 지난 3년간 하락세를 그려온 S&P500 지수는 2003년 봄, 이라크 침공과 함께 반등하더니 닷컴버블로 이어졌다. 아들 부시 행정부에서는 여러 이해관계가 어긋난 채 해결되지 않았지만 관리들이 굳이 부패를 저지르지 않아도 친구들이 계속 승승장구할 수 있었다. 이 같은 결과가 보장되는 정책만 선택해왔기 때문이다. 민주당이 선택한 정책의제 역시 동일한 결과를 가져왔다. 지금이야말로 냉전 승리의 결실을 거둘 때라는 사실에 양당이 모두 동의했고 번번이 결렬된 사회보장 민영화를 제외하고는 후버의 의제가 다시 한 번 법이 되었다.

백악관 정책과 관련해 당시 실리콘밸리의 핵심이슈는 아직 아무것도 정해지지 않은 인터넷 연방 규제, 그리고 금융 주도 성장이었다. 〈컴퓨터월드〉와 〈지디넷〉은 보수파의 핵심인물인 존 애쉬크로프트가 법무부 장관에 지명되자 업계가 흥분을 감추지 못했다고 보도했다. 전통적 시민 자유주의자들은 애쉬크로프트를 규탄했지만 새 법무장관은 기업 규제에서 손 떼는 전략을 선호해 사용자 개인정보 보호까지 기업에 맡겼다. 반독점법에도 유연한 태도를 보여 마이크로소프트에 대한 소송 역시 취하했으며 다중 사용 기술에 대한 수출규제도 완화하겠다고 약속했다. 뒤에서 알게 되겠지만 이 같은 정책은 인터넷 발전 역사상 결정적 시기에 출현해 애쉬크로프트의 흔적을 지울 수 없도록 만들었다.

부시 행정부의 시장친화적 정책 뒤에는 국가 안보상 인터넷 사용자를 감시해야 한다면 웹서비스에 대한 대중의 신뢰를 훼손하는 일 없이 당국이 조용히 처리해야 한다는 신념이 있었다. 한번은 FBI가 인터넷서비스 제공업체 모니터링을 위해 도청에 사용했던 카니보어 시스템이 문제가 되었다. 클린턴 행정부 말기에 폭로되면서 도화선이 되었고, 인터넷 업계는 정부가 기업 협력자에게 무기한 면책권을 부여해준다는 조건하에 파트너십을 체결하기 위해 로비를 벌였다. 황당한 애국자법으로 인해 정부는 구체적 명령 없이도 의심 가는 구석이 있으면 사람들의 데이터 흐름을 얼마든지 들여다볼 수 있었다. 애쉬크로프트의 법무부는 인터넷 서비스 제공업체에 새로운 규제를 부과하는 대신 상용 소프트웨어 솔루션을 선택했다. 감시가 증가했다가 기업 코드 속으로 사라지면서 FBI의 공식 인터넷 도청 건수는 한 자릿수로 줄었다. 대중은 계약서에 작은 글씨로 명시되어 있는지 여부와 무관하게 자신들의 인터넷 소통이 법적으로 보호받는다고 여겼다.

이와 동시에 실리콘밸리 기업들은 9/11 테러 이후 정보군비경쟁에 뛰어들었다. CIA는 인큐텔이라는 자체 벤처캐피탈 프로그램을 시작해 초기 단계의 국가안보기술에 연간 수천만 달러를 투자했다. 하지만 이는 국토안보부 신설을 포함해 수십억 달러의 '국가안보' 지출에 비하면 새발의 피였다. 실리콘밸리의 자칭 반권위주의자들은 상당히 빠르게 애국주의자로 거듭났다. 이 같은 군비 경쟁을 주도한 건 데이터베이스 계약업체 오라클, 그리고 그곳의 공격적 CEO 래리 엘리슨이었다. 공격이 발생한 지 두 달 만에 오라클은 국토안보 및 재해복구 솔루션의 설계와 판매를 전담하는 새로운 부서를 만들었는데 책임자는 CIA 조직도에서 서열 3위인 전무이사 출신이자 32년 경력의 CIA 베테랑 데이비드 캐리였다. "어떻게 해야 이 말이 매정하게 들리지 않을 수 있을까요?" 캐리는 〈뉴욕타임스〉 기자 제프리 로젠에게 이렇게 물었다. "어떤 면에서는 9/11 덕분에 일이 수월해졌다고 할 수 있어요. 9/11 테러 이전에는 위협과 문제점을 과대 포장해야 했으니까요." 오사마 빈 라덴 덕을 봤다는 얘기를 좋게 할 수 있는 방법은 없다.

2001년 11월, 엘리슨은 체니 부통령과의 회의 당시 20세기 중반 메인프레임 시대에 미국인이 거부했던 바로 그 국가 신분 프로그램에 기술적 지원을 제공하겠다고 제안했는데 어쩌면 지나치게 성급했던 건지 모른다. 엄지손가락 지문과 홍채 스캔정보가 담긴 중앙 데이터베이스와 연결되는 디지털신분증 정부종합정보시스템을 위해 로비를 벌였다. 이는 미국 시민권자에게는 선택이었지만 그 밖의 사람들에게는 의무였다.

인터뷰어가 이 계획에 대해 우려를 표명하자 엘리슨은 개인정보보호 장치가 터무니없다고 로젠에게 말했다. "우리는 이미 대규모 중앙 데이터베이스를 통해 여러분이 어디에서 일하고, 얼마를 벌고, 자녀가 어느 학교에 다니는지, 주택자금대출 상환에 늦은 게 언제인지, 마지막으로 인상된 시기는 언제인지 추적할 수 있어요. 세상에, 당신이 보안 위험인물인지 확인하기 위해 살펴봐야 할 곳이 수백 군데나 되잖아요. 정말 이해가 안 되네요. 중앙 데이터베이스는 이미 존재해요. 개인정보보호 따위 이미 사라진 지 오래입니다." 실리콘밸리의 소프트웨어 리더는 우리의 자유가 아니라 삶이 위험에 처해 있다고 주장했다. 오라클은 국가정보 독점권을 획득하지는 못했지만 국방부의 모든 민간인 데이터베이스를 통합하는 계약과 록히드 마틴과 홍채 스캔 시스템(옵션)을 개발하는 계약 등 많은 계약을 따냈다. 부시 대통령 시절, 오라클의 매출은 두 배로 뛰었다.

마키아벨리가 말했듯 군 계약업체에 의존하는 건 위험하지만 그들은 미국 경제성장 전략의 초석이자 미의 공식 지도부와 오랫동안 가장 친한 친구였다. 수십억 달러의 공적자금이 거대 무기 대기업과 온갖 종류의 밤샘 작전에 무방비로 흘러들어갔고 그 결과는 참담했다. 대중에 공개된 것 중 최악은 테러 네트워크와 연계된 것으로 의심되는 '수감자'로부터 진실을 추출하는 혁신적 방법이 있다고 주장한 심리학자 두 명과 9자릿수 금액의 계약을 맺은 것이었다. 전직 해군 사이비 학술 컨설턴트인 브루스 제센과 제임스 미첼은 미국의 블랙 사이트를 오가며 과학, 상업, 미국의 방식이라는 이름으로 납치된 무슬림 남성들을 목적 없이 괴롭혔다. 이라크에 파병된 미군보다 계약업체의 수가 더 많았던 적도 있었다. 하지만 임금과 대부분의 소비자 물가가 잘 통제되고 있었기 때문에 임금-물가 상승의 위험은 거의 없었고, 국가안보 예산을 사회적 지출과 대립시키는 것은 비애국적 행위로 여겨졌다. 버터가 있느냐 없느냐와 총이 있느냐 없느냐는 별개의 문제였다.

민간소유의 벡텔은 테러와의 전쟁 계약으로 수십억 달러를 벌어들이며 체니 부통령의 옛 회사에서 분사한 KBR을 가뿐하게 안착시켰다. 민간 계약업체에 면책을 주는 것도 정부가 정교하게 전쟁범죄를 은폐하는 것보다 간단했다. 밸리의 대형 하이테크 기업들은 하청업체로서 정부와 거래하는 자랑스러운 전시 전통을 이어갔다. 그들은 보잉, 록히드, 레이시온, 노스롭 그루먼, AT&T, 버라이즌과 같은 항공우주 및 통신 대기업을 통해 일했기 때문에 직접 감독조차 피할 수 있었다. 이들 기업은 어딘가에 반도체를 납품해야 했고 서버에 파일을 호스팅하고 데이터베이스를 관리해야 했는데 하도급이 빠르고 유연하게 확장할 수 있는 좋은 방법이었던 만큼 실제로 그렇게 했다.

대통령은 테러와의 전쟁에서 같은 편이 아니면 적이라고 말했고 래리 엘리슨은 10년 동안 이어진 'U-S-A' 구호에 동참하면서 어느 정도 이 업계를 대변했다. 하지만 실리콘밸리는 서구 반공주의의 성채이자 세계에서 가장 흥미로운 투자 기회였음에도 조지 W. 부시 연합의 작은 파트너로 시작했다. 냉전은 끝났고 이 지역은 닷컴 붕괴에서 여전히 회복 중이었다. 승자는 패자를 낚아채기에 바빴고 서부 해안 전자산업 라이프 사이클의 청소 단계를 완료했다. 하지만 실리콘밸리는 이제 테러와의 전쟁의 피로 얼룩진 흙탕물 성장했고 그곳에서 성장한 것은 빠르게 성장했다. 명예 시스템에 의한 감독과 계약 조건에 의한 규제라는 애쉬크로프트의 인터넷 정책의 지속이 불가능해졌을 때 팔로알토의 새로운 지배기업들은 더 이상 별 볼 일 없는 존재가 아니었다.

예측할 수 없거나 틀린 행동

새로운 세기의 첫 10년 동안 베이 지역에는 두 종류의 스크레이퍼가 있었다. 첫 번째는 오클랜드와 더 넓은 이스트 베이를 장악한 특정 유형의 튜닝 자동차였다. 지역 하위문화의 한 요소였던 스크레이퍼는 애프터마켓 림과 기타 커스텀 개조로 멋을 낸 미국식 자동차를 말한다. 할머니의 클래식 카가 영화 〈분노의 질주〉와 만났다고 상상해보라. 레이건 시대의 교외 물질문화를 반영한 스크레이퍼는 온갖 희한한 이름의 기술회사들이 즐비했던 베이 지역 거리에 포스트모던한 느낌을 더했다. 또 다른 스크레이퍼는 컴퓨터 애플리케이션의 한 장르다.

컴퓨터 시스템은 코드를 통해 상호 간에 효율적으로 대화할 수 있는 반면, 최종 사용자와 대화할 때는 프로그래머가 인간의 언어로 말하도록 강제해야 한다. 하지만 스크레이퍼와 크롤러 프로그램은 예외다. 스크레이퍼는 인간의 언어 출력을 읽고, 코드로 재해석할 수 있다. 컴퓨터는 인간보다 빨리 읽고 기억도 더 잘하기 때문에 심지어 동일한 언어를 사용하더라도 스크레이퍼는 인간과 다른 방식으로 정보를 받아들인다. 사람이 책을 읽으면 자신의 경험에 비추어 그 책에 대해 '기억'을 하지만 스크레이퍼가 책을 읽으면 그 책의 사본을 '저장'하는 식이다. 그리고 스크레이퍼는 많은 책을 매우 빠르게 읽을 수 있다(크롤러도 같은 일을 하지만 HTML 콘텐츠 대신 페이지 사이의 링크를 찾는다). 인터넷이 정보흐름의 속도를 높여주겠다고 약속했는데 스크레이퍼로 인해 이미 합의된 지적재산권 문제가 혼돈에 빠졌다. 이러한 갈등의 대표적 예가 음악산업인데 이는 우리가 웹의 기능 중 상당 부분을 당연시하면서 발생한 문제였다.

컴퓨터가 사람보다 빠르고 더 잘 읽을 수 있는 것처럼 컴퓨터도 들을 수 있다. CD를 범용 MP3 오디오 파일로 스크레이핑 하는 것을 리핑Ripping이라고 하는데 CD를 리핑하는 건 쉬웠다. 윈앰프 및 리얼플레이어 같은 무료 오디오 프로그램이 파일을 조립해 재생했고 하드드라이브 용량만 충분하면 어떤 PC든 대형 오디오 못지않은 성능을 자랑했다. 친구로부터 앨범을 빌리는 게 새로운 의미를 갖게 되었다. 한 번 듣는 데 걸리는 시간이면 사본을 제작할 수 있게 됐기 때문이다. 1990년대 말 휴렛팩커드는 소비자용 CD 라이터(또는 '버너')를 시장에 출시했고, 얼마 뒤 공 디스크가 없는 책상은 찾아볼 수 없게 되었다. 10대들은 은색 또는 흰색의 일반 레코딩용 CD-R에 샤피로 앨범 제목을 적어 CD 바인더를 채웠다. 일부 밴드는 공유 문화에서 번창했고, 독립 아티스트들은 자신의 작품을 배포하는 것이 새롭게 간편해졌지만 CD 버너는 기존 생태계를 재정적으로 완전히 뒤흔들었다. 하지만 젊은 빌 게이츠처럼 미국 레코딩산업협회RIAA는 해적들에 굴복하지 않았다.

1990년대 후반 다이아몬드 멀티미디어라는 회사가 앨범 한 장 분량의 MP3를 담을 수 있는 200달러짜리 리오 디지털 뮤직플레이어를 출시하자 RIAA는 이 기술을 전면 차단하기 위해 소송을 제기했다. 법원은 이를 기각했고 MP3 플레이어는 소니의 미니디스크와 같은 독점 미디어 플레이어를 쓰레기통에 처박아 버렸다. 디지털 음악은 공기 중으로 증발해 물리적 미디어에서 완전히 사라졌고 이는 음반을 판매하는 사람들에게 문제가 되었다. 새로운 해적판보다 더 걱정스러운 건 직접 파일 공유였다. 사용자의 하드드라이브를 집계하고 색인화해 서로 직접 다운로드할 수 있는 웹 프로그램 냅스터Napster가 출시되면서 그야말로 댐이 무너졌다. 파일 서버는 인터넷보다 오래됐지만 저장 가격이 낮아지고 사람들이 드라이브에 음악을 가득 채우면서 각 파일 서버는 CD 바인더처럼 훑어볼 만한 가치가 있는 작은 개인 음악 보관소가 되었다.

이 같은 P2P 공유는 웹의 독점 허브-스포크 서버-클라이언트 모델을 뒤흔들었다. 냅스터는 사용자의 파일 정보를 스크랩해 검색에 제공하고 다운로드를 위해 동료를 연결하는 역할로 제한함으로써 운영 비용을 상대적으로 낮게 유지했고 음반사로부터 법적으로도 보호받을 수 있다고 믿었다.

이 프로그램은 웹 최초로 모든 하위문화의 장벽을 뛰어넘은 전국적 현상이었고 냅스터는 사이트의 멋진 고양이 로고가 새겨진 티셔츠 판매 외에는 별다른 사업계획이 없었음에도 불구하고 1,500만 달러 이상의 벤처 투자를 받았다.

불법복제 콘텐츠의 허브임에도 냅스터가 다소 안전하게 받아들여진 이유는 법이 말하는 '세이프 하버(개인정보 공유에 관한 협정)'로 분류됐기 때문이었다. 디지털 밀레니엄 저작권법은 디지털 지적 자산을 보호하기 위한 국제협약을 국내로 가져온 1990년대 법안이다. 미국의 콘텐츠 카르텔은 디스크를 보호하고 해외 복제업자들을 통제할 방법을 원했고, 의회는 여야의 완전한 합의로 국내 버전의 법안을 통과시켰다. 조지 W. 부시의 법무장관이었던 존 애쉬크로프트는 미주리주를 대표해 상원 법안초안을 작성한 위원회의 의장을 맡았는데, 이는 80년대에 VCR 제조업체를 위해 작성한 법정 의견서에서 시작된 그의 친기술활동의 연장선상에 있다. 세이프 하버 중 하나인 이 법이 반대에 부딪히지 않은 이유는 인터넷 기업에 대한 예외조항이 명시되어 있기 때문이다. 소유자의 통지를 받고 문제가 되는 콘텐츠를 삭제하기 위해 노력하는 한, 서비스 제공업체는 사용자가 게시한 저작권 침해 자료에 대해 책임을 질 필요가 없었다.

이 법은 아메리카 온라인, 웹 포털, 그리고 사용자가 제출한 콘텐츠를 제공하는 수많은 신규 사이트와 같은 서비스 제공업체가 콘텐츠 권리자(이 음악 스와핑 시대에는 주로 RIAA)와 협력하기만 하면 책임을 지지 않는다고 규정했다. 기술기업들은 위반에 대한 경고를 받았을 때 근본적인 불만사항을 조사하지 않고 삭제하는 등 조심하는 편에 서는 경향이 있었다. 이 법은 일련의 지적재산권 교통 차선처럼 작동해 누가 어디를 어떻게 운전해야 하는지를 명확히 했다는 점에서 후버주의적이었다. 덕분에 투자자들은 음반업계의 칼에 찔려 재산을 탕진할지 모른다는 걱정에서 벗어나 파괴적이고 때로는 모호한 인터넷산업에 돈을 쏟아부을 수 있었다. 그런데 냅스터가 바로 그런 일을 당했다.

이 프로그램을 만든 사람은 매사추세츠 출신 코딩 노동자였던 숀 패닝이었다. 패닝은 인터넷에서 만난 션 파커와 함께 또래의 친구들이 온라인 채팅 프로그램을 이용해 이미 하고 있던 파일 공유에 스크레이퍼 논리를 적용했다. 친구의 노래 한 곡을 복사할 수 있다면 전 세계 누구의 노래든 복사 못할 이유가 어디 있겠는가? 기업의 웹서버에 딥링크할 수 있다면 친구의 파일 서버에서 다운로드 못할 게 무엇인가? 냅스터는 사용자들이 서로의 공유 파일을 마치 하나의 중앙 데이터베이스처럼 검색하고 다운로드할 수 있게 해주었다는 점에서 종합 메뉴판과 비슷했지만 엄밀히 말해 냅스터가 실제 음식을 갖고 있는 건 아니었다. 대신 미국 청소년들이 로그인한 뒤 원하는 노래를 검색하면 무료 다운로드가 가능한 파일들이 나열되었다. 이 모든 상황을 음반업계도 지켜보고 있었지만 P2P와 세이프 하버에 대한 논쟁은 전혀 들리지 않았다. 무료 음악 스트리밍 서비스인 냅스터는 음반 업계가 공들여 제작한 상품을 무료로 배포했고 심지어 출시 전에 유출하는 경우도 많았다. 이는 실존적 위협으로서 음반 카르텔은 그 어느 때보다 강력한 소송을 제기했다.

패닝과 파커가 어렵게 깨달은 것처럼 적어도 냅스터의 경우 RIAA의 잘못된 길에서 다시 돌아갈 수 있는 길은 없었다. 패닝이 냅스터를 출시한 것은 부자가 되기 위해서가 아니라 폼나는 해킹의 결과였을 뿐이다. 스크레이퍼와 크롤러는 매우 빠르게 움직이기 때문에 10대 청소년 몇 명이서 업계 전체를 발칵 뒤집어놓을 수 있었다. 사용자들이 몰려들고 자본이 뒤따랐지만 RIAA는 이미 마음을 정했다. 법원은 냅스터가 잘못했다고 판결하지 않았을 뿐더러 그럴 기회조차 얻지 못했다. 미국 지방법원이 냅스터에 저작권이 있는 자료의 다운로드 허용을 즉시 중단하도록 가처분 명령을 내렸기 때문이다.

냅스터는 자사가 제공하는 건 메뉴에 지나지 않아서 보호 대상 콘텐츠를 제외하기 위해 최선을 다할 수는 있지만 모든 메뉴의 품질을 보장할 수는 없다고 주장했다. 법원은 그걸로 충분하지 않다고 말했다. 냅스터는 수작업으로 파일을 분류하려고 했지만 애초에 이 사이트가 작동할 수 있었던 건 자동화된 크롤링 덕분이었다. 벤처캐피탈리스트들은 이 싸움에 비용을 지불하지 않을 것이었고 냅스터는 음반사와 합의하고 문을 닫을 수밖에 없었다. 패닝과 파커는 너무 어렸고 실리콘밸리는 인재에 관대했으며 이런 상황에 대비해 파산법 11조가 존재했고 투자자들은 전액 손실을 감수하는 데 익숙했다. 결국 해외에서 냅스터를 카피한 기업이 우후죽순 생겨나는 등 P2P 공유는 어떤 면에서 억압할 수 없는 기술이 되었다. 뒤에서도 살펴보겠지만 결국 RIAA는 독점과 카르텔의 작동원리를 이해하는 실리콘밸리 세력과 협력해 다시 일어섰다.

냅스터 이후 스크레이퍼와 크롤러의 규칙은 금지명령에서 살아남기 전에 강력한 현직자를 화나게 하지 않는 것이었다. 영리한 창업자들은 단기간에 많은 사용자를 확보할 수는 있지만, 공생 모델을 갖추고 관련된 모든 사람에게 상당한 가치를 제공하는 프로젝트가 중기적으로 더 낫다는 것을 깨달았다. 스탠퍼드 대학에서 컴퓨터 공학을 전공한 래리 페이지와 세르게이 브린이 구글을 만들 때 생각했던 것은 이런 상황이 아니었지만 그들이 발견한 것은 바로 이런 상황이었다. 1973년생이던 두 사람은 1990년대 후반 박사과정을 밟는 젊은 학생이었다. 잡스와 게이츠 이후 거의 한 세대가 지났고 학업에서 최고 자리에 오르기 위해서는 더 이상 호기심 많은 어린 아이가 컴퓨터를 다루는 것만으로는 충분하지 않았다. 브린과 페이지는 각각 수학과와 컴퓨터공학과 교수의 아들이었고 두 사람 모두 비교적 뚜렷한 궤적을 가지고 있었다. 덕분에 스탠퍼드 대학 컴퓨터공학과에 진학하게 되었는데 이는 인터넷 시대를 거치면서 막대한 자금을 지원받는 백만장자 공장이 되었다.

1998년 공동 집필한 학술 논문에서 브린과 페이지는 구글의 초창기를 회고하며 웹 크롤러가 본질적으로 바쁜 프로그램임을 인정했다. "웹 페이지와 서버의 종류가 엄청나게 다양하기 때문에 크롤러를 인터넷의 대부분에서 실행하지 않고 테스트하는 것은 사실상 불가능하다"고 그들은 말한다. "전체 웹 중 한 페이지에서만 발생하여 크롤러가 충돌하거나 예측할 수 없거나 잘못된 동작을 일으키는 수백 가지의 애매한 문제가 항상 존재한다." 우화에 나오는 오토마타(스스로 움직이는 기계)처럼 크롤러는 관리하기보다 만들기가 훨씬 쉬웠고 이 초기 문서에는 불길한 마법사의 제자 같은 기운이 감돌았다. 하지만 젊은 빅터 프랑켄슈타인이 실리콘밸리에서 재기 시도를 시작했다면 래리와 세르게이가 다음 해에 그랬던 것처럼 세쿼이아와 클라이너 퍼킨스로부터 2,500만 달러를 받을 수 있었을지도 모른다. 하지만 벤처캐피탈리스트들은 그런 종류의 야생적인 효율성이 위험하다며 구원을 원하지 않았다. 두 컴퓨터 과학자는 논문에서 "광고 문제가 충분히 혼합된 인센티브를 유발하기 때문에 투명하고 학문적인 영역에서 경쟁력 있는 검색엔진을 만드는 것이 중요하다고 생각한다"고 경고했지만, 구글이 될 수는 없었다. 파트너들은 스탠퍼드를 떠나 멘로파크의 차고를 거쳐 팔로알토 사무실에 정착했다.

운이 좋게도 구글의 대규모 벤처캐피탈 투자가 이루어졌고, 저비용 자동화 시스템 덕분에 이들은 닷컴 붕괴를 재정적으로 잘 극복할 수 있었다. 하지만 다른 많은 사람들처럼 그들도 투자자의 현금, 현금으로 생계를 유지했다. 스탠퍼드 프로그램을 떠났지만 래리와 세르게이는 여전히 어느 정도의 과학자였고, 순위 결과와 광고를 혼합하는 것은 그들에게 용납할 수 없는 일이었다. 자동화된 시스템을 통해 구매자는 구글 측에서 많은 비용을 들이지 않고도 검색 결과 페이지에 광고를 게재할 수 있었지만 고객들이 달려들지는 않았다. 경쟁사의 모델을 모방하여 소규모 경매를 통해 클릭당 광고 공간을 판매하기 시작하면서 회사의 사정은 나아졌다. 지면이 아닌 클릭 수에 따라 비용을 지불하는 방식은 광고주들에게 매우 매력적이었고 회사의 수익은 급격히 증가했다. 애드센스 새 버전이 큰 성공을 거두자 구글은 타사 사이트에서도 구글이 운영하는 광고를 게재할 수 있는 버전을 만들었다. 이후 구글이 진출한 수많은 이색적인 상업 분야와 알파벳 지주회사로 재편되었지만 거의 20년이 지난 지금도 구글 광고는 구글 매출의 80% 이상을 차지하고 있다.

정보 축적은 구글이 우위를 점할 수 있는 핵심 요소였다. 생태계에 유용한 청소부인 페이지랭크 검색 모델은 인터넷의 유기적인 하이퍼링크 지도를 크롤링하고 스크래핑하는 것을 기반으로 했다. 구글은 사업을 확장하면서 이 효율적인 도구와 그 배후에 있는 방향을 계속 활용했다. 급격한 추락에서 살아남은 후, 운이 좋지 않았던 온라인 일기장 제공업체 블로거를 인수했다. 확장하지 않으면 죽는다는 생각으로 새로운 CEO인 에릭 슈미트는 성장에 전념했다. 2004년에 구글은 웹 포털 업체인 야후와 마이크로소프트를 공개적으로 공격했다. 마이크로소프트의 핫메일과 야후의 로켓메일이 미국의 주요 웹 메일 제공업체였기 때문에 구글이 경쟁하려면 새롭고 개선된 서비스를 제공해야 했다. 지메일은 초대 전용 서비스와 구글 특유의 깔끔한 흰색 인터페이스를 갖추고 있을 뿐만 아니라 저장공간도 마이크로소프트의 핫메일보다 200배나 많은 1기가바이트(5메가바이트에 비해 1기가바이트)를 제공했다. 구글은 사용자의 이메일을 스크랩하고 그 결과에 따라 여백에 맞춤화된 광고를 게재했기 때문에 이를 감당할 수 있었다. 개인화가 잘될수록 사용자가 더 많이 클릭할 가능성이 높아졌고, 구글은 더 많은 수익을 얻을 수 있었다. 래리와 세르게이는 〈플레이보이〉 인터뷰 담당자가 지메일 모델의 개인정보 보호에 대해 질문했을 때 원원이라고 설명했다. "우리 광고는 산만하지 않고 도움이 된다"는 게 브린의 말이다. 페이지도 메일 내용과 관련된 광고를 보는 것이 "처음에는 약간 멈칫했다"고 인정했지만, 효율적이고 너무 편해서 거부할 수 없었고 사용자들도 익숙해졌다. 그해 말 기업공개를 통해 구글의 시가총액은 200억 달러가 넘었다.

구글은 검색엔진의 독점 지위를 유지하며 수익을 창출했고 브라우저에서 오피스 소프트웨어 제품군, 운영체제, 하드웨어 진출에 이르기까지 다른 핵심 분야로 확장하며 마이크로소프트와 애플 같은 오랜 전통의 강자들에게 도전장을 내밀었다. 이 검색 엔진은 그 과정에서 야후와 같은 쟁쟁한 업체들을 제치고 그 자랑스러운 수준에 합류할 수 있을 만큼 충분히 잘 유지되었다. 구글의 DNA에는 이러한 기원이 내재되어 있었고 구글의 역량이 커짐에 따라 구글의 야망도 커졌다. 기업공개 직후에는 인큐텔이 지원하는 디지털 매핑 기업 키홀Keyhole을 인수했는데 CNN이 이라크 침공에 대해 숨 가쁘게 보도하면서 큰 성공을 거둔 곳이었다. 키홀은 인공위성으로 지구 표면을 긁어모아 온라인 길 찾기 분야를 지배한 구글 지도를 확보했다. 몇 년 후, 구글은 터무니없는 수준으로 논리를 발전시켜 카메라를 장착한 자동차를 배치하여 전 세계의 지상 사진을 긁어모아 구글 스트리트 뷰에 활용했다. 집 사진을 찍을 수 있다면 세상의 모든 집의 사진을 찍지 못할 이유가 없는 것이다.

대규모 기업공개가 이루어지던 2004년 말, 구글은 모든 책의 모든 페이지를 스크랩하여 구글북스로 만들겠다는 계획을 발표했고, 출판업계는 경악을 금치 못했다. 컴퓨터 프로그램이 직접 현실의 표면을 크롤링하지는 않았지만, 구글은 저임금 노동자를 고용하여 카메라를 움직이고 페이지를 넘기는 일을 맡길 수 있었다. 대부분의 작업자는 사용자 인터페이스 뒤로 사라졌지만, 반짝이는 창문에 스트리트 뷰 작업자가 반사되는 것과 같은 예상 가능한 결함이 있었다.

구글은 성장하면서 마이크로소프트의 독점적인 비즈니스 전략과 냅스터의 파괴적인 스크레이퍼 속도를 결합했다. 이 강력한 조합 덕분에 구글은 작가 길드로부터 최고 법원에 이르기까지 모든 것을 스캔해내는 데 방해받지 않을 만큼 강력한 힘을 갖게 되었다. 빌 게이츠 자신도 자신의 회사가 윈도우 컴퓨터에서 액세스하거나 입력하는 모든 단어에서 가치를 추출하는 사업계획을 상상하지 못했을 것이다. 구글은 다른 시대에 속해 있었다. 20세기 말, 생산량 증가가 둔화되고 자본이 저비용 투자처를 찾으면서 전 세계 광고는 급격히 증가했다. 1980년대 후반에 TV광고 지출은 250억 달러에서 500억 달러로 두 배로 증가했고 1990년대에 다시 두 배, 그리고 2000년대의 첫 10년 동안 다시 두 배로 증가했으며, 20년 동안 신문과 잡지는 그 성장세를 따라갔다. 광고는 가격경쟁이나 제품혁신이라는 위험한 사업에 뛰어들지 않고 경쟁할 수 있는 좋은 방법이었기 때문이다. 어차피 세계에는 값싼 물건이 점점 더 과잉 공급되고 있었기 때문에 광고가 실제로 경제에 아무런 영향을 끼치지 않는다는 게 사실이었다.

자본가들 간의 경쟁이 제로섬이 될수록 그들은 광고에 더 많이 의존했다. 구글은 방송 및 인쇄 광고에 비해 여러 가지 장점을 가지고 있었는데, 그중 가장 큰 장점은 잠재고객을 개별적으로 타깃팅할 수 있다는 점이다. 구글은 30억 달러가 넘는 현금을 들여 웹에서 브라우저를 추적하여 사용자가 누구인지, 무엇을 원하는지 파악하는 데 특화된 광고회사인 더블클릭을 마이크로소프트보다 비싸게 인수함으로써 이러한 이점을 확대했다. 온라인 프라이버시에 대해 불안해하는 사람들을 안심시키기 위해 만들었던 사용자 프로필 간에 스스로 부과한 장벽은 점차 약해졌다.

2009년에는 기록된 검색기록을 기반으로 구글 광고를 타깃팅하기 위해 더블클릭을 사용했다. 2016년에 구글은 이전 정책을 뒤집고 지메일과 구글 검색 등 자사 서비스의 사용자 정보를 광고 데이터와 결합하여 래리 엘리슨의 국가 생체인식 ID에 비하면 초라해 보이는 단일 정보 풀인 '슈퍼 프로필'을 만들었다. 다른 점은 구글 사용자 중 누구도 감시를 요청하지 않았고, 감시를 위해 인터넷을 사용해야 한다고 말하지 않았다는 점이다. 존 애쉬크로프트의 가벼운 손길 한 번에 웹 기업과 사용자는 완전히 성장한 두 시장 참여자로서 데이터 프라이버시를 해결해야 했고 거의 항상 조급한 나머지 동의 버튼을 눌러 읽지 않은 조건에 스스로를 구속하는 것으로 끝났다.

상상을 초월하는 수준의 데이터를 수집했지만 구글이 개별고객에 대한 방대한 정보를 수집한 최초의 기업은 아니었다. 은행들의 카드 신용도 카탈로그를 떠올려 보라. 또 다이렉트 메일광고 회사도 있다. 이들은 뉴라이트의 성장에 결정적인 역할을 했으며, 뉴라이트는 이들과 계약을 맺고 그들의 전술을 채택했다. 1960년대 중반까지 영리 및 비영리 단체들은 데이터 브로커로부터 미국인에 대한 정보를 구매하는 데 연간 4억 달러를 지출했다. 스토리지, 관계형 데이터베이스 및 컴퓨팅의 급속한 발전으로 이러한 정보판매 업체만큼 많은 혜택을 누리는 사람은 거의 없었다. 구글은 세계 최대 기업들과 제휴를 맺고 방대한 목록을 축적했다. 소비자를 직접 대면하는 브랜드인 구글, 야후!, 마이크로소프트와 달리 이 기업들은 대부분의 사람들에게는 음지로 머물러 있지만, 우리 모두에 대해 얼마나 많이 알고 있는지 생각해보면 재미있는 일이다. 미국 아칸소주에 본사를 둔 선도 기업 액시엄의 경우, 미국 성인 대다수를 포함하여 전 세계 5억 명의 활성 소비자에 대한 1인당 약 1,500개의 데이터 포인트를 보유하고 있다.

액시엄은 1960년대부터 어떤 형태로든 존재해왔으며 세기가 바뀌면서 업계 1위로 올라섰다. 1990년대에 다른 기업 인수를 통해 성장한 액시엄은 오라클과 제휴하여 지속적으로 정보를 축적하고 데이터를 처리하고 정제하는 능력을 향상시켰다. 9/11 테러 당시에도 꽤 괜찮은 국가 신원 데이터베이스가 존재했지만 공개가 아닌 비공개였고, 액시엄의 고객들은 테러 활동을 예측하기 위한 것이 아니라 카탈로그와 텔레마케팅 전화에 속아 넘어가는 사람들을 타깃으로 삼는 데 사용했다. 이 정보를 쌍둥이 빌딩이 무너질 때까지는 누구도 생각하지 못했던 것 같다. 하지만 액시엄은 파일을 검색한 결과 납치범들에 대한 수많은 정보를 발견했고, 당국이 누군가가 찾고 있었다면 이들이 뭔가 꾸미고 있다는 것 정도는 미리 알 수 있었을 정도의 분량이었다

그 무렵 액시엄의 경영진 중 한 명이 어린 시절 친구, 세계에서 가장 영향력 있는 아칸소 출신인 윌리엄 제퍼슨 클린턴에게 전화를 걸었다. 민주당이 이미 백악관을 떠난 뒤였지만 2001년 말은 초당적인 시기였고 애쉬크로프트 법무장관은 잘 알려진 그의 비기독교적 성향에 대한 불만에도 불구하고 퇴임한 대통령의 전화를 기꺼이 받아들였다. 애쉬크로프트는 그 말을 마음에 들어 했고 워싱턴에서 다음 중 한 명이 대표로 있는 액시엄을 통과시켰다. 이사회 멤버이자 곧 민주당 대통령 후보가 될 예정이었던 웨슬리 클라크 전 나토 유럽 최고 연합군 사령관을 미국 국방고등연구계획국DARPA의 새로운 프로젝트인 종합정보인식에 합류시켰다.

종합정보인식TIA은 올리버 노스가 이끌던 레이건 국가안보회의의 상사이자 이란-콘트라 전범으로 유죄판결을 받은 존 포인덱스터가 주도한 프로젝트였다. 포인덱스터가 항소심에서 면죄부를 받은 후, 조지 W. 부시는 국가의 수사 권한이 사실상 무한대로 보였던 당시의 대테러에 새로운 사고를 적용하기 위해 그를 불러들였다. 포인덱스터는 노스와 마찬가지로 기술 애호가였으며 그의 정보인식 사무소는 민간 스크레이퍼 기술을 국가 산하로 가져왔다.

TIA 정부융합센터는 효율적인 데이터 공유라는 명목으로 공공정보의

다양한 사일로(회사 안에 성이나 담을 쌓고 외부와 소통하지 않는 부서를 가리키는 말)뿐만 아니라 특히 액시엄을 비롯한 상업 브로커의 개인기록도 함께 수집할 계획이었다. 애쉬크로프트와 초당적인 규제완화에 대한 합의는 정부가 카탈로그 회사처럼 비용만 지불하면 원하는 정보를 수집할 수 있는 민간 백도어를 열었다. 법학 교수인 프랭크 파스콸레는 TIA 융합 모델에서 "본질적으로 규제가 없는 산업 데이터 수집, 지역 법 집행기관의 면밀한 감시 능력, 연방정부의 막강한 권한이 결합된 자원은 서로 마음대로 사용할 수 있으며, 대부분 적절한 제약으로부터 자유롭다"고 밝혔다. 기술 자본주의 마케팅 산업을 통해 국가는 국토 안보라는 이름으로 20세기의 개인정보 보호 규제에 대한 부담을 떨쳐버렸다.

시스템은 어떻게 작동했을까? 포인덱스터의 계획은 의회에서도 비밀이었지만 한 가지 계획에 대한 보고서가 유출되었다. 또 다른 비행기 공격을 방지하기 위해 포인덱스터의 사무실은 탑승 전 승객을 선별하기 위해 데이터를 사용하는 데 집중했다. 초기 테스트에는 액시엄이 클린턴을 통해 애쉬크로프트에게 처음 제안한 것처럼 승객의 발권 기록과 데이터 브로커가 제공하는 다양한 상업정보를 병치하는 것이 포함되었다. 정부가 젯블루에 고객정보를 요구하는 것은 연방정부의 과도한 요구였지만, 계약업체들은 여러 겹의 보호장치를 제공했다.

모든 것이 정상적으로 진행되고 있다는 항공사의 확신을 주기 위해 국방부는 교통안전국에 젯블루의 데이터 파싱(컴퓨터 과학 및 프로그래밍에서 특정 형식으로 구성된 데이터를 분석하고 그 의미를 이해하는 과정) 파트너인 액시엄이 SRS 테크놀로지를 통해 DARPA에 하청을 준 계약업체에 승객정보를 제공할 수 있도록 요청했다. 복잡한 정보관리체계 덕분에 국토안보부 조사관들은 모든 당사자를 신고할 수 있었다. 2003년 가을에 뉴스가 보도된 후 그들은 모두 무죄판결을 받았다. 대중의 분노와 한 상원의원의 탑승구 굴욕에도 불구하고 비행금지 명단은 정책이 되었다. 터무니없는 오웰식 TIA는 얼마 지나지 않아 폐쇄되었고, 포인덱스터는 투자자들이 다가올 공격에 대해 추측할 수 있는 '테러 선물 시장'을 통해 도를 넘는 것과 적정선 사이의 경계를 모호하게 만들면서 키를 손에 넣었다. 그러나 정부의 스크래핑(컴퓨터 프로그램이 웹페이지나 프로그램 화면에서 데이터를 자동으로 추출하는 것) 프로젝트는 끝나지 않고 국가안보국으로 이관되었다.

광고기술(애드테크) 업계와 NSA는 같은 것을 찾고 있었다. 바로 정보, 특히 가급적 모든 정보 말이다. 구글의 공식적인 사명은 '전 세계의 정보를 정리하여 보편적으로 접근 가능하고 유용하게 만드는 것'이었고 구글은 더 많은 정보를 자체 플랫폼으로 끌어들일수록, 그리고 정보를 정리하는 데 더 많은 연습을 할수록 더 잘할 수 있었고, 광고를 더 잘 타깃팅할수록 더 많은 돈을 벌 수 있었다. 그리고 구글은 많은 돈을 벌며 글로벌 기업 중 상위권으로 도약했다. 넷스케이프가 아닌 인터넷이 은행을 만들었다. 인터넷은 애드테크의 도움으로 잡지사의 영업부서보다 훨씬 더 효율적으로 관심을 현금으로 돌리는 데 성공했다. 하지만 이를 고려하면 구글의 핵심기능에는 모순이 있었다. 사용자를 완벽한 사이트로 유도하기 위해 구글은 사용자를 자체 페이지 밖으로 내몰고 있었다. 검색은 여전히 세계 최대의 독점 상품이지만, 웹의 또 다른 층에는 아무도 차지하지 못한 영역이 있었다. 이를 알아내기 위해 스크레이퍼가 하나 더 필요했다.

1984년에 태어난 마크 저커버그는 뉴욕 웨스트체스터 카운티에서 기술 분야에 관심이 많았던 치과의사의 아들로 태어났으며 가정집에서 진료소를 운영했다. 아버지가 PC를 사용하는 소규모 사업가로서 개인 혁명의 일원이었다면, 마크는 치과 사무실과 집 컴퓨터 간의 통신을 위한 메신저 프로그램을 코딩하는 어린 인턴사원이었다. 철저한 엘리트주의자였던 어린 저커버그는 명문 필립스 엑서터 아카데미로 전학하여 고등학교를 마친

후 누나를 따라 계획대로 하버드 대학에 진학했다. 많은 컴퓨팅 파워와 잠재적인 관심을 끌 수 있는 그곳에서 저커버그는 일련의 스크래핑 프로젝트에 착수했다. 그는 동급생과 함께 사용자의 노래를 스크랩하여 재생 목록을 생성하는 미디어 플레이어를 만들었다. 또 다른 프로그램은 하버드 강의 목록을 스크랩하여 사용자가 같은 과에 누가 있는지 확인할 수 있도록 했다. 식료품 배달 사업을 시작하고 싶어 하는 동급생을 위해 저커버그는 슈퍼마켓 가격을 복사하는 스크레이퍼를 만들었다. 그는 결석한 수업의 기말고사 공부를 위해 나머지 학생들에게 중앙 집중식 디지털 학습 가이드에 참여하도록 초대하여 효과적으로 같은 반 친구들의 노트를 스크랩했다. 마크의 다음 스크랩은 논란의 여지가 있는 작품으로 나아갔다.

하버드 기숙사에서는 하버드를 하버드로 만드는 학생 네트워킹을 더 원활하게 하기 위해 졸업앨범 형식의 얼굴사진 색인을 온라인에 게시하기 시작했다. 2학년이 시작될 무렵, 저커버그는 이 모든 '페이스북' 디렉토리를 스크랩하여 새 프로젝트에 사진을 넣었다. 이 프로그램은 21세기 초 사립학교 출신의 개인주의자라는 그의 역사적 배경을 반영했고, 그는 저속하고 엘리트주의적인 사고방식을 노골적으로 드러냈다. 페이스매시는 스크랩한 기숙사생들의 사진을 일대일로 대결시켜 사용자가 둘 중 더 섹시한 사람을 선택하도록 유도했다. 이 사이트는 하버드에서 입소문을 타면서 순식간에 수백 명의 학생 사용자가 몰려들었고, 결국 그는 사이트를 폐쇄하고 다양한 컴퓨터 보안 위반 혐의로 행정위원회에 회부될 수밖에 없었다. 저커버그는 쫓겨나지는 않았지만 페이스매시는 그에게 학교생활의 끝을 알리는 시작이었다. 저커버그는 자신의 이런 행위를 신의 눈으로 바라본 동료 학생들이 무리지어 몰려다니며 사이트를 비난하는 모습을 보면서 위선적인 대중과 관료 지도자들에 대한 경멸을 점점 커졌던 것 같다. 그렇다면 이랬던 마크 저커버그는 어떻게 전 세계 우정의 황태자가 되었을까?

2000년대 초반에는 온라인 소셜 네트워크를 구축하는 사람들이 많았다. 데이빗 핀처 감독의 영화 〈소셜 네트워크〉가 극화한 것처럼, 2000년대 초 하버드에서는 여러 사람이 소셜 네트워크를 구축하려고 했다. 저커버그는 엘리트 대학에서 온라인 소셜 네트워크를 완성한 최초의 사람도 아니었다. 스탠퍼드의 오르쿠트 부이콕텐이 나중에 그의 고용주인 구글에서 이 업적을 반복했다. 하지만 저커버그는 멈추지 않았다. 페이스매시 사태가 터지고 몇 달 후, 마크와 그의 소규모 하버드 팀은 더페이스북을 시작했다.

이번에는 적어도 사용자들이 자신의 사진을 제출했기 때문에 지적재산권 도용이라고 비난할 수 있는 사람은 아무도 없었다. 하지만 익명성이 보장되는 웹과는 달리, 페이스북은 초기 가입자에게 실제 아이비리그 대학 이메일 주소를 사용하도록 요구했다. 이 프로젝트는 저커버그의 이전 프로젝트보다 더 빠르게 성장했고, 그는 아직 이 개념에 완전히 몰입하지 못했지만 무기한 휴학하고 사이트 성장에 매진하기 시작했다. 저커버그의 동료이자 냅스터로 명성을 떨쳤던 숀 파커는 페이스북이 끝까지 갈 수 있다고 확신했다. 그는 사장으로 회사에 합류했고 두 사람은 함께 프로젝트를 원래 있던 팔로알토로 옮겼다. 페이스북의 진정한 성장 쿠데타는 사용자의 연락처 목록을 스크랩하여 초대장을 스팸으로 발송했을 때였다.

나중에 저커버그와 페이스북에 대해 자세히 알아보겠지만 이 프로젝트를 웹 스크래핑, 즉 잘 배치된 코더 한 명이 키보드를 통해 전 세계에 닿을 수 있도록 하는 비교적 간단한 트릭의 맥락에서 살펴보는 것이 중요하다. 그 후의 일은 코더(또는 소규모 팀)가 권력자에게 무엇을 제공하느냐에 따라 크게 달라졌다. 반항적이거나 진짜 파괴적인 기술을 사용하는 것은 더 엄격한 조사를 받게 되었다. 2011년, 해커이자 리딧의 공동 창업자인 애런 스워츠는 울타리가 쳐진 학술 데이터베이스를 대중에게 공개하기 위해 제이스토어JSTOR 학술 데이터베이스를 스크랩했다. 공공의 이익을 위한 그의 동기에도 불구하고 연방 검찰은 징역형이 포함되지 않은 어떠한 형량 협상도 거부했고, 뛰어났던 스워츠는 자유를 포기하는 대신 스물여섯 살의 나이에 스스로 목숨을 끊었다. 이러한 모델 중 공격적인 모델들은 페이스북의 모토처럼 '빠르게 움직이고 무언가를 파괴'하며 제작자보다 앞서 나갔다. 티켓마스터나 RIAA와 같은 일부 현직 기업들은 타협과 협상에 능했고 강력하고 중앙집권적이었지만, 그 밖의 대부분의 기업들은 운마저 좋지 않아 쫓겨났다.

존 애쉬크로프트의 자유시장을 표방하는 권위주의는 스크레이퍼와 국민의 권리를 보호해야 하는 국가규제 당국 간의 거래를 구조화했다. 연방정부는 데이터 브로커들에게 법 위에 군림할 수 있는 권한을 부여했고 데이터 브로커들은 국가를 뒤에서 단단하게 지지해주었다. 이제 정보는 무기가 되고 비즈니스가 되었으며 이는 실리콘밸리의 공공-민간 파라다이스에 딱 맞는 것이었다. 크롤러(방대한 웹페이지를 두루 방문하여 각종 정보를 자동적으로 수집해오는 프로그램)를 세상에 풀어놓으면 '예측할 수 없거나 잘못된 행동'이 발생할 수 있다는 우려에도 불구하고 래리와 세르게이는 거침이 없었다. 이제 이들은 세계에서 가장 강력한 사람들 중 하나가 되었다.

현실 세계

이 글을 쓰고 있는 시점을 기준으로 시가총액 1조 달러가 넘는 기업은 전 세계에 여섯 군데가 있다. 그중 국영 석유 독점기업 사우디 아람코를 제외하면 남은 다섯 곳은 모두 미국 서부 해안의 기술기업으로 바로 애플, 마이크로소프트, 구글, 아마존, 페이스북이다. 세계에서 가장 높은 가치를 자랑하는 다른 기업들과 비교했을 때 이들은 20세기의 마지막 분기, 혹은 21세기의 첫 분기에 등장한 젊은 기업이다. 하나같이 창업자가 처음 설립한 회사인 데다 졸업 후 처음 근무한 일자리이기도 하다. 이들은 자본이 일찌 감치 선택한 커리어 승자들이다. 이 다섯 회사는 모두 팔로알토 시스템과 잘 맞아떨어지며 그중 세 군데는 심지어 팔로알토 인근에 위치해 있다.

그중 가장 오래된 기업은 빌 게이츠가 여전히 시애틀 교외에서 무자비한 전술 및 운영체제 독점으로 정상의 자리를 지키고 있는 마이크로소프트다. 오라클과 어도비도 잘해왔지만 PC소프트웨어로 돈을 버는 데 있어서는 게이츠와 그의 팀을 따를 자가 없었다. 구글과 페이스북의 스크레이퍼들은 웹, 검색 및 소셜미디어에서 가장 중요한 기능을 발견했고 전 세계 광고산업을 가혹하게 규율해 순식간에 미디어를 혼란에 빠트렸다. 이 회사들이 시장에서 거둬들인 수익은 하드웨어보다 소프트웨어, 생산보다 광고, 경쟁보다 독점, 노동보다 자본의 승리를 상징한다. 특히 투자자금이 생산량 확대에 따른 손실을 피하면서 고수익을 올릴 수 있는 미래형 도박 아이템에 몰리면서 이들의 가치는 급등했다. 고전적 계급 전쟁의 관점에서 볼 때 악당이 되기에 좋은 시기였고 새로운 기술 지배자들은 티셔츠를 갈아입을 필요도 없이 자신의 지위를 과시했다. 이들은 자축할 명분이 충분했다. 역사적으로 이렇게 단시간에 그토록 높은 지위까지 오른 사람은 거의 없었으니 말이다.

몇 안 되는 이들 동료에 비해 제프 베이조스는 아마존을 창업할 당시 비즈니스 경험이 풍부했다. 닷컴 붕괴에 핵심 연루되어 주가가 90% 이상 폭락했지만 이 '불굴의' 기업은 다시 일어섰다. 재정적으로 노련한 아마존 경영진은 헌팅턴이 철도 증권으로 국제 사기극을 벌였던 것처럼 금융위기 직전 유럽 투자자들에게 6억 달러가 넘는 규모의 채권을 판매했다. 덕분에 인터넷 소매상 투자가 폭발적으로 늘어나는 것을 충분히 막을 수 있었다. 베이조스는 배당금과 자사주 매입으로 시장을 매수해 투자를 유도하는 대신 인수와 확장을 통한 성장으로 전환했다. 책 카테고리에 전자책(킨들 개발)과 오디오북(오더블 인수)을 추가해 두 영역을 모두 장악하게 되었다. 아마존은 또 인터넷에서 가장 인기 있는 신발 전문매장 자포스Zappos와 기저귀 전문매장 다이어퍼스닷컴Diapers.com도 인수했다.

아마존은 때마침 사회 분화가 지속되자 증가하고 있던 부유층 가구를 타깃으로 삼았다. 아마존 프라임이라는 구독 서비스를 도입해 약 100달러의 연회비에 다음날 배송을 무제한 제공하기 시작했다. 이후 불과 10여 년 만에 미국 고소득층 가정의 80% 이상을 고객으로 확보했다. 아마존 매출은 기하급수적 상승세를 보였다. 2017년 식료품 시장에 다시 한 번 도전하고자 홀푸드를 인수하고 남은 현금을 모두 소진한 2018년, 인터넷 업계의 이 현실주의적 거물은 마침내 수익을 내기 시작했다. 이 수치는 예상대로 흘러갔고 아마존은 지속적으로 새로운 수입원을 모색했다. 파이어폰은 호텔예약 서비스나 모바일 결제처리 시스템처럼 실패했지만 아마존 웹 서비스AWS는 큰 성공을 거뒀다.

2000년대 초, 아마존은 타사 공급업체가 아마존 또는 아마존 툴을 통해 상품을 판매할 수 있는 파트너 플랫폼을 구축하기 시작했다. 기존 소매업체들 사이에 웹 서버 인프라 및 관련 서비스 수요가 늘고 있었던 만큼 이를 위한 기술을 글로벌 규모로 완성하기 위해 노력했다. 고가의 서버는 온라인 비즈니스를 운영하기 위한 몇 안 되는 고정비용 중 하나였고 닷컴 버블로 인해 이 문제에 신중을 기해야 했다. 썬의 중고 서버는 불황의 상징과도 같았고, 새 직장을 구하고자 필사적으로 면접을 보는 웹 비즈니스 업계의 실직자들처럼 시장을 어지럽혔다. 고정비용 아웃소싱에 중독된 업계에서 호스팅을 위한 서버전력은 몇 안 되는 고정비용 중 하나였다. 그러니까 AWS가 등장하기 전까지는 말이다. AWS는 클라우드 컴퓨팅이라는 새로운 카테고리를 탄생시켜 인터넷 기업들의 사용량에 따른 즉각, 무제한 확장이 가능했다. 아마존은 고가의 투자를 저렴한 서비스로 전환함으로써 트렌드를 앞서 나갔다. 소매업이 여전히 회사 매출에서 가장 큰 비중을 차지하고 있기는 하지만 수익을 창출하는 건 수익률이 높은 클라우드 서비스였다. 아마존의 첫 번째 데이터 센터는 태평양 북서부의 풍부한 수력발전 댐의 혜택을 누렸다.

책 판매업을 통해 물건의 판매 및 배송에 많은 노하우를 쌓게 된 아마존은 아이템을 책 이외의 제품들로 확장할 때는 상당히 노련해져 있었다. 처음에 베이조스는 비용절감을 위해 창고를 서적 유통업체에 맡겼지만 그 분야에서도 전문성을 확보해 1990년대 후반에는 3억 달러를 투자해 전국적으로 효율성을 높여줄 창고를 마련했다. 이는 수많은 인터넷 소매업체들을 불황으로 몰아넣는 처사가 분명했지만 아마존은 아랑곳하지 않았다. 그리고 다양한 시도는 아마존 프라임 출시로 모든 결실을 맺었다. 아마존은 자사의 주문이행 시스템을 타사 판매자가 아마존을 통해 자신들의 상품을 판매할 수 있도록 하는 플랫폼으로 전환했다. 베이조스가 고효율의 최첨단 기술 인프라를 구축하는 데 투자한 것은 역설적으로 같은 종류의 투자를 억제하는 행위가 되었다. 아마존이 고정자본을 투자했기 때문에 다른 이들은 할 필요가 없게 된 것이다. 아마존은 국제 배송망을 구축하기 위한 '드래곤보트(다수의 인원이 노를 저어 움직이는 선박) 작전'을 수립했는데 이를 통해 고임금의 노조 계약업체에 대한 의존도를 낮추고 최고 비용 항목을 자사에서 직접 소화해 비용을 낮추는 데 사내 역량을 집중했다.

월스트리트는 책임감이 지나친 베이조스의 투자전략에 불만을 품기도 했다. 주주들은 주식 부풀리기로 더 많이 챙기고 싶을 때가 있기 때문이다. 하지만 매출과 시장 점유율 측면에서 아마존은 지속적으로 성장했고 수익을 거두지 못하더라도 손해 보는 일은 없었다. 온라인 소매업체 독점에 베팅해 끈질긴 강세를 보였고 2008년 경제위기를 견뎌낸 뒤에는 본래 36달러도 안 되던 주가가 2021년 여름에 3,719달러까지 치솟는 등 놀라운 상승세를 기록했다. 2020년 코로나19 팬데믹이 닥쳐 전 세계가 셧다운 국면을 맞았을 때 자본가들은 인터넷 소매 지배업체 아마존으로 몰려들었고 다른 모든 사람이 끔찍한 시간을 보낼 동안 아마존의 주가는 1,000달러 이상 올랐다. 인터넷과 물리적 사물의 세계를 연결하는 데 있어 비슷한 처지의 다른 수많은 기업이 실패할 때 베이조스는 어떻게 성공한 것일까? 다른 이들과 달리 베이조스와 그의 팀이 깨우친 세상의 방식은 과연 무엇이었을까?

아마존은 모든 인프라 투자 덕분에 다른 기업에 비해 노동력을 더 효율적으로 사용할 수 있었다고 이야기한다. 로봇을 십분 활용하고 데이터를 잘 분석한 덕분에 아마존의 직원들이 비슷한 분야의 다른 직원들보다 더 높은 생산성을 발휘할 수 있었다는 것이다. 게다가 이는 경쟁사들이 전국적인 최저임금 인상을 위해 사활을 걸고 싸우는 동안 회사가 시간당 15달러의 최저임금을 전사적으로 도입할 수 있었던 이유다. 한편, 베이조스는 직원(더 높은 임금)과 고객(더 낮은 가격, 더 나은 서비스)에게 효율성의 이득을 나누면서도 여전히 최고의 자리에 오를 수 있다. 기술 자동화는 자본주의 과학 덕분에 더 나은 일자리, 소비자 편의성, 개인의 이익이라는 세 마리 토끼를 모두 잡을 수 있다. 아마존이 독점적으로 보인다면 이는 경쟁사들이 너무 근시안적이고 탐욕스러워서 장기적인 투자를 위해 당장의 이익을 포기하는 것을 두려워했기 때문일 뿐이다. 그리고 소비자 후생 반독점 기준에 따르면, 아마존이 더 나쁜 것을 만든다고 주장하기 어렵고 따라서 부정적인 의미에서 독점이라고 주장하기 어렵다. 그렇다면 아마존은 가격을 인상하지 않을까?

아마존 자체는 거짓이 아니다. 아마존의 부상에 대한 기술 낙관주의적 시각에는 일말의 진실이 있었다. 하지만 더 큰 관점에서 보면 이는 사실이 아니다. 다른 경쟁업체와 달리 아마존은 실제 생산 효율성을 높였지만 기업은 여러 방향으로 인건비를 절감할 수 있으며, 그게 바로 베이조스 회사가 원한 것이었다. 이는 생산량을 극대화하기 위해 직원들에게 최신의 최고급 하드웨어와 소프트웨어를 제공한다는 것을 의미했다. 하지만 그럼에도 불구하고 직원들은 이미 빠르게 알아챈 것처럼 생산량을 극대화하는 것은 쉽지 않은 일이었다. '집중화'는 주어진 작업에 할당된 시간을 줄이거나 주어진 시간 동안 할당된 작업의 수를 늘리는 것을 의미하는데 아마존은 인간 생물학의 한계를 넘어 집중화했다.

이 과정을 노동의 관점에서 보면, 투자 수익을 노동자와 아낌없이 나누는 것은 오너가 아니라 노동자들이며 추가 생산에 따른 수익을 주주와 나누는 것은 노동자들이다. 여기에서 집중화에 대한 분류된 관점이 경제의 실제 경향을 반영하는 것을 쉽게 알 수 있다. 노동자가 자본의 희생으로 자신의 지위를 향상시킨다면 우리는 생산량에서 노동의 몫이 증가하는 것을 볼 수 있을 것이다. 반대로 자본가들이 착취율의 증가로 이익을 얻는다면 임금이 올라가더라도 노동의 몫은 감소할 것이다. 웹밴 모델에서 우리는 잘 훈련되고 보수가 높은 배송기사들이 낭비가 많은 비효율적인 회사의 기사들보다 회사 수익의 더 큰 몫을 차지하는 것을 짐작할 수 있다. 하지만 웹밴은 실패했고 아마존은 그렇지 않았다.

미국 노동자의 소득 점유율은 2000년대 초에 급격히 하락했고, 2008년 주택시장 위기 이후 아마존의 수치가 급등하는 것과 동시에 다시 급락했다. 다른 기술산업과 마찬가지로 아마존의 운명은 노동자 계층의 운명과 반비례한다. 아마존의 직장 생활에 대한 이야기를 살펴보면 의구심이 사라진다. 아마존의 관리자들은 로봇과 데이터를 이용해 주문처리 직원들로부터 최대한의 성과를 끌어낸다. 아마존의 시스템은 끊임없이 발전하는 기술을 통해 모든 작업자의 일상을 추적하고, 물건을 싣고, 꺼내고, 포장하고, 배송하는 데 있어 혹독한 속도를 설정한다. 화장실에 가거나 숨을 쉬기 위해 잠시 멈추는 등 업무로 등록되지 않은 모든 행동은 시간 외 작업으로 간주되며 이는 아마존이 자동으로 모니터링하는 근로자의 효율성 평가에 반영된다. 숨 가쁘게 돌아가는 속도로 인해 아마존의 노동력은 한 치 앞을 내다볼 수 없을 정도로 혹사당하고 있으며 아마존 물류창고의 이직률은 150%에 달해 8개월마다 전체 인력을 교체하고 있는 셈이다. 한마디로 아마존은 인력을 고갈시키고 있다.

물류창고와 배송차량에서 일하는 직원들에게 공통적으로 나타나는 불쾌한 특징은 바로 방광염이다. 두 종류의 근로자는 업무가 매우 다르지만 둘 다 아마존의 근로자 효율성에 대한 기대치가 너무 빡빡하게 설계되어 있어 직원들이 화장실 갈 시간도 없다고 말한다. 회사 대변인이 트위터에서 이를 능글맞게 부인했을 때("병에 오줌 싼다는 말을 정말 믿으시는 건 아니죠? 만약 그것이 사실이라면 아무도 우리 회사에서 일하지 않을 겁니다.") 그는 기자들에게 문을 열었고 많은 언론매체에서 호박색 물병의 증거사진을 비롯한 풍부한 증거들을 발견해냈다. 사람들이 너무 자주 그만두기 때문에 아마존은 반자동화된 채용 및 해고 시스템을 사용하여 새로운 노동력에 대한 끊임없는 욕구를 해소하고 있다. 창고업무는 계약직이 아니지만, 아마존은 모든 주문처리 업무를 플러그앤플레이(꽂으면 바로 실행될 수 있게)로 처리하기 위해 매우 정교하게 다듬어 교육기간을 1주일 이내로 단축했다. 이러한 투자 덕분에 아마존은 중범죄자, 최근 이민자, 고령자 등 상대적으로 취약한 계층까지 고용할 수 있게 되었다. 캠퍼포스는 근로자를 캠핑카에 거주하도록 하는 아마존의 계절별 물류창고 채용 프로그램이다. 개별 근로자에게 많은 투자를 할 필요도 없고 근로자가 지치거나 심지어 더 망가질까 봐 걱정할 필요가 없다.

소말리아 출신 사피요 모하메드는 미네소타의 아마존 창고에서 스탭으로 일하기 불과 3개월 전에 이민을 왔다. 3일간의 교육(영어로만 진행)을 받은 후 그녀는 컨베이어 벨트를 통해 입고되는 상자를 비우기 시작했다. 이

시스템에는 엄격한 할당량이 있었다. 10시간 교대근무마다 2,600개의 물품을 분류해야 했고, 물체당 평균 14초 이내에 분류해야 했다. 휴식시간을 맞추려면 더 빨리 가야 했기 때문에 초보자인 사피요는 휴식을 취하지 않으려고 노력했다. 하지만 첫 주가 지난 후, 그녀가 저지른 실수는 교대당 1건, 0.04%라는 비인간적인 실수에 불과했지만 그녀의 관리자는 그녀가 너무 느리고 허용 가능한 것보다 더 많은 실수를 저질렀다고 말했다.

그녀는 실수를 줄이기 위해 창고를 가득 메운 다른 소말리아 노동자들로부터 도움을 받았다. "교대근무가 끝나면 혼자 밥을 먹을 수도 없었어요. 샤워할 기력도 거의 없었고 공복상태로 잠자리에 드는 경우가 많았어요"라고 모하메드는 한 잡지에 기고한 에세이에서 자신의 경험을 회상했다. "해고당하는 악몽을 꿔서 잠을 제대로 자지 못했어요. 그들은 저를 비롯한 모든 창고직원을 인간이 아닌 기계처럼 취급했죠." 가족을 부양할 다른 방법이 없다고 느낀 사피요는 누구보다 오래, 30개월을 버텼다. 아마존은 그런 그녀는 자격도 없이 버티는 근로자로 기록했다. 이것이 바로 아마존이 소매업을 장악하고 제프 베이조스가 세계에서 가장 부유한 사람이 된 방법이었다.

2020년의 상세한 조사에 따르면 아마존 물류창고 근로자의 중상 사고율은 물류창고 업계 평균의 거의 두 배에 달하는 것으로 나타났다. 그리고 물류센터에 로봇이 많이 도입될수록 재해율도 높아진다. 이 회사시설에서 근무한 경험이 있는 산업안전보건청 검사 의사는 기자에게 "제품을 더 빨리 옮기는 로봇이 있고 노동자들이 그 로봇을 더 빨리 들거나 옮겨야 한다면 부상이 증가할 거예요"라고 말했다. 뜨겁게 달리도록 조작된 기계를 따라잡기 위해 경쟁하는 것은 사람들에게 상처를 준다. 효율성은 부상을 유발하는데 아마존에게는 부상이 곧 효율을 의미하기도 한다. 아마존의 배송은 매우 효율적이어야 한다. 배송기사들이 훨씬 더 많이 다치더라도 말이다. 그리고 창고직원과 달리 아마존 배송기사는 아마존 유니폼을 입고 아마존의 지시에 따라 아마존 밴을 타고 아마존 고객에게 아마존 패키지를 배달하더라도 엄밀히 말해 아마존에서 일하는 것은 아니다.

아마존은 대부분의 기간 동안 다른 기업과 마찬가지로 미국 우체국이나 대형 유통업체와 계약을 맺고 고객의 집 앞까지 소포를 배송했다. 무서운 '라스트마일' 배송을 위해 민간 배송업체 UPS와 DHL을 이용했다. 하지만 드래곤보트 작전의 일환으로 아마존은 배송을 더 위험해지고 대담해졌다. 트럭을 운전하는 것은 운전자, 도로 위의 보행자, 법적 책임이 있는 고용주에게 모두 위험하다. 트럭은 특히 과속으로 운전할 때 사람을 죽일 수 있다. 아마존 운전기사들은 당연히 일자리를 유지하려면 빨리 운전해야 하고 트럭이 사람을 칠 위험성이 높아진다. 하지만 누군가에게 책임을 물어야 할 때가 되었을 때 아마존은 어디에도 없었다. 〈뉴욕타임스〉에 따르면 아마존 운전기사들은 모두 배송 서비스 파트너 프로그램을 통해 고용된 계약직이었기 때문에 얼마나 많은 사망에 책임이 있는지 아마존에 명확하게 물을 수 없었다.

아마존과 함께 일하려면 '파트너' 회사는 사고에 대한 전액 배상, 모든 법적비용 지불동의, 아마존 밴 임대계약, 브랜드가 요구하는 속도를 달성하겠다는 약속 등 무리한 조건목록에 서명해야 했다. 아마존의 배경을 이용하기 위해 계약을 체결한 소규모의 밤샘노동계약 운영업체와 협력하면 특히 기존 노조가 있는 배송업체에 비해 아마존은 그 소규모 거래처를 괴롭히기가 더 쉬워진다. 그리고 계약업체에 문제가 생기면 베이조스 팀은 언제든지 계약을 해지하고 새로운 계약을 맺을 수 있다. 이렇게 계약한 소규모 거래처의 소유주들은 이러한 절박함을 배송기사들에게 전가하고, 결국 배송기사들은 누가 명시적으로 요구하지 않아도 병에 오줌을 싸기 시작하는데, 이는 당연히 권리 침해에 해당한다.

계약 프로세스에 대한 압도적인 통제력에도 불구하고 아마존은 운전기사에 대한 도로주행 교육을 요구할 것을 고려했지만 거부했는데, 이는 신규 근로자를 도로에 투입하는 데 '병목 현상'이 발생할 수 있다는 판단에서였다. 아마존 관리들은 빠르게 성장하는 배송 네트워크에 과부하가 걸렸다는 징후를 무시하거나 간과한 채 UPS와 같은 기존 배송업체가 제공하는 광범위한 교육과 감독을 회피했다. 아마존 배송 시스템의 초기 희생자 중 하나는 2013년 사우스 베이의 스카이라인 대로에서 회사의 계약 운전자에 치여사망한 회사의 첫 최고재무책임자였던 조이 코비였다. 베이조스는 코비의 추모식에서 직접 코비를 추모한 후에도 드래곤 보트를 밀어붙였다.

다른 기술기업과 마찬가지로 아마존은 배송 및 창고 노동자들이 전통적으로 프로그래머나 전자제품 조립라인 노동자보다 더 잘 조직되어 있지만 노조 결성을 막는 데 매우 공격적으로 대응해왔다. 그리고 회사의 전략은 4개국의 근무환경을 평가한 국제앰네스티의 2020년 보고서를 통해 아마존 관리자들이 "노동자의 단결권을 약화시키는 등 부적절한 감시와 데이터 수집을 위해 기술을 사용하고 있다"는 사실을 발견했으며, 아마존의 성공이 높은 부상률과 연관되어 있다고 밝혔다. 아마존은 인권에 대한 우려를 낳고 있다. 아마존의 경영진은 이 보고서를 마음에 새기지 않은 것으로 보이며, 이 글을 쓰는 시점에서 전국노동관계위원회의 초기 평가에 따르면 아마존은 앨라배마주 베서머의 창고노조 선거에 불법적으로 개입하여 큰 차이로 승리한 것으로 밝혀졌다. 이 글을 쓰는 지금 이 순간에도 아마존은 재투표에 개입한 혐의를 받고 있다. 전미노동관계위원회NLRB는 아직 두 번째 재투표에 대한 권고안을 발표하지 않았지만 베이조스 팀이 이 문제를 해결할 수 있을지는 지켜봐야 한다.

아마존은 다른 경쟁사보다 벤처캐피탈에 덜 의존했지만 베이조스는 헤지펀드 성향으로 기업에 들어왔다. 한 세기 전에 광산을 인수하여 재편한 후버의 회사처럼 당시의 헤지펀드는 대부분 어려움을 겪고 있는 기존 기업을 인수하여 효율성과 수익을 높이기 위해 운영을 혁신하는 방식으로 운영되었다. 베이조스는 항상 더 빠른 성장과 더 높은 수치를 위해 노력하면서 동시에 아마존을 끊임없이 새롭게 재인수하는 것마냥 운영했다. 이를 위해 아마존은 화이트칼라 직원들에게도 물류창고에서 일하는 블루칼라 직원들과 동일한 논리를 적용했다. 킨들 전자책 리더 팀의 전 마케터는 〈뉴욕타임스〉와의 인터뷰에서 "회사는 직원들에게 지속적인 성과개선 알고리즘을 실행하고 있다"고 말했다. 경영진은 위에서부터 아래까지 경쟁이 치열한 사내 분위기를 조성하여 이미 악명 높은 마이크로소프트마저 부끄럽게 만들었다. 〈뉴욕타임스〉는 관리자가 부하직원의 자질을 평가하여 최하위부터 최고까지 공개적으로 퇴출하는 아마존의 연례평가 프로세스에 대해 보도하기도 했다. 아마존의 관리자들은 훨씬 더 높은 임금을 받지만 동일한 '이탈과 소진'의 고용패턴으로 고통받았던 것이다. 아마존의 전 직원들은 "회의실을 나가면 얼굴을 가리고 있는 다 큰 남자들을 볼 수 있다"거나 "함께 일했던 거의 모든 사람들이 책상에 앉아 울고 있는 것을 보았다"고 말했다.

아마존의 성공에는 여러 가지 이유가 있으며 이는 이 비즈니스가 실패했어야 하는 이유보다 훨씬 더 많다. 그러나 2000년대의 성공은 수 세기 동안 사람들이 이야기했던 허울 좋은 진보의 교리 아래 상생의 원칙을 실행하는 데서 나온 것이 아니었다. 대신 아마존의 수익은 사람의 생산성을 끌어올리는 데서 나왔다. 인간인 근로자를 추적하는 로봇 시스템은 자동화 기술에 대한 투자와 성공으로 간주될 수 있지만, 더 들어가면 근로자와 소유주 간 이해관계를 제대로 드러내는 장치다. 아마존은 부유한 소비자를 타깃으로 성장했고, 완전한 통제를 통해 효율성을 높였기 때문에 노동계급에 대한 태도의 본보기가 되었다. 노조가 계약협상을 시작하면 끊임없는 혼란을 야기하는 헤지펀드 모델을 적용할 수가 없다. 아마존의 소유주들은 권력을 공유하는 것에 알레르기가 있으며, 아마존의 주식은 특정기술보다는 자본가들이 그렇게 할 필요가 없다는 것에 베팅한 것이었다. 이는 오랫동안 투자자본을 미국 서부 해안으로 끌어들인 것과 같은 베팅이며 지금도 아니 미래에도 계속 성과를 낼 것이다.

이미 오래 전에 세계에서 가장 가치 있는 그 기업, 애플도 미국 제조업에 뿌리 깊은 노동계급을 권력으로 다루는 비슷한 베팅을 한 적이 있었다. 스티브 잡스의 '다르게 생각하라'는 비전이나 스티브 워즈니악의 회로 설계의 탁월함도 아니었다. 제록스를 파트너십으로 끌어들여 애플의 성장에 영향을 준 것은 이민자 가정의 주방과 지하실에서 애플의 전자제품을 조립하게 했던 비밀 네트워크였다. 초창기 잡스의 가장 중요한 공헌은 다른 사람들이 상상할 수 있는 것보다 더 빨리 일을 처리하는 것이었고 이를 위해 직원들(그리고 공동 창업자)을 감정적으로 조종하여 그들이 원하는 것보다 더 열심히, 더 오래 일하도록 했다. 제프 베이조스가 잘 훈련된 자본가였다면 잡스는 입이 떡 벌어질 정도로 타고난 인재였다. 그는 자신의 의무를 회피하고 다른 사람에게 떠넘기는 데 능숙해서 젊은 창업자 시절 임신한 여자친구를 집에서 내쫓고 수년 동안 그녀와 아이를 버렸다가 DNA 검사 후에야 마지못해 매달 385달러의 양육비를 지급한 바 있다. 샌마테오 카운티의 소송을 당한 잡스는 지방 정부에 5,856달러의 복지비를 배상하기도 했다.

대형 제조업체 대신에 잘 포장된 노동 하청업체에 불과했던 애플은 자사 제품이 다른 누구와도 비교할 수 없다는 점을 소비자에게 설득하기 위해 최선을 다했다. IBM이 인텔과 마이크로소프트라는 마차를 이용해 호환 PC를 출시하고 시장을 장악하자 모두가 하청업체를 통해 부품을 조달하기 시작했기 때문이다. 애플은 브랜딩 플레이로 전환했다. 소비자는 최고의 가격이나 가장 강력한 컴퓨터가 아니라 애플이 애플이기 때문에 애플을 구입했다. 다른 컴퓨터 회사들이 가격경쟁으로 업계를 끌어들이려 할 때마다 애플은 럭셔리 분야에서 강세를 보였다. 2014년 〈하버드 비즈니스 리뷰〉의 분석에 따르면 애플의 브랜드 정체성인 '대중을 위한 컴퓨터'는 언제나 신화였다. 1983년 잡스가 주도한 리사 컴퓨터의 가격은 당시 월 평균 가구 소득의 6배가 넘는 10,000달러였다. 비지칼크와 기타 타사 소프트웨어가 애플Ⅱ를 시장에서 성공으로 이끌었지만 애플은 외부 개발자를 배제했다. 대신 광고를 두 배로 늘렸다.

애플은 빠르게 상장했고 실리콘밸리 방식대로 벤처캐피털 커뮤니티에 재산을 묶어두었다. 1980년까지 모든 사람이 주식을 통해 충분한 수익을 올렸기 때문에 거의 20년 동안 회사가 파산하지 않고 버틸 수 있었다. 애플의 광신도들은 어려운 시기 동안 애플을 지지하며 애플Ⅲ와 같은 매우 비싸고 조악한 장비를 구입했지만, 애플은 곧 지원을 중단하고 가장 충성도가 높은 고객들에게 고물 더미를 안겨준 꼴이 되었다. 몇 번의 실패를 거듭하자 애플 이사회는 잡스의 불규칙하고 경솔하기까지 한 리더십에 질려 그를 회사에서 쫓아냈다. 이 시대 가장 운 좋게 축출된 창업자답게 잡스는 자신의 명성을 새로운 회사로 되찾는다. 세련된 고급 워크스테이션 회사, 넥스트NeXT였다. 그리고 잡스는 조지 루카스의 부분 부서인 루카스 필름을 인수하며 그쪽 스튜디오 출신들이 대거 포진한 컴퓨터 사업부를 만들었고, 사명을 픽사로 바꾸었다. 픽사는 1995년 애니메이션 영화 〈토이 스토리〉를 개봉해 엄청난 성공을 거둔다. 그해 파산 위기에 처한 애플은 넥스트를 4억 2,900만 달러에 인수하고 초대 CEO 스티브 잡스를 다시 최고 자리에 앉힌다.

스티브 잡스는 크게 성공했지만 중요한 인물들로부터 충동적이고 못된 상사라는 평을 받기도 했다. 그의 리더십 아래 애플이 다시 활기를 되찾았다는 관점에서 다시 쓰여진 이 이야기는 애플이 안주하고 비인간적으로 변해가다가 창업자와 함께 창의적인 영혼을 재발견한다는 그렇고 그런 내용이다. 더 간단한 이야기로 창의성과는 거리가 먼 베이조스 같은 사람의 성공에 비추어 볼 때 더 이해가 되는 것은 잡스의 본능은 최대한 적게 투입하고 최대한 많이 활용하며 사람들을 착취하는 것으로 노동자들이 가능하다고 생각하는 것보다 더 가혹한 기한 안에 실행하도록 하는 데 역사가 높이 평가할 만한 자질이 있었다는 것이다. 물질보다 스타일을 중시하는 그의 열정은 적어도 부분적으로는 기술적 이해가 얕았기 때문에 가능했고 이는 오랜 기간에 걸쳐 발전해온 세계경제의 요구와도 일치했다. 생산에서 노동이 차지하는 비중은 줄어들고 화려함만 남았다. 아마존과 마찬가지로 잡스의 애플도 노동자와 소비자를 양분시키면서 이익을 얻고 있었다.

애플의 두 번째 잡스 시대는 1998년 애플이 오랫동안 기다려온 인터넷 컴퓨터인 아이맥으로 시작되었다. 초기 USB 포트와 이더넷을 갖춘 아이맥은 플로피 드라이브를 완전히 버렸고, 이는 플로피로만 연결이 가능하다고 했던 초기의 주장을 스티브 잡스가 정확히 뒤집은 것이었다. 반투명 플라스틱 본체, 다양한 색상 옵션, 올인원 디자인을 갖춘 아이맥은 맥 광신자, 특권층 학생, 온라인에 접속하여 지금의 소란을 확인하고자 하는 컴퓨터 덕후를 겨냥한 하나의 문화적 현상이었다. 애플의 오리지널 광고회사인 샤이엇데이가 주도한 아이맥 캠페인은 첫해 1억 달러라는 회사 사상 최대 규모였을 뿐만 아니라 1990년대 후반까지 시장의 10%도 차지하지 못했던 컴퓨터 업계 사상 최대 규모였다. 아이맥의 확장 가능성은 일부 독점 소프트웨어와 주변기기로 제한되었지만 이미 아이맥에 열광하는 구매자들은 아무 상관 없었고, 애플은 그 무엇도 신경 쓰지 않았다.

애플은 더 이상 해커 스타일로 컴퓨터를 커스터마이징하거나 업그레이드하려는 프로그래머가 아닌, 컴퓨터 케이스의 나사를 풀어 당장 그 안을 들여다보고 재조립할 줄 아는 전문가가 아닌, 당장 새 컴퓨터를 사야 하는 소비자를 위한 것이었다. 게다가 그들은 독점적인 가격을 지불하고서라도 쿨한 디자인의 이 멋진 새로운 기기를 손에 넣길 바랐다. 성능이 큰 매력은 아니었지만 꽤 괜찮은 컴퓨터였던 아이맥을 통해 애플은 기업이 아닌 '가정'이라는 시장으로 침투했고, '기증받은' 교실장비로 어린 시절부터 애플에 익숙해져버린 그리고 이제 어엿한 소비자로 성장한 이들의 호응에 힘입어 승승장구했다.

아이맥과 그 제품군은 획기적인 성공을 거두었다. 수년간의 시장 점유율 하락과 매출 정체를 역전시킨 잡스는 표면적으로는 대중이 상상했던 멋진 컴퓨터를 만드는 데 집중하는 것처럼 보였다. 하지만 스타벅스를 마시는 트렌디한 사람들 중 컴퓨터 구매자의 비율이 높지 않았고, 애플은 계속해서 PC호환 제품 시장에서 밀려났다. 2001년, HP는 시장 선두주자였던 컴팩을 인수하여 소비자 맞춤형 판매 브랜드인 델을 뛰어넘었고, 두 회사는 이후 10여 년 동안 치열한 가격 전쟁을 벌이며 호환 가능한 타워형 및 노트북 PC의 가격을 더욱 낮췄다. 애플은 처음 컴퓨터를 만들기 시작했던 시절부터 사용했던 전략을 그대로 따르며 경쟁을 해나갔다. 스티브 잡스는 경쟁이 아니라 혁신을 택했다. 하지만 아무리 세련된 디자인이라 해도 아이맥은 거대 PC시장에서 애플이라는 틈새시장을 끌어올릴 수 없었다. 애플은 누구도 복제할 수 없는 독점적인, 애플Ⅱ 시절의 비지칼크와 같은 새로운 인기 있는 훅이 필요했다. 잡스는 차세대 아이디어를 개발하는 대신 유명한 전자제품 발명가이자 엔지니어인 토니 파델로부터 아이디어를 사기로 결정했다.

파델은 1999년에 소비자 직접 판매 모델로 델의 성공을 모방하기 위해 시기적으로 적절하지 않은 스타트업인 퓨즈를 창업했다. 그의 계획은 온라인 음악 스토어에 쉽게 연결할 수 있는 미니 하드 드라이브가 장착된 MP3 플레이어였지만 닷컴의 붕괴로 벤처캐피털의 자금이 말라버렸고 파델은 기존 기술기업들에게 이 아이디어를 던지기 시작했다. 2001년, 애플은 다시 한 번 현존하는 자리의 가치를 보여주었다. 처음부터 파델을 애플로 데려온 것은 아니었다. 대신 애플은 파델과 계약을 맺고 아이팟과 아이튠즈 소프트웨어를 제작했고, 파델은 하청업체와 계약을 맺어 팀을 보완했다. 하지만 아이팟이 출시되었을 때 무대 위에는 검은색 터틀넥과 대조를 이루는 흰색 기기와 함께 스티브 잡스 혼자 서 있었다.

〈뉴스위크〉는 '아이팟, 따라서 아이엠'이라는 제목으로 그를 표지에 올렸다. 이 장치는 공전의 히트를 기록하며 대용량 MP3 시장을 정의했다. 매출은 가파르게 상승했다. 2002년 40만 대였던 아이팟의 출하량은 2005년 2,000만 대를 넘어섰다. 아이팟은 2006년 회사 매출의 40%라는 엄청난 비중을 차지했다. 마침내 애플은 90%가 넘는 시장을 장악했다. 음악 플레이어에 대해서라면 모두가 맥을 원했고, 심지어 PC에 대해서도 맥을 원하게 된다. 애플은 PC와 호환되는 아이튠즈 버전을 선보이며 적의 영역에 정면으로 도전장을 내밀었다. 그리고 아이팟은 누구도 넘볼 수 없었다. 마이크로소프트의 경쟁제품인 '준Zune'은 출시 첫날부터 좋은 제품이든 아니든 조롱거리가 되었다. 잡스는 자신이 가진 제품이 유일무이한 제품이라는 점을 고객에게 설득함으로써 다시 한 번 가격 경쟁을 피해 갔다.

애플이 경쟁을 피하는 또 다른 방법은 모든 사람들을 옴짝달싹 못 하게 하는 것이었다. 2002년, 잡스는 대형 음반사와 계약을 맺고 음악 카탈로그를 온라인 다운로드 방식으로 제공하기로 했다. 애플 제안의 핵심은 파일에 디지털 저작권 관리 인코딩을 적용하여 권한이 없는 사용자가 트랙을 재생할 수 없도록 철저히 관리하는 것이었다. 냅스터가 맞닥뜨렸던 위기를 극복할 수 있는 해결책이었다. 대부분의 사용자에게는 트랙당 1달러로 최신 히트곡을 합법적으로 다운로드하는 것이 해적판보다 훨씬 저렴했고, 특히 온라인 공유 서비스가 점점 더 바이러스 잔뜩 걸린, 오해의 소지가 있는 파일로 가득 차 있다는 점을 고려하면 그 정도의 비용을 지불하는 것이 나았다.

해커가 아닌 사람이 아이튠즈를 사용하려면 다른 플레이어에서는 다운로드가 작동하지 않는 아이팟 외에는 선택의 여지가 없었다. 2004년 애쉬크로프트의 법무부는 P2P 사용자에 대한 FBI의 압수수색을 발표하며 압박을 가중시켰다. 법조인들은 인터넷에서 저작권으로 보호되는 자료를 거래하는 것은 불법이고, 이는 명백하고 단순한 절도행위이며, 이러한 행위에 가담하는 사람은 생각만큼 익명이 보장되지 않는다는 것도 알아야 한다고 외쳤다. 인터넷은 기업의 본격적인 통제, 더 명확한 규칙, 연방정부의 단속으로 새로운 국면을 맞이하고 있었다. 스티브 잡스는 존 애쉬크로프트와 함께 미국의 B2K 전환을 이끌었고 인터넷 환경은 그 후에도 변하지 않았다.

스티브 잡스와 애플의 고객층 사이의 강렬하고 기괴한 관계를 감안하면 이는 그 스토리의 절반에 불과하다. 애플의 제품에서 가장 흔하게 볼 수 있는 라벨은 '캘리포니아의 애플에서 디자인한designed by apple in california'에 이어 '중국에서 조립한assembled in china'이다. 애플의 성공 뒤에는 중국 하이테크 제조업의 부상이라는 또 다른 세계사적 현상이 있었다. 1998년, 잡스는 애플의 해외 제조 관계를 구축하기 위해 선도적인 컴포넌트 생산업체인 컴팩에서 팀 쿡이라는 부사장을 영입했다. 쿡은 컴팩에서 이러한 관계에 의존했고, 애플에서는 이전 계약업체 중 한 곳을 찾았다. 폭스콘으로 더 잘 알려진 대만 전자기업 혼하이정밀공업의 수장인 테리 궈(궈타이밍)였다.

폭스콘은 대만을 거쳐 현재 세계에서 가장 핫한 생산 거점인 중국의 자본 친화적인 경제특구로 진출하여 전 세계 전자 산업에서 두각을 나타냈다. 중국은 저부가가치 상품 제조에서 고부가가치 전자제품으로 전환하는 데 막대한 투자를 했고, 폭스콘은 그 혜택을 톡톡히 누렸으며 그중 가장 큰 비중을 애플에 넘겨주었다. 아이팟을 시작으로 폭스콘은 애플의 가장 신뢰할 수 있는 협력업체임을 입증했고, 귀는 중국과의 관계를 활용하여 폭발적인 수요에 맞춰 확장할 수 있었다. 마오주의는 산업적 도약에 기반을 두었고 좋든 나쁘든 당시 같은 업적을 달성할 수 있는 국가는 중국 말고 지구상에 없다고 상상하기 어렵다. 중국 지자체들은 폭스콘 공장과 수천 개의 일자리를 놓고 경쟁했고 애플, 혼하이, 중국 공산당 간의 협상은 세 회사 모두에 유리하게 작용했다. 이 글을 쓰는 현재 기준으로 중국은 세계 최대의 제조업 국가이며, 중국 기업 폭스콘은 세계에서 가장 가치 있는 기업의 제조업체이고, 애플은 세계에서 가장 가치 있는 기업이다. 맥 광신도들은 공장 현장의 자살 그물망에 대한 생각은 저편으로 던져 버렸다.

Chapter 17

날 부자로 만들어 주는 게
좋을 거야

애플과 폭스콘 → 극단적 업무환경 → 실리콘밸리 자본집중 → 이스트 팔로알토와 헤로인
→ 스코어! → 팔로알토 기차자살

스티브 잡스가 샌프란시스코 모스콘 컨벤션 센터의 새로운 서관 무대에 올랐을 때 사람들은 무엇을 기대해야 할지 알고 있었다. 잡스는 이 컨벤션 데모에서 애플의 사명에 대해 열변을 토하며 최신 프로젝트를 공개하여 베이 지역 관중들의 무차별적인 박수갈채를 받으면서 애플 신봉자들에게 붉은 고깃덩어리를 던졌다. 소문과 유출, 상표 출원 등을 이미 들었기 때문에 청중들은 이번 행사가 기억에 남는 행사가 될 것이라는 것을 알고 있었다. 애플이 휴대폰을 소개하는 것이었다. 애플의 획일적인 기업 커뮤니케이션 전선에 균열이 생긴 것 중 가장 큰 균열은 아마도 2007년 상반기에 제품이 출시될 예정이라고 두어 달 일찍 보도한 중국어판 〈커머셜 타임스〉의 보도였을 것이다. 이 매체는 아이폰이 언제 출시될지 누구보다 잘 알고 있었다. 아이폰은 빌드업 중이었다.

2007 맥월드 엑스포 행사에서 스티브잡스의 연설은 애플 팬들에게 본격적인 일반 공개에 앞서 제품에 대한 내부를 들여다볼 수 있는 기회를 제공했다. 이런 퍼포먼스는 애플의 성공에 있어 열성 팬들의 역할이 매우 크다는 점과 이 슈퍼 유저들이 컴퓨터 브랜드와 맺고 있는 호기심 어린 사회

적 관계와도 잘 맞아떨어졌다. 잡스는 조연들을 소개했다. 애플의 뛰어난 디자이너인 조니 아이브, 구글과 야후의 CEO인 에릭 슈미트와 제리 양, 그리고 독점 무선 파트너이자 최근 AT&T를 인수한 싱귤러Cingular의 수장이 바로 그들이다. 팀 쿡은 '시각적 음성 메일' 기술을 시연하는 동안 큰 환호를 받았지만 폭스콘이나 중국이라는 국가에 대한 언급은 전혀 없었다. 테리 궈도 그 무대에 설 권리가 있었지만, 그의 회사가 아이폰의 유일한 조립업체로 계약을 따냈음에도 불구하고 폭스콘 창업자가 행사에 참석했다는 흔적은 보이지 않았다. 그들은 초기에 베이의 자본가들은 중국인 노동 계약자와 육체 노동자를 숨겼지만, 이들은 애플의 성공에 남태평양의 노동자 못지않게 중요했다.

2년 약정에 서명하면 이동통신사가 보조금을 지급하고 잡스가 사용자당 월 10달러 인하를 협상한 기기에 500달러 또는 600달러를 지불하도록 사람들을 설득하려면 아이폰은 뭔가 달라야 했다. 비슷한 기능을 위해 비슷한 케이스에 비슷한 부품을 넣고 가격경쟁을 하는 일반 스마트폰과는 확연히 다른 기기를 제공해야 하는 것이다. 휴대폰을 설계하고 프로그래밍하는 것은 어려운 일이었지만, 대규모로 제조하는 것에 비하면 문제도 아니었다. 휴대폰이 얼마나 다양하고 예민한 제품인지 고려할 때, 애플은 다양한 해외 하청업체를 이용하는 일반적인 플레이북을 따를 수 없었다. 아이폰의 어떤 것도 표준이 될 수 없었다. 회사는 계약의 장점과 내부 운영의 맞춤 시스템 및 감독을 결합하는 관계인 제조 파트너가 필요했다. 또한 애플의 새로운 파트너는 완벽한 품질관리 기록은 물론, 아이팟의 성공을 재현하기를 희망했기 때문에 매우 빠르게 무한정 확장할 수 있는 능력을 갖추고 있어야 했다. 하지만 운 좋게도 혼하이정밀공업 유한회사가 바로 그 일을 전문으로 하는 회사였다.

혼하이정밀공업의 궈는 애플에 큰 베팅을 했고, 아이팟은 중국 선전의 온쇼어링 전자제품 제조센터인 롱화 지역에 있는 폭스콘 캠퍼스의 빠른 성장에 박차를 가했다. 공공고용이 줄어들고 농촌에서 도시로 이주하면서 발생한 잉여 노동력을 활용했지만 폭스콘은 아마존식 이직률과 근로자의 소진을 처리할 인적 자본이 여전히 부족했다. 스티브 잡스와 같이 성질 급한 사람들이 가능하다고 생각하는 것보다 더 빨리 목표를 달성했다. 엔지니어들을 지휘하는 것도 중요하지만, 수천 명의 직원들을 한밤중에 투입하여 생산라인을 재구성함으로써 애플 CEO의 욕구를 실현해준 사람은 바로 궈였다. 폭스콘의 롱화 노동자들은 12시간 교대 근무를 하지 않을 때는 한 방에 최소 8명이 거주하는 캠퍼스 기숙사에서 생활했다. 강제 초과 근무에 대한 보고는 흔했고 애플의 조사관들이 계약을 취소할 이유를 찾지 못할 만큼 폭스콘은 혹독한 조립라인 속도를 자랑하며 노동력 착취를 계속해 나갔다. 나이키에 국제적인 압력을 가했던 노동착취 방지 전략은 MP3 플레이어에 있어서는 통하지 않았다. 아이팟 덕분에 벽으로 둘러싸인 혼하이의 공장 도시에는 수십만 명의 근로자가 일하고 있다.

폭스콘과 애플의 독점계약은 제조업체의 협상력보다는 일관된 개발을 보장해야 하는 애플의 필요성에 따른 것이었다. 궈는 애플의 막대한 수익과 대규모 계약을 유지하기 위해 마진을 뼈를 깎는 수준으로 낮추는 데 동의했다. 이를 실현하기 위해 폭스콘은 중국 정부의 막대한 보조금과 새로운 인력이 들어올 때까지는 열악한 환경과 저임금을 견디며 생산을 계속할 수 있는 젊은 농촌 이주 노동력에 의존했다. 폭스콘의 사장은 회사 관리자들을 위한 지침이 적힌 팸플릿을 가지고 있으며, 그 내용은 매우 명확했다.

중국 GDP에서 노동이 차지하는 비중은 1995년 51.4%에서 2007년 42.4%로 감소했으며, 국제적 추세에 따라 상위 1%가 점점 더 많은 국부를 차지하면서 불평등이 심화되고 있다. 대만과 홍콩에서 본토로 들어와 미국 전자회사에 고용된 하청 노동자들은 전쟁 자본주의에 의해 생산활동을 한다. 중국의 노동 체제는 노동자의 출신 지역에 따라 2단계로 나뉜다. 선전의 농촌 이주 노동자들의 월 소득은 2010년 조사에서 현지 노동자들의 절반 수준인 267달러에 불과했다. 이들은 1980년대 후반 폭스콘이 처음 본토로 보낸 노동자들이며 그들의 기술, 인내, 절실함 등이 폭스콘의 초효율성을 만든 것이다.

근무조건은 잔인할 뿐만 아니라 위험하기도 했다. 중국 선전의 생산라인의 경우 전자제품 생산라인의 거의 모든 작업에 복잡한 일련의 화학공정이 포함된다는 지적을 받았는데 이 모든 공정은 노동자들을 잠재적 위험에 정기적으로 노출시켰다. 1세기 전 광산 자본가들이 그랬던 것처럼 장비 자본가들도 생산 공해를 중국에 아웃소싱했다. 미국 하청업체들은 더 이상 버티기 힘들었다. 2007년 6월, 폭스콘 아이폰이 출시되던 달에 플렉스트로닉스는 솔렉트론을 인수하여 미국 전자제품 위탁 제조업계의 최대 업체를 통합함으로써 〈파이낸셜 타임스〉가 표현한 것처럼 '가격경쟁과 과잉생산에 맞서기 위한 최후의 노력'을 했다.

2009년 25세의 폭스콘 직원 선단용이 자살한 후 애플의 제조공정에 대한 국제적 관심은 최고조에 달했다. 폭스콘 대부분의 직원들과 마찬가지로 선단용도 중국 남서부 지방에서 온 이민자 출신으로 입사했지만, 꽤 좋은 경력을 가진 그의 미래는 매우 밝았다. UC버클리, 스탠퍼드와 함께 〈US뉴스 앤 월드리포트〉가 선정한 세계 최고의 공학대학으로 꼽히는 하얼빈공과대학을 졸업한 그는 폭스콘 조립라인이 아닌 물류부서에서 일했다. 그는 경영의 궤도에 올라 최상의 시나리오를 실현하고 있었다. 그의 인생은 가난한 아이들에게 학문적 우수성, 엔지니어링, 전자산업이 번영을 위한 인생의 길이라고 선전하는 데 사용되는 딱 그런 이야기와 일치했다. 하지만 아마존과 마찬가지로 폭스콘도 비교적 엘리트 직원들에게도 높은 압박을 가했다. 공장의 새 아이폰 시제품 중 하나가 사라지자 회사는 그에게 책임을 물었다. 그는 사람들들에게 폭스콘의 보안팀이 자신을 구타하고 모욕감을 줬다고 주장했다. 소중한 장치가 사라진 지 며칠 후 그는 자신의 아파트에서 투신자살했다. 그가 장치를 가져갔다는 증거는 전혀 나오지 않았다.

폭스콘이 그에게 가한 극심한 압력은 애플이 폭스콘에 가한 압력의 결과였으며, 애플은 이미 법적으로 빠져나갈 구멍을 만들어놓은 상태였다. 제조 계약업체의 경우 보안과 기밀 유지가 매우 중요하며, 새 아이폰처럼 중요한 제품에서 한 번의 실수가 회사의 장래에 심각한 영향을 미칠 수 있었다. 〈월스트리트 저널〉은 애플이 공급업체에 "정보 유출 시 '막대한 금전적 처벌'에 동의한다"는 조항을 요구하는 것으로 알려져 있다고 보도했다. 폭스콘은 보안 침해에 대해 직원을 죽음으로 몰아넣는 과잉대응을 한 것이 아니라 계약의 기대치에 부합한 것이다. 2009년 여름, 중국 언론에 보도된 이 이야기는 곧 미국에도 알려지면서 애플의 열악한 공급망 노동 관행을 가장 극적으로 드러낸 사건으로 기록되었다. 폭스콘 보안팀이 직원을 구타하는 동영상이 유포되면서 회사의 수익이 노동착취에서 비롯되었다는 증거가 더 많아졌다. 모두가 더 잘하겠다고 약속했다. 하지만 실제로는 그렇지 않았다.

2010년 한 해 동안 최소 15명의 폭스콘 직원이 자살을 시도했고 10명이 사망했다. 선단용과 달리 희생자들은 대부분 저임금 생산직 근로자였지만, 선단용만이 대학을 졸업한 것은 아니었다. 한 논문에 따르면 1980년대 이후와 1990년대 이후의 신세대 이주 노동자들의 경우 기성세대보다 삶에 대한 기대치가 높고, 실패에 대한 실망과 분노가 더 크다. 정부가 지원하는 '인턴십' 프로그램에 참여한 14세 이하의 젊은 폭스콘 노동자들은 더 이상 실현 불가능한 농촌생활과 의외로 미래 전망이 희박한 도시 전자산업 현장 사이에서 갇혀 있다는 느낌을 받는다(생존 수준의 임금뿐이며, 취미, 열정, 여가 활동을 즐길 시간도 없다).

거의 모든 자살 노동자들이 폭스콘 고층빌딩에서 투신했고, 회사가 설치한 자살방지 그물은 이 사건의 가장 강력한 상징이 되었다. 그물과 자살방지 서약이 언론의 주목을 받았지만 폭스콘은 자살을 노동행동으로 분명히 이해했고 회사는 신속하게 임금을 인상했다. 그러나 너무 높지는 않았다. 팀 쿡이 아이폰의 귀 회사에 대한 의존도를 줄이기 위해 일부 조치를 취했지만 폭스콘의 역량은 타의 추종을 불허했고 노동관행에 있어서는 경쟁사가 많지 않았기 때문에 애플의 사업을 유지했다. 2020년 11월, 애플은 학생 인턴십 프로그램 남용 혐의로 또 다른 공급업체인 페가트론과의 신규 사업 중단을 발표하면서 폭스콘에 힘을 실어준다.

수년간의 아이폰 독점계약에 힘입어 폭스콘은 이주 노동자에 대한 압박을 강화하는 것 외에 값싼 노동력을 구할 다른 길을 모색했지만 2010년에는 그 전략이 한계에 다다른 듯 보였다. 대신 폭스콘은 공장을 저임금 지역에 가까운 내륙으로 옮겨 지방정부로부터 거액의 보조금을 확보할 수 있었다. 빠르게 성장하는 정저우시는 귀에게 15억 달러의 현금과 함께 아이폰 시티를 건설하겠다는 여러 가지 약속을 해주었다. 1년 만에 10만 명의 근로자가 일하게 되었고, 2017년에는 일일 생산 능력이 50만 대에 달하며 전 세계 아이폰의 절반을 조립하는 공장이 되었다. 즉, 애플 매출의 1/4 이상을 담당하는 물건이 정저우 노동자들의 손에 의해 만들어졌다.

이러한 추세의 가장 성공적인 상품화 사례인 아이폰은 총 마진의 60%를 제조업체에 분배한다. 그러나 애플의 주가가 상승하면서 폭스콘의 파이 조각은 임금상승, 높은 자본투자 요구사항, 치열해진 경쟁을 맞닥뜨리면서 작아졌다. 화웨이와 같은 중국기업이 대만 노동자와 미국 자본가를 배제하려고 시도하면 미국이 주도하는 국제금융 질서의 분노에 직면하게 된다. 2018년 12월, 미국 당국은 화웨이 창업자의 딸이자 화웨이 임원인 멍완저우를 이란에 대한 국제 제재를 위반하고 기밀을 빼돌린 혐의로 캐나다에 구금했다. 그녀는 이러한 혐의로 거의 3년 동안 구금되었다가 석방되었는데 이는 나토 회원국으로서 용납하기 어려운 적나라한 침략행위였다. 2020년 5월, 미국 상무부는 중국 기술기업이 사전승인 없이 미국 기술이나 소프트웨어에 기반한 반도체를 구입하는 것을 금지하여 자국에서 제조된 칩을 사용하지 못하게 했다. 애플은 이 먹이사슬의 최상위 자리를 확보함으로써 세계에서 가장 가치 있는 기업이 되었다.

북한과 쿠바를 제외한 공산주의 세계는 21세기 동안 몇 가지 다른 방식으로 자본주의 고속도로에 합류했다. 잘 알고 있는 것처럼 자유무역 제국주의와 값싼 농산물 수입은 농민들을 도시와 공장 노동으로 내몰아 전 세계 제조업 노동가격을 낮추고 세계시장에 물건을 과잉 공급했다. 중국과 베트남과 같은 미래 지향적인 국가들은 고부가가치 생산능력에 투자하고 노동조직을 관리하여 글로벌 전자 공급망을 유인하고 자본투자를 시작했다. 북대서양 생산시설에 대한 자본의 투자 주저와 국가주도의 이 지역 투자에 대한 거부감과 함께 아시아의 하향식 계획은 서구의 기술적 우위의 장점을 없애버렸다. 만일 두 명의 근로자 중 한 명을 선택해야 한다면 어떤 기업이 비싼 임금을 줘야 하는 근로자를 선택하겠는가? 폭스콘은 2017년 위스콘신에 미국 세금의 지원을 받아 100억 달러 규모의 평판 디스플레이 공장을 건설하려는 계획을 발표했지만, 스크린을 하나도 생산하지 못한 채 실패했다. 인건비가 높은 미국에서 제조업을 하기는 어려웠던 것이다. 미래의 노동비용은 서구뿐만 아니라 많은 사람들이 누려온 임금수준보다도 더 낮아질 것으로 보인다.

좌파 경제학자 조앤 로빈슨은 빈곤과 투자에 관한 농담을 하곤 했는데 이런 취지의 말이었다. 자본가에게 착취당하는 것보다 더 나쁜 것은 자본가에게 착취당하지 않는 것이다. 잔인한 진리이지만 그렇다면 2등도 뭔가 중요하지 않을까? 1990년대 초 소련의 소비에트 프로젝트가 끝났을 때, 소련은 세계 역사상 가장 크고 빠른 현대화 프로젝트를 완료했고, 그 프로젝트는 그냥 사라지지 않았다. 자본주의 러시아는 왜 자본을 축적할 수 없었을까? 이미 그 이유 중 하나를 잘 알고 있을 것이다. 미국은 원래 소련이 자금을 지원했던 많은 인적자본을 흡수했다. 미국의 이민정책은 특히 제2세계의 기술 인재를 흡수하는 데 기반을 두고 있었다. 세르게이 브린은 모스크바 출신의 팔로알토 인물 중 가장 잘 알려져 있지만 그가 유일한 인물은 아니다.

소련 해체 이후 중국과 러시아의 경제방향을 생각해보자. 둘 다 자본주의적 사회관계를 지향했지만 서로 다른 두 가지 경로를 택했기 때문이다. 러시아의 전환은 빠르게 진행되었다. 국가는 공공자산을 즉시 매각했고, 통신과 에너지 분야에서의 독점은 소수의 숙련된 사업가들에게 나누어졌다. 이러한 인물들은 그들을 싫어하는 국가의 수준에는 못 미치겠지만 고르바초프의 자유화 페레스트로이카 시대에 성장한 범주의 사람들이었다. 5년 만에 러시아는 국부의 35%에 달하는 엄청난 자산을 매각했다. 러시아 최고 부자들은 볼셰비키가 집권하기 전보다 소득비중이 높아지는 반혁명적 역전으로 한 세기를 마감했다.

소련 해체 이후 중국과 러시아의 새로운 자본가들은 사회의 가장 취약한 절반을 착취했다. 한 국제학자 그룹은 "1989년부터 2016년까지 상위 1%가 러시아 전체 성장의 3분의 2 이상을 차지한 반면, 하위 50%는 오히려 소득이 감소했다"고 지적했다. 에너지 가격의 상승은 석유중심 경제성장을 부추겼다. 피를 흘리고 눈물을 흘리며 몸부림치는 러시아 자본은 가스 및 석유 부문으로 몰려들었다. 소수의 과두정치는 실업상태인 소련의 정보기관 KGB 출신 킬러들을 민영화하여 '보안'을 담당하게 했고, 갱스터들은 지역 및 국가 차원의 정치를 장악했다. 그들은 2000년 새해 첫날 기습적으로 정부자산 민영화에 관여했던 전직 정보기관 FSB 국장 출신으로 잘 알려지지 않은 인물을 대통령으로 임명했다. 그는 갱단의 우두머리가 되었다. 푸틴이었다.

블라디미르 푸틴의 첫 임기는 에너지 붐과 맞물려 있었고 억만장자들은 성장의 엄청난 몫을 독식했다. 푸틴은 개인 과두정치(자산, 군사력, 정치적 영향력 등을 지닌 소수의 사회구성원들에게 권력이 집중된 형태)가 너무 커지면 심각한 결과를 초래할 수밖에 없다는 것을 잘 알고 있었다. 그는 이번에는 충성스러운 자본가들과 협력하여 국가를 자연독점에 다시 투입했고, 성장의 불균형에도 불구하고 현재 그의 권력 장악력은 여전히 견고하다. 1980년부터 2015년까지 러시아 상위 1%의 소득은 매년 6.2%씩 증가했고, 상위 0.001%는 같은 기간 동안 17%의 성장률을 유지했다. 러시아 억만장자들은 이러한 이익을 얻기 위해 부동산에 돈을 투자하여 주택가격을 올리고 막대한 재산을 해외에 은닉했다. 러시아 생산에 대한 재투자는 우선순위가 아니었다. 더 쉽게 부자가 될 수 있는 방법이 있는데 왜 번거로움을 감수하겠는가?

러시아가 생산량 대신 억만장자를 키우는 동안 중국은 두 마리 토끼를 모두 잡을 수 있는 길을 찾았다. 테리 궈의 경우처럼 중국 공산당은 홍콩과 대만을 통해 꾸준히 증가하는 외국인 직접 투자를 통합하고, 파트너를 선택하고, 경제 특구에서 외부로 확장하면서 성장해나갔다. 교육에 대한 국가지원과 인프라가 저임금과 결합되어 중국 본토를 거부할 수 없을 정도로 매력적으로 만들었다(러시아는 인구가 정체된 반면 중국은 빠르게 성장했다). 2001년 중국이 세계무역기구에 가입하면서 투자자들은 더욱 자신감을 갖게 되었다. 한편, 강력한 자본 통제로 인해 중국은 역외의 함정에서 벗어나지 못했고, 국가개발 우선순위가 추출과 빠른 부자되기 계획보다 우선시되었다. 중국의 개인자산은 러시아보다 훨씬 높은 비율로 주식과 채권 또는 기타 대출상품과 같은 국내 금융자산으로 재투자되었다. 그 결과 몇 달 만에 아이폰 시티를 건설할 수 있을 정도로 다른 나라에 비해 높은 수준의 연간 생산량 성장을 지속할 수 있었다. 다른 모든 곳과 마찬가지로 1978년부터 2015년까지 소득하위 절반의 평균 성장률은 4.5%에 불과한 반면 상위 0.001%는 10%가 넘는 성장률을 기록하는 등 왜곡된 성장세를 보였다. 하지만 2대 1이 조금 넘는 이 비율은 같은 기간 러시아의 17대 5 비율과 비교할 수 없다.

21세기 초부터 특정경향은 어느 정도 피할 수 없었다. 러시아, 중국, 미국 등 거의 모든 곳에서 부자들은 빈곤층과 노동자 계급에 비해 상대적으로 더 부유해졌다. 자본이 부동산 시장으로 몰리면서 사람들이 살고 싶어하는 모든 곳, 특히 고임금 도시와 세계금융 중심지의 주택가격이 상승했다. 자본주의 국가와 공산주의 국가 모두 공공자산을 사적인 주머니로 빼돌렸지만 중국은 이 과정을 일정 수준 통제하고 그 속도를 늦춤으로써 대규모의 산업화 이후 제조기반을 구축했다.

이 두 가지 패턴을 상반된 두 체제가 아닌 동일한 글로벌 시스템의 일부로 이해하는 것이 중요하다. 지금까지 내용을 바탕으로 중국 모델은 장기적으로 미국 기술기업에게 위협적이기는 하지만 유용하고 러시아 모델은 무의미하다고 생각할 수 있다. 일부 논평가들은 이를 글로벌 시장에서 중위 임금 국가의 딜레마로 표현하기도 한다. 러시아의 임금이 중국의 임금보다 높기 때문에 앞으로 중국의 임금이 러시아의 임금보다 빠르게 더 높아질 것이다. 하지만 러시아의 반혁명적 초분화는 실리콘밸리에도 유용하게 활용되고 있으며, 이는 동전의 양면과도 같다. 이렇게 생각해보자. 21세기 초반의 러시아 억만장자가 땅에서 뽑아낸 돈을 투자할 곳을 찾고 있다면 어디가 가장 좋을까? 정답은 팔로알토다.

소련출신 미국 경영학 교수의 아들이었던 유리 밀너는 러시아의 인터넷 거물이었다. 그는 실리콘밸리의 벤처 캐피탈 모델을 러시아에 이식하고 성공적인 미국 스타트업의 자국 버전에 투자하여 부자가 되었다. 운이 좋았던 서부 해안 지역의 동료들처럼 밀너는 글로벌 닷컴 위기를 극복했고 그의 인터넷 기업 메일루Mail.ru는 매우 빠르게 성장했다. 밀너는 러시아 동료들과는 달리 국가 자산의 민영화에 의존하지 않고 캘리포니아의 기술 독점 계획을 반영한 후 베이 지역을 방문했다. 그는 러시아에서 가장 예리한 기술 투자자로 명성을 쌓았다. 그가 설립한 디지털 스카이 테크놀로지스DST는 글로벌 투자 부서를 분사하여 메일루의 최대 투자자 중 한 명인 알리셔 우스마노프를 설득했고, 그의 위험한 해외 진출을 지원했다. 밀너는 특히 한 가지 목표가 있었다. 페이스북이었다. 그는 이 회사가 돈을 벌 수 있는 회사라고 확신했고, 대규모 기업공개까지 몇 년 남지 않았다고 생각했다.

경쟁입찰 상황에서 2007년 마이크로소프트의 투자로 150억 달러의 기업 가치를 인정받았지만 2008년 금융위기 이후 저커버그는 더 낮은 금액으로 '다운 라운드(후속 투자를 유치할 때 이전 투자 때의 가치보다 낮게 평가받는 회사)'를 피할 방법이 없었고 네트워크의 가치를 11자리 수로 평가할 수 있는 사람을 찾기도 어려웠다. 페이스북의 CFO는 처음에 이 낯선 러시아인의 전화를 거절했지만, 밀너가 팔로알토에 나타났을 때 직접 마주 앉을 수 있었다. 밀너에게는 몇 가지 장점이 있었다. 그는 페이스북이 좋은 투자처라고 확신했고, 그 이유를 설명할 수 있었으며, 이사회 자리를 원하거나 현금 외에 다른 것을 기부하고 싶지 않았고, 바로 수억 달러를 내놓을 수 있었다. 회의실을 떠났을 때 밀너와 우스마노프는 페이스북의 2%에 가까운 지분을 소유하게 되었다. 그리고 저커버그는 2억 달러를 추가로 확보했다.

그 후 몇 년 동안 밀너의 DST와 메일루는 페이스북의 지분을 늘리면서 투자 파트너들이 이성을 잃으면 주식을 처분하겠다고 제안해 투자 파트너들을 기쁘게 했고, 페이스북에 올라타는 것 외에는 아무것도 없이 8~10%의 지분을 인수했다. IPO를 통해 수십억 달러의 수익을 올렸다. 런던 〈선

데이 타임스)는 알려져 우스마노프를 러시아 최고 갑부일 뿐만 아니라 인도의 철강재벌 락시미 미탈을 제치고 런던저택을 소유한 영국 최고 부자로 선정되기도 했다. 우스마노프는 철광석 독점으로 얻은 수익을 아스널 축구 클럽(30%)과 애플 등 영미권 브랜드에 투자하여 1억 달러를 아이폰 제조업체에 쏟아부었다. 밀너는 페이스북 기반 게임업체 '징가', 할인 쿠폰 사이트 '그루폰', 음악 스트리밍 업체 '스포티파이'에 투자하면서 기술 가치를 계속 끌어올렸다. 트위터에 3억 8,000만 달러를 투자했고, 2011년에는 실리콘밸리의 유명한 엔젤 투자자(창업을 위한 자금이 부족한 초기 단계의 벤처기업에 투자해 첨단산업 육성에 밑거름 역할을 하는 투자자금을 제공하는 개인) 론 콘웨이와 팀을 이루어 베이 지역의 기술 액셀러레이터인 와이콤비네이터의 모든 스타트업에 각각 15만 달러를 지원하며 지역 생태계 전체에 베팅을 걸었다.

2017년 DST의 자본금 중 상당액이 러시아 정부에서 나왔다는 사실이 알려지자 실리콘밸리 업계는 어깨가 으쓱해졌다. 정부와 긴밀한 관계없이는 그만한 돈을 해외로 빼낼 수 없다. 게다가 국부 펀드는 항상 실리콘밸리에 투자한다. 사우디의 왕자 알 왈리드 빈 탈랄은 1997년에 애플에 9자리 숫자라는 중요한 투자를 했다. 실리콘밸리에서 가장 큰 투자자금을 찾고 있는 소프트뱅크는 판도를 바꿀 1,000억 달러 규모의 비전펀드 대부분을 걸프 군주국으로부터 받았다. 푸틴이라고 페이스북에 돈을 투자하고 싶지 않았을까? 갱스터 국가에 관한 한, 국가의 현금을 배분하기에 이보다 더 좋은 곳은 없었다. 수치로만 보면 밀너가 현재 고향이라고 부르는 실리콘밸리에서 그는 자본주의 엘리트의 최상위층에 속한다는 데 이의를 달기 어렵다. 테크크런치의 분석에 따르면 2011년부터 러시아의 대형 투자자들은 수십 건의 거래를 통해 연간 수억 달러를 미국 스타트업에 투자했다. 한편 러시아의 국내 자본 투자는 GDP 대비 25% 이하로 안정화되어 1991년보다 10% 포인트 이상 뒤처졌고 중국이 재투자하는 비율의 절반 정도에 불과했다.

애플의 투자에서 우리는 국제적인 부의 축적 회로가 어떻게 작동하는지 좋은 예를 얻을 수 있다. 이 복잡하지만 효과적인 시스템에서 과두정치인들은 러시아에서 가치를 뽑아내 캘리포니아로 운송한다. 그런 다음 캘리포니아는 전 세계의 부품을 결합하여 휴대폰을 설계하고 대만 제조업체와 계약을 맺고, 대만 제조업체는 그 주문을 받아 새로운 중국 공장에 자금을 조달한다. 왜 이런 게임을 하는 것일까? 왜 러시아 기술자본은 자국인 러시아 공장을 새로 짓는 데 자금을 지원하지 않을까? 가장 간단한 이유는 임금이 균등하더라도 애플은 계약업체의 마진을 바닥으로 떨어뜨리고 상품이 되어야 할 대상에서 독점적 이윤을 뽑아내는 방법을 알기 때문에 수익이 더 높다는 것이다. 사람들이 애플을 구매하는 것과 같은 이유로 애플에 투자한다. 애플이기 때문에 하는 것이다. 냉전 시대와 마찬가지로 실리콘밸리에 돈을 맡기는 것은 여전히 좋은 방법이다. 그곳 사람들은 투자 대비 가장 큰 효과를 얻는 방법을 알고 있다.

지금까지 살펴본 것처럼 갱스터화가 자본주의 성장에 반드시 나쁜 것은 아니다. 그것과는 거리가 멀다. 냉전 시대에는 미국, 소련, 중국의 지도자들이 세계적으로 서로 윈윈하는 체제로 통합하기 위해 고군분투하며 3각 대립각을 세우는 경우가 많았다. 21세기 초 양극화 시대에 미국의 은행가와 벤처캐피털은 자본의 흐름을 더욱 유동화하여 전 세계 억만장자들의 관심을 끌었다. 고가의 예술품과 고급주택과 함께 기술기업이 더 많은 분열과 불평등을 야기하면 할수록 전 세계 과두제 사회는 스스로 두 배로 자산을 늘릴 기회를 얻게 된 것이다. 이 방법은 러시아 억만장자, 미국 억만장자, 대만 억만장자, 심지어 대부분의 중국 본토 억만장자에게도 효과가 있다. 이러한 가치 사슬은 1980년대에 '사회주의 재산 절도' 혐의로 유죄 판결을 받고 투옥된 우스마노프와 같은 구소련 잔재들을 통해 폭스콘 기업 도시, 가혹한 초과 근무, 비인간적인 기숙사, 혐오스러운 감시를 낳게 했다. 당장의 사적 이익 이외의 목표는 있을 리 없는 팔로알토의 자본가들은 다시 한 번 좋은 자리를 낚아챈다.

밀리언달러 스팟

2009년 가을 이스트 팔로알토 기자회견에서 당국은 "우리는 탈레반을 효과적으로 해체했다고 생각한다"고 선언했다. 이스트 팔로알토는 탈레반의 종식을 발표하기에 특이한 장소였지만 언론은 "14개 도시에서 거의 500명의 FBI요원과 지역 경찰이 동시에 움직이는" 대규모 작전이었다고 보도했다. 18개월에 걸친 수사 끝에 당국은 이스트 팔로알토, 멘로파크, 샌프란시스코, 산호세, 오클랜드, 길로이 지역 전역에서 42명을 체포했다.

이 '탈레반'은 우리가 알고 있는 아프가니스탄 통치세력인 탈레반이 아니라 이스트 팔로알토를 악명 높은 지역으로 만든 최고의 폭력적인 마약거래 조직이었다. "내일은 새로운 날이며 우리는 새로운 갱단을 목표로 삼을 것입니다." 탈레반을 소탕한 후 데이비스는 말했다. 당시 다른 많은 독점기업들과 마찬가지로 이스트 팔로알토의 마약거래는 참으로 독보적인 가치를 갖고 있었다.

2000년 가을, 산호세 머큐리 뉴스는 이스트 팔로알토의 새크라멘토 거리에 있는 밀리언달러 스팟에 대해 보도했다. 한때 이곳은 말 그대로 스프레이 페인트로 표시된 검은 점으로 땅바닥에 표시되어 있었다. 도주 경로가 많고 들어오는 차량의 시야가 잘 확보되어 있어 마약을 판매하기에 이상적인 장소였기 때문이다. 지도를 보면 그 이유가 더욱 명확해진다. 새크라멘토 스트리트는 팔로알토 시내의 동맥인 유니버시티 애비뉴에서 막다른 골목으로 한쪽 끝은 스탠퍼드 입구인 팜 드라이브로 이어진다. 유니버시티 애비뉴는 두 팔로알토를 구분하는 벽인 101번 고속도로의 출구이기도 하다. 새크라멘토 거리는 직선거리로 0.5마일 정도 떨어져 있어 101번 도로를 빠져나와 대학로에서 1분간 운전한 후 좌회전하여 콜라나 대마초를 사서 막다른 골목에서 돌아 우회전하여 1분 더 운전하면 다시 101번 도로에 도착할 수 있다. 아니면 스탠퍼드까지 가는 중간 지점일 수도 있다. 고속도로에서 가장 가까운 막다른 골목 끝에는 '밀리언달러 스팟'이 있다.

당시 이스트 팔로알토에서 가장 가치 있는 부동산 블록이었던 이곳은 진입하기 쉽고 빠져나가기 쉽다는 점에서 그 가치를 인정받았다. 만약 '밀리언달러 스팟'이라고 불리는 이곳이 존재하지 않았다면 반도의 마약 수요자들이 따로 이런 장소를 발명해야 했을 것이다. 이 블록의 한 십대는 머큐리 취재진에게 "이 동네는 새크라멘토 스트리트 갱단 같은 게 아니에요"라고 말했다. 갱단 멤버로 추정되는 이들은 새크라멘토 거리에서 함께 자랐기 때문에 인종적으로 단일하고 남성적인 경향이 있는 보통의 갱단과는 달리 흑인, 히스패닉, 통가 등 다양한 인종이 섞여 있고 여성도 포함되어 있었다. 대마초와 코카인에 대한 욕구는 이 거리의 위치적 특성 때문에 어린 친구들을 모집하여 공급하게 했다. 1997년부터 2005년까지 한 블록에서 5명이 살해당하는 등 그곳에 살던 사람들은 고통을 함께 겪었다.

전 세계적인 갱스터화가 소련의 붕괴, 공공 자원의 민영화, 조직 노동에 대한 공격, 생산 과잉, 제조업 분리 등 여러 요인들이 합쳐진 결과라면, 미국에서 벌어진 일 역시 같은 분기점의 경향으로 이해할 수 있다. 101번 고속도로가 실제로 팔로알토를 둘로 갈라놓았다는 점은 역사적 순간에 구체적인 상징이 된다. 전후 부유한 이웃들이 세금감면 혜택과 지방자치단체의 비리를 이용해 수익과 일자리를 빼앗아갔다. 이 고속도로를 두 지역을 분리하는 '커튼'이라고 부르기도 했다. 학군 경계선을 둘러싼 투쟁에서 분리 반대 운동가들은 패배했고 이듬해 이스트 팔로알토의 레이븐스우드 고등학교가 탄생하게 된다. 사실상 낙오된 지역 학교인 레이븐스우드는 세금 기반 감소로 어려움을 겪었고, 이스트 팔로알토 사람들은 자신의 자녀들을 최대한 다른 지역의 학교로 보내기 위해 최선을 다했다. 학생 수 감소와 예산 부족으로 1976년 학교는 문을 닫았고 이스트 팔로알토는 고등학교가 없는 상태로 남게 되었다. 커뮤니티의 아이들에게 버스 통학은 더 이상 선택 사항이 아닌 필수였다. 이 건물은 1995년에 마침내 철거되었다.

3년 후, 고속도로 바로 옆에 쇼핑센터가 그 자리에 문을 열었다. 머큐리 뉴스가 한 새크라멘토 스트리트 딜러와 인터뷰했을 때 그는 자신이 단지 이 지역의 또 하나의 사업가일 뿐이라고 말했다. "제가 여기 맥도날드나 홈디포에서 일하길 바라는 건가요? 한 시간에 거기서 버는 돈보다 여기서 버는 돈이 더 많다고요." 쇼핑센터가 문을 연 지 몇 년 안 된 시기였고 맥도날드와 홈디포가 입점해 있었다. 이들은 저임금 서비스 노동에 의존하는 대중시장 사업체를 대표하는 두 곳이다. 주 당국은 그 지역 사람들이 맥도날드나 홈디포, 토고스나 타코벨, 굿가이즈나 베스트바이, 오피스디포에서 얌전히 일하기를 기대했다. 바로 그렇다. 20세기에 이스트 팔로알토가 이런 저임금 일자리를 늘리고 있던 그 시기 이 쇼핑센터의 개관기념패에는 뱅크오브아메리카, 데이비드와 루실 팩커드 재단의 공로를 인정하는 문구가 새겨져 있다. 그 바로 아래가 레이븐우드 고등학교의 원래 부지다.

코카인과 커피는 같은 노동력을 두고 경쟁했고, 당연히 코카인의 급여는 더 높았다. 어느 쪽이든 그들이 맡은 일은 드라이브 인 고객을 위한 서비스 업무였다. 어떤 사람들은 더 큰 수익을 위해 위험을 감수하기도 했다. 밀리언달러 스팟보다 더 많은 사람들이 있는 곳 말이다. 독점을 위한 그들만의 경쟁으로 지역의 삶의 질은 떨어졌다. 이스트 팔로알토의 10대 시인 데릭 스탬퍼는 2005년 친구 자멜이 총에 맞아 사망한 후 '나는 힘든 순간이 일상인 곳 출신'이라는 제목의 시를 썼다. 마약 영토를 차지하기 위한 투쟁으로 이 시기 이스트 팔로알토의 폭력성은 점차 높아져 1992년 1인당 살인율이 전국에서 가장 높았다. 1993년 CBS 뉴스는 이 지역을 '미국에서 가장 위험한 동네'라고 표현했다. 2000년 베이 지역에서 마약공급이 증가하던 시기 밀리언달러 스팟이라는 우연히 마약판매에 매우 효율적인 곳에서 태어나 자란 젊은이들이 있다. 다른 분야와 마찬가지로 당시에는 독점의 가치가 높았고, 마약시장도 마찬가지였다. 그렇다고 언제까지 한 자리에서 편하게 물건을 팔 수는 없었다. 2010년 국립마약정보센터는 새크라멘토 스트리트의 딜러들이 더 이상 그 자리에서 1달러짜리 봉투만 파는 것이 아니라는 것을 밝혔다.

"법 집행 당국은 이 지역에서 유통되는 멕시코산 블랙타르 헤로인의 약 90%가 멕시코 미초아칸 주 엘아과헤에서 생산되며, 대형 멕시코 조직이 이스트 팔로알토의 유통업체에 공급하고, 이들은 다시 소규모 조직에 공급한다"고 지적한다(앞에서 말한 그 마약거래 조직 '탈레반'도 멕시코에서 헤로인을 공급받았다). 또한 멕시코에서 새로운 푸른색 메스암페타민이 같은 경로를 따라 베이 주변에서 유통되고 있다고 언급했다. 새크라멘토 거리에서 경찰은 2009년에 새크라멘토 스트리트 조직원으로부터 70파운드의 블랙타르를 압수했다. 시가 700만 달러로 추정되는 내용물은 최근 포스트밸류(투자금을 받기 전 책정된 기업가치를 포함한 전체 기업가치) 300만 달러의 현지 스타트업 에어비앤비보다 2배 이상 비쌌다. 어떻게 새크라멘토 스트리트가 10년도 안 되는 기간에 수백만 달러 규모의 헤로인을 밀수하는 국제적인 조직으로 성장할 수 있었던 것일까? 이로써 이스트 팔로알토 역시 급성장할 수 있었던 것이다.

이 같은 불법 마약거래 추세는 밀밭과 철로가 등장한 이래 으레 그럴 거라고 생각했던 시장이 수요중심이 아닌 공급중심이라는 개념을 뒷받침한다. 헤로인 유통은 1970년대 멕시코에서 골든 트라이앵글(태국과 미얀마, 라오스의 접경지역)로 이동하는 등 미군의 동남아시아 침공 전후 몇 년 동안 변화했다. 아프가니스탄(미국의 또 다른 광범위한 비밀작전 지역)에서 양귀비 생산이 시작되어 유럽에 공급되기 시작한 이후에도 멕시코는 미국 서부 해안 시장에 공급했다. 1980년대 중앙아메리카를 통해 유입된 볼리비아와 콜롬비아산 코카인은 아편 밀매를 대체하고 서부 해안 마약루트를 다시 연결했다. 국제커피협정(국제커피시장의 안정을 도모하기 위해 수출국과 수입국 사이에 체결된 국제상품협정)의 해체 과정을 생각해보자. 자유무역이 강화될수록 라틴아메리카의 농업자본, 토지, 노동력은 결국 돈이 안 되는 합법적인 식량상품에서 벗어나 고가의 마약판매로 빠질 수밖에 없는 것이다.

1990년대 중반 멕시코에서 북미자유무역협정NAFTA는 이러한 과정을 가속화하여 식량가격을 떨어뜨리고 합법적인 진입 지점을 통해 이동하는 수많은 마약을 감출 수 있을 만큼 큰 규모의 국경 간 상거래를 제공했다. 갱스터화 루틴은 합법, 불법, 그리고 그 사이의 모든 것을 아우르는 멕시코 백만장자와 억만장자의 새로운 계급을 끌어올렸다. 멕시코산 마리화나는 90년대에 북부의 시장을 장악했고 2000년대 초반까지 공급량과 품질이 증가했다. 그러나 캘리포니아를 비롯한 미국 전역에서 의료용 및 기호용 마리화나가 합법화되면서 이러한 추세는 가속화되었고 멕시코 마리화나 농부들은 감당할 수 없는 가격하락에 직면하게 되었다. 이들과 훨씬 더 수익성이 높은 인신매매나 새로운 마약유통 같은 새로운 성장 분야를 찾아야 했다. 멕시코의 아편 양귀비 재배면적은 2000년 1,900헥타르에서 2017년 44,100헥타르로 증가했다고 추정된다.

2009년 이스트 팔로알토에서 70파운드의 헤로인을 적발한 것은 이러한 공급량 폭발의 여파로 발생했다. 생산자들은 더 많은 미국 내 유통망을 필요로 했고, 이에 따라 새크라멘토 스트리트는 승승장구했다. 이 붐은 또한 처방용 아편제인 옥시콘틴과 이 약의 오락용 유통의 중심 역할을 한 '알약 공장' 약국에 대한 정부의 단속과 맞물려 있었다. 2010년 옥시콘틴 억제를 위한 단속으로 사용자가 길거리 대체제로 이동하면서 이 알약 사용은 즉각적으로 감소하고 헤로인 사용은 즉각적으로 증가했다. 이러한 하향식 글로벌 갱스터화 과정은 불법약물 남용을 개인적이고 병리적인 현상 정도로 보고 "그냥 아니라고 말하라"는 조언만 해대는 국가의 안일한 수사를 조롱하며 점점 더 확장된다. 역사적 관점에서 볼 때, 어떤 개인이 하루에 라떼 8개를 팔았다는 결과는 특정 사람들의 삶에서 그러한 선택을 하도록 제한하고 만들어내는 광범위한 패턴에 비해 중요한 것이 아니다. 학교장, 경찰서장, 시의원, 주 의원 또는 기타 공직자라면 유권자의 힘겨운 삶을 형성하는 그러한 상황을 목도하면서도 "당신을 그렇게 내버려두지 말라"고 말하는 것은 무책임하고 어리석은 일이다. 이는 공공의 책임을 완전히 포기한 것이며 그들을 거부한 것이다. 그러나 그들은 이미 그렇게 하고 있다. 명백히 대중에게 아무런 잘못이 없는데도 그들에게 스스로의 잘못이라고 말하는 것이 어떤 의미가 있겠는가?

"우리는 죽음을 선택한다." 1995년에 개봉한 촌스러운 학교 영화 〈위험한 아이들〉에서 미셸 파이퍼가 교실 칠판에 쓴 글귀다. 파이퍼는 최근 이혼한 전직 해병대원 역을 맡아 교사 일자리를 찾다가 학교를 거부하는 흑인과 유색인종들로 구성된 사실상 분리된 학급에 들어가게 된다. 뇌물 수수, 가라테 동작, 밥 딜런의 가사, 그리고 지나치게 긍정적인 관심의 조합으로 백인 교사 아줌마는 학생들을 설득하여 일부 학생들을 구해낸다. 압도적 비하와 소름 끼치는 혹평에도 불구하고 〈위험한 아이들〉는 경쟁이 치열했던 그해 여름에 박스오피스 1위를 차지하며 1억 8,000만 달러의 수익을 올렸다. 이 영화는 고등학교 교사 루앤 존슨의 1992년 회고록인 《내 무리는 숙제를 하지 않는다My Posse Don't Do Homework》를 원작으로 한다. 존슨은 이스트 팔로알토에서 반도 위로 약 10마일 떨어진 부유한 벨몬트에 있는 칼몬트 고등학교에서 학생들을 가르쳤으며, 이스트 팔로알토의 자녀들은 매일 아침 버스를 타고 이곳으로 향했다. 영화에서 파이퍼는 "우리는 죽음을 선택한다"를 도발적인 문장을 사용하며 학생들이 학교에 다니거나 마약을 거래하고 사람을 죽이고 거리에서 죽는 것을 '선택'의 문제로 치부하고 행동을 이어간다. 책에서 존슨은 비슷한 (덜 극적이긴 하지만) 버전의 연설을 한다. 그녀는 학생들에게 자신의 삶에 대한 책임이 자신에게 있다는 확신을 심어주고 심리학자들이 흔히 말하는 내적 통제력을 부여하려고 노력한다. "여러분 모두 학교에 오지 않는 아이들을 잘 알고 있다"라고 그녀는 말한다. "왜 안 올까? 그들은 단지 그렇게 하지 않기로 선택했기 때문이다." 존슨은 아이들이 여전히 자신의 삶에 만족하지 않을 수도 있지만 적어도 그렇게 무력하다고 느끼지는 않는다고 말한다. 하지만 이것이 그들이 할 수 있는 유일한 길일까?

책의 후반부에서 존슨은 싸움을 말리면서 세상이 불공평하기 때문에 아이들이 화를 내는 거라고 그걸 이해한다고 말한다. 하지만 그러면서 그게 인간의 본성이라고 설명한다. "지금 이 방에는 20명이 앉아 있다. 전 세계에 2만 달러만 있고 여러분 각자가 1,000달러와 권력의 20분의 1을 가지고 있는데, 이 방에 20명의 사람이 들어와 돈을 나눠갖자고 한다면 자신의 돈 절반을 기부할 사람이 몇 명이나 될까? 권력의 절반을 포기할 사람이 과연 얼마나 될까? 세상을 평등하게 만들 수 있을까?" 당연히 아무도 손을 들지 않았다고 그녀는 적었다. 그녀가 질문이라는 형태를 빌었더라도 그건 "바보나 루저만이 부의 재분배를 믿으며, 당신의 삶이 불공평해도 아무도 신경 쓰지 않는다"라는 폭언인 것이다. 이러한 개인의 책임으로 돌리는 분위기는 미국인들이 어떠한 문제의식 없이 지금 이대로 자신의 이득만 추구해도 된다고 부추겼다. 〈위험한 아이들〉 덕분에 이스트 팔로알토의 10대들은 그들의 특수한 상황에 대해 잘 알지 못하는 미국인들에게 본보기가 되었고, 영화는 관객들에게 그리고 책임이 있는 사람들에게 더 많이 생각하거나 더 많이 바꾸지 않아도 된다는 좋은 핑계를 제공했다. 영화의 문법대로라면 역사는 중요하지 않다. 세상이 어떻게 되든 그저 당신이 개인적으로 스스로 책임지고 통제하면 된다는 것이다.

제대로 진행되고 있나요?

한편 고속도로 건너편 스탠퍼드의 철학자 패트릭 서피스는 2006년 언론과의 인터뷰에서 '영재들은 소외된 사람들 중 하나'라고 말했다. 그는 스탠퍼드와 제휴한 새로운 사립 온라인 고등학교를 발표하면서 영재 아동을 위한 학교를 설립한다고 발표했다. 반세기에 걸친 그의 연구의 정점이었다. 루이스 터먼의 연구를 직접 계승한 서피스는 1950년대부터 팔로알토에서 학습과 컴퓨팅 기술의 교차점을 연구해왔다. 철학자였던 그는 마음의 '관찰할 수 없는 내부 구조'를 추가하여 기존의 행동주의를 수정한 신행동주의를 지지했다. 행동주의자들은 자극에 대한 반응만을 유도했지만(종소리에 침을 흘리는 파블로프의 개가 가장 유명한 예이다), 서피스는 피험자의 원하지 않는 반응을 교정하는 '결정적 강화'를 통해 더 높은 수준의 이해를 유도할 수 있다고 믿었다. 적절한 인터페이스를 갖춘 컴퓨터 프로그램은 사용자가 단순한 정답 이상의 것을 얻도록 조건을 설정할 수 있었다. 사용자가 올바른 방법을 사용하고 올바른 규칙을 따르도록 유도하는 것이었다. 루이스 터먼과 마찬가지로 서피스도 가장 유망한 인재를 발굴하고 육성하는 미국의 능력에 관심을 갖고 있었다. 그리고 그는 릴런드 스탠퍼드처럼 청소년들이 자신의 한계를 뛰어넘어 최고 중의 최고가 자신을 드러내고 잠재력을 발휘할 수 있도록 하고 싶었다. 팔로알토 시스템은 계속되었다.

서피스는 초등학교 6학년 때 대학 주도의 영재발굴 프로그램에 의해 스스로 영재로 지정되어 높은 학업 기대치를 충족시켰다. 컬럼비아 대학에서 철학박사 학위를 받은 후 팔로알토에 집을 마련하여 평생을 그곳에서 살았다. 그곳에서 그는 프로그래밍된 전자기기가 개별화되고 따라서 더 효율적인 교육적 피드백과 속도를 제공할 수 있다는 아이디어인 컴퓨터 보조 교육CAI에 초점을 맞추게 되었다. 1960년대 초, 그는 팔로알토의 월터 헤이스 초등학교에 전화선을 통해 IBM 메인프레임에 연결된 텔레타이프 단말기를 설치하여 개인 맞춤형 수학 퀴즈를 출제했다. 진정한 스탠퍼드맨이었던 서피스는 자신의 연구를 바탕으로 컴퓨터 커리큘럼 코퍼레이션CCC이라는 민간기업을 설립했다. CCC의 메인프레임-단말 시스템은 매우 비싸고 시대를 조금 앞선 것이었지만 냉전이 한창이던 시기였기 때문에 이러한 벤처를 유지할 수 있는 충분한 자금이 확보되어 있었다. 교실 컴퓨터가 확산되면서 스탠퍼드 사회과학연구소의 서피스가 지휘하는 CAI 연구에 힘입어 CCC 소프트웨어는 수천 개의 학교로 확산되었다. 팔로알토에서는 철학자들도 돈을 벌 수 있었던 것이다. 분석가들은 사이먼 앤 슈스터에서 6,000만 달러 이상을 지불한 것으로 추정한다. 같은 해, 서피스와 스탠퍼드는 영재 교육 프로그램을 시작했고 나중에 온라인 고등학교를 만들었는데 이 글을 쓰는 시점에 풀타임 등록금이 28,610달러에 달한다.

대학입학 경쟁이 치열해지고 좋은 대학에 들어가기 위한 경쟁률이 높아지자 금융 전문가인 앨런 트립은 터먼-서피스의 의제에서 가능성을 보았다. 스탠퍼드를 졸업하고(경제학 학사, 이후 MBA) 샌프란시스코 기술 중심 투자은행인 햄브레히트 앤 퀴스트와 보스턴 컨설팅 그룹에서 근무한 트립은 적절한 기회를 찾으면서 시간을 보냈다. 그는 당시 캘리포니아주에서 공교육의 부담을 개인 가정에 전가하면서 빠르게 성장하고 있던 '에듀테크' 개인과외 분야에 뛰어들었다. 트립은 자신이 훈련받은 방식으로 업계를 분석했고 그 결과 팔로알토가 그 해답을 제시했다.

CCC는 최고의 프로그램을 갖추고 있었을 뿐만 아니라, 이미 우수한 학생들의 성적 향상에 집중하는 특이한 방식으로 새로운 틈새시장을 개척했다. 실반 러닝과 같은 기존의 개인과외 센터 프랜차이즈는 추가지원이 필요한 보충 학습 학생을 대상으로 했기 때문에 학업 외 학업코칭을 위한 자연스러운 고객층처럼 보였다. 하지만 트립은 부유한 부모들이 필요하든 필요하지 않든 자녀를 위한 기회를 찾고 있다는 것을 알고 있었다. 그리고 어디서 찾을 수 있는지도 알고 있었다. 1992년 트립은 사이먼 앤 슈스터로부터 CCC 소프트웨어 라이선스를 획득하고 팔로알토의 가족 친화적인 미드타운 지역에 서점을 대체하는 스코어!SCORE!교육센터를 열었다.

그는 자신의 인맥에 의존하여 수십만 달러를 모금하고(빌 휴렛이 첫 번째 큰 투자자 중 하나였다), 전국적인 언론보도를 확보했다. 네 살짜리 어린이들이 부모가 데리러 올 때까지 서피스 프로그램을 사용할 수 있도록 매장 앞에 총 네 대의 PC를 비치하는 것이 계획이었다. 스코어! 직원을 코치라고 부르는데, 이들은 아이를 돌봐주거나 가르치는 일을 하지 않는다. 그건 학생들의 소프트웨어 사용을 방해하는 일이다. 오히려 코치들은 정확한 타이밍에 맞춘 열정과 복잡한 보상 스케줄로 서로를 지지하는 분위기를 조성한다. 학생들이 레슨을 마치면 값싼 격려를 받게 된다. 코치가 파일에 인증확인을 해주면 '아케이드 게임'처럼 작동하는 스코어! 티켓을 주고, 아이들이 수업에서 90% 이상 득점하면 1분 동안 자리에서 일어나 어른들의 박수를 받으며 농구공을 쏘는 시간을 갖는다. 행동주의가 아니라 신행동주의다. 그리고 학생들의 장기적인 학습 진척도가 표시된 카드보드도 있었다. 트립은 자신의 시스템이 어떻게 교육학 발전을 저해하는지 깨닫지 못한 듯했고, '티치 포 아메리카'에서 냉담한 반응을 얻었을 때 놀라기까지 했다. 그는 고성장 중인 베이 지역의 기술 스타트업에 입사하면 얻을 수 있는 잠재적 혜택을 강조하는 방향으로 전략을 바꿨다. 팔로알토 센터를 오픈한 지 2년 만에 스코어! 센터는 12개 지점을 확보했다.

스코어!의 주요 전략 포인트 중 하나는 코치들이 그냥 교사가 아니라 최신 연구와 기계로 무장한 효율적인 교육 기술자인 스탠퍼드 및 아이비리그 졸업생들이라는 점이었다. 게다가 그들은 소규모 사업체 운영자였다. 코치와 디렉터는 학생 가족과의 관계를 발전시키고, 직접 광고홍보와 고객 창출을 위해 하루 12시간씩 주 7일 동안 센터를 운영하는 등 최선을 다해 역할을 수행했다. 즉각적인 확장이 가능한 인터넷 기업을 찾고 있던 벤처 캐피탈리스트에게 어필하기 위해 스코어!는 가파르고 혹독한 확장 및 자금 조달 일정을 설정해야만 했다. 트립은 성장에 필요한 자금을 조달하기 위해 동분서주했지만 일부 센터 외에는 매년 적자를 내면서, 수익을 다시 확장에 쏟아부었고 투자자들은 늘어나는 비용을 감당해야 했다.

이 회사는 1995년 벼랑 끝에서 춤을 췄다. 트립이 언론의 스포트라이트를 받고 업계의 거물급 인사들과 큰 거래를 논의하기 시작했을 때 계좌는 비어가고 직원들이 과로로 지치기 시작했다. 한 센터장은 "대학을 갓 졸업하고 매일 밤 10시나 10시 30분에 퇴근하는 상황에서 6개월 동안 여가다운 여가를 즐기지 못하면 '내가 뭘 하고 있나'라는 생각이 들죠"라며 코치들의 불만에 대해 설명했다. 트립은 교육을 혁신하고 세상을 바꾸고 있다고 말했지만 현금이 부족했던 스코어!는 투자자들에게 더 나은 전망을 제시하기 위해 코치 급여를 제한하고 교육비용을 인상했다. 그리고 거의 성공했다.

트립은 직원들의 이탈, 대차대조표의 붉은 잉크, 넷스케이프가 주도한 인터넷 주식의 급등, 독점기업화 경향, CCC의 선의에 대한 의존, 단순히 고성장 고수익 기술 스타트업 전략이 본질적으로 리스크가 높다는 점 등의 문제에 직면했다. 1996년 봄, 그는 〈워싱턴포스트〉의 그레이엄 가문이 인수한 표준화 시험 회사인 카플란에 500만 달러도 안 되는 실망스러운 금액에 스코어!를 매각했다. 카플란은 향후 10년간 전국적으로 스코어!를 운영하면서 대기업의 보충 시험 준비 서비스를 보완했다. 코치 급여는 최저임금으로 삭감되었고 스코어!는 스탠퍼드 졸업생 모집을 중단하고 고등학생을 대상으로 사업을 시작하여 모델을 더 쉽게 확장할 수 있었다. 이러한 팔로알토 시스템은 한 번에 한 매장씩 전국에 배포되어 미국 아이들의 경쟁 수준을 높이고 인적자본 생산량을 증가시켰다. 컴퓨터 앞에 조용히 앉아 낮은 오류율로 타이핑 작업을 하는 것은 이 시대의 중요한 직업능력이었고, 스코어!는 아이들에게 머리를 쥐어짜며 산을 오르는 경주를 가르쳤다. 개별화된 서피스 소프트웨어로 실제로 최상위권에 도달한 학생은 단 한 명도 없었다.

이스트 팔로알토의 아이들이 낙오하게 만들려면 누군가는 그들을 이겨야 했다. 고속도로 건너편에 있는 중학교와 고등학교에서는 아무런 이득이 없음에도 불구하고 아이들이 똑같은 표준화 시험을 치렀다. 팔로알토 학교는 연방의 타이틀 I 지원금을 받지 않았고, 주정부의 보호관찰을 받지 않았다. 재산세와 학부모들의 추가기금 모금으로 점점 부풀려지고 있는 이 학교에 대해서는 아무런 언급도 하지 않은 채, 자원이 부족한 학교를 징계하고 퇴출하는 프레임워크는 "한 아이도 소외되지 않는다"는 취지를 퇴색시켰다. 미국의 공교육은 부동산에 따라 조직되어 있는 형국이었기 때문에 치솟는 주택가격은 학교를 상위권으로 양분화하여 성공한 부모의 자녀의 극도로 부유한 희소한 환경과 그렇지 못한 환경으로 공격적으로 분류했다. 전 세계의 엄청난 부자들이 밸리에 집중되면서 팔로알토의 가족들은 특유의 교육모델을 주도하며 교육에 투자하고 자녀들에게 과외활동을 제공했다. 학교가 양분화되면서 개별 가정의 학업 성취도가 높아졌고, 팔로알토 통합 고등학교와 같은 고득점 학군의 입학비용도 마치 인플레이션의 컴퓨터 루프에 걸린 것처럼 계속 상승했다. 집이 비싸서 학교가 좋으니 집이 더 비싸고 학교가 더 좋아졌다.

팔로알토는 젊은 주민들이 내는 높은 수준의 성과에 의존했다. 이 마을의 가장 큰 수출품은 코드, 회로설계, 마케팅 등 그 어떤 것보다도 바로 인적자본이었다. 스탠퍼드 대학은 그 옛날 스탠퍼드 농장의 종마에서 청년으로 상품을 전환했지만 여전히 번식 및 훈련 프로젝트라는 면에서는 동일했다. 노동력 강화는 학생뿐만 아니라 임금 노동자에게도 적용되었으며 지역 지도자들은 최고의 유전물질과 최고의 장치를 제공하기 위한 교육강화 계획에 한 세기를 투자했다. 이 전략은 엄청난 성과를 거두었고 실리콘밸리는 놀라운 경제적 회복력을 보여주며 항상 또 다른 새로운 버블, 새로운 기술개척지, 새로운 붐, 새로운 골드러시를 찾아내고 있다. 헬터 스켈터(혼란스러움)처럼 보이지만, 앞서 말했듯이 팔로알토인들은 해당 기간 동안 놀랍도록 일관되게 엄청난 양의 자본을 흡수하고 성장시킬 수 있는 기저를 만들어냈다. 효율성 향상, 즉 비용 절감을 위한 새로운 방법에 굶주린 세상에서 실리콘밸리에 대한 베팅은 점점 더 가치가 올라가고 있다. 부자들에게 물어보면 그렇다.

페이스북 이후의 소셜웹 기업, 즉 제2의 물결이 일기 시작할 무렵, 실리콘밸리에서는 순수 수치로만 보면 세계 역사상 가장 생산성 높은 노동자를 배출하고 있었다. 2012년 스탠퍼드 학생 스타트업인 인스타그램이 저커버그와 그의 회사에 10억 달러라는 거액에 매각되었을 때 이 회사는 직원이 13명에 불과했고 아직 설립한 지 2년도 되지 않았다. 일부 비평가들은 수익이 나지 않는 앱에 대한 어리석은 거래라고 했지만 저커버그 팀은 의심하는 그 사람들이 틀렸다는 것을 바로 증명해보였다. 초기에 빠르게 성장하는 기업들을 꾸준히 먹여 살린 덕분에 적은 수의 우두머리 기술기업들은 주가에 활력을 불어넣고 독과점 체제를 굳건히 유지할 수 있었다. 치솟는 밸류에이션의 이면에는 상대적으로 소수의 경쟁이 치열한 직원들이 있다. 슈퍼 코더들은 전문적인 신비로운 이미지를 쌓아 가장 악명이 높았고, 비기술적인 관리자들도 빠른 성장에 중요한 역할을 했다. 코더들이 없으면 작업속도가 떨어질 수밖에 없다. 실리콘밸리의 높은 지능 직원들, 베테랑들로 구성된 스코어! 의 구성원들 및 눈에 보이지 않는 관련자들의 도움으로 루이스 터먼의 원대한 꿈이 실현되었다.

미국의 인재채굴 기술을 개선해야 했던 원래의 필요성은 주로 나치나 소련과 같은 적대적인 세계에서 미국의 경쟁력을 확보하기 위한 것이었다. 팔로알토의 작은 도움 없이도 미국은 이미 20세기에 나치즘과 공산주의를 물리쳤다. 하지만 자본가들은 팍스 아메리카나에 안주하지 않고 오히려 자신들의 이점을 강조했다. 선택의 여지가 많지 않았기 때문에 누군가는 다음에 올 기업보다 더 빠르게 성장할 수 있는 곳에 자본을 투자할 수 있는 기회를 제공해야 했고 다음에 올 기업도 같은 것을 찾고 있었다. 생산량을 늘리고 가격을 낮추는 것이 불가능하다면, 그리고 전 세계적인 공급 과잉으로 인해 그럴 수 없다면, 투자자들은 기존 산업을 파괴하고 큰 시장 덩어리를 빼앗아 경쟁할 수 있는 기업이 필요했다.

단순히 수익성이 좋은 비즈니스만으로는 충분하지 않았고 자본이 필요하다면 규모를 확장해야 했기 때문에 모든 기업이 이분법적 경쟁에 뛰어들었다. 이러한 기업들은 수백 명으로 구성된 팀과 경쟁하고, 전체 인력을 대체하기 위해 소수의 직원이 필요한 모든 일을 해낼 수 있어야 했다. 그들은 특정 작업에 관계없이 지배할 수 있도록 어릴 때부터 훈련되어 있는 증강된 아이들이 필요했다. 질병 치료를 위한 새로운 의약품을 설계하든, 타깃 광고의 정확도를 높이든 팔로알토의 아이들은 상으로 주어지는 그 농구공을 얻기 위해 반드시 높은 점수를 얻어야 했다. 그리고 개별화된 교육은 언제나 더 나아질 수 있다는 것을 의미했다.

스탠퍼드의 말들은 원래 성취의 대상이었으며 그들도 번아웃에 빠지기 쉬웠다. 20세기 규율 사회의 결함에서 비롯된 광인과 범죄자 대신, 21세기 성취 사회는 '우울증 환자와 루저'를 인간 소모품으로 양산한다고 한 작가는 말한다. 이 사회에서는 킬러들조차도 '너드'다.

지나치게 경쟁적인 행동은 합리적으로 보이지 않는다는 것에 동의한다면 실제로는 그렇게 하지 말아야 한다. 대부분의 근로자의 임금이 정체된 1980년대와 1990년대에 대졸자와 고졸자의 소득 차이인 대학 임금 프리미엄은 급격히 증가했다. 2010년까지 대학 졸업자의 연봉은 고등학교 졸업자의 약 2배에 달했고, 고급 학위를 가진 사람들만이 2008년 금융위기의 영향에서 벗어날 수 있었다. 이 시기 중상류층 학생과 그 가족은 상향 이동성은커녕 안정적으로 살 수 있는 길이 줄어들었다. 고등교육 비용이 급격하게 증가함에 따라 노동자 계급과 쁘띠 부르주아지마저 긴장하게 만들었다. 캘리포니아의 공립대학 시스템은 주정부가 위대한 사회의 사다리를 끌어올리면서 훨씬 더 비싸고 배타적이 되었다. 엘리트 자격증의 가치도 상승했고, 팔로알토의 우수한 학군은 '온실 속 화초'라고 불리는 아이들을 키워냈다.

팔로알토는 하버드, 예일, 스탠퍼드 입학처의 이력서를 장식하는 첼로 신동과 청소년 스크래블 챔피언을 배출한 곳으로 반복해서 등장한다. 명문인 팔로알토 고등학교는 남자 농구(2006년)와 풋볼(2010년)에서 주 우승을 차지했고, 각 팀의 리더인 제레미 린과 다반테 애덤스는 결국 프로로 진출했다. 이 고등학교에 왜 키가 6피트가 넘는 편입생이 그렇게 많은지 큰 소리로 묻는 사람은 아무도 없었다. 이기는 것이 곧 승리였다. 다른 공립 고등학교에서는 한두 명의 학생을 명문대학에 보내는 데 그치는 반면, 팔로알토 고등학교에서는 매년 수십 명의 학생을 명문대학에 보낸다.

세상이 어떻게 돌아가는지에 대해 파악하고자 하는 현실적인 감각이 아이들을 과도한 성취를 표준화하는 쪽으로 이끌었다. 더 이상 좋은 성적만으로는 좋은 학교에 입학할 수 없었다. 스탠퍼드의 학부 합격률은 2001년 15% 이상에서 2021년 5% 미만으로 떨어지면서 미국에서 가장 까다로운 학교가 되었다. 또 다른 하버드를 만들겠다는 릴런드와 제인의 꿈이 실현되는 순간이다. 상위권 대학 진학의 가능성 여부는 불평등의 대리 척도다. 마크 저커버그와 그의 대학 룸메이트들이 증명하듯 자본이 계속 집중되는 방식은 잠재적 부의 근접성 그 자체로 큰 가치를 지닌다. 저커버그 집안의 부는 그를 상위권 대학에 진학시켰고, 상위권 대학 기숙사는 저커버그의 프로젝트가 시작될 수 있는 충분한 배경이 되었다. 고작 열아홉 살에 적절한 시기에 적절한 장소에 존재했었다는 이유만으로 수억 달러를 벌게 된 것이다. 팔로알토 덕분에 어린 나이에 새로운 판돈이 생겼다.

"우리는 십대가 아니다" 팔로알토 고등학교 3학년생인 캐롤린 월워스가 2015년 3월 〈팔로알토 위클리〉에 기고한 글이다. "우리는 경쟁과 증오를 조장하고 팀워크와 진정한 배움을 방해하는 시스템 속에서 생명이 없는 몸이다. 우리는 진실한 열정이 부족하다. 우리는 아프다. 이제는 학생들에게 죽도록 일만 시키고 있다는 사실을 깨달아야 할 때다." 학교 이사회에서 학생 대표를 맡고 있는 월워스는 그저 둥근 돌 사이에 솟아 있는 모난 돌이 아니었다. 그는 생존자처럼 글을 썼다. 어린 시절, 팔로알토의 청소년들은 자살률은 10만 명당 14.1명으로 주 전체 자살률의 거의 3배에 달했다. 부모들은 이 문제를 해결하기 위해 전문가 조사를 요청하는 로비를 벌이기도 했다.

질병통제예방센터는 산타클라라 카운티 전체의 청소년 자살에 관한 보고서를 발표하면서 팔로알토에만 예외적인 문제가 있다는 것을 확인시켜주는 것 외에는 새로운 통찰력을 제공하지 못했고 이해관계자 누구도 만족시키지 못했다. 주민들은 팔로알토 외 지역 보통의 자살방법인 총기, 독극물, 목매달기에 비해 기차가 대중적인 자살방법은 아니지만 CDC의 기록된 자살방법 목록에 '기차'를 추가해야 한다는 엉뚱한 주장이나 하는 게 고작이었다. 보고서 결과 별다른 결론이 없다면 지역 지도자들은 스티브 잡스가 폭스콘 자살 사건에 대해 이야기했던 것과 같은 "슬프지만 때때로 사람들은 스스로 목숨을 끊는다"는 말이나 할 게 뻔하다. 누구도 자살에 대해 비난할 수는 없었다. 2010년 1월, 팔로알토의 한 10대 청소년이 기차 선로에서 사망한 다음 날 폭스콘 직원이 투신자살하는 사건이 발생했다. 2011년 1월에 또다시 이런 일이 발생했다. 공교롭게 그때 자살한 두 명 모두 모두 열아홉 살이었다.

자살이 잇따르는 동안 학생들은 윌워스와 비슷한 목소리를 냈고, 마을에서는 여러 가지 기술적이고 조직적인 해결책을 시도했지만 그중 어느 것도 효과는 없었다. 팔로알토는 기차 선로 주변에 높은 울타리를 치고 건널목에 자원봉사자를 배치하는 등 원론적인 조치만 내놓을 수밖에 없었다. 학생들의 공부량과 경쟁 수준을 줄이려는 시도는 역설적으로 학생들의 강력한 반대에 부딪혀 번번이 실패로 돌아갔다. 수면과 학업 성취도에 대한 사회과학 연구를 근거로 오전 7시 20분에 시작하는 이른바 0교시 수업을 없애려고 하자 학생 설문조사에서 만장일치에 가까운 반대가 나왔다. 이 같은 경쟁 시스템에서 무언가를 바꾸려는 움직임은 자신을 뛰어넘는 방법을 스스로 알아낼 수 있는 사람, 즉 통제된 시스템을 받아들이지 않았던 데이브 팩커드나 마음에 들지 않는 것은 아무것도 받아들이지 않았던 스티브 잡스와 같은 진짜 독보적인 사람들을 구별하는 데에나 도움이 될 뿐이었다. 마을과 국가, 전 세계를 위해 속도를 낸 것은 바로 팔로알토의 아이들이었다. 그들은 다른 곳에 사는 아이가 될 수 없었다.

팔로알토가 청소년 자살문제를 해결할 수 없었던 이유는 청소년 자살만이 20세기 4분기에 자본주의의 위기에 대한 하나의 해답이었기 때문이다. 마치 "모든 것이 완벽할 것이라고 스스로에게 말하는 것"과 같다. 소진된 성취 주체는 성취사회에서 꼭 필요한 부분이며 성취사회는 단 세 명의 남자와 피자 몇 판으로 경제 하위부문 전체를 대체할 수 있는 유일한 곳이다. 독점적인 실리콘밸리가 지배에 집착하는 데에는 '모든 것이 완벽할 것'이라는 마크 저커버그가 페이스북 회의가 끝날 때마다 외치던 그 말이 있다. 이 모델은 승리와 패배, 무자비한 탈락을 통한 발전이며, 처음부터 전속력을 다 하는 것으로 진행된다. 이것이 팔로알토 시스템이다. 이 아름다운 설계의 보상이 승자를 불러내고 승자가 패자를 만든다는 것이다. 비인격적이다. 폭력적이다. 누군가는 스탠퍼드에 갈 것이다. 누군가는 수십억 달러를 벌게 될 것이다. 팔로알토는 가능한 한 빨리 이들을 조기에 발견하고 개발하기 위해 존재한다. 셸그림 남작의 말처럼 철도는 거기서부터 스스로 만들어진다. 승자조차 자신의 자녀가 철로에 서 있다고 해도 기차를 멈출 수는 없다.

Chapter 18

태양의 기포

테라노스의 실체와 우버의 피칭 → 아마존 없는 현대인? → 구글 버스 → 기술독점기업 →
팔로알토 시스템

    지금까지의 실리콘밸리 역사를 내러티브화하기는 어렵다. 적어도 아리
스토텔레스가 《시학》에서 내러티브를 처음 설명한 시점부터 내러티브는
상승과 하강을 반복해왔다. 설명이 시작되면 갈등이 쌓이고, 최고조에 달
하고, 해결된다. 그렇다면 불황이 확대되고 있지만 끝이 보이지 않는 팔로
알토의 이야기를 어떻게 전할 수 있을까? 여기서 이카루스는 먼지를 털고
제플린으로 방향을 전환한다. 황제의 알몸이 드러나면 황제는 어깨를 으쓱
하며 다시 통치를 시작한다. 기자와 분석가들이 업계의 이야기를 비극적인
줄거리에 끼워 맞추려고 할 때, 그들은 한 번 더 오만한 태도를 취하는 것
이다.

    스토리로는 화려했겠지만 실리콘밸리는 2000년 닷컴버블 붕괴 이후 몇
년 동안 교훈을 얻지 못했고 애초에 거품을 부풀린 자본가들 역시 교훈을
얻지 못했다. 앞서 살펴본 바와 같이 아마존과 구글과 같은 포스트 팝의 거
물들은 깨진 조각들을 주워 모아 이를 최대한 활용했다. Y2K 버블은 큰 교
훈을 주는 이야기처럼 보이지만 펫츠닷컴의 붕괴에서 투자신호를 받은 자
본가들은 많은 돈을 놓쳤다. 그 이후 주요 기업들이 이룬 성장은 주식차트

에서 Y2K 버블을 거의 완전히 가려버렸고, 이는 단지 하룻밤의 불안감으로 축소되었다.

2008년 주택 위기는 광고와 혁신을 혼동하는 것과 같은 위험성을 보여주었고 위험한 서브프라임 주택대출이 들어온다고 해서 기초 자산의 질이 실제로 개선되지는 않았다. 카드의 집이 무너지면서 몇몇 유명 금융기관뿐 아니라 훨씬 더 많은 주택 소유자들이 무너졌다. 하지만 모든 거품이 꺼질 때마다 그랬듯이 승자는 패자를 사들였다. 뱅크오브아메리카가 메릴린치를 인수하고 JP모건 체이스는 베어스턴스를 인수했다. 그리고 주택가격은 계속해서 다시 상승했다. 2008년 위기에서 아리스토텔레스의 비극적 서사를 만들어낸 사람이라면 누구나 10년 동안의 금융공학적인 헛소리와 비이성적인 과열에 대한 조정으로 보았을 것이다. 그러나 그리스어를 전혀 읽지 않은 투자자들, 새로 싼 주택 재고에 주사위를 굴릴 준비가 된 투자자들이 올바른 결정을 내렸다. 가장 사치스러운 금융상품 중 일부가 사라졌지만 주택가격은 하락한 만큼이나 빠르게 반등했다. 코로나19 팬데믹이 미국을 강타했을 때 가격은 버블 때보다 더 빠르게 수직상승했다.

이 책이 출간될 즈음에는 주택가격이 다시 오를 수도 있겠지만 적어도 중기적으로는 그럴 것 같지 않다. 보시다시피 생산과잉은 자산 기반 성장으로의 전환을 유도했으며, 이러한 제약은 환상이 아니다. 주택가격의 급격한 상승은 전 세계적인 현상이다. '좋은 일자리를 가진 사람들이 계속해서 내 집을 사고 싶어 할 것'이라는 베팅이 아니라 '자본가들이 토지와 같은 본질적으로 희소한 자원에 투자하는 것보다 더 나은 돈을 벌 수 있는 방법이 없을 것'이라는 내기였다. 이는 매우 좋은 베팅이었다. 그 결과 임대료는 특히 고임금 일자리가 밀집한 도심을 중심으로 계속 상승했다. 고등교육 비용도 비슷한 궤적을 따랐다. 적은 수의 좌석과 넘치는 수요로 인해 비용과 부채 부담은 분석가들이 백미러를 통해 '합리적'이라고 지적하기 오래전부터 계속 빠르게 증가해왔다. 부동산은 여전히 최고의 투자처였고, 부동산과 엘리트 학위 등 한정된 자산의 가치는 상승할 수밖에 없었다. 실리콘밸리 기술주 역시 비슷한 종류의 베팅, 즉 중산층 일자리가 사라지고 부유한 자산가들에게 가치가 이전되는 것에 대한 베팅이었다. 닷컴과 주택 거품을 보고 두 배로 투자한 자본가들, 즉 배우기를 거부한 사람들이 큰돈을 벌었다. 이 과정은 특정 종류의 사람들을 선별하고 그들의 가치를 상승시켰다. 솔직히 이 지점에서 이야기가 엉망이 된다.

적과의 동침

닷컴버블이 꺼지면서 대형 금융기관의 중개인과 뒷정리를 맡은 하위 공급자와 대기업 등 승자층이 생겨났지만 적절한 타이밍에 매각한 창업자들도 있었다. 이러한 열풍에 휩싸인 대부분의 대기업들은 적어도 한 건 이상의 고평가된 인터넷 기업 인수를 취소해야 했고, 웹 기업가들이 중요한 물건을 찾았다는 잘못된 판단을 하고 수백만 달러를 웹 기업가 집단에 사실상 나눠준 꼴이 되었다. 하지만 구매자들이 구매를 취소했을 때, 이 기업들은 절대 자신의 이미지를 하향 조정하지 않았다. 결국, 여전히 그들에게도 돈이 있었으니 말이다.

폴 그레이엄은 비아웹이라는 웹 스토어 프론트 소프트웨어 회사를 야후!에 약 5,000만 달러에 매각하고 야후! 주식으로 빠르게 현금화할 수 있는 감각을 가졌다. "1998년까지 야후!는 사실상의 폰지 사기의 수혜자였다"라고 그는 나중에 썼다. "투자자들은 인터넷에 대해 흥분했다. 그들이 흥분했던 이유 중 하나는 야후!의 매출성장 때문이었다. 그래서 그들은 새로운 인터넷 스타트업에 투자했다. 그 후 이 스타트업은 그 돈으로 야후!에서 광고를 구매하여 트래픽을 확보했다. 이로 인해 야후!의 매출은 더욱 성장했고, 투자자들은 인터넷에 투자할 가치가 있다는 확신을 갖게 되었다."

2005년, 그와 야후!의 동료들은 스타트업에 조언, 인맥, 약간의 현금을 주식과 교환하는 액셀러레이터인 와이콤비네이터를 설립했다. 엔젤 투자라는 가장 잘 조직된 기관이 있었지만, 그보다 더 캐주얼한 설정도 있었다. 가상의 프로토타입(본격적인 상품화에 앞서 성능 검증과 개선을 위해 제작하는 시제품)은 마이크 저지의 HBO TV 광대 시대 팔로알토 풍자극 〈실리콘밸리〉의 중심에 있는 외향적인 엉터리 예술가인 에를리히 바흐만이다. 바흐만은 항공여행 데이터 스크레이퍼라는 효용성이 불분명한 웹 스타트업을 프론티어 항공에 매각하고 상금을 자신의 액셀러레이터인 적당한 크기의 팔로알토 주택에 투자하여 초기 단계 스타트업의 지분을 대가로 방을 빌려주었다. 실제 실리콘밸리의 시장에서 이들 스타트업들은 기회를 찾았다.

써니 발와니는 1999년에 웹 경매 스타트업인 커머스비드에 입사했고, 같은 해 파산 위기에 처한 커머스원에 수억 달러 상당의 주식을 매각하여 발와니는 상당한 금액을 받게 되었다. 매우 운이 좋았던 일련의 사건이었지만 써니는 자신을 운이 좋았다고 생각하지 않았다. 그는 재능 있는 사업가였고 커머스원의 성공은 횡재가 아닌 그의 재능을 입증하는 것일 뿐이었다. 이것은 베이 지역의 새로운 백만장자들이 공통적으로 겪는 고통이었다. 3루에 있는 사람 보고 그는 3루타를 치지 않았다고 손가락질하는 것이 납득하기 어렵다는 것이다. 그는 버클리 MBA와 스탠퍼드 과정을 통해 더 이상 갱신할 게 없는 이력서를 완성했다. 스탠퍼드를 돌아다니며 창업 기회를 찾는 것이 대단히 전략적인 것은 아니었지만 이 학교는 성공한 부자와 차세대 창업자를 연결해주는 데 자부심을 갖고 있었다. 벤처캐피탈리스트이자 기술 창업자인 조 론스데일이 한 기업가 정신관련 수업에서 학부생 멘티와 성적인 관계를 시작하여 이 젊은 여성이 그를 학대 혐의로 고발하게 된 경우처럼 때때로 안 좋은 결과로 이어지기도 하지만 이러한 불균형적인 관계는 대학이 가진 매력일 수 있다. 이혼한 그해 여름 중국여행에서 발와니는 팔로알토 시스템을 마치 극본대로 구현하는 순수한 잠재력을 가진 사람을 만났다.

18살의 신입생 엘리자베스 홈즈는 재학생을 대상으로 한 이 프로그램에서 가장 어린 나이였고 발와니는 37세로 가장 나이가 많았다. 가장 전형적으로 스탠퍼드다운 야망을 가진 홈즈는 또래 학생들과 친구를 되는 데 어려움을 겪었고 대신 성공한 기업가와 유대감을 형성했다. 홈즈는 아직 캠퍼스에 도착하기도 전에 이미 첫 백만장자를 만난 것이다. 하지만 홈즈는 학교에 오래 머물 계획이 없었고 첫 여름을 채혈한 혈액으로 화학연구를 하며 보내고 나서 한 아이디어를 떠올렸다. 팔로알토로 돌아온 그녀는 교수진과 연결될 수 있는 기회를 찾았다. 인터넷으로 약물을 사용자에게 직접 전달하는 웨어러블 패치 개념의, 순환계와 모니터에 관한 특허 출원은 공대 학장인 채닝 로버트슨을 매료시켰고 그녀 자문을 맡기로 한다. 덕분에 홈즈는 부모님을 설득하여 자퇴하고 등록금을 스타트업의 종잣돈으로 사용할 수 있었다. 스탠퍼드의 모든 사람들은 캠퍼스에 미래의 억만장자가 있을 거라고 생각했고, 홈즈도 그럴 가능성이 있어 보였다. 그녀는 자신의 젊음과 경험이 자신의 가치를 높여준다는 사실을 잘 알고 있었으며, 아무것도 이룬 것이 없기에 잠재력이 무한하다는 것도 알고 있었다. 2학년이 되자마자 스탠퍼드 인맥을 확보한 엘리자베스 홈즈는 프로가 되었다. 그녀는 회사 이름을 '치료'와 '진단'의 합성어인 테라노스Theranos로 지었다.

홈즈는 로버트슨의 지원 덕분에(나중에 밝혀졌지만 연간 50만 달러를 지불했다) 2004년에 600만 달러의 벤처캐피탈을 조달할 수 있었고 자신의 아이디어가 현실에 맞지 않는다는 사실을 깨닫고 본격적인 작업에 착수할 수 있었다. 현실은 테라노스 팀을 처음에는 손목 밴드로, 그다음에는 논웨어러블 분석기로 방향을 전환하도록 했다. 기기는 더 커졌지만 혈액 한 방울로 진단을 수행한다는 약속은 변함이 없었다. 홈즈는 사람들이 가능한 한 손쉽게 자신의 건강 데이터에 접근할 수 있도록 하겠다고 약속했고 투자자들에게는 그 가능성이 엄청나 보였다. 홈즈는 자신의 팔로알토 콘도로 이사했고, 테라노스가 또 다른 투자를 유치할 준비가 되기 전에 수천만 달러의 투자자금을 소진하자 발와니는 2009년에 개인적으로 1,200만 달러의 브릿지론을 보증했다. 이듬해에는 10억 달러의 가치로 4,500만 달러를 추가로 유치했다. 테라노스는 기업가치가 9조 원이 넘는 비상장기업으로 유니콘 기업이 되어 있었다.

하지만 테라노스 물건은 쌓여만 갔다. 홈즈는 스탠퍼드 대학 출신이라는 이점을 살려 후버 연구소의 거물급 인사들인 헨리 키신저, 제임스 매티스, 샘 넌, 윌리엄 페리, 게리 루그헤드, 조지 슐츠, 그리고 라일리 벡텔을 영입했다. 이 무시무시한 인물들이 테라노스에 필요한 모든 정당성을 부여하고 투자자들로부터 수억 달러를 모금했지만, 기계는 작동하지 않았고, 그들이 말한 것과 비슷한 기능조차 수행하지 못했다. 홈즈의 담당 업무는 인상적인 이사회, 투자자, 제약 및 소매업 분야의 잠재적 기업 파트너와 접촉하는 일이었고, 발와니의 담당 업무는 직원과 규제당국을 상대하는 것이었다. 그는 문제를 제기하는 사람을 괴롭혔고 의료 테스트에 관한 규정에는 전혀 관심이 없었다. 발와니는 H-1B 비자로 이민자들을 고용했는데, 이는 써니가 이들을 해고하면 추방당할 수 있다는 것을 의미했다. 테라노스는 직원들에게 터무니없는 일정으로 불가능한 결과를 요구했고, 수석 과학자였던 저명한 생화학자 이안 기븐스를 자살로 내몰았다고 한다. 그 사이 언론은 홈즈와 테라노스를 차세대 대세로 과대포장했다. 그녀는 터틀넥을 입고 연설하면서 스티브 잡스를 떠올리도록 유도하기도 했다. 샤이엇데이의 광범위한 광고 캠페인은 그녀를 선구적인 기술자이자 자수성가한 억만장자 이미지를 만드는 데 도움이 되었다.

테라노스는 또한 2013년 당시 페이스북 임원이었던 셰릴 샌드버그의 베스트셀러 비즈니스 회고록 《뛰어들라: 여성, 일, 그리고 이끌려는 의지》가 출간되면서 여성들이 자신의 방식대로 서 있지 말고 고성장 스타트업의 주도권을 잡을 것을 독려하는 책이 출간될 무렵 절정을 맞았다. 홈즈는 완벽한 모델이었으며 콧대가 천정에 닿을 지경이었다. 조 바이든 부통령이 국내 의료혁신을 과대포장하기 위해 연구소를 방문했을 때, 테라노스 팀은 가짜 기계를 전시해놓고 진짜처럼 꾸몄다. 미래의 대통령은 언론에 홈즈가 사람들에게 자신의 건강관리를 통제하는 권리를 부여하고 있다고 말하며 그녀의 사기를 높이는 데 상징적으로 백악관의 인장을 빌려준 셈이었다.

하지만 캐레이루는 〈월스트리트 저널〉과 저서 《나쁜 피: 실리콘밸리 스타트업의 비밀과 거짓말》을 통해 홈즈와 그녀의 사기 행각에 대해 설명했다. 테라노스는 빠르게 움직이다가 거슬리는 것들을 죄다 망가뜨리기도 했다. 한번은 약국에서 테라노스 혈액검사를 서둘러 진행했을 때 잘못된 결과가 나왔다. 그리고 소문이 퍼지면서 다단계 사기계획이 무너질 위기에 처하자 테라노스는 주식하락을 감수하는 대신 악명 높은 소송 전문가 데이비드 보이스를 영입했다. 보이스가 직접 문서에 서명한 덕분에 내부 고발자 변호사들은 회사를 상대로 소송을 제기하는 것을 주저했다. 이 같은 노력이 회사에 매우 중요해져서 그는 테라노스 이사회에 합류했다. 효과가 있었다. 테라노스가 그들이 주장하고 있는 기술과 조금이라도 비슷한 기능을 하는 물건을 생산할 수 있을 때까지만 그냥 오래 버티면 되는 것이다.

최근 스탠퍼드를 졸업하고 전 국무부장관이었던 조지 슐츠의 손자이자 써니 발와니에게 겁을 먹은 말단 직원 타일러 슐츠가 아니었다면 이런 일이 가능했을지도 모른다. 2014년 타일러 슐츠가 품질보증보고서 조작에 대한 우려를 제기하자 발와니는 그를 쫓아냈고 타일러는 회사를 그만두었다. 그는 규제 당국에 익명으로 불만을 제기하고 존 캐리루 및 〈월스트리트 저널)과 협력하기 시작했다. 타일러는 할아버지가 엘리자베스 대신 자신의 편을 들어줄 것으로 기대했지만 실제로는 그렇지 않았다. 조지 슐츠는 홈즈의 편에 서서 테라노스가 자신의 가족을 파괴하려는 시도를 도왔고, 그의 아들이 홈즈, 발와니, 보이스로부터 타일러를 보호하기 위해 수십만 달러를 쓰도록 강요했다. 창창한 젊은 이를 흠집 내고 사기가 성공할 때까지 계속 사기를 치려는 시도는 성공하지 못했지만 자칫했으면 성공할 수도 있었다.

지금까지 이야기에서 발와니를 어느 정도 중심에 둔 것은 홈즈의 과실을 경시하거나 그녀가 발와니의 꼭두각시였다는 변호에 신빙성을 부여하기 위한 것이 아니다(연방 배심원단은 그 변명을 믿지 않고 4건의 사기 혐의로 홈즈에게 유죄를 선고했다). 오히려 홈즈가 대표하는 연속성에 주목하고 싶다. 써니 발와니처럼 자신이 창업의 천재라고 확신하며 각각 수백만 달러를 들고 뛰어다니는 사람이 수십 명이나 되는 상황에서 실리콘밸리가 어떻게 닷컴 붕괴의 교훈을 배울 수 있었을까? 발와니와 홈즈는 다른 파트너를 찾을 수도 있었다. 당나귀의 이마에 식칼을 대어 유니콘을 만들려고 팔로알토 시스템을 사용한 사람은 이 두 사람뿐이 아니었고, 그들은 단지 적발된 사람일 뿐이었다.

가렛 캠프와 트래비스 칼라닉은 두 사람 모두 2007년에 웹 회사를 수백만 달러에 매각했는데, 캠프는 랜덤 콘텐츠 포털 스텀블어폰을 이베이에, 칼라닉은 법적으로 모호한 P2P 회사인 레드스우시를 아카마이에 매각한 후 즐거운 시간을 보내는 데 관심을 돌렸다. 새로 부자가 된 많은 기업가들처럼 그들도 새로운 것을 시도하고자 했다. 캠프는 좋은 운송솔루션을 떠올렸다. 우버캡의 원래 계획은 부유한 소비자들이 휴대하기 시작한 GPS 지원 스마트폰을 활용하여 필요할 때 우버캡을 호출할 수 있는 엘리트 회원전용 서비스였다. "리무진보다 빠르고 저렴하지만 택시보다 더 친절하고 안전하다"는 홍보문구를 내세웠고 멤버십 모델과 높은 가격으로 '모실 수 있는 고객'을 확보했다. 캠프는 초기 작업을 부트스트랩으로 시작했고, 칼라닉도 합류하도록 설득했다. 못해도 샌프란시스코의 기술 선도적인 부유층을 위한 솔루션이 될 것이라고 잠재 투자자들에게 말했다. 부유한 베이 지역 스마트폰 사용자를 위한 고급 서비스를 운영하는 것은 자본을 유치하는 좋은 방법이었고, 벤처캐피탈과 엔젤로 구성된 투자팀을 꾸려 5,000달러에서 50만 달러까지 투자금을 모았다. 스텀블어폰과 레드스우시가 인수한 회사의 가치가 궁극적으로 높지 않다는 것은 중요하지 않았다. 중요한 것은 창업자들이 투자자들의 돈으로 실리콘밸리에서 성공했다는 점이다.

진화생물학에는 암화라는 용어가 있다. 갑각류가 게와 같은 몸으로 진화하는 경향을 설명한다. 껍질로 둘러싸인 몸통과 가늘고 뾰족한 다리는 바다에 적응하는 훌륭한 방법인 것 같았고, 다양한 종들이 계속 걸러 넘어지면서 친척이 아닌데도 친척처럼 보이도록 진화해나갔다. 실리콘밸리의 21세기 기업들은 일종의 급속한 암화 과정을 겪으며 하청업체라는 가느다란 다리에 매달린 '플랫폼'으로 전락했다. 처음에 우버 직원들은 자신들이 무엇을 갖고 있는지 이해하지 못했고 최대 경쟁사인 리프트의 직원들도 이해하지 못하기는 마찬가지였다.

리프트 창업자들은 빈 좌석을 최대한 활용하는 짐바브웨 차량공유의 효율성에 감탄했고 리무진 이용료를 낮추고 싶던 우버 창업자들은 이 같은 모델을 눈여겨본 것이다. 닷컴 시대의 가장 성공한 기업들처럼, 이들은 독과점 플레이를 지향하며 시장을 파괴할 방법을 찾았다. 컴퓨터로 말이다. 주어진 틈새시장에서 가장 빠른 성장을 보이는 기업이 가장 많은 자본을 유치할 수 있었고 이는 곧 성장을 가속화하고 더 많은 자본을 유치하는 등의 방식으로 이어졌다. 경쟁이 치열한 스타트업은 당장 수익을 내기보다는 당장 규모를 확장해야 했다.

실리콘밸리는 느리고 꾸준한 성장에는 관심이 없었고 팔로알토 시스템의 핵심은 빠른 승리였다. 웹밴의 벡텔 창고 사태에서 보듯이 고정자본 투자와 빠른 확장은 위험한 조합이었으며, 가장 빠르게 성장하는 기업들은 서버, 샤이엇데이와 같은 광고 컨설턴트, 심지어 코더 자체에 이르기까지 고정비용을 계약업체에 전가하는 방법을 찾았다. 1999년, 오라클의 천재 마크 베니오프는 상사인 래리 엘리슨의 재정적, 도덕적 지원을 받아 세일즈포스를 분사해 암펙스의 전통을 이어갔다. 이 회사는 클라우드 기반 고객관계관리CRM 플랫폼을 기업에 제공하여 고객이 회사의 기본적인 내부기능까지 아웃소싱할 수 있도록 지원한다. 대부분의 사람들은 CRM 또는 '서비스로서의 플랫폼'이 정확히 무엇인지 말하지 못할 수도 있지만 2017년 지아니니의 트랜스아메리카 피라미드를 제치고 스카이라인의 최고 자리를 차지한 세일즈포스 타워를 가리키면 누구나 알 수 있다.

리프트가 좀 더 순진한 회사였기 때문인지, 리프트는 전문면허가 없는 운전자를 먼저 활용하기 시작했다. 경쟁사가 이 방법을 사용하는 것을 본 우버도 이를 따라했다. 수익성을 위해 설계된 우버는 수익의 일부를 성장에 투자하는 것이 아닌 모든 수입을 성장에 투자했다. 이 회사는 승객과 운전자에게 보조금을 지급하면서 "택시보다 좋고, 리무진보다 저렴하다"에서 "택시보다 저렴하니 다시는 택시를 타지 마라"로 모델을 변경했다. 역사상 그 어떤 스타트업보다 빠르게 수십억 달러의 투자금을 소진하고 있었지만 이미 검은색 자동차 운전자들은 배신감을 느꼈다. 결국 승차공유서비스 회사들이 택시 카르텔을 깨뜨리면서 운전기사들의 임금을 낮추기 시작했다. 뉴욕시에서 지역사회 구성원들과 기자들은 2018년 한 해에만 최소 8명에 달하는 전문택시 및 블랙카 기사들의 자살이 우버가 시장에 미친 영향 때문이라고 주장했다. 이는 돌이켜보면 일의 본질에 대한 투쟁의 첫 번째 큰 전투 중 하나였다. 아시다시피, 임시직과 계약직의 고용은 특히 베이 지역에서 수십 년 동안 증가해왔지만, 우버는 한 걸음 더 나아가 많은 부분을 자동화하여 채용, 가입, 온보딩 프로세스(신입직원이 회사 문화를 빠르게 익히고 적응해 안착할 수 있도록 지원하는 프로세스)를 최대한 간소화하고 교육은 생략했다. 이 괴짜 노동자들은 거의 계약직에 가까웠다. 회사와의 관계에 있어서는 사용자에 가까웠다.

'불완전 고용'이라는 용어는 일반적으로 자신의 기술수준에 비해 보수가 높지 않은 직장에서 일하는 사람들에게 적용된다. 하지만 이는 곧 일자리의 질적 저하를 의미하기도 한다. 불완전 고용은 착취율이 하늘을 찌를 듯이 치솟고 있으며 한 단계 올라갈 때마다 그만큼 노동력을 반대되는 방향으로 압박하고 있다. 경제사학자 아론 베나나프는 서비스 부문의 불완전 고용 증가 추세가 긱 플랫폼의 부상과 어떻게 그리고 왜 맞물려 있는지에 대해 정확하게 설명한다.

"일부 서비스의 가격을 낮추어 전반적인 경제 침체에도 불구하고 그에 상응하는 생산성 수준을 높이지 않고도, 즉 근로자에게 더 적은 임금을 지급하거나 시간이 지남에 따라 달성되는 생산성의 미미한 증가에 비해 임금 상승을 억제함으로써 서비스에 대한 수요를 확대하는 것이 가능하다는 것으로 밝혀졌다. 자영업자에게도 같은 원리가 적용되는데, 자영업자는 더 적은 임금을 제공함으로써, 자신의 소득을 희생하는 대신 노동수요를 창출할 수 있다. 서비스 부문은 서비스 노동자의 임금이 소비자가 지불하는 최종 가격에서 상대적으로 큰 비중을 차지하기 때문에 이러한 초착취를 통한 결과가 일자리 창출의 선택지가 된다."

일련의 노동법을 하나로 묶는 리본을 자르면서 '소득을 희생하여 노동수요를 창출'하도록 노동자를 해방시켰다. 그 결과 많은 사람들이 두려워하는 기술 실업의 대유행이 아니라 불완전 고용 팬데믹이 발생했다.

따라서 우버의 발암적인 비즈니스 전략이 스캔들을 일으키기 쉬운 리

더 트래비스 칼라닉과 그의 나쁜 성격 때문이라고 생각하는 것은 실수다. 저자 브래드 스톤이 칼라닉에게 지난 2년 동안에만 100억 달러가 넘는 자금을 조달한 이유를 묻자 억만장자의 대답은 흥분보다는 체념에 가까웠다. "그렇게 하지 않으면 특히 전 세계적으로 사업을 운영할 때 전략적으로 불리할 수 있다"라고 스톤은 말한다. "내가 선호하는 회사설립 방식은 아니지만 돈이 있을 때는 해야 한다." 마지막 부분은 반복할 가치가 있다. 돈이 있을 때는 해야 한다. 우버가 모하메드 빈 살만으로부터 35억 달러를 받지 않았다면, 그리고 사우디 국부펀드에 투자했다면 왕족이 리프트에 투자했을 것이고, 그러면 아무도 우버에 투자하고 싶어하지 않았을 것이고, 그러면 모든 것이 끝났을 것이다. 이 회사들은 게가 되기를 선택하지 않았다. 진화의 원리는 그런 것이 아니다. 창업자들은 더 이상 스스로를 제어할 수 없었다.

당장의 수익성보다 게임에서 살아남는 것이 훨씬 더 중요했기 때문에 플랫폼은 러시아 과두정치인을 비롯해 모든 국적의 국제 자본가들로부터 큰돈을 구걸했다. 캐나다의 공공부문 연금투자위원회도 5억 달러를 리프트에 투자했다. 초기 투자자들은 새로운 투자자들이 주식가치를 부풀리고 자신들을 현명하게 보이게 만들면서 보상을 받았다. 이 지역에는 허울뿐인 억만장자들이 우후죽순처럼 생겨났다. 하지만 우버의 기업공개는 실패로 돌아갔고 이후 몇 년 동안 주가는 등락을 거듭했지만 대중은 벤처캐피탈리스트만큼 열광하지 않았다. 우버는 계속 손실을 내고 있지만 여전히 독점적 지위를 차지하기 위해 노력하고 있다. 하지만 이 글을 쓰는 현재 우버의 시가총액은 400억 달러가 넘으며 투자자들은 자신이 투자한 시기에 대해 자랑하고 있다. 아직 한 푼의 수익도 내지 못한 회사치고는 나쁘지 않다. 우버에 대한 베팅은 여전히 진행 중이며 현재로서는 그 직책만으로도 여전히 많은 가치가 있을 만큼 지분율이 높다.

기술산업에 대한 칼라닉의 가장 큰 공헌은 처리능력의 비용하락에 관한 무어의 법칙에 버금갈 정도로 중요한 통찰력이다. 칼라닉의 이름을 딴 트래비스의 법칙은 소비자가 좋아하는 서비스를 제공하면 규제당국이 이를 막지 못한다는 것이다. 일단 사용자들이 우버의 원클릭 택시에 매료되자 복잡하게 조직된 업계를 혼란에 빠뜨렸음에도 불구하고 지자체 규제 당국은 이를 막을 용기를 내지 못했다. 예를 들어, 뉴욕의 강력한 현직 의원들과 수십만 달러의 빚을 떠안고 택시 영업을 할 수 있는 자격을 얻었지만 뉴욕시가 법 집행을 거부하면서 가치가 폭락한 이민자 기사들의 가슴 아픈 이야기에도 불구하고 정치는 트래비스의 법에 맞설 수 없었다. 캘리포니아에서 차량공유 운전자를 근로자 보호대상 근로자로 전환하기 위해 움직였을 때, 이 업계는 검증된 자경단 전략을 활용하고 발의안22에 자금을 지원했다. 이 법안은 실리콘밸리의 갑부들이 수억 달러를 기부한 덕분에 2020년 60%에 가까운 득표율로 통과되었다. 이렇게 된 이상 그들과 함께 일할 수 없다고 어느 누가 말할 수 있겠는가?

그 과정에서 자유주의자들은 시장을 규제해야 할 충분한 이유가 있다는 사실을 잊어버렸다. 개인의 권리가 지배적인 틀이었기 때문에 민주당원들은 정당한 집단적 주장을 하기 어려웠다. 버락 오바마를 포함한 많은 사람들이 이 (돈만 잃는) 신성장 동력을 축하하기에 바빴다. 우버는 2008년 오바마 선거캠프 매니저였던 데이비드 플러프를 고용하여, 공항픽업 규제에 대한 우버의 불만을 듣고 당시 시카고 시장이었던 오바마 친구 람 이매뉴엘에게 불법 로비를 벌여 9만 달러의 벌금을 물게 했다. 플러프가 혼자가 아니었기 때문이었다. 〈시카고 트리뷴〉 편집위원회는 "선택은 좋은 것이다. 시카고는 이를 장려하고 보존해야 한다. 어떻게? 우버의 타이어에서 공기를 빼는 게 아니다. 더 많은 규제가 아니라 더 적은 규제가 답이다"라고 적었다. 이매뉴엘이 돌아왔고 시카고는 공항 교통수단 규제를 완화하는 도시 목록에 이름을 올렸다. 6년 후, 〈시카고 트리뷴〉 편집위원회는 그 결과에 한탄하며 옷을 바꿔 입었다. "우리는 거대 기술이 도시 인프라의 중요한 부분을 통제하는 세상을 위해 한때 일관되고 예측 가능한 가격으로 신뢰할 수 있는 대중교통 수단이었던 택시를 집단적으로 포기했다. 경쟁을 이기지 못한 시카고 택시의 대다수는 길거리에서 사라졌고 비좁은 우버를 겨우 잡아 타면 오헤어 공항까지 바쁜 금요일 오후에는 100달러 이상, (더 이상 동네를 순회하지 않는) 택시보다 두 배 또는 세 배의 요금이 나올 수 있다." 이사회는 필사적으로 사과했지만 택시가 다시 거리를 다닐 수 있도록 돌려놓거나 게를 통에 다시 넣을 수는 없었다.

크랩 플랫폼의 리더들은 스티브 잡스를 스티브 워즈니악처럼 보이게 만들었다. 대부분 어디서부터 시작해야 할지 알 수 있는 기술적 전문지식이 없었을 뿐만 아니라 새로운 것을 생각해내지도 못했다. 그럼에도 불구하고 투자자들은 이러한 플랫폼을 통해 엄청난 규모의 가치를 쏟아 부었고, 이를 통해 손해를 보는 전략을 무한정 추구하며 독점적 지위를 유지할 수 있었다. 스타트업은 처음 6,000만~7,000만 달러의 투자금을 유치하기 전에는 환상에 불과했지만, 금세 초기 투자자들은 엄청난 수익을 얻었다. 벤처캐피털은 토끼 두뇌를 가진 사기꾼에게 기회를 주지 않을 수 없었다. 'X를 위한 에어비앤비'와 'Y를 위한 우버'라는 피칭이 확산되었다. 여기서 얻은 것이 무엇일까? 그것이 무엇이든 자본가들이 다 가져가버렸다.

스피드

지금은 우리에게 어떻게 보이지만 처음에는 스크레이퍼 광고와 크랩 플랫폼의 부상을 정치적으로 이해하기 어려웠다. 1990년대의 격동적인 세계는 정치적 내러티브를 혼란스럽게 만들었고, 노동에 대한 자본의 즉각적인 공격은 미국을 놀라게 했다. 특히 린 스타트업(제품이나 시장을 발달시키기 위해 기업가들이 사용하는 프로세스 모음 중 하나)이 막대한 투자자 현금을 바탕으로 쉬운 사용자 경험, 저렴한 가격, 계약업체에 대한 인센티브를 제공하는 상황에서 다국적 대기업이 이들을 방어할 가치가 없었기 때문이다. 월마트, 클리어 채널, 벡텔, 엑손, 골드만삭스, 스타벅스가 악덕 기업이지 아마존, 애플, 구글, 트위터, 페이스북은 아니었기 때문이다. 한동안은 기술산업의 일부가 사람들의 편에 서 있는 것처럼 보이기까지 했다. 그러나 그 정체가 밝혀졌을 때는 이미 너무 늦은 후였다.

2011년에는 경제적 불평등, 비민주적인 정치행정, 높은 가계부채에 반대하는 분산된 시위대가 공공장소를 점거하면서 '광장의 움직임'이 전 세계를 장악했다. 이 운동으로 정권이 무너진 이집트에서는 와엘 고님이라는 구글 직원이 운영하는 페이스북 페이지가 대중의 관심을 불러일으키는 역할을 했다. 공식적인 조정 당사자나 단체가 없는 상황에서 테크기업의 일부 사람들은 자신들이 이 운동을 일으켰거나 적어도 이 운동을 형성하고 있다고 자화자찬했다. 트위터의 공동창업자 비즈 스톤은 〈애틀랜틱〉의 새 로고를 떠올리며 90년대 좌파 이론가처럼 말했다. "날아가는 물체 주위를 날아다니는 새떼는 리더가 없지만 마치 안무처럼 보이는 이 아름다운 움직임은 바로 변화의 구체화다. 개인 간의 초보적인 실시간 커뮤니케이션을 통해 많은 사람들이 하나로 뭉쳐 공동의 목표를 위해 갑자기 단결했다."

기술 낙관론은 곧 사라졌다. 2013년 늦봄, 에드워드 스노든이라는 NSA 계약직 직원은 모두가 좋아하는 기술기업이 사용자의 뒤에서 정부문서 공유를 통해 국가안보를 책임지는 국가와 직접 협력하는 방대한 감시 프로그램인 프리즘PRISM을 폭로했다. 대중의 항의에도 불구하고 감시는 사라지지 않았고 DARPA에서 NSA로 책임이 덜한 정부기관으로 옮겨졌을 뿐이다. 그리고 미국에 기반을 둔 기술기업의 서버를 통해 전송되는 데이터의 양이 증가함에 따라 정부는 이들 기업을 하나씩 이 노력에 참여시켰다. 2007년에 마이크로소프트, 2008년에 야후, 2010년에 구글과 페이스북이 2009년, 2010년에는 유튜브, 2012년에는 애플이었다. 기밀 프로그램의 이름은 그 기능과 어떤 식으로든 관련이 없어야 하지만 프리즘의 내부 로고는 무지개빛이 흰색의 단단한 광선으로 변하는 모습을 보여주며 다양한 정보 소스를 하나의 흐름으로 융합하여 정부 분석가들이 접근할 수 있도록 했다. 존 애쉬크로프트가 업계와 맺은 선례가 계속 이어지면서, 기술기업들은 정부의 백도어와 협력적인 규제 환경을 맞바꿨다. 비즈 스톤의 거창한 수사에도 불구하고 트위터는 월가점령시위 주최 측이 트위터에 벌금을 부과하겠다고 협박하자 맨해튼 형사법원에 데이터를 넘겼다.

스노든은 기술계약자 모델에서 무엇이 잘못될 수 있는지를 보여주는 사례였다. 레이건 대통령 1기 시절 공무원 집안에서 태어난 애국적인 컴퓨터광이었던 그는 이라크 전쟁에 참전하려 했지만 다리가 부러진 후 군대 훈련에서 탈락했다. 그는 다른 길을 택했다. 적절한 엔지니어링 자격증을 취득한 후 CIA와 계약한 사이버 보안 일자리를 얻었다. 동료들을 혼란스럽게 만든 그는 급여를 삭감하고 실제 CIA에 입사했고, 젊은이에게 매력적이지 않은 현장업무를 시도할 정도로 열정을 다했고 기관에서 빠르게 승진했다. 스노든은 회사를 그만두었지만, 그의 기술과 허가증 덕분에 계약직으로 밝은 미래를 기대할 수 있었다. 스노든은 회고록에서 "CIA에서와 마찬가지로 계약직 신분은 형식과 위장일 뿐 나는 NSA시설에서만 일했다"라고 적었다. 국가는 그가 실제로 CIA에서 일하지 않는다는 사실을 쉽게 잊었고 스노든의 권한과 접근성은 특별한 능력을 보여줄 때마다 증가하여 결국 델의 CIA계정으로 이끌었다.

최고의 민간 스파이로 일하면서 스노든은 미국의 기밀 사이버 도구의 모든 것을 알게 되었다. 그는 중국의 감시능력을 조사하는 임무를 수행하던 중 자국 정부도 동일한 프로그램을 보유하고 사용해야 한다는 사실을 깨닫고 처음 관심을 갖게 되었다고 회고한다. 실제로 그는 NSA가 인터넷 서비스 제공업체 및 웹 회사와 계약을 맺었을 뿐만 아니라 인터넷 인프라에 대한 물리적 도청이라는 카니보어 버전을 부활시켰다는 사실을 발견했다. 스노든은 모든 것을 가지고 있었고, 젊은 분석가들이 사람들의 사소한 사생활을 들여다보며 신처럼 행동하는 것을 지켜보았다. 이 사실을 알리기 위해 스노든은 복잡한 기밀 유출 및 탈출 계획을 세우고 성공적으로 실행했으며, 국가가 자신과 같은 숙련된 계약자에게 관용을 베푼 덕을 톡톡히 봤다. 여기 한 업적의 주체가 잘못되었다는 사실이 드러났고, 흥미진진한 뒷이야기와 함께 전 세계에 충격을 주었다. 그러나 미국인들은 인터넷 사용을 멈추지 않았고 오바마 행정부는 B2K 기술자본주의 보안국가를 재고하기는커녕 내부 고발자를 단속했다. 정보유출 전날 주식을 샀더라도 스노든의 주가는 여전히 훌륭한 투자가 되었을 것이며, 프리즘 기업 중 어느 곳도 시장에 부정적인 영향을 미치지 않았다. 독점은 독점이었다.

스노든의 기밀 유출이 큰 파장을 불러일으켰음에도 불구하고 기술 유출에 반대하는 사람들을 찾기는 점점 더 어려워졌다. 모바일 웹 연결은 완전한 사회참여의 전제조건이 되었고 스마트폰은 개인용 컴퓨터의 또 다른 이름임을 드러냈다. 이제 우리는 항상 켜져 있는 기기를 가지고 있고 항상 휴대하고 다닌다. 기술독점기업이 인프라 역할을 맡고 있기 때문에 소비자로서 압력을 행사하기는 매우 어렵다. 캘리포니아의 농장 노동자들을 지원하기 위해 포도를 보이콧할 수는 있지만 아마존을 보이콧하는 것은 불가능하다. 해당 사이트에서 주문하지 않더라도 어떤 식으로든 클라우드 서버에 접속할 수밖에 없다.

한 기자는 아마존을 생활에서 차단하는 실험을 해보았지만 쉽지 않다는 것을 알게 되었다. 우선 직장 동료나 딸의 어린이집과 소통할 수 없었다.

대신 이베이에서 물건을 주문하려고 했을 때, 기자는 패키지에서 아마존과 동일한 주문 처리 스티커를 발견했다. 아마존은 현대생활의 인프라와 경쟁사를 포함한 수많은 기업의 비즈니스 모델에 너무나도 철저하게 자리 잡았기 때문에 이를 피하는 것은 거의 불가능했다. 우리가 웹 독점기업의 서비스 약관에 동의했는지 여부는 중요하지 않다. 그저 우리가 약관에 동의하도록 만들어져 있는 것이다.

B2K 규제 완화의 선례와 민주당의 비즈니스에 대한 열정이 결합되어 일부 강력한 민주당원들이 큰 부자가 된 것은 당연한 일이 아니었다. 샌프란시스코의 하원의원인 낸시 펠로시는 2003년부터 2022년까지 전당대회를 이끌었으며 물러날 계획이 없다. 남편인 폴은 벤처캐피털리스트이며 이 부부는 아홉 자릿수의 재산을 축적했다. 캘리포니아의 상원의원 다이앤 파인스타인과 샌프란시스코 투자은행가인 남편 리처드 블룸은 수십억 달러의 자산을 보유하고 있다. 오바마 행정부는 고임금 기술인력을 공직으로 끌어들이는 데 자부심을 느꼈지만, 실리콘밸리는 큰 수익을 얻었다. 모든 주요 기술기업들은 백악관 고위급 직원을 영입했다. 수많은 규정준수 문제를 해결해야 하는 에어비앤비는 미국 최고의 법 집행 공무원인 에릭 홀더 법무장관을 고용했다. 오바마 대통령도 대단한 기술 일자리를 얻었는데, 넷플릭스의 새로운 영화를 고르는 일 말이다.

그 결과 자본가들이 임대료를 올리고 상대적으로 임금이 높았던 숙박업과 운송업 등 과거 영향력이 컸던 서비스 고용 부문이 사라지면서 불평등이 급속히 심화되었다. 캘리포니아의 보호받지 못하는 노숙자 인구는 2010년과 2020년 사이에 57% 증가했다. 다락방에 대한 불만이 다시 한 번 터져 나오면서 기술업계는 힘겹게 쫓겨난 이웃에 대한 불만이 커졌다. 자동차 절도 사건이 폭발적으로 증가하면서 전국 및 주 전역의 범죄율이 감소하는 것과 대조적으로 기술 엘리트들 사이에 '더티 해리' 콤플렉스가 생겨났다. 일부는 시민 자경단의 길을 택하여 2016년 발의안Q에 자금을 지원하고 경찰에게 노숙자 텐트와 캠프 철거 권한을 부여하는 데 힘을 실어주기도 했다. 세쿼이어 캐피탈의 마이클 모리츠 회장과 앤젤 투자자 론 콘웨이는 각각 5만 달러 정도를 기부하여 법안이 근소한 차이로 통과되도록 했다.

샌프란시스코에서는 글로벌 자본싱크 역할을 하는 업계가 도구 제조업체의 형제라는 본래 이미지보다 더 중요한 역할을 했다. 뉴욕시 지도부는 기술 일자리를 구했고, 감독위원회는 트위터가 일자리를 제공하는 대가로 2,200만 달러의 맞춤형 급여세 감면을 승인했다. 2011년 특정 지역의 급여세 면제는 트위터 세금 감면으로 알려졌으며, 기술인력을 유입하여 뉴욕의 고실업 지역에 활력을 불어넣는다는 취지로 시행되었다. 순전히 수치상으로만 보면 이 계획은 성공적이었다. 샌프란시스코는 세금이 더 낮은 주변 도시에 기업을 빼앗기는 대신, 새로운 분출구에 수도꼭지를 설치하면서 자본을 샌프란시스코로 유입되도록 했다. 하지만 젠트리피케이션이 약속한 대로 모든 문제를 해결하지는 못했다. 이러한 세금 감면은 고임금 일자리가 주변 지역으로 퍼져나간다는 생각을 전제로 한다. 기술직 종사자들은 점심값을 더 많이 지불하기 때문에 지역 식당에 대한 수요가 늘어나고, 더 높은 임금을 받는 종업원을 고용할 수 있다. 이른바 승수효과(정부 지출을 늘릴 경우 지출한 금액보다 많은 수요가 창출되는 현상)였다. 노숙자들을 거리에서 끌어내어 리모델링된 상점에서 일할 수 있도록 하기 위한 것이었다. 그러나 그런 일은 일어나지 않았다. 그 이유를 짐작하는 건 어렵지 않다. 노동자 계급의 복지를 방해하여 얻은 돈으로는 노동자 계급의 복지를 개선할 수는 없는 것이다.

안타깝게도 기술 노동자들은 제 살을 깎아먹으며 성장했다. 문어발식 플랫폼은 수력 발전소가 언덕 아래로 미끄러져 내려갈 준비가 될 때까지,

플레이서 카운티의 광산마을을 파헤치듯 사회적 기반을 무너뜨리면서 성장했다. 에어비앤비는 숙박업계를 약화시켰고 차량공유업체는 교통수단에도 같은 영향을 미쳤다. 기술직 근로자들은 흰 테이블보가 깔린 식당에서 팁을 많이 줘야 하는 점심을 먹는 대신 앱으로 패스트 캐주얼을 주문하고, 주문은 한 번, 결제는 한 번, 배달은 세 번 하는 식으로 주기적으로 앱을 사용했다. 그들은 카르텔화된 택시와 검은색 승용차, 또는 버스와 기차 대신 우버와 리프트를 사용했다. 인스타카트는 퇴근 후 마트에 들려야 하는 개인적인 일을 일용직 쇼퍼로 전환시켰고 곧 식료품점에는 노조에 가입한 직원보다 저임금 앱 노동자가 더 많아졌다. 헬로프레시, 플레이티드, 블루에이프런과 같은 밀키트 서비스는 준비된 식재료 상자를 회원의 집 앞까지 배달해주어 개인 요리시간을 단축시키는 역할을 했고, 도어대시, 그럽허브 등은 테이크아웃 배달을 중간에서 관리했다. 트래비스 캘러닉은 우버 이후 벤처기업인 클라우드키친을 통해 한 걸음 더 나아가 테이크아웃 음식점을 대체할 수 있는 메기 플랫폼인 '캣피쉬'를 개발하여 다양한 종류의 음식점을 동시에 온라인에서 홍보했다. 태스크래빗이나 포스트메이츠와 같은 서번트 앱은 사용자가 잡다한 일을 대신 해줄 일꾼을 소환할 수 있게 해주었는데, 2017년에는 이케아가 태스크래빗을 인수했고, 2020년에는 식인 크랩 우버가 후포스트메이츠를 인수했다. 음식과 노동력을 제외한 나머지는 아마존이 배송할 수 있었다.

기술 노동자들은 다른 사람들의 급여 대신 부동산에 돈을 투자했다. 실리콘밸리 주택가격은 두 배로 상승했다. 기술업계 종사자들은 스톡옵션과 벤처 베팅을 통해 자신의 분야에 재투자하여 저임금 서비스에 보조금을 지급하는 스타트업 도박에 자본을 다시 투입했다. 기술산업 콘셉트 컨설턴트 벤카테시 라오는 하인을 빌리는 이 같은 라이프스타일을 '프리미엄 평범함'이라고 부르며, 트위터 세금감면의 혜택을 받는 서비스 사용자들의 특징을 잘 설명해준다. '프리미엄 평범함'은 의식적으로 세련된 취향을 가장하여 상향 이동에 대한 열망을 공개적으로 드러내는 동시에, 냉혹한 하향 이동의 현실을 불안감 극복의 방향으로 헤쳐나가는 소비패턴이다. 단순히 망상처럼 들리지만 라오는 이것이 "궁극적으로 새로운 경제에서 중산층이라는 인생복권을 획득하기 위한 합리적인 적응 반응"이라고 결론지었다. "중산층 가정에서 분리되어 자기 인생을 살기 위해 뛰어들었지만 아직 그곳에 머물 준비가 되어 있지 않은 젊은이들의 체면을 살려주는 연착륙 같은 경제적, 문화적 재기 행동"이라는 것이다. 실리콘밸리의 거대한 주변 도시라는 새로운 정체성으로 인해 샌프란시스코는 프리미엄 평범함의 집합소가 되었지만, 대표 산업의 폭발적인 부와 막대한 광고 예산으로 2차 세계대전 후 샤를 드골이 스탠퍼드 산업단지를 방문했을 때보다 더 대단한 세계발전의 모델이 되었다.

"샌프란시스코 젠트리피케이션의 가장 눈에 띄는 징후는 쉭쉭거리는 피의 향연을 찾아 뱀파이어처럼 거리를 배회하는 흰색 고급버스의 등장이었다"라고 자렛 코벡이 그의 사실주의 소설 《나는 인터넷이 싫다》에서 표현했다. 샌프란시스코의 아파트에서 실리콘밸리의 캠퍼스로 출퇴근하는 직원이 많기 때문에 구글과 같은 회사가 자체 통근버스를 운영하는 것은 당연한 일이었다. 단독주택 밀집 지역인 마운틴뷰에 살기를 원하지 않고 그럴 여유도 없는 젊은 힙한 근로자들에게는 인센티브가 되었고, 구글 직원들은 통근 시 강력한 와이파이를 이용할 수 있어 기업의 효율성을 높일 수 있었기 때문이다. 개인 버스는 도시의 지형을 빠르게 재편했다. 구글 정류장 근처의 임대료는 특히 급격히 상승했다. 정류장은 도시의 사회구조에 구멍을 뚫었고 주변으로 실타래가 풀렸다. 모두가 구글제품 사용자라는 사실은 그대로였지만, 구글과 구글이 대표하는 분야는 점점 더 양극화되고 있었다. 또 다른 정점에서는 대중이 사용자를 '유리구멍'이라고 공격하자 구글은 카메라가 장착된 헤드셋을 회수했다. 몇몇 유리구멍은 정치적 동기를 가진 강도의 표적이 되기도 했다. 전문기술자의 특징 중 하나는 모든 일을 실내에서 하는 것이지만 구글버스는 공공장소에서 민영화를 과시했다. 버스는 시내버스 정류장을 점령하고 마치 애벌레를 잡아먹는 기생 말벌처럼 텅 빈 도시 공간에서 성장했다. 게다가 그들에게는 허가증 같은 게 필요하지도 않았다.

활동가 레슬리 드레이어가 알고 싶었던 것은 바로 이 점이었다. 월가점령시위의 전조가 된 시민운동의 조직자인 그녀는 구글 버스와 같은 민간 시스템이 공공 서비스를 약화시키는 방식에 대해 잘 알고 있었다. 당국은 샌프란시스코를 기술기업과 그들의 '빨리빨리' 정신에 넘겨주었고 지역활동가들은 좌절하고 도시에 대한 지역사회의 권리가 침해되는 것을 내버려 두었다. 샌프란시스코 교통국에 문의한 결과, 허가 없이 버스 정류장을 막은 것에 대해 271달러의 벌금이 부과되었지만, 구글에는 벌금이 부과되지 않은 것으로 확인되었다. 활동가들은 구글이 공공장소를 무단점유한 것에 대해 약 10억 달러의 벌금을 물어야 한다고 계산했는데 이 금액은 검색 대기업이 다른 대안을 찾게 만들었을 것이다. 2013년 12월 9일, 드레이어와 그녀가 이끄는 '하트 오브 더 시티' 단체는 처음으로 구글버스를 멈췄다.

'하트 오브 더 시티'는 흑표당 법률주의와 반세계화 운동의 게릴라 연극을 결합하여 시를 대표하는 조끼를 맞춰 입고 구글버스에 탑승한 후 존재하지 않지만 아마도 있어야 할 샌프란시스코에 들어온 회사라면 마땅히 받아들여야 할 조례를 발표했다. 이 퍼포먼스는 입소문을 타면서 전국적인 뉴스가 되었고 다른 지역 단체들도 채택하도록 장려했다. 구글버스 봉쇄는 베이 지역의 기술 부의 편중과 갈등에 대한 관심을 불러일으켰지만 자본의 동맹인 지방정부는 곧 모든 것을 다시 통제하고 시범 프로그램에 따라 구글버스를 합법화했다.

2017년에 감독위원회는 버스 정류장 인프라에 대한 영구적인 민간 접근을 확대하기로 결정했다. "베이 지역에서 저항의 역사는 도움이 됩니다." 드레이어가 작가 캐리 매클렐런드에게 말했다. "하지만 자본에 의해 운동이 방해받는 순간 차단되거나 공동 채택되는 것 같아요. 사람들이 가족과 네트워크에서 쫓겨나는 상황에서 우리가 필요로 하는 활동을 지속하기는 어렵죠. 그리고 장기적인 작업을 수행하는 데 필요한 지원이 해체되고 있어요." 50년 전에도 그랬듯이 샌프란시스코의 재개발은 샌프란시스코의 시민들에게 특히 큰 타격을 주었다. 한편, 미얀마의 소수 무슬림 로힝야족에 대한 인종청소 캠페인을 가능하게 한 페이스북의 역할까지, 기술독점기업에 대한 나쁜 뉴스가 매주 쏟아져 나왔다. 최악의 경우 '빨리빨리'가 사회 전체를 무너뜨렸다. 하지만 글로벌, 국가, 지역 차원의 어떤 기관도 이러한 기업들이 제멋대로 행동하는 것을 효과적으로 관리할 수 없었다. 저커버그가 페이스북의 반복되는 데이터 프라이버시 실패에 대한 질문에 답했을 때, 미국의 최고 입법기관조차 길을 잃은 것처럼 보였다. "사용자가 서비스 비용을 지불하지 않는 비즈니스 모델을 어떻게 유지할 수 있습니까?" 유타주 상원의원 오린 해치가 자못 진지하게 물었다. "의원님, 저희는 광고를 집행하잖아요." 저커버그가 웃으며 대답했다. 스노든의 폭로와 버스 봉쇄처럼 의회는 에어컨이 설치된 와이파이를 타고 실리콘밸리로 출근하는 사람들에게 과속 방지턱에 불과했다.

어떻게 멈출 것인가?

지금까지 실패가 성공의 전조에 지나지 않고 오만이 처벌받기보다 보상받는 팔로알토 시스템을 서사로 구축하느라 애를 먹었다. 이를 위한 한 가지 방법은 우리가 아직 결론에 도달하지 않았고 이 모든 행동이 차곡차곡

쌓였다가 실리콘밸리가 끝내 선을 넘으면 나락으로 밀어넣을 거라고 상상하는 것이다. 마이크 저지의 TV시리즈 〈실리콘밸리〉 역시 결말은 동일하다. 주인공들은 자신들이 개발한 머신러닝-압축 조합이 지나치게 똑똑해져서 암호체계를 빠르게 뚫고 있다는 사실을 알게 되자 아무도 같은 시도를 할 수 없도록 회사를 완전히 초토화하기로 결심한다. 하지만 현실에서 팔로알토는 이를 거부한다. 자본은 한계를 오히려 기회로 둔갑시키고 있는데 세계가 고갈되지 않고 열차를 멈출 수 있는 방법이 무엇이란 말인가?

대잠수함전 작전 연구 그룹에서 군 복무 중이던 1943년 11월의 어느 주말, 윌리엄 쇼클리는 집에 돌아와 아내에게 다음과 같은 메모를 남겼다.

"미안하지만 더는 계속할 수 없을 듯하오. 살아오는 내내 나는 세상이 그리 유쾌한 곳이 아니며 사람들도 그다지 감탄할 만한 존재가 아니라고 느꼈소. 특히 나 자신이 만족스럽지 않았고 내 행동의 대부분은 내가 부끄럽게 여기는 동기에서 비롯된 결과였소. 단언컨대 대부분의 사람이 그렇게 느끼지는 않을 거요. 그래서 삶을 지속해나가거나 우리 아이들에게 적절한 태도를 물려주는 데 나는 스스로 적합하지 않다고 여길 수밖에 없소. 이런 측면에서 내가 시간이 갈수록 악화만 될 것이라고 믿지 않을 이유도 없소. 앞날에는 더 나은 행운이 깃들기를 바라오."

이어서 편지를 봉투에 넣어 봉인한 후 자신의 사후 발견될 수 있도록 금고에 넣어두었다. 몇 십 년이 지나고 1989년, 그는 자신의 리볼버 권총에 총알 하나를 넣고 챔버를 돌린 뒤 총구를 자신의 머리에 대고 방아쇠를 당겼다. 1945년, 어쨌든 쇼클리는 미국 정부가 폭탄을 사용하도록 조언했다. 그들보다는 우리가 사용하는 게 낫다는 것이었다. 그밖에는 진격할 길이 보이지 않았고 그의 공식을 채택한 미국 냉전정책 설계자들도 마찬가지였다. 정책의 핵심수단이 핵미사일에서 특수부대 요원으로, 제트 전투기에서 드론 편대로 바뀌었지만 의제는 '버티기'로 동일했다. 윌리엄 쇼클리 주니어가 모든 걸 놓을 수 있는 유일한 방법은 스스로 목숨을 끊는 것뿐이었다. 하지만 결국 죽음도 릴런드 스탠퍼드 주니어를 규정했던 기운을 막을 수는 없었다.

특정한 곳, 특정한 시스템을 어떻게 죽이겠는가? 팔로알토가 세계 역사에서 지난 150년 동안 어떤 역할을 했는지 고찰한 뒤 남은 21세기 동안만큼은 팔로알토가 세계를 지배하기에 다른 대부분의 지역보다 적합하지 않다고 결론 내리면 어떻게 될까? 캘리포니아의 앵글로 정착민은 시간을 곧 돈으로 여겼고 식민지 시대의 이치를 아직 법이 미치치 않는 모든 곳에 강요했다. 변화된 세상에서 팔로알토 시스템이 세상의 다른 지역과 동반 추락하지 않고 단독으로 종식될 방법은 과연 무엇이란 말인가?

마치며

　올론 초등학교가 1970년대를 받아들인 방법 중 하나는 캠퍼스에 작은 농장을 만드는 것이었다. 내가 입학했을 무렵 농장에는 염소 두 마리와 닭 몇 마리, 그리고 제이슨이라는 커다란 검은 양 한 마리가 있었다. 제이슨은 이따금 울타리에서 탈출해 들판을 뛰어다닌 바람에 어른들이 잡으러 쫓아다녀야 했고 이를 본 아이들은 겁먹으면서도 즐거워했다. 농장에서 우리는 추수 축제를 위해 쿠키를 장식하는가 하면 덤불 속에서 나무판자와 콘크리트 조각을 공수해 요새를 만들고는 했다. 지금까지 나는 식민 정착 과정에서 축적된 분노가 전 세계에 지울 수 없는 방식으로 새겨져 있다고 적었지만 올론에서 우리는 앞서 팔로알토에 살았던 사람들에 대해 배우고 그들이 했던 방식으로 도토리를 갈았다. 의식 있는 교육, 진실과 순수의 만남만이 뭔가에 '씌인' 사회를 위한 유일한 치료법일까? 하지만 교육은, 내가 보여주려 했던 것처럼, 앵글로 정착민의 가장 중요한 무기 중 하나였다.

　5학년 때 나는 몇 주간 골드러시 시뮬레이션에 참여했다. 재작년에 인디언을 연기했던 아이들이 이번에는 정착민을 연기했다. 우리는 농장을 금이 넘쳐나는 1850년 캘리포니아로 바꿔놓았다. 당시 하늘이 포티나이너스에 금을 내리신 것처럼 선생님들이 작은 도토리를 금색으로 칠해 우리가 찾을 수 있도록 흙 속에 숨겨 놓았다. 첫날 우리는 문앞에 줄을 서 있다가 "가!"라는 소리가 들리면 모두 빈 농장으로 달려가 금을 최대한 빨리, 최대한 많이 모으기 위해 경쟁했다. 하지만 그건 첫날로 끝이었다. 초기 러시가 끝난 뒤에는 모두가 스타트업 창업자가 되어 상품과 서비스를 거래하고 금을 유통시켰다. 여기에는 부란 운 좋게 발견되는 것이 아니라 좋은 사업 계획에서 비롯된다는 진정한 교훈이 담겨 있었다. 하지만 이는 자본주의 세계 체제의 원점, 역사와 사회가 우리의 시작을 기다리며 땅속에서 반짝이는 모습을 빅뱅으로 재현한 것이었다. 우리는 돈의 출처를 잊는 연습을 했다.

이 모든 게 내게는 꿈만 같았다. 수업 대신 온종일 다른 학년들과 역할 놀이를 즐겼으니 당연한 일이었다. 나만의 스타트업 계획서와 금을 담을 가방을 들고 농장으로 달려갈 때면 그보다 더 자유롭고 행복한 순간이 없었다. 이 작은 세상이 그만의 순수한 잠재력을 수집하고, 만들고, 사용하고, 소유하며, 증명하고, 존재하고, 또 소유할 수 있도록 나를 향해 완전히 열려 있었다. 그해에는 올론이 없었다. 우리는 그걸 잊는 연습도 했다. 금이 도움이 되었다.

"실리콘밸리를 폐지한다는 건 무슨 뜻인가?" 기술 노동자 웬디 리우는 자본의 끊임없이 축적되는 수익 창출 욕구가 현대 기술에 대한 민주적 통제와 양립할 수 없다고 결론지었다. 이는 팔로알토의 150년 역사를 돌아보면 동의하기 어렵지 않다. 자본가는 자본을 가지고 있는 한 투자할 곳을 찾아야 하며, 자본은 늘 주인을 발견할 것이다. 실리콘밸리는 이 같은 비인격적 욕구가 지리, 역사, 그리고 상상의 방식으로 발현된 곳이라고 이해하는 게 가장 쉽다. 농산물부터 부동산, 무선통신, 트랜지스터, 마이크로칩, 미사일, PC, 라우터, 브라우저, 인터넷 포털, 아이팟, 플랫폼에 이르기까지 골드러시가 지속적으로 일어난 곳을 상징한다. 캘리포니아가 미국의 미국이라면 팔로알토는 미국의 미국의 미국이다. 기회뿐 아니라 쇄신 역시 끊임없이 일어났다. 금융이 주도하는 성장의 역동성을 고려할 때 실리콘밸리는 멈추거나 심지어 속도를 늦추는 데 대한 거부로 정의할 수 있다. 실리콘밸리의 이야기를 어떻게 끝낼 수 있을까? 가능한 한두 가지 방법이 있을 것이다. 그런데 첫 번째는 무엇이고 두 번째는 무엇인가?

자본 투자는 고갈되고 소모된다. 우리는 비교적 짧은 기간 동안 이 같은 현상을 거듭 목격했다. 수력채굴업자들은 지반이 붕괴될 만큼 땅을 파고들었고 재배업자들은 대수층을 고갈시켰으며 은행가와 부동산업자들은 영토를 깎아냈고 전자제품 제조업체들은 중금속과 생소한 화학물질로 생태계를 가득 채웠다. 그 결과, 대기가 탄소를 흡수해 지구의 과열을 막는 능력이 고갈되어 버렸다. 캘리포니아의 벡텔은 전 세계에 에너지 인프라를 구축함으로써 이 같은 결과를 초래하는 데 앞장서 왔다. 게다가 전 세계 LNG 시설의 무려 30%를 설계하고 건설했다. 내가 이 글을 쓰는 지금도 펜실베이니아 서부에 15억 달러 규모의 발전소를 건설할 계획을 추진 중이다. 고압의 물로 지하 암석을 파쇄해 생산량을 높이는 수압 파쇄를 통해 채굴한 가스를 연소하는 것이다. 금의 수압 채굴을 연상시키는 이 파쇄기술은 지진 같은 자연재해까지 초래한다(뱅크오브아메리카는 2020년 한 해에만 새로운 파쇄, 시추 및 파이프라인 사업에 200억 달러 이상을 지원했다). 비평가들은 벡텔 공장이 가장 가까운 대도시 피츠버그보다 온실가스를 많이 배출할 것이라고 지적한다. 실리콘밸리는 자신뿐 아니라 전 세계를 파괴하고 있다.

우리는 한때 상상한 것과 달리 '인간증강'이 아닌, 성공으로 인해 질식할 듯한 고통을 겪고 있다. 기후 변화는 전례 없는 규모의 캘리포니아 산불을 일으켰고 세계사적으로 부의 중심지였던 베이 지역은 대기질이 지나치게 악화되어 주민들은 창문을 닫고 실내에 머물러야 하는 지경이 되었다. 2020년 베이 지역 대기질 관리 구역은 30일 연속 대기질 지수가 100을 넘어서는 원치 않던 기록을 세웠다고 선포했다. 연간 화재가 발생할 때면 하늘은 마치 금문교의 페인트가 하늘로 솟아오른 듯 무시무시한 주황색으로 물든다. 그럼에도 호시탐탐 기회만 엿보는 게 실리콘밸리다. 벤처캐피탈리스트들은 인터넷으로 작동되는 고급 가정용 공기청정기를 800달러에 판매하는 샌프란시스코 스타트업 '몰리큘'에 1억 달러에 가까운 자금을 쏟아부었지만 그 결과는 신통치 않아 보인다. 자본주의에서는 심지어 공기조차 개인의 책임으로 귀결된다. 고급 주택화가 노숙자 문제를 해결할 수 없는 것처럼 자본주의 기술이 이 같은 문제를 발생시킴과 동시에 해결하는 건 불가능하다. 물론, 그렇다고 해도 벤처캐피탈리스트는 계속해서 기후 위기를 활용해 돈을 벌 테지만 말이다.

자본주의가 자본주의의 한계를 초월하지 않고 생물권의 한계를 초월하는 한 가지 방법은 나머지 태양계와 은하계, 그리고 그 너머를 식민지화하는 것이다. 19세기 광산 제국주의 지도자 세실 로즈는 다음과 같이 한탄한 것으로 전해진다. "세계는 거의 모두 분할되었고 그나마 남은 영토 또한 나뉘고 정복당해 식민지화되고 있다. 당신이 밤하늘에서 볼 수 있는 그 모든 별, 우리가 결코 닿을 수 없는 광활한 세계를 떠올려 보라. 나는 할 수만 있다면 그 모든 행성을 통합하고 싶다고 종종 생각한다. 이토록 선명한데 그렇게나 멀리 있다는 사실이 나를 슬프게 한다." 오늘날 자본의 야망은 담대했던 로즈의 소망을 훌쩍 뛰어넘는다. 제프 베이조스와 일론 머스크가 각각 블루오리진과 스페이스X를 통해 자본주의의 우주 진출을 이끌고 있는 것이다. 머스크는 화성의 식민지화를 꿈꾸고 있으며 베이조스는 아침 뉴스 프로그램에서 "중공업 등 공해를 일으키는 모든 산업을 지구 밖으로 이동해 우주에서 운영할 수 있다"고 선포했다. 고개를 어느 쪽으로 돌려야 하는지만 알면 새로운 개척지는 어디에나 존재한다.

자본은 지구에서 유일하게 무궁무진한 자원인 노동력을 모든 단계에서 소모해 고갈하고 있다. 아마존이 작업장의 기계화, 노동력 착취 및 저임금 등의 이슈에서 시장의 선두주자라는 사실은 매우 우려스러운 일이다. 베이조스는 노동자가 편해지고 살기 좋은 세상이 아닌, 기술이 나아갈 길만을 제시하고 있다. 사회는 자본주의의 약속대로 (평등하지 않더라도) 널리 번영하는 방향으로 나아가기는커녕 갈수록 악화만 되고 있다. 성장이 둔화되고 국내 계급투쟁이 갈수록 제로섬 게임이 되면서 내가 분화라고 칭한 일련의 사회경제적 현상에는 가속도가 붙고 있다. 앱으로 억만장자가 된 사람이 탄생할 때마다 일자리의 질은 악화된다. 실제로 제프 베이조스와 일론 머스크는 자신들의 이름을 딴 새로운 법을 제정하기 위해 싸우는 중이다. 고도의 기계화에 따라 높아질 수밖에 없는 재해율에 대비하려는 것이다.

실리콘밸리의 최고 승자는 이 같은 역사적 기운에 단단히 매달린 꼭두각시들, 유리 진열장의 가장 적당한 자리에 자신을 고정한 나비들이다. 워즈니악이나 베이조스가 아닌, 자신들이 이해하지 못하는 기운을 최대한 빨리, 가능한 많은 사람에게 전파하려는 열망을 가진 이들 말이다. 이런 사람은 적절한 동기만 부여하면 어렵지 않게 찾을 수 있었으며 실망스러운 이 시대에 자본을 구원하는 세력 중 하나였다. 또 다른 승자는 주거, 교육, 노동시장 분리의 형태로 계속되고 있는 인종차별이다. 실리콘밸리와 그 이전의 캘리포니아 자본가들에게 계급을 불문한 백인의 반응은 암묵적이지만 강력한 동맹이었다.

150년 안팎의 팔로알토 시스템은 세계사적 관점에서 그리 오래되지 않았지만 팔로알토 사람들이 생각하는 것만큼 새로운 것도 아니다. 프론티어 업계에서는 지난 성공보다 더 오래된 과거를 기억하려 들었다가는 벤처캐피탈을 유치할 수 없다. 오슨 웰스의 1955년 미스터리 스릴러 영화 〈아카딘 씨Mr. Arkadin〉에는 편리한 기억상실증으로 돈의 출처를 기억하지 못하는 억만장자가 등장한다. 이 같은 건망증은 살아가기 위한 적응의 결과라 할 수 있다. 과거는 미래를 창조하는 데 방해가 될 뿐이기 때문이다. 자본에 중독된 과학자에게 지구는 우주 자본주의를 위한 발사대에 불과하다. 이들은 인류 역시 더 우수하고 빠르며 오래 지속될 포스트휴먼으로 나아가는 발사대라고 여긴다. 지구라는 행성과 인간이라는 종 자체에는 그리 큰 중요성을 부여하지도 않는다.

차라리 은하계 자본가들이 승리해 지구와 인류를 고갈시켜 그 이후 나타날 포스트휴먼이 우리가 너무 늦었으며 기회가 없었다고 판단해줬으면 좋겠다는 생각을 해본다. 어쩌면 실제로 그렇게 될 수도 있겠지만 나는 희망을 품고 싶다. 이 지구를 위해 헌신하고 있는 이들이 있으며 이는 곧 자본주의적 고갈에 대안이 존재한다는 희망을 놓을 수 없음을 뜻한다. 그렇다면 그 대안이란 어떤 모습일까? 지금까지 우리는 팔로알토와 스탠퍼드가 낳은 수많은 인물, 즉, 허버트 후버와 빌 쇼클리, 그리고 그 뒤를 이은 이들을 중점적으로 살펴봤다. 이들은 자신이 창조한 문제를 해결한다는 명목으로 얼마든지 새로운 수익사업을 내놓을 수 있었겠지만 그들의 역사를 충분히 돌아본 우리는 그 해결책들도 결국 무용지물에 불과할 것임을 알고 있다. 그럼 팔로알토는 이제 어떻게 해야 할까?

학교에서 배운 것과 달리 올론족은 사라지지 않았다. 물론 연방정부는 인정하지 않지만 말이다. 무웨크마 올론 부족은 팔로알토를 포함한 사우스베이 지역에 원주민의 영유권을 주장한다. 1925년, UC버클리의 민족학자 알프레드 크로버는 알라메다 카운티의 베로나 밴드(정부가 올론족을 칭하던 명칭)가 멸종됐다고 잘못 기재했는데 연방정부는 1906년 올론족을 인정했던 전례를 뒤집고 이를 채택했다. 20년 만에 한 부족이 해체됐다고 주장한 것이다. 이는 결코 사실이 아니었지만 정부는 한 세기가 다 지나도록 잘못된 노선을 고수해왔다. 결과적으로 연방정부의 인정을 받지 못한 무웨크마 올론족은 미국 기관에 어떤 주장도 하지 못했다. 20세기 캘리포니아 노동운동과 마찬가지로 인정받지 못한 비공식 단체자격으로 할 수 있는 것만 했을 뿐이다. 그런데 어느 순간, 정부도 더 이상 인정하지 않을 수 없어졌다.

1980년대, 산호세 지도자들은 다운타운을 기술 중심지로 탈바꿈하고자 수백만 달러를 들여 재개발에 착수했다. 애플 본사를 비롯해 사우스베이에서 한창 성장하고 있는 신생기업들을 유치하는 게 목표였다. 당시 스티브 잡스는 인근 지역 시장을 여럿 만나면서 대규모 산업단지와 자신의 저택 건축안을 함께 논의했다. 한편, 시 당국은 땅을 파는 과정에서 발굴된 유물을 처리하고자 주로 정부기관을 위해 '문화자원 평가'를 수행하는 고고학 자원 서비스ARS와 계약을 맺었다. 1976년 캘리포니아는 아메리카 원주민 유산 위원회를 설립했는데 이는 ARS의 수장 격인 캐서린 플린과 윌리엄 루프 등 컨설턴트에게 큰 도움이 된 것으로 보인다. 최근 점령된 지역에서 현존하는 부족의 유물과 유골을 맞닥뜨릴 수밖에 없는 보기 드문 작업이었던 만큼 ARS로서는 상당히 신중하게 발굴작업을 진행해야 했다. 이후 개발 현장에서 실제 유골이 발견되자 무웨크마 올론 부족이 발굴에 항의했지만 시 정부와 업체는 아랑곳하지 않았다. 타인의 매장지를 훼손할 경우 어떤 비극이 발생하는지 수많은 문화권에서 여실히 보여주고 있음에도 수십억 달러가 걸려 있다 보니 멈출 수 없었던 것이다. 하지만 자본의 비인간적 강박이 매번 모든 걸 결정할 수는 없다. 무웨크마 올론 부족 의장인 로즈메리 캄브라에게 삽으로 폭행당한 뒤 루프는 발굴을 중단할 수밖에 없었다.

연방당국이 뭐라고 하든 삽으로 자신을 때린 사람을 인정하지 않기는 힘들었다. 캄브라는 살인의도가 있는 폭행혐의를 단순폭행으로 낮춰달라고 호소했고 판사는 그녀가 세 자녀를 계속 돌볼 수 있도록 1년간 주말에만 수감생활을 하도록 판결했다. 산호세 폭행사건은 1969년 캄브라가 어선을 타고 가 알카트라즈 인디언 점령에 동참했던 때로 거슬러 올라가는 레드 파워 운동(미국 내 인디언의 민족적 반항을 의미)의 일환으로 일어난 일이었다. 캘리포니아 북부 농장 노동자의 딸로 성이 산체스라는 점에서 히스패닉으로 분류된 캄브라는 무웨크마 올론 부족의 혈통이 분명 이어지고 있음을 잘 알고 있었다. 그녀의 어머니 돌로레스는 올론 부족 지우기가 한창이던

1911년 태어났으며 미션 산호세에서 세례를 받았다. 돌로레스의 어머니 라모나 마린도 마찬가지로 1921년 올론 인디언 공동묘지인 유키 쿠츠이미 사토시 이누스에 묻혔다. 바로 이 조상 묘지가 팔로알토 시스템 발상지인 릴런드 스탠퍼드의 가축 농장이 된 것이다. 라모나 마린 산체스가 사망할 당시 이 땅은 스탠퍼드 대학 소유였고 허버트 후버는 행정부 수장이 되기 위해 고군분투 중이었다.

오늘날 이 매장지는 스탠퍼드 대학 부지를 가로지르고 스탠퍼드 대학은 샌드힐로드와 맞닿아 있으며 이 구역에는 실리콘밸리에서 가장 많은 벤처 캐피탈리스트와 역사적으로 단연 가장 많은 자본이 밀집해 있다. 스탠퍼드의 자본주의 우생학 프로젝트로 안식처가 훼손되고 유기됐다고 이야기할 때 살아 있는 자들의 피붙이와 비교하며 접근하는 방법이 유용할 수 있다. 릴런드 스탠퍼드 주니어는 라모나 마린의 어머니이자 돌로레스 산체스의 할머니, 로즈메리 캄브라의 증조할머니이자 샬린 니즈메 무웨크마 올론 부족 현 의장의 고조모보다 5년 늦게 태어났다. 물론, 릴런드 스탠퍼드 주니어에게는 자녀가 없었다. 다만 그의 부모가 선언한 대로 나 같은 사람이 있을 뿐이다. 물론 팔로알토는 뭔가에 씌었다. 그 이유에 대한 조사가 우리를 여기까지 이끈 것이다.

스탠퍼드는 미국 연방정부가 무웨크마 올론 부족의 영유권 주장을 인정할 때까지 기다릴 필요 없이 먼저 행동에 나섰다. 1989년, 〈뉴욕타임스〉가 말한 '예외적 합의안'에 따라 올론 조상의 유골 수백 구를 재매장할 수 있도록 반환한 것이다. 이는 학생 운동가들의 압박은 물론, 캄브라가 입증한 그녀의 관심 끌기 능력에 떠밀려 실시한 조치였다. 이에 학계 정착민의 반응은 비난 일색이었다. 공식적으로 중립적 입장을 취한 미국 인류학 협회의 로이 래파포트 회장은 〈타임〉과의 인터뷰에서 "모두가 인디언을 만족시키고 싶어하지만 우리는 유골을 계속 활용할 방법을 터득해나가고자 한다"

고 말했다. 하지만 대세가 바뀌었고 역사는 이 문제에서 스탠퍼드 당국이 동료 기관보다 이미 앞서나갔다고 판단했다. 무웨크마 올론 부족을 인정함으로써 스탠퍼드가 선례를 남긴 것이다. 하지만 인정만으로 충분할까?

엘로나이프 데네족 학자 글렌 콜타드는 반식민주의 이론가 프란츠 파농을 인용해 원주민 정치에서 "지난 40년간 헤게모니로 부상한 권리 기반 인정 지향"을 비판한다. 이는 1970년대 흑표당에서 영감을 받은 정치 문화이기도 했다. 대신 콜타드는 "원주민 법률 및 정치 전통의 정수를 비판적으로 재구성하고 탈식민주의적, 성 해방적, 그리고 비착취적으로 실현하는 정치의 부활"을 촉구했다. 이 탈식민화 의제의 기반은 말콤 엑스가 한 단어로 요약한 '영토'다. 비판적 재구성이 앞을 내다보고 미래주의적 절차로 실현되기 위해서는 영토 통제권이 필수 요소다. 하지만 콜타드가 제시하는 실천과 실험의 기반이 될 올론 땅은 스탠퍼드, 팔로알토 시스템, 실리콘밸리, 그리고 그 위에 세워진 자본주의 세계의 토대이기도 하다. 워낙 많은 게 걸려 있는 도시인 것이다.

나도 스탠퍼드가 팔로알토에서 철수되는 게 어떤 양상일지 알 수 없으며 많은 독자분께 과도한 제안으로 들릴 것임을 이해한다. 하지만 앵글로인들이 알타 칼리포니아를 점령한 이후 계속되어 온 고갈의 맥락에서 볼 때 땅을 반납하는 것만큼 실질적 해결책도 없다. 물론, 스탠퍼드 이사회는 땅 밑에 누가 묻혀 있든 8,000에이커가 넘는 땅을 돌려달라는 무웨크마 올론 부족의 도덕적 역사적 주장을 받아들이지 않을 것이다. 얼마나 많은 팔로알토의 아이들이 동일한 방법으로 스스로 목숨을 끊든 팔로알토에 정착한 사람들을 괴롭히는 정신적 고통 역시 결정적 계기가 되지 못할 게 분명하다. 팔로알토는 절대 꿈쩍하지 않을 거라는 게 너무나 자명하다.

하지만 스탠퍼드가 점령한 자산과 그로부터 파생된 자산까지 영유권을 주장하는 원주민에게 넘긴다면 이곳 거주자들이 얼마나 더 나은 삶을 누릴 수 있을지 이사회를 설득할 수 있다고 가정해보자. 또한 법원이 스탠퍼드 부부가 경고한 부지 이전에 대한 금지보다 땅을 빼앗긴 선조들의 권리가 앞선다는 사실을 인정하고 기꺼이 이전을 허용한다고 가정해보자. 이렇게 소박한 가정을 전제로 한다면 나의 주장이 꼭 불가능한 일만은 아니다. 팔로알토 시스템은 구조적으로 소수의 지위를 향상시키고 다수를 그 밑에 종속시키며 이를 위해 영토를 고갈한다(애초에 이 캘리포니아 하버드를 건설하기 위해 북미 대륙의 절반이 대대적으로 파괴된 것을 상기해보라). 글로벌 자본주의는 부상한 지 200년도 되지 않아 지구를 살기 힘든 곳으로 전락시켰는데 향후 2년간 잘 버틸 수 있다고 믿는 사람이 실제로 존재한다는 게 말이 되는가? 지구의 생물들이 중기적으로 기회를 가지려면 최소한 생산, 유통 및 재생산의 새로운 체계를 지금 당장 개발하고 실천하며 배치할 공간, 즉, 사회적 신진대사가 일어날 공간이 필요하다. 운 좋게도 수백 개의 원주민 부족이 영유권을 갖고 정착민은 전혀 재산권이 없는 상당한 규모의 땅이 존재한다. 20세기 내내 스탠퍼드로 알려져 온 이 부지야말로 인류에게 유일한 기회를 제공한다. 아메리칸 인디언으로부터 약탈해 한때 실리콘밸리 착취 기계의 산실로 사용한 이 부지를 용도 변경해 새로운 길을 터 나간다면 고갈에서 벗어나 회복, 수리와 재생으로 나아갈 수 있을 것이다.

팔로알토는 글로벌 원주민의 훌륭한 중추 지역이다. 팔로알토는 이미 오래전부터 세계 각지 원주민의 중심지 역할을 해왔다고 지적한다. 2차 세계대전 이후 우주 정착 시대에는 인디언 이주 정책으로 부족 구성원의 상당수가 일자리가 부족한 보호구역에서 호황을 누리는 베이 지역으로 옮겨갔다. 1900년대 후반, 멕시코와 중앙아메리카의 인디언은 원자재 가격 하락, 기후 변화, 국가 테러리즘 및 자본주의의 횡포에 밀려 북부로 올라갔다. 당시 커피시장 변화로 궁지에 몰렸던 멕시코 오악사카주의 믹스텍족도 현재 캘리포니아에서 가장 큰 원주민 커뮤니티를 이루고 있다. 전후 베트남인들 역시 베이 지역의 프롤레타리아 계층으로 자리잡으면서 실리콘밸리의 성장을 촉진하는가 하면 서부의 냉전 구도도 강화했다. 그 결과 태평양 건너의 원주민까지 캘리포니아로 이주해 와 캘리포니아의 몽족 인구는 중국, 베트남, 라오스와 태국에 이어 세계에서 다섯 번째로 많은 수를 기록하고 있다. 베이 지역은 태평양의 섬 지역 이외에 태평양 섬 주민이 가장 많이 거주하는 곳이기도 하다. 캘리포니아의 국제적 결집이 항상 우호적이거나 생산적 방식으로 일어난 건 아니지만 아메리카 대륙 인디언이 식민지 경계를 넘어 일하게 된 것만으로도 뭔가 해결되고 있다는 안도감이 생긴다.

나는 스탠퍼드가 370억 달러 이상을 기부하는 게 도움이 될 거라고 생각하지만 세상을 복구하는 건 누구에게나 버거운 일이고 생물권의 지속 가능한 기반을 되살리는 건 우리 시대의 과제이기도 하다. 미국이 주도하는 세계질서가 원주민을 어떤 식으로 대했는지 감안할 때 이 같은 책임을 그들에게 떠넘기는 건 비열한 짓이다. 하지만 그 부담을 가장 적극적으로 짊어져 온 게 아메리카 대륙의 글로벌 원주민이기도 하다. 2020년 토착 볼리비아인들은 자본주의 쿠데타를 저지하고 사회주의 정당의 권력을 되찾는 운동을 주도했다. 캐나다와 미국에서는 원주민들이 파이프라인을 봉쇄해 화석 연료의 인프라 확장을 가로막고 있다. 캐나다 브리티시컬럼비아주에서는 웨트소우이틴 부족의 수장들이 코스탈 가스링크에 퇴거 명령을 내렸다. 스탠딩록 수 부족의 '수자원 보호자'들이 주도한 다코타 액세스 파이프라인 봉쇄는 획기적 저항으로서 세기가 지날수록 중요성이 더욱 커질 것이다. 게다가 이들 사례는 빙산의 일각에 불과하다. 역사학자들에 따르면 스탠딩록 시위에는 원주민이 100년 만에 최대 규모로 집결해 부족들에게 급진적 국제주의를 새롭게 불어넣었다. 21세기 원주민이 주도하는 생물권 보호 운동에 스탠퍼드 같은 기관이나 팔로알토 같은 지역이 투자하는 유일한 방법은 애초에 우리를 여기에 데려다 놓은 식민주의적 착취의 역학에서 벗어나는 것이다. 이를 달성하기 위해 소유주들은 기존의 석유 및 가스 매장지를 포기하는 한편, 수익을 저버리고 손실을 감수해야 한다. 이 같은 일이 평화적으로 일어나려면 내가 스탠퍼드 땅에서 상상하는 종류의 포기가 필요할 것이다. 나는 팔로알토를 위해, 또 죽은 청년들에게 경의를 표하기 위해 이 같은 절차에 착수하는 것보다 더 좋은 방법은 존재하지 않는다고 생각한다.

이렇게 역사적인 순간에 급진적 국제주의 원주민 운동에 리더십을 기대하는 건 식민지화가 진행되고 세계 자본주의가 부상하기 전에 대한 잘못된 향수에서 비롯된 것이 아니다. 전후 캘리포니아 반자본주의의 정점이던 1960~1970년대 당시 흑표당에 영감을 받은 무장 세력에 대한 잘못된 향수에서 비롯된 것도 아니다. 쿨위카사족 활동가이자 학자인 닉 에스테스는 스탠딩록 캠프의 수자원 보호 운동이 '과거에 닿아 있는 만큼 미래를 지향하는 프로젝트'라고 말한다.

"수자원 보호 운동은 땅과 강에 연결되지 않은 자신의 정체성에 맞서도록 강요합니다. 근본적으로 땅이나 원주민과 윤리 관계를 맺고 있지 않은 정착민 사회가 어떻게 정의에 기반한 미래를 상상할 수 있을까요? 명확한 답은 없습니다. 하지만 답이 무엇이든 원주민이 앞장서야 합니다. 원주민 저항의 오랜 역사와 전통은 정의에 기반한 미래의 가능성을 제시합니다. 결국 원주민 저항은 우리 조상들이 잊혀지기를 거부한 데서 비롯된 것이며, 조상과 역사를 잊지 않겠다는 우리의 결연한 거부가 해방을 향한 비전에 활기를 불어넣고 있습니다. 원주민 혁명가들은 과거와 현재의 조상이자 이미 다가온 미래입니다."

우리의 미래가 지구의 고갈, 노동 조직의 청산, 시대 및 환경의 완전한 상품화와 동의어가 될 필요는 없다. 인류가 유일한 삶의 터전을 스스로 파괴하는 것도 막지 못한다면 분석과 발명이라는 두 가지 재능을 지닌 게 다무슨 소용이라는 말인가? 나는 스탠퍼드의 막대한 부를 몰수하는 것이야말로 사람이 살 수 있는 지구를 위한 최고의 지름길이라고 믿는다. 미국 국립 공원을 원주민에게 다시 돌려주자는 제안과 달리 팔로알토를 양도하는 데는 지배 계층의 특정한 희생이 필요할 테지만 현존하는 정착민의 합리적 소유물을 박탈할 일은 없다. 비영리 기관 스탠퍼드가 수익 창출에 놀라울 정도로 기여한 걸 생각하면 팔로알토 커뮤니티의 해체가 자본에는 큰 타격일 수 있다. 하지만 바로 그것이 이 제안의 미덕 중 하나이기도 하다. 스탠 퍼드 부지의 반환 및 비판적 재구성은 비교적 평화로운 방식으로 지속 가능한 세계 체제를 향해 나아가는 데 필요한 최소한의 조치 같은 것이다. 생 태를 지키는 데 이렇게나 뒤처져 놓고 이렇게 소박한 대책도 말하지 못한 다면 결국 합리적 고민도 그리 합리적이지 않아 보이는 상황이 발생하고 만다. 인간보다 먼저 존재했고 발 디디고 있는 유일한 기반이라 할 땅을 파 괴하는 건 결코 합리적일 수 없다.

"하지만 부유층을 위해, 부유층에 의해 운영되는 정부는 결코 그런 계획과 행동에 나서지 않을 것이다. 자본주의 정부에 그와 같이 요구하는 건 더이상 자본주의이지 말라고 요구하는 것과 같다." 《독점자본》에서 폴 바란과 폴 스위지가 정부가 노동자 계층의 주거 문제를 개선해야 한다고 주장하며 적은 이 문장은 지금 여기 더 적합해 보인다. 안타깝게도 나는 일종의 자본주의 정부인 스탠퍼드 이사회가 대학 부지를 반환할 것이라고 생각하지 않는다. 설사 그들이 원한다고 해도 법원이 허용하지 않을 것이다. 팔로알토의 역사에서 반복적으로 입증된 것처럼 이윤은 스스로를 보호한다. 니즈메 회장의 발언은 이를 냉소적이면서도 간결하게 포착하고 있다. "베이 지역 부동산은 원주민이 소유하기에는 너무 비싸다."

이윤은 해야 할 일을 하는 데 필요한 사람, 태도와 무기를 찾아 나서고 어떻게든 발견한다. 이는 자본주의의 작동원리일 뿐 아니라 책임이기도 하다. 이윤체계는 모든 것을 수익의 관점에서 이해하고 처리한다. 이는 사람이 아닌, 기운의 체계이며 만약 그 기운이 비용의 언어로만 말한다면 그렇게 되는 것이다. 반면 지구에 헌신하는 사람들은 이 같은 비용의 언어를 이해할 생각이 없기 때문에 지구가 불타도록 내버려둘 수 없다.

과거 우리가 베트남전에 참여하게 된 건 그걸로 수익을 올릴 수 있는 사람들 때문이었고 결국 고국으로 돌아가게 된 것도 계속 늘어나는 비용에 환멸을 느낀 사람들 때문이었다. 그렇다면 스탠퍼드에서의 투쟁은 하나의 축소판이라고 할 수 있다. 우리의 외침이 전쟁 종식에 아무 영향을 미치지 못한 것처럼 비타협적 이사회가 도덕적 설득이나 다수결에 굴복할 리 없다. 이 같은 견해가 옳다면 이사회는 오로지 비용 상승에만 반응할 것이다. 의식적 의지의 힘은 사람을 자본주의 자산에서 비용으로 전락시킬 수 있다. 쉽지 않겠지만 가능한 일이다.

자본은 결국 팔로알토에서 철수할 것이다. 이곳을 이용하는 건 그나마 골칫거리를 감수할 가치가 남아 있을 때뿐이다. 자본가들은 베이 지역에 사는 것을 좋아하기 때문에 더는 가치가 없다고 판단할 때쯤이면 지구의 대부분이 이미 고갈됐을 확률이 높다. 우리의 문제는 전 세계 인류가 직면한 것이기는 하지만 해결책은 다른 차원에서 찾아야 한다. "지구가 살려면 자본주의가 죽어야 한다"는 닉 에스테스의 결론은 자본주의의 유물론적 역사를 되짚어봤을 때 동의하지 않을 수 없다. 그리고 이 싸움에서 모두의 예상을 뒤엎고 지구의 당원들이 승리한다면, 우리 나비들이 일제히 날개를 빠르게 펄럭여 이 차가운 콘크리트 진열장을 산산조각 낸다면, 그것은 우리가 최후의 수단으로 집단 자기방어에 나선 결과일 것이다. 지금 우리가 그 지점에 서 있다. 남은 문제는 정치 이론가 리넨 베타사모사케 심슨이 제시했듯 '어떻게?', 그리고 '누구와 함께(그리고 누구를 빼고)?' 해야 하는가를

생각하는 것이다. 역사는, 심지어 자본주의라는 괴물의 뱃속인 팔로알토의
역사조차 엄연히 정답이 존재한다고 귀띔해준다. 우리는 그 답을 찾아야만
한다.

팔로알토, 자본주의 그림자

초판 1쇄 2025년 2월 17일

지은이 말콤 해리스
옮긴이 이정민
펴낸이 허연
편집장 유승현 **편집3팀장** 정혜재

책임편집 정혜재 이예슬
마케팅 한동우 박소라 구민지
경영지원 김민화 김정희 오나리
디자인 김보현

펴낸곳 매경출판㈜
등록 2003년 4월 24일(No. 2-3759)
주소 (04557) 서울시 중구 충무로 2(필동1가) 매일경제 별관 2층 매경출판㈜
홈페이지 www.mkpublish.com **스마트스토어** smartstore.naver.com/mkpublish
페이스북 @maekyungpublishing **인스타그램** @mkpublishing
전화 02)2000-2641(기획편집) 02)2000-2646(마케팅) 02)2000-2606(구입 문의)
팩스 02)2000-2609 **이메일** publish@mkpublish.co.kr
인쇄·제본 ㈜M-print 031)8071-0961
ISBN 979-11-6484-750-1(03300)